U0946625
卫华起重
WEI HUA

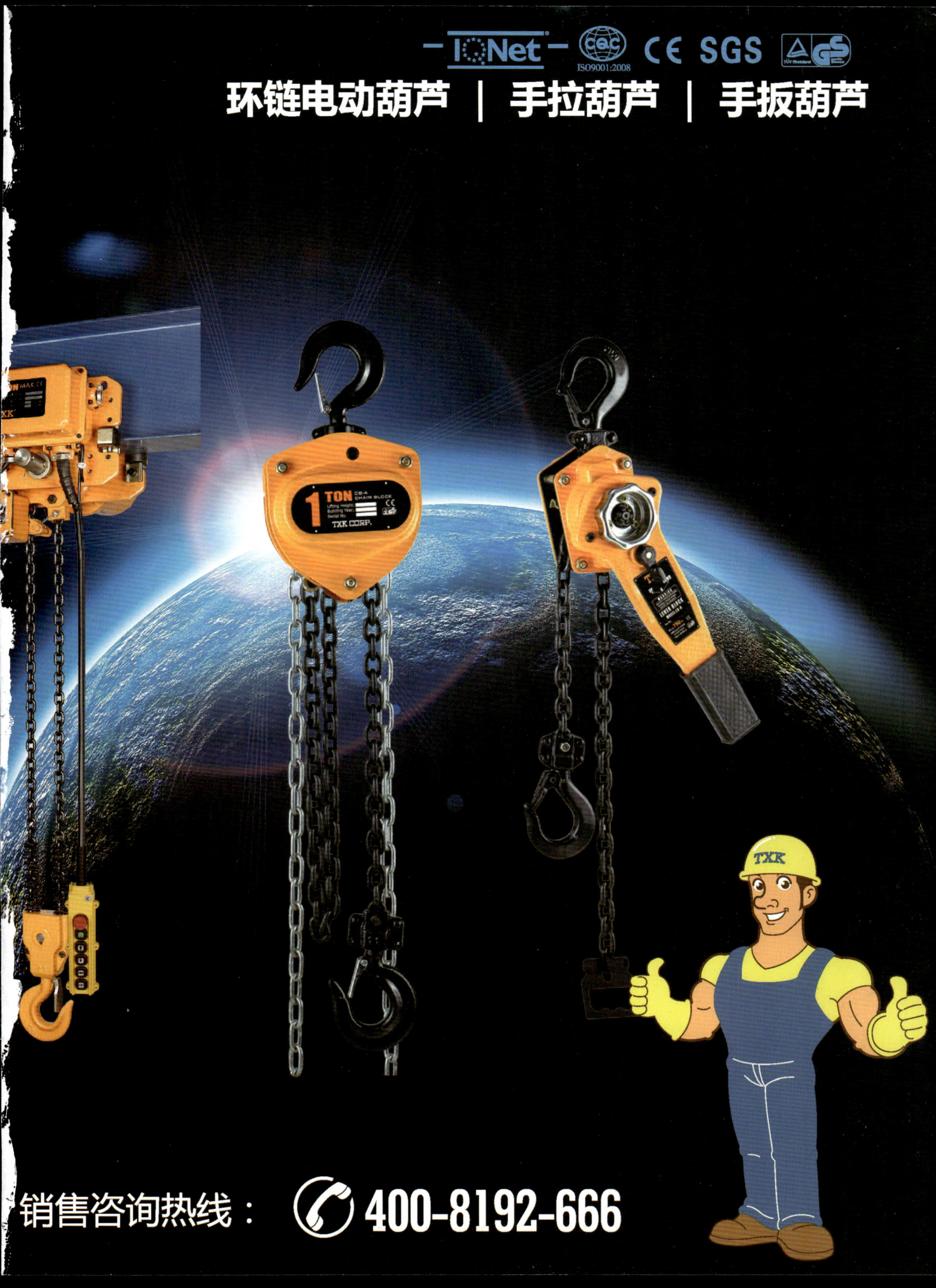
IQNet
ISO9001:2008
CE SGS
环链电动葫芦 | 手拉葫芦 | 手扳葫芦
1 TON
CB-A
CHAIN BLOCK
TXK CORP.
TXK
销售咨询热线：
400-8192-666

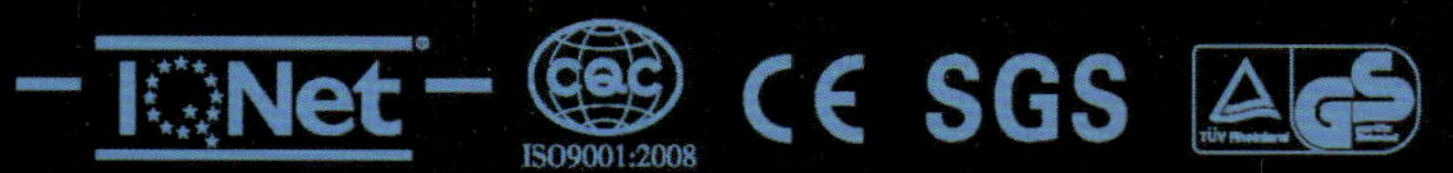

在矿山——

隆基针对黑色金属矿、有色矿及非金属矿山的不同特点提供专业的矿样分选实验，根据实验数据提供适合客户的磁性装备及可靠的服务。

在冶金——

隆基拥有专业的冶金工业实验室，涵盖冶金渣处理、磁力起重、输送探测除铁等方面，可为冶金行业提供整套技术解决方案及专业设备。

在能源——

隆基拥有电力、煤炭行业丰富的磁选经验与领先的技术优势，可为用户提供整套的解决方案和全方位服务。

在环保——

隆基针对固废处理方面研发出高效分选回收设备，广泛应用于城市垃圾、电子废弃物、拆车粉碎料等处理现场，实现多种金属的自动高效回收。

您可能还需要：
详情访问www.ljmagnet.com

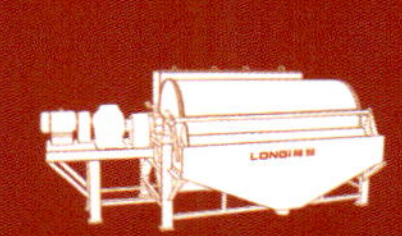

立式转环感应式湿法强磁选机\矿用湿式磁选机\磁悬浮精选机\干选机\磁性物料除铁器\球磨机排矿用弧形除铁器等

隆基始终致力于磁技术应用领域的研发和拓展，服务范围涵盖矿山、冶金、能源、环保等领域

- 国家高新技术企业
- 国家标准、行业标准起草单位
- 中国科学院技术合作企业
- 行业先期获得中国驰名商标企业
- 辽宁省工程技术研究中心
- 拥有85项国家专利
- 销量连年名列前茅

SHUANGNIAO

公司简介 About Shuangniao Machinery

浙江双鸟机械有限公司是专业生产轻小型起重机械的民营有限责任公司，是中国重型机械工业协会起重葫芦分会副理事长单位。公司创办于20世纪80年代初，专业生产“双鸟”牌电动葫芦、手动葫芦、单轨行车、起重链条、吊索具、夹持器等。产品远销北美、欧洲、大洋洲、东南亚等一百多个国家以及国内大部分地区，深受顾客好评。

“双鸟”商标被认定为“中国驰名商标”，公司被认定为“国家重点高新技术企业”“浙江省文明单位”，双鸟产品被认定为“浙江名牌产品”。公司通过ISO9001质量管理体系认证、ISO14001环境管理体系认证以及德国GS、欧洲CE认证，公司率先通过欧盟2005/84/EC指令，REACH法规要求。手拉葫芦获得全国工业产品生产许可证，环链、钢丝绳电动葫芦获得国家特种设备制造、安装、改造、维修许可证。公司研制开发的环链电动葫芦被列入国家星火计划项目、国家火炬计划项目。公司累计授权国家专利32项，其中发明专利3项，参与制定手拉葫芦、手扳葫芦、环链电动葫芦、起重用圆环链验收总则等国家和行业标准15项。

双鸟机械本着“不断创新，为顾客提供满意的产品和服务”的宗旨，热诚欢迎中外客户光临惠顾！

雙鳥 ®
中国驰名商标

企业资质 Enterprise qualification

- 中国驰名商标
- 国家重点高新技术企业
- 浙江省文明单位
- ISO9001、ISO14001管理体系认证企业
- 中国平安财产保险4 000万元质量承保
- 起重链条国标参与制定企业
- 手拉、手扳葫芦国标参与制定企业
- CCS 船级社认证企业

MACHINERY

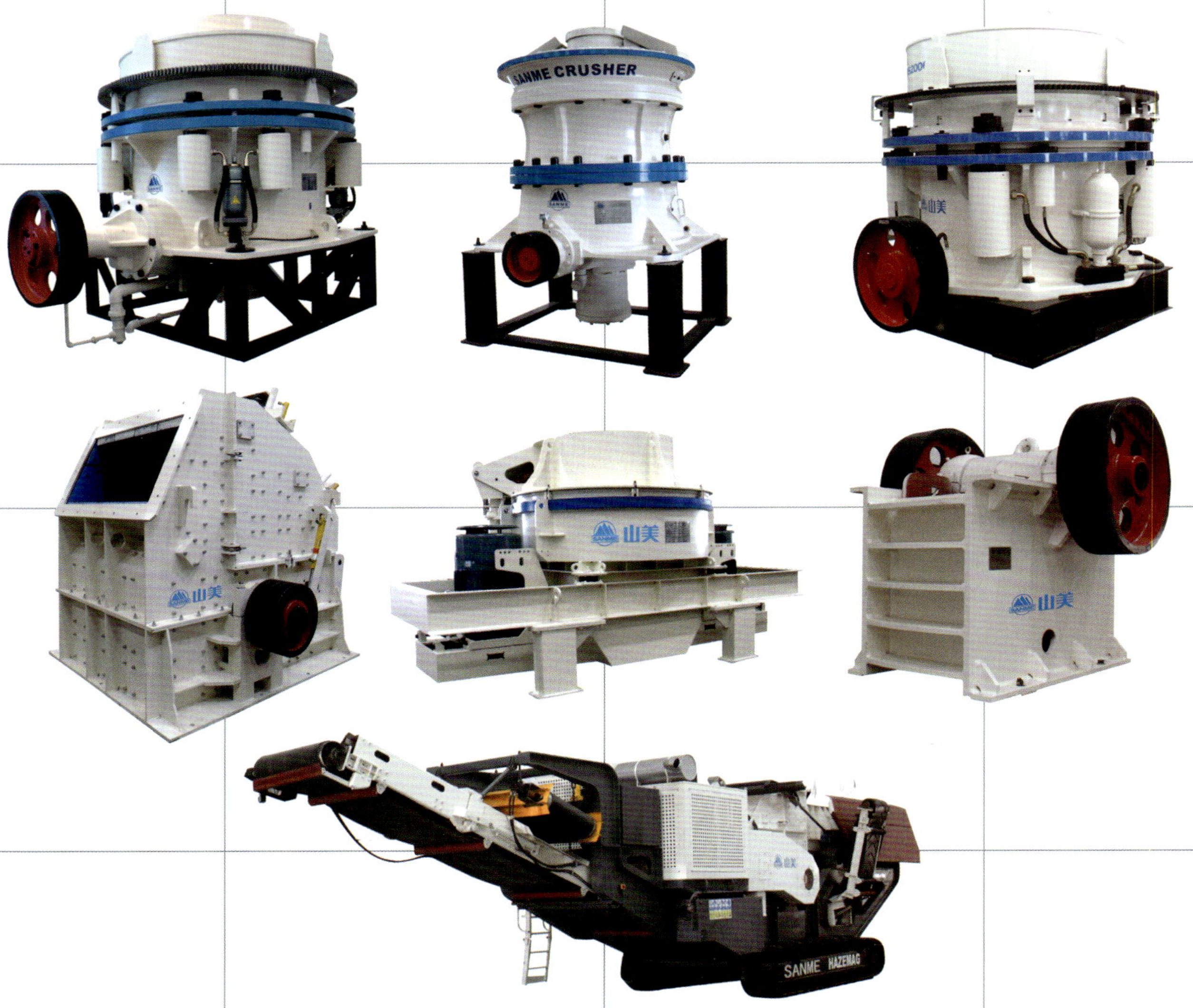

中国机械工业年鉴系列

中国重型机械工业年鉴

2012

中国机械工业年鉴编辑委员会
中国重型机械工业协会 编

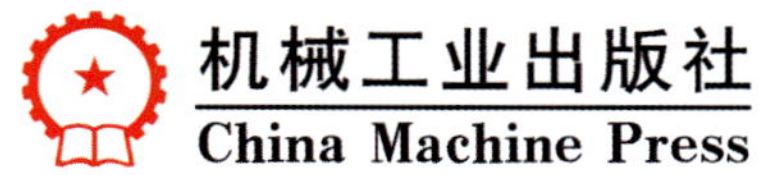

《中国重型机械工业年鉴》2012年刊设置综述、行业篇、市场篇、企业篇、统计资料、标准与质量、政策法规、大事记和附录等栏目，集中反映2011年重型机械行业的发展情况，详细记录了18个分行业的生产发展、产品产量、市场销售、科技成果及新产品、标准与质量、基本建设及技术改造等情况，公布重型机械行业权威统计数据。

《中国重型机械工业年鉴》主要发行对象为政府决策机构、机械工业相关企业决策者，从事市场分析、企业规划的中高层管理人员以及国内外投资机构、贸易公司、银行、证券、咨询服务部门和科研单位的机电项目管理人员等。

图书在版编目（CIP）数据

中国重型机械工业年鉴.2012/中国机械工业年鉴编辑委员会，中国重型机械工业协会编.—北京：机械工业出版社，2013.3

ISBN 978-7-111-41848-1

Ⅰ.①中… Ⅱ.①中… ②中… Ⅲ.①重工业—机械工业—中国—2012—年鉴 Ⅳ.①F426.42-54

中国版本图书馆CIP数据核字（2013）第052099号

机械工业出版社（北京市西城区百万庄大街22号　邮政编码 100037）
责任编辑：袁士华
北京画中画印刷有限公司印制
2013年3月第1版第1次印刷
210mm×285mm·20.75印张·48插页·830千字
定价：320.00元

凡购买此书，如有缺页、倒页、脱页，由本社发行部调换
购书热线电话（010）68326643、88379830
http://www.cmpbook.com　http://weibo.com/cmp1952
封面无机械工业出版社专用防伪标均为盗版

中国机械工业年鉴系列

作为『工业发展报告』

记录企业成长的每一阶段

中国机械工业年鉴

编辑委员会

中国重型机械工业年鉴

鉴证行业发展足迹

振兴重型装备工业

中国重型机械工业年鉴
执行编辑委员会

中国重型机械工业年鉴

鉴证行业发展足迹

振兴重型装备工业

中国重型机械工业年鉴
编辑出版工作人员

总 编 辑 郭 锐

主 编 李卫玲

副 主 编 刘世博 肖新军

执行主编 赵 敏

责任编辑 袁士华

市场编辑 黎 平 金 薇 江道芝 蒋 斌

地 址 北京市西城区百万庄大街22号（邮编100037）

编 辑 部 电话（010）88379830 传真（010）88379812

发 行 部 电话（010）68326643 传真（010）68326017

E-mail:cmiy@vip.163.com

http://www.cmiy.com www.mepfair.com

川润股份
CRUN LTD

历史回眸

1992年
起步之年

1992年，自贡川达机械厂成立。公司以市场为导向，选择了开发适销对路的铁附件、齿轮输送泵为起步产品，并实现销售收入80万元，顺利起步。

1993-1996年
实施开发拳头产品打市场的策略期

四年中成功开发了AY系列离心液压泵、XB250—1000型斜齿轮液压泵两项拳头产品，开拓了西南、西北地区市场，探索初期发展道路。

1997-1998年
实现产品第一次转型期

1997年，四川川润（集团）有限公司成立，并成功开发了GDR型高低压稀油站、ZJ真空净油机，实现产品由液压元件向系统装置的转型，销售收入突破1 000万元大关；1998年实现销售收入1 150万元。

1999-2004年
产品研发突破期

这一时期，建立健全科技开发组织架构，成立技术中心并辖四个技术研发部；完成风力发电机组加速器润滑装置、30万～60万kW油涡轮、60万kW锅炉主要部件开发，在国内率先研制出日产5 000t水泥生产线润滑装置。上述产品投放市场后，公司销售收入突破亿元大关，2004年销售收入达到1.30亿元。

2005-2008年
战略性发展期

2007年，四川川润股份有限公司成立，完成了3 000t/d、5 000t/d水泥余热锅炉和水泥装备的液压、润滑系列装置两大支柱产品的研制，并形成了稳固的市场地位，推进了川润经济稳定发展，夯实了技术经济基础；2008年9月19日，公司在深交所成功挂牌上市，翻开了川润股份历史新的一页！

2008年-今
高速发展期

上市后，在发展的新起点上，公司大抓夯实技术的基础工作，拟定了8项基础管理细则；申报“四川省企业技术中心”，筹建“机械工业重大技术装备润滑液压设备工程实验室”，并获得四川省和中国机械工业联合会批准。与此同时，还申请中国再生能源工业协会风电专业委员会对1.5MW风电润滑装置进行鉴定。川润股份技术管理向规范化方向迈开了步伐。

四川川润股份有限公司的前身四川川润（集团）有限公司创建于1992年，1997年组建为集团有限公司，2007年2月整体变更设立为股份有限公司。2008年9月19日，公司在深圳证券交易所成功挂牌上市，股票代码“002272”，股票简称“川润股份”。

全资子公司：

四川川润液压润滑设备有限公司（简称“川润液压”）

四川川润动力设备有限公司（简称“川润动力”）

主导产品

川润液压：液压系统、润滑系统、水冷系统、真空净油机、特种液压缸、工程机械液压缸、各类液压元件、润滑元件等；

川润动力：电站锅炉、余热锅炉、垃圾焚烧锅炉、生物质锅炉、冶金转炉余热锅炉、高炉煤气锅炉、特种锅炉、电站锅炉辅机、石化容器、管式换热器、缠绕式换热器、LNG系统解决方案等。

动力篇

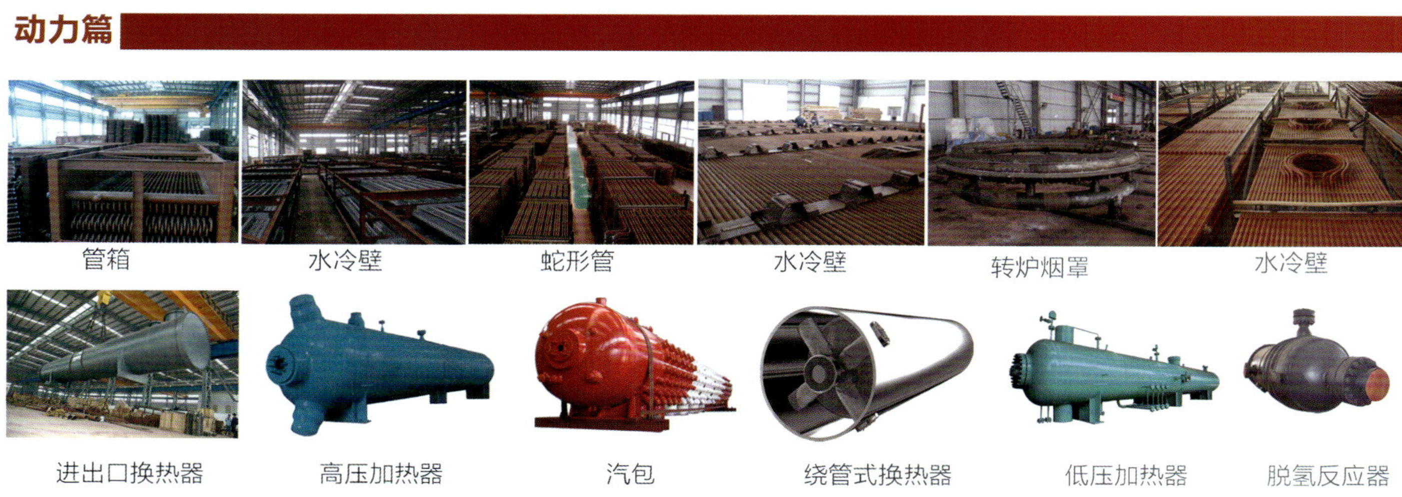

管箱　水冷壁　蛇形管　水冷壁　转炉烟罩　水冷壁

进出口换热器　高压加热器　汽包　绕管式换热器　低压加热器　脱氢反应器

项目现场图

冶金转炉

冶金转炉

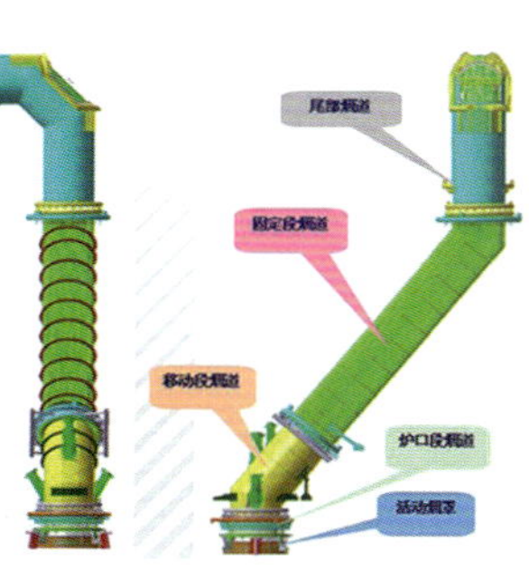

转炉余热锅炉

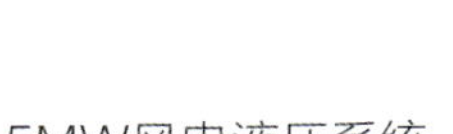

5MW风电液压系统

风机润滑系统

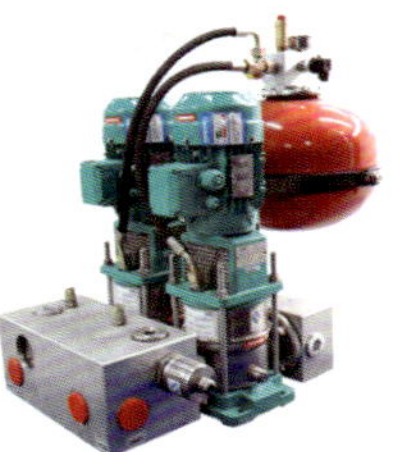

风电水冷系统

风电冷却器

风机液压装置

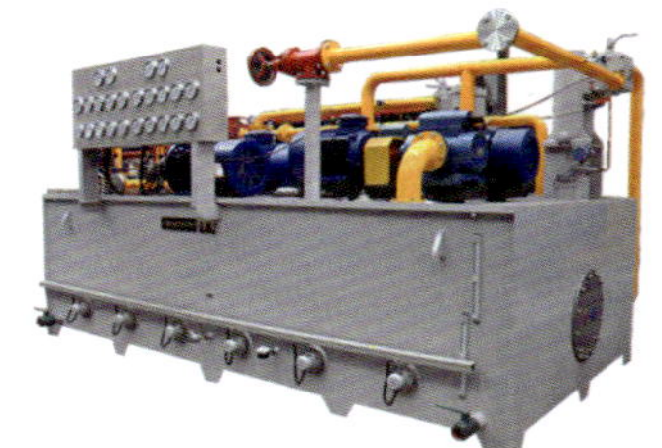

XRZ稀油润滑装置

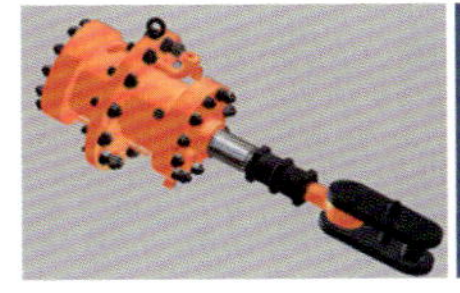

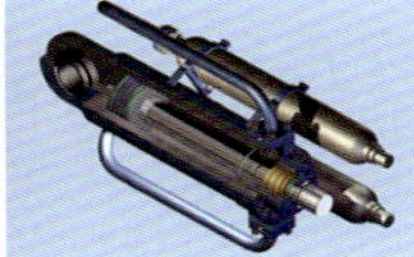

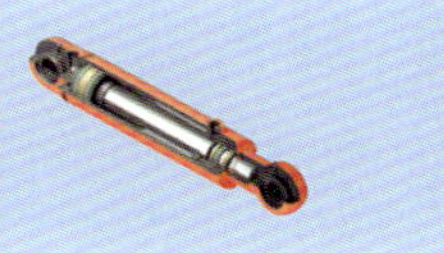

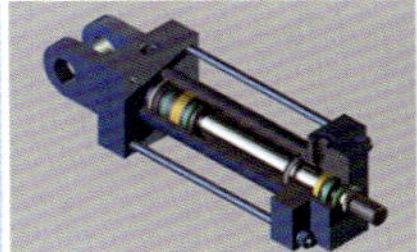

盾构机液压系统

高炉炉顶控制阀台

立磨液压系统

回转窑挡轮液压系统

炼铁高炉液压系统

蓄能器

地址：四川省成都市现代工业港港北6路85号　　邮编：611743
电话：028-61838566　　传真：028-61836323
http://www.chuanrun.com　　E-mail：crunmarketing@126.com

中国重型机械工业年鉴

鉴证行业发展足迹
振兴重型装备工业

中国重型机械工业年鉴
特约顾问单位特约顾问

特约顾问单位	特约顾问
大连华锐重工集团股份有限公司	宋甲晶
上海电气重工集团	陈　伟
卫华集团有限公司	苗　红
中国重型机械研究院股份公司	谢东钢
中材装备集团有限公司	宋寿顺
河南省矿山起重机有限公司	崔培军
四川矿山机器（集团）有限责任公司	杨　军
株洲天桥起重机股份有限公司	成固平
山起重型机械股份公司	徐新民
焦作制动器股份有限公司	臧克兴
中原圣起有限公司	齐景光
浙江双鸟机械有限公司	张文忠
四川川润股份有限公司	罗丽华
沈阳隆基电磁科技股份有限公司	张承臣
北京约基工业股份有限公司	马立民
太原通泽重工有限公司	杨　泽
上海冶金矿山机械厂	俞铮庆
新疆通用机械有限公司	马卫国
新乡市中原起重机械总厂有限公司	郝兆庆
南昌矿山机械有限公司	龚友良
上海电力环保设备总厂有限公司	黄建华
浙江通力重型齿轮股份有限公司	项建忠
湖州双力自动化科技装备有限公司	冯　勇
武汉电力设备厂	陈义国
潍坊大洋自动泊车设备有限公司	李祥啟
八达机电有限公司	杜左海
江苏佳力起重机械制造有限公司	李　兵
天津起重设备有限公司	冯会有
浙江双金机械集团股份有限公司	胡祖尧
上海山美重型矿山机械有限公司	杨安民
钟祥市新宇机电制造有限公司	游学峰
安徽盛运机械股份有限公司	开晓盛
淄博大力矿山机械有限公司	刁明霞
山东大通机械科技有限公司	李书水
黎明重工科技股份有限公司	杨松科
洛阳大华重型机械有限公司	苗三周
松滋市金津矿山机械有限责任公司	伍发新
常州市常欣电子衡器有限公司	袁黎萍
国家桥门式起重机械产品质量监督检验中心	孙小伟
广东永通起重机械实业有限公司	叶宏洪
上海雄风起重设备厂有限公司	沈慈宏
浙江凯岛起重机械有限公司	朱云国
郑州凯澄起重设备有限公司	郭　祥
江西工埠机械有限责任公司	罗秀英
辽宁国远科技有限公司（鞍山起重控制设备有限公司）	田　振
南京特种电机厂有限公司	孙重远
河南华北起重吊钩有限公司	韩景轩
浙江中富电气有限公司	倪向勇

中国重型机械工业年鉴
特约顾问单位特约编辑

特约顾问单位	特约编辑
大连华锐重工集团股份有限公司	邵龙成
上海电气重工集团	史鼎文
卫华集团有限公司	衡振虎
中国重型机械研究院股份公司	李文荣
中材装备集团有限公司	李志杰
河南省矿山起重机有限公司	任海璐
四川矿山机器（集团）有限责任公司	夏发明
株洲天桥起重机股份有限公司	黄文斌
山起重型机械股份公司	赵建平
焦作制动器股份有限公司	段京丽
中原圣起有限公司	刘　杰
浙江双鸟机械有限公司	韩　剑
四川川润股份有限公司	李天丽
沈阳隆基电磁科技股份有限公司	赵能平
北京约基工业股份有限公司	黄文林
太原通泽重工有限公司	姚建社
上海冶金矿山机械厂	顾建新
新疆通用机械有限公司	韩　庆
新乡市中原起重机械总厂有限公司	杨章顺
南昌矿山机械有限公司	胡敏锐
上海电力环保设备总厂有限公司	杨　磊
浙江通力重型齿轮股份有限公司	林　微
湖州双力自动化科技装备有限公司	王飞华
武汉电力设备厂	杜惠明
潍坊大洋自动泊车设备有限公司	陈有刚
八达机电有限公司	应祖敏
江苏佳力起重机械制造有限公司	王　英
天津起重设备有限公司	李宏韬
浙江双金机械集团股份有限公司	周　玲
上海山美重型矿山机械有限公司	张元凯
钟祥市新宇机电制造有限公司	黄长明
安徽盛运机械股份有限公司	周志宇
淄博大力矿山机械有限公司	侯旭日
山东大通机械科技有限公司	张　红
黎明重工科技股份有限公司	刘俊华
洛阳大华重型机械有限公司	程自强
松滋市金津矿山机械有限责任公司	张旭明
常州市常欣电子衡器有限公司	包鸿霞
国家桥门式起重机械产品质量监督检验中心	顾旭波
广东永通起重机械实业有限公司	周观喜
上海雄风起重设备厂有限公司	栾印树
浙江凯岛起重机械有限公司	叶俊杰
郑州凯澄起重设备有限公司	李国庆
江西工埠机械有限责任公司	屈吉华
辽宁国远科技有限公司（鞍山起重控制设备有限公司）	盛麟惠
南京特种电机厂有限公司	许宝山
河南华北起重吊钩有限公司	韩定强
浙江中富电气有限公司	田勇军

鉴证行业发展足迹
振兴重型装备工业

前　言

重型机械行业（包括冶金机械、矿山机械、起重运输机械、重型锻压机械和大型铸锻件）是我国装备制造业的重要组成部分，也是关系到国民经济命脉和国家安全的重要产业，主要服务于钢铁、冶金、电力、煤炭、交通、石化、国防、机械及水利等国民经济各部门，在中央振兴装备制造业的战略决策及三年振兴规划的指引下，行业发展取得长足的进步。

2012年，面对国际、国内多重风险和挑战，重型机械行业以市场为导向、科技创新为支撑，加快产业结构调整。2012年全行业工业总产值达到10 073.51亿元，同比增长15.36%；进出口总额226.12亿元，同比增长8.44%，全行业保持了相对稳定的增长势头。

2013年，全行业将在党的十八大精神的指引下，继续加强自主创新，推进转型升级，促进重型机械行业由大变强。中国重型机械工业协会希望通过《中国重型机械工业年鉴》向各界展示行业的整体面貌，进一步加强与各界同仁的交流与沟通，共同努力推动我国重型装备制造业的平稳发展。

《中国重型机械工业年鉴》2012年版对重型机械行业总体和各分行业的发展概况、新产品、新技术、新工艺及技术改造、主要重点企业、国内外市场、行业标准、质量、科技成果、行业大事、行业协会活动以及重型机械行业的各项经济指标等内容进行了记载。

在《中国重型机械工业年鉴》的编纂过程中，得到了各有关企业和用户的大力支持，也得到了许多行业领域专家的指导，在此表示诚挚的感谢。中国重型机械工业协会将一如既往地为行业提供真诚的服务。

中国重型机械工业协会理事长

中国重型机械工业协会常务副理事长

2013年1月

广告索引

广告索引

名优配套件专栏

专栏索引

人物访谈专栏

目　录

综　述

行 业 篇

市 场 篇

企 业 篇

统计资料

标准与质量

政策法规

大事记

附录

Contents

Summary

Industry

Markets

Enterprises

Statistical data

Standards & quality

Policies & legislations

Calendar

Appendix

重点企业专题

新宇机电
XYMET

以高技术保证**质量**
以质量赢得**信誉**

新宇机电制造有限公司
XinYu Mechanical and Electrical Manufacturing Co., Ltd.

新宇机电制造有限公司

XinYu Mechanical and Electrical Manufacturing Co., Ltd.

湖北省钟祥市新宇机电制造有限公司创建于1968年，主要生产各类振动电动机、振动机械、输送机械，是中国电器工业协会中小型电机分会理事单位、中国重型机械工业协会洗选设备专业委员会理事单位。公司被中国重型机械工业协会洗选设备专业委员会评为“重点配套企业”。

公司已发展成为集振动电动机、振动设备生产基地，铸造基地和电器设备基地三位一体的，以振动电动机、振动机械为主导，以铸铁、铸钢、电器、电控产品为支撑的，全国大型的振动电动机制造企业和振动机械骨干企业，享有外贸进出口自营权。

公司产品畅销全国各地，并进入国际市场，“宇兴”牌振动电动机是“湖北名牌产品”。公司研发的高新技术振动电动机新产品，技术性能国内领先，部分产品可替代进口，并被列入“国家火炬计划”，获“国家重点新产品”“国家知识产权专利”证书。用于煤炭、有色矿山等行业的平动椭圆振动筛创国内之先，振动筛、振动料斗、振动给料机在煤炭、钢铁、矿山、港口建立了良好的信誉。公司新产品获“湖北省重大科学技术成果奖”“湖北省星火科技成果奖二等奖”“湖北省科技进步奖三等奖”。公司质量

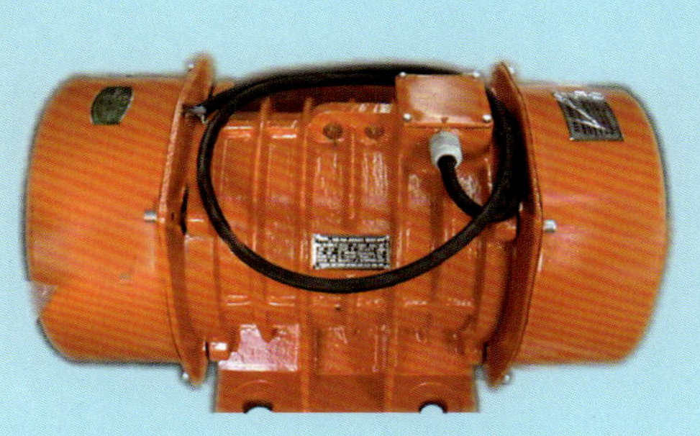

VBB系列隔爆振动电动机

VBB系列隔爆振动电动机

XINYU MECHANICAL AND ELECTRICAL MANUFACTURING

XINYU MECHANICAL AND ELECTRICAL MANUFACTURING

管理体系获得ISO9001:2008质量管理体系认证；产品获CQC认证、CCC认证和CE认证。

公司作为主要起草单位编制和修定了国家行业标准《三相异步振动电机技术条件》（JB/T5330—2007）。开发的VBE系列高效节能振动电动机是国内振动电动机更新换代产品，具有高效节能、体型小、重量轻、售价低等优势，综合性能远远优于国内现有产品。公司技术中心是湖北省省级企业技术中心，具有强大的产品研制和开发能力，现有38名工程技术人员从事产品研发，其中教授级高级工程师2人，享受国家津贴专家2人。

公司是湖北省高新技术企业，获湖北省科技中小企业重点培育企业、湖北省重点培育的100家有发展潜力的中小型企业、湖北省优秀民营科技企业、湖北省著名企业、湖北省科技型中小企业创新奖等荣誉和称号，被列入湖北省创新型企业建成试点单位。

VBE系列高效节能三相异步振动电动机

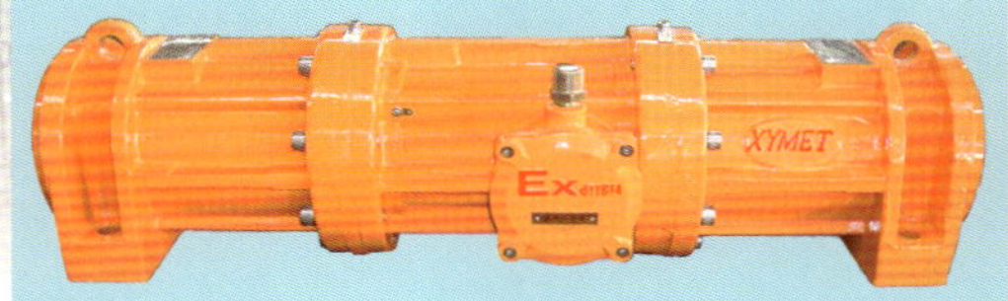

VLBL2

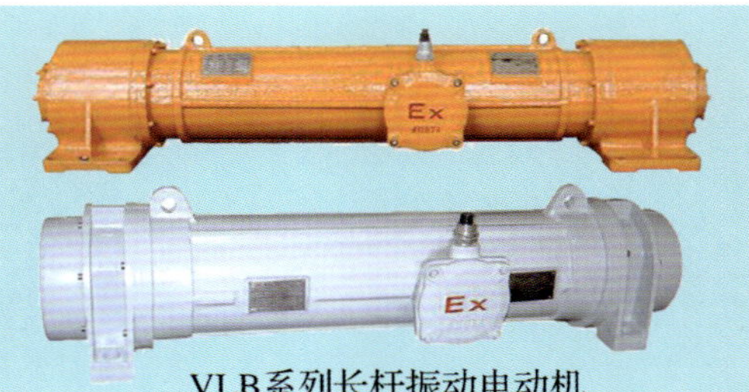

VLB系列长杆振动电动机

董事长：游学峰　　总经理：黄长明　　地　址：湖北省钟祥市经济开发区西环二路8号　　邮　编：431900
电　话：0724-4223279　　传　真：0724-4222928　　http://www.xinyujd.com　　E-mail:info@xinyujd.com

新宇机电制造有限公司

XinYu Mechanical and Electrical Manufacturing Co., Ltd.

棒条给料机

等离子切割机

数控车床

XINYU MECHANICAL AND ELECTRICAL MANUFACTURING

圆振筛

振动料斗

直线振动筛

董事长：游学峰　总经理：黄长明　地　址：湖北省钟祥市经济开发区西环二路8号　邮　编：431900
电　话：0724-4223279　传　真：0724-4222928　http://www.xinyujd.com　E-mail:info@xinyujd.com

起重机防摇摆控制系统简述：

卫华集团公司经多年自主研发，成功开发了具有世界领先水平的起重机防摇摆控制系统。起重机防摇摆控制系统可使起重机载荷摇摆的幅度减少90%以上，因而可大幅度地提高起重机使用的生产效率，提高起重机使用的安全性，降低货物损坏及人员受伤害的风险。防摇摆控制系统使大量依赖起重机设备的工艺过程实现高度自动化运行成为可能。本系统先进的防摇摆自动定位控制技术可以让一台普通的起重机自动地、精确地把载荷运送到任何指定位置，并在运送过程中以及到达指定位置后，使载荷的摇摆减到最小。

防摇摆自动定位起重机

起重量40t起升高度400m门式起重机

900t移梁机

600t通用桥式起重机

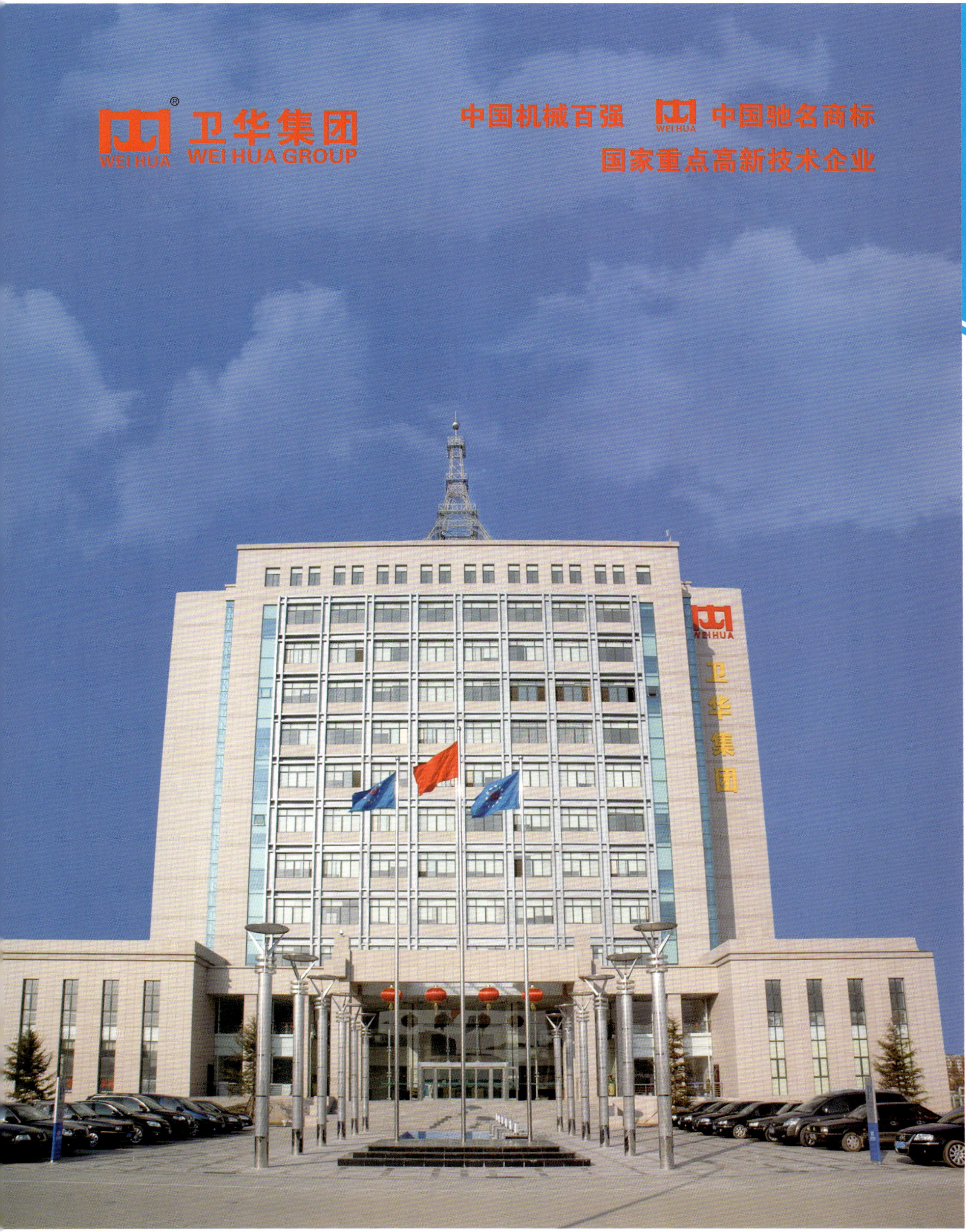
卫华集团
WEI HUA GROUP
WEI HUA
中国机械百强
中国驰名商标
国家重点高新技术企业
卫华集团

1 450mm五机架全连续冷轧机组

420mm × 2 700mm特大型宽厚板坯连铸机

120MN航空铝合金厚板拉伸机组

传真：029-86713965　　http: //www.sino-heavymach.com　　E-mail:office@sino-heavymach.com

专业产品
专业研发

YUEJI

北京约基工业股份有限公司

北京约基工业股份有限公司（原北京约基同力机械制造有限公司）是一家专门从事大型长距离带式输送机研发、制造、安装、调试总承包工程的股份制企业。2012年8月股改后更名为北京约基工业股份有限公司(简称约基)。约基在过去的10年间取得了较大的发展，年产值增加了近21倍，2011年达到3.26亿元（利润3 617万元）。厂区面积达20万m²，其中建筑面积6万m²。职工总数达550余人。产品已出口到日本、法国、俄罗斯、印度、沙特阿拉伯、阿拉伯联合酋长国、埃及、南非及巴西等43个国家，并与多家国际知名的大承包商建立了常年供货协议。多年来出口产品产值占总产值的比例都在75%以上。产品品种由单一的DTII型固定带式输送机增加到包括越野长距离带式输送机、煤矿井下带式输送机、露天矿用移置式带式输送机、可水平拐弯带式输送机、U型带式输送机、圆管带式输送机、挡边带式输送机、中间摩擦驱动带式输送机在内的多个机型。业务范围从单一的带式输送机制造扩大到包括产品研发、制造、成套、安装、调试在内的工程总承包。

约基是中国重型机械工业协会的常务理事单位、带式输送机分会的副理事长单位、中国机械工程学会物流工程分会输送技术专委会的常务理事单位，是联合国“全球契约组织”成员。约基通过了ISO9000认证，还在国内带式输送机行业率先通过了欧盟CE认证，取得了产品进入欧盟市场的准入证。约基现拥有中国专利23项，其中发明专利2项。2009年，获国家高新技术企业称号；2011年，获北京市“纳税信用A级单位”称号。公司开发的U型带式输送机项目被列入北京市“火炬发展计划”。

U型带式输送机是具有多种优点的新型输送机。它由4个或5个辊子组成承载托辊，两侧辊子呈垂直方向，把输送胶带“窝”成U形，其他部件与普通带式输送机完全一样。其优点是输送能力可提高约15%；由于胶带窝成U形后对物料产生侧压力，因此输送倾角可增大8°~12°；能以很小的半径水平拐弯；运行时胶带不易跑偏，不撒料，抗侧风能力强、环保性好。

约基总承包的蒙西物流集团全长13.2km的带式输送机石灰石输送线已于2011年6月投入使用。其中有两台大型U型输送机，一台带宽1 200mm，机长3 526m，每小时输送1 500t石灰石，线路中有4个半径为700m的水平弯；另一台带宽1 000mm，机长829m，每小时输送1 000t石灰石，线路中有半径为200m和300m 的水平弯各1个。2012年6月29日，中国重型机械工业协会在内蒙古乌海市主持召开的U型带式输送机的鉴定会上，做出的鉴定结论为：该项目的研制是成功的，是具有自主知识产权的大型长距离空间曲线U型带式输送机，其技术达到国际先进水平。

约基将加大U型带式输送机、空间曲线带式输送机、中间摩擦驱动带式输送机和煤矿井下带式输送机的研发力度，扩大市场份额，并将进一步加强质量管理，提高产品质量，创造名牌产品，扩大约基品牌的国际知名度，为实现中国由带式输送机大国转变为带式输送机强国的伟大使命而努力拼搏。

石灰石输送线跨越机场路

石灰石输送线全景

U型带式输送机

地址：北京市通州区中关村科技园区光机电一体化产业基地　　邮编：101111
电话：010—81502099　　传真：010—81502082
http://www.yueji.com.cn

上海冶金矿山机械厂创建于1959年，是上海电气（集团）总公司全资国有企业。主要从事工业烟气污染治理和矿山提升设备的设计、制造和服务。企业曾被评为国家二级企业，是2008～2012年度中国机械500强，2010年上海市高新技术企业，2011年上海市科技小巨人企业，2012年上海市创新型企业及“振兴装备制造业中小企业之星”明星企业。产品曾获国家优质产品银质奖，中华绿色科技奖银质奖，上海市名牌产品及优质出口产品。企业具备进出口经营自主权和ISO9001质量保证体系等资质，具有为设计制造的环保和矿山产品进行有效测试和试验的现代化手段与设施。

企业能为电力、冶金、化工、建材等行业的烟气污染，运用静电除尘、布袋除尘技术与服务进行有效治理，确保排放达到国家规定的新标准；能为矿山提供各类提升机的成套装备与服务；能为不同业主提供各类非金属矿产物颗粒粉磨装备与服务。

“十一五”以来，企业围绕“以我们的技术和服务，向社会提供环保、节能、高效的产品，造福人类”的企业愿景，坚持践行“持续完善，追求完美”的经营理念，着力经营模式转型，由单纯的设计、制造向技术创新和制造与服务一体化的方向转变；着力技术创新驱动技术进步，促进产品与技术向系列化、成套化和高端化方向发展；着力管理体系和机制的规范化建设，建立与城市化进程相匹配的不可复制的竞争优势；努力打造国内一流的环保、能源装备研发、制造和服务基地。“十一五”末与“十五”末相比，主营业务收入翻了两番，净利润增长超过三倍。

地址：上海市万荣路1053号　　邮编：200072
电话：021-56650499　　传真：021-56639508
http://www.s4m.com.cn　　E-mail：sales@s4m.com.cn

南昌矿山机械有限公司
NANCHANG MINERAL SYSTEMS CO., LTD.

南昌矿山机械有限公司坐落于南昌市西北风景秀丽的梅岭风景区，毗邻红湾公路，是生产洗选、破碎粉磨设备的重点骨干企业，是中国重型机械工业协会理事单位，中国重型机械工业协会破磨分会理事单位，中国重型机械工业协会洗选分会理事单位，中国砂石协会副会长单位，YKR 圆振动筛等多项标准的起草修订单位。公司以给料、破碎、筛分、螺旋洗砂（石）、分级、成套系统、移动破碎站等系列设备的开发、生产和销售为核心业务。

公司技术力量雄厚，设计开发能力强，有四十多年的经验。公司技术中心组织成立了筛分洗选、破磨、成套系统、后市场开发设计小组，专门从事筛分、破磨、成套系统、耐磨件等技术的开发和研究，为筛分、破磨、成套系统制造提供强有力的技术支持。公司同时组建了实力强大的售后队伍，为客户设备的良好运行提供了有力的保障。

公司产品应用于中金集团、福建紫金、西部矿业、中国铝业、五矿集团、太钢集团、马钢集团、宝钢集团、武钢集团等国内主要矿山企业；三峡水利，黄河小浪底，云南小湾，重庆江口，福建棉花滩，广西龙滩、平班，贵州索风营、三板溪、构皮滩，青海公伯峡和陕西蔺河口等国内大型水电工程公司；开滦、大同、兖州、晋城、淄博、鹤岗、七台河、平顶山、平庄、霍州等国内各大矿务局；并远销苏丹麦洛维、埃塞俄比亚、阿尔及利亚、巴西、马来西亚及东南亚各国的大型工程公司。产品质量、售后服务深受广大用户好评。

HPF 给料机

JC 颚式破碎机

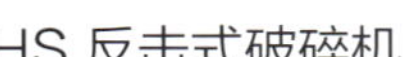

HS 反击式破碎机

CC 圆锥式破碎机

VS 立轴式破碎机

YKR 振动筛

HFS 高频筛

移动破碎站

地址：江西省南昌市湾里区盘龙路 23 号　　邮编：330004
电话：0791-83782888 83782900　　传真：0791-83761006
http://www.nmsystems.cn　　E-mail：sales@nmsystems.cn

八达机电
BADA
中国八达

优秀企业风采

ISO14000 GB/T28001 ISO9001    

BADA ELECTROMECHANICAL
八达机电

八达葫芦——减轻您的负担

BADA HOIST－RELEASE YOUR BURDEN

单相电动葫芦

吊重量：100～1 000kg

浙江名牌产品

国家星火项目
国家重点新产品
国家专利产品

全球同类产品大型制造商

中国驰名商标 浙江著名商标
国家高新技术企业

中国·八达机电有限公司

BADA MECHANICAL & ELECTRICAL CO., LTD.• CHINA

地址：浙江省瑞安经济开发区毓蒙路8号 邮编：325200
Add: No.8 Yumeng Road, Ruian Economic Development Zone, Ruian City 325200, Zhejiang, P.R.China
电话（TEL）：0086-577-65156698 65596666 传真（FAX）：0086-577-65159998
法人代表：何国胜 http://www.cn-bada.com E-mail: bada@cn-bada.com

地址：浙江省杭州市温州路71号南北商务港A座　　邮编：311115
电话：0571－28828841　　传真：0571－28828840
http://www.hzsjjx.com.cn　　E-mail：sales@hzsjjx.com.cn

安徽盛运机械股份有限公司

ANHUI SHENGYUN MACHINERY CO.,LTD.

董事长：

〖企业简介〗

安徽盛运机械股份有限公司简称“盛运股份（股票代码：300090），始建于1997年，主营：垃圾焚烧发电，固废、医废处置工程项目的投资、总包、设计制造、安装调试、建设、运营管理；大型成套新型环保设备、新型输送设备的设计、制造、销售、安装调试及工程项目总包。

公司自1997年起家，经过16年的艰苦创业、创新发展，至今拥有总资产30亿元，注册资金2.56亿元。下辖6家全资子公司和6家参控股公司以及技术研发中心。

公司占地面积55万m²，员工2 000人，其中各类技术人员480人，拥有发明专利4项，实用新型专利33项，软件著作权1项，参与制定行业标准2项。

公司通过了ISO9001:2008标准国际质量体系认证，生产的DT型、DX型、SDJ型、SSJ型输送机械产品先后获得“全国工业产品生产许可证”“全国环境保护产品认证”、全国电力工程200MW、300MW、600MW火电机组主要辅助设备推荐厂商“电力入网证”“煤炭安全标志认证”“环境工程专项设计认证”和“环境工程施工许可证”。

公司十分注重产品创新，新开发（研发生产）的新型环保产品——干法脱硫除尘一体化设备及垃圾焚烧尾气净化处理设备系统装置和新型输送机械产品，荣获环境保护部门科学技术奖二等奖、安徽省科技进步奖二等奖。公司先后承担了科技型中小企业创新基金重点项目、科技攻关重点项目和星火计划及火炬计划重大备选项目、全国重点环境保护实用技术推荐项目、安徽省“861”行动计划重点建设项目和安徽省装备制造业备选项目、安徽省重大技术装备项目。

公司和产品先后荣获“全国环境工程50强重点推荐企业”“全国重点环保产品定点生产企业”、中国重型机械行业前“十强”企业、中国重型机械工业协会输送机分会“先进单位”、中国环境保护产业协会理事单位、中国环保装备“专、精、特、新”企业、“全国就业与社会保障先进民营企业”、安徽省“创新型企业”、安徽省“两化融合示范企业”、安徽省“输送机械专业商标品牌基地骨干企业”、安徽省“劳动保障诚信示范企业”、安徽省“质量管理奖单位”、安徽省“重合同守信用企业”、安徽省“银行诚信客户”“AAA”信用等级企业。2008年成为国家高新技术企业。2010年6月25日在深圳证券交易所挂牌上市发行，成为安庆市民营企业先期上市公司。“盛运”牌商标被认定为“中国驰名商标”，“盛运”牌带式输送机荣获“安徽省名牌产品”“苏浙皖赣沪名牌产品50佳”称号。

公司一贯秉承“至诚团结、拼搏进取、求精创新、追求一流”的企业精神，努力提高员工素质，强化内部管理，立足技术创新，着力实施品牌战略。

未来的盛运股份将继续以“完善质量体系、强化过程管理、坚持持续改进、增强顾客满意度”为方针，以“质量铸就品牌，团结凝聚力量，诚信赢得市场，人才打造未来”的经营理念，服务客户，回报社会！着力将公司打造成为行业的领先者！

产品展示

TD型带式输送机

DTII型带式输送机

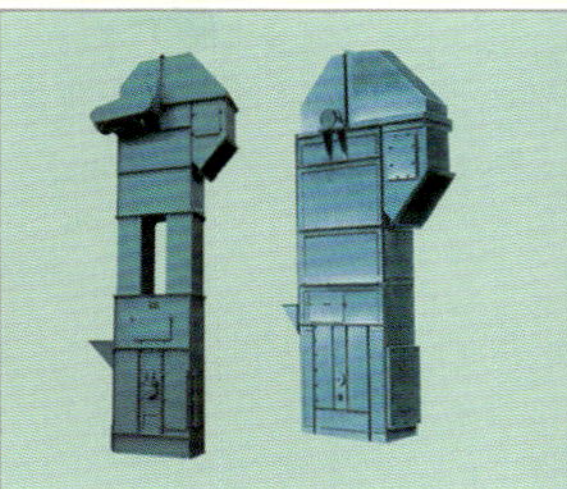
HI、TH型斗式提升机

DS、SDBF型熟料链斗输送机

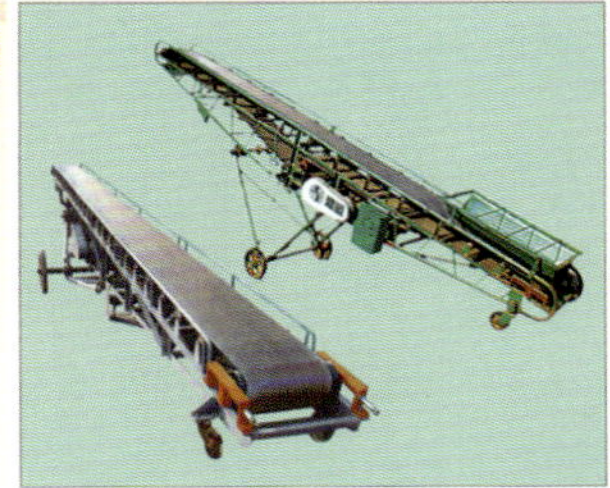
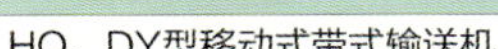
HQ、DY型移动式带式输送机

HZS50移动式转向带式输送机

FU型链式输送机

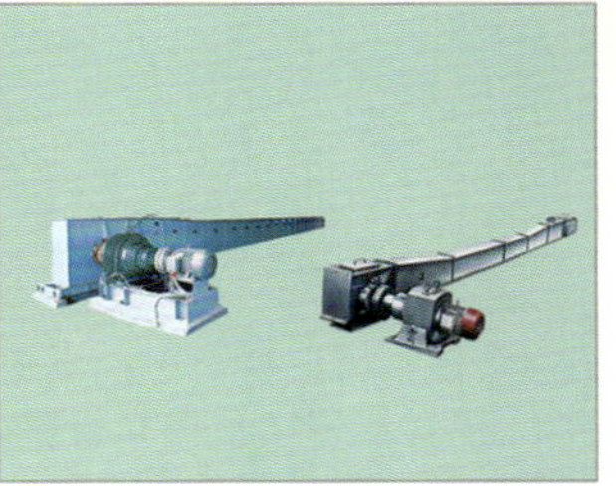
MS、MC、MZ型埋刮板输送机

干法脱硫除尘一体化设备

生活垃圾焚烧发电设备

医疗垃圾焚烧处理设备

污泥干化焚烧设备

企业文化

企业宗旨： 服务客户 回报社会

企业愿景： 成为行业的领先者

企业精神： 至诚团结 拼搏进取 求精创新 追求一流

经营理念： 质量铸就品牌 诚信赢得市场 团结凝聚力量 人才打造未来

未来五年发展规划：

将坚持以技术与管理创新为动力，大力实施人才和品牌发展战略，加强对员工专业知识与技术的学习和培训，着力提高员工专业技能和综合素质，不断扩张整体规模，快速提升装备水平，全面提高产业运营和资本运作综合能力。大力开发新型环保设备和输送设备高端技术新产品，加快拓展相关行业高端客户新市场。全体盛运员工将奋力拼搏，刻苦钻研，创新进取。努力将盛运股份打造成国内电力、矿山、冶金、建材、化工、交通运输、港口码头、路桥工程、垃圾焚烧发电工程及市政环保工程等相关行业前5强的大型成套环保设备和输送设备的总包商。

总部地址：安徽省桐城市经济开发区东环路1号　销售热线：0556-6608666　总机：0556-6207688

安徽盛运环保设备有限公司　地址：安徽省合肥市包河工业区大连路23号　销售热线：0551-64842427　总机：0551-64842477

http://www.300090.com.cn　E-mail: sy@300090.com.cn　ahsy99@163.com

山起重型机械股份公司前身是山东起重机厂有限公司，始建于1968年，2002年1月8日设立有限公司，2009年12月31日改制成立股份有限公司。是山东省重点企业、省机械行业五十强和高新技术企业，于2008年取得省级企业技术中心资格，先后荣获“山东名牌”“山东省著名商标”“中国驰名商标”等荣誉称号。

公司主要业务是起重机及其零部件的设计、生产、安装和销售，主导产品是桥式起重机和门式起重机。现已发展成为华东地区大型的桥式、门式起重设备制造商，是中国重型机械工业协会常务理事单位，桥式起重机专业委员会副理事长单位。公司先后被山东省企业信誉评价委员会授予“特级信誉企业”；被中国技术监督情报协会评定为“3.15质量无投诉、服务无投诉诚信企业”；被山东省工商行政管理部门、山东省企业信用协会授予省级守合同重信用企业；被消费日报社和中国企业信用协会评为中国起重机质量放心用户满意十佳诚信企业。

公司2010年成立立体车库事业部，充分利用公司原有大型起重机械设计、制作经验，自主研发了升降横移式、垂直升降式、巷道堆垛式、平面移动式、垂直循环式、水平循环式、简易升降式、停车转盘等十几类二十多个品种的停车设备，目前已具备年产3 000车位的生产能力。海洋能作为传统能源的补充，其市场广阔，前景被看好，已经越来越被国家和社会重视。2012年公司开发了潮流能发电、海油装备、临港机械项目。目前潮流发电样机已试制完成，海油装备、临港机械等国家鼓励类项目正在启动。公司和知名高校如中国海洋大学等开展的校企合作，成为对该项目有力的技术支持。

公司秉承“品质领先，发展致胜，打造一流，产业报国”的经营理念，不断提高产品的技术含量、制造水平和制造能力，以打造世界一流起重机械企业为目标，加快建设资源节约型、环境友好型企业，努力使公司发展成为技术先进、效益突出、管理一流的国际性机械制造企业。

地址：山东省青州市昭德北路2198号 电话：0536-3203038 传真：0536-3203037 网址：www.sdqz.com 邮箱：sqgf@sdqz.com

焦作制动器股份有限公司

焦作制动器股份有限公司是中国重型机械工业协会传动部件专委会副理事长和制动器行业组组长单位，是中国机械工业优秀企业、河南省高新技术企业。公司占地面积28万㎡，拥有世界先进、国内一流水平的自动、半自动生产线十余条，工业制动器和风电制动器分别达到年产5万套的生产能力，ABS达到年产30万套的生产能力。

公司在行业内率先通过ISO9001质量体系认证、欧洲CE认证、ISO/TS16949认证，拥有国家专利42项，专有技术29项；有45项产品获得国家和省市级奖项；制定行业标准6项。

公司“金箍”牌商标是同行业中的中国驰名商标，成为中国制动器行业值得信赖的品牌。产品广泛应用于起重运输、冶金矿山、船舶港口、汽车电子和风力发电等行业。我国神舟系列飞船、北京奥运会鸟巢、上海世博会等国家重大项目均优先选用公司产品。

YWZ13系列
电力液压鼓式制动器

KPZ系列自冷盘式制动装置

YPZ2Ⅳ、Ⅴ、Ⅵ系列
电力液压盘式制动器

DADH90-B-MXFW
液压直动制动器

地址：河南省焦作市博爱县发展大道1688号 电话：0391-2086000 传真：0391-2080000
邮编：454450 http://www.jzbrakes.com

广州广起集团是以广州起重机械有限公司（广起）为核心企业的具有 55 年历史的广东大型的起重机专业制造企业集团。集团企业成员有广州起重机械有限公司、广州泰克力起重机有限公司（广起•科尼合资）、广东广起重型机械有限公司、广州兴力起重机有限公司、广州海德起重设备有限公司等，是全国起重机行业中技术融汇中外、产品门类齐全的具有特色的物流装备制造企业。

集团总部位于广州广园中路，成员企业分别在广州市白云区、花都区、越秀区、云浮市都杨镇云浮高新技术产业开发区注册。占地面积共 22 万㎡，建筑面积 6 万㎡。生产基地分别设在广州花都区和广东云浮市，具有年生产销售各类桥式、门式起重机 2 000 台的能力。主导产品为起重量 320t 及以上大参数起重机械设备，同时生产液压升降机械、金属结构和生产线工程总包。产品涉及机械、冶金、石化、港口码头、能源、造纸、环保、造船、汽车、物流、市政等行业，遍及海内外。

公司具有 A 级特种设备制造许可证和 A 级特种设备安装改造维修许可证，有专业的起重机安装和改造维修服务队伍，具有维修各类中外品牌起重机的业绩和经验。公司现有员工 500 人，具有各类职称的工程技术人员占 15%。公司按照 GB/T19001—2000 idt ISO 9001:2000 标准建立和运行质量体系。

公司拥有先进的起重机制造设备和专用工艺装备，起重机结构件自动化生产线在行业处于领先水平。产品应用无线遥控、变频调速技术、PLC 可编程控制器控制、微波防撞、安全运行监控系统、车载通信、硬齿面减速机、万向联轴器、液压缓冲器等先进技术，技术档次高，质量可靠。公司全面采用先进的 CAD、CAPP、有限元分析等设计分析手段，推进系列产品优化，并可满足客户的个性化要求。

2011 年"广起"商标再次被评为广东省著名商标。"广起"牌起重机获广州市著名商标、广东省著名商标称号。

公司地址：广东省广州市广园中路 283 号

邮编：510405
电话：020-86592003 86592004
传真：020-86577651

生产厂区：
广东省广州市花都区花东镇•北兴•花都大道北 28 号
电话：020-86797501 86797502
传真：020-86796828
邮编：510897
http://www.gzcranes.cn

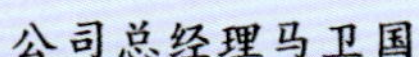
公司总经理马卫国

QD160/32t-28m

MG36/10t-35m

QD50/10t-26m

压力容器

水轮机蜗壳

新疆通用机械有限公司是生产各类桥式、门式起重机及压力容器的专业厂家。是中国重型机械工业协会、中国化工装备协会、起重机专业委员会理事单位。2000年通过了ISO9001：2000质量管理体系认证。

“博峰”牌起重机是具有高知名度的品牌，主要包括：各类单梁、双梁、门式起重机（最大许可资质达160t），以及D1、D2、A2压力容器等。产品被广泛应用于机械行业、冶金行业、石油化工行业、能源制造业等。

公司一贯奉行“以人为本，诚信立业”的经营理念，坚持“用户至上、诚信为本、规范管理、精心运作”的质量方针，秉承“追求卓越、科学发展”的企业精神，竭诚为广大用户提供更优质的产品和更完善的服务。

公司位于新疆乌鲁木齐市，具有独特的地域优势，欢迎全国兄弟企事业单位来公司考察，洽谈合作。

新疆通用机械有限公司

地址：乌鲁木齐市米东区振兴南路469号　邮编：831400　电话(传真)：0991-6868363
http://www.xjtyjx.com　E-mail: ha99368@163.com

SIEMENS
优秀企业风采

湖州双力自动化科技装备有限公司(湖州电动滚筒有限公司)是一家集科研、开发、生产、销售和服务为一体的专业化电动滚筒制造企业。公司一直执著于为广大客户奉献高品质的电动滚筒产品，并在核心领域作深入研发。公司引进德国专有技术设计，为生产优质的电动滚筒奠定了坚实的基础，确保公司在电动滚筒行业激烈的竞争中，始终以一流的质量永立潮头。

公司于2000年被中国重型机械工业协会授予“全国起重运输机械行业信得过产品和企业”证书，2007年被评为“浙江省高新技术企业”，1999年2月通过ISO9002质量体系认证，并于2002年2月通过ISO9001：2000质量管理体系认证。公司拥有年产10 000台以上电动滚筒生产能力以及设计生产变型产品、延伸产品和其他产品的应变能力，是全国电动滚筒制造的骨干企业，是中国南方地区大型的电动滚筒专业生产厂家。公司生产的“星力”牌电动滚筒广销全国各地及东南亚、中南美等地区。三峡工程、首钢集团、宝钢集团等重点工程和企业，都采用了“星力”牌电动滚筒做为输送工程驱动设备，具有良好的市场口碑。

公司经过自主研发和技术合作，产品拓展出了电动滚筒、辊道输送机、带式输送机、平板硫化机、挡烟垂壁等5大系列1 000多个规格。其中电动滚筒有：油冷式电动滚筒、油浸式电动滚筒、外装式电动滚筒、隔爆型油冷式电动滚筒(已获煤安证)、单相油浸式电动滚筒等。公司致力于不断满足市场变化的需要，引领国内电动滚筒行业革新与进步。

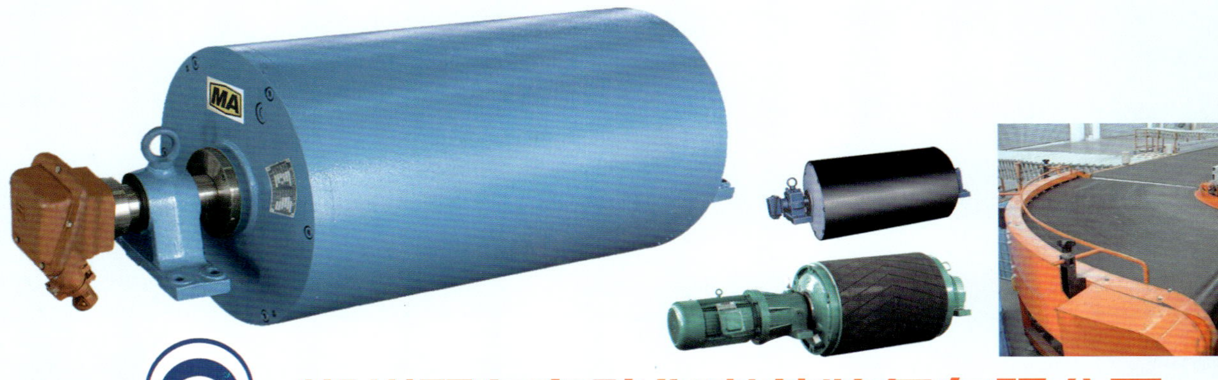

优秀企业风采

大洋 DA YANG

潍坊大洋自动泊车设备有限公司

潍坊大洋自动泊车设备有限公司成立于2001年11月，注册资金6 000万元，职工460人，是专业从事机械式立体停车设备的研发、制造、安装与售后服务的高新技术企业。公司通过ISO9001质量认证和欧盟CE安全认证，是中国专利山东明星企业、山东省名牌产品企业、山东省著名商标企业，是中国重型机械工业协会停车设备委员会副理事长单位；参与了国家标准《机械式停车设备分类》《机械设备通用安全标准》《机械式停车设备术语》及行业标准《停车设备链条》的制定。公司依靠产品优势，努力塑造“大洋”品牌。产品行销国内大中城市，并出口到欧洲、东南亚、中东及美洲等地区，多项专利产品入围国家重点新产品计划项目、国家火炬计划项目，多种产品销量位居行业前三位。公司连续三年被评为行业优秀企业，其中公司董事长、总经理分别被评为行业优秀企业家，荣获行业突出贡献奖。

Space is limited

停车无限

Unlimited parking

DA YANG

联系人：赵经理　电　话：0536-7673066
传　真：0536-8791526
地　址：山东省潍坊高新区潍安路7888号
邮　编：261031　http://www.dyparking.cn
E-mail：dayangboche@163.com

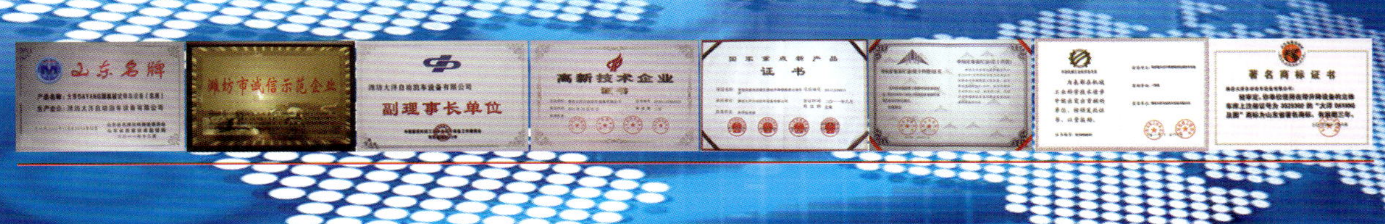

天津起重设备有限公司

党委书记、总经理：冯会有

天津起重设备有限公司（原名天津起重设备厂）始建于 1953 年，是隶属于百利机电控股集团专业生产起重机的国有企业，是中国重型机械工业协会常务理事、起重葫芦分会理事单位，是钢丝绳电动葫芦和梁类产品标准的制定单位之一，具有自营进出口权。新厂区占地面积 10 万 m^2，建筑面积 6.7 万 m^2。

公司主导产品是“天起”牌钢丝绳电动葫芦式起重机，包括钢丝绳电动葫芦，单梁、悬挂、桥式、门式、多支点起重机；防爆钢丝绳电动葫芦，防爆单梁、悬挂、桥式起重机；旋臂、抓斗、通用门式起重机、通用桥式起重机等共二十大系列，上万种规格的产品，均获得中华人民共和国特种设备制造许可证。“天起”牌电动葫芦式起重机 2004 年获天津市名牌产品称号和著名商标称号。

公司采用 GJB9001B-2009 质量体系认证，拥有市级技术中心，拥有专业检验检测设备 500 多台（套），检测能力达到国内先进水平。“天起”牌起重设备广泛应用于国防建设、核电、汽车、冶金、机械、石油、化工、能源、运输、造纸、航空、航天、电力等行业及大亚湾核电站、岭澳核电站、福清核电站、海南核电站、上海宝钢公司、首都机场、成都机场、昆明机场、厦门机场、西飞公司、沈飞公司、来宾电厂、三河电厂、哈尔滨电站、三峡工程、西昌卫星发射中心、航天科技集团、航天科工集团等国家重点工程，并出口 35 个国家和地区。

公司实行董事会领导下的总经理负责制，秉承“忠诚服务用户、敬业升华产品”的公司理念和“创新、高效、务实、聚才”的企业精神，竭诚与国内外宾朋携手合作，共创辉煌！

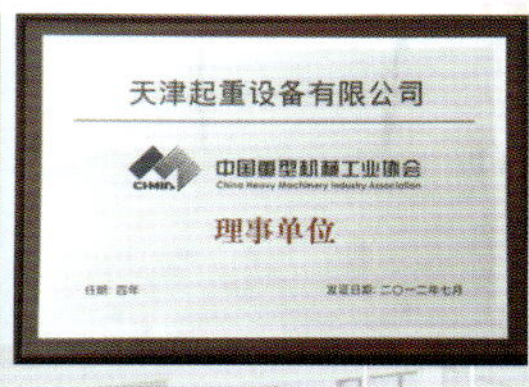

地址：天津市开发区西区中南一街 29 号 邮编：300462
销售中心电话：022-65382322 E-mail：tjqizhongshebei@126.com
人力资源电话：022-65382350 E-mail：zhb_tq@yahoo.com.cn

www.zjkdqz.com

环链电动葫芦
ELECTRIC CHAIN HOIST

400-881-6661

CNAS ISO9001-2000 CE SGS JB

ISO9001:2008国际质量体系认证

250kg-35t

天车专用马达

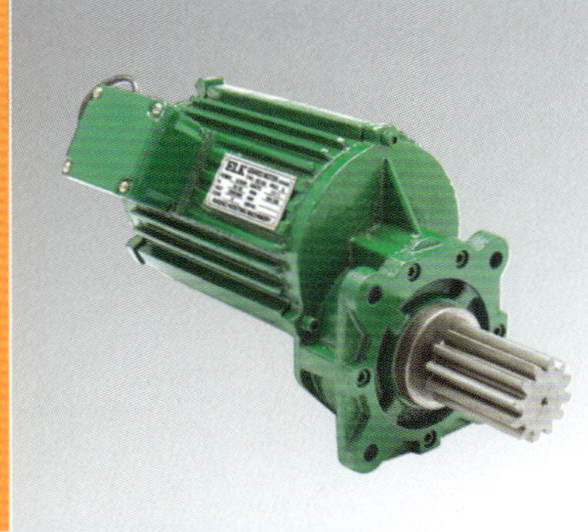

浙江凯岛起重机械有限公司
ZHEJIANG KAIDAO HOISTING MACHINERY CO., LTD.

地址：浙江省台州市路桥区吉利工业区(东边)
电话：0576-82717999　传真：0576-82958822

山东大通机械科技有限公司

SHANDONG DATONG MECHANICAL TECHNOLOGY CO., LTD.

山东大通机械科技有限公司坐落于齐鲁名城——淄博市博山区。

企业依附于颜山孝水的古韵灵风，顺势于改革开放的富民政策，经过数十年来市场打拼和内功锤炼，由原淄博大通矿山机械制造有限公司，成长为今天享誉国内外矿山机械市场的山东大通机械科技有限公司。

"把握机会，努力举绩，达成目标，入围高峰"是大通人多年来始终恪守的创业理念。公司现有员工200余人，中高级技术人员20余人；并拥有多台大型立式车床、镗床、刨床、现代化自动焊接机、数控气割机等加工设备。在物竞互择，适者生存的市场竞争中，大通凭借企业雄厚的实力、科学的管理、先进的技术铸就了大通产品的独特品质及大通品牌的特殊魅力。如今，复合圆锥式、颚式、细碎颚式、锤式、反击式、对辊式、振动筛分机等十一大系列百余个品种的产品已形成生产规模。产品经过国家矿山机械质量监督检测中心监督抽查，质量优良。过硬的质量和完善的售后服务使大通的产品畅销国内26个省、直辖市、自治区，并出口尼日利亚、印度尼西亚、韩国、苏丹、伊朗、菲律宾等国外市场。近千家长久合作的业务伙伴和巨大的市场发展潜力，给予了大通坚定的发展信心和广阔的成长空间。

大通的发展历程，始终坚持"以实力锻造品牌、以质量培育市场、以诚信发展客户"的管理理念，不断追求卓越，时刻体现完美。在抓产品质量和市场建设的同时，也加大内部管理的软环境建设，引进和借鉴当前先进的科学管理方法，使企业的发展更具活力。企业现已顺利通过ISO9001：2008国际质量管理体系认证，并荣获省级守合同重信用、山东名牌、山东省著名商标、中国重型机械工业协会破碎粉磨设备专业委员会理事单位等荣誉称号。企业的不断发展，得力于广大客户的无限信任和一贯支持，得力于企业始终用前瞻性发展眼光看待市场，得力于具有自身特色的、科学、先进的基础管理和不断壮大的技术队伍，全体大通人将永远铭记且时时感恩于这难得的一切。

市场如水，企业如舟，品质如舵，大通人将继续秉承"质量第一、信誉至上"的经营理念与您一道把握成功！

选择大通　把握成功

地 址：山东省淄博市博山区城东良庄社区北首　邮 编：255200
电 话：0533-4204666/777/888　传 真：0533-4200699
E-mail：shandongdatong@163.com　http: // www.sddt.com.cn

中国驰名商标

洛阳大华重型机械有限公司

LUOYANG DAHUA HEAVY TYPE MACHINERY CO., LTD.

洛阳大华重型机械有限公司是一家实力雄厚的股份制矿山机械制造企业，主要研制、生产各类破碎、筛分、磨矿、洗选、给料、输送机械及水泥装备、人工砂石料加工等成套设备。产品广泛应用于各类金属、非金属矿山开采及建材、交通、城市建设、水利水电工程、能源开发、建筑垃圾和固体金属废渣循环回收利用等行业。

公司早在1998年就通过了ISO9001国际质量体系认证，2004年进行股份制改造后先后获得了“河南省高新技术企业”“河南省高成长型企业”“河南省著名商标”“全国诚信企业”“国家征信企业”“全国模范职工之家”等荣誉。在社会各届的关爱和支持下，2012年C系列颚式破碎机获得CE证书，“华重”破碎机荣获“河南省名牌产品”荣誉称号，“华重”商标被国家工商行政管理部门认定为中国驰名商标。

目前，公司已拥有53项专利技术和4项注册商标，是立式冲击破碎机、立式复合破碎机、钢渣自磨机等多项行业标准起草修订单位，研发生产洗选、破磨设备的重点企业，中国砂石协会常务理事单位，中国废钢铁应用协会理事单位，在行业内拥有举足轻重的地位。

在“诚信、共赢”经营理念的指引下，公司以全方位的创新服务竭诚为广大客户创造理想的价值，产品畅销全国各地，并出口欧洲、美洲、非洲及东南亚等地区，赢得了广大用户的信赖与支持，与中国水利水电建设集团公司、中国路桥、中国铁路、葛洲坝等大型企业集团建立了长久的战略合作关系。

“创国际名牌，建百年基业”是公司的愿景。在快速发展中公司将时刻牢记“奉献社会，服务客户，回报股东，成就员工”的使命，为快速发展的中国经济提供装备支持，引领中国矿山破碎行业迈上新的征程！

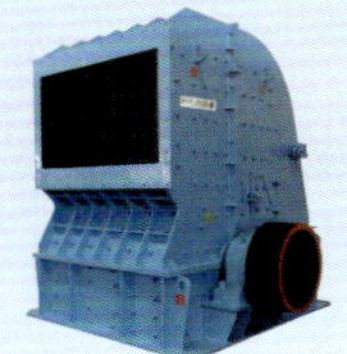
PFQ 反击式破碎机

AF 圆锥破碎机

C 颚式破碎机

PC 锤式破碎机

PL 立式冲击破碎机

地址：河南省洛阳市关林路280号　　邮编：471023
电话：0379-62669999　　传真：0379-62669988
E-mail：lydhjq@163.com　　lydhjq@gmail.com
http:// www.huazn.com　　www.lydh.com

YD 移动破碎站

PYG 多缸液压圆锥破碎机

广东永通起重机械实业有限公司是中国重型机械工业协会会员单位，中国重型机械工业协会桥式起重机分会理事单位，是起重机行业A级生产企业、广东省质量技术监督部门专家直接驻厂监检单位，是广东省起重机行业中同时具备生产桥门式起重机和港口起重机以及造船起重机（桥式、门式、门座式）能力的专业化企业，是目前广东省起重机行业中规模大、产品品种齐全、产销量大的企业之一。

公司总占地面积8万多平方米，其中建筑面积5万㎡，各种生产检测设备近700台（套），员工500多人，其中高中级专业技术人员130多人。公司于2011年通过了GB/T28001–2001、ISO14001：2004、ISO9001：2008三合一质量管理体系认证。近年来，通过大力发展港口装卸起重设备产品，公司逐步发展成为高新技术型企业，与国际起重机技术的先进水平接轨，并走出了一条自我创新和可持续发展的道路。

“技术改造和战略步署，积极推进散料装卸运输机械的发展。”早在2010年，与德国蒂森克虏伯采矿物料搬运技术有限公司技术合作，成功制造出取料量为每小时1200t（L型）的链斗式连续卸船机。该机组设计新颖，具有卸船效率高、对环境的污染小、能耗低、质量小、工作平稳、操作易于实现自动化等优点，被广泛应用于冶金、电力、矿山、煤港等领域，深受中外用户的一致好评。2011年，公司与国内科研院校武汉理工大学港口机械系专家组进行技术创新，共同开发新一代的螺旋式连续卸船机。该项目首要解决的技术关键是实现螺旋片连续性吸(取)料问题。在反复进行论证与实践，克服各种技术与工艺难题后，2012年6月，螺旋卸船机机头在试验平台连续五次取煤成功，标志着广东永通起重机械实业有限公司与武汉理工大学合作研发的螺旋卸船机项目取得阶段性胜利。

“发展靠技术创新，市场靠质量和信誉去赢得。”我们将一如既往地坚持“以市场为先导、以科技为依托、以质量为主线、以诚信为根本”的发展方针，努力把永通公司打造成为具有国际先进水平的港口装卸型企业，以最优质的产品和最真诚的服务来回报广大用户的厚爱。

与德国蒂森克虏伯采矿物料搬运技术有限公司共同研制的1200t L型链斗式卸船机（安装地：广州市南沙港）

与武汉理工大学共同开发的螺旋式卸船机机头试验组

广东永通起重机械实业有限公司

地址：广东省佛山市顺德区陈村镇潭村工业区三路　邮编：528313
电话：0757–23357118　传真：0757–23357378
http://www.gd-yt.cn　E-mail：118@gd-yt.cn

起重设备厂有限公司

SHANGHAI XIONGFENG HOIST &CRANE PLANT CO., LTD.

上海雄风起重设备厂有限公司专业生产各类桥式、门式起重机，普通和防爆型电动葫芦；是中国重型机械工业协会理事单位、桥式起重机专业委员会和起重葫芦分会成员单位。公司地处上海市松江区佘山镇佘山工业区，占地面积8.8万m^2，厂房面积5万m^2，总资产1.6亿元。公司现有员工360人，其中管理人员25人、工程技术人员25人、具有高级技术职称人员5人。公司已取得ISO9001：2008质量管理体系认证。公司以“质量为本、诚信至上”的经营理念为指导，精心为客户打造每一件产品，成为客户完全可以信赖的合作伙伴。公司注册的“大鹏”商标连续数年荣获上海市著名商标；电动葫芦及起重机产品获“上海名牌”产品称号。公司多年被评为上海市重信誉守合同AAA级企业。上海雄风起重设备厂有限公司致力于为客户提供更优质的产品、更诚信的服务，来满足客户的需求。

240t、150t起重机 | 100t起重机

250t起重机 | 80t门式起重机

上海雄风起重设备厂有限公司主导产品

型式	型号/参数
通用桥式起重机	QD、QE型250t及以下 QC、QZ型30t及以下
通用门式起重机	MG、ME型150t及以下 MDG型50t及以下 MC型32t及以下
电动葫芦门式起重机	MEH型100t及以下 MHBE型32t及以下
防爆梁式起重机	LB型25t及以下 LHB型16t及以下 LXDB型10t及以下
电动葫芦桥式起重机	LHE型100t及以下 LH型60t及以下 LHS型40t及以下
防爆钢丝绳电动葫芦	HB16t及以下 HB-CM12型50t及以下
钢丝绳电动葫芦	CM12型60t及以下 CD1、MD1型16t及以下

地址：上海市松江区佘北公路2199号 邮编：201602
电话：021—57793085 传真：021—57793615
http://www.xfqzj.com E-mail: sales@xfqzj.com

郑州凯澄起重设备有限公司

郑州凯澄起重设备有限公司注册资金2 000万元，地处新郑市双湖开发区磨河桥南100m，临107国道，交通便利。公司取得了国家质量监督检验检疫部门颁发的“特种设备制造许可证”“特种设备安装改造维修许可证”，并通过ISO9001:2000质量管理体系认证，是中国桥式起重机专委会成员厂家之一。

公司以生产起重机械为主，是集科研、设计、制造、安装为一体的综合型企业。占地面积2.5万m^2(38亩)，总投资1 080万元，现有职工220人，其中工程技术人员38人。公司下设生产部、技术部、质检部、供应部、财务部，有精加工车间、6个结构车间、安装队等部门。主要生产电动双梁、电动单梁桥式起重机，龙门起重机，架桥机，公路门机及非标起重设备，产品质量在全省起重行业名列前茅，为国家多项重点工程提供了优质产品，如通用门式起重机MG150t用于北京轻轨机场线、ME240t用于北京地铁15号线，架桥机JQJ50/200t用于国道102线跨京哈铁路大桥，通用桥式起重机QD250/25t用于国家核电站。通用门式起重机、抓斗起重机还出口到安哥拉、伊朗、越南等国家。公司近几年相继获得“科技进步奖”，连续三年荣获河南省“质量信得过”企业，河南省和郑州市“重合同、守信用”企业，是郑州市科技进步企业。公司2012年实现销售收入6 000多万元，利税900万元。

郑州凯澄起重设备有限公司拥有完善的质量保证体系，严格的管理机制，强大的生产能力，先进的检测手段，诚信的经营之道，及时的售后服务，深得用户赞誉。“信誉第一、用户至上”是郑州凯澄起重设备有限公司永恒的宗旨。

全国免费客服电话：400-0371-067

地址：郑州新郑双湖开发区磨河桥南　　邮编：451191
电话：0371-62568518　62575799　62579699
传真：0371-62568518
http:// www.zqqzj.com
E-mail：kcqzj@126.com

CHME

服务热线：0577-62998000

JDNN

浙江中富电气有限公司

浙江中富电气有限公司是一家集研发、生产、销售为一体的综合性专业电气产品制造商。主要产品有电动葫芦、起重机械、工业行车及电动绞盘的手电门、电控总成、直流接触器及控制设备，是中国重型机械工业协会会员单位。坐落于乐清市北白象，和盛名远扬的“中国电器之都”——柳市相邻，交通便利。现有员工80多名，大中专学历以上专业技术人员12名。公司全面推行“6S”现场管理模式，严格执行员工绩效考核办法，引导全体员工实行自我约束，工会引导，专人管理的企业员工自治管理模式。

公司拥有“JDNN”企业注册商标一枚，拥有个人实用新型专利一项，公司主要生产的JDA1系列行车控制按钮在国内行业占有一定的市场份额。产品先后获得“TÜV”“CE”欧盟安全规定认证及通过“RoHS”产品环保测试，同时公司也取得了ISO9001:2000质量管理体系认证，企业连续多年被中国银行评为“AAA”级信用企业。

公司坚持“创精品企业，让质量说话”的经营理念。团结拼搏、锐意进取，坚持科学发展，实行战略管理，提升打造先进制造业、科技企业，努力建设一个具有强大市场竞争力的行业龙头企业。

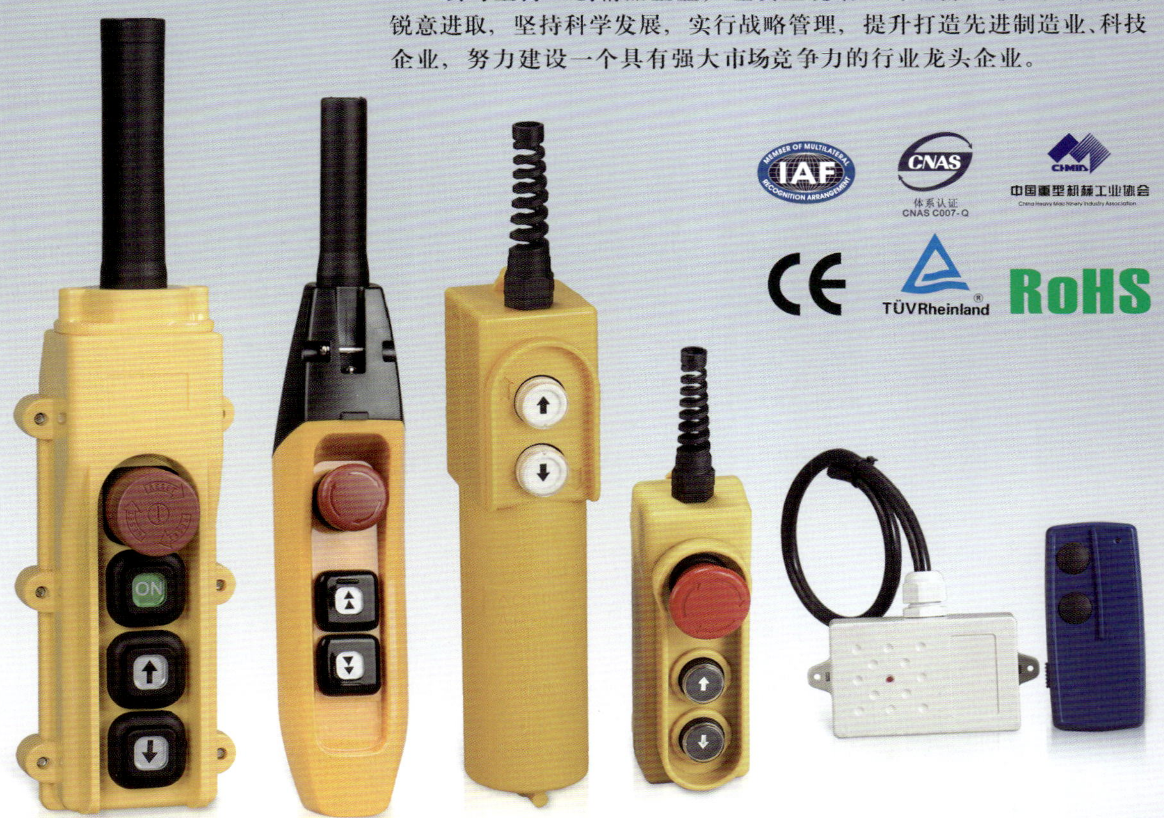

地址：浙江省乐清市北白象镇万南工业区　电话：0577-62998000　传真：0577-62998111

www.jdnn.cn

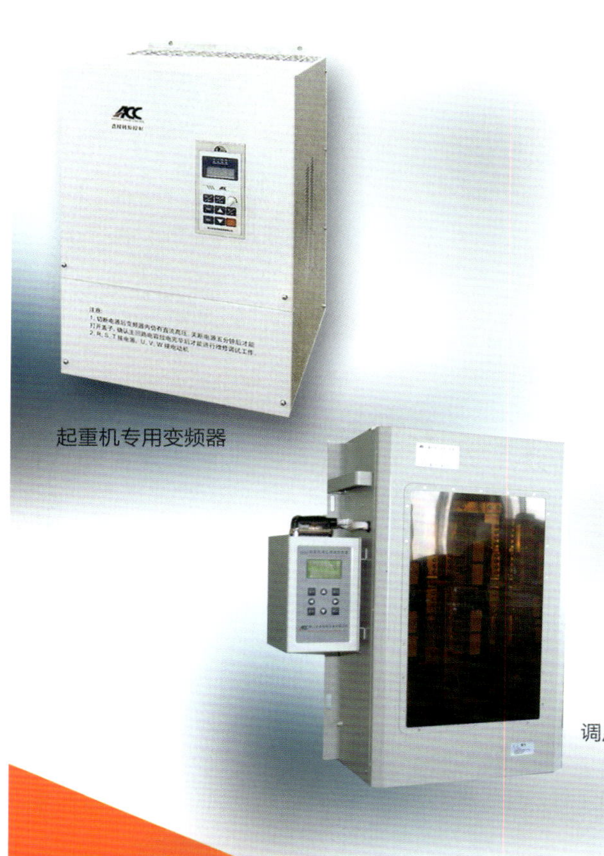
起重机专用变频器

调压调速控制器

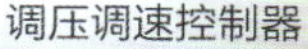

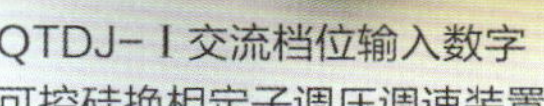

QTDJ-Ⅰ交流档位输入数字可控硅换相定子调压调速装置

QTDJ-Ⅱ全数字双闭环可控硅换相定子调压调速装置

QTDJ数字可控硅换相定子调压调速装置

河南华北起重吊钩有限公司

HENAN HUABEI LIFTING HOOK CO., LTD.

河南华北起重吊钩有限公司是中国重型机械工业协会理事单位，位于河南省长垣县起重工业园区，占地面积4.8万m²，资产总额1.2亿元，员工260人，其中中高级工程技术人员36人。

公司自1990年成立以来，一直从事起重机吊钩、吊具的研究、开发、生产和销售，是具有独立知识产权、工艺技术成熟、质量保证体系完善的现代化生产企业。装备有10 000t、6 000t油压机，40t操作机，5t、3t电液锤，YJM4232数控龙门加工中心，C6200机床，2 000t拉力试验机等大批先进设备。

主导产品"华起"牌3.2~1 000t行车吊钩和吊钩组率先通过国家产品质量认证，模锻吊钩200#以下产品居全国前列。"华起"牌系列产品荣获"河南省名牌产品"，"华起"牌商标荣获"河南省著名商标"。公司被授予"新科技进步企业""全面质量管理达标企业""重合同守信誉企业""质量信得过企业"等荣誉称号。

公司销售网络遍布全国30多个省、自治区、直辖市，产品远销俄罗斯、中东、东南亚、印度、非洲等地，年销量以30%的速度递增。公司本着"造精品服务社会，谋创新开拓未来"的宗旨，真诚与国内外各界朋友广泛合作，共创辉煌！

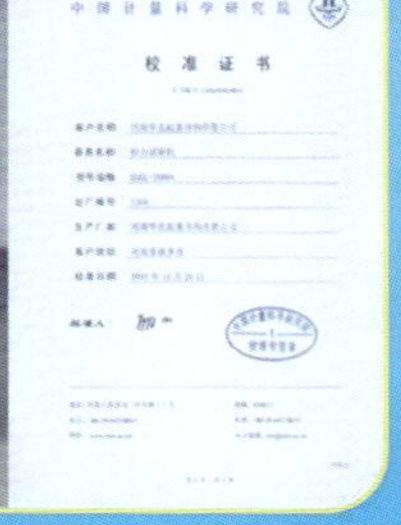

地址：河南省长垣县工业园区华北大道12号
邮编：453424
电话：0373-8791377 8710508
传真：0373-8710503 8710502
http://www.hbqzdg.com
E-mail：hbqzdg@163.com

加强自主创新
推进转型升级
促进由大变强
人物访谈

质量为本 精心制造 打造中国起重设备精品基地

——访河南省矿山起重机有限公司董事长崔培军

崔培军：中共党员，河南省矿山起重机有限公司董事长、党委书记，新乡市人大代表。曾先后获得“河南省劳动模范”“全民创业中国100标杆人物奖”“造福家乡之星”“中华优秀企业家”“河南省光彩慈善杰出人物”和“新乡市优秀人大代表”等多项荣誉称号。

河南省矿山起重机有限公司（以下简称河南矿山）是一家股份制工业企业，主要从事“矿源”牌电动葫芦，单、双梁桥式、门式、铸造、防爆等系列起重机及配件的制造与销售。

河南矿山成立于2002年，占地面积68万m²，员工2 700余人，拥有各类生产检测设备1 600余台(套)。公司环境优美、设备齐全、装备精良，产品涵盖桥式、门式起重机和轻小型起重设备三大系列80余个品种。公司坚持“精心制造，持续改进，追求卓越，用户满意”的质量方针。产品涉及冶金、矿山、机械、水利、电力、港口、造船等众多行业，服务于国内外大小企业上万家，并出口到澳大利亚、越南、印度、泰国及东南亚各国。年产销双梁起重机4 000余台，单梁起重机23 000余台，单、双梁电动葫芦及配件33 000余台（套），其中单梁产销量已连续七年蝉联全国第一。人均产值和经济效益在同行业中均名列前茅。曾先后荣获“中国驰名商标”“河南省名牌产品”“河南省高新技术企业”“新乡市市长质量奖”“守合同重信用企业”和“中国起重运输机械行业50强单位”等荣誉称号。

一、以质取胜，打造“矿源”知名品牌

“以质取胜”，这是河南矿山赢得市场的法宝之一。公司不但长期坚持狠抓一线产品质量，还要求管理层对工作质量、服务质量从思想意识到实际行动转变为服务型。在企业管理上，公司一直倡导要用好“两镜”：一个是“望远镜”，一个是“显微镜”。这样既能看到远处，做好目标规划；又能看到近处，做到精细化管理，解决工作中存在的实际问题，实现快速发展。

“质量铸就品牌 诚信编制未来”的真正内涵是站在客户的立场上去考虑产品的综合性能，把“诚信”真正体现在产品质量上。为此，公司倡导了“一站式”服务理念，从每一个可能影响产品质量的因素入手，严把质量关；在企业文化培训、员工素质教育、生产过程控制、产品终端检测、产品售后服务和产品跟踪回访等方面不断改进和创新，时刻让每位员工都认真对待生产经营管理过程中的每件事，让公司提出的“产品质量最好，服务质量最优，市场占有率最大，产品价格最低，员工薪酬最高，对社会奉献最大”六最方针充分体现在工作中的每个环节上。

公司积极推行ISO9000、ISO14001和OHSAS18001三个体系，推行全面质量管理（TQM），对生产工艺流程进行严格控制；深入开展零缺陷质量管理、QC质量小组活动并推行“6S”现场管理活动，确保质量管理体系的有效性和高效率。同时，公司还配备了国内外先进的计量、检测仪器，对产品性能、安全环保等项目内容进行全面检测，实现了出厂产品合格率为100%。

二、不断创新，助推企业“卓越”发展

回顾河南矿山10余年的发展历程，“创新”二字始终贯穿其中，确立了公司在国内起重机制造业的重要地位。

没有创新，就没有突破；没有突破，就没有发展。随着改革的不断深化，市场竞争的不断加剧，河南矿山

始终把创新作为发展的活力之源，一方面大力推进技术创新，努力开发具有自主知识产权的技术和产品，积极培育和发展自主品牌，不断提升企业核心竞争力；另一方面大力推进管理创新，引进先进管理方式，建立科学合理的决策经营机制，提升企业管理水平。

公司领导层根据企业愿景，综合考虑国家产业政策、行业发展趋势，在客观分析内外部因素，均衡考虑相关方利益的基础上制定了河南矿山总体发展战略，即以市场为导向，发挥区域与技术优势，重点发展高技术含量、高附加值产品，建设国内一流的起重机生产科研基地；节能降耗，改善环境，追求卓越，实现企业可持续发展。近年来公司连续引进了钢材预处理生产线、开卷校平生产线、数控热处理生产线、数控下料生产线、V 法铸造生产线、主梁焊接机组和单梁主体梁槽盖板一次成形生产线等大批高、精、尖设备，分别达到了国际先进、国内领先水平。其中，V 法铸造生产线的引入实现了公司车轮组全部自给自足；单梁主体梁槽盖板一次成形生产线更是实现了在工装器具的辅助下主梁成形及焊接流水线作业，可以有效降低原料消耗与工人劳动强度，提高产品质量与劳动生产率，真正实现了工业化建设由“规模型”建设向节能降耗、附加值高的“效益型”建设的转变。

自 2008 年以来，公司在自主研发产品尤其是在大吨位大跨度起重机研发制造方面取得了可喜的成绩。2009 年，为武汉市开阳星造船有限责任公司制造了 ME150+50t/100m 造船门机，是省内最大跨度的门机；2010 年，为唐山长城钢铁集团燕山钢铁有限公司制造了 YZS280/80/15t-22m 四梁铸造起重机，是除太重外当前国内最大的四梁铸造起重机，填补了河南省高端铸造起重机的空白。

三、加强协作，实现与相关方互惠互利

河南矿山不断建立、健全并制定科学的顾客、供应商、合作伙伴等各相关方管理机制，以诚待客，诚信经营，赢得了相关方的大力支持。

公司构建了遍布全国的销售及售后服务网络体系。当前，公司已经在全国建立了销售及售后服务销售网点近 400 个，做到了 24h 全天候服务，并通过互联网征求意见，借助信函、高层互访、售后服务等手段进行顾客满意度调查。遍布全国的服务网络彻底解决了客户的后顾之忧，保障了“质量铸就品牌，诚信编制未来”这一承诺的有效兑现。不少客户之所以选择“矿源”起重机，一是因为十余年来畅销不衰的“矿源”起重机品牌，二是产品质量过硬、造型美观，三是被河南矿山诚信合作与服务的精神所打动。

河南矿山一贯秉承“以德治企、诚信经营”的企业精神，与供应商构建了诚信双赢的长期合作机制，打造了卓越的供应链。公司大力发展和扶持战略供应商和基地户，对主要供应商提供资金、技术和必要的人力支持，以增强供应链的配套协作能力，提高供应商的满意度，进而保证原辅材料的战略供应。仅以长垣本地企业东泰齿轮有限公司为例，自公司与其确立战略合作关系以来，东泰公司年均销售收入与利润增长幅度分别达到 16% 和 27%。

四、强化责任，奉献爱心暖人间

公司在自身发展之路上始终坚持履行对国家和人民的社会责任，以“企业公民”的社会责任为核心，积极参与社会公益事业，以实际行动推进经济社会可持续发展。

公司制定了严格的安全生产规章制度，初步搭建了基于“三支队伍”的安全管理体系，经过持续有效地运行，安全管理、环境保护实现了规范化、标准化，通过对环境因素、安全因素的有效识别、评价与控制，防止了污染事故、安全事故的发生。

公司董事长崔培军是一位自强不息、不断创业、敢想敢闯的企业家，也是一位成功有为、乐于奉献的慈善人士。

随着企业的发展壮大，河南矿山不忘回报家乡，回报社会，主动承担社会责任，做到义利兼顾，德行并重。10 余年来公司累计在支农、教育、社会福利、公路建设、城区改造、救助困难群众和困难职工等方面无偿投入资金达 3 000 多万元。如 2004 年，公司成立了“助学基金会”，开始了数年如一日的捐资助学壮举。九年来，共投入助学资金 1 000 余万元，资助贫困大学生 1 700 余人，解决了附近贫困大学生入学难的社会问题。

河南矿山在董事长崔培军的带领下，开拓创新，追求卓越，在特种设备制造业这个大舞台上演绎了一个又一个商战奇迹，形成了无欠支、无拖付的良好金融信誉，走上了良性循环、科学发展之路。

面对激烈的市场竞争，河南矿山将继续坚持以技术为核心，以服务为导向，以高质量产品满足客户需要，努力为社会创造价值，开拓战略合作伙伴，突出企业文化。力争三至五年内实现企业“六最”目标，创一流企业，数百年矿源！

综合索引

鉴证行业发展足迹
振兴重型装备工业

中国机械工业年鉴系列

《中国机械工业年鉴》
《中国电器工业年鉴》
《中国工程机械工业年鉴》
《中国机床工具工业年鉴》
《中国通用机械工业年鉴》
《中国机械通用零部件工业年鉴》
《中国模具工业年鉴》
《中国液压气动密封工业年鉴》
《中国重型机械工业年鉴》
《中国农业机械工业年鉴》
《中国石油石化设备工业年鉴》
《中国塑料机械工业年鉴》
《中国热处理行业年鉴》
《中国齿轮工业年鉴》
《中国磨料磨具工业年鉴》
《中国机电产品市场年鉴》

中国工业年鉴出版基地

编辑说明

一、《中国机械工业年鉴》是由中国机械工业联合会主管、机械工业信息研究院主办的大型资料性、工具性年刊，创刊于1984年。

二、根据行业需要，1998年中国机械工业年鉴编辑委员会开始出版分行业年鉴，逐步形成了中国机械工业年鉴系列。该系列现已出版了《中国电器工业年鉴》《中国工程机械工业年鉴》《中国机床工具工业年鉴》《中国通用机械工业年鉴》《中国机械通用零部件工业年鉴》《中国模具工业年鉴》《中国液压气动密封工业年鉴》《中国重型机械工业年鉴》《中国农业机械工业年鉴》《中国石油石化设备工业年鉴》《中国塑料机械工业年鉴》《中国齿轮工业年鉴》《中国磨料磨具工业年鉴》和《中国机电产品市场年鉴》。

三、《中国重型机械工业年鉴》作为该年鉴系列之一，2005年创刊，每年出版一期，2012年为第8期。该年鉴集中反映了重型机械行业的发展情况，全面系统地提供了重型机械行业及其企业的主要经济技术指标。

四、《中国重型机械工业年鉴》2012年版内容由综述、行业篇、市场篇、企业篇、统计资料、标准与质量、政策法规、大事记和附录9部分构成，统计资料中的数据由中国重型机械工业协会提供，数据截至2011年12月31日。

五、本年鉴在编纂过程中得到了中国重型机械工业协会及所属分会、研究院所和企业的大力支持和帮助，在此深表谢意。

七、由于水平有限，难免出现错误及疏漏，敬请批评指正。

中国机械工业年鉴编辑部
2013年3月

综述

回顾2011年重型机械行业发展状况，公布2011年中国机械工业科学技术奖重型机械获奖情况，指出当前行业发展中存在的问题，并提出措施建议

Reviewing the development of heavy machinery industry in 2011, announcing the winners of Science and Technology Award of China machinery industry in heavy machinery industry, pointing out problems existing in the development of heavy machinery industry, and putting forward suggestions on countermeasures

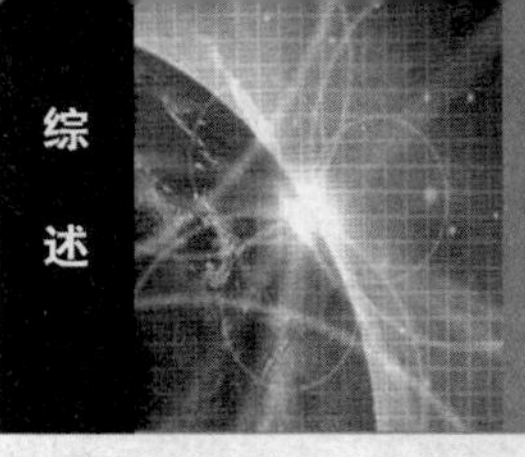

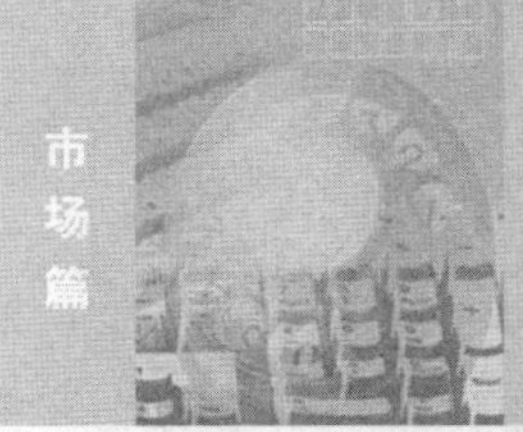

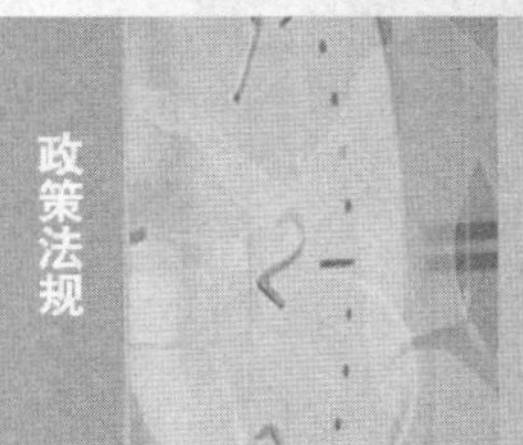

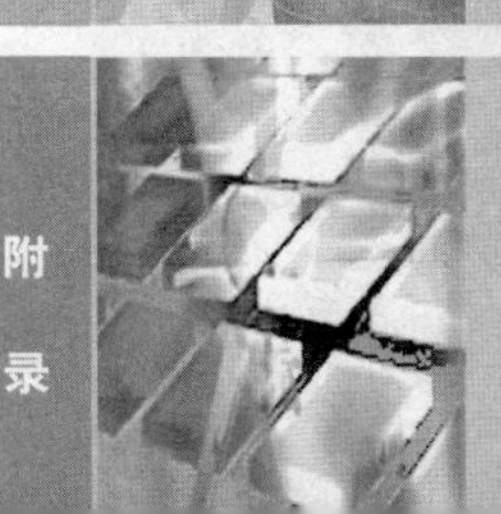

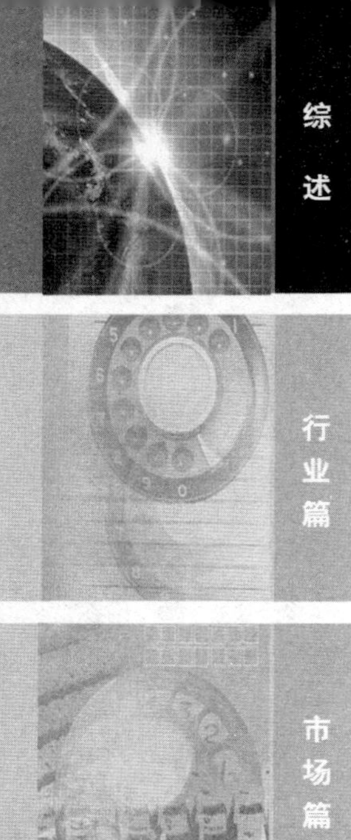

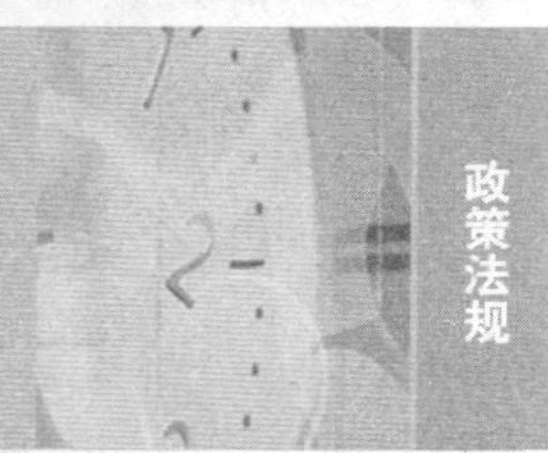

综述

2011 年重型机械行业总体发展情况

重型机械行业是全国冶金矿山机械制造业和全国物料搬运(起重运输)机械制造业的合称。

按照《GB/T 4754—2011 国民经济行业分类》新标准的规定,重型机械行业归口的行业小类已由原冶金设备、采矿采石(矿山)设备和起重运输设备等 3 个行业小类,变更为冶金设备、矿山机械和轻小型起重设备、起重机、生产专用车辆(编者注:应称为工业车辆)、连续搬运设备、电梯自动扶梯及升降机、其他物料搬运设备等 8 个行业小类,并从 2012 年国家行业统计年报开始执行,故 2011 年重型机械行业年报统计仍按照原《GB/T 4754—2002 国民经济行业分类》标准执行。

2006—2010 年重型机械行业主要经济指标完成情况见表 1。

表 1 2006—2010 年重型机械行业主要经济指标完成情况

指标名称	行业名称	2005 年	2006 年	2007 年	2008 年	2009 年	2010 年	年均增长(%)
企业数(家)	重型机械行业	2 179	2 494	2 879	4 187	4 388	4 686	16.55
	其中:冶金矿山机械行业	931	1 131	1 386	2 073	2 238	2 384	20.69
	物料搬运机械行业	1 225	1 336	1 463	2 114	2 150	2 302	13.45
工业总产值(当年价)(亿元)	重型机械行业	2 138.85	2 771.78	3 711.86	5 125.66	5 787.89	7 111.88	27.16
	其中:冶金矿山机械行业	784.18	1 098.62	1 520.89	2 204.50	2 579.80	3 207.58	32.54
	物料搬运机械行业	1 334.98	1 654.64	2 169.43	2 921.16	3 208.08	3 904.30	23.94
主营业务收入(亿元)	重型机械行业	2 071.75	2 634.46	3 535.41	4 954.37	5 649.58	6 966.97	27.45
	其中:冶金矿山机械行业	765.17	1 019.42	1 385.24	2 101.12	2 505.33	3 111.30	32.38
	物料搬运机械行业	1 289.04	1 599.32	2 130.35	2 853.26	3 144.26	3 855.67	24.50
利润总额(亿元)	重型机械行业	108.49	162.95	233.49	345.02	407.92	553.21	38.52
	其中:冶金矿山机械行业	30.32	54.51	100.38	152.64	167.87	249.70	52.45
	物料搬运机械行业	77.91	108.93	132.40	192.38	240.04	303.51	31.26
主营业务收入利润(总额)率(%)	重型机械行业	5.24	6.19	6.60	6.96	7.22	7.94	0.54 个百分点
	其中:冶金矿山机械行业	3.96	5.45	7.25	7.26	6.70	8.03	0.81 个百分点
	物料搬运机械行业	6.04	6.81	6.22	6.74	7.63	7.87	0.37 个百分点
从业人员年均人数(万人)	重型机械行业	58.85	60.72	64.29	77.99	83.75	88.53	8.51
	其中:冶金矿山机械行业	28.41	30.14	32.37	39.22	43.17	45.30	9.78
	物料搬运机械行业	29.57	29.85	31.34	38.76	40.58	43.23	7.89

注:表中原始数据来源于国家统计局有关年报统计资料,其中 2008 年为国家经济普查资料,其他为日常年报资料。

2010 年,全国机械工业企业数为 106 969 个,工业总产值(当年价)为 141 583.48 亿元,主营业务收入为139 572.44亿元,利润总额为 11 697.88 亿元,资产总计为109 743.13亿元,重型机械行业占全国机械工业的比重分别为 4.38%、5.02%、4.99%、4.73%和 7.51%。

一、2011 年重型机械行业总体经济发展概况

1. 2011 年重型机械行业经济指标完成情况

2011 年重型机械行业总体主要经济指标完成情况见表 2。

表2　2011年重型机械行业总体主要经济指标完成情况

行业名称	企业数（家）	比上年增长（%）	工业总产值（当年价）（亿元）	比上年增长（%）	工业销售产值（亿元）	比上年增长（%）	出口交货值（亿元）	比上年增长（%）	主营业务收入（亿元）
重型机械行业合计	3 626	-22.62	8 986.10	26.35	8 712.39	25.51	636.19	5.53	8 806.22
冶金矿山机械行业	1 886	-20.89	4 154.29	29.51	3 988.94	28.09	132.32	-17.12	4 021.02
占重型机械行业比重（%）	52.01		46.23		45.78		20.80		45.66
物料搬运（起重运输）机械行业	1 740	-24.41	4 831.81	23.76	4 723.45	23.41	503.88	13.70	4 785.20
占重型机械行业比重（%）	47.99		53.77		54.22		79.20		54.34

行业名称	比上年增长（%）	利润总额（亿元）	比上年增长（%）	总资产贡献率（%）	上年同期（%）	工业总产值全员劳动生产率（万元/人）	上年同期（%）	主营业务收入利润总额率（%）	上年同期（%）
重型机械行业合计	26.40	653.17	18.07	12.51	12.43	97.34	80.33	7.42	7.94
冶金矿山机械行业	29.24	274.89	10.09	10.97	11.47	84.18	70.81	6.84	8.03
占重型机械行业比重（%）		42.09							
物料搬运（起重运输）机械行业	24.11	378.28	24.64	14.11	13.42	112.45	90.32	7.91	7.87
占重型机械行业比重（%）		57.91							

注：1. 表中原始数据来源于国家统计局2011年年报资料，统计范围改为年主营业务收入2 000万元以上法人企业（以下表同）。

2. 由于四舍五入，合计数有微小出入。

2. 2011年重型机械产品进出口情况

2011年重型机械产品进出口情况见表3。

表3　2011年重型机械产品进出口情况

行业名称	出口额（亿美元）	比上年增长（%）	进口额（亿美元）	比上年增长（%）	进出口总额（亿美元）	比上年增长（%）	进出口差额（亿美元）	上年差额（亿美元）	比上年增长（%）
重型机械行业总计	139.64	25.57	68.88	15.74	208.51	22.15	70.76	51.69	36.89
冶金矿山机械行业	30.25	27.94	20.59	-1.25	50.84	14.26	9.65	2.79	246.18
占重型机械行业比重（%）	21.66		29.90		24.38		13.64	5.40	
物料搬运（起重运输）机械行业	109.39	24.93	48.28	24.91	157.67	24.93	61.11	48.90	24.95
占重型机械行业比重（%）	78.34		70.10		75.62		86.36	94.60	

注：1. 表中原始数据来源于海关总署2011年12月统计资料。

2. 由于四舍五入，合计数有微小出入。

3. 2011年重型机械行业经济运行特点

（1）行业生产销售总值再创历史新高，继续保持高速增长态势。2011年，重型机械行业工业总产值突破8 900亿元、工业销售产值突破8 700亿元、主营业务收入突破8 800亿元，均再创历史新高，比上年增长分别为26.35%、25.51%和26.40%，继续保持高速增长态势。其中，冶金矿山机械行业、物料搬运（起重运输）机械行业也分别再创新高。

（2）行业利润总额再创历史新高，但主营业务收入利润（总额）率下降。2011年，重型机械行业利润总额突破650亿元，再创历史新高。但行业主营业务收入利润（总额）率为7.42%，比上年下降了0.52个百分点。其中，冶金矿山机械行业主营业务收入利润（总额）率为6.84%，比上年下降了1.19个百分点。

（3）行业固定资产投资继续保持高速增长态势。2011年，重型机械行业固定资产累计完成投资2 261.51亿元，比上年提高39.86%，同比增幅提高了13.32个百分点；当年完成投资1 448.70亿元，比上年提高36.15%，同比增幅提高了15.97个百分点，表明重型机械行业固定资产投资仍保持高速增长趋势。其中，冶金矿山机械行业、物料搬运（起重运输）机械行业也分别保持高速增长态势。

（4）行业外贸进出口恢复了快速增长态势。2011年，重型机械行业合计外贸出口额139.64亿美元，进口额68.88亿美元，进出口总额208.51亿美元，进出口顺差70.76亿美元，比上年增长分别为25.57%、15.74%、22.15%和36.89%，而2010年同比增长率分别为-2.36%、6.78%、

0.65%和-11.12%，表明行业进出口恢复了高速增长态势。其中，冶金矿山机械行业、物料搬运（起重运输）机械行业进出口也分别保持高速增长态势。

二、2011年重型机械行业产业结构构成及利用境外资本情况

1. 产业结构构成

2011年重型机械行业产业结构构成情况见表4。

表4 2011年重型机械行业产业结构构成情况

行业名称	企业数（个）	占行业比重（%）	工业总产值（当年价）（亿元）	占行业比重（%）	工业销售产值（当年价）（亿元）	占行业比重（%）	主营业务收入（亿元）	占行业比重（%）	利润总额（亿元）	占行业比重（%）
重型机械行业合计	3 626	100.00	8 986.10	100.00	8 712.39	100.00	880 6.22	100.00	653.17	100.00
冶金矿山机械行业	1 886	52.01	4 154.29	46.23	3 988.94	45.78	4 021.02	45.66	274.89	42.09
物料搬运（起重运输）机械行业	1 740	47.99	4 831.81	53.77	4 723.45	54.22	4 785.20	54.34	378.28	57.91

从表4可见，2011年物料搬运（起重运输）机械行业工业总产值占重型机械行业比重为53.77%，比上年下降了1.13个百分点，主营业务收入占重型机械行业比重为54.34%，比上年下降了1.00个百分点。冶金矿山机械行业所占比重有所增长。

2. 行业利用境外资本情况

2011年重型机械行业利用境外资本情况见表5。

表5 2011年重型机械行业利用境外资本情况

行业名称	实收资本（亿元）	比上年增长（%）	境外资本（亿元）	比上年增长（%）	其中：中国港澳台资本（亿元）	比上年增长（%）	外商资本（亿元）	比上年增长（%）	境外资本占实收资本比重（%）	上年同期（%）
重型机械行业合计	1 301.17	10.69	247.56	-6.38	42.87	0.63	204.69	-7.73	19.03	21.55
冶金矿山机械行业	634.68	2.32	75.83	-27.71	7.00	37.80	68.83	-31.04	11.95	16.91
占重型机械行业比重（%）	48.78		30.63		16.32		33.64			
物料搬运（起重运输）机械行业	666.49	9.87	171.73	7.63	35.87	-4.40	135.86	11.33	25.77	26.30
占重型机械行业比重（%）	51.22		69.37		83.68		66.37			

从表5可见，2011年重型机械行业利用境外资本比上年下降6.38%，其中，冶金矿山机械行业利用外商资本下降27.71%。物料搬运（起重运输）机械行业利用境外资本占重型机械行业比重为69.37%，比上年增长了9.03个百分点，仍居重型机械行业主导地位。

三、1998—2011年重型机械行业主要经济指标及增长走势

1998—2011年重型机械行业及其冶金矿山机械行业和物料搬运（起重运输）机械行业工业总产值走势见图1。

1998—2011年重型机械行业及其冶金矿山机械行业和物料搬运（起重运输）机械行业工业总产值增长率走势见图2。

1998—2011年重型机械行业及其冶金矿山机械行业和物料搬运（起重运输）机械行业主营业务收入走势见图3。

1998—2011年重型机械行业及其冶金矿山机械行业和物料搬运（起重运输）机械行业主营业务收入增长率走势见图4。

1998—2011年重型机械行业及其冶金矿山机械行业和物料搬运（起重运输）机械行业利润总额走势见图5。

1998—2011年重型机械行业及其冶金矿山机械行业和物料搬运（起重运输）机械行业主营业务收入利润总额率走势见图6。

1998—2011年重型机械及其冶金矿山机械和物料搬运（起重运输）机械产品出口额走势见图7。

1998—2011年重型机械及其冶金矿山机械和物料搬运（起重运输）机械产品出口额增长率走势见图8。

1998—2011年重型机械及其冶金矿山机械和物料搬运（起重运输）机械产品进口额走势见图9。

1998—2011年重型机械及其冶金矿山机械和物料搬运（起重运输）机械产品进口额增长率走势见图10。

1998—2011年重型机械及其冶金矿山机械和物料搬运（起重运输）机械产品进出口差额走势见图11。

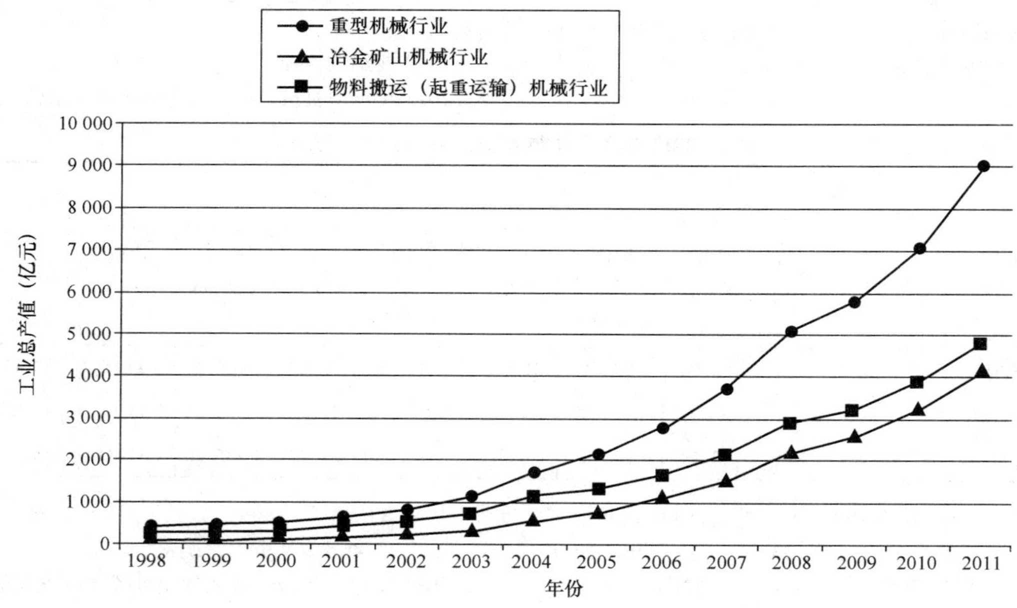

图1 1998—2011年重型机械行业及其冶金矿山机械行业和物料搬运（起重运输）机械行业工业总产值走势

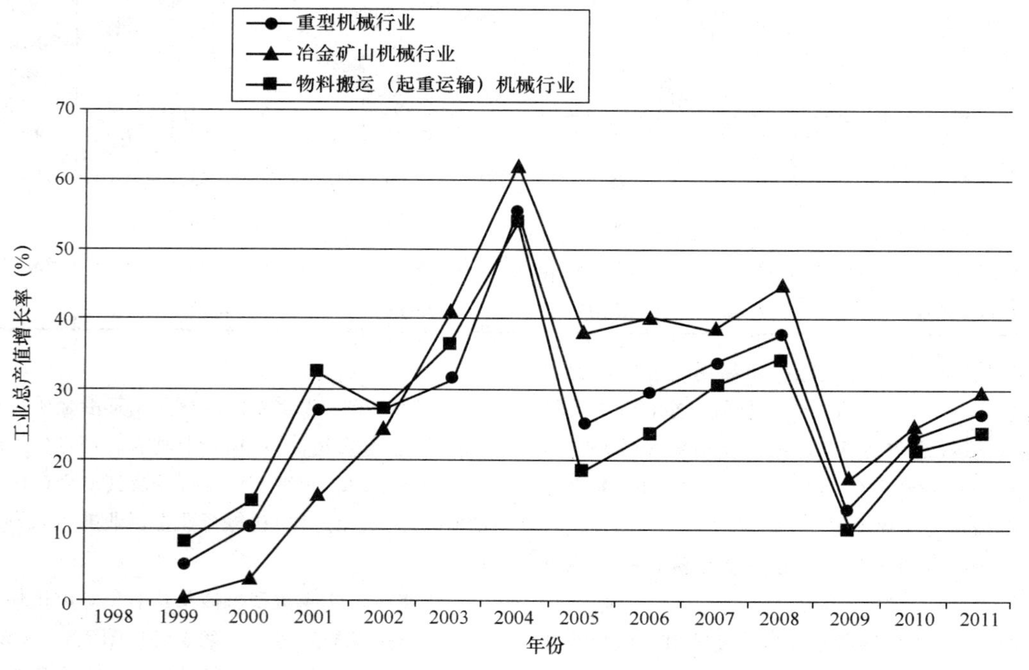

图2 1998—2011年重型机械行业及其冶金矿山机械行业和物料搬运（起重运输）机械行业工业总产值增长率走势

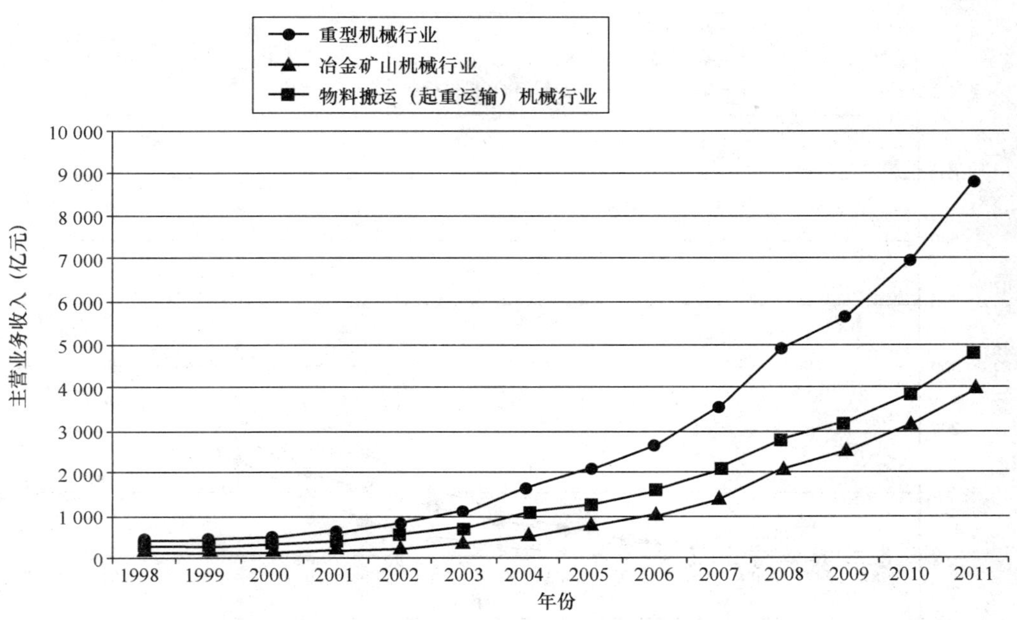

图 3　1998—2011 年重型机械行业及其冶金矿山机械行业和物料搬运（起重运输）机械行业主营业务收入走势

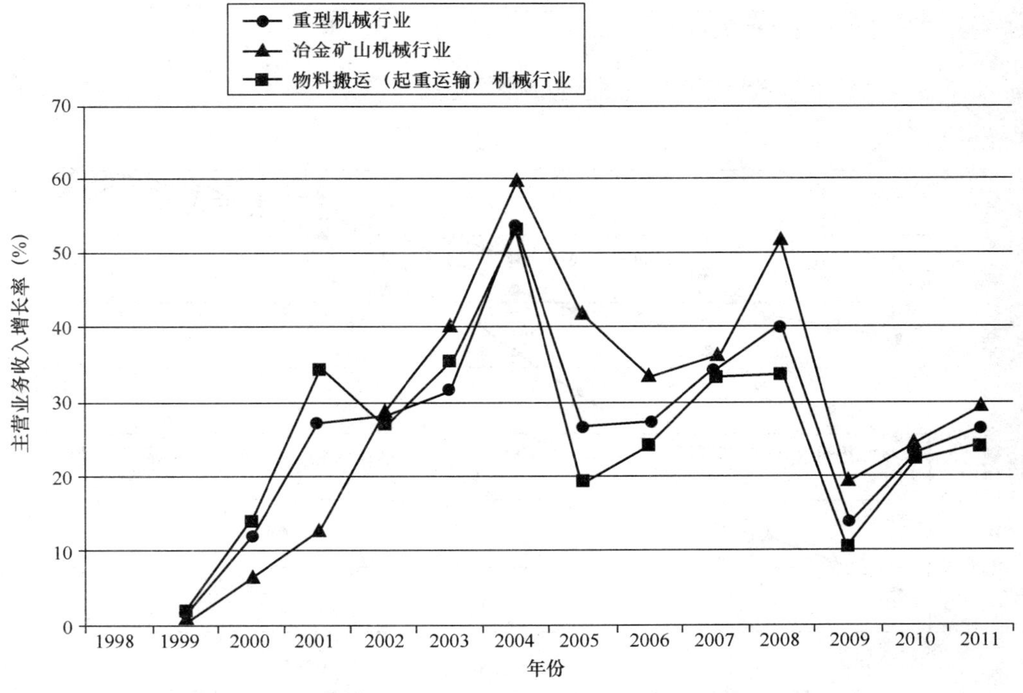

图 4　1998—2011 年重型机械行业及其冶金矿山机械行业和物料搬运（起重运输）机械行业主营业务收入增长率走势

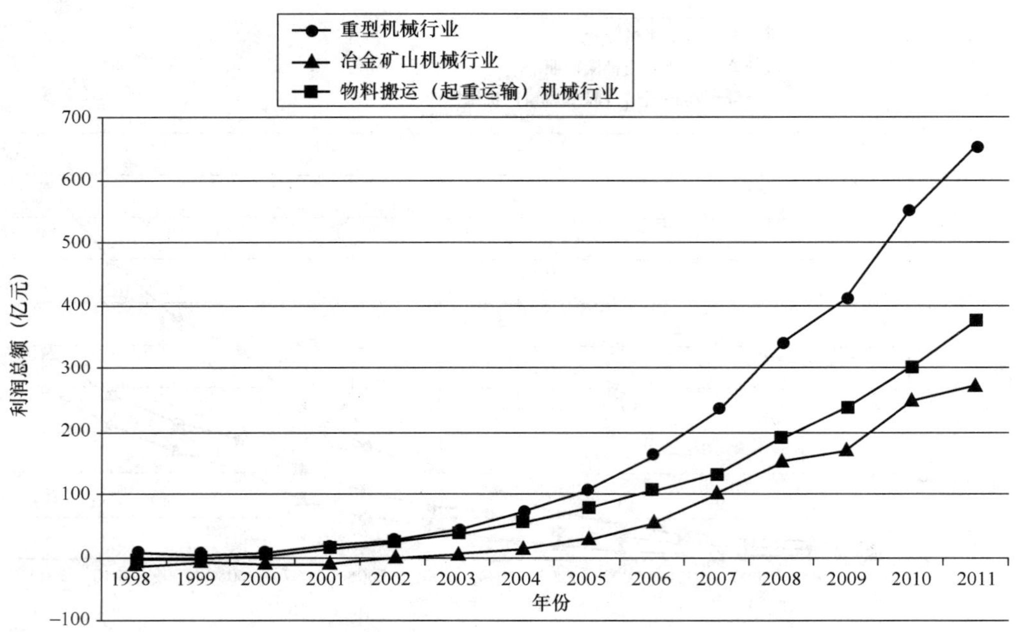

图5　1998—2011年重型机械行业及其冶金矿山机械行业和物料搬运（起重运输）机械行业利润总额走势

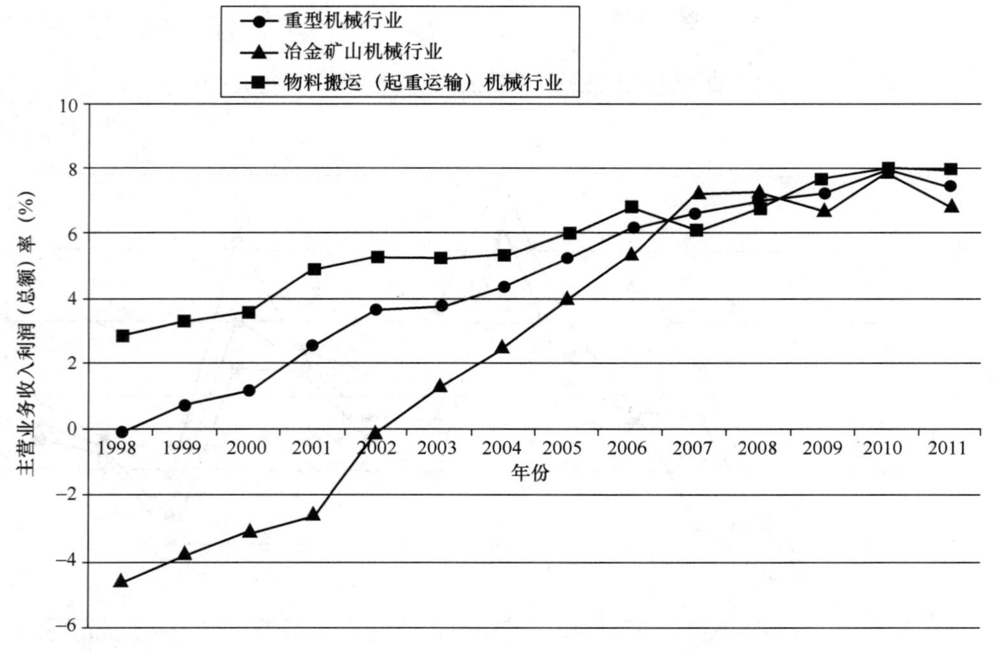

图6　1998—2011年重型机械行业及其冶金矿山机械行业和物料搬运（起重运输）机械行业主营业务收入利润总额率走势

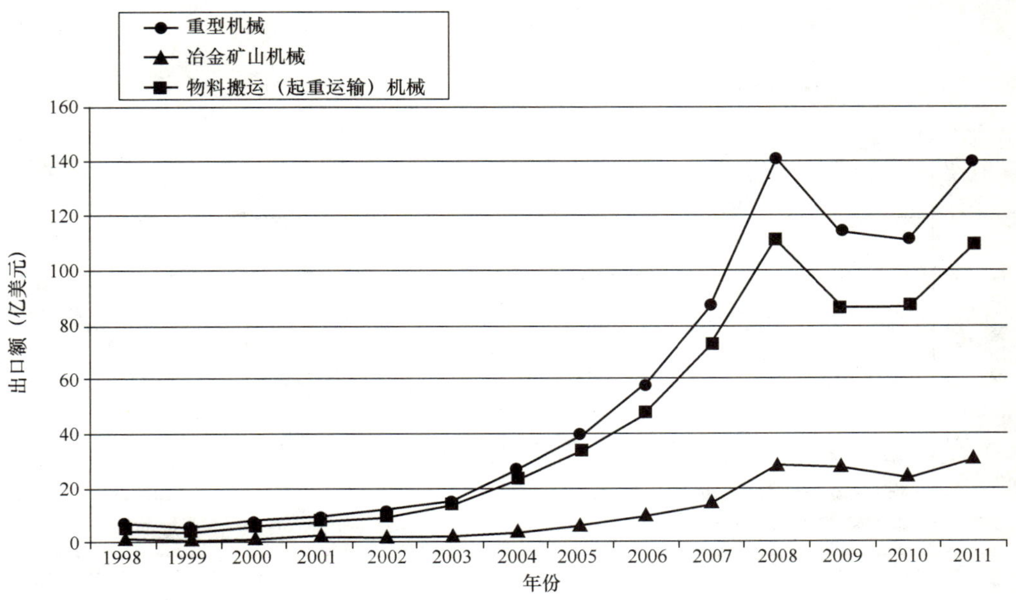

图7　1998—2011年重型机械及其冶金矿山机械和物料搬运（起重运输）机械产品出口额走势

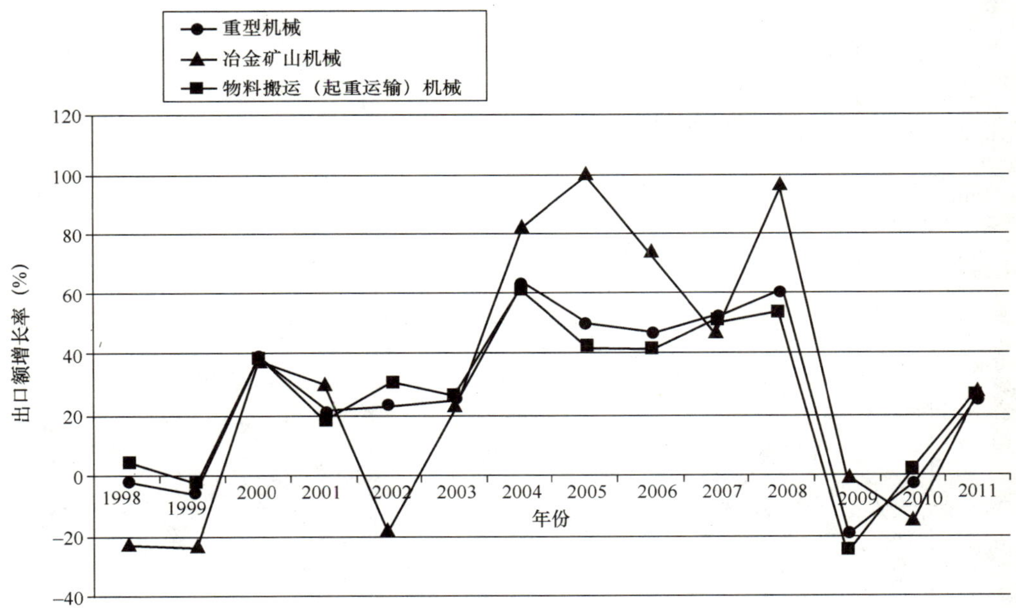

图8　1998—2011年重型机械及其冶金矿山机械和物料搬运（起重运输）机械产品出口额增长率走势

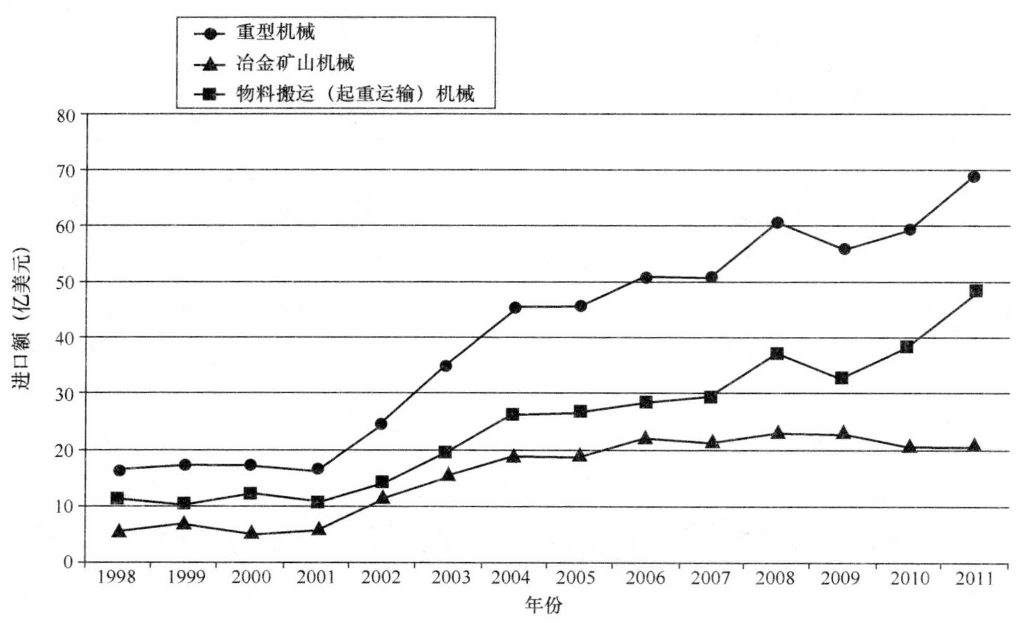

图9　1998—2011年重型机械及其冶金矿山机械和物料搬运（起重运输）机械产品进口额走势

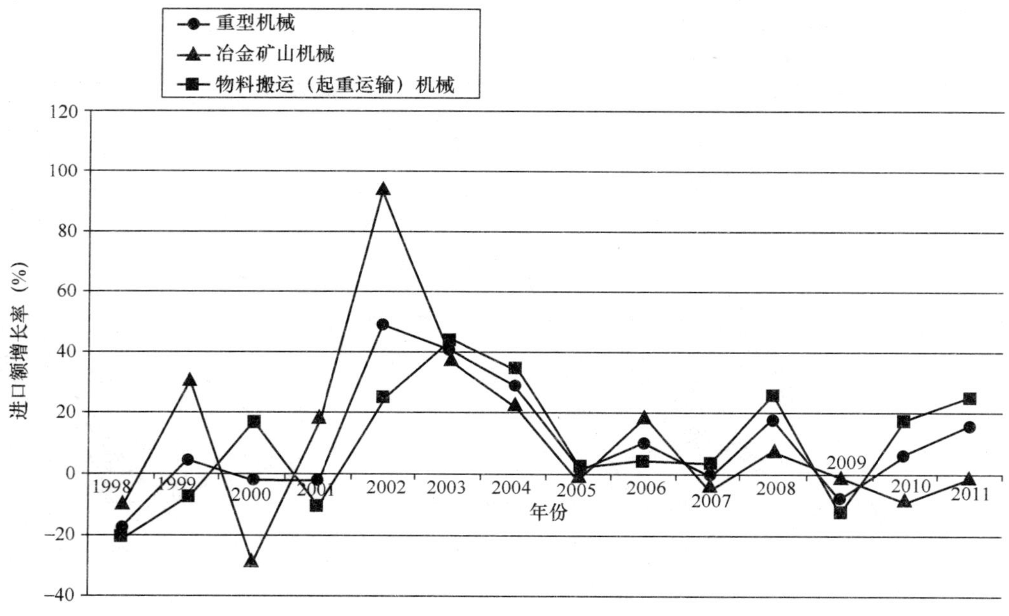

图10　1998—2011年重型机械及其冶金矿山机械和物料搬运（起重运输）机械产品进口额增长率走势

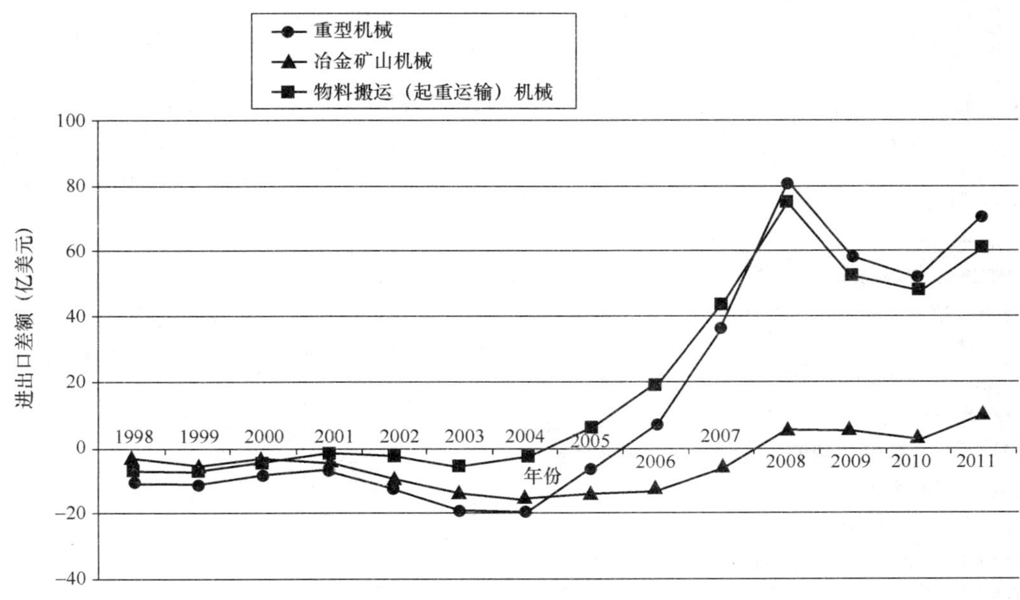

图 11　1998—2011 年重型机械及其冶金矿山机械和物料搬运（起重运输）机械产品进出口差额走势

〔撰稿人：中国重型机械工业协会臧义成　审稿人：中国重型机械工业协会徐善继〕

强化科技创新 推动转型升级 促进重型机械行业平稳较快发展

重型机械行业在党的十七大以科学发展观、走新型工业化道路、大力振兴装备制造业的正确方针指引下，以市场为导向，增强科技创新能力的建设，提升核心竞争力，加快产业结构调整和产业转型升级的步伐，克服了国际金融危机的严峻挑战，"十一五"期间和"十二五"开局之年，全行业仍保持了平稳较快的发展，取得了可喜的成绩。

一、坚持为企业和政府提供双向服务的宗旨，推动重型机械行业平稳快速地发展

（一）积极参与政府有关部门制订规划和产业政策的工作，协助政府搞好行业管理

1. 参与制订装备制造业的振兴规划及编写有关行业发展报告

2008 年，为应对国际金融危机对我国装备制造业的影响，国家出台了一系列政策，中国重型机械工业协会（以下简称协会）代表行业参加国家发改委和工信部主持制订国家振兴装备制造业 3 年规划工作，积极向政府有关部门提出行业经济运行形势分析报告，反映重型机械行业的现状及产业结构调整意见报告，并将有关重型机械项目列入《振兴规划》。

2009 年 1 月，为深入贯彻落实《国务院关于振兴装备制造业的若干意见》，根据工信部办公厅工信厅［2008］100 号《关于开展 2006—2008 年装备制造业发展总结工作的通知》，协会完成了《2006—2008 年我国大型薄板冷热连轧成套设备及镀涂层加工成套设备重大技术装备发展总结报告》及《2006—2008 年我国大型煤炭井下综合采掘、提升和洗选设备及大型露天矿设备领域重大技术装备发展总结报告》，并上报工信部装备工业司。

2009 年 3 月，遵照工信部装备工业司《关于请协助提出提高我国大型铸锻件自主化能力的建议的函》的要求，在征求有关企业意见的基础上，向该司提交了《关于提高我国大型铸锻件自主化能力的建议的报告》，提出的有关政策建议和措施意见被原则采纳。

2. 组织行业编写《重型机械行业"十二五"发展规划》

根据工信部及中国机械工业联合会有关"十二五"规划的工作安排，由协会负责组织重型机械行业"十二五"规划的编制工作。协会多次召开专题会进行研究，并组织全行业共同完成编写工作，在积极参与完成初稿的基础上，于 2010 年 6 月在山东省泰安市召开了重型机械行业"十二五"规划研讨会。会后，根据与会专家所提意见和建议进行修订和补充，按期上报工信部装备工业司。参加编写的有中

国重型机械研究院有限公司、洛阳矿山机械工程设计院有限公司、北京起重运输机械设计研究院、大型铸锻件研究所及大型重点骨干企业。

2010年6月商务部产业司以商产出函[2010]802号函委托协会对重型机械行业进出口情况及发展思路进行总结分析,编制重型机械行业“十二五”进出口发展规划。协会认真组织编写,按要求于2010年8月完成并上报商务部。该规划提出了重型机械行业“十二五”进出口的目标、重点产业领域及政策措施,为商务部制订政策提供依据。

3. 积极参与国家发改委、工信部和财政部组织的有关国产首台套装备申报和审定工作

根据工信部的布置,协会组织了重型机械行业重点骨干企业申报国产首台(套)装备的工作,多次参加国家发改委、工信部和财政部等部门组织召开的讨论会和审定会。经过协会和企业的共同努力,重型机械行业共有13个产品项目列入国家支持的首台(套)首批目录。

4. 积极参与工信部、财政部等部委重大技术装备进出口税收政策调整、制订和项目评审工作,提出政策调整意见

为加快振兴装备制造业有关调整进口税收政策的决定,工信部、财政部等部委组织制订《国家支持发展的重大技术装备和产品目录(2010年修订)》《重大技术装备和产品进口关键零部件、原材料商品清单(2010年修订)》和《进口不予免税的重大技术装备和产品目录》,协会积极参与相关工作,对冶金轧机、煤矿机械和全断面掘进机等产品提出了修改、调整意见和建议。

5. 积极完成工信部装备工业司有关高端装备“中国智造”等专题项目的论证报告

遵照工信部装备工业司的工作部署,2010年11月协会在北京组织召开专家研讨会,讨论重型机械行业涉及的七大战略性新兴产业,编制了重型机械装备制造业发展路线图;围绕“中国智造”工程,编制完成了年产2000万吨级以上智能化大型露天矿山成套设备制造关键技术论证报告、智能化煤炭采选成套技术与装备研制论证报告、智能化冶金机械成套装备论证报告、智能化重型加工中心关键装备论证报告、智能化全断面掘进机制造装备关键技术论证报告等推荐给工信部装备工业司,促成太重集团和天地科技集团获得国家财政支持。

2011年2月,按照工信部装备工业司的工作安排,协会向工信部装备工业司提出2011年工业转型升级技术改造投资重点方向建议。该建议按装备改善、节能减排、品种质量、安全生产、两化融合五个方面对冶金装备、矿山装备、起重运输设备、重型锻压设备和大型铸锻件生产等专业的转型升级和技术改造提出了40项投资重点。

6. 组织行业积极参与《重大技术装备自主创新指导目录》2009版、2011版的制修订工作

按照工信部装备工业司的要求,协会积极组织行业企业参与制订2009年版《重大技术装备自主创新指导目录》和2011年版修订工作,其中涉及重型机械行业的产品包括大型高精度冶金成套设备、大型煤炭及大型露天矿设备、机场专用装备及港口机械等三个重点领域。组织行业重点骨干企业提出最新研制及产业化情况报告,提出拟列入2011年版的产品单项论证报告,整理、汇总后上报工信部装备工业司,还多次参加工信部装备工业司组织的专家评审会、审定会。

7. 积极参与国家标准GB/T 4754—2011《国民经济行业分类》的修订工作

国家标准GB/T 4754—2011《国民经济行业分类》经修订后于2011年11月1日实施。这是国家统计局进行统计的依据,是极其重要的基础标准。协会积极参与该标准的修订工作,组织协调有关研究院所和重点骨干企业提出修改意见和建议,其中大部分被标准起草单位采纳。新标准对协会管理的行业小类作了较大的调整,主要变化有以下几点:①原起重运输设备行业细分了6个行业小类,使协会归口的行业小类由原来的3个调整为8个。②有关的行业小类概念及范围进一步明确。③有关行业小类名称有所变更,行业代码有较大变化。如原代码353起重运输设备制造,现改为代码343物料搬运设备制造;原代码3611采矿采石设备制造,现改为3511矿山机械制造等。新国标的实施使专业划分更加科学合理,有利于与国际接轨和国际交流。

8. 遵照商务部的要求,提出对外资收购我国企业的反垄断审查意见

根据商务部反垄局商反垄竞争函[2010]3号“关于征求对比塞洛斯国际公司与淮南矿业集团公司成立合资企业意见的函”、商反垄断经济函[2011]025号“关于征求山特维克收购上海建设路桥80%股权反垄断审查意见的函”、商反垄法律函[2011]124号“关于征求江苏润邦与卡哥特科设立合营企业反垄断审查意见的函”,经协会秘书处调研和认真研究,提出了协会的意见。

9. 配合国家质检总局搞好特种设备安全监检等管理

按照国家质检总局特种设备安全监察局关于《特种设备安全战略纲要(2009—2020)》调研提纲函的要求,协会于2009年以重机协字024号文重点向该局反映起重机安全监检收费过高、起重机特种设备生产许可证取证门槛过低、按型号取证繁琐等起重机行业反映强烈的几个热点问题,引起该局主要领导高度重视。

应国家质检总局特种设备局的要求,2010年4月由协会组织起重机行业部分重点骨干企业参加由该局组织召开的特种设备安全技术规范《特种设备焊接操作人员考核细则》研讨会,为进一步完善技术法规提出了许多好的意见和建议。

10. 代表重型机械行业参加政府有关部门组织的相关会议,完成布置的工作

每年参加工信部装备工业司、经济运行局主持召开的行业发展情况的汇报会,反映行业发展现状、存在的主要问题,提出协会建议。

多次参加国家发改委、工信部、科技部、国家能源局、财政部、海关总署、国家质检总局特种设备局等政府部门组织的国家级技术中心、科技创新示范企业、科技支撑项目、国债重点项目、进口零部件免税目录等评审工作,努力为有关会员企业争取更多的国家财政资金支持,扩大协会在行业

中的影响。

11. 积极参加中国机械工业联合会组织的会议,完成布置的各项工作

积极参加中国机械工业联合会组织召开的中机联会员大会、首届全国机械工业科技大会等重要会议,会后积极组织传达、落实会议精神,利用协会网站和会刊进行广泛宣传;完成向中机联报送重型机械行业"十二五"规划;定期参加中国机械工业联合会组织的行业经济形势分析会商会,反映重型机械行业的经济运行情况和问题;配合中机联完成"两化融合"在重型机械行业的试点工作,完成中机联组织的"促进贯彻落实装备制造业调整振兴规划措施政策研究"中有关重型机械的政策措施研究,贯彻、落实调整振兴规划所取得的成绩及存在问题的报告等。

(二)卓有成效开展工作,积极为行业和会员单位开展服务

1. 成立统计网,加强行业统计工作,做好经济运行分析研究

为加强行业统计工作,做好经济运行分析研究,协会于2008年6月组织成立了中国重型机械工业协会统计网,组成了统计工作领导小组,制定了《中国重型机械工业协会统计工作实施细则》。当前,行业主要骨干企业绝大多数已加入了统计网,现有网员单位118家。

每年召开一次协会统计工作会议,总结工作、交流经验并进行业务培训。

为提高工作效率,减小数据差错,设计了统计网会员单位数据直报软件系统,网员企业通过互联网登录填报系统,非常方便地填报数据,同时还可以下载每月统计简报的电子版。该数据填报系统随国家统计局统计分类的变动进行了三次修改。

每月编辑出版《中国重机协会统计简报》通用版和统计网网员单位版,内容除协会统计网的统计数据外,还包括国家统计局和海关总署中有关冶金、矿山和起重运输机械的相关统计数据,并分别免费寄送至总会理事以上单位和统计网网员单位。此外,每年还编辑出版《重机协会统计年报》《冶金矿山机械进出口年报》和《物料搬运(起重运输)机械进出口年报》等免费寄送给总会常务理事单位。

同时通过《简报》《年报》《中国重机通讯》等资料,分析行业经济运行状况,重点研究重型机械大行业及矿山机械、冶金机械、起重机械、带式输送机、停车设备、破碎粉磨设备等小行业的发展战略与对策,以指导行业的发展。

2. 组织科技成果和中国企业新纪录的评选推荐工作,促进行业科技进步

为鼓励、表彰、宣传、推广行业内所取得的科技成果,协会积极配合中国机械工业联合会组织业内专家组成重型机械科技成果专业评审组,认真组织中国机械工业科学技术奖的评审,并经"中国机械工业科学技术奖"评审委员会审定。2008—2011年重型机械行业共荣获"中国机械工业科学技术奖"147项,其中特等奖3项、一等奖17项、二等奖65项、三等奖62项,且特等奖、一等奖的数量位于机械工业的前列。

其中获得特等奖的项目是:上海重型机器厂有限公司、中国重型机械研究院有限公司等单位完成的"165 MN自由锻造油压机研制",中信重工机械股份有限公司、西安交通大学、洛阳矿山机械工程设计研究院有限公司完成的"纯低温余热双压利用成套工艺技术及装备",大连重工·起重集团有限公司完成的20 000 t×125 m多吊点桥式起重机。

2008年获得一等奖的项目是:太原科技大学、太原重工股份公司的"十五辊微张力中厚板组合矫正机研制",中信重工机械股份有限公司、洛阳矿山机械工程设计研究院有限公司的"AS12/800竖井钻机",中国重型机械总公司、日照港(集团)有限公司、国家粮食储备局武汉科学研究院设计的"日照港木薯干输送及灌包工艺系统",中国第一重型机械集团公司的"2 150 mm热连轧机组"。

2009年获得一等奖的项目是:燕山大学完成的"带钢平整设备工艺及控制关键技术的研发与应用",中国第一重型机械集团公司等单位完成的"21/4Cr-1Mo-1/4V材料开发及加氢反应器研制",北方重工沈阳重型机械集团有限责任公司完成的"QJRN-112泥水平衡盾构机"。

2010年获得一等奖的项目是:湘电重型装备股份有限公司完成的"SF33900型220t电动轮自卸车",燕山大学、鞍钢股份有限公司完成的"整辊镶块智能型冷轧带钢板形仪与工程应用",北京起重运输机械设计研究院完成的"国药集团物流中心关键技术与成套设备研制及推广应用",中国重型机械研究院有限公司、山东省冶金设备股份有限公司完成的"钢液炉外精炼(RH)成套技术与关键设备开发及其应用",中信重工机械股份有限公司、洛阳矿山机械工程设计研究院有限责任公司完成的"JGL-920十辊管材矫直机",四川川润动力设备有限公司完成的"日产5 000t水泥生产线余热发电炉成套设备研制"。

2011年获得一等奖的项目是:上海重型机器厂有限公司完成的"450t电渣重熔炉研制",太原重工股份有限公司完成的"双柱式快速自由锻造液压机系列与全液压轨道式锻造操作机系列成套设备研制",中国重型机械研究院有限公司、舞阳钢铁股份有限责任公司完成的"330 mm×2 500 mm宽厚板坯连铸机成套技术装备",中国第一重型机械集团公司、北京机电研究所、天津重型装备工程研究有限公司完成的"百万千瓦核电转子大型开合式热处理成套设备、工艺及应用"。

除此之外,协会配合中国企业联合会和中国企业家协会组织2008年、2009年"中国企业新纪录"征集工作,组织有关行业专家评审,重型机械行业共获得"中国企业新纪录"62项。

3. 组织行业评选和表彰"全国重型机械行业优秀企业家""全国重型机械行业优秀科技工作者""全国重型机械行业高技能优秀工人""全国重型机械行业科技创新优秀工作者""中国重型机械工业协会先进工作者"

为表彰2007—2008年度对我国重型机械行业科技创新和进步作出突出贡献的科技工作者,经所在单位推荐,专家评审委员会评审,中国重型机械工业协会五届二次常务理事会审定,授予山建国等33名同志为"全国重机行业科技创新优秀工作者"称号,他们是:山建国、马昭喜、叶志强、叶若平、白振华、艾文峰、刘义、刘明、刘晓光、吕亚臣、孙元华、

朱伟良、佟嘉武、张凤林、张国利、张国林、张瑞连、张德裕、李志波、李爱峰、侯娟、赵勇、赵文胜、赵团民、项佩泽、徐长生、徐学华、崔麦香、黄庆学、黄金荣、黄鹏智、龚欣荣、彭岩。

为表彰长期以来立足本职、刻苦学习、勤奋钻研、技术本领过硬并为所在企业作出突出贡献的优秀工人，经所在单位推荐，中国重型机械工业协会秘书处和专家评审委员会评审，中国重型机械工业协会五届二次常务理事会审定，授予于玺等25名同志为“全国重机行业高技能优秀工人”称号，他们是：于玺、毋艳林、王长伟、王传柱、付增德、史明海、刘明强、刘新安、安春勇、吴庆富、张在谦、李保忠、李振杰、杨喆、邵天乐、陈宾、陈松涛、唐磊、唐远明、耿家盛、钱康华、梁伟、谢云鹏、韩瑰民、阚宝春。

为表彰“十一五”期间对重型机械行业发展和科技进步作出突出贡献的企业家，由中国重型机械工业协会秘书处推荐，经评审委员会评审，中国重型机械工业协会五届九次常务理事会审议决定，吴生富等50名同志被评为“十一五”全国重型机械行业优秀企业家，他们是：吴生富、石柯、岳普煜、宋甲晶、耿洪臣、任沁新、陆文俊、吕亚臣、张庆伟、谢东钢、陆大明、戚天明、程幸之、方芳、韩宪保、孙青松、顾雄斌、张耀明、黄珑琳、马昭喜、廖纯德、杨军、成固平、徐新民、李静、张观华、周水妹、黄海珊、黄金荣、段京丽、辜宁生、承洪宇、李福光、吴友华、李平、翁耀根、喻连生、马卫国、张志华、宋济隆、张文忠、齐景光、崔培军、阮曙峰、王兆连、张承臣、马立民、王孙同、杨永柱、张家驷。

为表彰“十一五”期间对重型机械行业科技进步作出突出贡献的科技工作者，由中国重型机械工业协会秘书处和会员单位推荐，经评审委员会评审，中国重型机械工业协会五届九次常务理事会审议决定，马克等50名同志被评为“十一五”全国重型机械行业优秀科技工作者。他们是：马克、史苏存、王吉生、王晓明、邹胜、邵龙成、苏鹏程、费学婷、高伟贤、王继生、王占军、冯小明、周景龙、吕亚臣、叶志强、朱孝渭、杨大祥、闫雪峰、任彤、孙吉泽、陈涤新、彭岩、张凯博、高潮、龙宏欣、刘天军、陈占福、樊成建、赵金元、刘宏民、丁志江、徐格宁、黄庆学、李国杰、梁小波、于春成、赵恒、张晓华、唐薇、何新华、王丰顺、秦斌、孙霞、丁作良、韩利民、赵建华、唐宏伟、韦轶、王庆军、张媛。

4. 配合中国机械工业联合会做好中国名牌、中国机械工业优质品牌产品申报的前期工作

配合中国机械工业联合会做好中国名牌的申报工作，积极开展工作，促进行业重点骨干企业获得世界名牌、中国名牌。经过协会的努力，重型机械行业“大型散料装卸机械”“矿用挖掘机”“采煤机”“大型卷板成套设备”等产品被国家质检总局列入评价目录，完成了上述条目评审细则的制定和初审工作。

配合中国机械工业联合会做好中国机械工业优质品牌评选活动的前期准备工作，编写了中国机械工业优质品牌产品评审细则（大型散料装卸机械、带式输送机）等有关文件。

5. 组织编辑《中国重型机械工业年鉴》

《中国重型机械工业年鉴》是中国重型机械工业协会和中国机械工业年鉴编辑委员会共同主办，由机械工业出版社出版的一本集中宣传重型机械行业发展情况的工具书，具有较高的资料保存价值。编辑出版年鉴是协会每年的主要工作之一，由总会秘书处会同各分支机构秘书处共同编写完成。

6. 组织举办新技术大会和科研院所、高校领导座谈会，促进科技交流

自本届理事会换届以来，协会注重举办各种形式的研讨会和论坛，还召开了“2008 全国起重机新技术大会”“2009 全国散料输送系统新技术大会”“2011 全国散料输送系统新技术和装备论坛”，邀请起重运输机械行业中的重点骨干企业和专家介绍企业取得的技术进展和国内外发展趋势，同时，还参观在业界具有影响的重点工程项目，受到行业和企业的欢迎和好评。

协会于2008年、2009年、2010年召开了“科研院所长和高校领导座谈会议”，为科研院所、高校和重点骨干企业搭建交流平台，交流在科研、新产品开发上所取得的重大突破和新成就，交流在建设、完善技术创新体系，提高自主研发能力上的做法和经验。

7. 组织举办中国国际重型机械装备展览会

组织展览会可以为企业搭建产品展示平台，也能为协会提供一定的经费支持。自理事会换届以来，协会与中国机械工业联合会分别于2008年、2010年、2012年在北京和2011年在上海共同主办了四届中国国际重型机械装备展览会，参展企业、展出面积和参展观众逐年增加。2011年的展会展出企业近400家，近600个展位，展出面积12 000 m^2，参观观众1万多人次。2011年、2012年展会期间还举办“中国起重运输机械发展论坛”等近6场专题论坛活动。展会的知名度和影响力在逐渐提升。

8. 为行业重点企业编写战略研究报告，促进企业快速发展

协会熟悉行业、熟悉企业，为会员进行发展战略研究是一种高层次的服务，协会先后为卫华集团有限公司、四川矿山机器（集团）有限公司、上海起重运输机械厂有限公司等行业重点企业提供发展战略研究报告，受到企业的好评。

9. 加强与对口国外或境外协会的交流与合作

加强与国外协会的交流与合作是协会的一项重要工作。秘书处一直探索与国外对口协会建立并加强交流合作的途径。应美国物料搬运工业协会的邀请，协会于2010年9月组织起重机行业的部分企业领导对美国进行了访问，先后访问了美国物料搬运工业协会总部，实地考察了4家美国主流起重机工厂，还进行了对口的交流和合作有关事宜，双方企业对考察取得的积极成果感到满意，考察非常成功。

除此之外，还利用国外协会在华参展期间，邀请美国起重机制造商协会秘书长参加相关专业会议并作专题报告，考察对口企业，增进双方的相互了解。还邀请来自中国台湾省的中华起重升降机具协会两次组团来大陆参加起重葫芦分会的会员大会，促进会员之间的交流与合作。

10. 认真办好《中国重机通讯》和建立协会官方网站，扩大对行业的宣传

为更好地加强协会与会员单位的交流，从2009年开始将原《中国重机协会通讯》更名为《中国重机通讯》并进行改

版。改版后,针对协会和重型机械行业的特点,开设了协会工作、数字重机、政策法规、行业动态、专家论坛、宏观经济等不同的栏目,封面采用彩色印刷,现已完成22期的编印出版工作。每期免费寄送到协会所有会员单位,还寄送至相关政府部门及相关组织。该杂志已经成为协会秘书处紧密联系协会会员单位、宣传政府相关产业政策、宣传会员发展和成就的重要工具。

为更好地宣传协会和会员单位,提升和扩大协会在社会上的影响力,秘书处以协会英文缩写 CHMIA 注册了协会官方网站(www. chmia. org),建设了协会中英文官方网站并于2008年12月中旬开通,目前已有超过48万人次浏览量。在注册协会官方网站的同时,秘书处还启用了协会的邮箱系统,提高了工作效率。

为进一步提升协会在会员中、在社会上和国际上的影响力,秘书处进行了协会视觉形象系统(VI)的设计,包括协会标识、标准色、名片、会员证书和牌匾等。协会标识的应用,使协会知名度、影响力等不断提升。同时,协会还向国家商标局提交了商标注册申请,把协会标识申请注册为服务商标,目前正在国家商标局审理中。

二、遵照国务院、国资委对行业协会工作的有关指示精神,着力推进协会的改革和规范化管理

(一)进一步健全法人治理结构,着力推进协会改革

1. 推进协会理事长由大型企业集团主要领导轮流担任

遵照国务院办公厅办发[2007]36号《关于加快推进行业协会商会改革和发展的若干意见》文件,本着推进协会改革的精神,从本届理事会开始,实行理事长由大型企业集团主要领导轮值制,协会本部设有常务副理事长主持工作。企业家担任理事长,使协会工作更加贴近企业,更好地为企业服务,增强了协会活力。

2. 完善以章程为核心的协会内部管理制度

按照民政部、国资委行业管理办公室有关协会管理精神,自换届以来,协会进一步健全法人治理结构,完善以章程为核心的内部管理制度,修订了《秘书处人事管理暂行办法》《会费交纳标准及使用管理办法》,制定了《分支机构暂行管理办法》《分支机构财务管理若干规定》《分支机构考核暂行管理办法》《分支机构工作条例示范文本》等一系列的规章制度。

3. 充分发挥常务理事会的领导作用,实行民主办会

本届理事会认真贯彻执行会员代表大会和理事会制度,充分发挥常务理事会的领导作用,实行民主办会,凡涉及协会的重大事项都事先征求常务理事会的意见后进行决策,严格执行章程规定的赞成票数超过2/3为通过,本届理事会总共召开13次常务理事会,其中以通信方式召开的9次,涉及的内容包括:协会标识设计、会费调整、分会机构调整等。

4. 加强对分支机构的领导,贯彻落实有关管理办法

为规范分支机构换届工作,协会加强了对分支机构换届工作的领导,认真贯彻落实《分支机构暂行管理办法》等规章制度,重点抓住分支机构的理事长、副理事长和秘书长候选人,以及换届流程的规范化,确保换届分支机构工作有序、平稳、公正和合规。

5. 推进秘书处工作团队年轻化

为推进协会工作可持续发展,本届理事会秘书处向年轻化迈出了重要的一步。随着老同志的退休,三个大学毕业生进入秘书处工作团队,他们年富力强,工作有朝气。经过一段时间的培养,他们已经能够胜任协会的工作,从而使协会工作后继有人,积极推进了秘书处工作人员的年轻化、专业化和职业化的进程。

6. 总会秘书处暂行管理起重葫芦分会,探索分支机构管理的模式

经总会常务理事会表决通过,在完成对"葫芦单双梁起重机专业委员会"和"手动葫芦分会"重组的基础上,从2010年起,由总会秘书处暂行直接管理起重葫芦分会秘书处工作,探索总会对分支机构管理模式。目前,该分会共有107个会员单位,先后召开了3次会员大会,通过建立分会的官方网站中国起重葫芦网(www. cnhoist. org)、组织编印《国家中小企业法律、法规和政策汇编》、组织会员单位联合参加中国重型机械装备展览会和北京国际风能大会暨展览会、收集并制作《国外起重葫芦产品样本光盘》等方式为会员服务,受到好评。

(二)加强协会的自身建设,不断调整和优化协会的组织结构,保证协会的各项工作有序进行

1. 加强协会秘书处的建设

(1)建立合理的工作机构。根据工作需要,协会秘书处设立综合办公室、科技与规划部、统计信息部、业务部和展览部,明确各部门的职责分工,协同工作,使秘书处成为强有力的整体。

(2)加强党的领导。根据国资委的要求,并经中国机械工业联合会党委批准,秘书处成立了党支部,认真贯彻、落实中机联党委布置的各项工作,开展了领导干部读书活动、创先争优活动、清理整顿"小金库"活动,完成了党支部廉政建设及报告等。

积极推进秘书处工作的民主集中制,秘书处定期召开由常务副理事长、秘书长、副秘书长和党支部书记参加的党政联席办公会,研究协会的重要工作,包括工作人员招聘、干部任用等,每年召开领导干部民主生活会,充分发挥党组织的监督保障作用。

(3)秘书处建立了有效的工作制度。制定了每周开领导碰头会,每月召开秘书处工作人员会,每季召开党支部会议的制度,便于大家沟通思想,认真交流,保证了协会工作的和谐、有效进行。

(4)强化财务管理,遵循量入为出的原则。秘书处有严格的财务管理审批制度,每年都由民政部指定的会计师事务所进行财务审计。本届四年财务收入为675.43万元,支出为541.49万元,净资产增加133.94万元。

2. 充分发挥分支机构作用,增强协会整体服务能力

协会每年主持召开两次分会秘书长工作会议,落实协会会员代表大会或理事扩大会议精神,布置当年协会工作。

各分支机构秘书处是协会的重要组成部分,在总会和分会理事会的领导下,遵守重机协会章程、分支机构暂行管理办法等有关规定,按照总会每年的工作布置,根据各自分行业的特点,开展了许多卓有成效的工作和活动,进一步加

强了协会组织的凝聚力，发展了许多新会员单位，并随着协会组织的不断壮大，在行业中的影响不断扩大，为协会的进一步发展打下了坚实的基础。

破碎粉磨设备专业委员会。原分会理事长非常重视协会工作，努力推动分会的规范化管理，并在人力、物力、财力上支持分会，积极探索促进行业发展的措施，组织会员单位建立战略合作伙伴关系，联合开拓市场和新产品，协会凝聚力很强；办好“中国破碎机械网站”，扩大协会的影响力；支持重机协会的各项工作，积极组织行业企业联合参加重机协会主办的展览会，扩大企业在市场上的影响；认真编写《中国重型机械工业年鉴》；对行业企业共用配套产品如专用轴承、减速机、电动机等，组织联合选点、定点，降低了企业采购成本，保证配套产品质量，受到会员单位的欢迎。

桥式起重机专业委员会。分会理事长重视分会工作，积极发展会员单位，现已成为协会下属的最大分支机构之一，在行业中影响很大，凝聚力也很强；认真组织成员单位的年会和理事会议，邀请国家质检总局特种设备局和国家质检中心有关领导及时提供政策信息，并与行业专家一起探索起重机行业发展趋势及对策研究，指导行业发展；认真编写《中国重型机械工业年鉴》；积极配合协会办好展览会；深入企业进行调研，搭建主机厂与配套厂的合作平台，受到会员单位好评。

停车设备工作委员会。分会理事长认真负责搞好协会工作，受国家技术监督局特种设备局和中国重机协会秘书处的委托，做好停车设备企业制造许可的鉴定评审工作，推动企业建立健全质量管理体系，提高产品质量；重视信息统计工作，做好经济运行分析研究，为政府相关部门制定政策法规提供依据；积极参与特种设备法规的修订工作，协助相关标准的制修订和宣贯，编印《全国城市停车场规划建设管理条例选编》；为保障停车设备安全运行，主持起草《停车设备维护保养工作规范》，受到会员单位的好评。

大型铸锻件分会。分会理事长非常重视分会工作，以大型铸锻件研究所为依托，组织行业专家研究国外发展动向，对推动行业科技进步和发展提出许多建设性意见，组织制订行业发展规划和制修订行业技术标准以及办好行业刊物《大型铸锻件》和《中国重型装备》，编译出版《国内外市场与技术信息》等，受到行业好评。认真搞好行业调查，编写的《中国重型机械工业年鉴》大型铸锻件行业篇水平高，为政府咨询服务工作提供有关行业资料。

带式输送机分会。是中国重机协会下属的最大分会之一，在行业中影响很大、凝聚力很强，分会理事长和副理事长非常重视协会工作，认真办好年会和理事会，积极组织技术交流，探索行业发展动向，指导行业发展；搭建主机厂与配套厂的合作平台，注重行业标准化工作，重视《中国重型机械工业年鉴》的编写工作；注意探索分会的管理工作，通过按区划分小组、评选协会先进个人等措施，促进了分会的管理，受到会员单位好评。

洗选设备专委会。分会理事长非常重视协会工作，充实秘书处人员，积极发展会员，注重行业情况调研，撰写了《我国磁选、浮选和重选设备制造企业现状》《振动筛行业市场分析》等报告，供行业参考；加强与企业的沟通和联系，协助企业搞好技术交流，推动行业发展；认真编写《中国重型机械工业年鉴》，认真组织成员单位年会和理事会，受到行业好评。

散料装卸机械与搬运车辆分会。分会理事长非常重视协会工作，认真组织各种行业交流活动，为推动行业技术进步、市场的拓展及企业的振兴发挥了良好作用；分支机构的管理工作规范性强，通过认真调研，编写的《中国重型机械工业年鉴》散料装卸机械行业篇水平高，对行业发展有指导作用，受到行业的好评。积极支持中国重机协会的工作，为政府咨询服务和为重机行业“十二五”规划编制工作提供大量的行业资料，配合总会积极参与《重大技术装备自主创新指导目录》修订工作，组织行业有关企业参加重机协会组织的展览会等活动。

矿山机械分会。分会理事长、常务副理事长非常重视协会工作，加强分会建设，规范分会会员单位的管理，充分利用协会、标准、检测、信息共同的行业平台，为会员单位服务，推动行业进步；积极参与工信部《重大技术装备自主创新指导目录》的修订；认真编写《中国重型机械工业年鉴》，配合总会积极发展统计网成员单位，积极组织开展矿井提升机、矿用磨机等专业技术交流和研讨会，举办矿业设备技术学术报告会，受到行业的好评。

起重葫芦分会、重型基础件分会、物料搬运机械分会、输送机给料机分会、传动部件专委会、油膜轴承分会、润滑液压设备分会、千斤顶分会等都根据各自不同特点开展多种形式的行业活动，努力为会员单位服务，认真贯彻协会会员代表大会的精神和努力完成总会秘书处布置的各项工作。

为调动分会工作人员的积极性，每年度均由总会秘书处按《中国重型机械工业协会分支机构考核暂行管理办法》对各分会进行考核评定，并推荐先进分支机构、表扬分支机构，经常务理事会审定，对行业工作中成绩突出的分支机构进行表彰。

五届理事会表彰的分会有：

(1)2007—2008年度。授予中国重型机械工业协会破碎粉磨设备专业委员会、桥式起重机专业委员会、停车设备工作委员会、带式输送机分会、大型铸锻件分会、散料装卸机械与搬运车辆分会等6个分支机构为先进分支机构。

(2)2009—2010年度。授予中国重型机械工业协会破碎粉磨设备专业委员会、桥式起重机专业委员会、停车设备工作委员会、大型铸锻件分会、带式输送机分会、洗选设备专业委员会、散料装卸机械与搬运车辆分会和矿山机械分会等8个分支机构为先进分支机构。授予起重葫芦分会、重型基础件分会、物料搬运机械分会、输送机给料机分会、传动部件专委会、油膜轴承分会、润滑液压设备分会、千斤顶分会等8个分支机构为表扬分支机构。

(三)协会工作存在的主要问题和建议

1. 由于重型机械行业涉及冶金机械、矿山机械、起重运输机械、重型锻压机械和大型铸锻件等行业，每个行业还有相当数量的小行业，专业面广，产品繁多，每种产品的用途、工艺、生产和销售模式以及最终用户差异巨大，客观上给行业管理带来非常大的困难。这对协会工作人员专业知识面和水平的要求也非常高，所以协会的人才矛盾比较突出。

2. 由于专业面广，产品种类多，会员企业的需求多样化，离散性大，难以形成相对集中具有共性的需求，客观上对协会开展会员服务、拓展服务带来了困难。

3. 除停车设备工作委员会、破碎粉磨设备专委会、桥式起重机分会、带式输送机分会、洗选设备分会和起重葫芦分会外，大多数分支机构秘书处只有少量的兼职人员，只能应付日常工作，没有能力对行业进行深入调研，开展对国外发展动向和战略发展的研究，对总会专业支撑作用没有发挥出来。

4. 除停车设备工作委员会、桥式起重机分会等少数分会外，大多数分会会员单位数量、会员企业产销总值在小行业的占比较小，没能实际代表整个分行业，影响力没能覆盖整个分行业。

5. 协会创收渠道有限，收缴的会费又低，为政府服务的内容不断扩大与深入，而购买服务不到位，所以经济实力差，经费问题已成为协会生存与发展的瓶颈。

建议：理事长、副理事长单位派有一定技术专长的人员到协会短期工作，增强秘书处的实力，吸纳部分在外地的兼职人员。

三、2011 年重型机械行业经济运行状况及 2012 年形势的预测

受国际金融危机的影响，2008—2009 年重型机械行业遭遇较大的冲击，在中央关于加快装备制造业发展的方针和三年振兴规划的指引下，2010 年逐步走出了低谷，2011 年经济运行的形势比较好，呈现平稳快速的增长，经济效益明显改善。

（一）2011 年重型机械行业经济运行状况

2011 年重型机械行业主要经济指标完成情况见表 1。

表 1　2011 年重型机械行业主要经济指标完成情况

行业名称	企业数（个）	工业总产值（亿元）	同比增长（%）	工业销售产值（亿元）	同比增长（%）	出口交货值（亿元）	同比增长（%）
重型机械行业合计	3 326	8 686.12	26.17	8 461.26	26.99	620.10	19.01
冶金矿山机械行业	1 747	3 946.08	26.15	3 786.00	27.20	120.94	25.86
冶金机械行业	409	1 105.98	11.15	1 019.27	12.27	42.93	-2.86
矿山机械行业	1 338	2 840.10	33.14	2 766.73	33.75	78.01	50.31
物料搬运（起重运输）机械行业	1 579	4 740.04	26.19	4 675.25	26.82	499.16	17.46

行业名称	主营业务收入（亿元）	同比增长（%）	主营业务利润（亿元）	同比增长（%）	利润总额（亿元）	同比增长（%）	主营业务收入利润率（%）	上年同期（亿元）	主营业务收入利润总额率（%）	上年同期（亿元）
重型机械行业合计	8 494.84	27.57	1 313.48	25.68	584.46	23.97	15.46	15.69	6.88	7.08
冶金矿山机械行业	3 771.37	27.20	595.41	21.74	242.96	17.24	15.79	16.50	6.44	6.99
冶金机械行业	1 032.08	15.13	162.87	5.72	52.82	-2.81	15.78	17.18	5.12	6.06
矿山机械行业	2 736.74	32.55	432.57	29.13	190.33	24.22	15.81	16.22	6.95	7.42
物料搬运（起重运输）机械行业	4 723.47	27.86	718.06	29.15	341.50	29.24	15.20	15.05	7.23	7.15

注：表中数据来源于国家统计局 2011 年 12 月统计资料。

2011 年重型机械行业工业总产值 8 686.12 亿元，同比增长 26.17%；工业销售产值 8 461.26 亿元，同比增长 26.99%；出口金额 139.60 亿美元，同比增长 20.37%；进口额 68.9 亿美元，同比增长 15.74%；进出口顺差 70.76 亿美元，同比增长 36.89%；利润额 584.46 亿元，同比增长 23.97%。

就分行业而言，冶金机械工业销售产值 1 019.27 亿元，同比增长 12.27%；出口额 15.82 亿美元，同比增长 10.82%；进出口顺差 3.59 亿美元，同比增长 3 倍。但其中大型企业销售产值下降 7.2%，以冶金设备为主的大型企业明显下滑。

矿山机械工业销售产值 2 766.7 亿元，同比增长 33.75%；出口额 14.43 亿美元，同比增长 54.03%；进出口顺差 6.06 亿美元，同比增长超过 2 倍。其中筛分洗选设备出口同比增长超过 3 倍，采掘设备、钻机、矿山卷扬设备、矿山机械零件出口增长均超过 40%；但破碎粉磨设备出口额下滑较大，同比下降 47.13%。

起重运输机械工业销售产值 4 675.3 亿元，同比增长 26.82%；出口形势较好，出口额 109.39 亿美元，同比增长 24.93%；进出口顺差 61.11 亿美元，同比增长 24.95%。其中轻小型起重设备、起重机（除桥式、门式起重机）、电梯升降机、连续搬运设备和零部件出口强劲。属于产能过剩的桥式、门式起重机销售产值只增长了 9%，停车设备销售增长了约 30%。

（二）2012 年 1—5 月重型机械行业经济运行形势分析

1. 2012 年 1—5 月重型机械行业经济运行状况

（1）2012 年经济形势存在的不确定性因素增大，工业经济形势随着外部需求的萎缩，正延续 2011 年下半年增速放缓的趋势。2012 年 1—5 月重型机械行业主要经济指标完成情况见表 2。

2011 年 2—12 月、2012 年 2—5 月重型机械行业及其冶金机械、矿山机械、物料搬运（起重运输）机械行业工业销售产值同比增长率走势见图 1。

表2 2012年1—5月重型机械行业主要经济指标完成情况

行业分类	工业总产值（亿元）	同比增长（%）	工业销售产值（亿元）	同比增长（%）	出口交货值（亿元）	同比增长（%）
重型机械行业						
1—3月	2 100.77	18.45	2 032.07	19.31	153.59	29.00
1—4月	2 819.87	14.35	2 729.01	14.80	210.20	29.59
1—5月	3 656.31	13.12	3 532.21	13.22	274.9	26.21
1. 冶金机械行业						
1—3月	262.39	10.43	239.07	10.57	9.32	31.66
1—4月	354.13	5.20	324.21	4.93	14.27	22.23
1—5月	461.11	4.85	424.06	4.78	17.89	13.99
2. 矿山机械行业						
1—3月	745.98	25.03	715.76	26.44	21.66	46.19
1—4月	969.19	20.22	928.81	20.64	27.31	34.05
1—5月	1 226.28	17.62	1 168.95	16.66	35.51	37.71
3. 起重运输机械行业						
1—3月	1 092.41	16.30	1 077.24	16.98	122.61	26.19
1—4月	1 496.55	13.11	1 475.99	13.68	168.62	29.56
1—5月	1 968.92	12.51	1 939.20	13.20	221.50	25.62
其中：轻小型起重设备行业						
1—3月	76.70	14.48	75.17	14.12	15.50	25.34
1—4月	107.33	14.98	105.37	14.73	21.98	18.44
1—5月	139.86	13.57	137.61	13.65	27.96	9.16
其中：起重机行业						
1—3月	541.72	10.18	528.28	11.09	53.09	22.91
1—4月	743.76	8.08	726.45	8.16	78.39	23.24
1—5月	949.93	7.58	929.20	7.90	100.19	18.11
其中：连续搬运设备行业						
1—3月	50.63	38.28	51.27	43.49	1.77	-0.73
1—4月	68.69	35.06	69.59	40.39	2.34	20.42
1—5月	92.02	32.16	92.43	35.61	3.05	12.14

2012年1—5月，重型机械行业工业总产值3 656.31亿元，同比增长13.12%；工业销售产值3 532.21亿元，同比增长13.22%，与1—4月比，增速下降1.13个百分点。其中，冶金机械行业工业总产值461.11亿元，同比增长4.85%，工业销售产值424.06亿元，同比增长4.78%；矿山机械行业工业总产值1 226.28亿元，同比增长17.62%，工业销售产值1 168.95亿元，同比增长16.66%；物料搬运（起重运输）机械行业工业总产值1 968.92亿元，同比增长12.51%，工业销售产值1 939.2亿元，同比增长13.2%。

八大重机企业中销售产值增长较快的企业有中国第一重型机械集团公司（增长14.61%）、上海重型机器厂有限公司（增长12.32%）、中信重工机械股份有限公司（增长9.58%）、太原重型机械集团有限公司（增长6.76%）。其中中国第一重型机械集团公司、上海重型机器厂有限公司已经开始从上年的低谷中逐步上升。

重矿行业的中型企业发展势头比较猛，中冶陕压重工设备有限公司增长27.02%，唐山冶金矿山机械厂增长38.51%，济南重工集团有限公司增长96.50%，南宁广发重工集团有限公司增长82.49%，四川矿山机器（集团）有限责任公司增长19.48%。

桥式、门式起重机市场不景气，生产比较集中的河南长垣地区订货情况下滑40%以上，主要反映在中小企业难以接到订单。大型企业状况良好，卫华集团有限公司增长12.8%。预计全行业上半年销售产值与上年同期相比持平或负增长。

连续搬运设备的市场比较好，产值同比增长35.61%，其中大连重工·起重集团有限公司、上海振华重工股份有限公司、华电重工股份有限公司、中联重科物料输送设备有限公司、北方重工集团有限公司等大型企业集团出口形势比较好。带式输送机主要生产企业中，北方重工集团有限公司增长20%，四川自贡运输机械集团公司增长18.68%，上海科大重工集团有限公司增长27.33%。

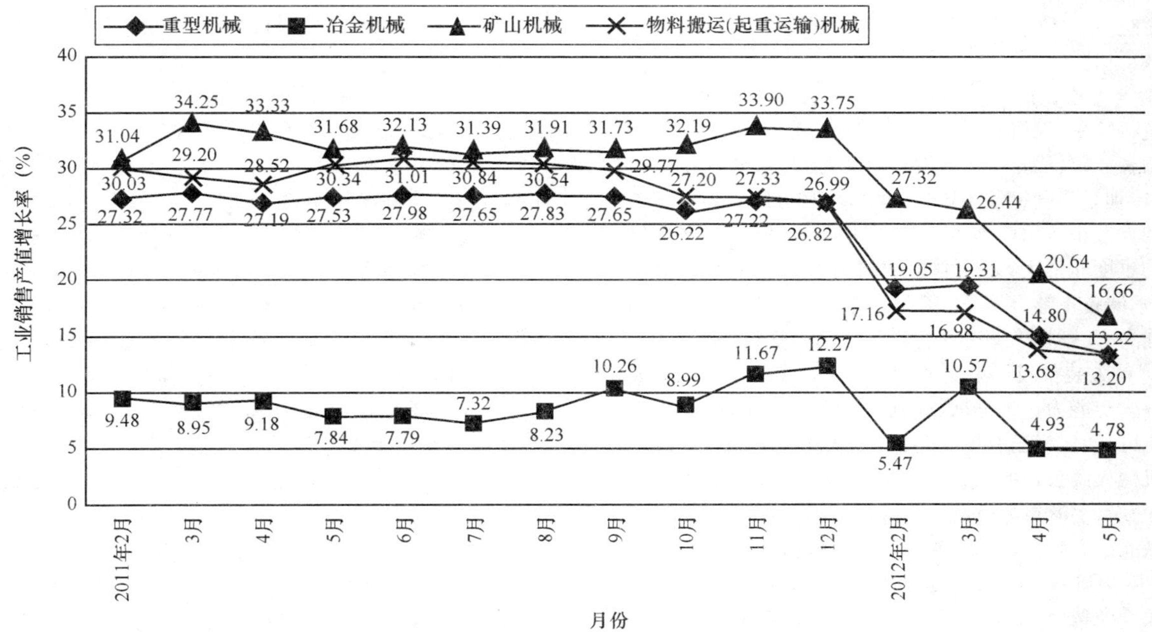

图 1　2011 年 2—12 月、2012 年 1—5 月重型机械行业及其冶金机械、矿山机械、物料搬运（起重运输）机械行业工业销售产值同比增长率走势

(2)行业产品进出口形势良好，进出口顺差继续保持强劲的增长势头。2012 年 1—5 月，重型机械行业进出口总额 91.38 亿美元，同比增长 16.95%。其中，出口额 65.47 亿美元，同比增长 31.75%；进口额 25.91 亿美元，同比下降 8.91%；进出口顺差 39.56 亿美元，同比增长 86.18%。

冶金机械进出口总额 11.09 亿美元，同比下降 2.59%；出口额 7.41 亿美元，同比增长 26.49%；进口额 3.68 亿美元，同比下降 33.43%；进出口顺差 3.73 亿美元，同比增长 10 倍。

矿山机械进出口总额 9.28 亿美元，同比增长 8.41%；出口额 6.20 亿美元，同比增长 14.90%；进口额 3.08 亿美元，同比下降 2.65%；进出口顺差 3.12 亿美元，同比增长 39.86%。

物料搬运机械进出口总额 70.99 亿美元，同比增长 22.03%；出口额 51.85 亿美元，同比增长 34.92%；进口额 19.14 亿美元，同比下降 3.06%；进出口顺差 32.71 亿美元，同比增长 75.04%。

近几年来，重型机械行业的大型重点骨干企业集团加强了科技创新能力建设，研制了一批技术和质量水平达到或接近国际先进水平的产品，打入欧美及新兴国家市场。大型企业国际化进程加快，促进了产品的出口和企业的平稳快速发展。如中国第一重型机械集团公司大型锻焊结构热壁加氢反应器出口印度；太原重型机械集团有限公司 4 m^3、10 m^3、35 m^3 矿用挖掘机出口到印度、俄罗斯、哈萨克斯坦等国；中信重工机械股份有限公司大型球磨机出口澳大利亚、巴西、俄罗斯等 20 多个国家，并在大洋洲、巴西、智利等地建立销售网络；上海振华重工集团股份有限公司大型海洋铺管船铺管系统装备出口美国；大连重工·起重集团有限公司大型散料装卸机械出口巴西；北方重工集团有限公司水泥成套设备、矿山机械成套设备、全断面掘进机出口到印度、巴西、伊朗等国。

2. 重型机械行业经济运行形势分析及预测

我国经济发展的特点是靠固定资产投资、出口和消费三驾马车拉动，2008 年受金融危机影响的冲击，国家投入了 4 万亿元给我国经济打了强心针，投入了高铁、高速公路等基础设施，清洁能源及城市超标准的建设等，但只是暂时制止了经济的下滑，投入的持续效益不太高。

国际金融危机的影响正在延续，国际市场需求大幅下降，市场萎缩，出口形势总体严峻。由于能源、原材料、人工工资快速上涨，企业成本加大，人民币升值幅度过大，造成我国产品出口竞争力下降，庆幸的是 2012 年 1—5 月重型机械行业进出口形势不错，一定程度上弥补了内需市场的不足。

中国经济要走良性发展道路，要有相对比较长即 8～10 年的调整期，以改变经济增长方式和完成产业结构的调整，放慢增长速度是必然的，这是由市场规律决定的。2012 年我国 GDP 增长定位 7.5%，装备制造业是国家经济的支柱产业，仍会保持约 15% 的增长。

2012 年上半年出现的订货下滑现象一直延续到 9 月份。国家加强了宏观调控措施，多次降低人民币存款准备金率，降低人民币存、贷款利率，把稳增长放到重要地位。为促进经济发展，避免经济大幅滑坡，国家仍需加快审批重点工程项目，加大对基础设施关键工程的固定资产投入，以拉动经济的发展。

预计重型机械行业 2012 年 9 月份以前增速会逐月下降，从第四季度开始有小幅回升。全年工业销售产值会保持 12%～14% 的增长，但与 2011 年相比增速下降 13～15 个百分点。

（三）行业存在的主要问题

1. 重型机械行业的大型企业均是国有企业。近十年来，大规模的技改投入，使生产能力迅速扩张，导致产能总体严重过剩，企业资产负债率高，总资产贡献率和投资效益都比较低。

2. 重型机械产品大多与固定资产投资相关联。受国际金融危机特别是欧债危机的影响，国际市场萎缩，国内经济形势增长放缓，固定资产投资规模紧缩，行业整体市场空间缩小，特别是我国钢铁工业生产能力严重过剩，为冶金工业服务的大型企业出现销售、利润大幅下滑的趋势，产业结构调整的难度非常大，高端制造领域由于前期的研发投入不足，技术储备不够，跟不上国内外市场的骤变，发展的势头不够强劲，又影响大型企业的产业结构调整和发展。

3. 重大装备投资监管不力，严重浪费国家资产。大型铸锻件生产能力过于分散，就其重型锻压装备而言，大型万吨水压机、油压机已有10多台，1.5万t以上的有中国第一重型机械集团公司的1.5万t、中国第二重型机械集团公司的1.6万t、上海重型机器厂有限公司的1.65万t和中信重工机械股份有限公司的1.85万t，并有企业为了核电装备继续要上2万吨级油压机。现有压机开工率比较低。浪费了国家大量经费，投资效益低。国家没有出台有效的政策和措施。

4. 针对大型重大装备的生产，政府缺乏有效的政策引导

据不完全统计，现在国内制造盾构机的企业有20多家，除北方重工集团有限公司、上海隧道工程股份有限公司、中铁隧道集团公司等少数企业具有自主研发能力外，大部分企业只是利用国外著名公司的技术和关键零部件，自己只做钢结构，进行组装式生产，大部分利润被外商赚去，而国内投资较大的公司如北方重工，生产任务严重不足，造成了极大的浪费。

5. 生产能力过剩的桥式、门式起重机，中小型带式输送机市场竞争过于激烈，价格战已达到白热化程度，特别是中小型桥式、门式起重机企业面临倒闭的危险。

6. 行业内人才危机比较突出，特别是中小型企业，研发力量薄弱，缺少领军人才和高技术工人队伍，已成为制约企业发展的瓶颈。

7. 由于市场竞争激烈、产品销售价格下降，原材料、人工工资上涨，造成企业各种负担很重。随着国家进一步控制贷款，中小企业的资金链将会出现危机。

（四）建议措施

1. 针对高端制造领域的重大科技攻关项目，组织以大型企业为主体的产、学、研联合攻关。结合项目实际，国家应加大资金的支持力度并合理分配。

2. 培养、引进高端科技人才，促进高端装备制造的关键核心技术攻关。

3. 加大知识产权的保护力度，有利于促进产、学、研合作，推进以科技创新为支撑的产业结构调整。

4. 对产能过剩的行业，如桥式、门式起重机行业要严格控制发放许可证，在换证时要提高发放的门槛，有利于推动企业的产业升级和战略重组。

5. 把握市场机遇，合理修订标准，淘汰落后产能，有利于参与国际竞争，加快进入国际市场。

四、2012年协会工作任务

1. 2012年协会工作的总体思路是围绕国务院装备制造业调整和振兴规划及国家“十二五”规划的总体发展要求以及中央经济工作会议的精神，继续推进产业结构转型升级，提升核心竞争力，加大重大科技成果转化，促进重型机械行业平稳较快地发展。继续做好政府有关部门委托的工作，发挥桥梁和纽带作用，促进行业产品结构优化和发展方式的转变。

2. 严格按照民政部、国资委以及中机联有关政策和规定，稳妥、有序地做好中国重型机械工业协会六届理事会的换届工作，做好协会领导班子的平稳过渡。认真组织召开六届一次会员代表会议及理事会。

3. 按照国资委《关于开展品牌协会培育和建设工作的指导意见》，继续加强协会的组织和制度建设，提升协会的服务能力，做好协会参加社团评估的前期准备。

4. 继续加强对协会统计与信息工作的领导，进一步做好协会统计工作，加强行业信息的收集和经济运行分析，做好扩大统计网参加单位，办好《统计简报》（普通版和网员版），并将《统计简报》（普通版）扩大赠送范围，完成《2011冶金矿山机械进出口年报》《2011物料搬运（起重运输）机械进出口年报》的编印工作，完成《2011年重机协会统计年报》。

5. 组织重型机械行业中国机械工业科学技术奖的申报、评审和推荐工作。

6. 配合中国机械工业联合会做好中国机械工业优质品牌产品推荐评审工作。

7. 办好协会会刊《中国重机通讯》和协会官方网站，发挥协会的平台作用，扩大对会员单位的信息宣传和服务工作。

8. 继续加强与国外对口专业协会的交流，促进协会会员参与国际交流和合作。

9. 办好由中国机械工业联合会和中国重型机械工业协会联合主办的2012年5月10—12日在北京国际展览中心举办的2012中国（北京）国际重型机械装备展览会。

10. 完成《2012中国重型机械工业年鉴》组稿、撰稿和编审工作。

11. 按照国资委行业管理办公室和民政部的要求，继续推动分支机构规范化运作和财务的规范化管理，组织召开分支机构秘书长会议。

12. 做好由总会管理的起重葫芦分会秘书处管理工作。

〔撰稿人：中国重型机械工业协会徐善继　审稿人：中国重型机械工业协会肖立群〕

2011 年中国机械工业科学技术奖重型机械行业获奖项目

2011 年 8 月 17—20 日，中国重型机械科学技术奖评审会议在西安市召开，行业知名评审专家共 26 人参加了会议。会议对 2011 年重型机械行业企业、科研单位、大专院校申报的 55 项“中国机械工业科学技术奖”项目进行了审查评议。评审结果经“中国机械工业科学技术奖”评审委员会审定，重型机械行业共荣获中国机械工业科学技术奖 34 项，其中一等奖 4 项，二等奖 15 项，三等奖 15 项。2011 年“中国机械工业科学技术奖”重型机械行业获奖项目见表 1。

表 1　2011 年“中国机械工业科学技术奖”重型机械行业获奖项目

项目名称	单位名称	获奖等级
450 t 电渣重熔炉研制	上海重型机器厂有限公司	一等奖
双柱式快速自由锻造液压机系列与全液压轨道式锻造操作机系列成套设备研制	太原重工股份有限公司	一等奖
330 mm × 2 500 mm 宽厚板坯连铸机成套技术装备	中国重型机械研究院有限公司、舞阳钢铁有限责任公司	一等奖
百万千瓦核电转子大型开合式热处理成套设备、工艺及应用	中国第一重型机械集团公司、北京机电研究所、天津重型装备工程研究有限公司	一等奖
双层 56 m^2 TKB 巨型振动筛	鞍山重型矿山机器股份有限公司	二等奖
大吨位系列履带式起重机关键技术与应用	上海三一科技有限公司、太原科技大学	二等奖
大断面棒材飞剪技术研究	洛阳矿山机械工程设计研究院有限责任公司、中信重工机械股份有限公司	二等奖
永磁高梯度预选磁选机	北方重工集团有限公司	二等奖
MFH3610 风扇磨煤机	北方重工集团有限公司	二等奖
MZL 系列多分流重载立磨减速机	中信重工机械股份有限公司、洛阳矿山机械工程设计研究院有限责任公司、河南科技大学	二等奖
复合喷吹铁水脱硫工艺及装备	北京中冶设备研究设计总院有限公司、玉溪新兴钢铁有限公司	二等奖
大型摩擦提升机动力学设计方法及应用	河南科技大学、洛阳矿山机械工程设计研究院有限责任公司	二等奖
高层液压式升降横移类机械停车设备	潍坊大洋自动泊车设备有限公司	二等奖
核电站用数控遥控吊车	常州东方机电成套有限公司、江苏大学	二等奖
160 MN 自由锻造水压机研制	二重集团(德阳)重型装备股份有限公司	二等奖
大型高精度单机架六辊可逆冷轧机组的研制及应用	中国重型机械研究院有限公司	二等奖
大倾角放顶煤液压支架的研制	山东科技大学	二等奖
全自动控制垃圾搬运起重机关键技术研究	北京起重运输机械设计研究院	二等奖
高速钢离心复合工作辊研制及产业化	中国第一重型机械集团公司	二等奖
砂土类移动式干选机	山东华特磁电科技股份有限公司	三等奖
PXD136D 地下两层巷道堆垛智能停车设备	山东莱钢泰达车库有限公司	三等奖
车载乳胶基质现场混装乳化炸药车	山西惠丰特种汽车有限公司、湖北凯龙化工集团股份有限公司	三等奖
1.6 m 带宽可伸缩带式输送机研制(DSJ160/300/G3 × 500 + 3 × 500 型)	宁夏天地西北煤机有限公司	三等奖
大型汽轮发电机护环核心技术攻关及产品研制	沈阳铸锻工业有限公司	三等奖
NH 型系列钢丝绳电动葫芦	纽科伦(新乡)起重机有限公司	三等奖
低净空 250 t 桥式起重机	卫华集团有限公司	三等奖

（续）

项目名称	单位名称	获奖等级
上吸式废钢及冶金渣用磁选机	沈阳隆基电磁科技有限公司	三等奖
YH 型 200/50 t 淬火起重机	山起重型机械股份公司	三等奖
大型人造板平压式连续压机生产线成套设备	上海人造板机器厂有限公司	三等奖
矿用智能型乳化液泵站	淄博市博山防爆电器厂有限公司	三等奖
中厚板加热炉高位板坯托出机仿真研究与应用	北京科技大学、马鞍山钢铁股份有限公司	三等奖
CDW24S—5500 大型型材卷弯机	长治钢铁(集团)锻压机械制造有限公司	三等奖
MFH39105 高效风扫烘干磨煤机	河南焦矿机器有限公司	三等奖
40.5 MVA 密闭电石炉	大连重工·起重集团有限公司	三等奖

注:表中获奖项目排序以申报项目先后序号为准。

〔撰稿人:中国重型机械工业协会张维新　审稿人:中国重型机械工业协会徐善继〕

2011 年重型机械行业十大新闻

一、中国一重年产五台百万核反应堆压力容器,自主化、专业化、批量化制造核电装备取得突破

2011 年 12 月 30 日,中国一重在大连核电设备制造基地成功进行福清 2 号核反应堆压力容器水压试验,实现了年产 5 台核反应堆压力容器的目标,创造了国内核反应堆压力容器制造的最高纪录,标志着我国自主化、专业化、批量化制造核电装备取得重大突破,在核电装备国产化道路上迈出了坚实的步伐。

2011 年,中国一重承担了 1 年出产福清 1 号、2 号,阳江 1 号、2 号,方家山 1 号共计 5 台核反应堆压力容器的制造任务,这在中国一重乃至国内核电设备制造史上均属史无前例。正当一重统筹规划、全力推进核电项目生产时,日本核危机对核电建设带来了巨大冲击。面对困难和压力,中国一重坚持高标准、高质量生产核电产品的目标不动摇。核电制造系统的全体员工在生产中坚持科学严谨的态度,坚持质量第一、用户至上,坚持全过程质量控制的原则,全面强化项目管理和质保体系,始终把"四个凡事"的核文化理念贯穿于整个项目管理和产品制造过程中,自主创新了加工、检测等手段,大幅度提升了核电设备制造的"自动化、信息化、专业化"水平,不断总结提升自身制造能力和水平,提高核电产品的制造质量。在 2011 年上半年优质完成福清 1 号核反应堆压力容器的制造任务后,中国一重再接再厉,相继完成了阳江 1 号、2 号,方家山 1 号,福清 2 号核反应堆压力容器,实现了批量化生产核电产品的目标,充分证明了中国核电制造业能够顶住压力,承担起核电装备国产化的重任。

二、中国二重 AP1000 核电站主管道研制取得阶段性突破

2011 年 7 月 28 日,浙江三门核电站 1 号机组主管道冷段 1A 弯管在中国二重锻造分厂水压机车间一次性弯曲成功,标志着世界首座第三代 AP1000 核电站——三门核电站 1 号机组主管道冷段弯管研制取得阶段性突破。

第三代 AP1000 核电主管道,是当今世界上最先进的连接核电站反应堆压力容器、主泵和蒸发器的大型厚壁承压管道,是第三代核电站修建的重中之重。此前,由美国西屋公司研制成功的 AP1000 核电技术,是此前世界上公认的安全性最好、技术最先进的第三代核电技术,而我国此前尚未掌握这项技术。为打破我国核电制造、技术的瓶颈,中国二重从 2007 年开始,主攻管道研制难关,以"蚂蚁啃骨头"的毅力,通过自主创新攻克了一道道技术难关:2008 年,中国二重研制成功了 CPR1000 核电管板,实现了我国核电大型铸锻件零的突破;2009 年,在国内率先一次性弯曲成功 AP1000 主管道热段 A 试制件;2010 年,完成 AP1000 主管道热段试制件全部研制,并通过国家核电技术公司组织的专家技术鉴定。自此,我国突破了第三代核电站生产的关键部件技术。三门 1 号机组主管道冷段弯管弯曲成型工序的顺利完成,为我国第三代核电 AP1000 自主化依托项目的顺利建设和重大技术装备国产化作出了重要贡献。

三、中信重工 185 MN 自由锻造油压机正式投产

2011 年 10 月 10 日,中信重工制造的世界最大的185 MN 自由锻造油压机完成"大考",成功锻造出 438t 特大型钢锭。该锻造装备机组是中信重工与德国 WEPUKO 以联合设计、联合制造、联合品牌的方式推出,规格和功率均创世界之最。该锻造装备机组与 750 t·m 锻造操作机联动,形成了高度自动化的重型自由锻造平台,锻件正负误差不超过 2 mm,锻造一个锻件可同时做 10 个动作,一人即可操作完成。此外，其液压传动系统采用了泵控技术，比传统阀控大大减少能量损耗，实现20%以上的节能效果。整套设备具备锻造空间大、锻造精度高、能量消耗低、自动化程度高等特性。185 MN自由锻造油压机成功完成400吨级特大型钢锭的锻造，标志着我国大型自由锻件的锻造能力达到了一个新高度。

四、中共中央政治局常委、全国政协主席贾庆林视察中国一重大连生产基地

2011年7月2日，中共中央政治局常委、全国政协主席贾庆林在辽宁大连调研时，视察了中国一重大连生产基地。

贾庆林在听取中国一重多年来坚持自主创新、不断提升核心竞争力、自主研发核电、石化装备等方面情况的汇报后指出，装备制造业产业关联度高、服务功能强、技术资金密集，是各行业产业升级、技术进步的重要保障和国家综合实力的集中体现。贾庆林强调，绿色制造作为一种现代制造模式，综合考虑了环境影响和资源效率，是制造业和绿色理念的有机结合。发展绿色制造业，要求生产过程和产品都是绿色的，有了绿色的装备就为用户实现节能降耗提供了基本条件。要积极推进绿色设计和制造工艺，提供节能、节水、节材、智能化的高附加值产品，推广回收再生和循环再利用技术，延伸再制造产业链，提高能源资源利用效率，增强可持续发展能力，为建设资源节约型、环境友好型社会做出不懈努力。要按照“十二五”规划的要求，坚持走中国特色新型工业化道路，大力振兴装备制造业，着力突破和掌握关键核心技术和前沿技术，加快打造世界级的一流企业和知名品牌，为振兴东北地区等老工业基地、建设创新型国家奠定坚实的基础。要着力推进装备制造业优化升级，大力改造提升传统制造业，加快发展高端制造业，促进制造业由大变强。着力增强自主创新能力，高度重视科技人才的培养和引进，深化体制机制改革，切实搞好产学研相结合，力争在首台首套研制和产业化上实现突破，使经济发展更多地依靠科技创新驱动。着力加快“走出去”步伐，鼓励和支持有条件的企业兼并重组境外企业和研发机构，有序向境外转移成熟技术装备和产能，培育具有国际知名度和影响力的大型跨国企业，建立和完善支持企业“走出去”的政策和服务体系，努力提升产业国际竞争力。

五、中共中央政治局常委、国务院副总理李克强视察太原重型机械集团有限公司

2011年6月10日，中共中央政治局常委、国务院副总理李克强视察太原重型机械集团有限公司。李克强详细了解了太重的轴承、热连轧整机研发、国内外市场份额等情况，深入车间与工人亲切交谈，仔细询问他们的生产、生活情况。与几位刚参加工作的大学生交谈，勉励他们努力工作，为太重再次创造奇迹做出成绩，作出贡献。李克强说，太重是现代装备制造业的骨干力量，要致力于打造世界名牌。太重现在已经在世界上有了一定影响，三峡的水钻机就是一个很好的例子。我们进军国际市场，占领更多市场份额，可能更多的是靠大型装备制造业。这就需要我们在国际市场上有更多、更具竞争力的知名品牌。太重是中国装备制造业的长子，希望技术和产品走在世界的前面。

六、太原重工加速国际化步伐

2011年4月7日，太重集团出资1.3亿澳元（折合人民币8.79亿元）收购澳大利亚威利朗沃国际集团公司。威利朗沃国际集团公司是世界著名的煤机设备制造企业，主导产品有煤层千米定向钻机、井下柴油运输车、井下皮带运输机等。此次跨国收购将有利于太重煤机进一步获取国际先进技术，填补产品和技术上的空白，对太重实施国际化战略意义重大、影响深远。

在此基础上，太重集团于2011年9月成功收购了德国CEC起重机工程与咨询有限公司，9月成立了太重香港国际有限公司和太原重工印度有限公司。2011年全年成功实现出口订货18.1亿元，太重国际化战略迈出了坚实步伐。

七、煤炭综采成套装备智能系统列入国家智能制造装备发展专项，多家会员单位获得专项支持项目

为贯彻落实《国民经济和社会发展第十二个五年规划纲要》和《国务院关于加快培育和发展战略性新兴产业的决定》，加快智能制造装备的创新发展和产业化，推动制造业转型升级，国家发改委、财政部、工业和信息化部于2011年组织实施了智能制造装备发展专项。该专项的目标是推进八大制造业领域智能制造成套装备的创新发展和应用，加强智能三大功能零部件的创新，夯实智能制造装备产业发展基础，促进智能技术在国民经济三大领域的应用。重型机械行业煤炭综采成套装备智能系统列入专项，行业多家企业获得国家财政的支持，促进了矿山机械行业在智能装备方面的技术进步。

八、中国重型机械工业协会五届四次会员代表会议暨理事会议在北京召开

中国重型机械工业协会五届四次会员代表会议暨理事会议于2011年5月7—9日在北京召开，五届理事会单位代表、部分会员代表等共179个单位的210名代表参加了会议，国家发改委、工信部、国家能源局、国家质检总局以及中国机械工业联合会等有关领导应邀出席了会议。中国第一重型机械集团公司总经理、协会理事长吴生富同志代表协会致辞，协会常务副理事长徐善继同志代表五届理事会做了题为《以市场为导向，科技创新为支撑，加快产业结构调整，保持重型机械行业平稳较快发展》的工作报告。会议表彰了吴生富等50位“十一五”全国重型机械行业优秀企业家、马克等50位“十一五”全国重型机械行业优秀科技工作者，表彰了大连重工·起重集团有限公司等45个中国重型机械工业协会统计工作先进单位，还表彰了破碎粉磨设备专业委员会等8个先进分支机构、起重葫芦分会等8个表扬分支机构。大会举行了隆重的表彰仪式，为获奖单位和个人颁发了荣誉证书。

会议期间，大会组织了专题报告会，邀请中国机械工业联合会、中国钢铁工业协会、中国环保机械行业协会、中国石油和石油化工设备工业协会、中国水泥协会等有关专家作专题报告。

九、中国重型机械行业15家企业获国家认定企业技术中心，显著推进行业科技进步

根据国家发展改革委公告，截至2011年，中国重型机械行业共有15家企业通过认定获得国家认定企业技术中心，积极推进了重型机械行业的科技进步。2011年，全行业获得中国机械工业科学技术奖34项，其中一等奖4项，在全国机械制造行业中名列前茅。2011年底前获国家认定企业技术中心的企业见表1。

表1　2011年底前获国家认定企业技术中心的企业

序号	企业名称	地区
1	中国第一重型机械集团公司	黑龙江
2	中国第二重型机械集团公司	四川
3	太原重型机械集团有限公司	山西
4	大连重工·起重集团有限公司	辽宁
5	中信重工机械股份有限公司	河南
6	上海振华重工(集团)股份有限公司	上海
7	沈阳矿山机械(集团)有限责任公司	辽宁
8	沈阳重型机械集团有限责任公司	辽宁
9	上海重型机器厂有限公司	上海
10	卫华集团有限公司	河南
11	中国华电工程(集团)有限公司	北京
12	上海建设路桥机械设备有限公司	上海
13	中钢集团衡阳重机有限公司	湖南
14	巨力索具股份有限公司	河北
15	重庆齿轮箱有限责任公司	重庆

十、大连重工·起重集团有限公司首支瓦锡兰系列国内最大7RT－FLEX82T超大型曲轴研制成功

2011年6月20日，大连重工·起重集团有限公司首支瓦锡兰系列国内最大7RT－FLEX82T超大型曲轴在曲轴公司研制成功。这标志着集团公司继研制成功曼恩系列8K90MC-C型曲轴后，在产品规格型号和服务领域拓展方面取得又一重大突破。82T型曲轴成品长度13 m，重225 t，是为40万t超大型矿砂船(VLOC)推进系统主动力机型量身定制的曲轴，在节能减排方面具有多项领先技术，满足国际海事组织的排放标准，代表着业界最新科技水平。在此之前，82T型曲轴全部依靠进口。82T型曲轴的研制成功，填补了国内空白，大大提升了我国超大型船舶制造关键核心部件的国产化水平。

〔撰稿人：中国重型机械工业协会肖立群　审稿人：中国重型机械工业协会徐善继〕

行业篇

从生产发展情况、市场及销售、产品进出口、科技成果及新产品等方面阐述重型机械各分行业2011年的发展情况

It briefs the development made in 2011 in all the sectors of the heavy machinery industry, namely production, marketing, sales, product import and export, technical development and the new product creation

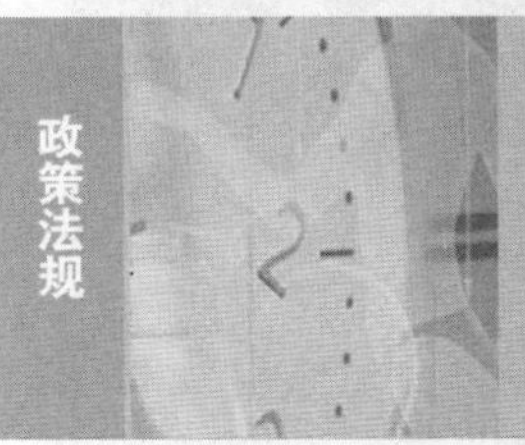

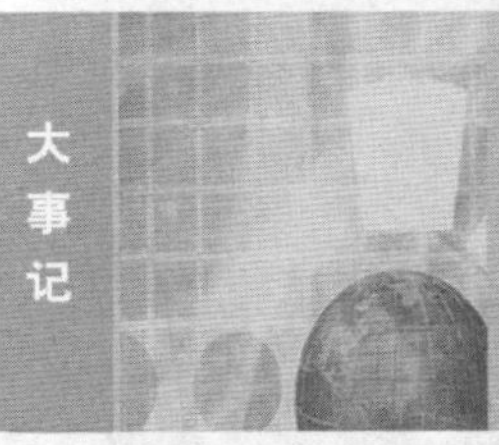

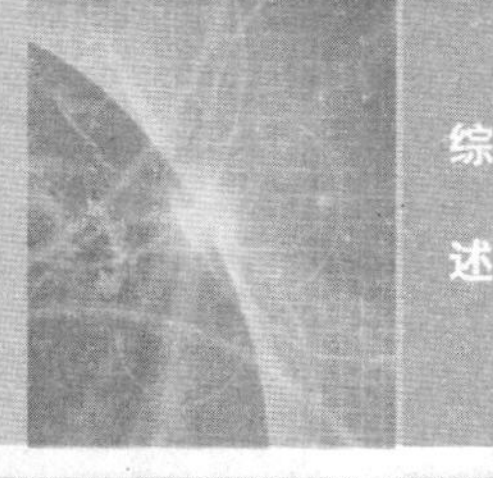

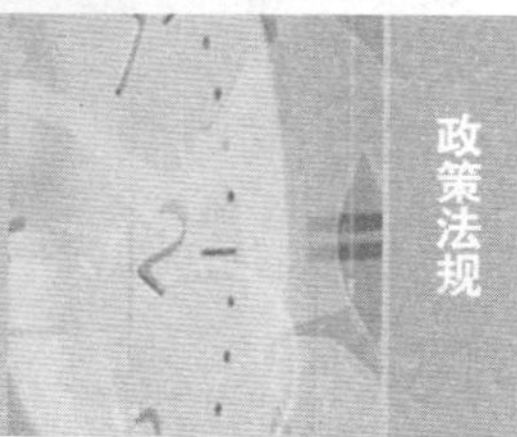

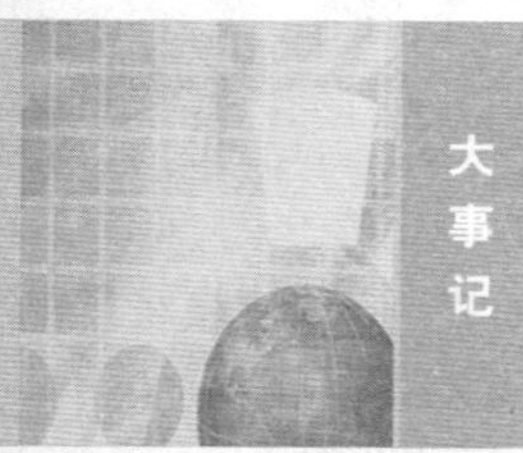

行业篇

冶金矿山机械

行业简况 冶金矿山机械行业是以提供炼焦、烧结、冶炼、轧制、矿山开采、矿山提升、破碎粉磨、煤矿采掘、筛分洗选、竖井及隧道挖掘、水泥、重型锻压等大型成套设备及相关配套产品，并为能源、原材料、化工、造船、军工、机械等设备制造部门提供所需大型铸锻件为主导产品的机械制造行业。该行业的主要产品多为重大基本建设项目所需的核心设备，因此该行业不仅在国民经济建设中占有十分重要的地位，而且是体现国家制造实力的重要表征。

2001—2010年冶金矿山机械行业主要经济指标见表1。

表1 2001—2010年冶金矿山机械行业主要经济指标

年份	企业数（家）	工业总产值（当年价）（亿元）	工业增加值（亿元）	主营业务收入（亿元）	利润总额（亿元）	主营业务收入利润总额率（%）	资产总计（亿元）
2001	488	200.9	52.6	187.7	-4.9	-2.6	501.9
2002	511	249.3	64.7	241.6	-0.3	-0.1	561.5
2003	603	351.1	92.3	33.6	4.3	1.3	620.7
2004	1 002	568.8	149.9	540.9	13.1	2.4	809.6
2005	931	784.2	204.4	765.2	30.3	4.0	973.6
2006	1 131	1 098.6	322.8	1 019.4	54.5	5.4	1 238.7
2007	1 386	1 520.9	426.1	1 385.2	100.4	14.7	1 584.3
2008	2 073	2 204.5		2 101.1	152.6	7.3	2 411.9
2009	2 238	2 579.8		2 505.3	167.9	6.2	2 755.8
2010	2 384	3 207.6		3 111.3	249.7	8.0	3 452.9

2001—2010年冶金矿山机械行业主要经济指标占重型机械行业的比重见表2。

表2 2001—2010年冶金矿山机械行业主要经济指标占重型机械行业的比重

年份	行业名称	企业数（家）	占重型机械行业比重（%）	资产总计（亿元）	占重型机械行业比重（%）	工业总产值（当年价）（亿元）	占重型机械行业比重（%）	主营业务收入（亿元）	占重型机械行业比重（%）	利润总额（亿元）	占重型机械行业比重（%）
2001	重型机械行业	1 100	100.00	1 144.85	100.00	658.40	100.00	634.42	100.00	16.11	100.00
	冶金矿山机械行业	488	44.36	501.89	43.84	200.90	30.51	187.74	29.59	-4.87	-30.23
2002	重型机械行业	1 193	100.00	1 227.06	100.00	837.40	100.00	813.18	100.00	29.45	100.00
	冶金矿山机械行业	511	42.83	561.47	45.76	249.30	29.77	241.64	29.72	-0.26	-0.88
2003	重型机械行业	1 357	100.00	1 393.64	100.00	1 101.50	100.00	1 067.13	100.00	40.60	100.00
	冶金矿山机械行业	603	44.44	620.74	44.54	351.10	31.87	338.57	31.73	4.30	10.50
2004	重型机械行业	2 385	100.00	1 852.0	100.00	1 711.80	100.00	1 639.50	100.00	70.90	100.00
	冶金矿山机械行业	1 002	42.01	809.60	43.71	568.80	33.23	540.90	32.99	13.10	18.50
2005	重型机械行业	2 179	100.00	2 121.40	100.00	2 138.80	100.00	2 071.70	100.00	108.50	100.00
	冶金矿山机械行业	931	42.73	973.60	45.89	784.20	36.67	765.20	36.94	30.30	27.93
2006	重型机械行业	2 494	100.00	2 586.80	100.00	2 771.80	100.00	2 634.50	100.00	163.00	100.00
	冶金矿山机械行业	1 131	45.35	1 238.70	47.88	1 098.60	39.64	1 019.40	38.70	54.50	33.44
2007	重型机械行业	2 879	100.00	3 345.48	100.00	3 711.86	100.00	3 535.41	100.00	233.49	100.00
	冶金矿山机械行业	1 386	48.14	1584.28	47.36	1 520.89	40.97	1 385.24	39.18	100.38	42.99
2008	重型机械行业	4 187	100.00	4 776.56	100.00	5 125.66	100.00	4 954.37	100.00	345.02	100.00
	冶金矿山机械行业	2 073	49.51	2 411.92	50.50	2 204.50	43.01	2 101.12	42.41	152.64	44.24
2009	重型机械行业	4 388	100.00	5 578.13	100.00	5 787.89	100.00	5 649.58	100.00	407.92	100.00
	冶金矿山机械行业	2 238	51.01	2 755.84	49.40	2 579.80	44.57	2 505.33	44.35	167.87	41.15
2010	重型机械行业	4 686	100.00	6 800.00	100.00	7 112.00	100.00	6 967.00	100.00	553.00	100.00
	冶金矿山机械行业	2 384	50.88	3 452.00	50.77	3 208.00	45.11	3 111.00	44.66	250.00	45.21

行业经济运行情况

1. 主要经济指标完成情况

2011 年冶金矿山机械行业主要经济指标完成情况见表 3。

表 3　2011 年冶金矿山机械行业主要经济指标完成情况

企业分类	企业数（家）	比上年增长（%）	工业总产值（当年价）（亿元）	比上年增长（%）	出口交货值（亿元）	比上年增长（%）	工业销售产值（亿元）	比上年增长（%）	主营业务收入（亿元）	比上年增长（%）
冶金矿山机械行业	1 886	-21.00	4 154.29	29.52	132.32	-17.10	3 988.94	28.10	4 021.02	29.24
其中：大型企业	55	89.66	1 608.24	40.48	71.19	-36.50	1 511.59	36.40	1 544.22	44.12
中型企业	237	29.50	881.61	23.96	33.55	53.10	857.44	24.58	855.37	18.68
小型企业	1 549	-28.70	1 639.68	21.33	27.20	6.30	1 595.87	21.12	1 600.87	21.37
微型企业	45		24.76		0.37		24.03		20.56	
其中：全国有企业	64	-28.90	678.32	4.02	32.64	18.20	630.53	16.30	574.50	-3.96
私营企业	1 107	-25.50	1 472.22	41.89	15.31	7.60	1 433.73	41.53	1 436.95	41.15
其他内资企业	604	-11.20	1 600.98	24.53	42.27	-52.60	1 525.17	22.49	1 606.63	27.13
三资企业	111	-12.60	402.77	73.50	42.09	47.12	399.51	69.60	402.95	74.27
其中：国有控股	154	-12.00	1 551.64	8.64	70.10	-40.10	1 446.14	5.26	1 465.79	8.05
私人控股	1 491	-21.30	2 064.69	45.92	21.13	8.80	2 016.19	46.46	2 011.55	45.61
三资控股	86	-12.20	286.41	74.76	32.88	81.96	286.27	70.29	291.63	76.06
其他控股	155	72.20	251.54	53.52	8.20	119.80	240.33	152.20	252.05	154.50
其中：冶金机械行业	453	-25.12	1 189.27	13.25	41.72	-9.38	1 101.98	9.52	1 139.95	13.27
矿山机械行业	1 433	-19.45	2 965.02	37.44	90.59	-15.71	2 886.96	36.95	2 881.07	36.88

企业分类	利润总额（亿元）	比上年增长（%）	利税总额（亿元）	比上年增长（%）	资产合计（亿元）	比上年增长（%）	流动资产合计（亿元）	比上年增长（%）	固定资产合计（亿元）	比上年增长（%）
冶金矿山机械行业	274.89	10.09	419.00	12.8	4 200.97	21.67	2 806.24	22.42	1067.50	25.05
其中：大型企业	95.17	1.06	155.70	10.79	2 580.78	40.30	1 816.79	40.59	606.31	51.66
中型企业	66.68	24.36	98.61	21.31	765.92	0.94	501.77	-4.09	186.07	7.92
小型企业	111.95	9.87	163.03	9.00	844.01	-11.21	480.49	0.78	272.74	-3.10
微型企业	1.10		1.66		10.26		7.18		2.39	
其中：全国有企业	25.22	-22.04	47.62	-18.87	1 166.16	9.52	828.16	5.75	294.01	34.38
私营企业	108.75	24.29	160.78	25.31	658.99	25.10	362.25	25.12	224.02	22.29
其他内资企业	97.52	-1.81	150.82	3.09	1 966.76	29.96	1 309.70	32.18	472.39	29.41
三资企业	43.40	42.16	59.77	52.28	409.07	17.61	306.13	33.80	77.09	-11.06
其中：国有控股	82.06	-18.88	135.90	-14.15	2 655.37	17.39	1 847.63	16.72	631.28	27.33
私人控股	143.46	31.17	213.77	33.55	1 009.30	33.96	556.33	30.87	340.80	34.48
三资控股	32.18	29.14	44.07	42.63	337.99	18.23	255.45	31.54	57.66	-11.83
其他控股	17.18	97.02	25.25	91.73	198.32	152.42	146.82	259.10	37.77	61.62
其中：冶金机械行业	62.59	-17.85	115.50	0.00	1 793.92	19.07	1 185.47	22.40	457.56	13.49
矿山机械行业	212.30	22.36	303.50	18.18	2 407.05	14.14	1 620.77	22.45	609.95	35.39

企业分类	总资产贡献率（%）	上年同期	流动资金周转率（次）	上年同期	主营业务收入利润总额率（%）	上年同期	工业总产值全员劳动生产率（万元/人）	上年同期	工业资金利税率（%）	上年同期
冶金矿山机械行业	10.97	10.23	1.43	1.36	6.84	8.03	84.18	70.81	10.82	11.81
其中：大型企业	7.07	7.64	0.85	0.83	6.16	8.79	81.96	86.93	6.43	8.31

（续）

企业分类	总资产贡献率（%）	上年同期	流动资金周转率（次）	上年同期	主营业务收入利润总额率（%）	上年同期	工业总产值全员劳动生产率（万元/人）	上年同期	工业资金利税率（%）	上年同期
中型企业	13.71	9.13	1.70	1.38	7.80	7.44	69.77	55.82	14.34	11.69
小型企业	20.37	17.28	3.33	2.77	6.99	7.73	96.38	69.70	21.64	19.73
微型企业	16.90		2.86		5.35		300.18		17.35	
其中:全国有企业	5.19	6.85	0.69	0.76	4.39	5.41	72.69	71.47	4.24	5.86
私营企业	26.00	21.24	3.97	3.52	7.57	8.59	98.52	72.58	27.42	27.14
其他内资企业	8.50	8.77	1.23	1.28	6.07	7.86	73.51	67.91	8.46	10.70
三资企业	15.14	13.56	1.32	1.01	10.77	13.20	122.09	78.78	15.60	12.44
其中:国有控股	6.04	7.03	0.79	0.86	5.60	7.46	77.88	77.48	5.48	7.62
私人控股	22.52	19.38	3.62	3.25	7.13	7.92	97.19	70.63	23.83	23.59
三资控股	13.53	13.01	1.14	0.85	11.04	15.05	124.42	77.69	14.08	11.90
其他控股	13.89	20.42	1.72	2.42	6.82	8.80	42.75	66.83	13.68	20.49
其中:冶金机械行业	6.72	8.46	0.96	1.04	5.49	7.57	81.39	71.60	6.31	8.42
矿山机械行业	14.14	13.81	1.78	1.59	7.37	8.24	85.35	70.42	14.14	14.43

2. 产品生产情况

2010—2011 年冶金矿山机械行业主要产品产量见表 4。

表 4　2010—2011 年冶金矿山机械行业主要产品产量

产品名称	企业数(家)	2011 年产量(万 t)	2010 年产量(万 t)	同比增长(%)
金属冶炼设备	52	63.57	52.99	19.96
金属轧制设备	48	64.71	47.78	35.44
矿山设备	351	444.13	361.66	22.80
水泥专用设备	55	85.35	111.75	-23.63

3. 产品进出口情况

2011 年冶金矿山机械行业主要产品进出口情况见表 5。

表 5　2011 年冶金矿山机械行业主要产品进出口情况

产品名称	出口额（亿美元）	同比增长（%）	进口额（亿美元）	同比增长（%）	进出口总额（亿美元）	同比增长（%）	进出口差额（亿美元）	上年同期（亿美元）	同比增长（%）
冶金矿山机械行业合计	30.25	27.94	20.59	-1.25	50.84	12.26	9.65	2.79	245.88
占重型机械行业的比重(%)	21.67		29.90		24.38		13.64	5.40	152.82
(一)冶金设备	15.82	10.82	12.22	-8.69	28.04	1.38	3.59	0.89	305.87
占冶金矿山机械行业的比重(%)	52.29		59.36		55.16		37.21	31.74	17.24
1. 金属冶炼设备	0.50	5.63	0.29	18.18	0.79	9.85	0.22	0.23	-7.31
2. 连铸设备	0.74	63.57	0.14	38.70	0.88	58.92	0.59	0.35	71.00
3. 金属轧制设备	3.18	19.96	5.27	25.85	8.45	23.57	-2.09	-1.54	36.02
4. 冶金设备零件	11.39	6.56	6.52	-26.32	17.92	-8.33	4.87	1.84	164.75
(二)矿山设备	14.43	54.03	8.37	12.10	22.80	35.43	6.06	1.90	218.42
占冶金矿山机械行业的比重(%)	47.71		40.64		44.84		62.79	68.26	-8.01
1. 采掘设备及钻机	2.68	67.97	3.64	31.83	6.32	45.05	-0.97	-1.17	-17.46
2. 筛分、洗选设备	2.88	41.04	1.27	-13.96	4.15	17.92	1.60	0.56	186.26
3. 破碎粉磨设备	8.38	54.12	3.26	14.48	11.64	40.50	5.13	2.59	97.63
4. 提升(卷扬)设备	0.09	44.23	0.03	-31.52	0.12	14.41	0.06	0.02	200.00
5. 矿山设备零件	0.40	72.48	0.17	-50.59	0.57	0.01	0.24	-0.10	335.31

注:1. 表中原始数据来源于海关总署 2011 年 12 月统计资料。

2. 由于四舍五入,合计数有微小出入

2011 年冶金矿山机械进口额或出口额 2 000 万美元以上的产品见表 6。

2011 年冶金矿山机械进出口额前 15 位国家（地区）见表 7。

表 6 2011 年冶金矿山机械进口额或出口额 2 000 万美元以上的产品

商品代码	商品名称	数量单位	出口量	出口额（万美元）	进口量	进口额（万美元）	进出口总额（万美元）	进出口差额（万美元）
	冶金矿山机械总计			302 471		205 923	508 396	96 546
	占重型机械行业总计比重（%）			21.66		29.90	24.38	13.64
	（一）冶金机械合计			158 167		122 241	280 410	35 926
	占冶金矿山机械总计比重（%）			52.29		59.36	55.16	37.21
84559000	其他金属轧机零件	t	72 392	29 625	7 727	21 234	50 859	8 391
84549090	其他金属冶炼设备及铸造机的零件	t	89 211	35 268	1 774	4 650	39 918	30 619
84553000	金属轧机用轧辊	个	128 641	22 876	67 292	30 581	53 457	-7 705
84552210	板材冷轧机	台	2 376	5 292	25	8 344	13 636	-3 053
84552120	型材轧机	台	193	2 169	9	2 320	4 488	-151
84552130	线材轧机	台	288	2 371	26	4 372	6 742	-2 001
84549029	其他钢坯连铸机用零件	t	18 474	9 179	749	3 281	12 459	5 898
84542090	其他锭模及浇包	台	9 890	5 306	104	1 437	6 743	3 869
84552290	其他金属冷轧机	台	3 903	5 621	462	13 588	19 209	-7 968
84179020	焦炉零件	t	14 175	4 931	22	87	5 018	4 844
84549010	炉外精炼设备的零件	t	8 274	2 864	142	667	3 531	2 197
84542010	炉外精炼设备	台	128	2 549	20	1 177	3 726	1 372
84631020	拔丝机	台	2 694	3 207	1 029	8 540	11 747	-5 333
84551020	冷轧管机	台	572	3 074	18	3 086	6 160	-13
84543029	其他钢坯连铸机	台	119	5 004	2	1 056	6 060	3 949
84543021	方坯连铸机	台	73	2 336	3	345	2 681	1 991
84549021	钢坯连铸机用结晶器	t	2 122	2 803	172	1 873	4 676	930
84551010	热轧管机	台	69	3 369	18	4 038	7 407	-668
84552190	其他热轧机或冷热连轧机	台	303	1 358	14	5 170	6 528	-3 812
	（二）矿山机械合计			144 303		83 682	227 986	60 620
	占冶金矿山机械总计比重（%）			47.71		40.64	44.84	62.79
84303100	自推进的截煤机、凿岩机及隧道掘进机	台	691	19 681	128	17 696	37 376	1 985
84305020	矿用电铲	台	4	15	4	3 404	3 419	-3 389
84742010	齿辊式破碎设备	台	4 824	10 365	153	10 338	20 704	27
84742020	球磨式粉磨设备	台	2 793	23 212	167	2 262	25 474	20 951
84742030	其他破碎粉磨设备	台	24 443	50 262	778	19 988	70 250	30 274
84741000	筛分、洗选设备	台	29 903	28 762	2 413	12 727	41 489	16 036
84306919	其他非自推进工程钻机	台	20 276	4 430	59	1 230	5 661	3 200
84314910	矿用电铲用零件	t	12 324	4 046	596	1 660	5 706	2 386
84303900	非自推进的截煤机、凿岩机及隧道掘进机	台	326 832	1 408	87	13 127	14 534	-11 719

表 7 2011 年冶金矿山机械进出口额前 15 位国家（地区）

序号	国家（地区）	出口额（万美元）	占出口总额的比重（%）	序号	国家（地区）	进口额（万美元）	占进口总额的比重（%）
	冶金矿山机械总计	302 471	100.00		冶金矿山机械总计	205 923	100.00
1	印度	50 575	16.72	1	德国	68 841	33.43
2	巴西	18 629	6.16	2	美国	38 599	18.74
3	越南	15 870	5.25	3	日本	26 548	12.89
4	印度尼西亚	13 743	4.54	4	意大利	11 239	5.46
5	美国	12 692	4.20	5	法国	10 265	4.99

（续）

序号	国家(地区)	出口额（万美元）	占出口总额的比重（%）	序号	国家(地区)	进口额（万美元）	占进口总额的比重（%）
6	日本	11 216	3.71	6	英国	9 701	4.71
7	俄罗斯联邦	9 924	3.28	7	瑞典	8 132	3.95
8	马来西亚	9 689	3.20	8	奥地利	7 228	3.51
9	沙特阿拉伯	8 455	2.80	9	韩国	6 905	3.35
10	韩国	8 091	2.67	10	中国台湾	2 567	1.25
11	伊朗	7 954	2.63	11	荷兰	2 068	1.00
12	中国香港	6 858	2.27	12	澳大利亚	1 875	0.91
13	中国台湾	5 757	1.90	13	瑞士	1 822	0.89
14	泰国	5 533	1.83	14	中华人民共和国	1 305	0.63
15	德国	5 428	1.79	15	芬兰	1 160	0.56

4. 经济运行的基本特点

(1)行业生产、销售情况继续保持较快增长态势。2011年,我国经济发展继续受到世界后金融危机及欧美债权危机和经济增长乏力的影响，但从统计数字看,冶金矿山机械行业仍然实现了较高的增长速度，工业总产值和主营业务收入增速达到29.52%和29.24%，分别比上年提高了5个百分点。行业发展特点如下:冶金机械行业的增速明显低于矿山机械行业,工业总产值和主营业务收入增长率冶金机械分别为13.25%和13.27%，矿山机械分别为37.44%和36.88%，前者的增速只有后者的1/3左右;国有企业的增速明显低于私营企业和三资企业，相对应的增长率国有企业分别为4.02%和-3.96%，比行业平均增长率分别低了25个和33个百分点以上，私营企业分别为41.89和41.15，三资企业分别为73.50%和74.27%。

(2)行业经济效益水平继续提高，再创历史最好水平，但增速明显放缓。行业利润总额达274.89亿元，比上年增长10.09%；主营业务收入利润总额率为6.84%，比上年的8.03%下降了1.19个百分点。国有企业的利润增速明显低于私营企业和三资企业，同比利润增长率国有企业为-22.04%，私营企业为24.29%，三资企业却高达42.16%。冶金机械行业利润总额比上年同期下降17.85%，一些大型企业又重新回到微利、无利甚至亏损的局面。

(3)产品出口额结束连续两年负增长局面，进出口顺差大幅提高。受国际后金融危机及国际经济增长乏力的影响，2009年、2010年连续两年冶金矿山机械出口额出现负增长后，2011年出口额为30.25亿美元，同比增长27.94%；进口额为20.59亿美元，同比下降1.25%；实现进出口顺差9.65亿美元，同比增长245.88%。其中冶金机械出口额15.82亿美元，同比增长10.82%；矿山机械出口额为14.43亿美元，同比增长54.03%。

从统计表可以看出，实现进出口顺差的主要产品类别有：冶金设备零件实现进出口顺差4.87亿美元，同比增长164.75%；破碎粉磨设备实现进出口顺差5.13亿美元，同比增长97.63%；筛分、洗选设备实现进出口顺差1.60亿美元，同比增长186.26%。主要进出口逆差产品类别为金属轧机设备和采掘设备及钻机，进出口逆差分别为2.10亿美元和0.97亿美元。

2011年，冶金矿山机械出口额超过1 000万美元的国家(地区)由上年的42个增长到50个以上，其中超过1亿美元的国家从上年的4个增加到6个，依次为：印度5.06亿美元、巴西1.86亿美元、越南1.59亿美元、印度尼西亚1.37亿美元、美国1.27亿美元、日本1.12亿美元。进口超过1 000万美元的国家(地区)由上年的16个增加到18个，其中超过1亿美元的国家仍然为5个，依次为：德国6.88亿美元、美国3.86亿美元、日本2.65亿美元、意大利1.12亿美元、法国1.03亿美元。

2011年，冶金机械出口超过2 000万美元的商品代码由上年的15个增加到19个，其中超过1亿美元的3个，与上年相同，其商品代码为：84549090其他金属冶炼设备及铸造机零件3.53亿美元、84559000其他金属轧机零件2.96亿美元、84553000金属轧机用轧辊2.29亿美元，全都是以铸锻件为基础的零部件产品。其中金属轧机轧辊进口额3.06亿美元，进出口逆差0.77亿美元。

2011年，矿山机械出口超过2 000万美元的商品代码依旧是7个，其中超过1亿美元的由上年的3个增加为5个，其商品代码为：84742030其他破碎粉磨设备5.03亿美元，84741000筛分、洗选设备2.88亿美元，84742020球磨式粉磨设备2.32亿美元，84303100自推进的截煤机、凿岩机及隧道掘进机1.97亿美元，84742010齿辊式破碎设备1.04亿美元。

2011年，冶金矿山机械出口额较多的产品依次为：冶金设备零件11.39亿美元，同比增长6.56%；破碎粉磨设备8.38亿美元，同比增长54.12%；金属轧机设备3.18亿美元，同比增长19.96%；矿物筛分洗选设备2.88亿美元，同比增长41.04%；采掘设备及钻机2.68亿元，同比增长67.79%。进口额较多的产品依次为：冶金设备零件6.52亿美元，同比下降26.32%，其中金属轧机轧辊3.06亿美元，同比增长33.63%，其他金属轧机零件2.12亿美元，同比下降30.03%；金属轧机设备5.27亿美元；采掘设备及钻机3.64亿美元；破碎粉磨设备3.26亿美元，矿物筛分、洗选设备1.27亿美元。

从统计资料可以看出，在行业出口交货值中，国有控股企业所占份额由上年的73.16%下降到53.00%，私营控股和三资控股企业所占份额由上年的23.49%增加到40.82%。

(4)国有控股企业仍处于行业主导地位，但权重在减少，私人控股企业和三资控股企业在行业中的比重继续增加。2011年，国有控股企业工业总产值、出口交货值、资产总额占行业的比重分别从上年的45.78%、73.16%和65.54%，下降为37.35%、53.00%和63.21%，虽然都处于行业的主导地位，但这种主导地位在不断削弱。私人控股企业和三资控股企业在行业中所占的比重分别达到了56.60%、40.82%和32.07%。

产业结构、资本结构情况

1. 行业产业结构情况

2011年冶金矿山机械行业产业结构见表8。

表8 2011年冶金矿山机械行业产业结构

行业名称	企业数（家）	占冶金矿山机械行业比重（%）	工业总产值（当年价）（亿元）	占冶金矿山机械行业比重（%）	主营业务收入（亿元）	占冶金矿山机械行业比重（%）	资产总计（亿元）	占冶金矿山机械行业比重（%）	利润总额（亿元）	占冶金矿山机械行业比重（%）
冶金矿山机械行业	1 886	100.00	4 154.29	100.00	4 021.02	100.00	4 200.97	100.00	274.89	100.00
冶金机械行业	453	24.02	1 189.27	28.69	1 139.95	28.35	1 793.92	42.71	62.59	22.77
矿山机械行业	1 433	75.98	2 965.02	71.31	2 881.07	71.65	2 407.05	57.29	212.30	77.23

从表8可以看出，2011年冶金机械行业占冶金矿山机械行业的比重为：企业数占24.02%，与上年基本持平；工业总产值(当年价)占28.69%，比上年减少4.05个百分点；主营业务收入占28.35%，比上年减少3.9个百分点；资产总计占42.71%，比上年减少0.93个百分点；利润总额占22.77%，比上年减少7.8个百分点。

2. 行业资本(经济类型)结构情况

2011年冶金矿山机械行业资本结构(经济类型)见表9。

表9 2011年冶金矿山机械行业资本结构(经济类型)

行业及企业分类	企业数（家）	占冶金矿山机械行业比重（%）	工业总产值（当年价）（亿元）	占冶金矿山机械行业比重（%）	主营业务收入（亿元）	占冶金矿山机械行业比重（%）	资产总计（亿元）	占冶金矿山机械行业比重（%）	利润总额（亿元）	占冶金矿山机械行业比重（%）
冶金矿山机械行业	1 886	100.00	4 154.29	100.00	4 021.02	100.00	4 200.97	100.00	274.89	100.00
其中：国有企业	64	3.39	678.32	16.33	574.50	14.29	1 166.16	27.76	25.22	9.17
私营企业	1 107	58.69	1 472.22	35.44	1 436.95	35.73	658.99	15.68	108.75	39.56
其他内资企业	604	32.03	1 600.98	38.54	1 606.63	39.96	1 966.76	46.82	97.52	35.48
三资企业	111	5.89	402.77	9.70	402.95	10.02	409.07	9.74	43.40	15.79
(一)冶金机械行业	453	100.00	1 189.27	100.00	1 139.95	100.00	1 793.92	100.00	62.59	100.00
其中：国有企业	20	4.42	180.82	15.20	149.17	13.09	444.16	24.76	5.76	9.20
私营企业	250	55.19	308.74	25.96	298.57	26.19	210.84	11.75	18.91	30.20
其他内资企业	144	31.79	560.96	47.17	557.81	48.93	1 002.48	55.88	26.68	42.62
三资企业	39	8.61	138.75	11.67	134.40	11.79	136.43	7.61	11.25	17.97
(二)矿山机械行业	1 433	100.00	2 965.02	100.00	2 881.07	100.00	2 407.05	100.00	212.30	100.00
其中：国有企业	44	3.07	497.51	16.78	425.33	14.76	721.99	29.99	19.46	9.16
私营企业	857	59.80	1 163.48	39.24	1 138.38	39.51	448.15	18.62	89.84	42.32
其他内资企业	460	32.10	1 040.02	35.08	1 048.82	36.40	964.28	40.06	70.84	33.37
三资企业	72	5.02	264.02	8.90	268.55	9.32	272.63	11.33	32.15	15.14

重大科技成果获奖情况

2011年冶金矿山机械行业获机械工业科技成果奖项目见表10。

表10 2011年冶金矿山机械行业获机械工业科技成果奖项目

项目名称	完成单位	获奖等级
450t电渣重熔炉研制	上海重型机器厂有限公司	一等奖
双柱式快速自由锻造液压机系列与全液压轨道式锻造操作机系列成套设备研制	太原重工股份有限公司	一等奖
330 mm×2 500 mm宽厚板坯连铸机成套技术装备	中国重型机械研究院有限公司、舞阳钢铁有限责任公司	一等奖

（续）

项目名称	完成单位	获奖等级
百万千瓦核电转子大型开合式热处理成套设备、工艺及应用	中国第一重型机械集团公司、北京机电研究所、天津重型装备工程研究有限公司	一等奖
双层 56 m^2TKB 巨型振动筛	鞍山重型矿山机器股份有限公司	二等奖
大吨位系列履带式起重机关键技术与应用	上海三一科技有限公司、太原科技大学	二等奖
大断面棒材飞剪技术研究	洛阳矿山机械工程设计研究院有限责任公司、中信重工机械股份有限公司	二等奖
永磁高梯度预选磁选机	北方重工集团有限公司	二等奖
MFH3610 风扇磨煤机	北方重工集团有限公司	二等奖
MZL 系列多分流重载立磨减速机	中信重工机械股份有限公司、洛阳矿山机械工程设计研究院有限责任公司、河南科技大学	二等奖
复合喷吹铁水脱硫工艺及装备	北京中冶设备研究设计总院有限公司、玉溪新兴钢铁有限公司	二等奖
大型摩擦提升机动力学设计方法及应用	河南科技大学、洛阳矿山机械工程设计研究院有限责任公司	二等奖
160 MN 自由锻造水压机研制	二重集团（德阳）重型装备股份有限公司	二等奖
大型高精度单机架六辊可逆冷轧机组的研制及应用	中国重型机械研究院有限公司	二等奖
高速钢离心复合工作辊研制及产业化	中国第一重型机械集团公司	二等奖
45 MN 大型快速锻造液压机组研制	兰州兰石重工新技术股份有限公司、华中科技大学	二等奖
风电产品控时淬火冷却工艺和设备的研究与应用	大连重工·起重集团有限公司、上海交通大学	二等奖
百吨级大型铸钢件关键成型技术	河南科技大学、中信重工机械股份有限公司	二等奖
车载乳胶基质现场混装乳化炸药车	山西惠丰特种汽车有限公司、湖北凯龙化工集团股份有限公司	三等奖
大型汽轮发电机护环核心技术攻关及产品研制	沈阳铸锻工业有限公司	三等奖
矿用智能型乳化液泵站	淄博市博山防爆电器厂有限公司	三等奖
中厚板加热炉高位板坯托出机仿真研究与应用	北京科技大学、马鞍山钢铁股份有限公司	三等奖
CDW24S—5500 大型型材卷弯机	长治钢铁（集团）锻压机械制造有限公司	三等奖
MFH39105 高效风扫烘干磨煤机	河南焦矿机器有限公司	三等奖
40.5 MV·A 密闭电石炉	大连重工·起重集团有限公司	三等奖
CTL—2.8×2000 全自动开卷摆剪线	济南二机床集团有限公司	三等奖
300 t 铁水运输车	大连重工·起重集团有限公司	三等奖

〔撰稿人：中国重型机械工业协会傅树利　审稿人：中国重型机械工业协会李镜〕

冶金设备

生产发展情况　冶金设备是指金属冶炼、铸造、轧制和深加工等专用生产设备，是冶金工业发展所需的重要基础装备。冶金设备制造业是为冶金工业和国民经济基础部门提供重大成套技术装备的行业，并承担着带动相关产业发展的重任。冶金设备品种规格繁多，多属于高精尖的重型成套设备，产品主要包括烧结、焦炉、窑、金属冶炼铸造设备（高炉、转炉、炉外精炼、方坯连铸机、板坯连铸机、铸造机等），钢、矿渣处理设备，金属轧制设备（板带材热轧机、板带材冷轧机、热轧管机、冷轧管机、型钢轧机、线材轧机、有色金属轧机），金属精整及后处理设备（酸洗机组、热镀锌机组、镀锡机组、平整机组、连续退火机组）等。

冶金设备制造业与钢铁和有色金属工业关系密切，钢铁和有色金属工业的发展推动了冶金设备市场繁荣，而后者的技术进步和壮大又极大地促进了冶金工业的发展。两者在新技术研发方面更是合作伙伴。通过众多制造企业的共同努力，钢铁和有色金属工业不断提升的质量需求正在得到满足。我国正处在由冶金设备制造向冶金设备制造和服务并重的转变期，国产冶金机械产品国内市场占有率仍在逐年提高，由 2009 年的 76% 提高到 2011 年的 89% 左右。期间研制成功的典型冶金机械重大成套设备有：

（1）大型冷、热带钢连轧机成套设备。我国大型冷热带钢连轧机成套设备在自主设计、制造及技术和工程总承包方面不断开创新局面，除个别要求特别高的带钢品种外，钢铁企业技术改造、升级等所需的大型冷、热带钢连轧机成套设备已真正实现了自主设计、成套制造。中国第一重型机械集团公司对宝钢梅山钢铁集团公司1 420 mm冷连轧机组的技术升级，以及其后承接的山力和远大1 420 mm酸洗冷连轧机组的技术总包和工程总承包项目的成功投产，实现了冷连轧机组的更新换代。在冷轧生产线建设中，突破了冷连轧成套设备制造和生产工艺控制两大核心技术，实现了冷连轧机组的国内设计、制造和集成，其工艺装备水平达到了世界先进。其中，自主开发的大型六辊轧机具有卓越的板型控制能力，自主开发的转盘式双筒卷取机实现了高效卷取，这标志着我国自主设计、集成制造冷连轧成套设备及工艺控制能力又上了一个新台阶。国内自主开发研制设计的大型宽带热连轧机广泛应用了当代先进技术：高压水除鳞技术，保证产品的表面质量；立辊轧机具有宽度自动控制和短行程自动控制功能；粗轧机采用电动加液压压下技术，保证了位置精度；设置定宽压力机，实现了板坯大压下减宽和成材率的改善；设置热卷取箱，实现了多钢种节能轧制，缩短了轧线长度；超强转鼓式飞剪进一步优化了头尾剪切功能，提高了收得率和剪切能力；开发应用高刚度四辊全液压精轧机，以及液压自动厚度控制技术和弯、串辊及板形控制技术，保证了产品板形及尺寸精度；应用具有自动踏步控制功能的全液压三助卷辊地下卷取机，保证钢卷的卷形质量等。我国大型冷热连轧成套设备已有多套向国外输出，近年来出口的项目有：巴西4 300 mm宽厚板和2 200 mm炉卷轧机一套（合作制造）；尼日利亚900 mm酸洗冷连轧机；印度1 800 mm和波兰2 250 mm热连轧机成套设备（为合作制造）；伊朗1 725 mm炉卷轧机（为合作制造）；美国TKS2150热连轧机；韩国现代2 150 mm热轧生产线粗轧区设备；韩国浦项2 150 mm热连轧机以及印度2 250 mm生产线部分设备。

（2）宽厚板轧机成套设备。我国宽厚板轧机成套设备已基本实现国产化，用于重大冶金工程项目中的典型宽厚板轧机成套设备有：合作制造的鞍山钢铁公司5 500 mm/5 000 mm宽厚板轧机、宝山钢铁公司5 000 mm宽厚板轧机、湘钢5 000 mm宽厚板轧机；自主设计制造的宁波建龙钢铁公司4 300 mm宽厚板轧机，湖南湘钢、河南汉冶3 800 mm宽厚板轧机等。独立设计制造向越南、泰国出口的3 300 mm宽厚板轧机等。中国第一重型机械集团公司合作制造出口韩国浦项钢铁公司5 500 mm宽厚板轧机，该设备是目前世界上规格最大、装机水平最高、轧制能力最强的宽厚板轧机。其轧机机架也是世界上重量最大的整体式铸造机架，由5个钢包一次浇注成功；另外，还合作制造出口韩国现代、泰国等钢铁公司5 000 mm宽厚板轧机主设备、向俄罗斯OMK、MMK，印度爱莎、JISPL等出口5 000 mm宽厚板生产线部分辅机设备。

（3）大型连铸机成套设备。大型连铸机成套设备已经全面实现了自主化设计、制造和技术集成。完成的重大成套设备有：舞阳钢铁公司2 500 mm大型板坯连铸成套设备，承德钢铁公司1 600 mm大型板坯连铸成套设备，敬业钢铁公司1 100 mm板坯连铸机，攀枝花钢铁公司五流360 mm×450 mm、邢台钢铁公司六流380 mm×450 mm大型方坯连铸成套设备等。

（4）大型平整机成套设备。近年来，自主设计开发的大型平整机成套设备正在相继安装投产应用，如宝钢2 030 mm、1 850 mm平整机组，柳钢1 450 mm、1 250 mm单机架平整机组，濮阳钢厂、东海网格1 450 mm平整机组，鞍钢1 450 mm热平整机组，衡水钢厂1 250 mm双机架多功能平整机组等。其中，衡水1 250 mm双机架平整机组具有干、湿平整和轧制等多种功能，是深受钢铁用户青睐的一种机型。

2008年以前，世界冶金设备制造的重点在欧洲，曾占据世界冶金设备市场约60%的份额，其后通过兼并重组，欧洲原有的五大世界级的冶金设备制造公司缩减到了3家，即西马克SMSD、奥钢联VAI、达涅利DANIELY。受国际金融危机的持续影响，一些国外冶金设备公司开始在我国境内投资建厂，依托产品和技术的优势进军我国国内冶金设备制造领域，这一方面促进了我国国内冶金设备制造业的技术进步，另一方面更加剧了我国国内冶金设备制造的市场竞争，这种态势也推动了我国国内冶金机械制造企业的制造能力和设计水平，不断向冶金成套设备的高端技术和市场拓展。短短的7年间，我国自主设计制造并投产运行的大型冷热连轧成套设备已突破120套。国内冶金成套设备正在改善产品性能、降低能耗、改善环境、提高效率，继续向高速、连续和自动化迅速而全面发展。尤其在炼钢与轧钢领域，正迅速完善以近终型连铸连轧为基本特征的直接轧制与无头轧制装备，连铸与冷轧连线工艺技术装备，高精度轧制，酸洗联合高速轧制工艺技术与装备，不锈钢、高强钢的轧制和有色金属板带轧制技术与装备的自主研发，这显示出我国冶金设备正向着高端发展的新趋势。

受国际经济发展趋缓及国内钢铁生产能力过剩影响，国内许多大型钢铁企业继续呈现出产量效益明显下滑甚至亏损的现象，新增建的大批先进冶金工艺装备如大型冷、热宽带钢连轧机、宽厚板轧机、大型铝板带轧机、大型连铸机及转炉、高炉等普遍开工不足或处于半停产状态，从而导致冶金设备制造业在出现连续两年单调递减甚至急速下跌后仍不见回升，仍处于低迷小幅震荡状态。2011年，国内几家钢铁企业新上大型热连轧、大型冷连轧机或大型铝板轧机项目，却无一家企业新上宽厚板项目，大多冶金机械设备制造企业年合同额锐减，甚至难以为继。2011年冶金设备行业的主要特点为：

（1）冶金成套设备及备件的合同成交额仍在低位上徘徊，市场竞争异常激烈。代表我国重型冶金机械实力的几大重型机械集团公司的合同签订数量和金额以及产值处于下降态势，甚至后退到9年前水平；一些中小冶金机械制造厂的生产能力也明显闲置，有些已处于濒临倒闭的边缘。虽然采取积极调整措施后有所改观，但这种低迷状态一直持续到2011年年底仍未见明显复苏。

受市场需求下滑过快和持续不景气影响，冶金设备制造业的主要制造能力显得“需求不足”，各家企业都在不失时机地调整生产和经营方式，全力保产值，积蓄后劲以适应市场的变化。一些主要制造厂家，如中国第一重型机械集团公司、中国第二重型机械集团公司，为了保信誉促增长，制定了一系列谨慎的市场营销战略，一方面扩展传统市场，另一方面埋头开发新产品，力求在新兴领域寻找突破，着力开发国内外市场，以实现可持续发展。即使这样，企业根据自己的资源和能力，也不得不在价格和交货期上降低门槛。

（2）冶金成套设备的高端产品市场正在健康成长，大型成套设备如宽厚板轧机，宽带钢热、冷连轧机等自主设计集成制造能力显著提高。鞍钢5 500 mm宽厚板轧机、涟钢2 250 mm宽带钢热连轧机、北海诚德1 680 mm不锈钢热连轧机、宝钢1 420 mm酸洗冷连轧机组、首钢1 580 mm热带钢连轧机，远大1 420 mm冷连轧和酸洗线、敬业1 100 mm连铸生产线的投产，标志着我国冶金设备企业正在攀登自主设计、集成世界先进水平的大型高端冶金成套设备这一高峰。

（3）冶金成套设备向工程总承包方向发展。中国第一重型机械集团公司总承包的山东远大钢铁公司1 420 mm酸洗冷连轧机交钥匙工程项目，广西北海诚德钢铁公司1 680 mm不锈钢热连轧机、1 100 mm连铸机及冷轧酸洗连退生产线工程总承包项目就是典型例证。随着冶金工业国际化进程的加快以及国内自主集成成套能力的增强，国内新上项目数量的减少，许多国有大中型冶金企业用户和民营企业用户对冶金项目工程总承包和交钥匙工程的需求越来越强烈，这种趋势为冶金机械的发展搭建了新的平台，也进一步要求冶金设备企业向制造服务业转变。以中国第一重型机械集团公司、中国第二重型机械集团公司为代表的重型冶金设备制造企业集团正在发挥着积极作用，从2010—2011年新承担和完成的冶金成套项目情况看，多数项目均按工程总承包的方式进行，并产生了良好效果。

（4）面对金融危机和钢铁市场低迷所带来的挑战，一些冶金设备制造企业已开始进行传统产业和新兴产业并重的技术研发和创新尝试，由以冶金工业领域为主向其他工业领域（如能源装备、环保装备等领域）并重转变。同时，在冶金设备制造行业进一步加强了产、学、研、用多方位和多视角的合作攻关和联合开发，以攻克冶金成套设备的制高点——先进轧制工艺及控制模型，进一步完善和提升大型冶金成套设备的整体工艺技术水平。围绕国内外市场趋势和新需求，适时进行高强钢，不锈钢冷、热轧轧制工艺技术和工艺设备的开发研究，对大型铝板冷热轧机进行了积极的开发研制，如多辊冷轧技术装备的研究已取得一定效果；自主设计研制了大型型钢和模具钢轧制工艺及设备，如唐钢多功能型钢生产线和大连模具钢生产线，以满足份额有限的国内高端市场和国际市场的需求。同时，行业内部分企业也正不失时机地转型向各自的新领域进军。

（5）面对国内冶金设备市场的紧缩，各大冶金设备制造企业正在寻找新的增长领域，制订和实施新一轮战略转型政策措施；积极参与“十二五”科技规划的制订，并制订企业的中长期发展规划；不断完善自主创新体系和提升技术创新能力，一方面加紧按市场需求开发运作，加大国际市场开发力度，另一方面加大开发新市场研究新产品的投入力度，高度重视企业做强和持续发展问题，谋求多元化发展与新的增长方式。

2011年冶金设备行业主要经济指标完成情况见表1。

表1　2011年冶金设备行业主要经济指标完成情况

（单位：亿元）

指标名称	实际完成
工业总产值	1 189.27
工业销售产值	1 101.98
其中：出口交货值	41.72
主营业务收入	1 139.95
利润总额	62.59

市场与销售　近几年来，国家为扩大内需采取了积极的财政政策，冶金、化工、能源等行业接受国家贴息贷款，在一定程度上加快了技术改造的步伐，也使得冶金设备市场保持了小幅增量运行，市场前景值得关注和期待。

2011年冶金设备行业主要产品产量见表2。

表2　2011年冶金设备行业主要产品产量

产品名称	企业数（家）	产量（万t）	同比增长（%）
冶炼设备	52	63.57	19.96
金属轧制设备	48	64.71	35.44

2011年全球64个国家和地区粗钢产量约15.27亿t，同比增长6.8%；我国粗钢产量6.83亿t，同比增长8.9%，仍呈高速增长态势。但增速已明显放缓。虽然我国每年也有冶金成套设备出口并呈增长态势，但数量有限，而且大多都集中在东南亚国家，只有少量进入欧美国家。2011年我国一重、二重等冶金成套项目的出口合同又有了一定增长，但受到工艺技术水平和产品质量等方面的限制及金融危机影响，要进一步扩大出口额，仍然需要成长时间和持续努力。目前国内几家重型机械集团公司正在通过与国外公司合作及自主集成设计总包运作方式，逐步做大国外市场。

2011年冶金设备行业产品进出口额见表3。

表3　2011年冶金设备行业产品进出口额

产品名称	进口额（亿美元）	出口额（亿美元）	进出口差额（亿美元）
冶金设备	12.22	15.82	3.59
其中：冶炼设备	0.29	0.50	0.22
连铸设备	0.14	0.74	0.59
金属轧制设备	5.27	3.18	-2.09
冶金设备零件	6.52	11.39	4.87

2011年冶金设备主要生产企业有：中国第一重型机械集团公司、中国第二重型机械集团公司、太原重型机械集团有限公司、大连重工·起重集团有限公司、上海重型机器厂有限公司、沈阳重型机械集团有限责任公司、河北邢台机械轧辊（集团）有限公司、秦皇岛冶金机械有限公司、沈阳冶金机械有限公司、唐山冶金矿山机械厂、中钢集团衡阳重机有限公司、中信重型机械公司、上海沪江机器厂、山东冶金机械厂、宝钢常州冶金机械厂、陕西压延设备厂、乐山斯堪机械制造有限公司、太原矿山机器集团有限公司、天津天发重型水电设备制造公司、昆明力神重工有限公司和上海冶金矿山机械厂。

科技成果、新产品与标准 行业主要生产企业在引进、消化、吸收世界先进国家同类产品的基础上，自主开发了具有自主知识产权的重大装备新产品，使我国冶金装备的许多新产品工艺技术水平接近或达到了国际先进水平，许多项目获科学技术奖。

2011 年冶金设备行业获中国机械工业科学技术奖情况见表 4。

表 4 2011 年冶金设备行业获中国机械工业科学技术奖情况

项目名称	单位名称	获奖等级
450 t 电渣重熔炉研制	上海重型机器厂有限公司	一等奖
330 mm×2 500 mm 宽厚板坯连铸机成套技术装备	中国重型机械研究院有限公司、舞阳钢铁有限责任公司	一等奖
百万千瓦核电转子大型开合式热处理成套设备、工艺及应用	中国第一重型机械集团公司、北京机电研究所、天津重型装备工程研究有限公司	一等奖
大断面棒材飞剪技术研究	洛阳矿山机械工程设计研究院有限责任公司、中信重工机械股份有限公司	二等奖
复合喷吹铁水脱硫工艺及装备	北京中冶设备研究设计总院有限公司、玉溪新兴钢铁有限公司	二等奖
大型高精度单机架六辊可逆冷轧机组的研制及应用	中国重型机械研究有限公司	二等奖
高速钢离心复合工作辊研制及产业化	中国第一重型机械集团公司	二等奖
百吨级大型铸钢件关键成型技术	河南科技大学、中信重工机械股份有限公司	二等奖
大型汽轮发电机护环核心技术攻关及产品研制	沈阳铸锻工业有限公司	三等奖
中厚板加热炉高位板坯托出机仿真研究与应用	北京科技大学、马鞍山钢铁股份有限公司	三等奖
300 t 铁水运输车	大连重工·起重集团有限公司	三等奖

冶金机械的国家与行业标准有 86 项。标准工作由机械工业冶金设备标准化技术委员会归口、组织编制和实施。另外，联合企业标准（简称《标重》）已由中国重型机械工业协会批准发布和执行。

冶金机械最新版的《重型机械标准》共四卷，该标准已经 4 次修订，其中产品标准 85% 以上等效采用了国外先进标准（主要是德国西马克公司标准）。

中国重型机械研究院正在组织大型冶金设备制造骨干企业着手新一轮冶金设备行业标准的编制工作，几十项新增冶金设备标准正在编制之中。

〔撰稿人：中国重型机械工业协会冶金压延机械分会王光儒 审稿人：中国重型机械工业协会傅树利〕

物料搬运（起重运输）机械

行业发展情况 起重运输设备在国际上一般通称为物料搬运设备。按照 GB/T 4754— 2011《国民经济行业分类》新标准的规定，起重运输设备制造业已经改名为物料搬运设备制造业，原起重运输设备行业为 1 个行业小类，也细分为：轻小型起重设备、起重机、生产专用车辆（编者注：应称为工业车辆）、连续搬运设备、电梯自动扶梯及升降机、其他物料搬运设备等 6 个行业小类，并从 2012 年起执行，故 2011 年起重运输设备行业年报统计，仍按照原 GB/T 4754—2002《国民经济行业分类》标准执行。

2006—2010 年，物料搬运（起重运输）机械行业主要经济指标完成情况见表 1。

表 1 2006—2010 年物料搬运（起重运输）机械行业主要经济指标完成情况

指标名称	单位	2005 年	2006 年	2007 年	2008 年	2009 年	2010 年	年均增长(%)
企业数	家	1 225	1 336	1 463	2 114	2 150	2 302	13.45
工业总产值(当年价)	亿元	1 334.98	1 654.64	2 169.43	2 921.16	3 208.08	3 904.30	23.94
主营业务收入	亿元	1 289.04	1 599.32	2 130.35	2 853.26	3 144.26	3 855.67	24.50

（续）

指标名称	单位	2005 年	2006 年	2007 年	2008 年	2009 年	2010 年	年均增长(%)
利润总额	亿元	77.91	108.93	132.40	192.38	240.04	303.51	31.26
主营业务收入利润总额率	%	6.04	6.81	6.22	6.74	7.63	7.87	0.37 个百分点
从业人员平均人数	万人	29.57	29.85	31.34	38.76	40.58	43.23	7.89

注：表中原始数据来源于国家统计局有关年报统计资料，其中 2008 年为国家经济普查资料，其他为日常年报资料。

2011 年，全国机械工业企业数 106 969 家，完成工业总产值（当年价）141 583.48 亿元，主营业务收入 139 572.44 亿元，利润总额 11 697.88 亿元，资产总计 109 743.13 亿元，物料搬运（起重运输）机械行业占全国机械工业的比重分别为：1.63%、3.41%、3.43%、3.23% 和 3.69%。

一、2011 年行业经济运行情况

1. 2011 年行业主要经济指标完成情况

2011 年物料搬运（起重运输）机械行业分类企业主要经济指标完成情况见表 2。

2011 年物料搬运（起重运输）机械行业分类产品产量见表 3。

表 2　2011 年物料搬运（起重运输）机械行业分类企业主要经济指标完成情况

企业分类	企业数（家）	比上年增长（%）	工业总产值（当年价）（亿元）	比上年增长（%）	工业销售产值（亿元）	比上年增长（%）	出口交货值（亿元）	比上年增长（%）
物料搬运（起重运输）机械行业	1 740	-24.41	4 831.81	23.76	4 723.45	23.41	503.88	13.70
其中：大型企业	46	170.59	2 039.39	55.69	2 019.77	55.42	319.36	28.98
中型企业	272	12.86	1 350.56	5.18	1 306.85	4.21	113.39	-6.13
小型企业	1389	-32.05	14 27.41	8.93	1 383.56	8.62	70.45	-5.79
微型企业	33		14.45		13.28		0.68	
其中：国有企业	46	-22.03	612.68	8.57	610.55	11.47	55.67	83.85
私营企业	938	-30.62	1 339.73	19.60	1 295.28	19.25	51.32	4.29
其他内资企业	474	-15.66	1 237.61	42.05	1 207.19	41.39	63.66	-2.44
三资企业	282	-14.29	1 641.78	21.75	1 610.43	20.20	333.21	11.65

企业分类	主营业务收入（亿元）	比上年增长（%）	利润总额（亿元）	比上年增长（%）	总资产贡献率（%）	比上年增长（%）	工业总产值全员劳动生产率（万元/人）	上年同期（万元/人）	主营业务收入利润总额率（%）	上年同期（%）
物料搬运（起重运输）机械行业	4 785.20	24.11	378.28	24.64	14.11	13.42	112.45	90.32	7.91	7.87
其中：大型企业	2107.15	57.46	202.02	65.56	13.86	12.15	164.46	158.53	9.59	9.61
中型企业	1 282.23	2.68	95.71	-5.93	15.70	14.93	90.53	78.64	7.46	6.64
小型企业	1 381.94	8.92	80.55	1.00	13.35	13.63	91.67	70.31	5.83	5.41
微型企业	13.89		0.00		2.61		185.52		0.01	
其中：国有企业	640.67	11.95	46.28	0.46	11.21	13.43	146.35	117.63	7.22	7.31
私营企业	1 289.96	20.34	90.88	18.21	18.00	17.49	95.19	75.72	7.05	6.33
其他内资企业	1 210.16	42.18	96.43	43.95	14.94	13.59	88.03	63.01	7.97	6.72
三资企业	1 644.42	20.88	144.68	27.38	12.89	11.29	154.17	137.49	8.80	8.25

注：1. 表中原始数据来源于国家统计局 2011 年年报资料，统计口径为主营业务收入 2 000 万元以上法人企业（以下表同）。

2. 表中企业规模，是根据 2011 年工信部、国家统计局对大中小企业划型标准新规定，与以前有较大变化。

3. 由于四舍五入，表中合计数有微小出入。

表 3　2011 年物料搬运（起重运输）机械行业分类产品产量

产品名称	企业数（家）	单位	产量	上年同期	比上年增长（%）
起重机	326	万 t	743.65	578.93	28.45
输送机械	107	万 t	127.12	141.15	-9.94
内燃叉车	35	万台	20.08	15.30	31.24
电动叉车	32	万台	16.95	15.13	12.03
减速机	173	万台	557.90	458.76	21.61

2. 行业固定资产投资情况

2011 年物料搬运(起重运输)机械行业固定资产投资情况见表 4。

3. 2011 年行业外贸进出口情况

2011 年物料搬运(起重运输)机械分类产品进出口情况见表 5。

表 4 2011 年物料搬运(起重运输)机械行业固定资产投资情况

行业名称	计划总投资(亿元)		当年新开工项目计划总投资(亿元)		自开始建设累计完成投资(亿元)		当年完成投资(亿元)	
	2011 年完成	同比增长(%)	2011 年完成	同比增长(%)	2011 年完成	同比增长(%)	2011 年完成	同比增长(%)
全国机械工业合计	60 644.86	35.64	29 666.89	37.47	40 438.04	38.67	27 845.88	37.49
重型机械行业	3 340.09	33.11	1 472.80	26.38	2 261.51	39.86	1 448.70	36.15
占全国机械工业比重(%)	5.51		4.97		5.59		5.20	
物料搬运(起重运输)机械行业	1 055.55	26.25	533.42	21.38	716.35	26.45	498.43	29.40
占全国机械工业比重(%)	1.74		1.80		1.77		1.79	

表 5 2011 年物料搬运(起重运输)机械分类产品进出口情况

货品名称	出口额(亿美元)	同比增长(%)	进口额(亿美元)	同比增长(%)	进出口总额(亿美元)	同比增长(%)	进出口差额(亿美元)	上年差额(亿美元)	同比增长(%)
重型机械行业总计	139.64	25.57	68.88	15.74	208.51	22.15	70.76	51.69	36.89
物料搬运(起重运输)机械合计	109.39	24.93	48.28	24.91	157.67	24.93	61.11	48.90	24.95
占重型机械行业比重(%)	78.34		70.10		75.62		86.36	94.60	
轻小型起重设备	16.80	21.36	6.77	6.62	23.57	16.72	10.02	7.49	33.86
占物料搬运(起重运输)机械比重(%)	15.36		14.03		14.95		16.40	15.31	
起重机	32.01	8.49	7.89	11.02	39.90	8.98	24.12	22.40	7.68
占物料搬运(起重运输)机械比重(%)	29.26		16.34		25.31		39.47	45.80	
工业车辆	18.99	67.71	5.20	2.75	24.19	47.65	13.79	6.27	120.17
占物料搬运(起重运输)机械比重(%)	17.36		10.76		15.34		22.57	12.81	
电梯自动梯及升降机	19.80	26.56	2.76	-0.10	22.56	22.56	17.04	12.88	32.28
占物料搬运(起重运输)机械比重(%)	18.10		5.71		14.31		27.89	26.35	
连续搬运设备	12.71	32.21	13.86	31.89	26.57	32.04	-1.14	-0.89	28.47
占物料搬运(起重运输)机械比重(%)	11.62		28.70		16.85		-1.87	-1.82	
其他物料搬运设备	9.07	19.03	11.81	71.90	20.88	44.09	-2.73	0.76	-461.31
占物料搬运(起重运输)机械比重(%)	8.30		24.45		13.24		-4.47	1.55	

注:1. 表中原始数据来源于海关总署 2011 年 12 月月报统计资料,进出口差额为负数表示逆差。

2. 表中物料搬运设备产品归类与 2010 年前不同,编者将原进出口零件分别归并到相关行业小类主机产品之中。

2011 年物料搬运(起重运输)机械进出口额前 10 位产品见表 6。

2011 年物料搬运(起重运输)机械进出口额前 10 位国家(地区)见表 7。

2011 年物料搬运(起重运输)机械进出口额前 5 位省市情况见表 8。

表6　2011年物料搬运(起重运输)机械进出口额前10位产品

序号	税号	货品名称	出口额(亿美元)	比上年增长(%)	序号	税号	货品名称	进口额(亿美元)	比上年增长(%)
		物料搬运(起重运输)机械总计	109.39	24.93			物料搬运(起重运输)机械总计	48.28	24.92
1	84281010	载客电梯	7.79	29.19	1	84289090	未列名其他搬运、装卸机械	9.10	72.02
2	84272090	其他内燃叉车	7.57	94.10	2	84283990	未列名输送机提升机	4.98	37.57
3	84261942	集装箱装卸桥	6.95	-31.05	3	84253190	电动的卷扬机及绞盘	2.83	23.58
4	84313100	电梯自动扶梯零件	6.30	26.00	4	84263000	门座起重机	2.59	7.02
5	84312000	税号8427起升车辆零件	5.39	61.86	5	84283910	链式输送机	2.24	36.59
6	84284000	自动梯及自动人行道	5.23	21.35	6	84283300	带式输送机	2.20	6.28
7	84313900	税号8428所列其他搬运设备零件	4.43	24.44	7	84313900	税号8428所列其他搬运设备零件	2.17	76.42
8	84289090	未列名其他搬运、装卸机械	4.32	11.92	8	84283920	辊式输送机	2.09	36.60
9	84261930	龙门式起重机	3.97	12.78	9	84312000	税号8427起升车辆零件	1.63	40.52
10	84254210	其他液压千斤顶	3.86	13.86	10	84271090	其他电动车辆	1.56	17.29
		以上货品小计	55.81				以上货品小计	31.39	
		占总计比重(%)	51.02				占总计比重(%)	65.02	

注:1. 10个税号占物料搬运(起重运输)机械68个税号的14.71%。

2. 由于四舍五入,合计数有微小出入。

表7　2011年物料搬运(起重运输)机械进出口额前10位国家(地区)

序号	国家(地区)	出口额(亿美元)	比上年增长(%)	占总计比重(%)	序号	国家(地区)	进口额(亿美元)	比上年增长(%)	占总计比重(%)
	物料搬运(起重运输)机械总计	109.39	24.93	100.00		物料搬运(起重运输)机械总计	48.28	24.93	100.00
1	美国	10.39	14.17	9.50	1	德国	15.49	39.45	32.09
2	印度	7.97	31.17	7.29	2	日本	8.41	33.86	17.41
3	巴西	6.65	72.38	6.08	3	韩国	4.95	62.18	10.24
4	韩国	5.71	68.88	5.22	4	美国	3.28	38.27	6.79
5	日本	3.96	13.57	3.62	5	中国台湾	2.67	57.88	5.53
6	澳大利亚	3.94	38.76	3.60	6	意大利	1.76	-9.09	3.65
7	越南	3.65	23.65	3.33	7	挪威	1.05	-39.85	2.17
8	印度尼西亚	3.64	40.36	3.32	8	法国	1.02	13.79	2.12
9	新加坡	3.51	38.37	3.21	9	奥地利	1.00	-4.18	2.06
10	俄罗斯联邦	3.41	80.27	3.11	10	瑞典	0.88	-12.82	1.82
	合计	52.83		48.28		合计	40.51		83.88

注:2011年物料搬运(起重运输)机械共出口202个国家(地区),共从69个国家(地区)进口。

表8　2011年物料搬运(起重运输)机械进出口额前5位省市情况

序号	省市名称	出口额(亿美元)	比上年增长(%)	占总计比重(%)	序号	省市名称	进口额(亿美元)	比上年增长(%)	占总计比重(%)
	物料搬运(起重运输)机械总计	109.39	24.93	100.00		物料搬运(起重运输)机械总计	48.28	24.93	100.00
1	上海市	24.85	-2.43	22.72	1	江苏省	8.20	30.57	16.98
2	江苏省	22.52	32.47	20.59	2	上海市	8.16	25.93	16.90
3	浙江省	16.08	37.20	14.70	3	广东省	5.28	13.30	10.93
4	广东省	7.07	50.11	6.46	4	北京市	5.11	25.25	10.59
5	北京市	6.1	21.03	5.58	5	辽宁省	3.16	105.19	6.54
	合计	76.62		70.05		合计	29.91		61.94

4. 2011 年行业经济运行特点

(1)行业经济运行继续保持高速增长态势,再创历史新高。2011 年,物料搬运(起重运输)机械行业完成工业总产值4 831.81亿元,工业销售产值4 723.45 亿元,主营业务收入4 785.20 亿元,均再创历史新高,分别比上年增长23.76%、23.41%和 24.11%,继续保持高速增长态势。其中,大型企业的工业总产值、工业销售产值、主营业务收入增幅均在55%以上,这主要与 2011 年工业企业规模划分标准调整,大型企业数比上年突然增长 170.59%有直接关系。

(2)行业利润总额再创历史新高,主营业务收入利润总额率继续提高。2011 年,物料搬运(起重运输)机械行业实现利润总额 378.28 亿元,再创历史新高,比上年增长24.64%;行业主营业务收入利润总额率为 7.91%,比上年提高了 0.04 个百分点,行业经济效益继续好转。

(3)行业固定资产投资继续保持高速增长态势。2011年,物料搬运(起重运输)机械行业固定资产累计完成投资716.35 亿元,比上年增长 26.45%,增幅提高了 5.70 个百分点;当年完成投资 498.43 亿元,比上年增长 29.40%,同比增幅提高了 7.53 个百分点,表明物料搬运(起重运输)机械行业固定资产投资仍保持高速增长态势。

(4)产品进出口保持快速增长态势,起重机进出口也恢复了增长势头。2011 年,物料搬运(起重运输)机械出口额109.39 亿美元,进口额48.28 亿美元,进出口总额 157.67 亿美元,进出口顺差 61.11 亿美元,分别比上年增长 24.93%、24.91%、24.93%和 24.95%,而 2010 年同比增长率分别为1.82%、17.49%、6.16%和 -7.89%,保持快速增长态势。

其中,起重机出口额、进口额、进出口总额、进出口顺差分别比上年增长 8.49%、11.02%、8.98%和 7.68%,而 2010年同比增长率分别为 -22.46%、0.74%、-18.83% 和-27.73%,同比恢复了增长势头。

轻小型起重设备出口额、进口额、进出口总额、进出口顺差同比增长分别为21.36%、6.62%、16.72%和33.86%,而 2010 年同比增长分别为 22.67%、3.77%、16.02%和 45.05%。

连续搬运设备出口额、进口额、进出口总额、进出口顺差同比增长分别为 32.21%、31.89%、32.04%和 28.47%(逆差下降),而 2010 年同比增长分别为 8.95%、46.60%、25.82%和 -153.52%(顺差下降变逆差)。

起重机出口额占物料搬运(起重运输)机械出口总额的29.26%,仍位居行业首位;连续搬运设备进口额占物料搬运(起重运输)机械进口总额的 28.70%,也位居行业首位。

此外,2011 年,物料搬运(起重运输)机械出口额前 10 位国家(地区)是美国、印度、巴西、韩国、日本、澳大利亚、越南、印度尼西亚、新加坡和俄罗斯联邦,其出口额合计为52.83 亿美元,占物料搬运(起重运输)机械出口总额的48.28%。进口额前 10 位国家(地区)是德国、日本、韩国、美国、中国台湾、意大利、挪威、法国、奥地利和瑞典,其进口额合计为 40.51 亿美元,占物料搬运(起重运输)机械进口总额的 83.88%。

2011 年,出口额前 5 位省市为:上海市、江苏省、浙江省、广东省、北京市,其出口额合计占物料搬运(起重运输)机械出口总额的 70.05%。进口额前 5 位省市是:江苏省、上海市、广东省、北京市、辽宁省,其进口额合计占物料搬运(起重运输)机械出口总额的 61.94%。

行业进出口企业仍以外资企业为主,进出口贸易方式仍以一般贸易为主。

5. 行业生产销售前列的部分重点企业

2011 年物料搬运(起重运输)机械行业部分重点企业主要经济指标完成情况见表 9。

表 9 2011 年物料搬运(起重运输)机械行业部分重点企业主要经济指标完成情况

序号	企业名称	工业总产值(亿元)	序号	企业名称	主营业务收入(亿元)
1*	徐州工程机械集团有限公司	475.66	1*	徐州工程机械集团有限公司	660.26
2*	上海三菱电梯有限公司	116.56	2*	西子电梯集团有限公司	116.36
3*	西子电梯集团有限公司	105.11	3*	上海三菱电梯有限公司	114.53
4*	安徽叉车集团公司	71.37	4*	浙江杭叉工程机械集团股份有限公司	83.74
5*	浙江杭叉工程机械集团股份有限公司	64.82	5*	安徽叉车集团公司	64.21
6	卫华集团有限公司	49.40	6	卫华集团有限公司	48.43
7	江苏通润机电集团有限公司	35.00	7	江苏通润机电集团有限公司	38.72
8	豫飞重工集团	28.71	8	豫飞重工集团	26.50
9	河南省矿山起重机有限公司	25.91	9	河南省矿山起重机有限公司	25.87
10	中原圣起有限公司	22.43	10	中原圣起有限公司	22.43
11	衡阳起重运输机械有限公司	10.93	11	四川省自贡运输机械集团股份有限公司	12.04
12	河南省郑起起重设备有限公司	10.04	12	河南省郑起起重设备有限公司	9.24
13	四川省自贡运输机械集团股份有限公司	9.63	13	河南省新乡市矿山起重机有限公司	9.07
14	河南省新乡市矿山起重机有限公司	8.96	14	安徽攀登重工股份有限公司	7.23
15	南通润邦重机有限公司	8.23	15	山东省生建重工有限责任公司	7.03
16	安徽攀登重工股份有限公司	7.59	16	安徽盛运机械股份有限公司	6.65

注:表中数据来源于中国重机协会统计网 2011 年年报统计资料。因缺少上海振华重工集团股份有限公司、大连重工·起重集团有限公司、太原重型机械集团有限公司和北方重工程集团有限公司分类数据,未能列入,带 * 号企业数据来源于中机联年报资料。

二、行业重大科技成果情况

2011 年，物料搬运（起重运输）机械行业在重大科技成果方面也取得了新的进展。如，上海振华重工集团股份有限公司 10 000 t/h 取料机关键技术研发及应用项目成果，通过了上海专家鉴定委员会鉴定，总体技术水平达到国际先进；该公司自主研制的全球最大卸船能力 3 800 t/h 环保型链斗连续卸船机，在曹妃甸二期矿石码头，完成调试和试生产，填补了我国链斗连续卸船机空白。

太原重型机械集团有限公司研制成功主臂长 84 m、副臂长 96 m、自重 55 t 的 660 t 履带式起重机和 750 t 全路面起重机；研制完成当前最大规格的 550t 锻造起重机。

大连重工·起重集团有限公司研制完成国内首台法国技术 EPR 三代核环吊（环轨直径 44.3 m；起重量：主小车 320 t，副小车 35 t）。

此外，卫华集团有限公司研制了最大起重量 50t 智能化料罐吊运起重机，山东山矿机械有限公司研制了装卸能力 1 800 t/h的行走式连续输送散料装船机，云南冶金昆明重工有限公司研制完成 C6013 塔式起重机等，产品技术水平均达到国际先进、国内先进水平。

2011 年，物料搬运（起重运输）机械行业获国家科技进步奖二等奖项目 2 项，均为起重机项目，一是由大连重工·起重集团有限公司研制完成的 20 000 t×125 m 多吊点桥式起重装备项目；二是由徐州重型机械有限公司和徐工集团工程机械股份有限公司合作研制完成的全地面起重机关键技术开发与产业化项目。

2011 年，物料搬运（起重运输）机械行业获中国机械工业科学技术奖的项目有 15 项，其中二等奖 6 项：上海三一科技有限公司、太原科技大学完成的大吨位系列履带式起重机关键技术与应用项目；潍坊大洋自动泊车设备有限公司完成的高层液压式升降横移类机械停车设备；北京起重运输机械设计研究院完成的全自动控制垃圾搬运起重机关键技术研究等；常州东方机电成套有限公司、江苏大学完成的核电站用数控遥控吊车；徐工集团徐州重型机械有限公司完成的 QY160K 汽车起重机；徐州徐工特种工程机械有限公司完成的 XT680—170 伸缩臂叉装机等。

三等奖 8 项：山东莱钢泰达车库有限公司 PXD136D 地下两层巷道堆垛智能停车设备；宁夏天地西北煤机有限公司 1.6 m 带宽可伸缩带式输送机研制；卫华集团有限公司低净空 250 t 桥式起重机；山起重型机械股份公司 YH 型 200/50 t淬火起重机；纽科伦（新乡）起重机有限公司 NH 型系列钢丝绳电动葫芦；三一重工股份有限公司 SAC2200 全地面起重机；徐州徐工随车起重机有限公司 SQ25ZK6Q 随车起重机；杭叉集团股份有限公司 4～5 t J 系列大吨位电动叉车等。

三、行业产业结构、企业规模、经济类型及利用境外资本情况

1. 2011 年行业产业结构构成情况

由于 2011 年物料搬运（起重运输）机械行业年报统计仍按照 GB/T 4754—2002《国民经济行业分类》标准执行，故目前尚没有物料搬运（起重运输）机械行业产业结构组成的统计资料。从 2012 年起，国家统计局将执行 GB/T 4754—2011《国民经济行业分类》新标准，2012 年物料搬运（起重运输）设备行业统计年报将有行业产业结构构成的统计资料。

2. 2011 年行业企业规模情况

2011 年物料搬运（起重运输）机械行业按企业规模分主要经济指标完成情况见表 10。

表 10　2011 年物料搬运（起重运输）机械行业按企业规模分主要经济指标完成情况

企业分类	企业数（家）	占行业比重（%）	工业总产值（亿元）	占行业比重（%）	工业销售产值（亿元）	占行业比重（%）	主营业务收入（亿元）	占行业比重（%）	利润总额（亿元）	占行业比重（%）
物料搬运（起重运输）机械行业	1 740	100.00	4 831.81	100.00	4 723.45	100.00	4 785.20	100.00	378.28	100.00
其中：大型企业	46	2.64	2 039.39	42.21	2 019.77	42.76	2 107.15	44.03	202.02	53.41
中型企业	272	15.63	1 350.56	27.95	1 306.85	27.67	1 282.23	26.80	95.71	25.30
小型企业	1 389	79.83	1 427.41	29.54	1 383.56	29.29	1 381.94	28.88	80.55	21.29
微型企业	33	1.90	14.45	0.30	13.28	0.28	13.89	0.29	0.00	0.00

从表 10 可见，2011 年，物料搬运（起重运输）机械行业中，大型企业数占行业企业数的比重为 2.64%，但占行业生产销售总值的比重超过 42%，是行业经济发展的主导和骨干力量。

3. 2011 年行业经济类型和控股类型情况

2011 年物料搬运（起重运输）机械行业按经济类型和控股类型分主要经济指标完成情况见表 11。

表 11　2011 年物料搬运（起重运输）机械行业按经济类型和控股类型分主要经济指标完成情况

企业分类	企业数（家）	占行业比重（%）	工业总产值（亿元）	占行业比重（%）	工业销售产值（亿元）	占行业比重（%）	主营业务收入（亿元）	占行业比重（%）	利润总额（亿元）	占行业比重（%）
物料搬运（起重运输）机械行业	1740	100.00	4 831.81	100.00	4 723.45	100.00	4 785.20	100.00	378.28	100.00

（续）

企业分类	企业数（家）	占行业比重（%）	工业总产值（亿元）	占行业比重（%）	工业销售产值（亿元）	占行业比重（%）	主营业务收入（亿元）	占行业比重（%）	利润总额（亿元）	占行业比重（%）
其中：国有企业	46	2.64	612.68	12.68	610.55	12.93	640.67	13.39	46.28	12.23
私营企业	938	53.91	1 339.73	27.73	1 295.28	27.42	1 289.96	26.96	90.88	24.03
其他内资企业	474	27.24	1 237.61	25.61	1 207.19	25.56	1 210.16	25.29	96.43	25.49
三资企业	282	16.21	1 641.78	33.98	1 610.43	34.09	1 644.42	34.36	144.68	38.25
其中：国有控股	81	4.66	967.13	20.02	958.72	20.30	983.56	20.55	77.29	20.43
私人控股	1 297	74.54	2 214.77	45.84	2 141.20	45.33	2 137.40	44.67	165.61	43.78
其他控股	217	12.47	301.03	6.23	292.63	6.20	293.82	6.14	18.66	4.93
三资控股	145	8.33	1 348.87	27.92	1 330.90	28.18	1 370.41	28.64	116.71	30.85

注：1. 表中国有企业包括注册的国有企业、国有独资公司和国有联营企业。

2. 由于四舍五入，合计数有微小出入。

从表11可见，2011年物料搬运（起重运输）机械行业按经济类型分，三资企业生产销售总值占行业比重约34%，处于相对主导地位，国有企业生产销售总值占行业比重仅约13%。

按控股类型分，私人控股企业生产销售总值占行业比重约45%，处于相对主导地位，国有控股企业生产销售总值占行业比重约20%。

4. 行业利用境外资本情况

2011年物料搬运（起重运输）机械行业利用境外资本情况见表12。

表12　2011年物料搬运（起重运输）机械行业利用境外资本情况

企业分类	实收资本（亿元）	比上年增长（%）	境外资本（亿元）	比上年增长（%）	其中：中国港澳台资本（亿元）	比上年增长（%）	外商资本（亿元）	比上年增长（%）	境外资本占实收资本比重（%）	上年境外资本占实收资本比重（%）
物料搬运（起重运输）机械行业	666.49	9.87	171.73	7.63	35.87	-4.40	135.86	11.33	25.77	26.30
其中：大型企业	183.24	99.22	59.99	108.37	17.27	200.35	42.72	85.42	32.74	31.30
占行业比重（%）	27.49		34.93		48.14		31.45			
中型企业	194.65	-6.90	61.26	-14.95	5.04	-49.30	56.22	-9.45	31.47	34.45
占行业比重（%）	29.21		35.67		14.04		41.38			
小型企业	281.99	-7.71	49.71	-15.36	13.40	-38.62	36.31	-1.60	17.63	19.22
占行业比重（%）	42.31		28.95		37.36		26.73			
微型企业	6.60		0.78		0.17		0.61		11.82	
占行业比重（%）	0.99		0.45		0.46		0.44			

从表12可见，2011年物料搬运（起重运输）机械行业利用境外资本比上年增长7.63%，其中利用外商资本比上年增长11.33%，利用港澳台资本比上年下降4.40%。

其中，大型企业利用境外资本比上年增长108.37%，这主要是由于2011年国家对大中小型企业划分标准作了较大调整，大型企业数量增加较多所致。

四、行业发展中值得关注的问题

物料搬运（起重运输）机械行业的特点是产品功能及技术难易程度差别太大，行业小类较多及小微型企业众多，多年来，由于行业生产销售年增长率一直保持高位增长，连年创历史新高，行业固定资产投资规模不断扩大，产能的重复建设比较严重。历经国际金融危机，业内生产销售受到较大影响，但行业生产销售总量仍再创历史新高，2011年，行业生产销售总值又恢复到20%以上增长速度。如何控制物料搬运（起重运输）机械行业过快发展，减少产能盲目重复建设和低价恶性竞争状况仍是今后应当特别关注和研究的问题。

五、1998—2011年物料搬运（起重运输）机械行业经济增长走势

1998—2011年物料搬运（起重运输）机械行业工业总产值、主营业务收入及其年增长率走势见图1。

1998—2011年物料搬运（起重运输）机械行业利润总额、增长率及主营业务收入利润总额率走势见图2。

2000—2011年物料搬运（起重运输）机械行业资产总计

及其增长率走势见图3。

1998—2011年物料搬运(起重运输)机械进出口额走势见图4。

1998—2011年物料搬运(起重运输)机械进出口额增长率走势见图5。

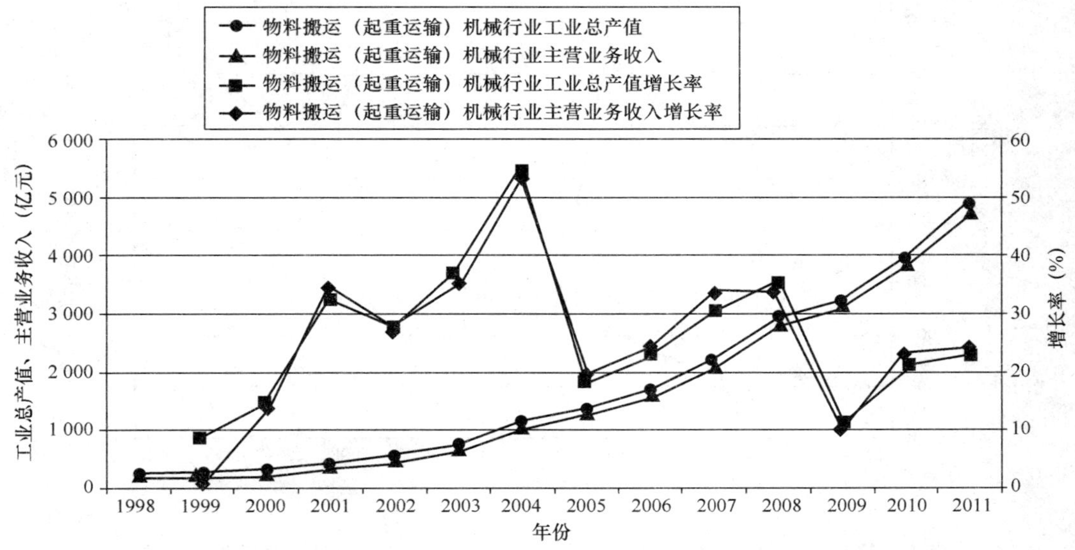

图1 1998—2011年物料搬运(起重运输)机械行业工业总产值、主营业务收入及其增长率走势

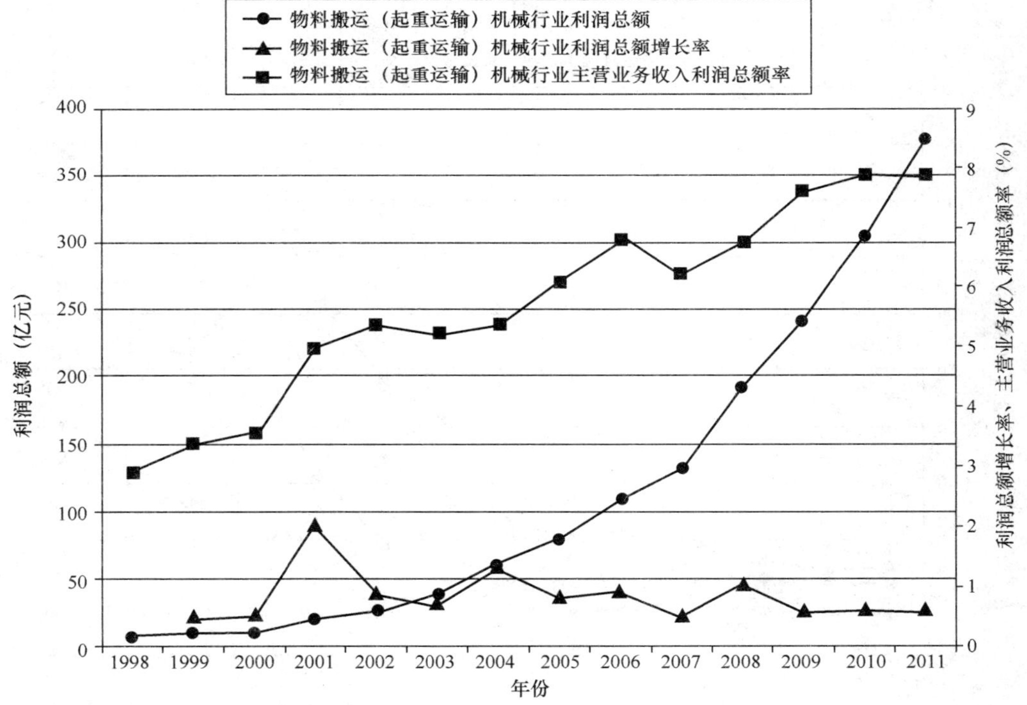

图2 1998—2011年物料搬运(起重运输)机械行业利润总额、增长率及主营业务收入利润总额率走势

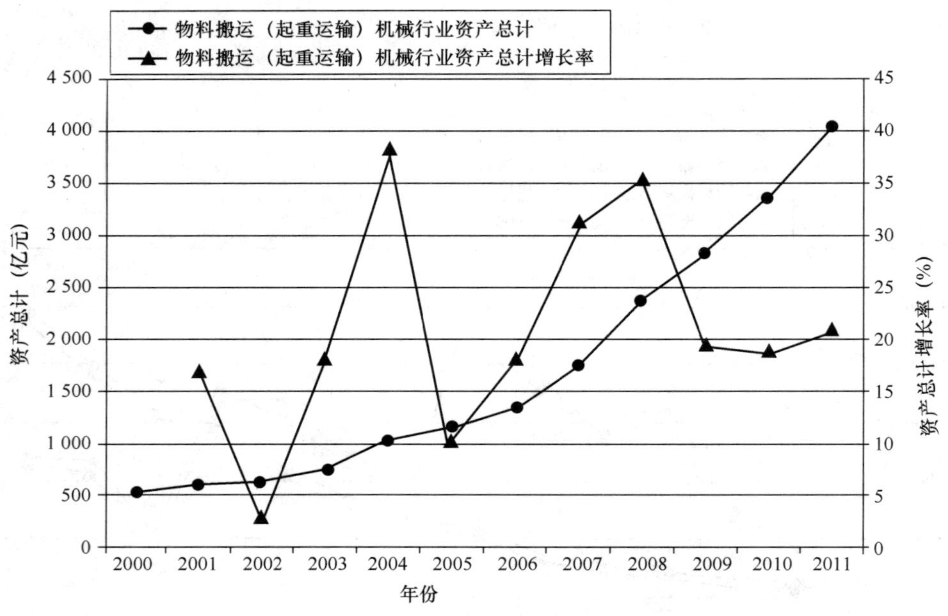

图3　2000—2011 年物料搬运(起重运输)机械行业资产总计及其增长率走势

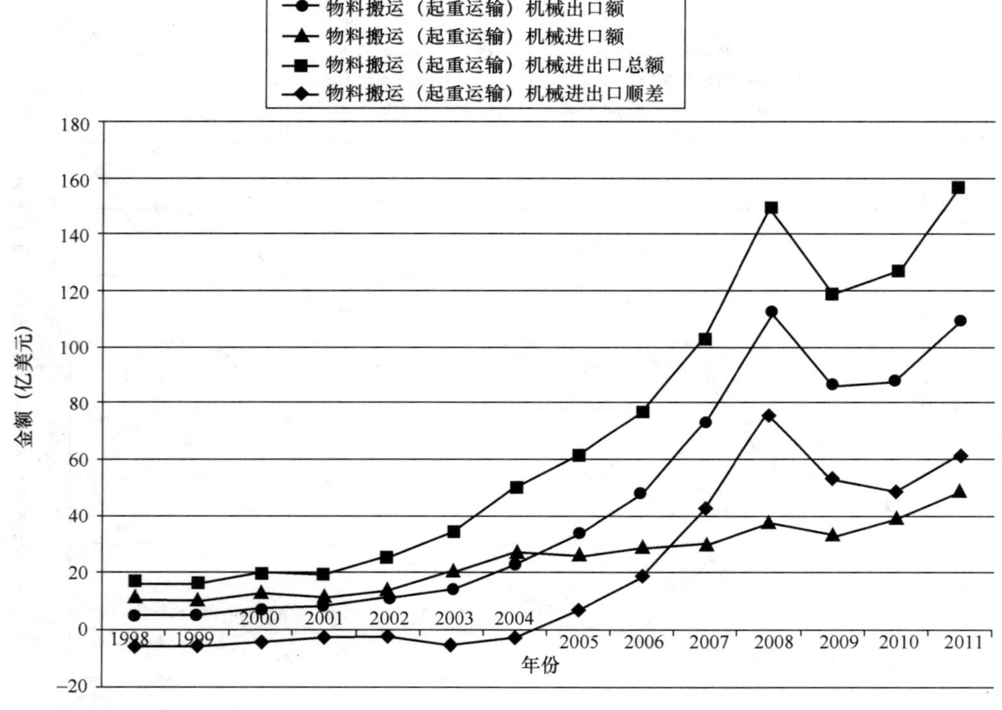

图4　1998—2011 年物料搬运(起重运输)机械进出口额走势

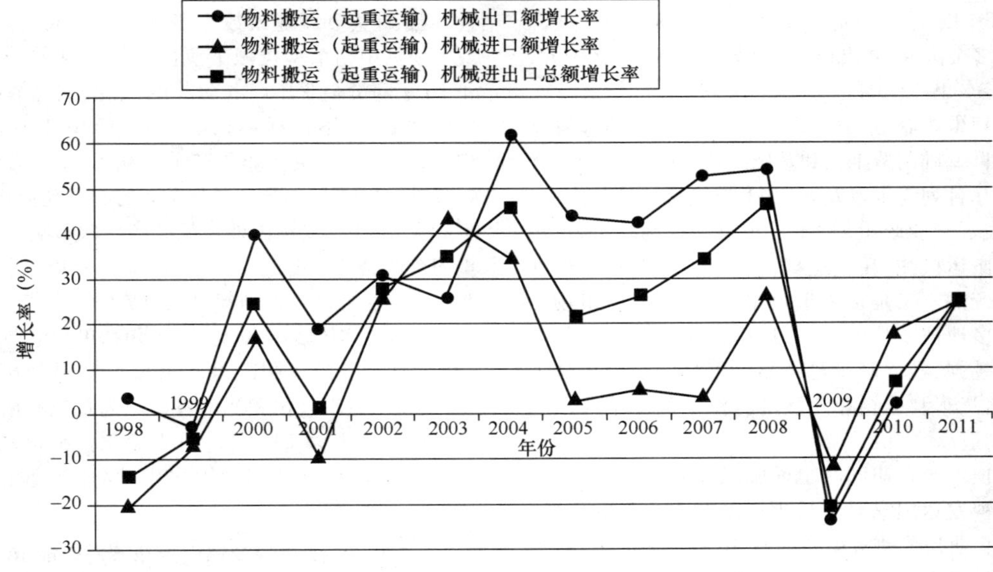

图5　1998—2011 年物料搬运（起重运输）机械进出口额增长率走势

〔撰稿人：中国重型机械工业协会臧义成　审稿人：中国重型机械工业协会徐善继〕

轻小型起重设备

千　斤　顶

生产发展情况　千斤顶产品按工作原理主要分为液压千斤顶和机械千斤顶。

液压千斤顶是由人力或动力驱动液压泵，通过液力传到液压缸内，推动活塞做举升运动将重物举起。液压千斤顶又可分整体式和分离式，整体式包括立式油压千斤顶、卧式油压千斤顶，其泵与液压缸联成一体。分离式的泵与液压缸分离，中间用液压软管相连。液压千斤顶结构紧凑，能平稳顶升重物，起重量最大达 1 000 t，最大行程 1 m，传动效率较高，故应用较广；但易漏油，不宜长期支持重物。如长期支撑须选用自锁千斤顶或配用支架。

机械千斤顶是由人力通过锥形齿轮、螺杆或螺母套筒等带动顶举件运动，实现顶举重物。机械千斤顶包括螺旋千斤顶、剪式千斤顶、齿条千斤顶等。

按市场分，千斤顶产品可大致分为商用千斤顶、汽车配套千斤顶及特种用途千斤顶。特种用途千斤顶是传统千斤顶产品的扩展和延伸，将为千斤顶行业创造新的发展空间。

按动力源分，千斤顶可分为手动和电动。电动千斤顶是由电动泵和液压缸组合而成。当前千斤顶产品绝大部分是手动千斤顶，符合节能、环保要求。

我国千斤顶产业发展进步较晚。改革开放之前，我国千斤顶的需求主要以工业为主。改革开放后，随着国民经济的快速发展，人民生活水平的显著提高，汽车逐步进入家庭，国内千斤顶需求增长速度远高于全球水平，千斤顶产业进入快速发展期。20 世纪八九十年代，外资不断注入国内千斤顶行业，部分境外千斤顶生产企业转移到国内，目前国内年生产规模已达到 6 400 万台。我国已成为全球千斤顶生产和消耗量最大的国家之一。

为了满足不断增长的新的需求，生产企业特别是行业内的骨干企业投入较大的人力、财力、物力开发设计出大量新产品，改变了原来比较单一的产品结构，改进了加工工艺，提高了产品安全性和操作的便利性。目前超过 300 种不同规格、不同型号的千斤顶产品极大地丰富了市场、满足了顾客需求。

市场及销售　千斤顶以其科学的设计、可靠性强的结构型式、较大的起重量、小巧便携等特点，被广泛地应用于各个领域，特别是流动性起重作业和汽车行业把它作为随行与维修场所必备的起重装备，起着起重、支撑、调整水平等作用，千斤顶在我国经济建设和人民生活中有着越来越重要的作用。在灾难现场的救援工作中，千斤顶特别是分离式千斤顶可发挥积极的作用，汶川地震千斤顶用于抗震救援行动后，名声大振，已经成为应急救援队伍配备的重要工具之一。

国内具有一定规模的千斤顶生产企业有 70 多家，主要分布在江苏、浙江、广东、山东等省。千斤顶行业发展趋势继续向产品质量高、规模效益好、管理成本低、国际竞争能力强的东南沿海经济发达地区的大、中型企业集中，但是随着近年这些地区劳动力成本的持续提高，这种集中的趋势有可能延缓，甚至产业区域结构有可能发生变化。此外，随着市场经济不断地深化，行业内部专业分工更加细化，千斤顶绝大部分的零部件由配套企业生产。

2011 年,我国千斤顶产品出口到北美、欧洲、东亚、澳洲等地区的 165 多个国家,共出口 3 200 万台近 5.42 亿美元,同比分别增长 8% 和 15.3%。

国内千斤顶生产企业面临新的机遇:一是工信部发布的《机械基础件、基础制造工艺和基础材料产业"十二五"发展规划》,将液压件列为重点发展的 11 类机械基础件之一;在国家《汽车发展产业政策》中千斤顶发展得到政策扶持;同时作为物料搬运机械,在重型机械工业发展规划中被列入重点发展的产品。二是加入世贸组织以来,我国市场经济地位越来越多地被发达国家认可,国内企业参与国际竞争的能力越来越强、经验越来越丰富。三是国际分工越来越细,世界著名汽车制造企业正逐渐将汽车配套千斤顶外移,我国成为制造承接国之一。

国内千斤顶生产企业同时也面临风险和挑战:①国内生产企业应重视发达国家对千斤顶产品知识产权的保护。②千斤顶生产企业是劳动密集型企业,随着工资成本、财务成本以及人民币汇率等的上升,千斤顶产品在国际市场的价格竞争力将逐步减弱,利润空间被不断挤压。③发达国家经济复苏乏力,市场需求萎靡,部分出口企业转向国内,加剧国内市场竞争。

技术、质量及标准 千斤顶行业是实行生产许可制度的行业,国家起重运输机械质量监督检验中心承担着千斤顶产品生产许可证的相关管理工作,对行业健康发展发挥着越来越积极的作用。

在全国起重机械标准化技术委员会的组织下,全国起重机械标准化技术委员会千斤顶工作组积极开展工作,完成了 GB/T 27697—2011《立式油压千斤顶》标准的修订工作,于 2011 年 12 月 30 日由国家质量监督检验检疫总局和国家标准化管理委员会批准发布,于 2012 年 6 月 1 日起正式实施。

立式油压千斤顶广泛应用于机械、汽车、建筑、船舶等行业,其产品性能和质量水平关系到人身和财产安全。按照《轻小型起重运输设备生产许可证实施细则》的有关规定,其属于细则中的轻小型起重设备。为使新的国家标准能得到更好的贯彻实施,使从事油压千斤顶设计、制造、检验、使用等方面的广大工程技术人员能够及时了解和掌握 GB/T 27697—2011 的内容及其与行业标准 JB/T 2104—2002 之间的技术差异,中国重型机械工业协会千斤顶分会配合标委会做好标准的宣贯工作,以便于油压千斤顶生产许可证取换证工作的顺利开展。

〔撰稿人:中国重型机械工业协会千斤顶分会王祥元 审稿人:中国重型机械工业协会李镜〕

起重葫芦

基本情况 起重葫芦产品主要包括:钢丝绳电动葫芦、环链电动葫芦、微型电动葫芦、气动葫芦、手拉葫芦、手扳葫芦和滑车等,是量大面广的产品,在国民经济很多领域得到广泛应用。

我国起重葫芦行业经过几十年的发展,从企业数量、规模、制造能力和就业人数等多方面已经成为全球最大的行业。根据中国重型机械工业协会统计网的统计数据,2011 年 16 家网员企业年产电动葫芦(包括钢丝绳电动葫芦、环链电动葫芦,不包括单相电动葫芦)16.4 万台,同比增长 17.02%;5 个网员企业年产手动葫芦 92.5 万台,同比增长 4.97%。2011 年上半年部分企业的起重葫芦产品曾一度供不应求,下半年受国内外宏观经济疲软影响,部分企业的起重葫芦产品产销增速同比减缓,而部分以外销为主的手动葫芦生产企业产品产销却出现逆势增长态势。

2011 年钢丝绳电动葫芦(不包括单相电动葫芦)产量前 3 位企业分别是江阴凯澄起重机械有限公司、纽科伦(新乡)起重机有限公司和河南省矿山起重机有限公司,3 家企业产量总计达 98 216 台。2011 年钢丝绳电动葫芦产量前 10 位企业见表 1。2011 年环链电动葫芦产量前 3 位企业见表 2。

表 1 2011 年钢丝绳电动葫芦产量前 10 位企业

序号	公司名称	产量(台)
1	江阴凯澄起重机械有限公司	48 966
2	纽科伦(新乡)起重机有限公司	27 994
3	河南省矿山起重机有限公司	21 256
4	江苏三马机械制造有限公司	13 068
5	湖北三六重工有限公司	5 487
6	浙江双鸟机械有限公司	4 328
7	广东超宇起重设备有限公司	3 951
8	南京起重机械总厂有限公司	3 768
9	湖北银轮起重机械股份有限公司	3 373
10	江西起重机械总厂	1 918

表 2 2011 年环链电动葫芦产量前 3 位企业

序号	公司名称	产量(台)
1	江苏佳力起重机械制造有限公司	12 876
2	杭州武林机器有限公司	9 060
3	浙江双鸟机械有限公司	4 330

单相电动葫芦是近几年发展非常迅速的电动葫芦产品,浙江八达机电有限公司 2011 年产量达 416 244 台,同比增长 0.41%,其中绝大部分供应国际市场。

根据中国重型机械工业协会统计网提供的统计数据,国内手动葫芦产量最大的 3 家企业分别是浙江双鸟机械有限公司、浙江五一机械有限公司和杭州武林机器有限公司,3 家企业的总产量为 847 004 台,同比增长 2.8%。2011 年手动葫芦产量前 3 位企业见表 3。

表 3 2011 年手动葫芦产量前 3 位企业

序号	公司名称	产量(台)	同比增长(%)
1	浙江双鸟机械有限公司	316 012	16.69
2	浙江五一机械有限公司	297 435	5.35
3	杭州武林机器有限公司	233 557	-13.82

产品进出口情况 根据海关总署统计,2011 年我国起

重葫芦进出口总额2.97亿美元(约合18.8亿元),同比增长26.9%。其中电动葫芦进出口总额1.55亿美元,同比增长23.01%;手动葫芦进出口总额1.42亿美元,同比增长31.5%。根据海关统计数据,2011年电动葫芦出口量68.2万台(含单相电动葫芦),同比增长3.8%;出口额1.02亿美元,同比增长26.2%。2011年我国电动葫芦进出口情况见表4。2011年我国手动葫芦出口去向前10位国家(地区)见表5。2011年我国电动葫芦进口源前10位国家(地区)见表6。2011年我国电动葫芦出口额前10位省市见表7。

表4 2011年我国电动葫芦进出口情况

指标名称	单位	实际完成	同比增长(%)
出口量	台	682 024	3.8
出口额	万美元	10 169	26.2
进口量	台	18 396	4.5
进口额	万美元	5 309	16.4

表5 2011年我国电动葫芦出口去向前10位国家(地区)

序号	国家(地区)	出口额(万美元)	占出口总额的比重(%)	出口额同比增长(%)	出口量(台)
1	美国	1 227	12.07	27.95	60 251
2	德国	690	6.86	1.16	135 922
3	巴西	451	4.44	50.84	26 726
4	印度	441	4.34	-9.63	7 769
5	越南	365	3.59	61.50	17 807
6	土耳其	354	3.48	5.99	46 921
7	芬兰	353	3.47	-15.14	6 231
8	日本	347	3.42	13.77	4 553
9	澳大利亚	345	3.39	79.69	3 309
10	意大利	298	2.93	-16.76	57 629

表6 2011年我国电动葫芦进口源前10位国家(地区)

序号	国家(地区)	进口额(万美元)	占进口总额的比重(%)	进口额同比增长(%)	进口量(台)
1	德国	1 657	31.21	29.35	4 947
2	日本	1 223	23.04	55.99	4 455
3	法国	574	10.81	-30.09	4 117
4	美国	531	10.00	172.31	1 778
5	西班牙	319	6.02	3.91	523
6	中国台湾	234	4.41	82.81	1 346
7	挪威	199	3.75	765.22	30
8	韩国	104	1.97	-5.45	170
9	英国	72	1.36	278.95	62
10	芬兰	65	1.22	-15.58	28

表7 2011年电动葫芦出口额前10位省市

序号	省市地区	出口额(万美元)	占出口总额的比重(%)	出口额同比增长(%)	出口量(台)
1	浙江省	3 901	38.37	19.55	441 082
2	上海市	2 328	22.89	23.31	27 722
3	江苏省	1 020	13.79	37.45	85 168
4	北京市	596	5.86	34.84	5 074
5	重庆市	512	5.03	0.60	91 027
6	山东省	379	3.73	210.66	11 319
7	福建省	227	2.23	33.04	12 657
8	四川省	225	2.21	837.5	96
9	广东省	150	1.48	-1.32	2 001
10	辽宁省	108	1.06	1 250	154

2011年手动葫芦及滑车出口量273.4万台,同比增长12.70%;出口额1.21亿美元,同比增长29.05%。2011年我国手动葫芦与滑车进出口情况见表8。2011年我国手动葫芦与滑车出口去向前10位国家(地区)见表9。2011年我国手动葫芦与滑车进口源前5位国家(地区)见表10。2011年手动葫芦与滑车出口额前10位省市见表11。

表8 2011年我国手动葫芦与滑车进出口情况

指标名称	单位	实际完成	同比增长(%)
出口量	台	2 733 076	12.70
出口额	万美元	12 109	29.05
进口量	台	2 752 327 422	0.37
进口额	万美元	2 130	54.91

表9 2011年我国手动葫芦与滑车出口去向前10位国家(地区)

序号	国家(地区)	出口额(万美元)	占出口总额的比重(%)	出口额同比增长(%)	出口量(台)
1	美国	1 968	16.25	16.80	434 668
2	荷兰	750	6.19	81.16	129 648
3	德国	619	5.11	16.57	132 506
4	印度尼西亚	562	4.64	65.78	93 579
5	印度	562	4.64	42.64	117 074
6	澳大利亚	472	3.90	7.27	101 090
7	阿拉伯联合酋长国	468	3.86	57.05	105 319
8	俄罗斯	432	3.57	81.51	106 671
9	越南	376	3.10	63.48	87 253
10	加拿大	374	3.09	43.30	85 573

表10 2011年我国手动葫芦与滑车进口源前5位国家(地区)

序号	国家(地区)	进口额(万美元)	占进口总额的比重(%)	进口额同比增长(%)	进口量(台)
1	德国	670	31.46	230.05	9 080
2	美国	418	19.62	63.28	3 058

（续）

序号	国家（地区）	进口额（万美元）	占进口总额的比重（%）	进口额同比增长（%）	进口量（台）
3	日本	286	13.43	-12.80	5 447
4	韩国	186	8.73	29.17	6 965
5	白俄罗斯	100	4.69	222.58	310

表11　2011年手动葫芦与滑车出口额前10位省市

序号	省市地区	出口额（万美元）	占出口总额的比重（%）	出口额同比增长（%）	出口量（台）
1	浙江省	6 436	53.15	28.77	1 377 288
2	江苏省	1 285	10.61	25.37	338 495
3	上海市	1 127	9.30	25.50	239 264
4	重庆市	1 059	8.74	20.62	265 702
5	北京市	425	3.51	18.06	91 762
6	河北省	306	2.53	56.92	101 478
7	山东省	299	2.47	32.30	67 561
8	广东省	261	2.15	15.49	58 045
9	福建省	205	1.70	6 733.33	1 405
10	陕西省	111	0.92	-13.28	33 894

2002—2011年电动葫芦进出口额走势见图1。2002—2011年手动葫芦及滑车进出口额走势见图2。

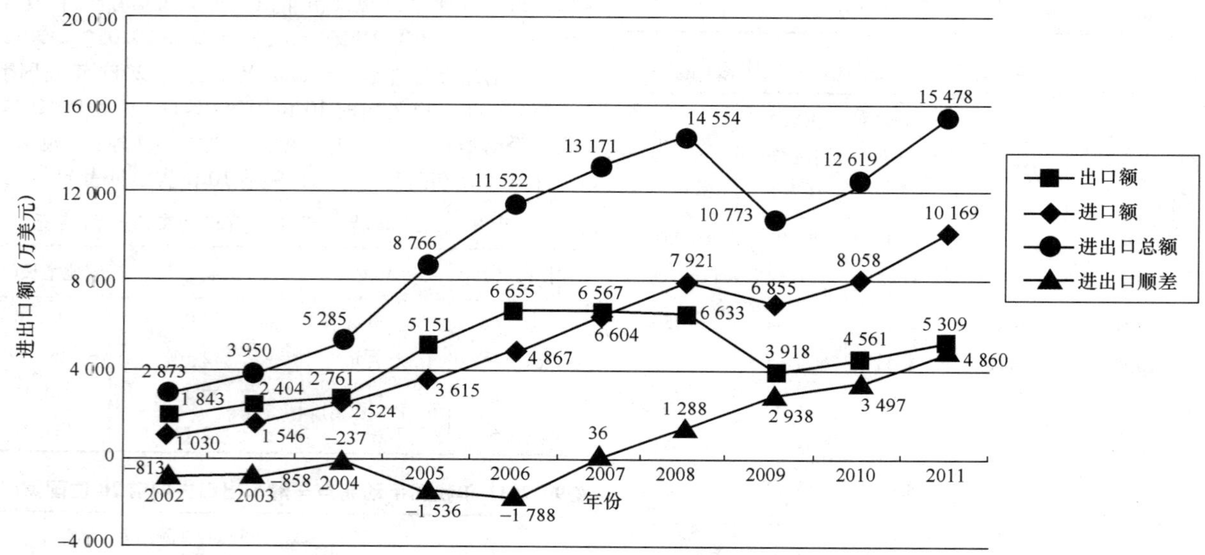

图1　2002—2011年电动葫芦进出口额走势

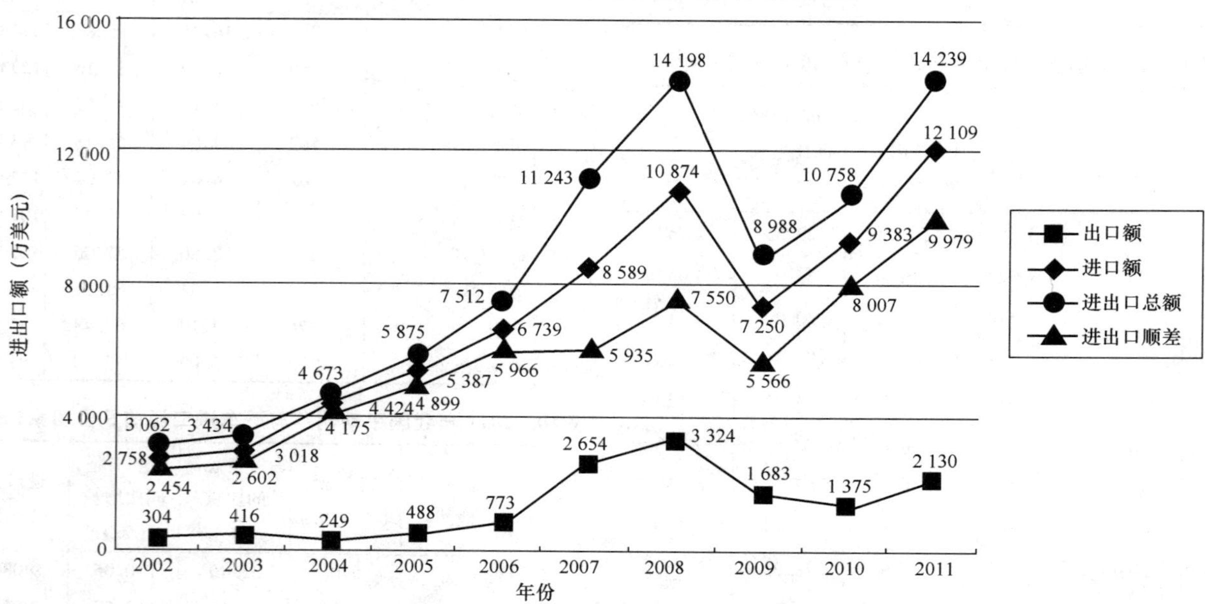

图2　2002—2011年手动葫芦及滑车进出口额走势

新产品研发情况 自20世纪50年代中期,我国开始生产电动葫芦,60年代中期试制成功CD型和MD型钢丝绳电动葫芦,并投入批量生产,当前,CD、MD型钢丝绳电动葫芦仍然是国内市场上占有率最高的钢丝绳电动葫芦。由于当时设计条件的限制,该系列葫芦尚不能满足中高档市场的发展需求,一些国内主流起重葫芦制造企业纷纷加大研发投入,利用各自的优势,推出了针对性比较强、具有市场竞争优势的钢丝绳电动葫芦,进一步丰富了产品品种,扩大了用户的选择面。

江阴凯澄起重机械有限公司对原有CD1/MD1电动葫芦进行了改进。通过改进导绳器机构,增加侧向导轮,采用变频调速机构、非石棉制动摩擦片和断火控制回路型限位器,有效地提高了产品性能,新产品命名为CD1/MD1改进型(Ⅱ)电动葫芦。

卫华集团纽科伦(新乡)起重机有限公司自行研发了ND3.2~80 t钢丝绳电动葫芦系列产品,起重量覆盖3.2~80 t,工作级别为M4~M7,运行速度为2~20 m/min变频调速,标准起升速度为5 m/min、0.8 m/ min。产品最大程度地采用模块化设计,零部件通用化程度高,总体布局为并联C型结构,结构紧凑,方便对电机减速机的安装维护,并采用独特的反滚轮设计。其安装形式分为低建筑高度单轨小车式、双轨小车式和固定式。该系列电动葫芦还具有超载限制、失压保护、错相保护、精密上下限位、使用次数累计计数、运行信息、状态信息和故障信息适时存储等功能。

南京起重机械总厂生产的Street公司第5代产品ZX10的起重量范围5~50 t,所有常用吨位都配备M5机构工作级别,绝大多数吨位又配备了M6或M7机构工作级别。开发的适应低温环境的电动葫芦,可在-40 ℃低温环境下使用。电动葫芦的材料选用符合低温环境下使用的特殊低合金钢,密封件采用耐低温的非金属材质,润滑油使用耐低温的润滑油,电气装置的零部件和电缆线采用耐低温材料。低温电动葫芦通过了GJB 150.4—1986、GJB 74A—1998、GJB 150.8—1986军工标准的验收。

浙江双鸟机械有限公司对现生产的SH钢丝绳电动葫芦再次进行技术革新,自主创新研发了新一代的SH型悬挂式钢丝绳电动葫芦。该项目被列入浙江省新产品试制计划。该产品覆盖1~20 t,工作级别M4,葫芦起升机构采用圆柱鼠笼电动机,实现单速、双速及变频控制,减速器采用内置卷筒式行星减速器,同时主要对运行小车及小车的安装方式进行了设计提升。运行电动小车具有单速、双速、变频控制三种形式;采用三合一减速电动机,电动机采用单电动机双边驱动的结构;小车设置导向轮装置;小车车轮采用通用型车轮;小车与葫芦主体连接采用自由调节结构,可以自由调整宽度,从小宽度的I型钢到大宽度的箱型梁均能轻松调节。

广东超宇起重设备有限公司在节能型电动葫芦的基础上再次立项,研究开发了新型节能环保低噪声的H型电磁制动电动葫芦。该产品电动机采用圆柱体定子、转子结构,配上电磁制动器,通电后利用电磁力矩大于弹簧力矩,开启制动器电动机运转,经卷筒内的行星齿轮减速器减速后联运卷筒急转,卷筒外壳绕上相应规格的起重钢丝绳从而实现自由上下运动,提升重物。产品根据圆柱形转子电动机电磁刹车无轴向窜动的特点,利用新的摩擦材料,能够在噪声低的情况下承受较大的制动力矩。如7.5 kW电动机力矩在150 N·m以上,机械寿命不小于10万次。在防护等级IP44的条件下,电动机绝缘等级为F级,配置低噪声、高承载的行星齿轮减速器,装配的电动葫芦在环境温度-20 ℃~40 ℃的条件下能正常工作。

〔撰稿人:中国重型机械工业协会起重葫芦分会张敏 审稿人:中国重型机械工业协会起重葫芦分会肖立群〕

桥式、门式起重机

生产发展概况 我国桥式、门式起重机械制造业在“十五”期间和“十一五”的前半期均取得长足的发展,保持快速增长的态势,增幅均在30%左右。2008年前三季度继续稳步增长,受国际金融危机的影响,2008年10月份,行业开始感到金融危机的“风寒”,基于市场对宏观经济形势的敏感,桥式、门式起重机市场开始迅速收缩,无论是销量还是产量均有较大下滑,2009年,由于国家宏观调控对经济的拉动,扭转了经济下滑局面,因此,我国桥式、门式起重机市场整体销量相对比较平稳。2010年,国家继续扩大投资规模。2009年“保增长”的目标实现后,4万亿元经济刺激计划在2010年具体执行,带动了桥式、门式起重机产销保持平稳增长。2011年上半年,由于投资惯性,企业订单保持正常水平,但由于近年来国家重点发展行业对桥式、门式起重机的需求量有限,加上近年来行业产能大幅度扩张,市场很快出现回落。2011年,我国桥式、门式起重机行业的运营情况明显出现了分化,大中型企业的运营情况还算平稳,部分规模较小的企业遭受到了严重的冲击,处于停产、半停产状态。行业出现的回落态势,虽然对整个行业造成了一定的冲击,但也有利于行业进行重组整合,淘汰掉一些竞争力不强的小企业,有利于行业发展。行业中几个销售额名列前茅的企业,销售额仍有较大幅度的增长,说明我国桥式、门式起重机行业的生产集中度在提高。

市场与销售 2011年,我国桥式、门式起重机行业市场与销售呈先扬后抑的发展势态。国家投资了高铁、高速公路等基础设施、清洁能源及城市建设等,带动了起重机行业的持续增长,与2010年相比,增幅约10%。2011年全行业桥式、门式起重机销量约8万台,销售额约330亿元,行业工业总产值和主营业务收入也再创历史新高。2011年,桥式、门式起重机行业10个主要生产企业的起重机产品销售收入达195.38亿元,约占整个国内市场59.2%的份额。起重机产品销售收入超过5亿元的企业有14个,他们是:卫华集团有限公司48.43亿元,河南豫飞重工集团有限公司26.73

亿元,河南省矿山起重机有限公司25.87亿元,中原圣起有限公司22.43亿元,太原重型机械集团有限公司19.54亿元,大连重工起重集团有限公司15.97亿元,河南省新乡市矿山起重机有限公司10.61亿元,江苏象王起重机有限公司10.05亿元,河南郑起起重设备有限公司9.24亿元,山起重型机械股份公司6.51亿元,山东省生建重工有限责任公司6.45亿元,河南省华东起重机集团有限公司6.00亿元,法兰泰克起重机械(苏州)有限公司5.50亿元,新乡市中原起重机械总厂有限公司5.47亿元。2011年桥式起重机专业委员会部分企业主要经济指标完成情况见表1。

表1　2011年桥式起重机专业委员会部分企业主要经济指标完成情况

序号	企业名称	工业总产值		起重机产品销售收入	
		数值（万元）	同比增长（%）	数值（万元）	同比增长（%）
1	卫华集团有限公司	494 000	33.61	484 300	33.61
2	河南豫飞重工集团有限公司	287 100	28.55	267 300	26.12
3	河南省矿山起重机有限公司	259 100	27.53	258 700	27.43
4	中原圣起有限公司	224 300	10.22	224 300	10.22
5	太原重型机械集团有限公司	1 697 800	23.72	195 400	7.19
6	大连重工·起重集团有限公司	1 054 700	-27.52	159 700	18.27
7	河南省新乡市矿山起重机有限公司	106 100	-2.93	106 100	-2.93
8	江苏象王起重机有限公司	100 510	38.25	100 510	38.25
9	河南郑起起重设备有限公司	100 400	0.31	92 400	1.32
10	山起重型机械股份公司	67 400	1.00	65 100	0.41
11	山东省生建重工有限责任公司	62 900	5.08	64 500	16.53
12	河南省华东起重机集团有限公司	61 900	33.43	60 000	36.28
13	法兰泰克起重机械(苏州)有限公司	63 800	36.32	55 000	30.95
14	新乡市中原起重机械总厂有限公司	54 700	12.75	54 700	12.75
15	株洲天桥起重机有限公司	50 100	-2.20	49 900	-2.44
16	上海起重运输机械厂有限公司	43 100	-14.04	46 100	10.44
17	江西起重机械总厂	44 000	0.74	40 500	8.77
18	浙江众擎起重机械制造有限公司	37 800	2.35	37 400	2.87
19	江苏三马起重机械制造有限公司	29 400	81.29	28 500	81.53
20	广州起重机械有限公司	25 500	139.61	21 300	42.16
21	重庆起重机厂有限责任公司	16 800	-5.57	18 100	9.67
22	山东光明起重机械集团有限公司	14 300	11.91	14 000	15.39
23	南京起重机械总厂有限公司	13 300	15.76	14 000	10.38
24	宁夏天地奔牛银起设备有限公司	17 100	-0.71	13 800	-23.31
25	柳州起重机器有限公司	12 700	0.22	12 500	0.22
26	宁波市凹凸起重运输机械总厂	12 700	5.00	11 400	-5.50
27	本钢起重机制造有限公司	11 000	-24.17	10 900	-24.90
28	湖北银轮起重机械股份有限公司	12 800	-33.17	9 800	-12.95
29	洛阳起重机厂	9 000	-24.02	8 520	-27.50
30	通化市起重运输机械制造有限公司	8 700	-43.47	8 500	-41.44

注:按起重机产品销售收入排序。

科技成果和新产品　现代科学技术的迅速发展,推动了现代设计和制造能力的提高,激烈的市场竞争越来越表现为技术的竞争。这些都促使起重机械产品的技术性能进入崭新的发展阶段,我国起重机制造业正经历一场巨大的变革。行业主导企业在引进、消化吸收世界先进工业国家同类产品技术的基础上,紧跟国际发展趋势,采用新理论、新技术和新方法,推广应用优化设计、CAD/CAE等现代设计方法。产品也正在向自动、智能和信息化发展,向成套、系统和规模化发展,向大型、高效和节能化发展,发展专用起重机,满足产品多样化要求,设计向模块化、通用化发展,用最少的部件,最大限度地满足用户的需求。同时开始重视产品人机关系的合理性及造型、表面涂装等外观质量,有利于提高作业效率和操作安全性。我国桥式、门式起重机行业的技术含量随着国际市场竞争的驱动也在明显提高。

太原重型机械集团有限公司为了适应市场需要,研制出了国内首台480 t铸造起重机(新专利机型)。其主要技术创新点：采用了四梁六轨柔性端梁桥架、上下部双层主小车专利技术；自主研发了与小车架焊成一体的低速轴同步整体结构减速器，保证减速器的传动性能；采用了大功率能量回馈变频调速技术。针对AP1000环行起重机，在消化吸收国外技术的基础上，进行改进和完善，开发出满足三代核电使用要求、并形成自己核心技术和知识产权的三代核电机组环行起重机。

大连重工·起重集团有限公司在新领域、新产品拓展方面，研制开发了内置行星减速器起升机构，并已成功应用于400 t吊钩起重机；研制出产了首台客运专线桥梁检测小车；研制出落地式多绳摩擦式矿井提升机等。在主导产品升级换代方面，开发了节能起重机，开发了132/50 t×21 m铸造起重机（子母小车+主卷筒加装安全制动器新机型），填补了公司大型子母小车铸造起重机带安全制动器机型的空白。该产品是国内该机型吨位最大的铸造起重机，与普通铸造起重机相比，其优势是整车重量、装机容量、整车高度均能降低约10%，市场优势明显。完成了门式起重机升级换代工作，该技术在咸阳宝石钢管钢绳有限公司、华锐风电科技有限公司、大连船舶工业船机配套有限公司等得到了应用。此类新型门式起重机在减重、为客户减低土建投资和运行成本方面效果显著，成为新一代适应市场、用户满意的产品。此外，还开发了电解铜专用起重机产品，该产品关键技术及创新点主要体现在：①搬运阴、阳极板的专用电解铜吊具的开发；②起升机构和运行机构自动定位系统的开发；③采用曲柄连杆机构原理设计的接酸盘的开发；④增大电动机的变频范围，满足大车运行速度大范围调速，保证起重机能进行低速调整和高速运行的研究；⑤吊具和起重机间多道绝缘措施的设置。

北京起重运输机械设计研究院完成了科技部2010年科研院所技术开发研究专项资金项目“全自动控制垃圾搬运起重机关键技术研究”。近年来北起院特别重视知识产权保护和专利的申请工作，2011年共获得起重机方面的专利7项：“垃圾抓斗起重机控制系统”“一种小车架式称量装置”“一种阀控换向电动液压抓具”“垃圾抓斗起重机远程诊断系统”“一种门式起重机门架”“电缆卷筒系统”和“起重机抓具钢丝绳缠绕系统”。

山起重型机械股份公司为适应国内起重机市场变化和公司发展的需要，与北京起重运输机械设计研究院合作开发了QZ12.5 t垃圾抓斗桥式起重机、QZ12.5 t秸秆捆抓斗起重机和8 t秸秆抓斗桥式起重机等产品。

2011年获得省部级科技成果奖的项目有：常州东方机电成套有限公司、江苏大学“核电站用数控遥控吊车”项目获中国机械工业科学技术奖二等奖；北京起重运输机械设计研究院“全自动控制垃圾搬运起重机关键技术研究”项目获中国机械工业科学技术奖二等奖；卫华集团有限公司“低净空250 t桥式起重机”项目和山起重型机械股份公司“YH型200/50 t淬火起重机”项目均获中国机械工业科学技术奖三等奖。

〔撰稿人：中国重型机械工业协会桥式起重机专业委员会陶庆华　审稿人：中国重型机械工业协会徐善继〕

带式输送机

生产发展情况　2011年，带式输送机行业仍然处于增长势态，但同比增长幅度仅为9.35%，较2010年增速下降5个百分点。

2011年，参加统计的49家企业带式输送机工业产值达110.34亿元，前19名企业带式输送机总产值90.87亿元，产业集中度进一步提升。行业利润率为5%，与2010年持平。参加统计的49家企业中有3家企业亏损。

经过近年的积累和技改，带式输送机行业多数企业不断完善生产条件，更新设备，提高管理水平，加强了国家标准和国际标准的执行能力。我国带式输送机产品质量不断提高，不仅满足了国内建设的需求，在国际市场中也占有重要的地位。2011年行业骨干企业带式输送机产品生产情况见表1。

表1　2011年行业骨干企业带式输送机产品生产情况

序号	企业名称	产值（万元）	新产品产值（万元）	出口产值（万元）	产量	
					以吨计(t)	以米计(m)
1	北方重工集团有限公司输送设备分公司	132 249	54 406	61 000	94 367	191 001
2	衡阳运输机械有限公司	109 285	17 263	10 035	78 297	255 000
3	四川自贡运输机械集团有限公司	87 715	43 352		89 243	114 582
4	山东山矿机械有限公司	71 200		15 000	78 987	130 000
5	上海科大重工集团有限公司	70 420	16 500	31 000	49 731	105 873
6	安徽攀登重工股份有限公司	56 900	21 771	4 060	49 423	
7	安徽盛运机械股份有限公司	55 035				
8	东莞市隆泰实业有限公司	51 432				
9	焦作市科瑞森机械制造有限公司	39 900			35 590	93 764
10	中平能化集团机械制造有限公司	33 564	30 311			32 000

（续）

序号	企业名称	产值（万元）	新产品产值（万元）	出口产值（万元）	产量	
					以吨计(t)	以米计(m)
11	太原向明机械制造有限公司	32 000	12 000		34 000	150 000
12	北京约基工业股份有限公司	31 430	19 578	11 345	29 265	90 316
13	山东省生建重工有限责任公司	30 053	3 500	4 200	23 450	24 094
14	四川东林矿山运输机械有限公司	25 380	6 640	364	137 60	
15	唐山冶金矿山机械厂	23 325			30 242	
16	华电重工装备有限公司	16 785				
17	包头万里机械有限责任公司	15 400			25 906	129 528
18	铜陵天奇兰天机械设备有限公司	14 600	6 963	1 000	10 272	48 389
19	长治潞安合力机械有限责任公司	12 000				

市场与营销 带式输送机主要应用在煤炭、冶金、矿山、交通、能源、建材等国家基础工业。这些基础工业仍然处于发展和结构调整阶段，所以带式输送机行业近期内仍然有一定的市场上升空间和技术提升的需求。下面通过对"十二五"期间煤炭、钢铁、建材、火电等工业规划的分析来展望带式输送机行业的市场。

"十一五"期间煤炭产量由2005年的22亿t增加到2010年的32.4亿t，平均年增长量为2.08亿t。"十二五"规划到2015年煤炭产量将达42亿t，平均年增长量为1.9亿t，说明行业增速渐缓，增量基本保持在前五年的水平。

钢铁工业也是大量应用带式输送机的行业。除了原料场、炼铁、炼焦、烧结、球团等工艺矿石（矿粉）输送之外，矿山矿石运输、选矿厂矿粉的输送也大量应用带式输送机。另外钢铁企业用煤量很大，也需要带式输送机输送。

"十一五"期间粗钢产量由2005年的3.5亿t增加到2010年的6.3亿t，平均每年增加0.56亿t。"十二五"规划粗钢产量将达到7.9亿t，平均每年增加0.32亿t。初步预测粗钢需求量可能在"十二五"期间进入峰值弧顶区。

建材工业中的水泥生产也大量应用带式输送机。"十一五"期间水泥产量由2005年的10.7亿t增加到2010年的18.8亿t，平均年增加量1.62亿t。预计2015年需求量为22亿t，平均每年增加0.64亿t。国内市场对水泥总量的需求增速明显渐缓。

电力工业，今后一段时间内全社会用量增长速度将略有提高。"十二五"电力工业仍然处于较快发展阶段。

"十一五"期间装机容量由2005年的5.2亿kW增加到2010年的9.5亿kW。火电由4亿kW增加到7亿kW，分别增加4.3亿kW和3亿kW。

预计2015年装机容量将达到14.63亿kW，火电将达到9.28亿kW，分别增加5.13亿kW和2.28亿kW。预计火电装机容量占总装机容量的比例由73.7%下降到63.5%。

从以上几个基础工业的规划来看，煤炭、火电行业对带式输送机的需求仍然会保持在较高需求，而钢铁工业和建材工业的需求会逐渐趋于平稳。

从国际市场来看，带式输送机的需求量与国内市场需求量基本持平。但随着新兴国家基础工业的发展和工业化进程的加快，国际市场将会有更大的需求，所以国际市场应该引起更多企业的关注。

带式输送机行业一直处于低价竞争，属低利润行业。低价竞争严重影响产品质量和企业的发展，而这一不适当的做法又有延伸到国际市场的趋势。强烈呼吁带式输送机制造企业要积极了解并掌握国际市场的特点，熟悉国外工程的程序、规则、标准及要求。

科技成果与新产品 2011年行业内科技成果不断涌现。如四川自贡运输机械有限公司围绕市场需求，2011年重点研制了长距离曲线带式输送机、21°大倾角下运馈电曲线带式输送机、带检修小车曲线带式输送机以及ϕ850 mm超大管径带式输送机等。

北方重工集团有限公司为印度Reliance电厂设计制造的14.2 km低滚动阻力胶带机已进入安装阶段，该机的主要技术参数和产品水平已达国际先进水平。结合露天成套项目开发了运量为18 000 t/h超大型移置式带式输送机。

北京约基工业股份有限公司2011年的研发经费达到1 100万元，建立了U型带式输送机和管状带式输送机实验台，获得国家授权专利达21项。

衡阳运输机械有限公司重视企业核心力建设，2011年共获国家授权专利69项，其中国家发明专利5项，实用新型专利64项。当前正在就长距离大型带式输送机申报省级重大科技成果转化项目。

2011年获省部级科技成果奖的项目有宁夏天地西北煤机有限公司的"1.6 m带宽可伸缩带式输送机研制（DSJ160/300/G3×500+3×500型）项目"获中国机械工业科学技术奖三等奖。

质量与标准 《带式输送机用逆止器》JB/T 9015—2011：标准规定了带式输送机用逆止器的型式、基本参数、尺寸、技术要求、试验方法、检验规则、标志、包装和贮存。标准适用于带式输送机用的非接触式逆止器和接触式逆止器。

《冲天炉配加料系统用双向带式输送机》JB/T 11180—2011：标准规定了冲天炉配加料系统用双向带式输送机的基本参数、技术要求、试验方法、检验规则、标志、包装和运输、保用期。标准适用于铸造车间冲天炉炉后配送焦炭、石灰石的带式输送机。

《煤矿用带式输送机托辊组布置的主要尺寸》MT/T

653—2011：标准规定了煤矿井下及露天矿、选煤等工作场所用的具有三个承载托辊和单个回程托辊或V形回程托辊的槽形带式输送机托辊组布置的主要尺寸。标准适用于槽形带式输送机的中间段托辊组，不适用于过渡段托辊组。

〔撰稿人：中国重型机械工业协会带式输送机分会李群 审稿人：北方重工集团有限公司王瑀〕

散料装卸机械

散料装卸机械亦称连续搬运设备，属起重运输机械制造类。国内行业统计数据主要包括堆取料机、翻车机、装卸船机等三大类产品，约40个品种、近百个型号、规格的单机和成套设备。其中堆取料机有臂式、门式、混匀式、圆形料场、侧式刮板（刮斗）、桥式刮板斗轮取料机及堆料机等；翻车机有折返式、贯通式、可翻卸解列和不解列铁路敞车式，也可分为翻卸单车、双车、三车、四车等翻车机；装船机有溜筒、抓斗、带式；卸船机有链斗、螺旋、抓斗、双带、波形挡边带、埋刮板、绳斗和自卸船等产品。

产品进出口情况 2011年，我国具有研发设计与生产制造散料装卸机械的规模以上骨干企业近20家。企业性质包括大型国有企业、股份制企业、民营企业、中外合资企业等类型。统计企业全部是中国重型机械工业协会散料装卸机械分会的会员单位。据散料装卸机械分会对行业13家主机主要生产企业的统计，全行业完成工业总产值达355.87亿元，比上年下降6.5%；销售收入368.97亿元，比上年增长3.7%（部分企业按所属子公司数据统计）；其中散料装卸机械工业总产值103.44亿元，比上年增长10.5%。上涨原因主要受行业少数大企业出口的拉动。13家企业中，散料装卸机械工业总产值达到3亿元以上的约占70%，20亿~30亿元的约占23%。这些企业具有专业研发设计与生产制造散料装卸机械的基地，代表了我国散料装卸机械的设计与制造水平，其中以散料装卸机械为大类主导产品的企业约占2/3。2011年，受国际金融危机、欧债危机影响，全球经济复苏缓慢，国内外市场竞争更加激烈，行业内各企业面对市场拓展和产品结构调整的压力，面对劳动力、资金、钢材、燃油成本上升以及人民币汇率上调等诸多因素的影响，全行业经济运行处于低迷小幅振荡状态。2011年散料装卸机械行业主要经济指标完成情况见表1。

表1 2011年散料装卸机械行业主要经济指标完成情况

指标名称	单位	实际完成
企业数	个	13
工业总产值（当年价）	万元	3 558 679
其中：散料装卸机械工业总产值（当年价）	万元	1 034 403
工业总产值比上年增长	%	-6.5
其中：散料装卸机械工业总产值比上年增长	%	10.5
工业增加值	万元	460 315
产品销售收入	万元	3 689 670
产品销售税金	万元	33 101
利润总额	万元	155 919
年末固定资产原价	万元	2 131 917
年末固定资产净值	万元	1 285 381
流动资产合计	万元	5 112 400
流动资产平均余额	万元	4 932 462
流动负债合计	万元	4 719 237
流动负债平均余额	万元	4 645 600
所有者权益	万元	2 313 267
全员劳动生产率	万元/人	25.1

2011年生产的主要品种有臂式斗轮取料机、堆取料机、溜筒式装船机、抓斗式卸船机、贯通式翻车机等，受冶金、电力、建材、化工、水利等行业经济下滑影响，中小型混匀式、圆形料场、侧式刮板（刮斗）、桥式刮板斗轮取料机、堆料机、单车翻车机等品种市场订单严重下滑。

散料装卸机械是为煤炭、矿石、水泥等大宗散状固体原料、燃料和材料转运、储运、存放、混匀、取样的重大关键设备，广泛应用于交通、冶金、电力、建材、化工、水利等国民经济重要基础工业部门。当前，我国正处于转变经济增长方式，走新型工业化道路、建设资源节约型和环境保护型社会的重要时期，散料装卸机械对推动循环经济发展，提高经济建设与产业物流的运行质量和效益具有重要作用。散料装卸机械产品分类及主要生产企业见表2。

表2 散料装卸机械产品分类及主要生产企业

产品分类	主要生产企业
门式、混匀式、圆形料场、侧式刮板（刮斗）、桥式刮板堆取料机	北方重工集团有限公司装卸设备分公司、大连华锐重工集团股份有限公司、哈尔滨重型机器有限责任公司、长春发电设备有限责任公司、湖南长重机器股份有限公司、上海电力环保设备总厂有限公司、大连通达矿冶机械有限公司和大连重工机电动力有限公司
斗轮堆取料机、斗轮取料机、堆料机	大连华锐重工集团股份有限公司、哈尔滨重型机器有限责任公司、长春发电设备有限责任公司、湖南长重机器股份有限公司、上海电力环保设备总厂有限公司、中联重科物料输送设备有限公司、北方重工集团有限公司装卸设备分公司、上海振华重工（集团）股份有限公司、大连通达矿冶机械有限公司、大连重工机电动力有限公司、哈尔滨龙鑫重型机器有限公司和上海工茂起重设备有限公司

（续）

产品分类	主要生产企业
翻车机	大连华锐重工集团股份有限公司、武汉电力设备厂、大连通达矿冶机械有限公司和大连重工机电动力有限公司
装船机、卸船机	上海振华重工（集团）股份有限公司、大连华锐重工集团股份有限公司、中联重科物料输送设备有限公司、长春发电设备有限责任公司、武汉电力设备厂和哈尔滨重型机器有限责任公司

散料装卸机械现有产品品种、规格、系列及性能，完全可以满足国内市场需求，国内市场占有率达99%以上。同时可以出口国外市场，2011年实现出口额3.70亿美元，占散料装卸机械工业总产值的24.33%，但产品出口额同比下降6%。其原因主要是传统中小型产品出口下降。国际上受矿石需求影响，许多国家兴建专业矿石码头和中转码头，拉动了我国散料装卸机械设计水平与制造能力的提升。我国散料装卸机械正在向多品种超大型化高端产品发展，出口产品也由传统的中小型扩展至大型、超大型，出口去向也扩展至多国家、多地域。每小时万吨的斗轮取料机、每小时2 000 t的卸船机等大型散料装卸机械设备，已成功进入国际市场，并快速成为主力机型。我国企业已可以实现批量供货或总承包。如大连华锐重工集团股份有限公司、上海振华重工（集团）股份有限公司、中联重科物料输送设备有限公司等大型企业，已实现批量出口每小时万吨的斗轮堆取料机，充分展现了我国在特大型堆取料机设计、制造方面的综合实力。大连华锐重工集团股份有限公司在与世界矿业巨头巴西淡水河谷公司不断合作的基础上，已得到该公司对其散料装卸机械设计、制造、总包能力的认可。迄今，该公司已覆盖了巴西淡水河谷公司在拉丁美洲、非洲、亚洲的铁矿、煤矿和港口项目。上海振华重工（集团）股份有限公司、大连华锐重工集团股份有限公司、湖南长沙重型机器股份有限公司、北方重工集团有限公司装卸设备分公司、中联重科物料输送设备有限公司等主要企业均实现500万美元以上出口额，其中上海振华重工（集团）股份有限公司、大连华锐重工集团股份有限公司实现亿美元以上出口额。已出口的堆取料机、装卸船机、翻车机水平均达到国外同类产品先进水平，可靠性明显提高。

近年来，行业内各企业为适应变化的市场需求，积极采取调整措施，不同程度加大技术创新力度，积蓄后劲适应变幻的市场。中联重科物料输送设备有限公司跨地域设置多个研发机构，灵活机动快速抢占市场；大连华锐重工集团股份有限公司设立散料装卸专业设计院，积聚力量重点攻克出口的超大规格堆取料机；哈尔滨重型机器有限责任公司申报国家“大型高效智能散料机械项目”获国家新增中央投资资助；北方重工集团有限公司面对水泥市场下滑导致刮板式堆取料机订单下降的现实，及时调整市场策略，重点跟踪有外部总包资质的设计院和工程成套公司，并与其合作从事总承包、推动出口，取得成效。中等规模企业为扩大市场份额，继续加大技术改造力度，企业产品水平和综合能力大大提高。原来需要进口或与国外合作生产的大型堆取料机，双车、三车翻车机，大型装卸船机等，行业内各企业通过消化吸收国外先进技术，加大技术创新力度，已形成一批具有自主知识产权的新产品。据统计，行业内80%以上企业拥有自主知识产权的产品，50%以上新产品获得各级科技进步奖奖励，取得引人瞩目的成果。行业中大连华锐重工集团股份有限公司、上海振华重工（集团）股份有限公司、北方重工集团有限公司、长春发电设备有限责任公司、湖南长沙重型机器股份有限公司5家企业拥有国家级、省级认定企业技术中心；企业拥有现代港口、电厂、料场等散料装卸机械核心技术；产品技术向高效、智能方向发展；产品向大型化、国产化、国际化发展。但是认真分析可以看出，行业的技术发展仍存在问题，产品标准化、系列化、通用化有待统一规范和提高，企业技术发展应适应市场规律，各企业产品在逐步形成批量和规模化生产的同时，更应重视产品的标准化、系列化、通用化、模块化设计，重视并适应国际标准和出口地国家标准和法律法规。行业内各企业散料装卸机械高端研发设计人员极度缺乏，特别是缺少领军式人才，制约了行业发展。

产品分类产量 2011年，全行业共生产臂式、门式、混匀式、圆形料场、侧式刮板（刮斗）、桥式刮板、堆取料机、斗轮取料机、堆料机、翻车机、装船机、卸船机等散料装卸机械产品596台（套），计27.89万t，产量以台（套）计比上年下降4.7%，以吨位计比上年增长7.5%；实际销量580（套），计27.62万t，分别比上年下降23.0%和3.7%。其中，堆取料机销售463台（套），计17.15万t，分别比上年下降30.0%和8.60%，总台套下降幅度较大，但吨位下降并不大，说明大规格单机占比较大；翻车机销售52台（套），计1.74万t，分别比上年下降5.8%和6.18%，装卸船机销售65台（套），计8.74万t，同比分别增长16.1%和7.05%。总体分析，三大类产品中装卸船机销量有所增长，堆取料机、翻车机销量比上年有所下降。2011年散料装卸机械行业主要产品产销量见表3。2011年散料装卸机械产品进出口情况见表4。

表3　2011年散料装卸机械行业主要产品产销量

产品名称	产　量			销　量		
	以套计（台、套）	以吨计（t）	以吨计比上年增长（%）	以套计（台、套）	以吨计（t）	以吨计比上年增长（%）
翻车机卸车线	56	18 715	1.03	52	17 379	-6.18
装卸船机	65	87 348	7.05	65	87 348	7.05
堆取料机	475	172 802	8.47	463	171 497	-8.60

表4　2011年散料装卸机械产品进出口情况

产品名称	数量单位	出口量	出口额（万美元）	进口量	进口额（万美元）
堆取料机	台	53	14 452		
翻车机	套	4	1 427		
装卸船机	台	11	21 143	13	800

科技成果及新产品　2011年，各企业在不断引进国外先进技术的同时，通过联合设计、合作制造及消化吸收国外先进技术，符合用户需求的新产品、新技术相继推出，一批具有自主知识产权的新产品获得国家相关部门和用户认可。如哈尔滨重型机器有限责任公司的MDQ1500/1750·60型门式斗轮堆取料机获2011年国家重点新产品证书；上海振华重工（集团）股份有限公司、大连华锐重工集团股份有限公司2011年被国家工信部、财政部授予首批55家全国技术创新示范企业称号。各企业在重视新产品开发的同时，继续加大知识产权保护力度，散料装卸机械中各类产品和技术获国家授权专利已达100余项，同比增长60%。出口较多的企业为更好地保护知识产权，已开始注重国际专利的保护，在出口对象国及潜在出口对象国家申报专利。

质量及标准　自2006年全国工业产品生产许可证办公室颁布实施《港口装卸机械产品生产许可证实施细则》以来，行业分会曾邀请专家多次宣讲实施细则，各企业认真贯彻执行并推动散料装卸机械产品设计、制造、质量规范化。目前已有长春发电设备有限责任公司、大连华锐重工集团股份有限公司、上海电力环保设备总厂有限公司、中联重科物料输送设备有限公司、上海振华重工（集团）股份有限公司、大连通达矿冶机械有限公司、大连重工机电动力有限公司7家企业取得港口装卸机械产品生产许可证。各企业在取得ISO9001:1994版的基础上，继续强化质量管理，通过了ISO9001:2000版质量管理体系的转版认证，加强了对质量管理体系运行的控制，完善了质量管理责任制，强化了质量信息处理、传递及重点项目的质量档案管理和质量分析通报工作，重大项目实施了检验负责制，制订检验计划，编制检验报告。目前各大类产品主要执行标准分别为：GB/T 14695—2011《臂式斗轮堆取料机　型式和基本参数》、GB/T 26475—2011《桥式抓斗卸船机》、JB/T 4149—2010《臂式斗轮堆取料机　技术条件》、JB/T 7329—2008《斗轮堆取料机械　术语》、JB/T 7015—2010《回转式翻车机、装卸船机执行用户技术规格书》，除执行专业产品行业标准以外，还执行GB、JB、JC、SD等相关标准。近年来，大型斗轮堆取料机、翻车机、装卸船机产品设计和制造质量都有一定的提高。有近50%的企业在设计过程中以三维设计软件、有限元计算分析软件作为计算机辅助优化设计平台，采用计算机“虚拟试验仿真”技术实现“整体可视化”设计分析，确保产品设计达到国际先进水平。

基本建设及技术改造　2011年，行业内各企业的基本建设及技术改造投资，仍是2010年投资的延续，投资相对减缓。在不断培育扶持协作产业链的基础上，继续完善基本建设和技术改造投入，扩大产出规模，有效缓解了制造能力不足的矛盾。2011年行业基本建设及技术改造总投资额50 897万元，比上年下降40.69%，其中基本建设投资38 179万元，技术更新改造投资12 718万元。

对外合作　为快速提升行业产品技术水平，2011年相关企业先后与澳大利亚、日本、奥地利等国际著名公司厂商合作，通过引进技术，实现国外先进技术国产化。斗轮取料机、堆料机、翻车机、装卸船机产品分别出口马来西亚、澳大利亚、巴西、美国、荷兰、奥地利、韩国、印度、土耳其、菲律宾、泰国、越南和缅甸等国家。

〔撰稿人：中国重型机械工业协会散料装卸机械与搬运车辆分会邵龙成　审稿人：大连重工·起重集团有限公司邹胜〕

仓储机械

行业总体情况　2011年是“十二五”开局之年，也是《物流业调整和振兴规划》持续深入实施的一年，大多省份的各级政府把物流作为重点列入发展规划中。我国经济快速平稳的增长，经济结构的转型与产业升级，人工成本的大幅上升，促使传统依靠人工的物流作业向机械化、自动化方向发展，从而提升了对物流技术装备的市场需求，推动了物流装备制造业的技术进步。但是，2011年世界经济不景气，美国经济低迷，欧盟债务危机越演越烈，我国经济增速也呈现先高后低的态势，国际国内经济走势的不确定性增加，国际国内市场低迷，对物流装备需求的增长已经有所放缓。

市场运行　自动化立体仓库应用领域更宽，但市场有所萎缩。我国自动化立体仓库技术经过多年的发展，已形成多系列、多品种、多档次、高性价比的产品线，可以覆盖绝大多数行业。自动化立体仓库在烟草、食品、医药、邮政、印刷品、电子、汽车等行业广泛应用，在航空、金融、军事领域也有新的拓展。2011年，全国建成自动化立体仓库超过200座，但少于2010年的250座；有轨巷道堆垛机生产1 200多台，少于2010年的1 500台；2011年自动化立体仓库总产值超过30亿元，低于2010年的约40亿元。截至2011年年底，我国累计建成自动化仓库近2 200座，在役的自动化立体仓库约1 600座。从自动化立体仓库建设规模来看，当前自动化立体仓库建设规模越来越大，系统越来越复杂，应用范围越来越广，很多自动化立体仓库平均货位超过1万个，高度超过20 m。

输送分拣设备发展较快。物流业的发展、物流模式的创新和物流基础设施的建设对分拣设备特别是自动分拣设备需求增长较快，物流自动化水平明显提升。据不完全统计，分拣设备在物流装备中所占份额由原来的约9%上升到约25%。除常规输送机外，自动化、智能化输送系统得到越来越多的应用。自行小车悬挂输送系统设备的需求增长较快,2009 年、2010 年和 2011 年市场销售额分别达到 8 亿元、11 亿元和 12 亿元。

RFID 产业的市场规模上台阶。2011 年,我国 RFID 产业的市场规模达到 179. 7 亿元,比 2010 年增长 47. 94% 。2011 年我国 RFID 产业链各环节如射频芯片、标签封装产品与设备、软件/中间件、系统集成等产量都呈现高速增长的势头。研究显示,得益于示范应用项目增多及应用领域扩大的拉动,2011 年在 RFID 的主要细分市场领域中,系统集成服务市场的占比最高,达 32. 39% ,这一比例未来有望进一步扩大。

货架市场销售旺盛。2011 年以来,受工业经济增长及仓储业投资大幅增加的拉动,我国货架市场需求也快速增长,根据监测,一季度我国工业货架总销售额超过 10 亿元,同比增长 30% 以上,二季度、三季度增幅有所回落,全年货架出货额约 40 亿元。其中仓库改造及立体仓库建设用的大型货架系统项目占比继续增加。2011 年电子商务物流领域对货架市场需求呈现高速增长态势,电力系统、商贸流通业对货架市场需求也有较快增长。烟草行业物流配送工程建设、医药企业与医药流通企业自动化立体仓库建设对货架市场需求稳定。

塑料托盘总产值和销售产值创新高。近年我国的托盘拥有量快速增长,据不完全统计,国内现有托盘保有量超过 8 亿个,并且还在以每年约 20% 的速度增长。其中塑料托盘用量明显增加,估计占比已由 2008 年的 14% 上升至 2011 年的约 20% 。根据国家统计局对 564 家规模以上塑料托盘制造企业的统计,2011 年,我国塑料托盘制造业工业总产值达 421. 06 亿元,同比增长 63% ;塑料托盘制造业工业销售产值 400. 65 亿元,同比增长 60% 。但塑料托盘进出口贸易的逆差状态仍未能转变,2011 年贸易逆差近 9 亿美元。目前,我国塑料托盘进口来源地主要为日本、德国和中国台湾地区,三地累计占我国进口总额的 80% 。出口主要针对发展中国家,如巴西、伊朗、印度、土耳其、印度尼西亚、越南和泰国等。

技术进步 伴随现代物流业的迅速发展,我国的物流装备制造业得到持续发展,产品技术水平不断提升。物流装备集成化、自动化及智能化极大地提高了物流运作效率和服务质量,降低了物流成本,支撑了物流业走向现代化。技术创新是物流装备发展的根本,2011 年我国物流装备技术取得明显进步。

昆明船舶设备集团有限公司承制的昆明长水国际机场大型枢纽机场行李处理系统,实现了我国大型枢纽机场行李处理系统国产化,是该领域重大装备国产化的突破。系统主要包含始发行李处理系统、到达行李处理系统、中转行李处理系统、早到行李储存系统、大件行李处理系统、自动分拣系统、空筐回收系统和目的地智能编码小车系统(DCV)以及相关的控制系统。系统除招标指定进口的设备以外,全部实现了国产化,设备国产化率超过 80% ,性能指标达到了设计要求。

胜斐迩轨道式托盘货架(SOS)适用于高密度仓库,在移动轨道的基础上,仓储容量比传统的静态货架至少大一倍,而且可调性不受影响。轨道式托盘货架系统由安装在移动基座上的独立货架组成,基座以电机驱动;系统的组成除了常规货架外,还有作为中央安全基座的入坞设备和创新的机械电子轨道器。安装在货架内的自动轨道保证了产品的快速装载和卸载,以及仓储作业的可持续性。

大福电动双轨悬挂输送成套设备(EDRS)是大福公司自行开发生产的一种专利产品,用于输送重型(1 t 以上)或大型(6 m 以上)的工件,适于重型载货汽车、大型客车的车架以及客车车身在涂装前处理、电泳时的输送。该成套设备可以充分保证工件的输送速度、停车定位及升降高度等的精准度,并配备了诸如升降高度极限报警、断链报警及防止坠落、滑脱等意外事故发生的一系列安全保护装置,是一种高可靠性、高效率的自动化输送系统。

新松公司作为中国唯一一家拥有 AGV 完全自主知识产权的公司,填补了国内多项产品空白。目前新松 AGV 产品已经形成系列化,处于同行业领先地位,广泛应用于多种行业,并成功出口到美国、加拿大、墨西哥、印度和俄罗斯等国家。

〔撰稿人:北京起重运输机械设计研究院周云　审稿人:北京起重运输机械设计研究院祁庆民〕

机械式停车设备

生产发展情况 2011 年,我国机械式停车设备行业产销再次跃上新台阶。国内新增车库项目 1 323 个,同比增长 15. 3% ;新增泊位 314 136 个,同比增长 35. 2% ;国内销售总额(包括汽车升降机)569 690. 23 万元,同比增长 31. 0% ;出口泊位 13 702 个,较 2010 年新增出口泊位 296 个,同比增长 2. 1% ;出口交货值(包括汽车升降机、配件)37 500. 86 万元,同比增长 14. 8% 。

产品分类产量 2011 年国内已建机械式停车设备的城市继续增加。全国 30 个省、自治区、直辖市又有 190 个城市兴建车库,比 2010 年增加 30 个城市。在 190 个城市中,有 53 个城市是新增城市,其中有 31 个县级城市。在 53 个新增城市中,新建泊位 13 042 个,占 2011 年新增泊位总数的 4. 2% 。

泊位数排名前 10 位的省和直辖市合计新增泊位数占 2011 年新增泊位总数的 71. 6% ,其余 20 个省、自治区、直辖市合计占 28. 4% 。

泊位数排名前 10 位城市合计新增泊位数占 2011 年新增泊位总数的 46. 7 % ,其他 180 个城市合计占 53. 3% 。

2011 年新增机械式停车库泊位前 10 位省、直辖市见表 1。

2011 年新增机械式停车库泊位前 10 位城市见表 2。

表1　2011年新增机械式停车库泊位前10位省、直辖市

省、直辖市	新增泊位（个）	占全部新增泊位比例（%）
江苏省	38 163	12.1
浙江省	29 817	9.5
陕西省	29 354	9.3
安徽省	22 974	7.3
山东省	21 872	7.0
北京市	21 846	7.0
山西省	20 820	6.6
广东省	14 176	4.5
四川省	13 401	4.3
上海市	12 594	4.0
以上合计	225 017	71.6
其他省、自治区、直辖市合计	89 119	28.4

表2　2011年新增机械式停车库泊位前10位城市

城市	新增泊位（个）	占全部新增泊位比例（%）
西安市	23 296	7.4
北京市	21 846	7.0
合肥市	20 197	6.4
太原市	15 005	4.8
上海市	12 594	4.0
成都市	11 656	3.7
昆明市	10 807	3.4
南京市	10 625	3.4
杭州市	10 584	3.4
天津市	10 192	3.2
以上合计	146 802	46.7
其他城市合计	167 334	53.3

在现有九大类车库类型中（包括汽车升降机类），除水平循环类没有安装业绩以外，2011年共有八大车库类型完成安装。其中升降横移类车库共有1 096个项目、272 274个泊位，占泊位总数的86.7%。简易升降类车库共有117个项目、21 036个泊位，占泊位总数的6.7%。平面移动类车库共有43个项目、11 970个泊位，占泊位总数的3.8%。多层循环类车库和垂直循环类车库分别安装了394个泊位和360个泊位，所占比例较少。

2011年，汽车升降机（PQS）共有33个项目、58台，销售额共1 629.22万元。

2011年新增机械式停车设备分类情况见表3。

表3　2011年新增机械式停车设备分类情况

类别	新增泊位（个）	占比（%）
升降横移类（PSH）	272 274	86.7
简易升降类（PJS）	21 036	6.7
平面移动类（PPY）	11 970	3.8
巷道堆垛类（PXD）	4 678	1.5
垂直升降类（PCS）	3 424	1.1
多层循环类（PDX）	394	0.1
垂直循环类（PCX）	360	0.1
合计	314 136	100.0

市场及销售

（1）国内。从车库用户使用性质看，小区配建车库新建泊位210 348个，占新增泊位总数的67.0%，比2010年增加61 644个泊位，同比增长41.5%。公共配套车库新建泊位48 365个，占新增泊位总数的15.4%，比2010年增加11 736个泊位，同比增长32.0%。单位自用车库新建泊位55 423个，占新增泊位总数的17.6%，同比增长18.1%。

2011年新建机械式停车库用户构成见表4。

表4　新建机械式停车库用户构成

用户性质	车库数（个）	泊位数（个）	泊位数占比（%）
住宅小区	715	210 348	67.0
公共配套	225	48 365	15.4
单位自用	383	55 423	17.6
合计	1 323	314 136	100.0

2011年，国内销售额（含汽车升降机）排名前15位的企业是：杭州西子石川岛停车设备有限公司、深圳怡丰自动化科技有限公司、唐山通宝停车设备有限公司、潍坊大洋自动泊车设备有限公司、北京航天汇信科技有限公司、山东莱钢泰达车库有限公司、许昌许继停车系统有限公司、山东天辰智能停车设备有限公司、北京大兆新元停车设备有限公司、上海赐宝停车设备制造有限公司、杭州友佳精密机械有限公司、浙江新艾耐特停车设备有限公司、上海天地岛川停车设备制造有限公司、深圳市伟创自动化设备有限公司、北京鑫华源机械制造有限责任公司。

以上15家企业的国内销售额合计达434 976.80万元，占上报企业国内销售总额的76.4%；所安装的泊位数达235 266个，占国内新增泊位的74.9%。其余企业的国内销售额和所安装的泊位分别占23.6%和25.1%。

（2）国外。2011年共出口30个国家和地区，包括汽车升降机和配件出口交货值合计为37 500.86万元。以出口设备类型计，2011年升降横移类是出口国家和出口泊位数最多的类型，出口19个国家、7 827个泊位；其次是简易升降类，出口16个国家、2 106个泊位；平面移动类虽然只出口5个国家，但泊位数达到3 137个；其他类型车库出口比例较小。

2011年机械式停车设备出口区域见表5。2011年机械式停车设备出口设备类型见表6。

表5　2011年机械式停车设备出口区域

出口区域	出口泊位（个）	出口交货值（万元）
亚洲	5 896	18 284.37
美洲	2 392	5 059.71
欧洲	3 533	9 056.14
大洋洲	521	2 440.65
非洲	1 360	2 352.00
总计	13 702	37 192.87

表6　2011年机械式停车设备出口设备类型

设备类型	出口国家和地区（个）	项目数（个）	泊位（个）	出口额（万元）
垂直升降类（PCS）	4	9	524	1 890.74
垂直循环类（PCX）	2	2	108	466.20
升降横移类（PSH）	19	46	7 827	16 362.49
简易升降类（PJS）	16	32	2 106	3 418.66
平面移动类（PPY）	5	7	3 137	15 054.78
小计		96	13 702	37 192.87
汽车升降机（PQS）	1	1		238.95
配件	2	5		69.04
总计	30	102	13 702	37 500.86

科技成果与新产品　2011年，机械式停车设备行业的科技创新成果和新产品不断涌现，由山东潍坊大洋自动泊车设备有限公司研制的“高层液压式升降横移类机械停车设备”项目获中国机械工业科学技术奖二等奖；山东莱钢泰达车库有限公司研制的“PXD136D地下两层巷道堆垛智能停车设备”项目获中国机械工业科学技术奖三等奖。

〔撰稿人：中国重型机械工业协会停车设备工作委员会李仲军　审稿人：中国重型机械工业协会停车设备工作委员会明艳华〕

矿山机械

生产发展情况　按中国重型机械工业协会统计，2011年矿山机械行业共有企业1 338家（不包括按SAC/TC88规定的属矿山机械行业的工矿有轨专用车辆制造企业和矿用自卸卡车等生产企业，下同），完成工业总产值2 840.10亿元，同比增长28%；工业销售产值2 766.73亿元，同比增长28.5%；出口交货值78.01亿元，同比增长35.7%，各项指标均创历史最好水平。2011年矿山机械行业工业总产值占重型机械行业的32.7%，工业销售产值占32.7%，出口交货值占12.6%。据对全国主要省份的351个主要矿山机械企业的统计，共完成产量444.128 2万t，同比增长22.8%。另对全国55家主要水泥设备生产企业统计，完成产量85.346 7万t，同比下降23.63%。

2011年中国重型机械工业协会冶金矿山机械行业网员企业工业总产值前10位企业见表1。2011年中国重型机械工业协会冶金矿山机械行业网员企业工业销售产值前10位企业见表2。2006—2010年矿山机械及水泥设备产量见表3。

表1　2011年中国重型机械工业协会冶金矿山机械行业网员企业工业总产值前10位企业

序	企业名称	工业总产值（亿元）
1	太原重型机械集团有限公司	169.78
2	中信重工机械股份有限公司	152.31
3	北方重工有限公司	140.07
4	中国第一重型机械集团公司	135.90
5	大连重工·起重集团有限公司	105.47
6	中国第二重型机械集团公司	79.89
7	上海重型机器厂有限公司	38.04
8	鞍钢重型机械有限公司	24.76
9	中钢集团邢台机械轧辊有限公司	23.15
10	中钢集团衡阳重机有限公司	13.54

注：资料来源于《中国重机通讯》2012年第2期。

表2　2011年中国重型机械工业协会冶金矿山机械行业网员企业工业销售产值前10位企业

序	企业名称	工业销售产值（亿元）
1	太原重型机械集团有限公司	160.92
2	中信重工机械股份有限公司	149.56
3	北方重工有限公司	134.46
4	大连重工·起重集团有限公司	103.57
5	中国第一重型机械集团公司	95.79
6	中国第二重型机械集团公司	70.35
7	上海重型机器厂有限公司	35.09
8	鞍钢重型机械有限公司	24.74
9	中钢集团邢台机械轧辊有限公司	23.52
10	中钢集团衡阳重机有限公司	12.44

注：资料来源于《中国重机通讯》2012年第2期。

表3　2006—2011年矿山机械及水泥设备产量

年份	矿山机械		水泥设备	
	企业数(家)	产量(万t)	企业数(家)	产量(万t)
2006	281	181.0	59	35.1
2007	299	221.4	58	47.0
2008	328	251.1		
2009	399	339.1	66	76.4
2010	406	419.8	71	116.1
2011	351	441.1	55	85.3

注:资料来源于2007—2010年《中国重型机械工业年鉴》及《中国重机通讯》2012年第2期。

市场与销售　近十年间,随着我国工业化进程的加快与成熟发展,为国民经济发展提供固体原料、材料和燃料开采和加工装备的矿山机械制造行业,始终保持了快速和稳健的发展。2011年,我国矿山机械的国内外市场销售总额从2000年的99.22亿元增加到2 766.73亿元,是11年前的27.88倍,其间呈对数曲线正增长。2000—2011年矿山机械产品国内外总销售收入走势见图1。

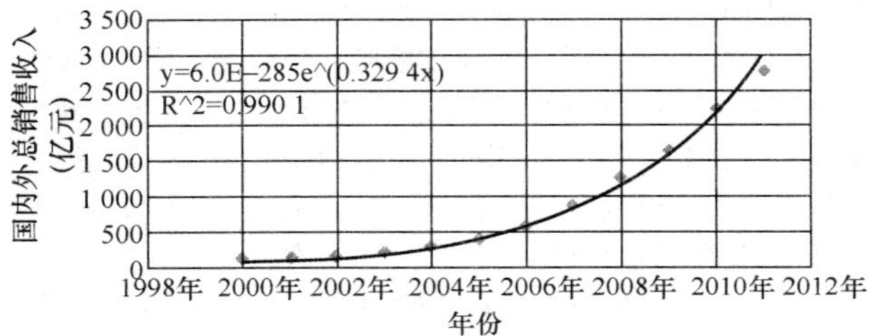

图1　2000—2011年矿山机械产品国内外总销售收入走势

注:资料来源于2007—2010年《中国重型机械工业年鉴》及《中国重机通讯》2012年第2期。

(1)国内市场及销售。2011年,我国矿山机械国内市场总容量为2 728.21亿元,其中国内供应量为2 673.71亿元,是10年前的30.8倍,是5年前的4.8倍,较上年增长26.8%;进口为8 3682万美元(按1美元=6.458 8元人民币计,约合54.05亿元),国内市场占有率98.0%,是历年国内市场占有率最高的一年。2000—2011年我国矿山机械产品国内市场销售收入走势见图2。

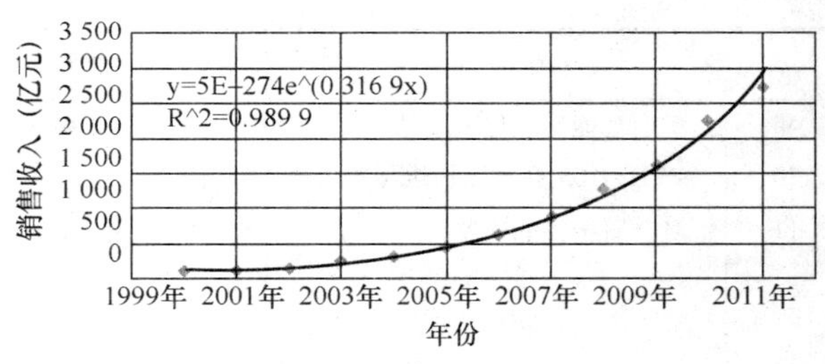

图2　2000—2011年我国矿山机械产品国内市场销售收入走势

注:资料来源于2007—2010年《中国重型机械工业年鉴》及《中国重机通讯》2012年第2期。

(2)进出口贸易。2011年,我国矿山机械产品出口额达144 303万美元,较上年增长54.03%,是历年增长幅度最大的一年;进口额为83 682万美元,进出口总额达到227 985万美元,均创历史新高。2007年之前,我国矿山机械一直处在进出口逆差状态,2008年后已连续4年实现了进出口顺差。2001—2011年我国矿山机械产品进出口走势见图3。

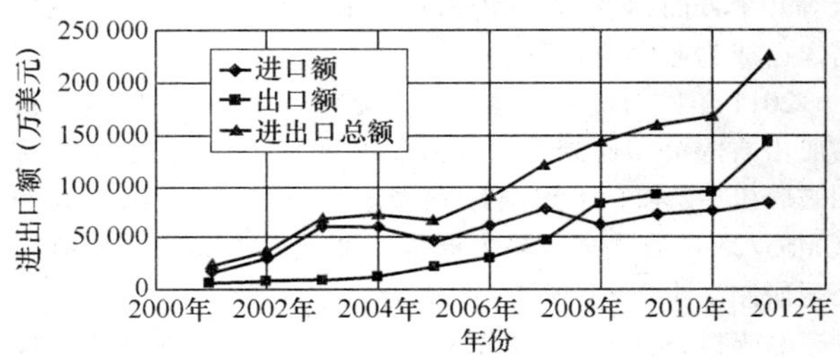

图3　2001—2011年我国矿山机械产品进出口走势

注:资料来源于2007—2010年《中国重型机械工业年鉴》及《中国重机通讯》2012年第2期。

科技成果及新产品

(1)科技成果。2011年矿山机械行业获奖科研项目见表4。

表4　2011年矿山机械行业获奖科研项目

序	项目名称	获奖类别	等级	主要完成单位
1	双层56 m^2TKB巨型振动筛	中国机械工业科学技术奖	二等奖	鞍山重型矿山机器股份有限公司
2	永磁高梯度预选磁选机	中国机械工业科学技术奖	二等奖	北方重工集团有限公司
3	MFH3610风扇磨煤机	中国机械工业科学技术奖	二等奖	北方重工集团有限公司
4	MZL系列多分流重载立磨减速机	中国机械工业科学技术奖	二等奖	中信重工机械股份有限公司、洛阳矿山机械工程设计研究院有限责任公司、河南科技大学
5	大型摩擦提升机动力学设计方法及应用	中国机械工业科学技术奖	二等奖	河南科技大学、洛阳矿山机械工程设计研究院有限责任公司
6	大倾角放顶煤液压支架的研制	中国机械工业科学技术奖	二等奖	山东科技大学
7	砂土类移动式干选机	中国机械工业科学技术奖	三等奖	山东华特磁电科技股份有限公司
8	上吸式废钢及冶金渣用磁选机	中国机械工业科学技术奖	三等奖	沈阳隆基电磁科技有限公司

（续）

序	项目名称	获奖类别	等级	主要完成单位
9	矿用智能型乳化液泵站	中国机械工业科学技术奖	三等奖	淄博市博山防爆电器厂有限公司
10	MFH39105 高效风扫烘干磨煤机	中国机械工业科学技术奖	三等奖	河南焦矿机器有限公司
11	复合盾构机的研制	河南省科技进步奖	一等奖	中铁隧道集团有限公司、中铁隧道集团装备制造公司、浙江大学、华中科技大学、天津大学
12	C160 大型颚式破碎机耐磨衬板国产化开发与应用	河南省科技进步奖	二等奖	洛阳钼业集团、河南科技大学
13	矿井提升机智能化减速电液制动系统	河南省科技进步奖	二等奖	中信重工机械股份有限公司、洛阳中重自动化工程有限责任公司
14	矿用气动锚杆凿岩机及配套钎具的研制与应用	山东省科技进步奖	二等奖	山东科技大学、青岛邦达钻机有限公司
15	盾构机专用电缆的研制	四川省科技进步奖	三等奖	特变电工（德阳）电缆股份公司

注：资料来源于中国机械工业联合会及部分省（市）2011 年度科技成果公报。

（2）主要新产品。近几年，矿山开采和选别工艺的技术进步，对矿山机械的品种和性能提出了更高的要求，这些要求更多地体现在大型化、智能化和矿山用户的个性化要求等几个方面，对资源节约型产品和环保与安全型产品的需求已成为业内的共识。

2011 年矿山机械行业的主要新产品有：①中信重工机械股份有限公司研制了国内最大规格的 PXZ1500Ⅱ液压旋回破碎机，技术上达到国际先进水平；研制了国内最大的 LGMS5725 矿渣立磨微粉生产线。②上海重型机器厂有限公司研制了为 2×1 000 MW 百万机组配套的 HP1263yn 型中速磨煤机，达到了世界先进水平。③沈阳隆基电磁科技股份有限公司研制了全球最大的 LCTY1550 筒式磁选机。④中钢集团衡阳重机有限公司研制了井工开采辅助车辆——UVO－5 系列的 UVO－5B 井下油罐车，达到国外同类产品先进水平。⑤中冶京城（湘潭）重工设备有限公司研制的 HMTK－6000 型 400 吨级矿用电动轮自卸车，填补了国内空白。

质量与标准

（1）行业标准化工作。2010—2011 年，矿山机械行业共列入国家标准计划项目 3 项，行业标准计划项目 53 项，其中 2011 年完成了《矿山机械术语第 8 部分：焙烧设备》等 3 项国家标准和《高压对辊褐煤成型机》等 41 项机械行业标准。这 44 项标准，分属填补空白、自主创新、重大技术装备、节能环保和提高标准化水平的项目。由于 2011 年标准项目的滚动申报，将有 12 项行业标准顺延至 2012 年完成。

按照国家标准化委员会和中国机械工业联合会的统一部署，全国矿机标委会编制完成了《"十二五"矿山机械行业标准化发展规划》，并将主要工作内容纳入到《机械工业"十二五"标准化规划》（草案）中。《规划》就"十二五"期间行业标准化工作的指导思想和工作目标、主要工作任务、重点领域及重点项目，主要措施和建议等进行了分析和叙述，确定了在"十二五"期间矿山机械领域标准化重点项目 108 项，其中国家标准 41 项、行业标准 67 项。

（2）产品质量监督、检测与检验。2011 年，国家安全生产洛阳矿山机械检测检验中心，共进行矿用产品安全标志检验 16 家 51 台产品，矿用产品安全标志技术审查 26 家，产品涉及各类矿用绞车、装载机械、带式输送机、刮板输送机等产品；安全标志赴现场评审工作 111 次。

国家矿山机械质量监督检验中心 2011 年完成的工作：①2011 年共完成调度绞车生产许可证检验 12 家，港口装卸机械生产许可证检验 3 家；该中心生产许可证工作的授权范围是：全国调度绞车生产许可证、斗轮堆取料机和斗式提升机生产许可证，同时也是港口装卸机械生产许可证审查部之一。②在用提升设备安全检验：组织完成安徽、江苏、甘肃等省非煤矿山提升系统检验 70 余台（套），河南省煤矿在用提升系统安全检验 260 余台（套）、钢丝绳检验 240 余条、提升系统主轴及连接装置探伤 170 余套。通过检验基本了解所检设备的使用状况，对发现的安全隐患告知用户，并及时进行纠正整改，对检验合格的煤矿上报有关部门颁发安全证书。该项工作帮助用户提高了安全质量意识，使之认识到安全检验工作的重要性。

其他委托检验：受矿山用户委托，全年完成了 60 多份煤样的煤自燃倾向性和煤尘爆炸性鉴定检验；完成摩擦衬垫检验 60 余份；振动筛、破碎机、磨机、减速器、闸瓦等多种产品 40 余台（套）的委托检验。

2011 年 3 月，通过中国实验室国家认可委员会的实验室换证和扩项评审。2011 年 10 月通过安全生产检验检测机构专项检查。

〔撰稿人：洛阳矿山机械工程设计研究院有限责任公司张荣宽　审稿人：洛阳矿山机械工程设计研究院有限责任公司邹声勇〕

破碎粉磨设备

生产发展情况 2011 年是我国"十二五"规划的第一年,行业企业积极调整产品结构、开拓市场、加强管理,并取得了较快的发展。2011 年与上年相比,破碎粉磨设备行业工业总产值、销售收入和利润总额均有明显提高。其中工业总产值方面,山东山矿机械有限公司增长 8.71%,北方重工矿山冶金设备分公司增长 9.35%,河北万矿机械厂增长 10.85%,河南省群英机械制造有限责任公司增长 16.22%,成都市双流金石机械制造有限公司增长 20.00%,南昌矿山机械有限公司增长 70.81%;利润总额增幅较大的企业有山东山矿机械有限公司、南昌矿山机械有限公司和河北万矿机械厂等企业。

(1)四川矿山机器(集团)有限责任公司。2011 年,川矿集团公司面对国际、国内严峻形势,积极应对市场形势的不断变化,前瞻性地调整营销策略,布局冶金矿山煤炭行业,扩充冶金矿山销售队伍,加强冶金矿山设备的技术储备,同时通过内部持续改善各项工作,全面提升企业核心竞争力,实现了企业的平稳发展。

(2)山东山矿机械有限公司。面对市场形势的变化,公司以深入推动协同计划管理模式的有效运行为主抓手,以计划为纲领,统领、整合公司的内部业务流程,控制好生产线节奏,缩短投入、产出周期,确保项目按时交货,降低了合同执行的风险,成效较为显著。

(3)河南焦矿机器有限公司。受宏观经济环境影响,企业订货下降,资金紧张,投入产出困难。为此,企业积极采取应对措施:强化管理,推进企业运营:一是加强会计内部监督与财务收支管理,降低各项费用;二是加大融资力度;三是控制采购物价;四是强化人力资源管理,调动员工工作积极性。推进薪酬改革,调整岗位工资;扎实开展员工技能等级评定和职称申报工作,稳定了企业的发展。

(4)河北金马矿机公司。面对严峻的市场挑战,基本实现了年度目标计划。公司以夯实基础、完善规范、提档升级为指导思想,分类采取多种措施,通过加大技术创新投入、严格标准化工作、不断提高职工收入等举措,较好地保证和推动了企业的发展。

(5)溧阳中材重型机器有限公司。2011 年是溧阳中材的"管理年",也是实施转型升级的一年。公司积极配合集团重组,调整组织机构,梳理细化管理制度、流程和分工,借助金蝶 K3、ERP 软件,对生产流程进行再造。企业十分注重技术创新,不断调整产品结构。加强安全生产,确保了公司全年生产管理制度有效运行。

(6)山东大通机械科技有限公司。企业紧抓"创新"和"质量"两条发展主线,进一步加强生产管理,初步建成专业化制造体系,快速提升全员职业化素质,不断健全质量监控体系和内部工艺创新体系,构建产品质量和售后服务系统,新产品适销对路,市场覆盖面、市场占有率都有不同程度的提高。公司还特别注重内功锤炼和管理提升,进一步丰富品牌内涵,延展产业服务链条,刻意打造独具特色的品牌附加价值,与新老客户建立了互信、互利、合作、共赢的健康合作关系。

(7)松滋市金津矿山机械有限责任公司。在国内市场需求低迷,企业生产场地狭小的不利条件下,积极引进先进技术,开发新产品,调整产品结构,自行设计试制吊式喂料机并投入市场,在更广泛的范围内满足客户需求。

(8)湖北枝江峡江矿山机械有限公司。2011 年,公司坚持保生存求发展,从以下两方面入手,使公司在当前严峻的市场形势下,得以稳步经营。一是做优主导产品,做强"峡江"品牌,规范内部管理,抓好企业整体运营。具体是对产品结构进行优化升级,零配件做到标准化、系列化,减少生产成本,在订单不多的情况下,自制原外协加工零件,使生产处于饱和状态。二是对公司的新老客户,制定不同的售后回访制度,把握客户群、稳定客户群。

2011 年破碎粉磨设备行业部分企业主要经济指标完成情况见表 1。2011 年破碎粉磨设备行业部分企业产品产量、产值及其增长情况见表 2。

表 1 2011 年破碎粉磨设备行业部分企业主要经济指标完成情况

序号	企业名称	工业总产值		工业增加值(万元)	产品销售收入(万元)	产品销售税金及附加(万元)	利润总额(万元)	全员劳动生产率(元/人)
		当年价(万元)	比上年增长(%)					
1	四川矿山机器(集团)有限责任公司	82 936	-1.0	16 321	59 050	472	5 690	104 288
2	山东山矿机械有限公司	82 793	8.7	18 513	82 183	358	2 356	138 800
3	河南焦矿机器有限公司	23 266	-14.8	6 980	25 922	95	286	178 969
4	南昌矿山机械有限公司	12 757	70.8	7 807	8 218	37	365	312 260
5	浙江矿山机械有限公司	8 820	0.8	1 706	8 638	100	565	3 152
6	北京锋必达矿山机械有限公司	2 684		787	2 819	9	2	213 000
7	上海重型机器厂有限公司	380 367	10.0		341 139	283	772	
8	河北金马矿山机械集团公司	9 000	12.5	10	8 800	280	330	205 000

（续）

序号	企业名称	工业总产值		工业增加值（万元）	产品销售收入（万元）	产品销售税金及附加（万元）	利润总额（万元）	全员劳动生产率（元/人）
		当年价（万元）	比上年增长（%）					
9	河南省群英机械制造有限责任公司	19 680	16.2	2 860	19 770	97	698	416 000
10	常熟中材装备重型机械有限公司	22 215	-29.0	9 930	22 215	102	2 976	280 000
11	松滋市金津矿山机械有限责任公司	7 200	18.0	1 390	7 500	40	375	92 666
12	哈尔滨国海星轮传动有限公司	19 97	-5.0	452	2 000	1519	6	80 000
13	山东大通机械科技有限公司	6 300	5.0	1 035	6 106	396	305	97 641
14	湖北枝江峡江矿山机械有限责任公司	11 000	10.0	12	9 500	160	1 300	4 000
15	溧阳中材重型机器有限公司	79 877	19.3	14 503	69 200	9 692	6 000	226 609
16	海门市重型矿山机械厂	1 453	10.7	103	1 100	6	51	2 780
17	成都市双流金石机械制造有限公司	3 100	20.0		3 000	110	450	310 000
18	山东华力电机集团股份有限公司	204 623	2.0	40 925	205 782	359	7 377	199 634
19	湖北省荆州市巨鲸传动机械有限公司	23 371	12.0	3 856	20 371	298	2 750	336 273
20	河北省邯郸市邯山冶金机械备件厂	3 012	1.5	4 609	3 012	3	-1	
21	山东华特磁电科技股份有限公司	28 910	54.1	8 422	23 396	150	4 673	138 069
22	北京斯诺堡轴承有限公司				18 190	29	2 000	
23	浙江镇南精工机械有限公司	15 000	18.0	2 450	12 000	45	2 000	
24	邯郸四达电机股份有限公司	5 008	7.0	81	5 114	1	311	
25	上海山美重型矿山机械有限公司	8 165	190.0	1 045	7 422	2	460	
26	东平开元机械制造有限公司	12 500	15.0	6 000	15 000	2 800	2 800	360 000

序号	企业名称	年末固定资产		流动资产		流动负债		所有者权益（万元）
		原价（万元）	净值平均余额（万元）	合计（万元）	平均余额（万元）	合计（万元）	平均余额（万元）	
1	四川矿山机器(集团)有限责任公司	21 970	9 898	52 870	52 635	38 373	40 318	73 698
2	山东山矿机械有限公司	10 720	60 826	60 826	53 931	52 236	51 008	13 690
3	河南焦矿机器有限公司	24 075	6 645	23 063	24 522	25 480	22 966	10 880
4	南昌矿山机械有限公司	2 570	1 481	6 657	5 537	7 014	5 920	1 950
5	浙江矿山机械有限公司	2 432	671	781	704	428	374	995
6	北京锋必达矿山机械有限公司	2 801	1 092	6 403	6 414	4 468	5 394	1 352
7	上海重型机器厂有限公司	297 965	200 942	665 237	638 890	589 429	546 761	
8	河北金马矿山机械集团公司	4 500	2 200	4 800	4 750	8 000	5 000	1 300
9	河南省群英机械制造有限责任公司	7 265	3 509	15 867	14 379	12 450	11 584	6 925
10	常熟中材装备重型机械有限公司	3 867	1 999		19 217		18 536	6 020
11	松滋市金津矿山机械有限责任公司	2 822	2 472	1 400	1 236	1 410	1 316	2 460
12	哈尔滨国海星轮传动有限公司	948	554	3 566	3 333	952	505	3 580
13	山东大通机械科技有限公司	1 406	1 089	3 023	2 734	1 793	1 681	1 000
14	湖北枝江峡江矿山机械有限责任公司	5 000	4 950	5 000	3 000	2 000		8 000
15	溧阳中材重型机器有限公司	21 251	18 499	44 473	39 294	45 330	40 322	16 512
16	海门市重型矿山机械厂	1 403	280	1 132	959	1 057	1 342	396
17	成都市双流金石机械制造有限公司	2 100	1 670	3 310	3 050	673	382	4 326
18	山东华力电机集团股份有限公司	62 840	39 524	58 204	54 468	37 588	36 225	48 703
19	湖北省荆州市巨鲸传动机械有限公司	16 641	10 225	19 740	18 553	13 067	12 955	12 757
20	河北省邯郸市邯山冶金机械备件厂	1 402	1 184	495	41	459	38	1 219
21	山东华特磁电科技股份有限公司	7 741	6 888	21 064	18 088	10 285	7 528	19 219

（续）

序号	企业名称	年末固定资产		流动资产		流动负债		所有者权益（万元）
		原价（万元）	净值平均余额（万元）	合计（万元）	平均余额（万元）	合计（万元）	平均余额（万元）	
22	北京斯诺堡轴承有限公司	1 020	850	11 000	11 000	3 600	3 600	8 400
23	浙江镇南精工机械有限公司	5 200	4 900	10 000	9 500	5 800	5 700	8 500
24	邯郸四达电机股份有限公司	6 960	4 273	10 052	9 300	18 678	17 561	-1 215
25	上海山美重型矿山机械有限公司	234	153	8 102	5 616	7 567	5 068	4 657
26	东平开元机械制造有限公司	7 300	6 600	14 000	13 500	4 050	2 300	9 950

表 2　2011 年破碎粉磨设备行业部分企业产品产量、产值及其增长情况

序号	主要产品名称	产量（台）	产值（万元）	产值比上年增长（%）
1	四川矿山机器(集团)有限责任公司			
	建筑材料生产专用机器		17 151	61
	矿山设备		65 785	-10
2	山东山矿机械有限公司			
	破碎设备	208	5 532	0
	粉磨设备	50	3 943	-12
3	河南焦矿机器有限公司			
	采矿设备	24	6 282	3
	水泥设备	38	9 772	-32
	冶炼设备	306	7 212	4
4	北京锋必达矿山机械有限公司			
	破碎设备	238	1 856	
	筛分运输设备	88	636	
5	浙江矿山机械有限公司			
	颚式破碎机	485	6 011	1
	圆锥破碎机	8	535	3
	反击式破碎机	36	920	-2
	锤式破碎机	33	352	-9
	高能圆锥破碎机	2	126	83
	辊式破碎机	11	95	-14
	给料、输送备件(t)	182	781	-2
6	河北金马矿山机械集团公司			
	破碎机	120	2 300	
	球磨机	40	4 250	13
	立式磨机	3	1 800	
	磁选机	80	650	
7	河南省群英机械制造有限责任公司			
	破碎设备	323	4 045	47
	研磨设备	76	6 769	38
8	常熟中材装备重型机械有限公司			
	反击式破碎机	5	400	-37
	锤式破碎机	50	17 015	-21
	齿辊式破碎机	4	200	-62
	移动式破碎站	1	600	-26
	板式喂料机	50	1 500	-55

（续）

序号	主要产品名称	产量（台）	产值（万元）	产值比上年增长（%）
	辊压机	5	2 500	
9	松滋市金津矿山机械有限责任公司			
	颚式破碎机	62	1 970	9
	反击式破碎机	25	769	-9
	圆锥破碎机	36	2 220	45
	制砂机	14	620	25
	振动筛	22	370	-31
	给料机	19	282	-7
	其他		969	-5
10	哈尔滨国海星轮传动有限公司			
	减速器	176	1 997	-5
11	山东大通机械科技有限公司			
	颚式破碎机	106	3 000	5
	锤式破碎机	78	620	5
	细碎颚式破碎机	170	1 330	3
	双辊式破碎机	24	210	-6
	硬岩反击式破碎机	12	300	-2
	振动筛	60	540	7
	圆锥式破碎机	6	300	100
12	湖北枝江峡江矿山机械有限责任公司			
	颚式破碎机	650	2 500	10
	反击式破碎机	400	3 000	10
	圆锥破碎机	50	2 000	10
	皮带输送机	600	2 000	9
	起重机	300	2 000	8
13	溧阳中材重型机器有限公司			
	破碎机、板式喂料机		29 000	19
	立式磨机		16 240	140
	回转窑		7 400	
	备件		7 200	48
	其他		9 360	
14	海门市重型矿山机械厂			
	双辊破碎机	35		
	双齿辊破碎机	15		
	反击式破碎机	26		
	颚式破碎机	54		
15	成都市双流金石机械制造有限公司			
	颚式破碎机	35	400	10
	反击式破碎机	10	250	50
	冲击式破碎机	25	875	70
	圆锥式破碎机	15	500	60
	辊式破碎机	5	55	0
	振动筛	45	265	10
	喂料机	15	40	30
	洗砂机	30	90	30

（续）

序号	主要产品名称	产量 （台）	产值 （万元）	产值比上年增长 （%）
	输送机	70	140	15
	备品备件		385	15
16	山东华力电机集团股份有限公司			
	电动机等	350 000	204 623	2
17	荆州市巨鲸传动机械有限公司			
	挤压磨	298	13 410	5
	行星减速器	1 665	5 963	1
	平行轴	232	650	5
18	河北省邯郸市邯山冶金机械备件厂			
	球磨机备件		715	
	水泥窑		305	
	回转窑		105	
19	山东华特磁电科技股份有限公司			
	分级机	20	896	30
	棒磨机	2	10	
	管道式永磁除铁器	2	200	
	粉碎机	3	36	
	除铁器、磁选机、搅拌器等	3 062	27 769	53
20	浙江镇南精工机械有限公司			
	铜套	60 000	5 200	10
	耐磨垫、滑板	20 000	4 200	13
	偏心套、石墨套，润滑接头	100 000	2 000	8
	液压接头	50 000	500	13
21	上海山美重型矿山机械有限公司			
	移动破碎站	15		
	振动给料机/振动筛	86		
	破碎机	172		
22	东平开元机械制造有限公司			
	锤式破碎机	510	6 000	17
	反击式破碎机	110	2 550	10
	颚式破碎机	165	3 500	18

市场及销售　破碎粉磨设备广泛用于各种矿山、建材、水泥、冶炼、公路、铁路、水利和化工等行业，社会经济的高速发展、持续快速发展的基础设施建设，大大促进了破碎机行业发展。

山东黑山路桥机械科技有限公司以诚信赢得客户，2011 年获得“省级守合同重信用企业”称号。客户遍及全国各地，与青锻、天锻等国内大型机械公司成为长期的业务合作伙伴，与会员单位浙江矿机、山东大通、成都大宏立也保持着良好的合作关系。在不断拓展国内市场的基础上放眼海外，现已成为世界著名的英国特雷格斯公司在亚洲破碎设备铸钢配件的主要供应商。湖北枝江峡江矿山机械有限责任公司面对瞬息万变的市场，坚持用新思路新策略应对市场。2011 年先后对销售模式、销售机制做了重大调整，建立健全了营销管理体系。公司在河南、河北、湖南、湖北、陕西、山西、甘肃、四川、云南等省建立了 20 余个直销门市部，以方便用户选购产品，给用户提供技术保障、易损件供应及售后服务。与出口贸易公司合作，产品远销利比亚、伊朗等非洲、亚洲国家。2011 年，公司实现销售收入 9 500 万元，其中出口交货值 1 000 万元。四川矿山机器(集团)有限责任公司通过经营模式的创新、加大应收账款的回收力度、整合重组营销队伍、开辟市场新途径和借助网络平台影响力，提高川矿品牌效应等措施，公司销售稳中有升。出口方面，公司采用多种措施，努力拓展国际市场，交货值达 4 000 万元，创近几年新高。河北万矿机械厂结合市场形势和企业战略部署，制定了切实可行的销售责任制并采取了各种激励考核措施，极大地调动了销售人员的积极性与能动性，扩大了产品销售量。多次参加矿山设备展，积极应用高速公路广告牌、网络、报纸、刊物等媒介宣传产品，提高企业知名度。严格执行产品三包规定，继续加大产品售前、售后服务和回访工作力度，及时收集产品使用信息，建立客户档案，帮助客户解决问题,得到了客户的认可,在取得较好销售业绩的同时也提升了产品市场竞争力。

河北省邯郸市邯山冶金机械备件厂重点围绕“对内做活销售、对外做大外贸”两大目标,全方位拓展国内外市场。经过对目标市场的考察和细分,重新进行了销售布点,实现销售收入2 000多万元。山东大通机械科技有限公司确定了“稳固成熟市场、发展价值市场、开拓主流市场”的销售方针,采取切实措施,进一步加强老客户的长期战略合作关系,针对矿山、国家重点工程项目开发新市场、寻找价值客户,拓展新市场、新客户。同时,针对国家西部经济开发战略决策,在西部区域重点拓展新的市场渠道和价值客户群。经过全年努力,实现销售收入6 000万元。山东山矿机械有限公司积极组织全体营销人员深入市场调研,广泛收集市场信息,定期进行市场分析,梳理分类定盘,根据项目、行业和用户特点,制定相应的营销策略,推行个性化、差异化营销,做细前期工作,发挥团队合作的优势,积极主动开拓市场。2011年的电力市场得到巩固、冶金市场继续拓展、煤炭市场初显成效,港口的订单也在不断攀升,取得了多个生物质能发电厂项目,并保持了一定的出口量。成都市双流金石机械制造有限公司为了扩大市场,2011年采取了如下措施:①加大宣传力度。②增加销售人员数量。③加强对销售人员的业务培训,提高销售能力。④提高产品质量,以优质产品赢得用户满意。⑤加强售后服务。由于措施得当,在2011年的严峻形势下,销售额比上年有较大幅度的增长,销售范围也由原来仅在四川省内拓宽到重庆、云南、西藏、甘肃等地。为适应市场需求,公司不断开发适应市场的新产品。

2011年,破碎粉磨设备行业专业配套企业的技术水平和实力又有较大的提升,都在努力为主机企业做好服务。浙江镇南精工机械有限公司的主导产品是为行业主机企业配套润滑轴承套产品,企业自制或进口专用加工设备、检测仪器,产品质量稳定,公司生产的圆锥破碎机的铜材质偏心套、锥套、碗形套、调整套等零部件,得到了上海建设路桥机械设备有限公司、成都大宏立机器制造有限公司、湖北枝江峡江矿山机械有限责任公司和南昌矿山机械有限责任公司等行业主机企业的认可,稳固了常年销售渠道。荆州市巨鲸传动机械有限公司多年来从事减速机研发和制造,公司坚持技术创新,在做专和做精上下功夫,当前已是国内中、大型行星齿轮减速机研发和生产基地之一,也是同行业中行星齿轮减速机门类比较齐全、技术好、功能多、可替代进口产品的企业。哈尔滨国海星轮传动有限公司为行业主机企业配套减速机。该公司产品适用于为大功率、大速比产品配套,已为北方重工矿山冶金设备分公司、上海建设路桥机械设备有限公司、四川矿山机器(集团)有限责任公司、一重集团、拉法基瑞安水泥有限公司、山东山矿机械有限公司、中信重工机械股份有限公司、湖北枝江峡江矿山机械有限责任公司等大中型企业配套减速机。公司在国内客户相对集中的地区建立了办事处,初步形成了辐射全国的销售网络。

2011年破碎粉磨设备行业主要企业分类产品销售收入见表3。2011年破碎粉磨设备行业主要企业产品出口情况见表4。

表3 2011年破碎粉磨设备行业主要企业分类产品销售收入 (单位:万元)

序号	企业名称	全年总销售收入	国内销售情况			出口销售情况		
			国内销售总收入	其中:破碎机类销售收入	其中:粉磨机类销售收入	出口销售总收入	其中:破碎机类销售收入	其中:粉磨机类销售收入
1	四川矿山机器(集团)有限责任公司	59 867	55 855	2 017	23 891	4 012	0	2 570
2	山东山矿机械有限公司	82 183	68 528	5 295	4 906	13 655	1 360	0
3	河南焦矿机器有限公司	25 921	25 378	2 436	4 198	543		543
4	南昌矿山机械有限公司	8 218	7 575	7 327	248	643	417	0
5	北京锋必达矿山机械有限公司	2 813	2 687	1 856		126	126	0
6	浙江矿山机械有限公司	8 638	7 118	7 118		1 520	1 520	
7	上海重型机器厂有限公司	341 139	310 481	8 860	178 281	30 658		28 168
8	河北金马矿山机械集团公司	8 800	8 800	2 300	4 250			
9	河南省群英机械制造有限责任公司	19 770	17 219	2 374	6 947	2 551	278	1 320
10	常熟中材装备重型机械有限公司	22 215	22 215	22 215				
11	松滋市金津矿山机械有限责任公司	7 500	6 512	6 512		988	988	
12	哈尔滨国海星轮传动有限公司	2 000	2 000					
13	山东大通机械科技有限公司	6 106	6 106	6 000				
14	湖北枝江峡江矿山机械有限责任公司	9 500	8 500	6 500	2 000	1 000	1 000	
15	溧阳中材重型机器有限公司(间接出口不计)	69 200	69 024	29 000	16 240	176	109	
16	海门市重型矿山机械厂	1 475	1 450	1 245		25	25	
17	成都市双流金石机械制造有限公司	3 000	3 000	2 100		0		
18	山东华力电机集团股份有限公司	205 782	173 635			32 147		

（续）

序号	企业名称	全年总销售收入	国内销售情况			出口销售情况		
			国内销售总收入	其中：破碎机类销售收入	其中：粉磨机类销售收入	出口销售总收入	其中：破碎机类销售收入	其中：粉磨机类销售收入
19	湖北省荆州市巨鲸传动机械有限公司	20 371	20 371	13 410	13 410			
20	河北省邯郸市邯山冶金机械备件厂	3 012	3 012		1 125			
21	山东华特磁电科技股份有限公司	23 399	22 942		1 694	454		26
22	北京斯诺堡轴承有限公司	18 190	18 190			0		
23	浙江镇南精工机械有限公司	14 900	9 600	3 600		5 300	1 100	
24	邯郸四达电机股份有限公司	5 114	5 114	2 100	3 014			
25	上海山美重型矿山机械有限公司	7 423	6 253			1 170		
26	东平开元机械制造有限公司	15 000	15 000	15 000				

表4　2011年破碎粉磨设备行业主要企业产品出口情况

序号	企业名称及出口国家(地区)	出口量(台)	出口额(万美元)	序号	企业名称及出口国家(地区)	出口量(台)	出口额(万美元)
1	四川矿山机器(集团)有限责任公司			9	松滋市金津矿山机械有限责任公司		
	柬埔寨	2	44		南非	5	78
	刚果(金)	1	12		印度尼西亚	4	28
	白俄罗斯	2	140		中国台湾	6	46
	缅甸	5	186	10	溧阳中材重型机器有限公司		
2	山东山矿机械有限公司				巴基斯坦(锤轴/支)	5	1
	印度、越南	15	203	11	上海冶金矿山机械厂		
3	河南焦矿机器有限公司				缅甸(破碎机、板喂机/套)	3	26
	印度	1	82	12	海门市重型矿山机械厂	3	
4	南昌矿山机械有限公司			13	山东华力电机集团股份有限公司		
	印度、马来西亚	20	110		欧洲、非洲、东南亚	130 000	5 023
5	北京锋必达矿山机械有限公司			14	山东华特磁电科技股份有限公司		
	非洲	6	126		埃及	3	4
6	浙江矿山机械有限公司				俄罗斯远东	31	145
	印度尼西亚	11	36		南非	6	9
	柬埔寨	15	50		秘鲁	1	2
	安哥拉	20	73		罗马尼亚	28	52
	尼日利亚	12	30	15	浙江镇南精工机械有限公司		
7	上海重型机器厂有限公司		4 866		瑞典、芬兰、美国、澳大利亚、英国	850	460
8	河南省群英机械制造有限责任公司			16	上海山美重型矿山机械有限公司		
	印度、印度尼西亚	20	386		乌兹别克斯坦	18	24

科技成果及新产品　2011年破碎粉磨设备行业企业重视科技创新和新产品开发，通过各种渠道，积极掌握产品前沿技术，投入资金开发新产品，缩小与国际先进水平的差距。溧阳中材重型机器有限公司在新产品研发、试制成功的同时，还形成新工艺8个、解决方案等技术诀窍5个，申请专利15个，取得授权专利7个，破碎机、板式喂料机、堆取料机等3个产品被江苏省科技厅认定为“江苏省高新技术产品”，新型高效节能矿渣辊式磨等7个产品被认定为“常州市高新技术产品”，公司成立的“水泥装备工程技术中心”被认定为常州市工程技术研究中心，同时公司在2012年被认定为江苏省高新技术企业。矿渣立磨被评为江苏省建材行业“2011年度先进水泥技术装备推荐产品”。四川矿山机器(集团)有限责任公司2011年共获得授权专利26项，累计已取得专利35项。河北万矿机械厂成功研制出反击式破

碎机2种、锤式破碎机1种、圆锥式破碎机1种、振动筛2种,部分产品已投放市场。河南焦矿机器有限公司根据市场需求,开发相应产品。电站磨机方面,开发了 ϕ4.3 m×5.8 m钢球磨煤机,并在焦作万方电厂项目中标8台。煅烧石油焦方面,开发了 ϕ3.3 m×60.5 m回转窑、ϕ2.45 m×24 m冷却机。氧化球团方面,开发了年产80万t的 ϕ4.8 m×33 m回转窑、ϕ3.6 m×24 m烘干机两种产品。有色冶金方面,对 ϕ3.8 m×1 3m反应炉进行了优化设计,转化设计了 ϕ2.62×4.2m分银炉等新产品。选矿方面,开发了 ϕ5.5 m×6.4 m溢流磨、ϕ3.6 m×4. 5m棒磨机等产品。新型4R3216摆式磨粉机、MFH39105高效风扫烘干磨粉机两项产品顺利通过了河南省科技成果鉴定,公司获得河南省、焦作市质量管理成果奖各1个。山东山矿机械有限公司紧紧围绕市场需求,以大型、环保节能、机电一体化成套设备为主导,加强与大学、设计院、国内外公司进行技术合作,全面提升企业自主创新能力。全年完成新产品开发、产品改进项目20余项,其中开发设计了露天煤矿带式输送机、水平拐弯带式输送机、行走式连续输送散料装船机、复合振动筛、S155标准型圆锥破碎机、GLZB1250/450-8Y直线螺旋取料机等新产品,并对PEY750X1060液压颚式破碎机等产品进行了改进和系列化、优化设计。复合型振动筛和散料装船机两项产品通过了省级新产品鉴定,得到了专家的高度评价。哈尔滨国海星轮传动有限公司近年来开发出多项技术创新产品,获得国家授权发明专利1项和国家实用新型专利4项,荣获2008年中国齿轮行业科技进步成果奖一等奖1项,并于2010年获得“全国中小企业创新100强”荣誉称号。

2011年破碎粉磨设备行业新产品和新技术开发项目见表5。

表5　2011年破碎粉磨设备行业新产品和新技术开发项目

序号	企业及项目名称	主要技术性能	获奖项目及等级	专利情况
1. 四川矿山机器(集团)有限责任公司				
	MQY4375矿磨机	规格:ϕ4.3 m×7.5 m,筒体有效内径:4 120 mm,筒体有效容积:100 m^3,磨机转速:15.5 r/min,盘磨转速:0.12 r/min,研磨体装载量:180 t。 特点:①该磨机为湿法溢流型球磨机,采用大端盖结构,磨内衬板材质为耐磨铸钢,采用螺栓联接;②大小齿轮采用斜齿轮,提高了齿轮传动的平稳性;③采用同步电机与气动离合器,实现了分步起动,减少了对电网的冲击		获得7项专利
	MQY4585矿磨机	规格:ϕ4.5 m×8.5 m,筒体有效内径:4 330 mm,筒体有效容积:123.5 m^3,磨机转速:15.3 r/min,盘磨转速:0.112 r/min,研磨体装载量:222 t。 特点:①该磨机为湿法溢流型球磨机,采用大端盖结构,磨内衬板材质为耐磨铸钢,采用螺栓联接;②大小齿轮采用斜齿轮,提高了齿轮传动的平稳性;③进出料口与进出料端盖间采用锥面加密封元件密封,密封效果良好,避免了料浆窜入磨机内腔;④小齿轮与轴采用分体式设计,以减少小齿轮磨损后的更换成本		获得7项专利
2. 山东山矿机械有限公司				
	新型港口散状物料输送系统成套设备	该项目在国内首次提出适合中小港口散料输送的整体工艺方案并研制了成套输送设备,集成创新特点突出,其整体技术性能达到国内领先水平。 技术特点及创新点:①独特的多泊位装卸船技术及大型筛分技术的成功集成,有效降低了投资,满足了多种船舶装卸需求。②设置了超速、打滑、烟雾报警、跑偏等动态检测装置,对输送机运行进行实时监控,提高了运行的可靠性。③采用可控软启动、制动技术与功率均衡技术,具备启动、制动速度曲线自动跟踪、过载保护、多电机平衡、低速验带等功能,提高了负载启动、停机性能。④带式输送机实现头部和中部多点卸料,具备向多个堆场分料功能。⑤密闭式通廊设计,保障了系统的环保要求	国内领先/济宁市2011年度科学技术进步奖二等奖	

（续）

序号	企业及项目名称	主要技术性能	获奖项目及等级	专利情况
	PEY500×750 液压颚式破碎机	进料口尺寸：500 mm×750 mm，最大给料粒度：425 mm，排料口调整范围：50～100 mm，偏心轴转速：273 r/min，生产能力：20～56 m^3/h，配套电动机：Y280M—6 55 kW，主机外形尺寸：2 950 mm×1 921 mm×2 200 mm。 主要由润滑系统（采用自动润滑系统）、液压摩擦离合器、液压连杆作保险装置，过载保护装置、推力板兼作保险装置、液压调节装置、楔铁调节装置、垫板调节装置、传动机构、工作机构和机架等几大部分组成。技术特点及创新点：①采用液压控制技术，设备排料口调整方便灵活；②采用液压连杆保险装置，防止设备的意外损坏；③采用三角倾斜的破碎腔型，改善了破碎效果，提高了生产效率；④采用油温自动控制装置，提高了对环境的适应性	国内先进/济宁市2011年度科学技术进步奖三等奖	
	复合振动筛	由一级筛面和二级筛面复合而成。一级筛面的结构由多根平行排列的滚轴组成，滚轴上装有偏心圆盘或三角形盘，滚轴由电动机－减速机和柱销联轴器带动旋转，转动方向与物料流的方向相同，筛面倾角一般为10°～15°。二级筛面结构主要有激振器和筛箱组成。这种筛子的结构参数较合理，运转平稳，工作可靠，筛分效率高，维修方便，广泛用于中、细物料的分级。复合振动筛采用的新技术：①滚轴筛增大了筛孔面积使处理量增大，同时叶片对含水的沾黏物料进行强制筛分，清除了筛轴上黏结的物料，增加了产量；②对偏心轴的基础进行了改进，在皮带轮及飞轮上分别增加了一定数目的偏心块，可对激振力进行调节；③激振器采用筒体润滑，有利于轴承的冷却，增加轴承使用寿命；④激振器的轴承座与筛箱侧板采用过度配合，采用铰制螺栓联接，联接牢固，延长了使用寿命	国内领先	
	行走式连续输送散料装船机	装卸能力：1 800 t/h，带速：3.15 m/s，最大提升高度：7.4 m，带宽：1 200 mm，行走速度：0.137 m/s，前臂伸缩速度：0.141 m/s，前臂伸缩距离：11m。 装船机由溜筒伸缩、臂架伸缩、臂架俯仰、臂架伸缩胶带机、回转、大车行走、尾车等机构构成。主要技术特点及创新点：采取平衡轮及多点驱动结构，轮系与轨道结合良好，避免了打滑，确保了整车带料行走的稳定性；采用套筒伸缩结构，增加了装船机的臂架伸缩行程，可满足各类船舶的装船需求；落料点采用自动伸缩溜管，减少了粉尘污染，实现环保作业；采用双向卸料车，进料范围广，提高了码头场地利用率	国内领先	
3. 河南焦矿机器有限公司				
	MFH39105 高效风扫烘干磨粉机	在原有设备基础上增加烘干仓，提高了烘干效率和产能，降低了能耗	焦作市科技进步奖三等奖	
4. 南昌矿山机械有限公司				
	立轴式冲击破碎机		国家创新基金及南昌市科技进步奖	获得7项专利
5. 北京锋必达矿山机械有限公司				
	PEY—400×600 移动式破碎机组（军品专供）	矿石抗压强度：320 MPa；最大给料粒度：340 mm；处理能力：20～70 t/h；最大时速：60 km/h		

（续）

序号	企业及项目名称	主要技术性能	获奖项目及等级	专利情况
6. 上海重型机器厂有限公司				
	170×120 辊压机	挤压辊转速：18 r/min；受压物料：水泥熟料等；通过能力：610～710 t/h；最大给料湿度：5%；最大给料温度：100 ℃；入料粒度：≤40 mm 的占 90%，40～70 mm 的占 10%；出料粒度：≤2 mm 的占 60%～80%，≤0.09 mm 的占 20%～30%；外形尺寸：10 800 mm×8 500 mm×4 500 mm		自主设计
7. 河北金马矿山机械集团公司				
	立式磨机	是一种新型研磨设备，集烘干、粉磨、选粉为一体，具有自动化程度高、结构紧凑、产量高、电耗低、噪声小、比表面积大、节能环保等诸多优点。型号规格 LM17－2、LM29－3、LM36－3		
	生活垃圾废弃物焚烧炉	生活垃圾废弃物焚烧炉节能减排、可防治大气污染，适应国际可持续发展要求，其特点是循环引风、悬挂炉底，使燃烧的物质碳化成焦油，在焚烧垃圾时不用任何助燃燃料（煤、电、油、气），就能达到物件焚烧的目的，经清华大学环境质量检测中心检测，焚烧垃圾二噁英的测定值 0.007 5，远远低于 0.1～0.01 的国际排放标准，目前国内尚无此类技术		发明专利，专利号：200620018289.0
8. 成都市双流金石机械制造有限公司				
	双振子振动筛	可以水平放置，保证了给料的均匀性；由于双振子的共振作用，振动效果好，同等规模的筛型，电动机功率可降低 50%，节约了电能		
	输送机部分采用 V 形传送带或裙边带	解决了平胶带提升角过小（≯15°）及因场地限制提升高度的问题		
9. 哈尔滨国海星轮传动有限公司				
	60 m^3 大型矿用挖掘机传动部件	星轮减速器是一种全新结构的内啮合多齿同时参与工作的传动装置，它充分利用有效圆的原理，采用力分流均载机构，通过内啮合行星轴复合传动，实现正多边形对称式连续滚动，传递转矩和转数。传动时两个行星齿轮各有占总齿数 1/20 左右的齿同时与内齿轮啮合，大大提高了承载能力、抗冲击能力，与相同尺寸的其他结构相比，承载能力可提高 30% 左右，星轮传动结构的优势应用领域是低速重载设备		
	大型斗轮堆取料机取料、回转星轮减速机	目前，国外设计的大型斗轮堆取料机已到 1.2 万～2 万 t/h，我国只有 6 000～8 000 t/h，相差甚远，其中传动部件是关键。星轮传动技术具有输出转矩大、承重载能力强、寿命长、体积小和可预期寿命设计等优势，引发减速器结构实现新的突破。因此星轮减速器在重载减速器中处于世界领先地位，尤其是在大型斗轮堆取料机上使用，可以减少斗轮臂的载荷，延长斗轮臂长和使用寿命，完全可以替代进口产品		

（续）

序号	企业及项目名称	主要技术性能	获奖项目及等级	专利情况
	混凝土搅拌运输车专用星轮减速器	将原两级行星加一级平行轴传动或三级行星传动改为一种全新的两种结构形式（输入一级行星结构，输出一级星轮结构，或输入一级星轮结构，输出一级行星结构）。其主要特点是两级传动，传动效率高（95%以上），其中星轮传动为多齿啮合、输出转矩大、精密齿轮加工（7级）和热处理等国内已是成熟技术。这种全新结构的齿轮箱，其外形连接尺寸与现有国外产品完全一样，能确保用具有自主知识产权的产品替代国外进口产品，对发展民族产业做出贡献		
10. 浙江镇南精工机械有限公司				
	珩磨机	铜套内孔粗糙度达到0.6 mm	获协会优秀配套供应商称号	
	球头磨机	止推耐磨盘与中钢板的配合度达80%以上		
11. 溧阳中材重型机器有限公司				
	破碎机、板式喂料机、堆取料机等3个产品	被江苏省科技厅认定为“江苏省高新技术产品”		
	新型高效节能矿渣辊式磨机等7个产品	被认定为“常州市高新技术产品”		
	公司成立的“水泥装备工程技术中心”	被认定为常州市工程技术研究中心		
	板式喂料机下部清扫装置	安装于板式喂料机下部的一种清扫装置		实用新型专利
	单段锤式破碎机	对含水及含泥物料适应性的结构改进		实用新型专利
	破碎机转子锤盘加工定位装置	一种保证破碎机转子锤盘轴孔加工精度的破碎机转子锤盘加工定位装置		实用新型专利
	桥式刮板取料机料耙升降装置	一种降低人工劳动强度、提高生产效率的桥式刮板取料机料耙升降装置		实用新型专利
	双齿辊式破碎机辊子	一种结构简单可靠，便于加工制造，节约成本，使用可靠的双齿辊式破碎机辊子		实用新型专利
	双圆弧槽板成形机	利用较小吨位的油压机，实现大规格输送槽板的一次成形		实用新型专利
	一种带有减振阻尼液压缸的立式磨机	一种能够有效控制高频低幅振动，减轻振动的危害和避免设备损坏的带有减振阻尼液压缸的立式磨机，可以保证设备安全运行，减少故障，降低成本		实用新型专利
	一种立式磨机磨辊密封装置	一种能够使磨辊得到良好的密封、保证轴承运行于洁净环境中的立式磨机磨辊密封装置，可以延长轴承的使用寿命		实用新型专利
12. 山东华特磁电科技股份有限公司				
	MBY（G）系列溢流型棒磨机	一改传统球磨机的面接触为线接触。在研磨过程中棒先打击较粗的，后打击较小的矿石，从而减少了过粉碎的危险。当棒沿衬板转动上升之时，其间夹着粗粒，好像棒条筛，让细粒从棒的缝间通过，使粗粒集中在磨矿介质打击的区域。因此，棒磨机的产出物更均匀，过碎较轻，粉磨效率更高		

（续）

序号	企业及项目名称	主要技术性能	获奖项目及等级	专利情况
13. 常熟中材装备重型机械有限公司				
	半移动式破碎站	1 200 t /h	中国建材机械工业协会技术革新一等奖	无
14. 上海山美重型矿山机械有限公司				
	SMH180 液压圆锥破碎机	①与现有技术相比，结构新颖。通过在破碎机架上使用防尘圈，有效避免了破碎机配重圈的磨损，并可防止灰尘进入机器中，延长了机器使用寿命，降低了机器事故频率，减少了维修时间，提高了工作效率。②破碎机主轴下部设有偏心套，碗形瓦热套在主轴上部，球面铜瓦热套在破碎机躯体上，主轴套置于破碎机机架内部中间，偏心套绕主轴转动，旋转的偏心套产生的力矩带动机器躯体在碗形瓦上做旋摆运动。与现有技术相比，安装维修方便，由于省去了碗形轴承架零件，免去了加热拆卸碗形轴承架及其碗形瓦，解决了碗形轴承架易变形和碗形瓦无法安装的问题，使碗形瓦寿命延长，机器设备寿命延长，生产成本大大降低，减少人员配置，节约工作时间。③体积小，结构新颖，倒 V 形的筋护板不宜形成积料，下料通畅。由于没有堆料，物料和粉尘就很难进入机器的躯体和密封环球面结合处，密封环和机器躯体密封的球面几乎不磨损，增加了机器的使用寿命。④通过机器躯体与破碎壁之间安装的止动键，在主轴螺母松动时机器躯体和破碎壁不发生相对滑动，可防止机器躯体磨损，增加了机器使用寿命，减少了事故的发生，操作方便、实用	上海市专利新产品（区级）	
	VIS8000B 系列立式冲击破碎机	①增加了旁路料系统，产量可提高 100%，方便调整产品质量、级配和细料含量，并可防止给料过载时引发设备损坏；②创新了液压启盖装置。可节约易损件更换和设备检修时间，减少停机时间，作业率更高，只需一人操作，无须使用吊车；③创新设计了自动润滑系统，可精确地计量自动供油，安全可靠，省工省时，保护设备安全运行；④创新设计了自动化控制装置，使设备在轴承温度过高、振动过大或其他运转异常时，能够自动报警并根据需要自动切断电源，保护设备安全运行		

2011 年获得省部级科技成果奖的项目有：北方重工集团有限公司“MFH3610 风扇磨煤机”项目获中国机械工业科学技术奖二等奖；河南焦矿机有限公司“MFH39105 高效风扫烘干磨煤机”项目获中国机械工业科学技术奖三等奖。

产品质量情况　质量是企业的生命，是企业发展的灵魂和竞争的核心。质量关系到企业的盈利，关系到企业的生存与发展。没有质量就没有市场，没有质量就没有效益，没有质量就没有发展。产品质量已成为一个企业在市场中立足的根本和发展的保证。溧阳中材重型机器有限公司从源头开始抓产品质量，变原先的“事后控制”为“过程控制”，加强自检、定期进行专检。构建“三检”体系，严格控制原材料、半成品、成品的检验，有效减少了产品质量事故。全面开展“质量月”“质量季”活动，成立 7 个 QC 小组，组织开展“铸件质量问题专项整治”“外协产品质量问题专项整治”“焊接质量专项整治”等多个专项整治活动。在质检队伍的培养方面，加强各质检人员相互间的培训工作，使得质检人员能掌握多种质检技能，做到一专多能，有效弥补了工作量大、人力不足的缺陷。湖北枝江峡江矿山机械有限责任公司严格执行 ISO9001:2008 国际质量认证标准及 TSGZ0004—2007 特种设备安全技术规范，以实施名牌战略为目标，把质量管理作为公司管理的重中之重。各车间工种分工明确、细化，实现规模化、系统化、标准化生产，从而保证产品的质量合格率≥98%。在制作过程中，公司严把质量关，从市场营销、产品设计、生产制造、装配试车到产品出厂、售后服务全过程进行质量控制。四川矿山机器（集团）有限责任公司从以下方面入手抓质量：①创新质量管理组织架构。根据公司合同执行组织架构成立质保部，以适应现代企业质量管理的要求。②开展质量月活动，强化职工质量意识。③组织质检人员进行专题培训，不断提高员工的素质和能力。④参与系列提升机争创四川名牌产品工作，并获“四川省名牌产品”称号。河北万矿机械厂首先在原辅材料、备品备件采购方面严格执行 GB/T 19001—2008 物资采购要求，为优质产品生产提供保障。在生产保障方面成立了工艺管理部门；在机体制作上增加了喷丸、打磨、喷底漆三种工艺，现已初见成效；在产品加工、装配方面特别注重细节管理，如装配场地清洁，工件打磨及工件间的配合，公差范围的重新核定，工件加工精度的确定等。在产品检验方面责任到人，严格执行自检、专检、首检制度和未经检验零部件不流转，不合格零部件不流转，材料借用和零件回用未经审批不流转的三不原则，严把产品质量关。通过一系列行之有效的措施，全年质量事故同比降低23%，各项质量指标全部在可控范围内。质量体系方面，全厂下大力气从人力、物力、财力方面加大投入，以保障ISO9001:2008质量管理体系的推行。山东山矿机械有限公司2011年以获得市长质量奖为契机，认真贯彻质量工作方针，改进质量管控体系，全面运行质量管理信息平台，更加系统化地控制产品质量的管理方案、工艺流程、规范、执行标准、检测手段及相应的质量文件和检验记录等，提高了管理质量和工作效率，赢得了用户的满意信赖，保持了山矿品牌的良好信誉。河北金马矿山机械集团公司自2003年通过ISO9001:2000质量管理体系专版以来，尤其是2010年认真执行JB/T 1406—2002球磨机标准、JC334.1～2水泥用球磨机产品质量分等标准、JB/T 7895—2002磁选机标准、GB/T 5860—1998高锰钢铸件标准及各种产品的质量分等标准，使企业生产逐步走入正规化，产品质量得到提升。2011年公司开展了一系列质量管理整顿活动，对铸造、热处理、组装等各个环节进行产品标识专项管理。公司定期召开专题分析会，研究制定预防措施，组织对中层干部、技术人员进行专项培训活动，取得了阶段性成果，产品质量较以前有明显提高。

基本建设和技术改造 成都市双流金石机械制造有限公司，企业规模2011年有了较大的扩展。占地面积由原来的4万 m^2 扩大到6.7万 m^2。新建焊接车间4 000 m^2。为适应机型增大，安装了50 t龙门吊车，增加了4 m立式车床，提高了加工和吊袋能力，使工厂成为当地具有一定规模和知名度的碎石机械制造厂。2011年，湖北枝江峡江矿山机械有限责任公司的三期扩规项目已陆续完成，占地面积13 000 m^2 的钢结构车间已启用；占地面积1 500 m^2 的产品研发、销售中心办公楼于2012年10月竣工。占地面积1 500 m^2 的职工生活住宿楼已于2011年年底正式投入使用。公司还对陈旧设备进行技术改造，提高其效率。四川矿山机器（集团）有限责任公司，2011年重装基地一期的项目正式投产，通过加强重装基地生产现场的5S管理，使其成为公司对外展示企业新形象的“窗口”，大大提升了整体加工制造水平和公司形象。同年，公司成立了“5万t节能环保重大装备制造项目指挥部”，实施5万t节能环保项目，并获得绵阳市国资委批准。该项目分批次、分时间累计投资约3亿元，目前项目勘察和设计招标、节能评估均已完成并通过了审核。另外，公司还投入近40万元实施了破碎机车间天然气改造、重装基地行车改造等项目。

2011年破碎粉磨设备行业部分企业固定资产投资情况见表6。

表6 2011年破碎粉磨设备行业部分企业固定资产投资情况 （单位：万元）

序号	企业名称	固定资产投资	其中：基本建设投资	其中：技术更新改造投资
1	四川矿山机器（集团）有限责任公司	900	148	735
2	山东山矿机械有限公司	1 150	1 150	0
3	河南焦矿机器有限公司	285	100	185
4	南昌矿山机械有限公司	1 234	607	627
5	北京锋必达矿山机械有限公司	75	55	20
6	浙江矿山机械有限公司	152	0	152
7	上海重型机器厂有限公司	20 000	5 000	15 000
8	河北金马矿山机械集团公司	200	0	200
9	河南省群英机械制造有限责任公司	22	0	22
10	常熟中材装备重型机械有限公司	551	281	270
11	松滋市金津矿山机械有限责任公司	250	57	193
12	哈尔滨国海星轮传动有限公司	195	195	0
13	山东大通机械科技有限公司	500	50	450
14	溧阳中材重型机器有限公司	24 175	20 082	4 093
15	河北万矿机械厂	355	195	155
16	包头市冶金矿山机械制造有限公司	4 382	3 738	644
17	海门市重型矿山机械厂	255	115	140
18	成都市双流金石机械制造有限公司	550	150	400
19	湖北省荆州市巨鲸传动机械有限公司	8 561	2 652	4 230
20	河北省邯郸市邯山冶金机械备件厂	1 400	700	
21	山东华特磁电科技股份有限公司	6 105	5 207	838
22	浙江镇南精工机械有限公司	1 000	400	600
23	上海山美重型矿山机械有限公司	1 774		
24	东平开元机械制造有限公司	15 000	12 000	3 000

〔撰稿人：中国重型机械工业协会破碎粉磨设备专业委员会张先锋 审稿人：中国重型机械工业协会徐善继〕

洗 选 设 备

行业发展情况 2011 年是国家“十二五”规划开局之年,洗选设备行业积极应对国际金融危机,以市场为导向,坚持自主创新,走新型工业化道路,努力挖潜,加快产业结构调整和产品的升级换代,提高企业核心竞争力,全行业仍保持平稳的发展势头,很多企业取得了可喜的业绩。国内洗选设备行业主要制造企业有1 000多家,重点企业有北方重工集团有限公司、中信重工机械股份有限公司洛阳矿山机器厂、沈阳隆基电磁科技股份有限公司、山东华特磁电科技股份有限公司、河南太行振动机械股份公司、鞍山重型矿山机器股份有限公司、淮北矿山机器制造有限公司、镇江电磁设备厂有限责任公司等企业。为适应选矿厂和洗煤厂向大型化、自动化方向发展,在“十一五”期间我国洗选设备制造行业取得了较快的发展,为国内建设洗煤处理量达2 000万 t/a 的洗煤厂和1 500 t/a 选矿厂,提供了重大洗选设备。

为满足国民经济高速发展对矿山洗选设备的更高要求,洗选设备行业加大了装备技术改造的投资,加强了选矿工程实验室的建设,国内一些选矿选煤科研单位研制出一批适应我国国情的先进洗选设备,一些企业也开发出能够替代进口设备的高端装备。全行业共同努力提升装备制造水平,努力为“十二五”国家建设提供大型、高效、节能和环保的矿山洗选装备。

2011 年洗选设备行业主要企业经济指标见表1。2011年洗选设备行业主要企业总产值、洗选设备产值及其占总产值比重见表2。

表1　2011 年洗选设备行业主要企业经济指标

序号	企业名称	所有制	工业总产值(当年价)(万元)	比上年增长(%)	工业增加值(万元)	产品销售收入(万元)	产品销售税金及附加(万元)	年末固定资产原价(万元)	年末固定资产净值(万元)
1	北方重工集团有限公司	国有	1 400 662	9.4	264 150	1 260 388	4 336	335 157	280 498
2	中信重工机械股份有限公司洛阳矿山机器厂	股份制	99 665	14.8	12 861	98 581	2 465	32 676	26 802
3	沈阳隆基电磁科技股份有限公司	股份制	59 677	52.5	36 660	48 128	5 362	6 511	5 674
4	山东华特磁电科技股份有限公司	股份制	28 910	54.1	8422	23 396	150	7 741	6 888
5	鞍山重型矿山机器股份有限公司	股份制	25 643	24.0	14 084	25 643	176	10 067	7 486
6	淮北矿山机器制造有限公司	股份制	16 215	21.0	4 860	11 520	112	1 920	1 535
7	镇江电磁设备厂有限责任公司	股份制	10 820	5.0	1 950	10 680	85	7 960	6 800
8	南昌矿山机械有限公司	民营	12 757	70.0	973	8 218	37	2 570	1 481
9	河南威猛振动设备股份有限公司	股份制	29 853	28.0	6 564	27 618	1 654	9 762	7 665
10	河南群英机械制造有限责任公司	民营	19 680	16.2	2 860	20 019	97	7 265	3 509
11	赣州金环磁选设备有限公司	民营	34 614	50.7	6 631	33 544	84	6 627	5 243
12	海安县万力振动机械有限公司	股份制	17 110	3.0	9 923	19 584	118	5 560	2 030
13	唐山陆凯科技有限公司	民营	13 319	25.1	2 794	13 340	66	5 453	4 214
14	新乡市瑞丰机械设备有限公司	民营	8 715	5.0	2 727	8 715	6	2 805	2 299
15	岳阳科德科技有限责任公司	民营	6 900	11.0	659	7 900	49	1 896	1 749
16	柳州中特高压电器有限公司	股份制	7 098	22.0	1 056	7 302	58	1 108	522
17	河南金特振动机械有限公司	民营	4 445	11.0	1 266	4 214	132	889	718
18	淮北市一环矿山机械有限公司	民营	2 500	19.0	—	2 500	99	1 750	1 325
19	郑州一帆机械设备有限公司	民营	23 490	15.0	7 800	25 938	—	24 870	20 462
20	北京矿冶研究总院机械研究所	国有	32 109	11.0	—	24 786	—	—	—
21	江苏科行环保科技有限公司	民营	19 432	5.2	3 849	18 959	1 137	33 841	31 059
22	上海山美重型矿山机械有限公司	民营	8 165	190.0	1 045	7 423	2	234	153
23	淮北市协力重型机器有限责任公司	民营	7 545	32.3	2 693	6 347	16	1 762	1 231
24	黑旋风工程机械开发有限公司	国有	11 514	19.0	3 268	11 301	72	9 895	7 042
25	唐山汇力科技有限公司	民营	3 562	38.0	298	3 615	9	363	217
26	河南太行振动股份有限公司	股份制	42 987	25.0	12 689	28 917	36	16 623	12 746

（续）

序号	企 业 名 称	所有制	流动资产合计（万元）	流动资产平均余额（万元）	流动负债合计（万元）	流动负债平均余额（万元）	利润总额（万元）	所有者权益（万元）	全员劳动生产率（万元/人）
1	北方重工集团有限公司	国有	1 631 419	1 585 708	1 468 002	1 423 684	23 483	442 298	165.0
2	中信重工机械股份有限公司洛阳矿山机器厂	股份制	47 338	24 185	74 156	52 883	5 543	132 258	135.0
3	沈阳隆基电磁科技股份有限公司	民营	46 146	38 060	33 356	26 658	13 758	25 980	34.0
4	山东华特磁电科技股份有限公司	股份制	21 064	18 088	10 286	7 528	4 673	1 921	13.8
5	鞍山重型矿山机器股份有限公司	股份制	24 924	23 061	13 497	13 022	7 087	22 525	52.0
6	淮北矿山机器制造有限公司	股份制	3 810	3 722	2 750	2 780	890	2 595	16.2
7	镇江电磁设备厂有限责任公司	股份制	4 420	4 350	4 280	4 190	266	6 980	72.0
8	南昌矿山机械有限公司	民营	6 657	5 537	7 014	5 920	365	1 950	30.8
9	河南威猛振动设备股份有限公司	股份制	11 746	11 096	5 054	4 988	3 447	14 357	56.5
10	河南群英机械制造有限责任公司	民营	15 867	14 379	12 450	11 584	698	6 925	41.6
11	赣州金环磁选设备有限公司	民营	25 641	21 715	24 386	18 092	3 728	10 419	20.0
12	海安县万力振动机械有限公司	股份制	4 200	4 040	3 160	2 930	940	1 200	60.0
13	唐山陆凯科技有限公司	民营	7 696	6 557	8 464	7 780	471	4 543	53.6
14	新乡市瑞丰机械设备有限公司	民营	9 345	964	5 052	720	1 378	7 397	44.0
15	岳阳科德科技有限责任公司	民营	1 384	1 489	650	631	405	2 700	—
16	柳州中特高压电器有限公司	股份制	3 395	3 378	3 058	3 028	359	1 853	14.0
17	河南金特振动机械有限公司	民营	3 236	2 778	673	627	589	3 281	37.0
18	淮北市一环矿山机械有限公司	民营	3 334	2 821	2 250	1 898	278	1 984	—
19	郑州一帆机械设备有限公司	民营	139 288	—	112 511	—	60	51 718	—
20	北京矿冶研究总院机械研究所	国有	—	—	—	—	—	—	—
21	江苏科行环保科技有限公司	民营	20 213	17 369	21 547	17 582	2 013	27 010	52.0
22	上海山美重型矿山机械有限公司	民营	8 102	5 616	7 567	5 068	460	4 657	61.4
23	淮北市协力重型机器有限责任公司	民营	4 067	3 686	4 088	3 489	619	3 478	—
24	黑旋风工程机械开发有限公司	国有	18 717	—	16 456	—	1 330	13 426	—
25	唐山汇力科技有限公司	民营	3 423	3 800	3 798	3 505	114	1 228	13.7
26	河南太行振动股份有限公司	股份制	31 384	29 467	15 579	16 444	2 434	23 823	36.0

注："—"表示企业此项指标未报。由于四舍五入，表中占行业比重数据有微小出入。

表 2　2011 年行业主要企业总产值、洗选设备产值及其占总产值比重

序号	企业名称	企业总产值（万元）	洗选设备产值（万元）	占比（%）
1	北方重工集团有限公司	1 400 662	4 810	0.3
2	中信重工机械股份有限公司洛阳矿山机械厂	99 665	5 600	5.6
3	沈阳隆基电磁科技股份有限公司	59 677	39 633	66.9
4	山东华特磁电科技股份有限公司	28 910	23 605	81.6
5	鞍山重型矿山机器股份有限公司	25 643	18 533	72.3
6	淮北矿山机器制造有限公司	16 215	16 215	100.0
7	镇江电磁设备厂有限责任公司	10 820	10 680	98.7
8	南昌矿山机械有限公司	12 757	6 346	49.7
9	河南威猛振动设备股份有限公司	29 853	57 618	92.5
10	河南群英机械制造有限责任公司	19 680	901	4.6
11	赣州金环磁选设备有限公司	34 614	33 544	96.9
12	海安县万力振动机械有限公司	17 110	4 873	28.5
13	唐山陆凯科技有限公司	13 319	7 409	55.6
14	新乡市瑞丰机械设备有限公司	8 715	7 900	90.6
15	岳阳科德科技有限责任公司	6 900	260	3.8

（续）

序号	企业名称	企业总产值（万元）	洗选设备产值（万元）	占比（%）
16	柳州中特高压电器有限公司	7 098	2 700	38.0
17	河南金特振动机械有限公司	4 445	2 876	64.7
18	淮北市一环矿山机械有限公司	2 500	2 100	84.0
19	郑州一帆机械设备有限公司	23 490	1 548	6.2
20	北京矿冶研究总院机械研究所	32 109	24 786	77.1
21	江苏科行环保科技有限公司	19 432	18 959	97.5
22	上海山美重型矿山机械有限公司	8 165	—	—
23	淮北市协力重型机器有限责任公司	7 545	4 800	63.6
24	黑旋风工程机械开发有限公司	11 514	4 029	35.0
25	唐山汇力科技有限公司	3 562	3 126	87.8
26	河南太行振动股份有限公司	42 987	42 987	100.0
	合计	1 871 187	352 150	18.8

生产发展情况 2011 年，洗选设备制造行业主要企业都取得较大的发展。行业内多数企业经济效益有所提升，26 家骨干企业全年完成工业总产值达到 194.7 亿元。

分类产品生产情况 2011 年洗选设备行业主要企业产品产量、产值及其增长情况见表 3。

表 3 2011 年洗选设备行业主要企业产品产量、产值及其增长情况

序号	企业及产品名称	产量（台）	产值（万元）	产值比上年增长（%）
1	北方重工集团有限公司			
	分级机械	13	815	-52.0
	磁选机械	147	2 486	54.0
	浓缩机械	4	316	-13.0
	过滤机械	17	578	-12.0
	筛分机械	20	615	-9.0
2	中信重工机械股份有限公司洛阳矿山机械厂			
	过滤机械	28	5 600	-3.6
3	沈阳隆基电磁科技股份有限公司			
	磁选机械	1 406	39 633	46.3
	电磁除铁器	1 176	16 315	11.6
	起重电磁永磁铁	1 224	3 315	42.7
4	山东华特磁电科技股份有限公司			
	磁选机械	650	10 723	133.0
	搅拌机械	35	1 981	-20.5
	电磁、永磁除铁器	2 377	10 991	19.2
5	鞍山重型矿山机器股份有限公司			
	筛分机械	978	19 725	-11.0
6	淮北矿山机器制造有限公司			
	浮选机械	61	2 892	26.0
	浓缩机械	210	11 710	23.0
7	镇江电磁设备厂有限责任公司			
	磁选机械	2 020	16 780	6.0
8	南昌矿山机械有限公司			
	筛分机械	253	3 896	20.0
9	河南威猛振动设备股份有限公司			
	筛分机械	2 447	29 853	28.0

（续）

序号	企业及产品名称	产量(台)	产值(万元)	产值比上年增长(%)
10	河南群英机械制造有限责任公司			
	分级机械	19	443	203.0
	浮选机械	2	141	16.0
	浓缩机械	4	140	100.0
	筛分机械	13	145	-6.4
11	赣州金环磁选设备有限公司			
	重选机械	82	2 460	9.6
	磁选机械	302	32 154	44.3
12	海安县万力振动机械有限公司			
	磁选机械	4 307	2 184	1.0
	筛分机械	302	4 873	14.5
13	唐山陆凯科技有限公司			
	筛分机械	1 105	91 460	45.6
14	新乡市瑞丰机械设备有限公司			
	筛分机械	300	5 800	5.0
	给料机	450	2 100	5.0
15	岳阳科德科技有限责任公司			
	磁选机械	160	1 800	15.0
	电磁除铁器	10	1 100	8.0
	起重永磁电除铁	300	4 000	10.0
16	柳州中特高压电器有限公司			
	磁选机械	90	900	918.0
	电磁除铁器	300	1 800	1 867.0
17	河南金特振动机械有限公司			
	筛分机械	575	2 876	7.0
18	淮北市一环矿山机械有限公司			
	浮选机械	21	280	10.0
	浓缩机械	80	1 850	12.0
	过滤机械	16	3 701	9.0
19	郑州一帆机械设备有限公司			
	分级机械	15	83	4.0
	筛分机械	258	1 548	11.3
20	北京矿冶研究总院机械研究所			
	重选机械	110	302	-3.8
	浮选机械	1 538	25 155	7.2
	磁选机械	2 180	7 970	34.3
21	江苏科行环保科技有限公司			
	筛分机械	129	19 256	5.2
22	上海山美重型矿山机械有限公司			
	其他	77	7 422	—
23	淮北市协力重型机器有限责任公司			
	浮选机械	30	690	25.0
	浓缩机械	98	3 600	32.0
	过滤机械	15	300	24.0
	筛分机械	70	700	30.0

（续）

序号	企业及产品名称	产量(台)	产值(万元)	产值比上年增长(%)
24	黑旋风工程机械开发有限公司			
	筛分机械	35	4 029	21.0
25	唐山汇力科技有限公司			
	筛分机械	120	1 858	-2.0
	分级机械	26	173	—
	重选机械	8	128	—
	浮选机械	6	331	57.0
	磁选机械	6	136	—
	浓缩机械	30	380	—
	过滤机械	8	120	—
26	河南太行振动股份有限公司			
	筛分机械	2 533	18 712	12.0

产品出口情况　2011年对10家企业的统计，共出口各种洗选设备2 254台，出口交货值达22 802.4万元。2011年行业10家企业洗选设备出口情况见表4。

表4　2011年行业10家企业洗选设备出口情况

序号	企业及产品名称	出口量(台)	出口交货值(万元)
1	北方重工集团有限公司		
	磁选机	4	86.7
	浓缩机	6	321.6
2	沈阳隆基电磁科技股份有限公司		
	磁选机	351	1 057.0
	除铁器	371	584.0
	起重磁力设备	246	429.0
3	山东华特磁电科技股份有限公司		
	除铁器	33	97.3
	搅拌机	3	161.3
	磁选机	7	191.7
4	鞍山重型矿山机器股份有限公司		
	筛分机械	7	589.0
5	淮北矿山机器制造有限公司		
	浓缩机	5	1 300.0
6	镇江电磁设备厂有限责任公司		
	除铁器	187	1 196.8
7	南昌矿山机械有限公司		
	筛分机械	253	6 791.0
8	河南威猛振动设备股份有限公司		
	筛分机械	3	4 760.0
9	海安县万力振动机械有限公司		
	螺旋输送机	600	512.0
	振动筛	50	2 010.0
	给料机	25	115.0
10	北京矿冶研究总院机械研究所		
	浮选机	40	750.0
	磁选机	63	1 850.0
	合 计	2 254	22 802.4

科研成果与新产品研制情况　2011 年,洗选设备行业研制开发了一大批技术先进的大型高效节能洗选设备,新产品不断涌现。如北京矿冶研究总院 2011 年承担了 7 项国家“十一五”项目,全部通过了国家科技部的验收;开发新型设备 8 种,申报专利 16 项,获专利授权 10 项,获优秀专利奖 1 项。研制的国际上最大的 CT1630 干式磁滚筒在首钢矿业公司应用,从矿山剥离围岩中回收有用的铁矿石;“十一五”科技支撑计划课题 ϕ1 500 mm × 4 500 mm 超大型多力场磁选机研制完成工业试验,顺利通过了验收,并推广应用;研制的双通道四辊电磁干式强磁选机在非金属提纯领域得到广泛推广应用。沈阳隆基科技股份有限公司研制了高强磁煤用重介质磁选机、磁性物料除铁系统、全自动磁悬浮精选机。山东华特磁电科技股份有限公司研制开发了节能环保强制油冷却立环高梯度磁选机、高性能环保型电磁搅拌器、砂土类移动式干选机、CTY 型永磁湿式预选机。淮北矿山机器制造有限公司研制了 NXZ – 53 高效智能控制浓缩机;鞍山重型矿山机器股份有限公司研制了双层 56 m^2TKB 直线振动筛;唐山陆凯科技有限公司研制了电磁振动高频振网筛、叠层复合振动筛等新产品。这些大型、高效节能型装备的研发成功,为我国洗选装备向国际先进水平迈进奠定了坚实的基础。

2011 年洗选设备部分企业新产品新技术开发项目见表 5。

表 5　2011 年洗选设备部分企业新产品新技术开发项目

序号	项目名称	主要技术性能	研制单位
1	SC50 带旋转磁场磁重分选机	筒体外工作表面磁感应强度 550 GS 左右,内表面磁感应强度 120 GS,可以变频调速,频率在10 ~ 60 Hz	北方重工集团有限公司
2	ϕ4 000 mm 永磁脱水槽	处理能力:90 ~ 200 t/h;选别粒度:0 ~ 1.5 mm	北方重工集团有限公司
3	高强磁煤用重介质磁选机	利用磁选机滚筒中的磁系产生磁场,将重介选煤稀介中的磁性物质吸附在滚筒表面,随圆筒旋转带出磁性区,在重力和旋转抛力下流入精矿槽。该产品主要应用于重介选煤厂、选矿厂的磁性物回收 型号:HMDS 系列,滚筒表面磁场强度:3 000 GS,回收率:99.9%,减速电动机功率:5.5 kW,滚筒直径:ϕ914 mm,处理量: 280 ~ 298 m^3/h,处理介质:0 ~ 0.6 mm 稀介	沈阳隆基电磁科技股份有限公司
4	磁性物料除铁系统	借助于高梯度磁场、逆向磁场、特定的机械结构及相关的辅助设备,清除磁性物料中的铁件。主要适用于清除矿山、钢厂等现场中磁性物料中的铁件,如铁矿石、烧结矿、球团矿、铁粉等 型号:LJK – 5012,主磁极吸铁高度:(ϕ24 × 120) 730 mm(标准 450 mm),主磁极额定励磁电压:513 V DC,辅助磁极励磁电压:342 V DC,绝缘等级:C 级,额定输入电压:380 V AC,耐压:直流3 kV历时 1 min无击穿或闪络现象,绝缘电阻:300 MΩ(标准 10 MΩ)	沈阳隆基电磁科技股份有限公司
5	钢渣废弃物回收用带式磁选机	采用特殊的磁场分布,增大了磁场分布面积,降低了输送机中心与边缘的磁场差;在散热方面采用冷风方式,线圈表面用玻璃丝带缠绕、浸漆;在机械结构方面进行优化升级,传动滚筒采用大滚筒结构,皮带运行平稳,进一步提高了选别效果 设备适用带宽:800 ~ 1 600 mm 输送机,主磁场磁场强度:900 ~ 1 400 GS,辅助磁场强度:0 ~ 700 GS;双极磁系结构适用于粗、中粒度级钢渣磁选,单极磁系结构适用于细粒度级钢渣磁选	沈阳隆基电磁科技股份有限公司

（续）

序号	项目名称	主要技术性能	研制单位
6	全自动磁悬浮精选机	主要应用在磁性精矿的作业，可以提高精矿品位2～9个百分点，或在不降低精矿品位的情况下适当放粗磨矿粒度，提高生产率。还可以作浓缩机、脱泥槽、重介质回收设备 设备型号：LJC－4000（原 LCZ－1 200），选别筒径：1 200 mm，处理能力：25～30 t/h，给矿浓度：20%～50%，给矿粒度：－200 目大于等于 60%，给水压力：0.2 MPa，耗水量：80～100 t/h，励磁功率：4.0 kW	沈阳隆基电磁科技股份有限公司
7	节能环保强制油冷却立环高梯度磁选机	产品采用油水两种冷却介质联合对线圈进行冷却，冷却效果显著。油作为冷却介质首先在封闭的管道内强迫循环，对励磁线圈进行散热，携带热量的冷却油输送到水套式冷凝器（或经过风冷式冷凝器再输送到水套式冷凝器），然后用水作为冷却介质在水套式冷凝器内部进一步对冷却油进行冷却 转环直径：2 000 mm，额定磁场强度：10 000 GS，矿浆处理能力：100～200 m^3/h	山东华特磁电科技股份有限公司
8	高性能环保型电磁搅拌器	当前国内外冶金熔炼用电磁搅拌器，由于采用液压控制，存在安全和环境污染隐患。一旦熔炉底部出现金属液渗漏现象，将会引发液压油火灾；由于其工作环境温度高，使橡胶密封件及胶管老化加速，极易因失效和破损引起液压油喷洒，造成环境污染。本项目全部创新为机电控制，不仅有效解决了上述安全和环境污染隐患问题，而且工作性能稳定，操作简单，维修方便，可提高熔化效率 20%，减少金属烧损 3%～5%，减少氧化渣 20%	山东华特磁电科技股份有限公司
9	砂土类移动式干选机	用于沙土矿、沙石矿、河沙、海沙等软体矿或碎粉状贫矿中磁性矿物的富集，或从其他粉粒状物质中除去磁性杂质。磁源采用复合磁系，多磁极、大包角，磁感强度 250～700 mT，梯度大，有利于对低品位矿石的回收。磁极沿圆周交替排列，磁翻滚次数多，分选效果好	山东华特磁电科技股份有限公司
10	双层 56 m^2TKB 巨型振动筛	筛分面积56.5 m^2，筛面层数：2 层，筛面宽度：5.0 m，筛面长度：11.3 m，生产能力：2 500～3 000 t/h，最大入料粒度：300 mm，筛孔：上层 50～100 m，下层：13～40 mm	鞍山重型矿山机器股份有限公司
11	NXZ－53 高效智能控制浓缩机	国内先进水平	淮北矿山机器制造有限公司
12	隔爆型电磁除铁器	国内先进水平	镇江电磁设备厂有限责任公司
13	KYF－320 m^3 超大型浮选机	KYF－320 m^3 型超大型浮选机的研制成功，使我国矿物加工中的关键技术和设备总体技术达到国外先进水平	北京矿冶设计研究总院
14	CTB1245 大型筒式磁选机	该设备被列为国家“十一五”科技支撑项目，设备性能达到国际先进水平	北京矿冶设计研究总院
15	电磁振动高频振网筛	国际先进水平	唐山陆凯科技有限公司
16	叠层电磁振网筛	国际先进水平	唐山陆凯科技有限公司
17	叠层复合振动筛	国际先进水平	唐山陆凯科技有限公司

（续）

序号	项目名称	主要技术性能	研制单位
18	3SCS5050 振动筛	江苏省高新技术产品	海安县万力振动机械有限公司
19	智能移动冶炼烧结筛分项目	国内领先水平	河南威猛振动设备股份有限公司
20	JJFS 系列新型节能振动复合筛	国内先进水平	河南省金特振动机械有限公司
21	有色金属分选机	国家专利	岳阳科德科技有限责任公司

2011 年获得部省市级科技成果奖的项目有：沈阳隆基电磁科技有限公司的“高强磁煤用重介质磁选机”项目，获中国优秀专利奖一等奖；山东华特磁电科技股份有限公司的“砂土类移动式干选机”项目获得 2011 年中国机械工业科学技术奖三等奖，研制的“CTY 型永磁湿式预选机”项目获得 2011 年度潍坊市科学技术进步奖二等奖；唐山陆凯科技有限公司研制的“叠层电磁振网筛”获得唐山市科学技术奖二等奖；岳阳科德科技有限责任公司研发的“高梯度磁选机”获得岳阳市科学技术进步奖二等奖。

固定资产投资情况 行业企业固定资产投资进一步增大，达到 5.45 亿元，其中基本建设投资 3.58 亿元，技术更新改造投资 1.69 亿元，为洗选设备制造业增添了发展后劲。行业内重点骨干企业加强选矿工程实验室的建设，建立了产品创新平台，为大型化、自动化、高效、节能矿山洗选装备的研究开发奠定了物质基础。2011 年洗选设备行业部分企业固定资产投资额见表 6。

表 6　2011 年洗选设备行业部分企业固定资产投资额　（单位：万元）

序号	企业名称	固定资产投资总计	其中：基本建设投资	其中：技术更新改造投资
1	北方重工集团有限公司	2 731	800	1 931
2	中信重工机械股份有限公司洛阳矿山机械厂	3 400	—	3 400
3	沈阳隆基电磁科技股份有限公司	4 874	4 234	640
4	山东华特磁电科技股份有限公司	6 045	5 207	838
5	鞍山重型矿山机器股份有限公司	1 582	—	1 582
6	淮北矿山机器制造有限公司	562	300	262
7	镇江电磁设备厂有限责任公司	2 000	1 200	800
8	南昌矿山机械有限公司	973	393	580
9	河南威猛振动设备股份有限公司	870	360	510
10	河南群英机械制造有限责任公司	22	—	22
11	赣州金环磁选设备有限公司	1 716	1 328	388
12	海安县万力振动机械有限公司	500	240	260
13	唐山陆凯科技有限公司	108	—	108
14	新乡市瑞丰机械设备有限公司	403	135	268
15	岳阳科德科技有限责任公司	2 000	1 240	760
16	柳州中特高压电器有限公司	3 500	3 000	500
17	河南金特振动机械有限公司	680	450	230
18	淮北市一环矿山机械有限公司	1 500	1 000	500
19	郑州一帆机械设备有限公司	450	350	100
20	江苏科行环保科技有限公司	15 525	12 643	2 882
21	上海山美重型矿山机械有限公司	1 774	—	—
22	淮北市协力重型机器有限责任公司	3 000	2 740	260
23	唐山汇力科技有限公司	250	220	30
24	河南太行振动股份有限公司	—	—	—
	合计	54 465	35 840	16 851

行业标准化工作 2011年，洗选设备行业共完成3项标准的制定、修订工作。制定的标准有：由镇江电磁设备有限公司负责起草、北方重工集团有限公司等企业参与的JB/T×××××矿物回收磁选机，由淮北矿山机器制造有限公司起草、北方重工集团有限公司等企业参与的JB/T×××××深锥浓缩机；修订的标准有：由北方重工集团起草、淮北矿山机器制造有限公司等企业参与的GB/T 10605中心传动式浓缩机。上述标准工作大大提升了行业的共性技术水平，使得标准的覆盖面更广，适用性更强，促进了行业发展。

2011年行业标准化工作情况见表7。

表7 2011年行业标准化工作情况

序号	标准名称	标准编号	制定、修订情况
1	中心传动式浓缩机	GB/T 10605	修订
2	深锥浓缩机	JB/T	制定
3	矿物回收磁选机	JB/T	制定

〔撰稿人：中国重型机械工业协会洗选设备专业委员会吕英凡　审稿人：中国重型机械工业协会洗选设备专业委员会冯泉〕

大型铸锻件

生产发展情况 大型铸锻件行业是我国重大装备制造业的基础行业，大型铸锻件产品是重大装备典型的关键零部件，广泛用于重型机械设备、冶金轧钢设备、电力发电设备、石油化工设备以及航空航天、舰船机车等装备。既可独立作为各行业大型设备的备品备件，如轧钢机用支承辊、工作辊、大型模具钢锻件等，又可以作为各行业重大装备的重要受力部件，如火力发电机组汽轮机的高中低压转子、汽轮机缸体、发电机转子及无磁性护环，水电机组水轮机的大轴、转轮体，核电机组核反应堆的压力容器、蒸发器、主管道、稳压器及特大型半速转子、汽缸、主泵，石油化工设备的重型反应容器等。

大型铸锻件行业又是资金、技术和劳动密集型行业，因其产品的特殊性，国内主要的生产企业均为国有大中型企业。随着我国经济的高速发展，近年来也有部分私人控股企业加入大型铸锻件行业。“十一五”前期，我国大型铸锻件行业迎来了历史上最好的发展时期，资产重组、技改基建以及科技创新活动非常活跃，行业整体装备水平、产品研发水平及产能得到大幅度提高，制造企业的生产经营指标呈现连年大幅增长的局面。但是，由于国际金融危机的持续影响以及日本地震引发的核泄漏事故致使对大型铸锻件产品的需求放缓，并且这种影响随着危机的不断加深而越发严重。2007—2011年大型铸锻件行业7个代表性企业主要经济指标完成情况见表1。2011年大型铸锻件行业部分企业铸锻件产品产销及出口情况见表2。

表1 2007—2011年大型铸锻件行业7个代表性企业主要经济指标完成情况

指标名称	单位	2007年	2008年	2009年	2010年	2011年
工业总产值（当年价）	万元	5 421 825	7 284 066	8 057 780	8 139 908	8 022 950
工业增加值	万元	1 126 686	1 511 451	1 722 469	1 667 784	1 620 352
产品销售收入	万元	4 466 122	6 196 433	7 308 633	7 114 662	7 564 715
产品销售税金及附加	万元	21 678	20 564	37 087	33 819	35 013
利润总额	万元	327 751	450 068	494 037	479 396	249 231
年末固定资产原价	万元	1 831 263	2 498 236	2 912 158	3 313 490	3 903 564
年末固定资产净值	万元	1 238 595	1 632 542	1 977 655	2 284 461	2 684 187
流动资产合计	万元	5 008 508	7 401 404	8 935 947	8 884 493	11 008 638
流动负债合计	万元	5 062 874	5 423 675	8 244 290	6 969 332	8 571 058
所有者权益	万元	1 317 464	1 972 179	2 462 250	4 270 114	4 921 803
全员劳动生产率	元/人	196 673	271 358	301 805	280 017	269 118

注：表中统计的7个企业是中国第一重型机械集团公司、中国第二重型机械集团公司、上海电气重工集团、中信重工机械股份有限公司、太原重工股份有限公司、大连重工·起重集团有限公司、北方重工集团有限公司。

表2　2011年大型铸锻件行业部分企业铸锻件产品产销及出口情况

企业名称	产量		工业总产值（亿元）	比上年增长（%）	工业销售产值（亿元）	比上年增长（%）	出口交货值（亿元）	比上年增长（%）
	铸钢件（t）	锻钢件（t）						
中国第一重型机械集团公司	52 178	163 579	116.75	-14.3	94.00	-0.3	3.55	-46.7
中国第二重型机械集团公司	52 147	110 420	79.89	-22.4	70.10	2.0	1.88	-63.0
上海电气重工集团	38 309	67 509	38.04	-1.0	35.09	-7.1	9.06	77.6
大连重工·起重集团有限公司			105.47	-27.5	103.57	-27.4	12.68	45.9
中信重工洛阳中重铸锻有限责任公司	55 432	47 170	19.51	-6.1	19.50	-6.7		
太原重工股份有限公司	35 014	201 400（其中：火车轮轴150 000）	30.50		23.90		5.35	30.0
北方重工集团沈阳铸锻工业有限公司	17 835	7 490	5.13	0.6	4.97	10.0		
武汉重工铸锻有限责任公司		48 558	20.08		19.34		0.31	
中钢集团邢台机械轧辊有限公司		5 510	23.10	-8.0	23.55	0.6	2.51	0.3
鞍钢重型机械有限责任公司锻造厂		16 820	2.39		1.79			
中冶陕压重工设备有限公司	13 686	21 814	13.45	23.0	13.07	24.0	0.32	-20.0
广东省韶铸集团有限公司	49 881	27 038	7.59	9.3	7.43	9.7	2.04	45.7
合计	314 482	717 308	461.90		416.30		37.70	

注：表中统计数据来自各单位反馈的调查表。其中，中国第一重型机械集团公司、中国第二重型机械集团公司、上海电气重工集团、大连重工·起重集团有限公司是整个集团公司的统计数据。

市场及销售　2011年大型铸锻件行业主要产品按用途分产销及出口情况见表3。

表3　2011年大型铸锻件行业主要产品按用途分产销及出口情况

产品名称	产量（t）	比上年增长（%）	销量（t）	比上年增长（%）	出口量（t）	比上年增长（%）
炼油化工设备	77 982	86.0	41 493	70.0		
矿山设备	414 580	11.5	388 290	14.4	51 305	34.2
冶炼设备	169 493	7.7	168 222	14.0	13 164	18.3
金属轧制设备	135 567	-42.2	160 521	-36.3	3 836	-81.6
起重设备	145 270	16.8	144 980	13.6	769	-39.6
工矿配件	216 168	51.0	293 094	57.0	19 448	70.4

注：表中统计数据来自中国第一重型机械集团公司、中国第二重型机械集团公司、上海电气重工集团、中信重工机械股份有限公司、太原重工股份有限公司、大连重工·起重集团有限公司、北方重工集团有限公司。

由表3可知，国内炼油化工设备产销量大增，但几乎没有国外市场；工矿配件（包括通用机械配件、重型矿山机械配件和电工电器配件）的产销量增加较多，出口量也有较大幅度的增长；矿山设备、冶炼设备、起重设备产销保持平稳增长；而金属轧制设备的产销量继续走低。

科技成果及新产品　2011年，大型铸锻件行业各企业非常重视科研开发与技术创新工作，提升了行业整体技术水平。据不完全统计，行业共申请专利350多项。

中国第二重型机械集团公司攻克了AP1000核电主管道世界性技术难题，并成功研制出产品；同时开发出世界最大的三峡升船机齿条和螺母柱；继2009年研制出首根特大型核电整体半速转子后，已形成批量生产，现已累计供货6根，这是大型锻件极限制造领域的重大突破；牵头承担的《大型火电机组关键铸锻件制造技术研究》《大型水电机组关键铸锻件制造技术研究》两项“十一五”国家科技支撑计划项目顺利通过了验收，填补了国内空白。

中国第一重型机械集团公司承担的“中国实验快堆核岛关键主设备研制”通过了专家鉴定，填补了国内空白；牵头承担的《百万千瓦级核电设备大型铸锻件关键制造技术研究》“十一五”国家科技支撑计划项目通过了验收；2011年8月，生产的第一根特大型核电整体半速转子出厂并交付用户。

2011年大型铸锻件行业科研项目获奖情况见表4。

表4　2011年大型铸锻件行业科研项目获奖情况

项目名称	奖项名称	获奖等级	主要完成单位
450t电渣重熔炉研制	中国机械工业科学技术奖	一等奖	上海重型机器厂有限公司
核电机组特大型半速整锻转子锻件制造技术研究与应用	四川省科技进步奖	一等奖	中国第二重型机械集团公司
百吨级大型铸钢件关键成形技术	中国机械工业科学技术奖	二等奖	洛阳中重铸锻有限责任公司
风电产品控时淬火冷却工艺和设备的研究与应用	中国机械工业科学技术奖	二等奖	大连重工·起重集团有限公司
160 MN自由锻造水压机研制	中国机械工业科学技术奖	二等奖	中国第二重型机械集团公司
600～1 000MW超超临界火电机组大型关键铸件国产化研究	国家能源局科技进步奖	二等奖	中国第二重型机械集团公司

行业标准化工作　2011年度，全国大型铸锻件标准化技术委员会在国家标准委、中国机械工业联合会和四川省质量技术监督局的领导下，在各成员单位的大力支持下，积极开展标准的申报立项和制修订组织工作，共有8项标准制定、26项标准修订工作正在进行中。这34项行业标准均为大型铸锻件专业领域的产品标准，涉及《装备制造业调整和振兴规划》中重点发展的核电、火电、水电机组用大型铸锻件、冷热连轧机铸锻件、船用曲轴，以及战略性新兴产业大型风电机组锻件等。

全国大型铸锻件标委会完成了“全国大型铸锻件标准体系研究”课题项目并通过了验收，建立了全国大型铸锻件标准体系；完成了国家重点装备工业领域的两项国家标准《大型碳素结构钢锻件　技术条件》《大型合金结构钢锻件　技术条件》预阶段草案的编制。

在国家能源局的组织下，大型铸锻件行业多家企业作为主要制标单位编制了核电机组铸锻件标准，为我国核电标准体系建设做出了积极贡献。

基本建设及技术改造　尽管没有“十一五”期间的投资力度大，但部分企业的基本建设和技术改造项目仍在持续推进。

中国第一重型机械集团公司大连石化容器制造基地项目已完成七跨联合厂房承台基础施工和厂区围墙工程建设；滨海制造基地项目已完成二联合、三联合厂房建设，厂房内设备已基本完成安装调试；能源装备大型铸锻件生产流程专业化自动化技术升级改造项目已完成以下建设内容：炼钢自动上料系统、旧130 t精炼炉罐式真空改造、炼钢真空泵循环水系统扩容、雨污管网分流改造、360 t吊钳、700 t吊钳、新型烤包器、天然气调峰站、综合回用水处理系统、新130 t精炼炉、备件自动化立体仓库、炼钢辅料自动化立体仓库；大连设计院研发大楼建设项目已完成初步设计和施工设计，并已通过公司评审。

中国第二重型机械集团公司新建的世界最大的800 MN模锻压机主体施工全部完成。

上海重型机器厂有限公司大型核电及转子锻件产能完善技术改造项目于2011年6月全部完成，总投资32 320万元。其中固定资产投资29 320万元，主要新建热处理车间及新增台车炉、环形炉设备。该项目的产品制造工艺技术具有国际先进水平，今后产品制造技术所形成的核心自主知识产权由企业拥有，项目具有良好的适应性。

太原重工股份有限公司的风电技术项目于2011年初建成投产；天津临港基地第一期工程于2011年年底建成投产；公司自筹资金建设的重大技术装备大型铸锻件国产化研制技术改造项目：炼铸钢厂房完成封闭，80 t电炉、120 t精炼炉开始安装，锻造厂房完成封闭，125 MN压机机械本体就位，联合泵站、变电站工程主体完工。

沈阳铸锻工业有限公司正进行二期改造。改造后主要增加80MN锻造油压机、150 t精炼炉、2.5 m×8 m数控龙门铣镗床、8 m滚齿机、8 m立式车床和铣齿机等。

武汉重工铸锻有限责任公司在青岛海西湾造船基地投资4.85亿元，成立青岛海西重工有限责任公司，主要为用户提供船用大型柴油机曲轴，拥有年产150支的生产能力。公司在建的100 t电炉、120 t精炼炉、7轴5联动螺旋桨数控加工中心及大口径厚壁无缝钢管第二生产线等项目正按计划实施。

中冶陕压重工设备有限公司总投资2亿元的一车间重跨建设项目于2011年10月建成投产。

对外合作及企业发展　为了进一步拓宽市场领域，提高核心竞争力，以兼并重组、股权收购、增资扩股等方式的企业扩展活动一直都在持续进行。2011年2月25日，宝鼎重工股份有限公司正式挂牌上市，股票简称：宝鼎重工。2011年12月29日，大连重工·起重集团成功实现整体上市，大连华锐重工集团股份有限公司新股发行上市仪式隆重举行。

2011年2月23日，中信重工股份有限公司举行了全资收购西班牙GANDARA CENSA. S. A. 公司的签字仪式。通过并购该公司，中信重工将建成面向欧洲、非洲、中东等国际市场的海外核心制造基地。中国第一重型机械集团公司制定了“以资产经营为主向资产和资本经营并重转变”的发展战略，并围绕主业开展了有关的兼并重组工作。2011年2月，中国一重取得了绍兴通力机床有限公司控股权，通过控股绍兴机床，中国一重顺利进入了重型机床设计、制造领域，延伸了主业。2011年5月，中国一重取得了华冶轧辊控股权，通过控股华冶轧辊，中国一重顺利进入了冷轧工作辊生产领域，为企业扩张赢得了资源支持。

太原重工股份有限公司于2011年成立了太原重工香港分公司、印度分公司等，大力拓展海外业务。

〔撰稿人：中国重型机械工业协会大型铸锻件分会肖红原　审稿人：中国重型机械工业协会大型铸锻件分会蒋新亮、陈海堤、孙海燕〕

基 础 件

减 速 器

行业发展状况 2011年,由于受到国内宏观经济发展速度放缓的影响,减速器行业发展增速趋缓,但整体仍呈健康发展态势。与此同时,得益于近几年国家对基础件行业发展的政策支持和各种积极的措施鼓励,减速器行业进入了一个新的发展时期,结构转变正在加速,转型升级初见成效,行业出现了多年来少有的以提升整体实力为目标的快速发展新景象。一些机械行业传统企业在转型升级和调整优化产品结构的过程中,也把减速器产品列为其主导产品之一,这也凸显了减速器这一基础产品受到的空前重视。

为更好地指导包括减速器行业在内的基础行业的发展,《机械基础件、基础制造工艺和基础材料产业“十二五”发展规划》于2011年正式发布。规划中明确了“十二五”期间“三基”产业的发展目标为:通过五年时间的努力,我国“三基”产业创新能力明显增强,加工制造水平显著提高,能基本满足重大装备的发展需要,产业发展严重滞后的局面得到改观。“十二五”期间,主要基础件产销的年均增长率将保持在15%左右,重大装备所需的机械基础件配套能力提高到75%以上,产品使用寿命提高15%~20%,形成若干年销售收入超过100亿元的具有国际竞争力的大型企业集团,培育100家具有知名品牌的“专、精、特”企业,优化30个特色产业集聚区,全面推广应用绿色制造工艺与装备。这一规划的实施,必将对减速器行业在“十二五”期间的发展产生更加积极的推动作用。

在经过近几年的企业兼并、收购及改制之后,行业企业中国有企业的数量已大为减少,目前其占比约为10%,独资与合资企业占比15%,其余均为民营股份制企业。行业企业整体技术实力和装备水平跃上一个新的高度。可以说,近十年间,国内减速机行业已实现跨越式发展,整体实力和技术水平有了显著提升。2011年大连华锐重工集团在德国组建的齿轮箱工程研究中心宣告成立,从而成为行业中第一个在海外设立研发中心的企业。

市场及生产情况 2011年,减速器市场整体销售规模和上年基本持平,但具体到服务用户行业的不同,情况差别较大。黑色金属、有色金属、电力、起重等设备制造行业整体较为低迷,减速机需求量下滑严重,只有为冶金行业小型棒线材生产线配套的传动减速箱还保持一定的需求,但价格也下滑约10%。水泥设备、工程机械行业仍保持一定的需求量,但经过前些年的高速发展,市场饱和迹象明显,已呈现疲态,预计后续两年亦会出现需求及价格的进一步回落。风电设备行业在经过数年的高速发展之后,由于受风电并网等技术性问题的制约,2011年后半年需求开始迅速减少,预计风电设备行业将会经历持续数年的调整洗牌期。但海上风电机组装机容量的增加及配套齿轮箱大型化的趋势不会改变,这将为整体技术实力较强的企业提供发展机会。发展态势较好的主要有煤炭、化工、矿山、军工、海洋等装备制造行业,它们是2011年少有的几个鼓舞人的行业,但其需求向高端化、高可靠性方向发展态势明显。

减速器行业几家上市公司的情况与行业整体的发展情况大致相同,由于各单位的主要服务行业不同,因而全年业绩表现差异较大。

中国第二重型机械集团公司、太原重型机械集团有限公司由于主要服务行业为冶金、风电等设备制造行业,加之风电齿轮箱尚未形成大的生产规模,因而受市场变化影响较大,中国二重精衡传动设备有限公司还出现了亏损。宁波东力传动设备有限公司、大连华锐重工集团的服务行业同为冶金、风电等设备制造行业,因之营业收入亦出现下滑,利润降幅更大。其中东力传动全年营业收入6.86亿元,比上年下降3.16%;而利润只有3 076万元,比上年下降63.34%。中国高速传动设备集团有限公司2011年全年营业收入71.2亿元,比上年下降3.7%;利润5.56亿元,比上年下降59.7%。杭齿前进和重庆齿轮箱有限责任公司的主要服务领域为工程机械、造船工业等,2011年的发展情况就比较好,其中杭齿前进2011年营业收入23.72亿元,比上年增长7.33%;利润1.49亿元,比上年增长15.55%。重庆齿轮箱有限责任公司2011年完成工业总产值47.87亿元,比上年增长27.8%;实现利润3.00亿元,比上年增长78.9%,其中有很大一部分增长来自新领域、新市场,如工程机械、核电工程、轨道交通、海洋工程等配套产品成为公司新的经济增长点。

行业内其他企业情况也都大致反映这样一个总趋势,主要服务于冶金、起重等设备行业的厂家合同订货额和利润均下滑严重,回款困难,个别小规模企业甚至出现关门歇业的情况。而服务行业适度多元化及新品开发较为主动的企业则经营状况要好得多。其中,浙江恒星科技集团多年来一直坚持以出口为主导的市场策略,不仅在亚洲市场,而且在欧美市场也赢得了一定份额。特别在近年金融危机及欧美经济状况低迷中,成功地化“危”为“机”,抢占了多年来一直被欧洲厂家占据的市场，为行业企业走出国门提供了宝贵的借鉴经验。

目前国内减速器主要制造商除几大重机制造企业外，还有下述企业：

重庆齿轮箱有限责任公司、杭州前进齿轮箱集团有限公司、南京高精齿轮集团公司、江苏泰隆机械集团公司、宁波东力传动设备有限公司、江苏泰星减速机股份有限公司、江苏国茂国泰减速机集团有限公司、浙江长城减速机有限公司、浙江通力减速机有限公司、杭州万杰减速机有限公司、江苏金象传动设备有限公司、山西省平遥减速机有限公司、荆州市巨鲸传动机械有限公司等。

经过最近几年的技改及扩建，行业装备水平明显提升，产能迅速扩大。2011 年，行业企业的装备及工艺水平仍在提升中。江苏省金象传动设备股份有限公司斥资近 2 000 万元从德国购置的六轴五联动龙门式弧锥齿加工中心安装调试成功。截至目前，该加工中心最大加工直径2 800 m，最大加工精度 DIN5 级，在国内同类设备中加工直径最大，精度最高。该设备可进行多轴联动，可加工表面形状复杂的零件，带有 24 刀刀库，有多种自动换刀或选刀功能，工件在一次装夹后，能对多个表面完成多种工序的加工，大大提高了生产效率及加工精度。

中国二重精衡传动设备有限公司2011 年成功完成首批三峡齿条产品表面淬火，单件齿条总长达 5 100 mm，是迄今为止国内乃至国际上成功完成表面淬火的最长的大模数齿条。该齿条毛坯为铸钢件，表面淬火裂纹控制及变形控制难度极大，尤其是齿条表面淬火开裂问题给齿条的批量生产带来很大的风险，而且即使产品未发现开裂，齿条齿根潜在的残余应力将产生延迟裂纹，对今后的使用也将产生不利影响。齿条表面淬火的成功是中国二重在大模数齿条表面淬火领域的一项重大技术突破，为下一步三峡齿条如期交付奠定了坚实的基础。

新产品开发及标准化工作 减速器新产品开发工作仍然得到各企业的重视，全年行业企业完成了多项成果鉴定。2011 年行业科研成果鉴定项目见表 1。

表 1 2011 年行业科研成果鉴定项目

序号	项目名称	完成单位名称
1	兆瓦级机械封闭式减速器试验台	山西平遥减速机有限责任公司
2	百万千瓦核电站海水循环泵配套齿轮箱	重庆齿轮箱有限责任公司
3	中心传动磨机减速机开发与产业化	江苏金象传动设备有限公司
4	多分流立式磨机传动装置研发	江苏金象传动设备有限公司
5	外制动回转差动行星齿轮箱	中国重型机械研究院有限公司

除此之外，行业其他厂家在新品的开发方面也取得不俗成绩，如大连重工·起重集团有限公司在 1.5 MW 风电齿轮箱规模化生产的基础上，又相继开发完成了 1.65 MW、2 MW 和3 MW 风电齿轮箱，并实现兆瓦级风机装机容量全国第一。目前 5 MW、6 MW 及 7 MW 风电齿轮箱的样机生产已完成，并在产品开发设计中采用了独特的功率分流技术，有效减轻了整机重量，在技术上远远走在国内同行前列，在国际上也居于领先地位。中国高速传动设备集团有限公司开发的5.5 MW及 6 MW 风电机组偏航变桨齿轮箱也成功推向市场。针对国内真空挤出成型设备产品升级的迫切需求，中国重型机械研究院有限公司推出了新一代挤出设备专用配套减速器系列产品，包括圆柱齿轮减速器和行星齿轮减速器两大类别。

科技奖项方面，中信重工机械股份有限公司、洛阳矿山机械工程设计研究院等单位开发的“ZL 系列多分流重载立磨减速机”获 2011 年中国机械工业科学技术奖二等奖。

产品标准化工作也取得一定进展，由中国重型机械研究院有限公司会同行业多家单位联合制定的“HP 行星齿轮减速器”和“JP 行星齿轮减速器”标准通过了审查并已上报相关部门待批。这两项标准，连同上年通过审查的“XP 型行星齿轮减速器”标准，涉及的行走、回转及卷扬减速机产品广泛应用于工程机械、矿山机械、煤炭设备及石油设备等行业。上述三项行星齿轮减速器标准，是在系统总结国内近几年研发生产该类型行星齿轮减速器经验的基础上，首次制定的产品标准，从而结束了我国没有该类型产品系列及标准的历史。此外，由武汉理工大学等单位制定的“DQX 点线啮合齿轮减速器”也通过了审查并已上报相关部门待批。GB/T 3374.2—2011《齿轮术语和定义：第二部分 蜗轮几何学定义》和 GB 5903—2011《工业闭式齿轮油》也于 2011 年开始颁布实施。

行业技术交流活动 为推动行业技术进步，在经过近一年的论文征集、编辑修改及论文集印制后，由中国重型机械工业协会重型基础件分会组织的“2011 水泥机械传动技术交流会”于 2011 年 8 月在西安召开。会议技术交流议题涉及近年来国内外水泥机械传动技术的发展现状及未来展望，内容包括辊压机减速器的发展现状、应用、故障分析和预防；立磨减速器的发展现状及展望；磨机传动系统的发展现状及应用等。此外，由中国机械工程学会和中国航空学会联合主办的“2011 年动力传动国际会议”于 2011 年 11 月在西安召开。高水平的学术交流盛会，给国内带来了传动技术领域的最新资讯，必将促进国内传动技术研究的进一步活跃，推动传动基础件行业更好更快地向前发展。

〔撰稿人：中国重型机械工业协会重型基础件分会赵玉良 审稿人：中国重型机械工业协会傅树利〕

制　动　器

我国重型机械行业中的制动器分行业主要是为起重运输机械、冶金矿山机械、风力发电设备、港口机械等重机提供相关配套件和安全件的专业行业。

生产发展情况　2011 年在我国重型机械行业继续保持较快发展的形势下，制动器行业也保持了较快的发展速度。170 家生产企业完成工业总产值 153 377.94 万元，同比增长 27.02%；完成主营业务收入 141 788.74 万元，同比增长 25.52%；实现利润总额 11 471.88 万元，同比下降 19.78%。生产制动器 359 573 台，同比增长 10.33%。2011 年制动器行业主要经济指标完成情况见表 1。2011 年制动器行业主要企业主营业务收入和利润情况见表 2。

表 1　2011 年制动器行业主要经济指标完成情况

指标名称	单位	实际完成(万元)
企业数	家	170
工业总产值	万元	153 377.94
工业增加值	万元	25 440.18
主营业务收入	万元	141 788.74
产品销售税金及附加	万元	1 718.22
利润总额	万元	11 471.88
年末固定资产原价	万元	85 663.93
流动资产净值平均余额	万元	144 651.26

表 2　2011 年制动器行业主要企业主营业务收入和利润情况

企业名称	主营业务收入(万元)	利润(万元)
江西华伍制动器股份有限公司	34 650.72	1 804.53
焦作制动器股份有限公司	33 543.43	4 758.65
甘肃天水长城控制电器有限责任公司	15 522.24	377.34
焦作市长江制动器有限公司	10 488.00	1 174.20
焦作市制动器开发有限公司	7 410.00	1 026.00
上海伯瑞制动器有限公司	6 247.20	373.92
焦作市虹桥科技发展股份有限公司	5 808.71	915.28
青岛星轮实业有限责任公司	4 820.26	-373.92
河南省电力液压制动器有限公司	4 275.00	410.40
宁波凯元电器有限公司	4 240.80	456.00
合计	127 006.36	10 922.40

2011 年，制动器行业经济运行的主要特点是：

(1)企业纷纷进行大规模技术改造，行业年末固定资产大幅增加，装备技术水平大幅提升。其中焦作制动器股份有限公司投入 2.7 亿元，征地 28 万 m^2(421 亩)，实施大规模易地技术改造，新建自动化和半自动化生产线十余条，部分自动化生产线达到世界水平。

(2)重视自主创新，维护自主知识产权。据不完全统计，全行业 2011 年共获得授权专利 12 项，其中发明专利 2 项。焦作制动器股份有限公司获得专利 8 项，江西华伍重工股份有限公司获得专利 4 项。焦作瑞塞尔盘式制动器有限公司的 DADH 风电设备制动器获得中国机械工业科学技术奖二等奖和河南省科学技术进步奖三等奖；江西华伍重工股份有限公司的风力发电设备用液压嵌盘式制动器获江西省科技进步奖三等奖，该公司被评为国家火炬计划重点高新技术企业。

产量及产品结构　2011 年，全行业制动器总产量为 359 573 台(不含推动器)，比上年的 325 900 台增长 10.33%。推动器(单独销售)产量 169 096 台，比上年的 157 136台增长 7.61%。从产品结构上看，电力液压块式制动器还是主导产品，产量比上年增长 23.66%。

2011 年制动器行业分类产品产量见表 3。2011 年制动器行业主要企业产品产量见表 4。

表 3　2011 年制动器行业分类产品产量

产品名称	产量(台)
电力液压块式制动器	317 694
电力液压盘式制动器	15 205
直流电磁块式制动器	7 922
交流电磁块式制动器	5 597
气动盘式制动器	5 422
液压盘式制动器	5 285
电磁盘式制动器	2 448
双推杆推动器	80 414
单推杆推动器	88 682
合计	528 669

表 4　2011 年制动器行业主要企业产品产量

企业名称	产量(台)
焦作制动器股份有限公司	73 125
焦作市长江制动器有限公司	51 432
江西华伍制动器股份有限公司	46 371
河南省电力液压制动器有限公司	45 600
焦作市制动器开发有限公司	41 838
焦作市虹桥重工科技发展股份有限公司	40 994
沈阳市起重电器厂	24 208
焦作市江河制动器有限公司	17 100
上海伯瑞制动器有限公司	9 348
合计	350 016

〔撰稿人：中国重型机械工业协会传动部件专业委员会郭希文　审稿人：中国重型机械工业协会傅树利〕

油膜轴承

生产发展情况 2011年，受国际金融危机及国内冶金行业调控的影响，国内冶金行业新建项目不多，对油膜轴承备件需求也减少，使得整个轧机油膜轴承行业销量较2010年下降约15%。

太原重型机械集团有限公司(以下简称太重)是我国唯一从事轧机油膜轴承基础研究、设计制造的专业企业。能生产ϕ160~2 000 mm的油膜轴承。整套产品从冶炼、铸造、锻造、焊接到加工成品都是由企业本部独立完成的，产品各项性能指标均达到当时国际先进水平。近年来，太重为鞍钢、宝钢、首钢、包钢、本钢、太钢、马钢、涟钢、酒钢、唐钢等新建项目提供了热连轧机、冷连轧机、中厚板轧机油膜轴承，产品完全满足了现代轧机的重载、连续、自动、精密要求。太重油膜轴承还远销到哈萨克斯坦、南非、德国、意大利、日本、越南等国家及中国台湾地区。太重为一重、二重、西马克、西门子、三菱、达涅利等国内外轧机制造商的轧机项目多次配套油膜轴承。

油膜轴承运行质量不仅与轴承本身的结构和制造质量有关，还与轴承的使用维护、润滑系统、润滑油、轧制制度、轧机相关机构的配合有关。由于国内新上项目减少，油膜轴承行业内企业已逐渐从设备制造商向具有研究设计、产品制造、运行指导、咨询培训、故障诊断等能力的研制服务型企业转变。随着钢铁工业技术的进步，油膜轴承从润滑机理、加工工艺、材料到结构形式等都在不断地改进和完善，尤其为其配套的润滑系统、润滑方式、润滑管理和油液分析、监控监测等领域更取得较大的发展和进步，今后应加大油膜轴承的科技投入和研究开发力度，大力培养专业技术人才和提高其综合素质。加强科研设计制造单位、高校、科研院所和用户之间的信息交流和合作是油膜轴承技术发展的保证。

2011年是“十二五”规划开局之年，太重油膜轴承目标是“保品牌，做精做强”，保持国内市场占有率，继续开拓国际市场。轧机油膜轴承属于轧钢区域设备，装配于支撑辊(或工作辊)轴承座内，用来承受轧制压力并保证轧机的低能耗运行。“十二五”期间，国内钢铁消费量预计达到8亿t，钢铁工业主要对落后产能进行淘汰或升级改造，新上生产线不会太多，2012年到2015年成套项目油膜轴承市场需求量预计1.8亿元，油膜轴承装机量将达到645个机架。随着2000年左右投产的轧机油膜轴承进入维修更换周期，油膜轴承备件需求量会有一定幅度的增长，预计每年约0.6亿~1.5亿元。

为使用户更好地使用和维护油膜轴承，太重通过举办培训班和技术交流会等多种形式向用户介绍油膜轴承的技术和发展，还组织编写了《轧机油膜轴承清洗、安装、维护、使用规程》《轧机油膜轴承润滑油使用规范》《轧机油膜轴承名称术语规范》《轧机油膜轴承技术培训教材》A级和AA级。2011年8月19~22日，在甘肃兰州组织召开了“第十届轧机油膜轴承技术研讨会暨油膜轴承行业协会理事大会”。会议进行了油膜轴承理事会换届及论文研讨，钢铁企业技术人员、管理人员还开展信息和经验交流等。

2011年油膜轴承行业主要经济技术指标完成情况见表1。

表1 2010年油膜轴承行业主要经济技术指标完成情况

指标名称	单位	实际完成
工业总产值(当年价)	万元	1 697 764
比上年增长	%	23.7
工业增加值	万元	337 993
产品销售收入	万元	1 613 366
产品销售税金及附加	万元	4 262
利润总额	万元	58 941
年末固定资产原价	万元	468 127
年末固定资产净值	万元	264 554
流动资产合计	万元	2 145 109
流动资产平均余额	万元	1 964 023
流动负债合计	万元	1 698 351
流动负债平均余额	万元	1 494 814
所有者权益	万元	831 736
全员劳动生产率	元/人	240 787

注：表中为太原重型机械集团有限公司全公司数据。

产品分类产量、市场及销售 轧机油膜轴承按润滑原理可分为动压油膜轴承和静—动压油膜轴承。动压油膜轴承的工作原理是流体动力润滑理论。当轴在轴瓦中旋转时，供入轴承的油被卷吸到收敛的楔形间隙，产生动压力，平衡外载荷，使轴与轴瓦脱离直接接触，形成液体摩擦。油膜轴承的承载能力由轴承几何尺寸、轴的转速、润滑油的黏度、轴承制造精度及材质等因素决定。动压油膜轴承广泛应用于各类轧机上。静—动压油膜轴承，是动压油膜轴承与静压油膜轴承的有机结合。轧机在启动、制动或低速运行过程中，油膜难以形成，易形成混合摩擦状态，对油膜轴承的寿命有一定的影响；静—动压油膜轴承改善了油膜轴承低速运行的性能，但投资较大、使用维护费用较高。静—动压油膜轴承主要应用于板带冷轧机、中厚板轧机和短流程轧机上。

2011年，太重油膜轴承凭其技术、质量、服务等多方位综合能力，以民族品牌取代进口轴承，继续保持国内80%以上的市场占有率，满足了国内各类轧机的需要。太重已成为世界大型油膜轴承研发加工基地。

2011年国内有11条轧线在建，主要有吉林建龙1450、梅钢1780、北海诚德1580、马钢1580等，共计37个机架油膜轴承投入运行。截至2011年年底，全国已建使用油膜轴承的轧机机架达到578个，其中热轧宽带轧机397个机架，中宽厚板轧机114个机架，冷轧带钢轧机67个机架。2011年油膜轴承行业(仅收集太原重型机械集团有限公司资料)主要产品产量及出口交货值见表2。

表 2 2010 年油膜轴承行业(仅收集太原重型机械集团有限公司资料)主要产品产量和出口交货值

指标名称	单位	实际完成	比上年增长(%)
产量	t	3 863.6	4.6
出口交货值	万元	707.73	12.2

科技成果及新产品 太重拥有国家级技术中心、轧机油膜轴承研究所和机械工业油膜轴承实验室等,同清华大学、吉林大学、上海大学、上海交通大学、西安交通大学、太原科技大学等高校及科研机构联合,不断进行新技术、新材料方面的探索,以及对轧机油膜轴承的原理进行深入的研究。针对宝钢、酒钢、攀钢等钢铁企业的不同情况进行创新和设计,获得了多项科技进步奖,拥有多项专利技术。目前,我国轧机油膜轴承技术主要体现在无键轴承技术、动—静压轴承技术、液压快速锁紧技术,双止推全对称技术、在线温度监控技术六个方面。

机械工业轧机油膜轴承工程实验室依托太重技术中心和油膜轴承分公司,经过两年多的建设,于 2011 年 5 月通过了机械工业联合会专家组验收,正式挂牌。该实验室可实现模拟轧机轴承的在线运行,对动压油膜轴承的油膜厚度、油膜压力、流量等参数进行在线测定,可深入研究润滑机理和油膜厚度,以及开展油膜轴承现场运行监测、冷轧机用油膜轴承的研制及其他领域油膜轴承的开发与应用等,为油膜轴承结构及性能改进提供实验和理论保证。

为保证轧机油膜轴承实验室在国内的先进性,太重还长期同中国一重、二重等国内重机行业企业及各大钢铁设计研究院保持技术合作与交流,与国内有关研究院所和实验室保持合作研究和交流。

2011 年油膜轴承行业新产品、新技术开发项目(仅收集太原重型机械集团有限公司资料)见表 3。

表 3 2011 年油膜轴承行业新产品、新技术开发项目(仅收集太原重型机械集团有限公司资料)

项目名称	主要技术性能
马钢 1 580 mm 热连轧机油膜轴承	油膜轴承直径:985 mm、1 065 mm, 轧机轧制压力:30 000 kN、40 000 kN
梅钢 1 780 mm 热连轧机油膜轴承	油膜轴承直径:945 mm、1 065 mm、1 115mm 轧机轧制压力:32 000 kN、36 000 kN、45 000 kN
太钢 1549F1—F2 油膜轴承	油膜轴承直径:905 mm 轧机轧制压力:38 000 kN
攀钢西昌 2 050 mm 热连轧机油膜轴承	油膜轴承直径:1 115 mm 轧机轧制压力:50 000 kN
北海诚德 1 580 mm	油膜轴承直径:1 065 mm 轧机轧制压力:43 000 kN
吉林建龙 1 450 mm	油膜轴承直径:1 026 mm 轧机轧制压力:40 000 kN
济钢 3 500 mm 粗轧机	油膜轴承直径:1 500 mm 轧机轧制压力:70 000 kN

质量和标准 太重对原机械行业标准 JB/T 9049—1999《轧辊油膜轴承》进行了修订,增加了轧辊油膜轴承 C、D 系列参数,对主要件寿命进行了补充和调整。新标准 JB/T 9049—2007《轧辊油膜轴承》规定了轧辊油膜轴承的结构形式、基本参数、技术条件、试验方法、标志、包装、运输及储存,其参数系列可以满足国内外各种规格轧机的要求。新标准与国内外轧机相关部件的接口性好,为我国轧辊油膜轴承进一步走向世界创造了有利条件。

对外合作 目前国外油膜轴承装机量已达到约 2 000 个机架,国际油膜轴承备件年需求量约 3 亿 ~5 亿元。随着太重国外销售网络的建立、完善和更多新用户的开发,预计国际市场上油膜轴承的销售量将有大的飞跃。

〔撰稿人:中国重型机械工业协会油膜轴承分会杨汇荣 审稿人:中国重型机械工业协会王文波〕

润滑液压设备

生产发展情况 2011 年,润滑液压设备生产企业,主动迎接市场挑战,加大新产品的开发力度,加快产品结构调整,扩大产品的应用领域,提高产品的技术含量。润滑液压产品,作为机械产品特别是大型、成套机械产品不可缺少的主要配套产品,其应用领域和需求量不断增长。2011 年,润滑液压设备行业工业总产值 24.35 亿元,较上年增长 8.37%;产品销售收入 19.95 万元,较上年增长 2.78%;产品出口 737.2 万美元,较上年增长 242.43%。2010 年润滑液压设备行业(34 个主要生产企业)主要经济指标完成情况见表 1。

表 1 2011 年润滑液压设备行业(34 个主要生产企业)主要经济指标完成情况

指标名称	单位	实际完成(万元)	比上年增长(%)
工业总产值(当年价)	万元	243 473	8.37
工业增加值	万元	45 698	4.31
产品销售收入	万元	199 517	2.78
产品销售税金及附加	万元	5 007	-4.47
利润总额	万元	12 535	-9.01
年末固定资产原价	万元	61 935	5.98
年末固定资产净值	万元	42 637	6.23
流动资产合计	万元	139 408	8.65
流动资产平均余额	万元	126 985	9.12
流动负债合计	万元	96 838	8.75
流动负债平均余额	万元	84 457	7.85
所有者权益	万元	81 542	2.68
全员劳动生产率	元/人	99 916	2.63

注:表中全员劳动生产率是按当年工业增加值和企业人数计算的。

润滑液压设备行业主要生产企业有:太原矿山机器润滑液压设备有限公司、四川川润股份有限公司、常州市华立液压润滑设备有限公司、启东润滑设备有限公司、上海澳瑞特润滑设备有限公司、南通市南方润滑液压设备有限公司、启东市南方润滑设备有限公司、上海润滑设备厂有限公司、四平维克斯换热设备有限公司、启东中冶润滑设备有限公司、启东安升润滑设备有限公司、启东丰汇润滑设备有限公司、温州市三丰润滑设备制造有限公司、江苏澳瑞思液压润滑设备有限公司、沈阳市北方润华冷却设备有限公司、温州市龙湾润滑液压设备厂、北京中冶华润科技发展有限公司、大连华锐股份有限公司液压装备厂、沈阳市北方润滑设备制造有限公司、博山润滑设备厂、温州市润滑设备厂、沈阳市大金润滑设备厂、苏州宝宇液压设备制造有限公司、四平市隆百洲机电科技有限公司、沈阳三丰液压润滑设备有限公司、启东恒泰自动化润滑设备有限公司、秦皇岛隆达润滑技术研发有限公司、启东江海液压润滑设备厂、浙江镇南精工机械有限公司、宁波盛发液压有限公司、黄山工业泵制造有限公司、陕西中润液压设备有限公司、淄博市博山润丰油泵厂和南通市博南润滑液压设备有限公司。

产品分类产量 按照使用领域的不同,润滑液压设备分为润滑产品和液压产品两大类。润滑产品又根据使用介质的不同和润滑部位的不同分为稀油润滑、干油润滑、油气润滑、工艺润滑和喷射润滑五大部分。液压产品主要有斜轴式轴向柱塞泵、径向柱塞马达、乳化液泵装置、冶金设备液压系统、综合采煤机液压元件和系统、液压缸等。2011年,各主要生产企业在面对市场的同时,以销定产,主导产品的产量较上年有一定幅度的增长,个别产品类型有一定幅度的下滑。2011 年润滑液压设备主要产品产量及销量见表2。

表2 2011 年润滑液压设备主要产品产量及销量

产品名称	数量单位	产量	产量比上年增长(%)	产值(万元)	产值比上年增长(%)	销量	销量比上年增长(%)	销售额(万元)	销售额比上年增长(%)
稀油站(系统)	台、套	9 403	8.75	100 151	13.32	8 732	8.61	82 820	8.95
干油站(系统)	台、套	16 432	6.85	19 554	6.43	14 327	4.32	17 923	4.65
冷却器	台	7 905	8.55	30 639	7.87	6 913	2.98	27 024	3.22
干油分配器	块	156 090	9.12	8 107	9.43	154 149	2.65	8 002	2.87
油气润滑系统	台、套	391	10.25	3 900	9.88	369	1.43	3 685	1.24
工艺润滑站(系统)	台、套	85	26.30	42 574	25.21	55	-14.07	27 042	-15.50
液压站(系统)	台、套	1 099	16.55	21 413	13.54	906	1.98	17 005	1.35
液压柱塞泵	台	1 855	17.63	2 916	15.69	1 558	3.87	2 409	3.67
其他润滑液压产品	台、套	9 160	78.21	10 030	68.20	8 417	27.46	9 885	26.87
液压缸	套	1 995	2.39	4 189	2.35	2 061	-17.04	3 722	-14.01

市场及销售 2011 年,润滑液压设备生产企业主动迎接市场的挑战,扩大企业的市场占有率。2011 年,润滑液压产品订货量和销售量呈上升趋势,其销售量较上年增长11.08%,各类润滑产品较上年都有一定幅度的增长,基本保证了润滑液压设备行业的健康发展。

产品进出口 2011 年,由于国外市场的不景气,润滑液压设备随主机配套的出口量较上年减少,零部件出口增加。虽然总体出口量较上年增加了 242.43%,但 2011 年度进口额相比上年下降了 28.58%,进出口额相比贸易呈逆差。2011 年润滑液压设备产品进出口额见表3。

表3 2010 年润滑液压设备产品进出口额

产品名称	数量单位	进口量	进口额(万美元)	产品名称	数量单位	出口量	出口额(万美元)
各种润滑泵	台(套)	845	153.0	稀油站	台、套	194	258.2
电动机	台、套	8	12.5	液压站	台、套	4	19.0
各种控制阀	台(套)	3 146	69.6	耐磨垫(铜套)	台、套	850	460.0
过滤器、蓄能器	台、套	254	413.0				
各种仪器仪表	台(套)	4 406	417.0				
结构件	批	1	500.0				
合计			1 565.1	合计			737.2

基本建设和技术改造 2011 年,各润滑设备生产企业依据企业自身、产品及行业发展的情况,加大基本建设和技术改造投入:浙江镇南精工机械有限公司 1 000 万元,苏州宝宇液压设备制造有限公司46 万元,淄博市博山润丰油泵厂68 万元。博山润滑设备厂 97 万元。以上项目投产后润滑液压行业的整体技术水平、装备水平将有提高。2011 年润滑液压设备行业部分企业固定资产投资情况见表4。

新产品开发和新技术的应用 润滑液压产品已成为机

械产品，特别是大型机械产品不可缺少的主要配套产品。主机对润滑效果和润滑液压功能的要求不断提高，促进了各主要生产企业的技术发展。各企业补充了必要的精密加工设备、检测设备、试验设备和辅助设备，润滑液压产品正在向智能控制、数字控制、专业化生产方向发展。南通市南方润滑液压设备有限公司开发的智能化多列步进式篦冷机液压传动系统、节能型动调轴流风机润滑装置获得江苏省高新技术产品称号。太原矿山机器润滑液压设备有限公司开发的液压支架控制阀、乳化液泵用卸载阀完成了工业性试验，为企业发展增加了后劲。2011 年润滑液压设备新产品新技术开发项目见表 5。

表 4　2011 年润滑液压设备行业部分企业固定资产投资情况

（单位：万元）

企业名称	固定资产投资	其中：基本建设投资	其中：技术更新改造投资
浙江镇南精工机械有限公司	1 000	400	600
苏州宝宇液压设备制造有限公司	46	28	18
淄博市博山润丰油泵厂	68	46	22
博山润滑设备厂	97	52	45
合计	1 211	526	685

表 5　2011 年润滑液压设备新产品新技术开发项目

单位名称	项目名称	奖项名称	获奖等级	完成时间
太原矿山机器润滑液压设备有限公司	液压支架控制阀			2011.7
太原矿山机器润滑液压设备有限公司	乳化液泵用卸载阀			2011.7
南通市南方润滑液压设备有限公司	智能化多列步进式篦冷机液压传动系统	江苏省高新技术产品	省级	2011
南通市南方润滑液压设备有限公司	节能型动调轴流风机润滑装置	江苏省高新技术产品	省级	2011
浙江镇南精工机械有限公司	研磨机		协会优秀配套供应商	2011

〔撰稿人：中国重型机械工业协会润滑液压设备分会徐郁林　审稿人：中国重型机械工业协会润滑液压设备分会郝尚清〕

中国重型机械工业年鉴2012

市场篇

分析冶金机械、矿山机械、物料搬运机械国内、国外市场情况

It analyzes international and domestic market situations concerning metallurgical machinery, mining machinery, material hoisting and handling machinery

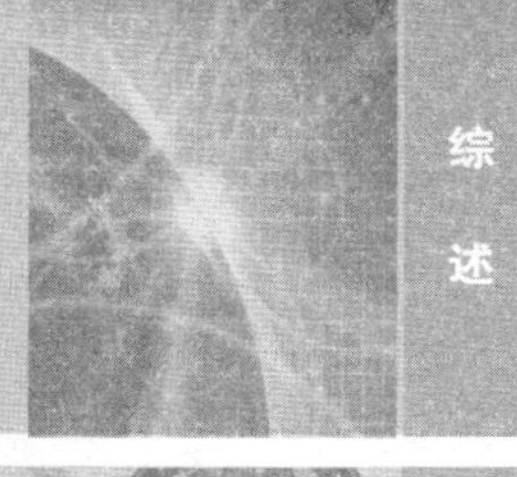

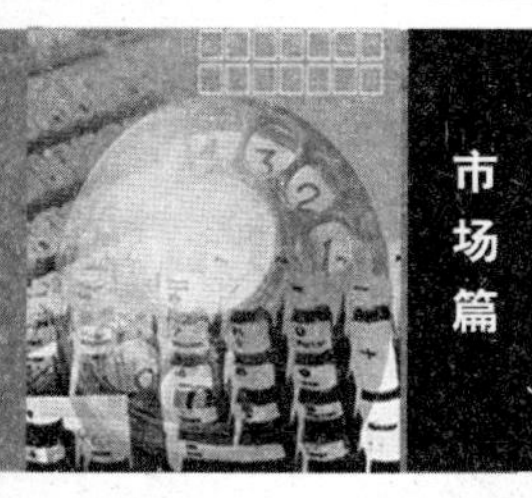

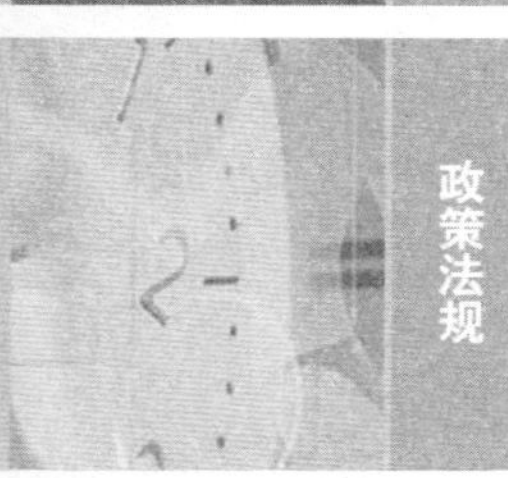

市场篇

冶金机械国内市场及进出口情况

一、概述

冶金机械行业主要服务于黑色和有色金属行业，为金属材料生产行业提供装备，受金属市场的需求影响较大。随着冶金产品步入需求趋弱、产量低速增长的阶段，冶金机械行业的市场需求也略显不足，但是，大型、高端、成套设备的需求仍然旺盛。国家《钢铁工业“十二五”发展规划》《“十二五”高端装备制造产业发展规划》等一系列规划的发布，给冶金机械行业的发展带来新的市场机遇。2011 年，冶金机械行业总体发展平稳，工业总产值保持增长态势，冶金机械产品出口态势良好，延续贸易顺差。

二、国内市场概况

1. 行业经济运行特点分析

2011 年，冶金机械行业主要经济效益指标增长率在重型机械行业（以下简称重机行业）中均最低。其中主营业务收入 1 032.08 亿元，同比增长 15.13%，比重机行业的 27.57% 低 12.44 个百分点；主营业务利润 162.87 亿元，同比增长 5.72%，比重机行业的 25.68% 低 19.96 个百分点；利润总额 52.82 亿元，同比下降 2.81%，比重机行业的 23.97% 低 26.78% 个百分点。

（1）冶金机械行业工业总产值保持增长，但增速放缓，其中大型国有企业处于负增长状态。2011 年，冶金机械行业工业总产值 1 105.98 亿元，同比增长 11.15%；工业销售产值 1 019.27 亿元，同比增长 12.27%，但都远远低于重机行业的 26.17% 和 26.99%，分别低 15.02 个和 14.72 个百分点。其中，大型企业及国有控股企业工业总产值都处于下降状态，虽然小型企业及私营企业增长幅度都超过 30%，但是因为占比相对较小，所以整个行业总体增长率仍较低。出口交货值 42.93 亿元，同比减少 2.86%，占工业销售产值的 4.2%。2011 年冶金机械行业生产销售情况见表 1。

表 1　2011 年冶金机械行业生产销售情况

名称	企业数（家）	工业总产值（亿元）	同比增长（%）	工业销售产值（亿元）	同比增长（%）	出口交货值（亿元）	同比增长（%）
冶金机械行业	409	1 105.98	11.15	1 019.27	12.27	42.93	-2.86
其中：大型企业	11	409.54	-7.28	356.21	-7.21	22.68	-7.82
小型企业	341	389.36	33.59	374.41	33.27	10.64	17.67
私营企业	222	296.22	38.54	287.23	37.86	1.22	-4.29
其他内资企业	129	509.51	3.46	461.91	4.69	22.15	0.05
国有控股企业	47	576.81	-1.78	509.67	-0.43	28.32	-10.02
私人控股	304	405.75	34.20	392.40	32.52	1.49	-51.99

从表 1 的各种分类看，行业中大型企业、其他内资企业、国有控股企业的生产销售占比较大。2011 年，冶金机械行业共有大型企业 11 家，占行业企业总数的 2.69%；工业总产值 409.54 亿元，占行业工业总产值的 37.03%；工业销售产值 356.21 亿元，占行业工业销售产值的 34.95%。其他内资企业 129 家，占行业企业总数的 31.54%；工业总产值 509.51 亿元，占行业工业总产值的 46.07%；工业销售产值 461.91 亿元，占行业工业销售产值的 45.32%。国有控股企业 47 家，占行业企业总数的 11.49%；工业总产值 576.81 亿元，占行业工业总产值的 52.15%；工业销售产值 509.67 亿元，占行业工业销售产值的 50.00%。

2008 年 2 月—2011 年 12 月冶金机械行业工业总产值同比增长率走势见图 1。

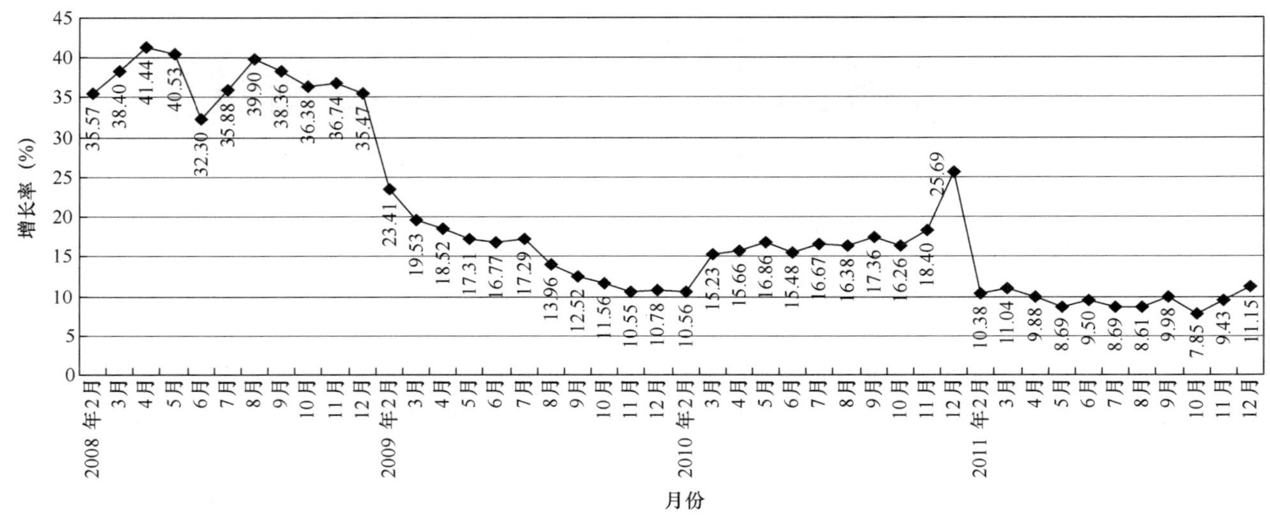

图1　2008 年 2 月—2011 年 12 月冶金机械行业工业总产值同比增长率走势

由图 1 可见，2011 年冶金机械行业工业总产值增长率与前几年相比大幅下降，增速明显放缓，呈低速平缓增长态势。

2008 年 2 月—2011 年 12 月冶金机械行业工业销售产值同比增长率走势见图 2。

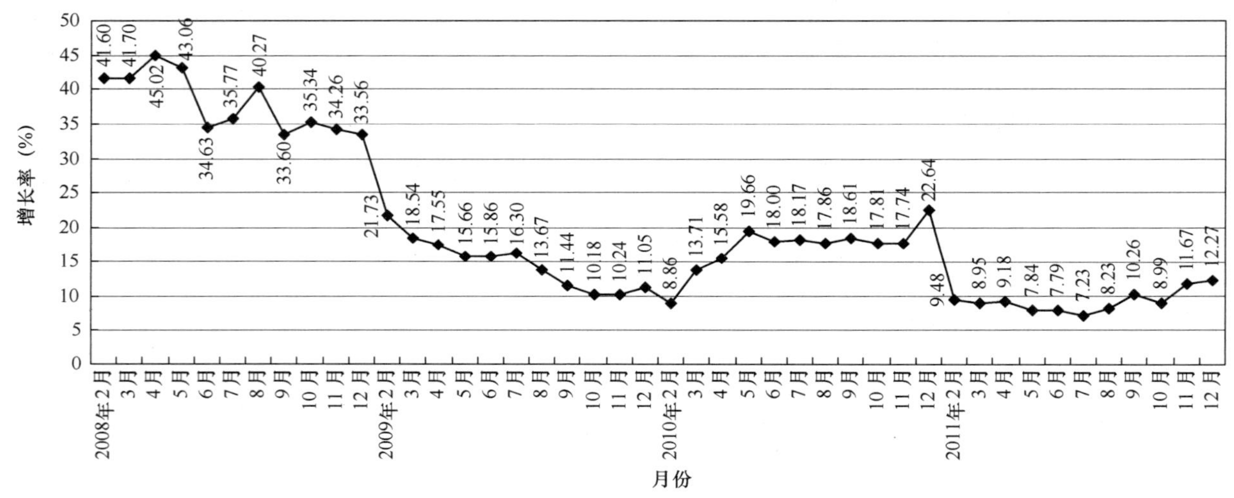

图2　2008 年 2 月—2011 年 12 月冶金机械行业工业销售产值同比增长率走势

从图 2 可以看出，2011 年我国冶金机械行业工业销售产值同比增长率与前三年相比处于低位。

（2）行业固定资产投资规模有所缩减，市场需求下降。2011 年，冶金专用设备制造行业的固定资产计划总投资同比增长 9.37%，当年新开工项目计划总投资额同比减少 20.19%，当年完成投资同比增长 11.78%。各项投资额占全国机械工业的比重均不到 1.5%。这一指标无论在重机行业还是全国机械工业中都是最低的。2011 年前三季度，钢铁行业固定资产投资约 2 500 亿元，同比增长约 25%。2011 年冶金专用设备制造行业固定资产投资情况见表 2。

表 2　2011 年冶金专用设备制造行业固定资产投资情况

行业名称	计划总投资（亿元）	同比增长（%）	当年新开工项目计划总投资（亿元）	同比增长（%）	自开始建设累计完成投资（亿元）	同比增长（%）	当年完成投资（亿元）	同比增长（%）
全国机械工业合计	60 644.86	35.64	29 666.89	37.47	40 438.04	38.67	27 845.88	37.49
冶金专用设备制造	710.41	9.37	147.56	-20.19	541.76	35.64	232.58	11.78
占全国机械工业比重（%）	1.17		0.50		1.34		0.84	

由表 2 可知，冶金专用设备制造行业的当年新开工项目计划总投资比上年有较大幅度的减少，其他项目投资增幅也远低于上年。主要是因为国家不再依靠大规模固定资产投资拉动经济实现粗放式增长，而是着力于转方式、调结构、拉动内需促进经济实现内涵式增长；与此同时，铁路建设放缓，房价拐点预期增强，房地产开工率降低，加之汽车、家电补贴政策逐渐退出，下游用钢需求减弱，国内钢铁市场供大于求，价格频繁波动，成本高位运行，钢铁行业盈利跌至低谷，而冶金机械行业也随钢铁业陷入需求不足的发展低谷。

2. 冶金机械行业国内各企业革弊求新，抢占高端市场；国外企业发挥技术优势，争夺中国市场份额

2011 年，行业中各企业通过自主创新、集成创新、消化吸收再创新等方式研制出大量新技术新产品，促进了冶金机械装备向高端化迈进，并逐渐打破国外设备垄断局面，取得了一些国际瞩目的成就。中国第一重型机械集团公司承制的 3 500 mm 中厚板轧机在河北省中普（邯钢）有限公司投产。该项目包括粗轧和精轧两套轧机、圆盘剪剪切线及双边剪剪切线设备，属于高强度机械用钢生产线，并可扩大钢品种，提高钢铁企业的产品竞争力。宝钢集团有限公司梅山钢铁公司冷轧厂的特薄带钢酸洗—冷连轧—镀锌机组是宝钢公司根据 20 多年使用和消化吸收进口设备的经验，集成创新的产物，实现了机电液全套设备的国内自主化设计和制造。该套设备所轧带钢的最小厚度达 0. 18 mm，在轧制 0. 18 mm 带钢时，厚度精度达到 ±1% 的优质产品率达 93. 46%，达到进口同类设备的先进水平。宝钢冷轧厂的高强带钢酸洗—冷连轧—镀锌机组采用多种冷却方式组合，可生产多种高强度带钢，已能批量生产 1 180 MPa 高强度带钢，并试制出 1 470 MPa 高强度带钢，从而打破了这种高强度带钢完全依靠进口的局面。太原重型机械集团有限公司成功研制和自行设计的世界最大吨位级别的 80 MN 双柱式快速自由锻造液压机成套设备，可精确控制自由锻造液压机的速度、位置和压力，锻造频次达到了快速性要求，实现了液压机整体结构、传动方式、控制技术和性能的创新，填补了国内空白，首次实现了替代进口。中国重型机械研究院有限公司为攀华集团研制的 1 450 mm 五机架全连续冷轧机组，是我国第一条完全依靠自己的技术力量，通过自主研制、开发和集成成套的大型带钢冷连轧生产线，该生产线对于在高端冶金装备市场逐步替代进口，加速推进重大高端装备自主化进程具有重要意义。中信重工机械股份有限公司研制的世界最大最先进的 185 MN 自由锻造油压机，最大镦粗力 185 MN，整机重达 4 000 多 t，融合了世界上最先进的技术，它与压机联动构建了一个高度自动化的自由锻造装备平台，整机锻造精度达到 ±2. 0 mm；由于采用最新的"潘克泵"液压控制技术，使整机工作效率和自动化程度达到世界最高，锻造速度高达 44 次/min，工作效率是普通万吨水压机的两倍以上，并比传统设计节能 30% 左右。该油压机的研制成功标志着我国大型锻造装备和大型锻件制造工艺能力达到世界先进水平，实现了大型锻件的国产化，将有效满足我国超临界、超超临界水电、火电、核电机组高压转子、低压转子，以及加氢、石化、核电等设备对大型关键锻件的需求。中国重型机械研究院有限公司自主创新设计并技术总负责的 420 mm ×2 700 mm 直弧形特大型宽厚板坯连铸机，是当前世界最大断面直弧形特大型宽厚板坯连铸机，同时也是世界最先进的连铸机之一，其生产的普通碳素结构钢、优质碳素结构钢、低合金高强度结构钢、造船及海洋工程用钢、管线钢、锅炉与压力容器用钢、桥梁结构钢、工程机械用钢、汽车大梁用钢、耐候钢、耐磨钢、模具钢、合金钢等产品，将为我国经济和国防建设事业的快速发展提供坚实的保证。中国重型机械研究院有限公司为西南铝业（集团）有限公司研制的 120 MN 高强度航空铝合金厚板拉伸机，能拉伸宽度 4 000 mm、厚度 250 mm、长度 30 m 的航空铝合金厚板，填补了国内空白，可作为关键设备应用于我国第一条达到国际先进水平的航空铝合金厚板生产线，同时也能为我国"大飞机"项目、载人航天和探月工程、重点国防项目建设配套生产线。

国外知名的大公司凭借先进的技术优势和利用当地人力资源，建立分（子）公司、加工基地抢占中国市场。西门子奥钢联冶金技术公司与首钢京唐钢铁联合有限责任公司签订合同，将于 2013 年年底之前，为其位于曹妃甸地区的工厂设计制造两条电镀锡生产线，每一条生产线的年均产量将达到 23. 75 万 t。宝钢集团新疆八一钢铁有限公司与西门子奥钢联冶金技术公司签订合同，向其订购一台 150t 转炉干法除尘系统。该系统每小时可处理 90 000 m^3 尾气，于 2012 年初投入生产。江阴兴澄特种钢铁有限公司的 4 300 mm 宽厚板轧机生产线是由意大利达涅利集团设计制造的，由其各分公司合作完成，达涅利威恩联合公司主要负责设计制造核心设备，达涅利北京公司和达涅利常熟服务基地负责精整和剪切设备的设计和制造，达涅利自动化公司负责提供自动控制系统。该轧机可轧制厚度为 6 ~350 mm 的铸坯以及最厚 960 mm 的钢锭，成品钢板厚度 6 ~300 mm，宽度 900 ~4 100 mm，该生产线的年均产量将达到 165 万 t。意大利法塔集团下属法塔亨特公司与河南省淅川铝业（集团）有限公司签订合约，为后者的一台六辊冷轧机以及一台铝箔轧机各安装一套厚度和板形自动控制系统。该系统包括自动孔型系统计算的集成二级控制、轧机主要技术数据管理以及轧制过程数据采集和记录。意大利 Tenova 公司与湖北汉川福星精密不锈钢有限公司签订合同，为其供货一台 ZR22STG -52 二十辊精密不锈钢可逆式冷轧机。该设备具有自动厚度控制、自动板形控制、远程控制和检查判断等功能，可生产宽度为 1 300 mm，厚度最薄为 0. 08 mm 的带钢，轧制速度为 600 m/min。西马克集团、西门子集团、达涅利集团等主要外商在华的销售额占到这些公司销售总额的1/6 ~1/5，占比还有增长的趋势。

三、进出口分析

1. 进出口分析

2011 年，冶金机械产品进出口势头较好，顺差增长 3 倍。冶金机械产品进出口总额 28. 04 亿美元，同比增长 1. 38%；其中出口额 15. 82 亿美元，同比增长 10. 82%；进口额 12. 22 亿美元，同比下降 8. 69%；进出口顺差 3. 59 亿美元，同比增长 305. 90%。金属冶炼设备进出口顺差较上年减少 7. 28%，连铸设备、冶金设备零件进出口延续顺差态

势，分别比上年增长70.98%和164.76%，金属轧制设备进出口仍然为逆差，且比上年进出口逆差增长36.01%，逆差进一步加大。2011年冶金机械产品进出口额及其增长情况见表3。2011年冶金机械分类产品进出口量和进出口额见表4。

表3 2011年冶金机械产品进出口额及其增长情况

海关货物名称	出口额（万美元）	同比增长（%）	进口额（万美元）	同比增长（%）	进出口总额（万美元）	同比增长（%）	进出口差额（万美元）	上年进出口差额（万美元）	同比增长（%）
冶金机械合计	158 168	10.82	122 242	-8.69	280 410	1.38	35 926	8 851	305.90
金属冶炼设备	5 032	5.63	2 855	18.17	7 887	9.85	2 177	2 348	-7.28
连铸设备	7 380	63.56	1 440	38.73	8 820	58.92	5 940	3 474	70.98
金属轧制设备	31 817	19.96	52 722	25.85	84 539	23.57	-20 905	-15 370	36.01
冶金设备零件	113 940	6.56	65 225	-26.32	179 165	-8.33	48 715	18 400	164.76

注：由于四舍五入，表中合计数有微小出入。

表4 2011年冶金机械分类产品进出口量和进出口额

产品名称	单位	出口量	出口额（万美元）	进口量	进口额（万美元）	进出口总额（万美元）	进出口差额（万美元）
冶金机械合计			158 168		122 242	280 410	35 926
1. 金属冶炼设备小计	台	412	5 032	42	2 855	7 887	2 177
炼焦炉	台	5	521	0	0	521	521
转炉	台	279	1 962	22	1 678	3 640	283
炉外精炼设备	台	128	2 549	20	1 177	3 726	1 372
2. 连铸设备小计	台	206	7 380	6	1 440	8 820	5 940
方坯连铸机	台	73	2 336	3	345	2 681	1 991
板坯连铸机	台	14	40	1	39	79	0
其他钢坯连铸机	台	119	5 004	2	1 056	6 060	3 949
3. 金属轧制设备小计	台	11 300	31 817	2 062	52 722	84 539	-20 905
(1)板材轧机	台	2 404	6 400	25	8 344	14 744	-1 944
板材热轧机	台	28	1 108	0	0	1 108	1 108
板材冷轧机	台	2 376	5 292	25	8 344	13 636	-3 053
(2)管轧机	台	874	8 299	44	8 384	16 683	-84
热轧管机	台	69	3 369	18	4 038	7407	-668
冷轧管机	台	572	3 074	18	3 086	6 160	-13
定、减径轧管机	台	40	538	3	947	1 485	-408
其他金属管轧机	台	193	1 318	5	313	1 631	1 005
(3)型钢轧机	台	193	2 169	9	2 320	4 488	-151
(4)线材轧机	台	288	2 371	26	4 372	6 742	-2 001
(5)其他金属轧机	台	4 206	6 978	476	18 758	25 736	-11 780
其他金属热轧机或冷热联合轧机	台	303	1 358	14	5 170	6 528	-3 812
其他金属冷轧机	台	3 903	5 621	462	13 588	19 209	-7 968
(6)拉拔机	台	3 335	5 600	1 482	10 544	16 144	-4 944
300 t及以下的冷拔管机	台	60	755	19	233	988	521
其他冷拔管机	台	10	95	0	0	95	95
拔丝机	台	2 694	3 207	1 029	8 540	11 747	-5 333
其他金属杆、管、型材、异型材等的拉拔机	台	571	1 544	434	1 771	3 315	-227

（续）

产品名称	单位	出口量	出口额（万美元）	进口量	进口额（万美元）	进出口总额（万美元）	进出口顺差（万美元）
4. 冶金设备零件小计			113 940		65 225	179 165	48 715
(1)金属冶炼设备零件			49 232		7 071	56 303	42 160
海绵铁回转窑的零件	kg	1 753 300	862	345 690	230	1 092	632
焦炉零件	kg	14 175 320	4 931	21 848	87	5 018	4 844
其他锭模及浇包	台	9 890	5 306	104	1 437	6 743	3 869
炉外精炼设备的零件	kg	8 274 072	2 864	141 794	667	3 531	2 197
其他金属冶炼设备及铸造机的零件	kg	89 211 297	35 268	1 774 497	4 650	39 918	30 619
(2)连铸机零件	kg	20 882 389	12 207	1 279 635	6 338	18 546	5 869
钢坯连铸机用结晶器	kg	2 121 621	2 803	171 564	1 873	4 676	930
钢坯连铸机用振动装置	kg	286 721	225	359 462	1 185	1 411	-960
其他钢坯连铸机用零件	kg	18 474 047	9 179	748 609	3 281	12 459	5 898
(3)金属轧制设备零件			52 501		51 815	104 316	686
金属轧机用轧辊	个	128 641	22 876	67 292	30 581	53 457	-7 705
其他金属轧机零件	kg	72 392 457	29 625	7 726 804	21 234	50 859	8 391

由表4可以看出，在冶金机械设备中，虽然金属冶炼设备、连铸设备及冶金设备零件三大类在2011年仍保持进出口顺差（其中，冶金设备零件小类中，钢坯连铸机用振动装置以及金属轧机用轧辊在2011年为进出口逆差），但是，从设备进口、出口的数量以及金额的对比可以看出，冶金机械设备同类产品中，国产设备出口均价远远低于相应的进口设备。而这一情形在金属轧制设备中更为突出。出口金属轧制设备11 300台，远大于进口设备2 062台，但是，出口额31 817万美元，却远低于进口额52 722万元，进出口逆差达到20 905万美元。这些数据反映了我国先进高端装备自主化率低，仍然依赖进口。而出口的产品大多是中低端设备，价格较低。除冶金设备零件外，金属轧制设备是冶金机械设备中进出口数量最大、金额最多的类别。

2. 行业龙头企业打造海内外研发基地，进军国际市场，扩大出口

行业内的一些龙头企业依托自己的传统优势，深化国际经济技术交流与合作，积极在海外设立办事处或子公司，加大国际市场的开拓力度，获得有利的国际分工地位，扩大出口。2011年，中国第一重型机械集团公司强化与德国西马克、西门子奥钢联等国际知名企业的合作，依托在冶金、石化、电力等装备领域的传统优势，不断开拓国际市场。特别关注发展中国家市场需求，扩大轧制类等成熟设备的出口，2011年全年签订出口合同6.3亿元。中国第二重型机械集团公司积极推进“走出去”战略，组建了二重集团（成都）国际贸易有限责任公司及印度销售分公司，加大国际市场开发力度，积极与国外厂商合作，开拓国际市场。太原重工股份有限公司为实施国际化战略，扩大公司产品在印度及南亚和周边地区市场的影响力，更好地为当地用户提供优质的产品和服务，在印度新德里设立全资子公司，从事公司产品及其零部件的销售和相关服务等业务。中国机械工业集团公司重机公司2010年12月与马来西亚一公司签订9亿美元的钢铁EPC合同。

3. 我国冶金机械自主创新能力尚需加强

在过去的几年中，我国冶金机械自主集成能力大大增强，技术水平大幅提高，装备国产化率也大幅提高。行业内的企业自主集成、自主设计制造了一批大型成台（套）设备，其中一些重点设备已经达到国际先进水平，满足了国内市场的需求。但是，也应看到，国内自主研发的装备在质量、性能和运行稳定性、可靠性方面与国外同类产品相比仍存在一定差距。我国冶金机械制造业自主创新能力不足，超前研发意识、能力不强，特别是市场急需的高端冶金机械研发能力欠缺，一些关键装备和核心技术仍然依赖国外。

从进口情况看，当前我国冶金机械设备中，RH精炼炉、大型板坯连铸机、轧机进口相对较多。4 000 mm以上的宽厚板轧机、2 000 mm以上的大型热带钢连轧机组、冷连轧和热镀锌连轧机组基本依靠从国外进口。由此看来，加强高端、大型、成套设备的研发，加大自主创新设备的推广力度，持续增强自主创新、自主集成的能力和超前研发能力是今后行业发展的重点。

从出口情况来看，我国冶金机械设备出口额一直保持增长态势，冶金设备及技术出口有了很大进展，标志着冶金机械行业走出去，开辟国际市场已经取得显著成效。但是，与发达国家相比还有一定的差距，竞争力不强，主要表现在：我国出口设备中小型设备多，大型设备少；一般设备多，先进设备少；普通产品多，知名产品少。要改变这种情况，从根本上要提高创新能力和自主设计制造能力，提高产品质量和耐用性，在设备性能、自动化上赶超世界先进水平。此外，努力多创知名品牌和知名企业，加大我国产品和企业的宣传力度，增强国际竞争力，使我国冶金机械行业沿着提升技术能力、完成进口替代，继而加强出口拓展的路径发展。

〔撰稿人：中国重型机械研究院有限公司宋晔　审稿人：中国重型机械研究院有限公司孟令忠〕

矿山机械国内市场及进出口情况

一、概述

我国经济的发展正处在工业化中期偏后的阶段。这个阶段是对重化工业产品需求最旺盛的时期，而重化工业靠原料、燃料和材料来支撑。矿山机械是为固体原料、燃料和材料的开采和加工提供装备的机器制造行业。因而，改革开放以来，特别是2000年以后，我国矿山机械行业得到了快速健康的发展。2000—2011年矿山机械国内外市场销售额走向见图1。

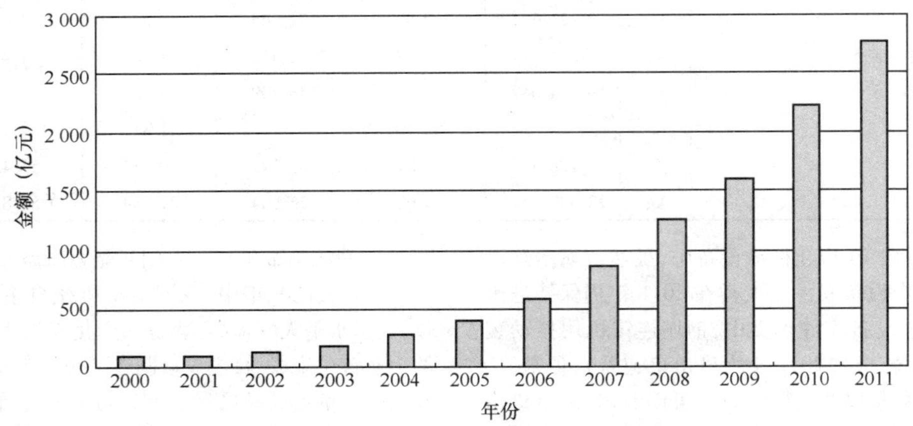

图1　2000—2011年矿山机械国内外市场销售额走向

按中国重型机械工业协会统计，2011年矿山机械行业1 338家企业（不包括按SAC/TC88规定的属矿山机械行业的工矿有轨专用车辆制造企业和矿用自卸卡车等生产企业，下同）完成工业总产值2 840.10亿元，同比增长28%；工业销售产值2 766.73亿元，同比增长28.5%；出口交货值78.01亿元，同比增长35.7%，各项指标均创历史最好水平。据对全国主要省份的351家主要矿山机械企业的统计，完成产量444.128 2万t，同比增长22.8%。另对全国55家主要水泥设备生产企业统计，完成产量85.346 7万t，同比下降23.63%。

二、国内市场概况

1. 国内市场容量变化情况

2011年，矿山机械国内市场总容量为2 728.21亿元，其中国产产品供应量达2 673.71亿元，是十年前的30.8倍，是五年前的4.8倍，较上年增长27.68%；进口为83 682万美元（约合54.05亿元）。国产设备的国内市场占有率达98.0%，是历年国内市场占有率最高的一年。2000—2011年矿山机械国内市场变化情况见表1。

表1　2000—2011年矿山机械国内市场变化情况

年份	国内市场容量（亿元）	比上年增长（%）	国产产品供应量（亿元）	比上年增长（%）	国产设备国内市场占有率（%）
2000	104.18				89.8
2001	117.12	12.94	86.89		74.2
2002	155.95	33.15	116.53	34.12	74.7
2003	236.49	51.64	151.57	30.70	64.1
2004	321.39	35.90	277.87	83.33	86.5
2005	426.28	32.70	388.59	40.60	91.2
2006	608.82	41.15	561.55	44.52	92.2
2007	885.55	47.15	832.21	48.20	94.0
2008	1 272.51	43.70	1 200.44	42.25	94.3
2009	1 616.13	27.00	1 541.14	28.38	95.4
2010	2 231.22	38.10	2 094.10	35.88	93.9
2011	2 728.21	22.27	2 673.71	27.68	98.0

注：资料来源于《中国重型机械工业年鉴》（2005—2010年）、《中国重机通讯》2012年第2期。

从表1可见,国产设备国内市场占有率历年都很高,2011年达到最高,这反映出国产产品在国内市场的重要地位和国内市场对国产产品的依赖程度,这其中价格因素起到较大作用。

2. 国内市场中的国内外产品构成

国内市场容量构成是指国内外矿山机械在国内市场的消纳量,即国内矿山机械制造企业的国内销售额与矿山机械进口额之和。2001—2011年矿山机械国内市场容量、国内供应量及进口额见图2。

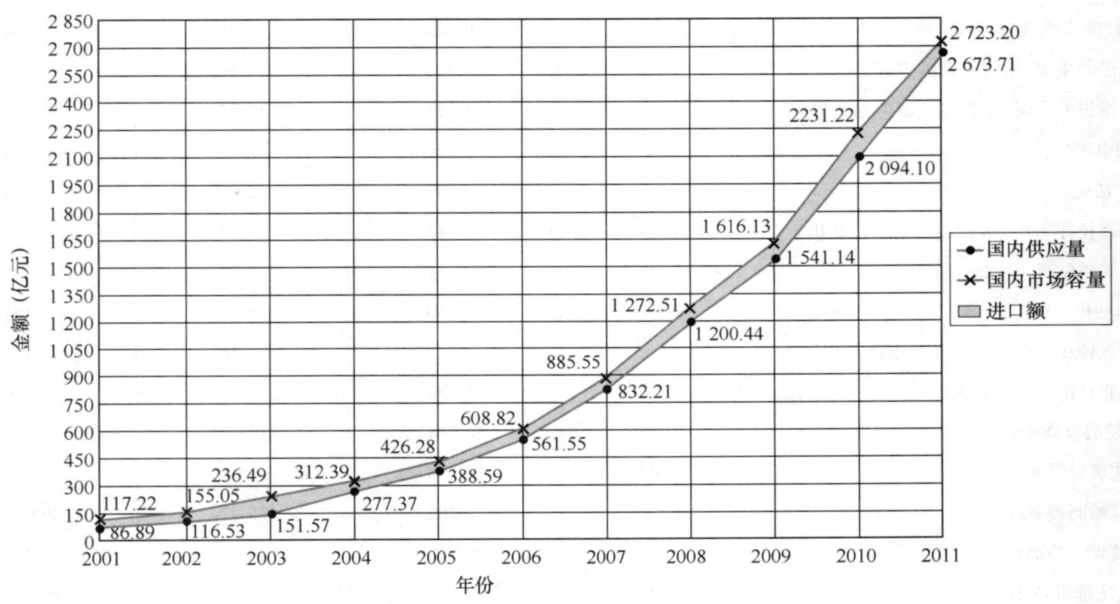

图2 2001—2011年矿山机械国内市场容量、国内供应量及进口额

由图2可见,国内市场容量与国内供应量之差为进口额,体现了2001年以来,国内矿山机械市场中国内外供应额的发展态势,可作为明后年国内矿山机械市场容量预测的粗略参考。预计今后几年仍将按这一趋势发展。

3. 国内市场中的国外产品

通过近几年的快速发展,我国矿山机械的技术水平尽管与发达国家的差距越来越小,但始终存在,特别在某些产品的规格、品种、性能、质量以及为具体用户解决个性化问题时提供一揽子解决方案的能力等方面存在一定的差距。除人为因素外,这些是每年都有几亿美元设备进口的主要原因。

2011年,矿山机械进口总额为8.368 2亿美元,其中占比例较大的是采掘设备(42.54%)和破碎粉磨设备(38.94%),二者合计达82.48%。其中主要产品是:截煤机、凿岩机及隧道掘进机,大型液压旋回破碎机、煤用和矿用大型破碎站,还有大型立式磨机等。

采掘设备的进口主要是全断面隧道掘进机。该套设备系集机、电、液、控、测于一身的高技术产品,产品除用于矿山外,在铁路、公路的长大隧道,城市地铁等军事与民用地下工程应用得更加广泛,在400亿元左右的国内市场份额中约占80%。前几年国内通过引进技术、消化成套工艺及产品设计与制造技术等已经起步,并取得了很好的成绩。

大型液压旋回破碎机和矿用大型破碎站有几乎相同的进口原因,国内同规格的产品正在起步,且尚不具备工艺性选型设计的能力。据了解,目前绝大部分的大型液压旋回破碎机均为进口,且价格昂贵。

大型立式磨机系统方面,国产产品在品种、规格、性能和质量等方面都达到了国外著名公司的水平,2011年大型立式磨机系统约1/3的国内市场被进口产品所占有,且进口产品全部是通过国内分交方式完成,因此纯国产产品并无大的价格优势。

大型煤用破碎站的进口数量较大,大部分主机采用双齿辊式,其进口原因有些不明。一方面国产2 000 t/h以上的大型煤用破碎站在设计和制造技术上已达国际先进水平,这在内蒙古宝日希勒矿几年前就已经得到证明,并且价格优势明显。但在2011年的订单中全部是国外产品,唯一的解释是国内制造厂的推介力度不够,亦或是某些用户的'使用'习惯不同。

矿井提升机和矿山机械零件的进口额度虽然不大,但4 m×6以上的大型多绳提升机主机约10%为进口,而其电动机、电控和闸控系统,100%由于国内不能制造而进口,它们的价格约占整套设备的80%。矿用电铲零件的进口是因为前几年较大量进口美国、俄罗斯大型电铲的延续。

以上反映出进口设备的主流是由于国产设备技不如人而不得不进口,这正是差距所在,更是国内生产企业今后的努力方向。

三、设备的进出口情况

1. 主要产品进出口情况

自2008年以来,我国矿山机械已连续四年实现了进出口顺差,反映出多年来矿山机械技术进步的成就。2011年矿山机械主要产品进出口情况见表2。2001—2011年矿山机械进出口走向见图3。

表2　2011年矿山机械主要产品进出口情况

产品名称	出口额（万美元）	进口额（万美元）	进出口总额（万美元）	进出口差额（万美元）
矿山设备合计	144 303	83 682	227 986	60 620
1. 采掘、凿岩设备及钻机小计	26 789	36 439	63 229	-9 651
(1)采煤、凿岩机及隧道掘进机	21 089	30 822	51 911	-9 734
自推进的采煤、凿岩机及隧道掘进机	19 681	17 696	37 376	1 985
非自推进的采煤、凿岩机及隧道掘进机	1 408	13 127	14 534	-11 719
(2)矿用电铲	15	3 404	3 419	-3 389
(3)采矿钻机	1 102	983	2 085	119
牙轮直径在380 mm及以上的采矿钻机	36	42	78	-6
其他采矿钻机	1 066	941	2 007	125
(4)工程钻机	4 583	1 230	5 814	3 353
钻筒直径在3 m以上的非自推进工程钻机	153		153	153
其他非自推进工程钻机	4 430	1 230	5 661	3 200
2. 破碎粉磨设备小计	83 840	32 588	116 428	51 252
齿辊式破碎设备	10 366	10 338	20 704	27
球磨式粉磨设备	23 212	2 262	25 474	20 951
其他破碎或粉磨设备	50 262	19 988	70 250	30 274
3. 筛分、洗选设备小计	28 762	12 727	41 489	16 036
4. 矿山提升设备小计	865	268	1 134	597
电动矿山提升设备	817	195	1 012	622
非电动矿山提升设备	49	73	122	-24
5. 矿山机械零件小计	4 046	1 660	5 706	2 386
矿用电铲用零件	4 046	1 660	5 706	2 386

注：1. 资料来源于《中国重机通讯》2012年第1期。
2. 由于四舍五入，合计数有微小出入。

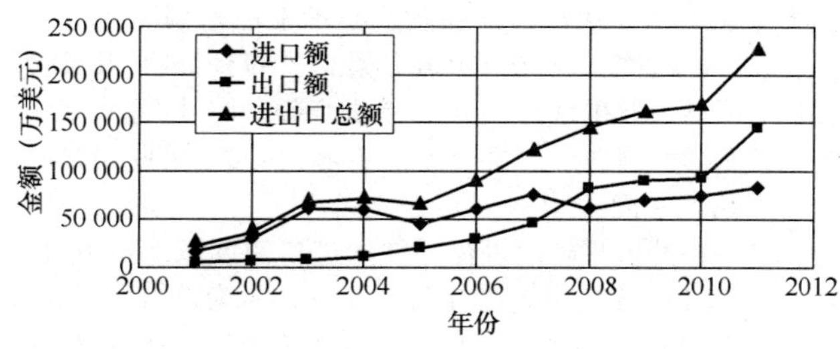

图3　2001—2011年矿山机械进出口走向

2. 出口设备分析

近十几年来，矿山机械出口一直呈稳态增长，特别是2011年较上年增幅达54.2%。这种稳态增长除了国内外大环境使然之外，国内矿山机械的技术进步是主因。

国内传统的矿山机械制造企业进行了规模宏大的技术装备全面升级改造，不仅装备规格，而且性能和精度都得到了升级。改造的内容包括从冶炼、铸造、锻造、热处理、焊接到冷加工的机械行业的方方面面。伴随着这些改造，企业管理，也得到了大的提升，产品制造工艺技术也得到了与时俱进的提高。如北方重工集团有限公司（沈重和沈矿）、太原重型机械集团有限公司和中信重工机械股份有限公司等。

在产品开发方面，各企业纷纷建立了开发试验室或科研测试基地，在开发手段和试验方法上与国际进一步接轨。在设计方面，设计手段和方法达到了与国际同步发展，大大缩短了设计周期，降低了产品成本并保证了设计质量。逐步实现从单纯的产品设计向设备使用的工艺设计转变，提升了解决用户个性化要求的能力。

全面的升级改造，保证了近几年出口增长的额度，也标志着矿山机械出口设备的技术水平大大提高。这几年出口的典型产品包括：55 m^3 矿用挖掘机、ϕ381 mm牙轮钻机、ϕ4 m×4多绳塔式矿井提升机、PXZ1750旋回破碎机、ϕ7.9 m×13.6球磨机、ϕ12.2 m×11自磨机等。为实现我国由矿山机械大国向矿山机械强国过渡的目标，全行业需要继续努力。

〔撰稿人：洛阳矿山机械工程设计研究院有限责任公司张荣宽　审稿人：洛阳矿山机械工程设计研究院有限责任公司邹声勇〕

2011年我国物料搬运机械进出口市场分析

物料搬运机械通常包括轻小型起重设备、起重机、输送机械、装卸机械、工业车辆、仓储机械、架空索道等几类产品。根据《中华人民共和国海关统计商品目录》的分类统计，物料搬运机械所涉及的商品共有4类，用4位数字来表示的商品代码分别为8425、8426、8427、8428。8425为轻小型起重设备，包括滑车及起重葫芦、卷扬机及绞盘、千斤顶等；8426为起重机；8427为工业车辆；8428为连续输送设备、电梯、自动扶梯、架空索道等。8431为上述4类商品的相关零部件。而属物料搬运机械的全路面起重机、汽车起重机列于8705中，电动牵引车、短距离运货机动车辆等列于8709中。

一、进出口市场概述

2011年，与我国发生物料搬运机械进出口贸易的国家(地区)共有202个，进出口贸易总额157.7亿美元，其中进口贸易额48.3亿美元，进口国家(地区)63个；出口贸易额109.4亿美元，出口国家(地区)202个；进出口贸易顺差61.1亿美元。与2010年相比，进出口贸易总额增长25.0%，其中进口贸易额增长24.8%，出口贸易额增长24.8%，进出口贸易顺差增长24.9%。进出口贸易总额1亿美元至2亿美元的国家(地区)36个(2010年为30个)，2亿美元至3亿美元的国家(地区)21个(2010年为15个)，超过3亿美元的国家(地区)12个(2010年为10个)。进出口贸易总额前3个国家分别是德国18.2亿美元，美国13.7亿美元，日本12.4亿美元。2011年我国物料搬运机械进出口贸易总额超过2亿美元的国家(地区)见图1。

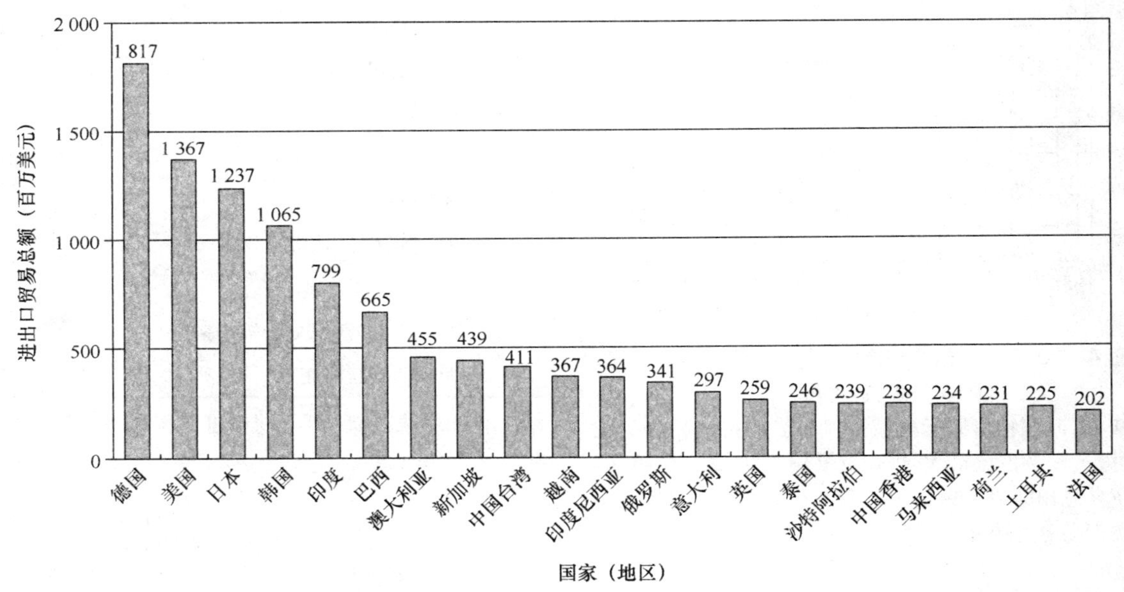

图1 2011年我国物料搬运机械进出口贸易总额超过2亿美元的国家(地区)

2011年，我国内地31个省、自治区、直辖市发生了物料搬运机械进出口贸易业务，排名前10位的省、直辖市进出口贸易总额为139.2亿美元，占全国贸易总额的88.3%，其中除北京、湖南外，其他省、直辖市都处于沿海地区。2011年我国物料搬运机械进出口贸易总额前10位省、直辖市见图2。

二、进口市场概述

2011年，我国从68个国家(地区)进口物料搬运机械商品，进口贸易总额为48.3亿美元。我国进口贸易总额前10位国家(地区)中，德国、日本、韩国分别为15.5亿美元、8.4亿美元和4.9亿美元，分别占进口贸易总额的32.1%、17.4%和10.2%。2011年我国物料搬运机械进口贸易额前10位国家(地区)见图3。

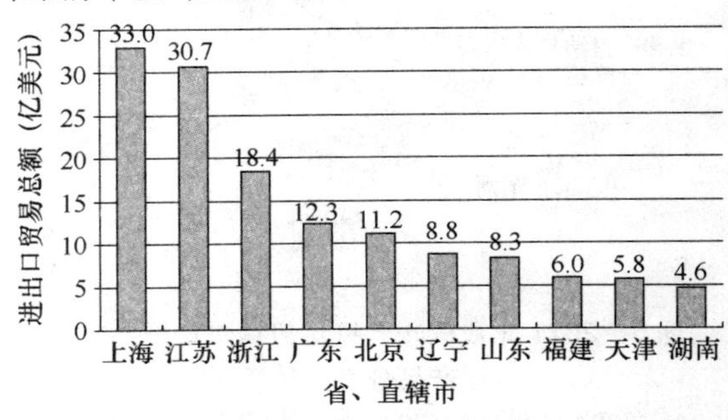

图2 2011年我国物料搬运机械进出口贸易总额前10位省、直辖市

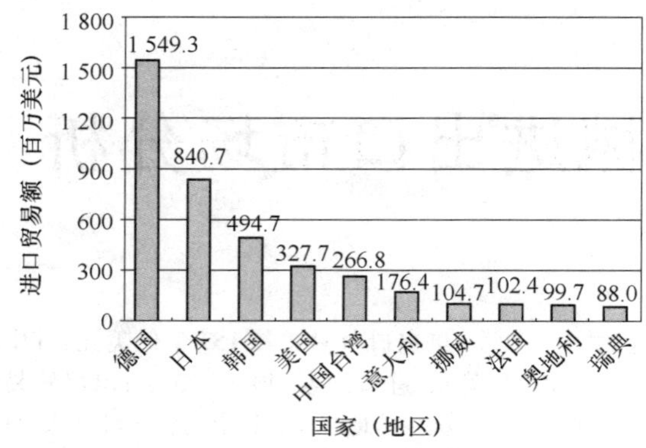

图3　2011年我国物料搬运机械进口贸易额前10位国家(地区)

2011年,我国物料搬运机械进口贸易额按地区统计,前10位省、直辖市主要集中在沿海地区。其中进口贸易额最大的是江苏省,共8.20亿美元,占全国进口贸易总额的16.98%,这是江苏省首次成为国内最大的进口市场;上海居第二,为8.16亿美元,占全国进口贸易总额的16.9%,上海、江苏两地的进口额高达16.4亿美元,占全国进口市场的33.9%。2011年我国物料搬运机械进口贸易额前10位省、直辖市见图4。

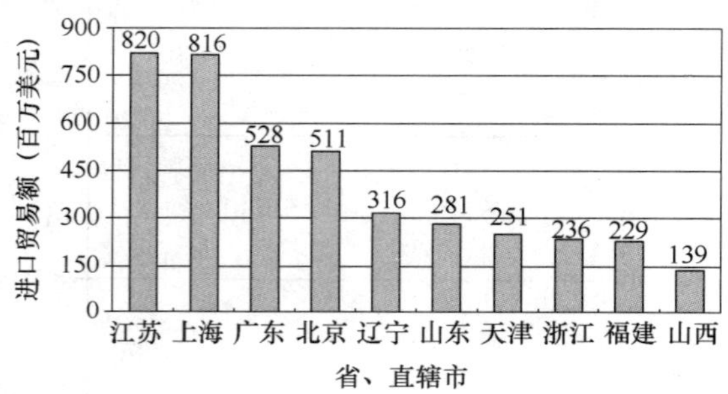

图4　2011年我国物料搬运机械进口贸易额前10位省、直辖市

2011年,我国物料搬运机械进口贸易额按产品分类统计,连续搬运设备占比最大,进口贸易额达到13.9亿美元,占进口贸易总额的28.7%。2011年我国物料搬运机械进口贸易额按产品分类统计见图5。

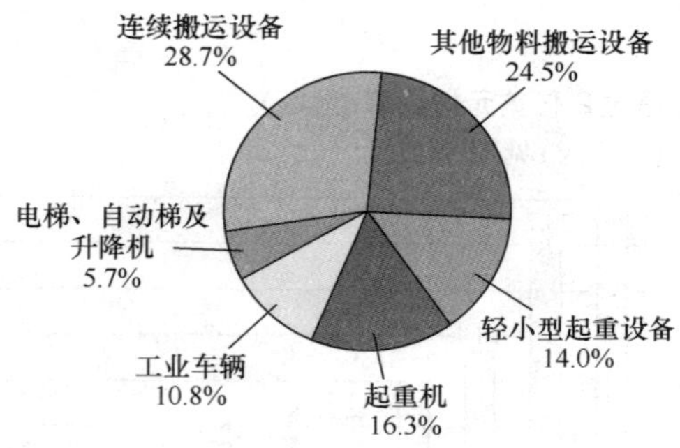

图5　2011年我国物料搬运机械进口贸易额按产品分类统计

2011年我国物料搬运机械进口贸易额超过2 000万美元的主要商品及进口额见表1。

表1　2011年我国物料搬运机械进口贸易额超过2 000万美元的主要商品及进口额

商品代码	商品名称	进口额（百万美元）
84253190	电动卷扬机	283.3
84263000	门座式起重机	259.6
84283910	链式输送机	224.3
84283300	带式输送机	219.6
84283920	辊子输送机	208.7
84271090	电动叉车	156.1
84281010	载客电梯	130.0
84264910	履带式起重机	127.6
84272090	内燃叉车	126.0
84282000	气动输送机	109.8
87051023	最大起重量 >100 t全路面汽车起重机	101.2
84251100	电动葫芦	53.1
84262000	塔式起重机	51.5
84261120	通用桥式起重机	49.9
84261190	其他固定支架的高架移动式起重机	48.2
84271010	有轨巷道堆垛机	42.6
84283200	斗式提升机	40.8
84283100	井下专用的带式输送机	35.9
84254210	液压千斤顶	29.4
84286021	单线循环式客运架空索道	25.5
84251900	手动起重葫芦	21.3

2011年我国物料搬运机械进口贸易额按贸易方式分类统计见图6。

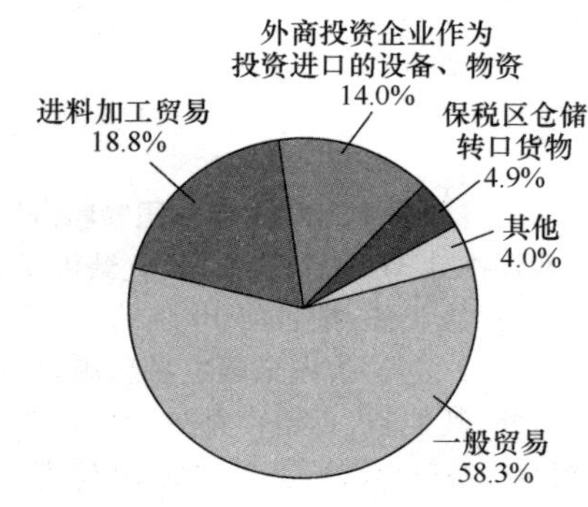

图6　2011年我国物料搬运机械进口贸易额按贸易方式分类统计

从图6中可以看出,一般贸易是我国物料搬运机械进口贸易的主体。

2011年我国进口物料搬运机械的企业按性质分类统计见图7。

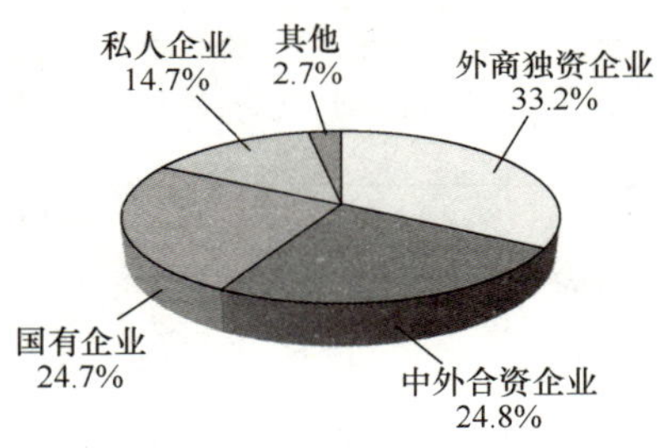

图7　2011 年我国进口物料搬运机械的企业按性质分类统计

图 7 中数据表明，外商独资企业、合资企业和国有企业是进口贸易的 3 大板块，其中外商独资企业占比最大，为 33.2%，但私人企业占比则从 2003 年的 4% 增至 2011 年的 14.7%，表明私人企业对高端物料搬运机械的需求在不断增长，逐渐成为进口市场的重要组成部分。

三、出口贸易概况

2011 年，我国物料搬运机械商品出口到 203 个国家（地区），出口贸易总额为 109.4 亿美元，其中出口贸易额 1 亿美元至 2 亿美元的国家（地区）29 个，出口贸易额超过 2 亿美元的国家（地区）16 个。出口去向最大的是美国，达 10.4 亿美元，占出口总额的 9.5%；印度居第二，出口额 7.97 亿美元，占出口总额的 7.3%。2011 年我国物料搬运机械出口贸易额超过 2 亿美元的国家（地区）见图 8。

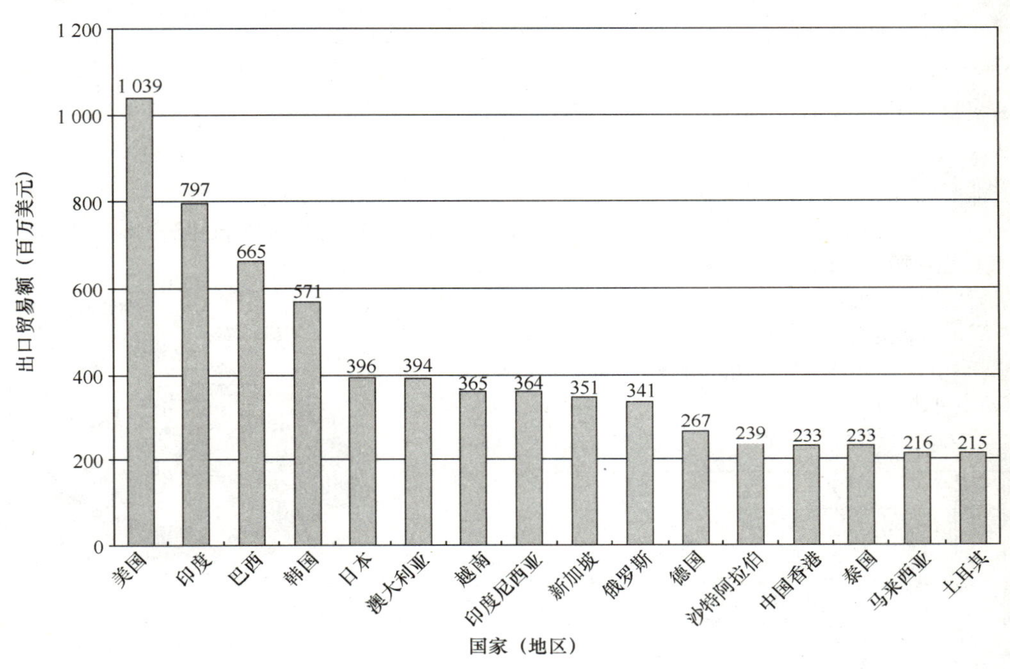

图8　2011 年我国物料搬运机械出口贸易额超过 2 亿美元的国家（地区）

2011 年我国物料搬运机械出口额超过 1 亿美元的主要商品及出口额见表 2。

表2　2011 年我国物料搬运机械出口额超过 1 亿美元的主要商品及出口额

商品代码	商品名称	出口额（百万美元）
84281010	载客电梯	778.7
84272090	内燃叉车	766.7
84261942	集装箱装卸桥	695.0
84284000	自动梯及自动人行道	523.5
84261930	门式起重机	396.5
84254210	液压千斤顶	386.4
84283300	带式输送机	386.1
84253190	电动卷扬机	367.7
84264910	履带式起重机	335.3
84262000	塔式起重机	333.3

（续）

商品代码	商品名称	出口额（百万美元）
87051091	最大起重量≤50 t 的汽车起重机	262.6
84254290	液压提升机	235.8
84263000	门座式起重机及座式旋臂起重机	235.5
84271090	电动叉车	214.2
84261120	通用桥式起重机	162.9
84283920	辊子输送机	156.8
87051092	50 t < 最大起重量≤100 t 的汽车起重机	148.1
84283200	斗式提升机	145.4
84264190	带胶轮的其他自推进起重机械	127.2
84251900	手动葫芦	121.1
84251100	电动葫芦	101.7

2011 年我国物料搬运机械出口贸易额超过 1 亿美元的发展中国家见图 9。

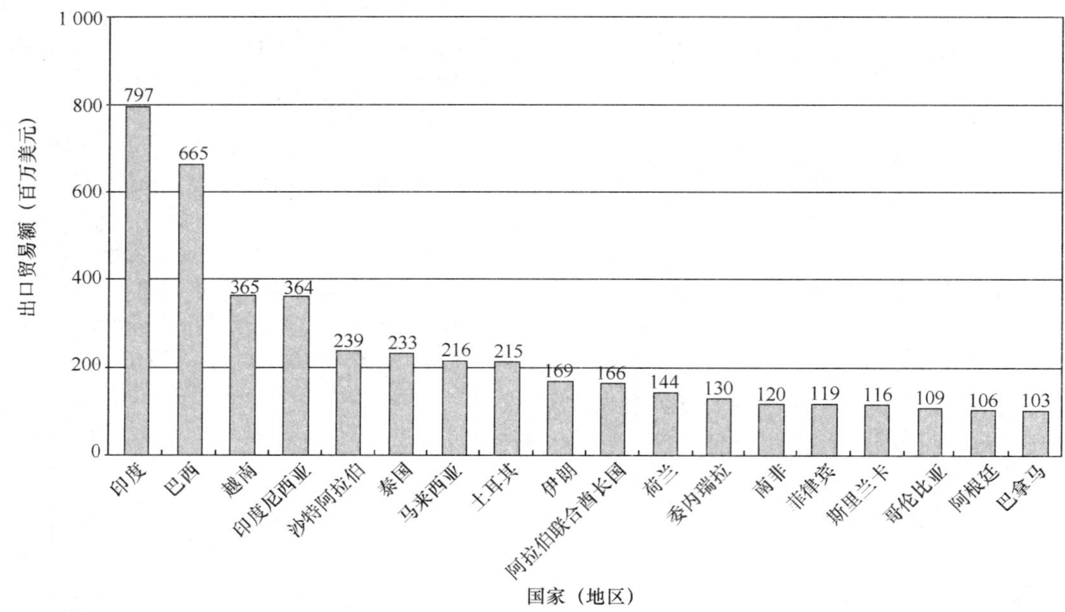

图 9　2011 年我国物料搬运机械出口贸易额超过 1 亿美元的发展中国家

2011 年，我国物料搬运机械出口贸易额前 3 位省、直辖市上海、江苏、浙江的出口贸易总额占全国出口贸易总额的 58.1%，其中上海出口贸易总额达 24.9 亿美元，占全国出口贸易总额的 22.7%。2011 年我国物料搬运机械出口贸易额前 10 位省、直辖市见图 10

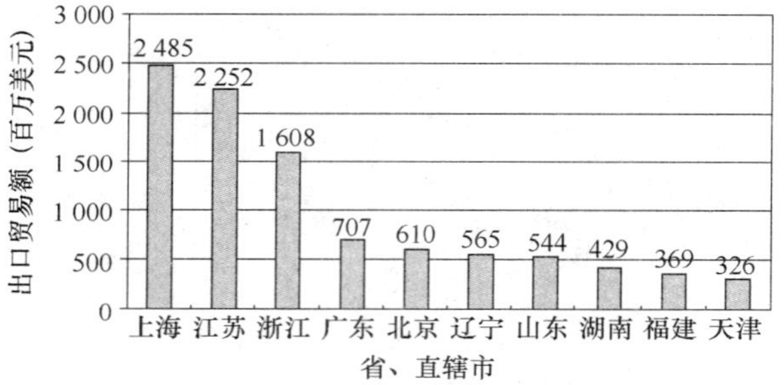

3 000
2 500
2 000
1 500
1 000
500
0
出口贸易额（百万美元）
2 485
2 252
1 608
707
610
565
544
429
369
326
上海 江苏 浙江 广东 北京 辽宁 山东 湖南 福建 天津
省、直辖市

图 10　2011 年我国物料搬运机械出口贸易额前 10 位省、直辖市

2011 年出口额最大的是起重机类产品，合计出口 32.0 亿美元，占出口总额的 29.3%。2011 年我国物料搬运机械出口贸易额按产品分类统计见图 11。

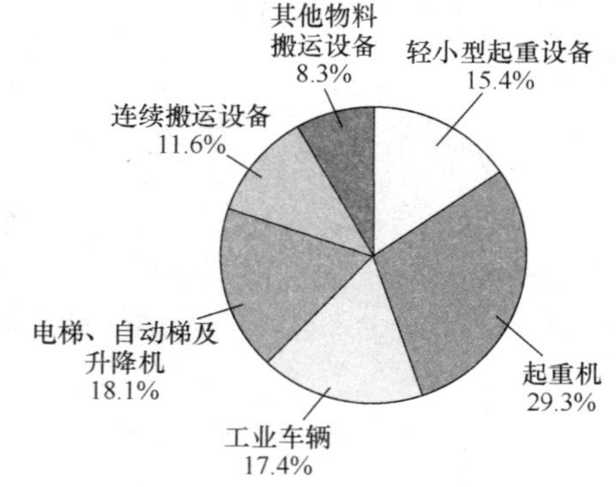

图 11　2011 年我国物料搬运机械出口贸易额按产品分类统计

2011 年我国物料搬运机械出口贸易额按贸易方式分类统计见图 12。

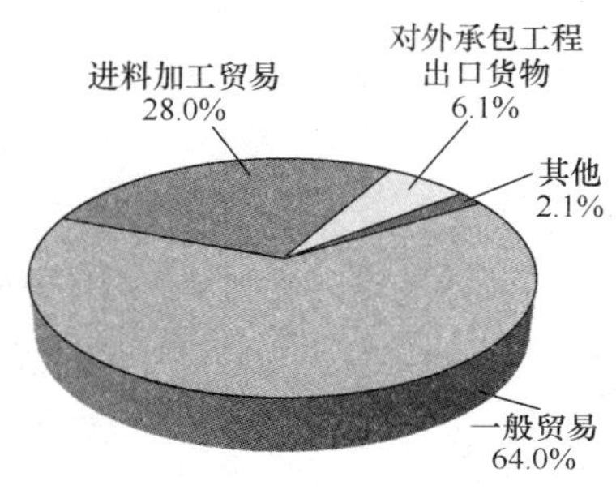

图 12　2011 年我国物料搬运机械出口贸易额按贸易方式分类统计

从图 12 中的数据可以看出，我国出口贸易主要为一般贸易和进料加工贸易。

2011 年，我国物料搬运机械出口贸易额与 2010 年相比，私人企业出口占比增长 3.3%，外商独资企业出口占比下降 3.8%，中外合资企业出口下降 6.2%，国有企业的出口比例略有下降。2011 年我国物料搬运机械出口贸易额按企业性质分类统计见图 13。

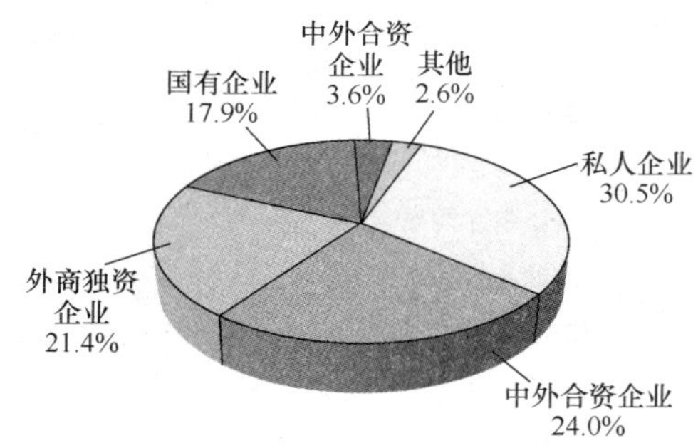

图 13　2011 年我国物料搬运机械出口贸易额按企业性质分类统计

〔撰稿人：中国重型机械工业协会肖立群　审稿人：中国重型机械工业协会徐善继〕

"十二五"我国特钢行业发展及精整设备研究

一、我国特钢行业发展状况

特钢是指具有特殊的化学成分、采用特殊的工艺生产、具备特殊的组织和性能、能够满足特殊需要的钢类，广泛应用于汽车、机械加工、军工、石化、海洋工程、航空航天、医疗器械、核电和风电站等高端装备制造领域中。目前，全球共有近2 000个特钢牌号、约50 000个品种规格。

我国是世界第一产钢大国，也是全球最大的钢铁消费市场。2006年我国钢铁粗钢产量4.21亿t，到2010年攀升至6.27亿t，年增长率达到10.45%。钢铁行业"十二五"规划预测到2015年我国粗钢导向性消费量约7.5亿t，并在"十二五"期间进入峰值弧顶区。根据日本特钢发展规律，当一个国家的钢铁工业经历急剧发展期进入稳定发展阶段时，特钢产业将进入一个高速发展的时代。我国特钢产量占钢产量的比例低于行业发达国家，美国和韩国的比例为15%左右，日本、法国和德国的比例为20%～30%，瑞典的比例高达45%，而我国特钢产量仅占钢产量的8%左右。此外，我国特钢品种结构不尽合理。我国特钢企业的品种构成基本为：优质碳素结构钢50%、合金结构钢17%、弹簧钢4%、轴承钢8%、不锈钢14%、工具钢2%、其他品种5%；而日本的特钢品种结构是：优质碳素结构钢24%、合金结构钢19%、弹簧钢2%、轴承钢5%、不锈钢16%、易切钢5%、高强度钢22%、工具钢1%、其他品种6%。与工业化国家日本相比，我国特钢产量中高附加值产品比例小。此外，我国特钢产品还存在纯净度低、性能稳定性差、化学成分控制精确度低、组织均匀性差、尺寸精度低等问题。

高品质特钢是重大装备制造、重大工程建设、战略性新兴产业和国防先进武器所需的核心、关键材料，是新型功能材料、高性能结构材料。2010年我国关键特钢品种消费及2015年预测见表1。

表1　2010年我国关键特钢品种消费及2015年预测

序号	品种	2010年（万t）	2015年预测（万t）
1	铁路用重轨	400	380
2	铁路车轮、车轴钢	54	60
3	轴承钢	370	500
4	齿轮钢	207	250
5	合金弹簧钢	260	450
6	合金模具钢	30	50
7	造船板	1 300	1 600
8	高压容器用钢板	100	160
9	汽车用冷轧及镀锌薄板	835	1 400
10	油井管	380	470
11	电站用高压锅炉管	48	70
12	硅钢片	572	650
13	不锈钢	940	1 600

二、我国精整设备发展状况

根据上述我国钢铁产业发展趋势，"十二五"期间将是我国特钢行业迅速发展的时期，特钢产业的发展离不开对各种特钢工艺装备的需求。

特钢在冶炼、连铸、连轧以及精整等各个工序中需要各种不同的设备。经过多年的发展，我国在连轧连铸等工艺上的设备都已达到国际先进水平，但长期以来我国特钢行业忽视了对精整工序的研究，对于轧制后的钢材没有经过进一步的精整，导致了返工率高、成品率低等缺陷，从而降低了特钢产成品的附加值。在工业发达国家，特钢企业主要产品基本都采用离线精整设备进行检测及处理，保证了产品质量，提高了附加值。据不完全统计，2011年我国特钢协会32家特钢企业及普转优、优转特钢铁企业新增大约5.4万t离线精整设备。随着钢铁企业的不断发展和产业结构的不断调整，钢材生产过程中对离线精整设备的需求将会越来越大。特钢行业的迅猛发展及技术升级将带动对先进离线精整设备的需求。"十二五"期间将是我国以航空航天等高端装备制造业为代表的战略性新兴产业的迅猛发展时期，而高端装备制造所需特钢品种多样，型号和性能各有不同，而且对于表面光滑程度、端口平整度等多方面的要求很高，要杜绝表皮缺陷和内部缺陷，从而需要多种多样的离线精整设备加以检测和处理。预计到2015年我国离线精整设备市场需求将达到约15.4万t。

精整，亦可称为后道精整，即为了使经过轧制处理后的钢材具有合乎规格、形状和正确的尺寸，以及合乎规定的技术条件、性能和要求，而进行的一系列处理工序，因其是钢材的最后处理工序，故最终决定了钢材的成品质量。后道精整可以细分为在线精整和离线精整。

一般在线精整指产品在轧制线上完成相关的精整处理的过程。如棒材在线精整指轧制线上从冷床、冷剪、检查、成捆、打包、称重、收集入库的工序，线材在线精整指吐丝、散卷冷却、集卷、压卷、检验、包装、计量等工序，钢管在线精整指冷却、矫直、检验、标记、入库等工序。在线精整广泛应用于各大钢铁企业，是轧制生产线对产品进行初级精整必要的组成部分。在线精整设备主要有：冷床、编组设备、锯切设备、定尺机、在线矫直机、码垛机、称重仪器、运输传送等设备。

离线精整主要应用于特钢企业，独立于轧制生产线，是一条对钢材进行高级精整处理的工艺路线。不同钢材产品有不同的离线处理工艺，如棒材离线精整指抛丸、矫直、倒棱、探伤、修磨、贴标、成捆、打包、称重、收集入库等工序；板带钢离线精整指热处理、修磨、平整、横切、纵切、重卷、分选和包装等工序；钢管离线精整一般指热处理、矫直、倒棱、探伤检查、修磨、试验、打印、称重、包装等工序。离线精整设备主要包括热处理设备、抛丸机、矫直机、倒棱机、探伤机、贴标机(喷标机)、打包机、称重系统、金属扒皮机、修磨机、切管机、锯切设备、运输传送等设备。根据处理钢材种类的不同,需要组成不同型号和种类的离线精整设备。

棒材倒棱机主要由机体、夹紧装置、倒棱动力系统、刀盘控制系统、进给伺服系统及排屑系统等组成。倒棱机作为离线精整线的必备设备,其产能决定精整线的产能,传统砂轮倒棱机节奏较快,但只能消除棒材端部残留的毛刺,且倒棱效果欠佳,不能满足国内外高端用户的需求;金属倒棱机倒棱效果良好,精度高,但是单头金属倒棱机生产节奏慢,不能满足精整线全部产量倒棱的要求。因此提高金属倒棱机的生产节奏,成为其研究方向,双头金属倒棱机在此情况下应运而生。两台双头倒棱机相对交错安装在传送步进式台架两侧,定位挡板、双齐头辊道、双V形棒材支座和步进式台架与两台双头金属倒棱机有序地联成一体,从传送步进式台架首端排列到尾端。该机组布置在精整线上,用于对连续快速生产的合金棒材端部进行倒棱或平头。

金属倒棱机作为离线精整线的主体设备之一,以其倒棱美观,效果优越,能较大幅度地增长棒材的品质,提高其经济价值,越来越受到客户的青睐。但传统金属倒棱机受生产节奏影响,不能完全满足精整线大产量倒棱需求,特别是小规格的棒材,在这种形式下,结合国内外金属倒棱机的优点,设计出了双头金属倒棱机。

〔撰稿人:中钢设备有限公司韩文平、王琦〕

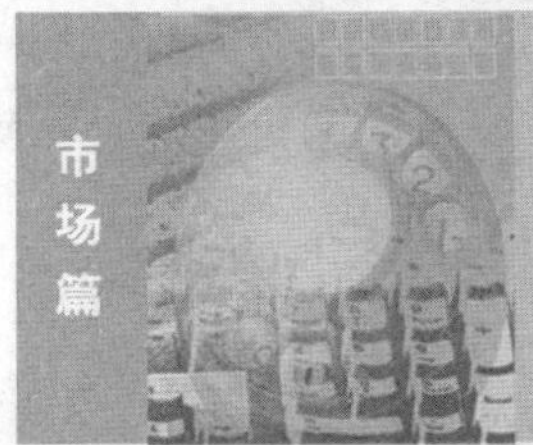

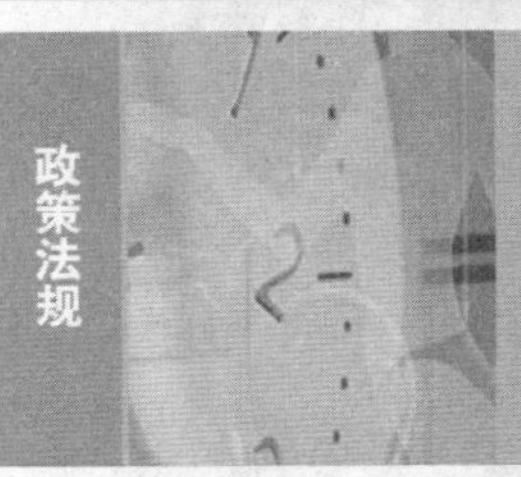

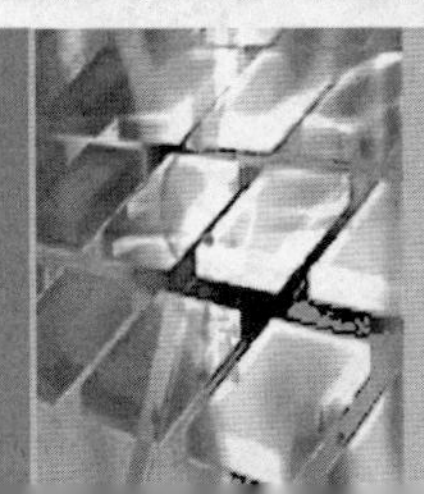

2011年重型机械行业主要企业运行情况，重点企业经营理念、文化建设及发展规划

Mainly enterprises' operating situations, business concepts, cultural development and development programs in the heavy machinery industry in 2011

企业介绍

企业介绍

中国第一重型机械集团公司

2011年,中国第一重型机械集团公司(以下简称一重)通过不懈努力,有效应对了核电政策调整、资金供应紧张、市场竞争异常激烈、原材料价格上涨等诸多困难和风险,经受住了复杂多变的国内外经济环境和市场形势的严峻考验,保证产出水平不下滑、经营订货有突破、技术创新有进展,继续保持企业的平稳发展。2011年末,一重资产总额3 476 705万元,负债总额1 770 564万元,净资产1 706 141万元,资产负债率51%。

一、企业生产发展情况

2011年,一重实现商品产值120.18亿元,商品产量30.9万t,销售收入87.49亿元,利润5.3亿元,工业增加值25.7亿元,国有资产保值增值率102.6%。2011年一重主要产品分类产量见表1。

表1 2011年一重主要产品分类产量

序号	产品类别	产量(t)
1	冶金成套设备	87 634
2	核能设备	12 849
3	重型压力容器	67 683
4	大型铸锻件	12 772
5	锻压设备	34 261
6	矿山设备	3 155
7	其他	90 433
	合计	308 787

二、企业市场经营及销售情况

2011年一重分类产品销售收入见表2。

表2 2011年一重分类产品销售收入

序号	产品分类	销售收入(万元)	占比(%)	同比增长(%)
1	冶金成套设备	234 367.09	26.79	-6.01
2	核能设备	120 221.33	13.74	-14.99
3	重型压力容器	259 589.96	29.67	34.25
4	大型铸锻件	144 817.78	16.55	-24.53
5	锻压设备	27 800.66	3.18	51.96
6	矿山设备	3 948.64	0.45	-56.33
7	其他	84 174.62	9.62	50.91
	合计	874 920.08	100.00	1.84

从收入构成分析,受钢铁市场低迷影响,冶金成套设备、大型铸锻件的收入占比有所下降;受日本福岛核事故影响,2011年核能设备占比首次出现下降。由于一重的冶金设备产品技术含量高,拥有自主知识产权,同时拥有世界一流的铸锻件生产基地,掌握业内领先的制造工艺,使得大型铸锻件生产技术达到世界先进水平,预计未来这两类产品盈利能力将逐步得到恢复。重型压力容器收入占比最高,其销售额的增加弥补了其他产品的减少,使一重总体收入变化不大。

2011年,一重成立了营销事业部,产品出口额达3.65亿元,出口订货量实现恢复性增长,全年新签订货合同142.5亿元。市场营销不断拓展,一是新用户开发取得一定成绩,先后与攀钢集团西昌钢钒有限公司、西门子(中国)有限公司等新用户建立了合作关系,产品覆盖轧制、锻压、石化、节能环保等多个领域。二是石油化工设备订货额创历史新高,共实现订货51.9亿元,是上年同期的2.4倍。三是尽管受日本福岛核事故影响,但核电产品订货额继续保持国内同行业领先地位,共签订合同9.5亿元。四是召开轧辊技术暨冶金备件战略合作、中国一重铸锻件产品市场研讨会,与首钢等多家企业签署轧辊及其他备件合同,巩固和提升了公司在铸锻件市场的地位。五是国际市场开拓稳步推进,热连轧成套设备继续出口韩国,支承辊产品首次进入印度,冶金备件在欧洲取得突破,全年签订出口合同6.3亿元。

三、企业科技成果及新产品

近年来,一重紧紧围绕能源装备、工业装备、环保装备、装备基础材料等“四大产业”,不断完善技术创新体系建设,建立了以“基础科学研究、工程化研究、产业化研究、批量化研究”四位一体的技术创新体系,一重在全国729家企业技术中心2011年排行榜中位居44名。一年来,一重投入研发经费4.25亿元,占销售收入的近5%,继续保持国内同行业前列。全年获省部级以上科技进步奖5项,其中“特薄带钢高速酸轧工艺与成套装备研究开发”“中国实验快堆关键设备研制”“百万千瓦核电转子大型开合式热处理炉成套设备、工艺及应用”分别获中国钢铁工业科学技术奖特等奖、中国核能行业科技进步奖一等奖、中国机械工业科学技术奖一等奖;公司承担的12项国家级课题顺利验收;申请并获得国家知识产权局受理专利94项,其中发明专利授权16项。

成功研制筒节成形机在线喷淋调质、自动翻转等辅助装置;自主设计制造400 t·m锻造操作机;基本掌握蒸发器和堆内构件关键部件制造技术,核电主管道试制成功;海洋工程、海洋风电、煤气化等新产品研发工作有所推进；核电锻件、空心钢锭、曲轴、超超临界转子、铸铁工作辊、铸钢支承辊等产业化课题已迈入正轨；新产品工程化进一步加快，利用掌握卧式辊磨机设计制造这一核心技术，获得钢渣处理线的工程项目。

四、企业产品质量及标准工作情况

全年推进质量分级管理，内部取证工作全面展开；加强月度质量分析，及时反馈公司产品质量状况；强化质量管理体系内外部监督、核电质保体系内外部监查；规范62种中英文对照版质量记录；完成质量管理体系民品、专项产品、民用核安全机械设备制造许可证、核电产品ASME N NPT NS等换证工作，完成核电产品不锈钢锻造主管道、重型支承的取证工作。全年制定行业标准2项，制定企业标准24项，4项国家标准正在制定中。

五、企业基本建设及技术改造情况

2011年，一重计划进行固定资产投资272 300万元，实际完成128 543.1万元，全部为主业投资项目，均围绕提高一重的装备能力，为新产品开发搭建平台而开展；新开工项目占完成投资额的5.4%，主要是可研、环评、勘察、桩基础、承台基础及部分焊接设备。当年新增中央投资项目为“大型石化容器制造基地项目”和“国家能源重大装备材料研发中心完善及创新能力提升建设项目”。

一重依靠技术改造、科研开发和兼并重组，显著提升了自主创新能力和产出能力，促进了企业向战略新兴产业的转型升级，尤其是向新能源、新材料等行业方向发展。当年完成的技术改造项目的效果体现在以下方面：一是对企业经营发展的积极作用。通过技改投资项目的实施，扩大了企业的产业链和服务领域，促进了营销工作的开展，订货取得较好成绩，尤其是主导产品之一石化容器产品的订货量翻番，夯实了企业未来发展的基础。二是对主业发展的提升和促进作用。进一步确立了一重四大基地协同发展的地域布局发展战略，通过稳步推进基地建设，提升了核心制造能力，为一重成长为具有国际知名品牌，拥有核心制造能力的世界一流重大技术装备供应商奠定了基础。三是对企业技术水平和创新能力的促进作用。通过技改投资项目的实施，使一重整体技术水平、生产能力和市场竞争力又跃上一个新台阶，促进了企业生产的专业化、自动化、信息化和流程化，夯实了企业开展技术创新的物质基础；加快了企业以工业装备为主向工业装备、能源装备、装备基础材料和环保装备的研发、生产、制造并重的转变。四是对节能降耗，降低成本，增强可持续发展能力的促进作用。通过技改投资项目的实施，使一重在降低成本、挖潜增效，提高能源利用效率和强化节能减排目标以及促进经济与资源、环境的协调发展等方面取得了明显成效，促进了各项工作任务的完成，增强了可持续发展能力。

六、企业对外合作情况

近几年，一重与一批高校及科研院所建立并保持了长期战略合作关系。2011年与上海交通大学开展合作，依托上海交通大学机械系统与振动国家重点实验室，一重重型技术装备研究院与上海交大联合成立了一重重型装备研究院交大分院。通过这种方式，进一步加强了产学研结合，为联合开发符合一重长远战略规划的新产品和新技术搭建了发展平台。

七、企业改革与机构调整

企业改革方面，一是推行内部市场化改革，制定了《市场化改革指导意见(试行)》和毛坯投料、加工装配等市场管理办法，为推进集团管控的市场化模式奠定基础。二是加快生产组织方式变革，继续推进专业化生产，核电与石化容器产品专业化生产线和专业化工位、性能试样分解、加氢小件专业化生产线已经形成。三是按照减少科段设置、岗位和人员分级、竞聘上岗以及薪酬按考核结果发放的原则，深化机构及“三项制度”改革。

机构调整方面，一是为进一步提升公司的竞争能力，在加快完善富拉尔基大型铸锻钢基地、大连核电石化容器制造基地、天津滨海制造基地建设的基础上，设立了大连石化装备有限公司和天津风能设备有限公司，成立了营销事业部、海洋工程事业部和重型技术装备基础科学研究院。二是积极开展对外投资与兼并重组，合资设立一重集团马鞍山重工有限公司，控股成立一重集团绍兴重型机床有限公司、一重集团常州华冶轧辊有限公司，使公司的产业链不断延伸。

八、企业发展的主要或突出的问题

1. 宏观经济形势不确定

虽然世界经济有望继续恢复增长，但基础不牢固，不稳定、不确定性因素仍然很多，美债、欧债危机此起彼伏；全球需求结构出现明显变化，围绕市场、资源、人才、技术、标准等竞争更加激烈；工业发达国家出现“再工业化”和重归实体经济的趋势，并积极在新能源、新材料、节能环保等重要领域进行布局，科技创新和产业化制高点的竞争进一步加剧；国内经济发展中不平衡、不协调、不可持续的问题仍很突出，企业需要做好长期应对的思想、物质及资金准备。

2. 生产制造成本上涨过快

当前，我国已进入土地、原材料、劳动力等生产要素成本持续上升阶段，资源环境约束和成本压力增大。同时，随着国内通胀压力预期的提高，能源、原材料价格出现持续刚性上涨，公司生产制造成本压力加大。为此，一重近年来进行了大规模的技术改造，生产制造工艺有待进一步优化、创新，生产制造尤其是热加工降本增效空间仍然很大。

3. 市场前景欠佳

市场是企业赖以生存发展的基础，但近期上游行业如钢铁行业固定资产投资增速回落、核电行业尚未重启等因素导致装备制造业的市场容量萎缩，市场低迷的形势仍未好转，需求减弱的格局并未改变，市场营销工作的难度持续加大。

4. 资金紧张

重型装备制造企业技术密集，资金密集，劳动力密集，如果发展成高端重型装备制造也一定是技术密集、资金密集，投入量非常大。但与此同时，融资门槛变高、贷款难度加大，加之原材料、能源及人力成本等生产力要素价格持续上涨导致企业利润空间受到挤压，资金使用受限。虽然一重上市募集到部分资金，但该部分资金主要用于募投项目的建设需要，无法用于其他投资，企业自有资金较少，资金不足制约了一重的进一步发展。

5. 新产品开发及技术创新面临的挑战

近年来，一重一直致力于调整和优化产品结构，加大科研新产品开发力度，研发投入大幅提高，研发体系进一步健全，专职研发人员大量增加，研发成果不断涌现，呈现出前所未有的喜人局面。但是与公司的发展要求相比，与国际同行先进企业相比，仍然存在一定差距，自主创新能力仍有待进一步加强，需要继续创新新产品开发的模式与思路，调整和完善企业技术创新体系，确保科研新产品开发工作早出成果、快出成果。

〔撰稿人：中国第一重型机械集团公司杨先仙　审稿人：中国第一重型机械集团公司刘昕宇〕

中国第二重型机械集团公司

2011年，针对严峻的市场形式，面对企业转型发展中的各种困难和考验，中国第二重型机械集团公司（以下简称中国二重）通过认真贯彻落实党中央、国务院各项决策部署和国资委的部署和要求，以科学发展为主题，以调结构转方式上水平为主线，紧紧围绕年度既定目标，密切关注国家产业发展动态，适时调整经营策略，着力推进产品结构调整，推进"一个中心，两个基地"建设，持续深化改革，强化内部管控，保持了企业的平稳运行。

一、生产发展情况

近年来，由于受到国际金融危机后续影响的持续冲击，中国二重具有传统优势的冶金轧制设备需求持续低迷，订单远低于预期，造成大量生产缺口无法弥补。面对生产能力放空、产值增速放缓、产销率下降、成本费用上涨、利润水平不断降低等不利情况，企业通过紧盯市场信息，增强对营销工作的领导和支持力度，努力争取订单。在巩固传统市场的同时，开拓新市场，在冶金持续低迷的情况下，大力发展清洁能源，同时积极开拓有色、水利、重容、水泥等领域，产品订货结构进一步优化，清洁能源设备产品订货比重提升。在生产组织中，按照"紧平衡、抓提前"的原则强化生产组织，千方百计力求产出最大化。完成了攀钢2050等为代表的多条冶金项目、二代半及三代核电产品大锻件、重型石化容器等一批重大技术装备的研制任务。全年完成工业总产值80亿元，同比下降22.4%；机器产品产量13.88万t，与上年同期基本持平；完成销售收入70亿元，同比增长1.89%；亏损1.5亿元。2011年主要产品生产情况见表1。

表1　2011年主要产品生产情况

产品名称	产量(t)	产值(万元)
合计	138 585	754 342
轧钢设备	28 472	117 673
锻压设备	20 357	139 924
能源发电装备	487	26 691
重型化工压力容器	10 299	96 611
其他设备	8 195	255 74
大型电站铸锻件产品	36 492	223 636
冶金备件	1 306	4 651
船用铸锻件	8 588	17 595
模锻件	2 431	50 651
其他铸锻钢加工品	21 958	51 336

二、市场经营及销售

2011年，中国二重紧盯市场信息，采取灵活策略，拓展了产品种类。在多个有色项目上实现了工程总包，取得了蒂森克虏伯、广东富华等3条热模锻压力机生产线，承揽了向家坝800MW水轮机大轴等转子加工合同，签订了3台新型矿渣立磨合同，与扬子石化签订了6台双超加氢反应器的制造合同。首次取得了我国首套拥有自主知识产权的海洋装备主齿轮箱供货合同，首次在韩国获得冶金成套设备制造合同，签订了空客新机型大型模锻件试制合同，成功进入国际民用航空装备领域。2011年主要产品销售情况见表2。

表2　2011年主要产品销售情况

产品名称	销量(t)	销售额(万元)
合计	147 725	747 854
轧钢设备	29 030	117 409
锻压设备	25 842	135 340
能源发电装备	433	24 713
重型化工压力容器	9 744	91 428
其他设备	15 015	36 581
大型电站铸锻件产品	38 285	223 254
冶金备件	3 128	15 927
船用铸锻件	8 098	16 263
模锻件	2 557	30 521
其他铸锻钢加工品	15 593	56 419

三、自主创新情况

中国二重在努力抓好生产经营的同时，企业通过持续的技术创新，加快产品结构调整，提高产品的技术水平，增强产品的竞争能力。坚持集中力量加强以AP1000三代核电为重点的核电产品研发，率先研制出示范工程主管道、压力容器支撑及预埋件，顺利启动了全套锻件材料的投料。通过对三峡升船机齿条、螺母柱、埋件等项目的研制，实现了对三峡升船机螺母、埋件的批量供货。通过对燃机轮盘等关键锻件的开发，实现了对燃机高端锻件的市场突破；开发成功了2.0MW半直驱增速机，扩展了风电产品的多元化。此外，公司还积极在煤化工、海洋工程等领域积极寻求技术引进及合作。

中国二重被认定为国家级创新型企业，获批设立"国家能源极端装备虚拟制造重点实验室"，通过了承担的"大型水电机组关键铸锻件制造技术研究"等3项"十一五"科技支撑计划项目和9项四川省级技术创新项目的国家验收。年内获得专利42项，其中发明专利11项。2011年重大科技成果及获奖情况见表3。

表3 2011年重大科技成果及获奖情况

序号	项目名称	完成时间	主要性能参数及技术内容	成果水平评价
1	核电机组特大型半速整锻转子锻件制造技术研究与应用	2011.12	该项目针对当前世界极限制造领域的标志性高难产品大型核电半速发电机转子锻件的制造技术，进行了技术研究，完成了十余项重大装备工艺设计和技术改造，开发了核电发电机特大型半速转子锻件全套制造技术，并成功应用于产品制造，形成了批量生产能力	填补国内空白，总体技术达到世界先进水平
2	天津石化100万t/a乙烯2.25Cr－1Mo－0.25V钢加氢反应器研制	2011.12	通过对该项目的研制，研发出了2.25Cr－1Mo－0.25V钢新材料的最佳化学成分匹配，并在主焊缝焊接和不锈钢堆焊工艺、大型筒节成型和过渡段收口锻造工艺、高强度、高韧性材料热处理工艺、新型加工刀具和加工工艺、大型封头的椭圆校正等方面具有创新，突破了本体超大型化、高强度和高韧性控制、焊接等技术瓶颈	项目达到了国际先进水平
3	160 MN自由锻造水压机研制	2011.10	该压机充分吸收并综合了国内外同类产品的优点，整体技术先进、集成技术完整。项目采用三维设计手段和参数优化设计方法；首次采用了适合大型锻造水压机的插入式预应力组合框架结构，采用了方立柱多面可调间隙的平面导向结构，上砧快换及夹紧装置，下横梁的板条预紧结构；采用了先进的水压机油控水比例控制和可编程序的控制系统，泵直传增压技术	整机技术水平达到国际先进水平，部分指标国际领先
4	600～1 000 MW超超临界火电机组大型关键铸件国产化研究	2011.12	项目组从产品的铸造、冶炼、热处理、焊补工艺等进行了系统深入研究，在国内率先研究及开发出了拥有自主知识产权的超超临界汽轮机的汽缸体、阀体等关键铸件；实现了我国大型超超临界汽轮机关键铸件国产化	达到国际同类产品先进水平

四、产品质量及标准工作情况

中国二重质量保证体系完善。拥有高能射线探伤室等先进检验装备和技术，是中国重机行业军民一体化首家通过ISO9000质量管理体系认证的企业。获得了美国ASME总部颁发的“U”“U2”“N”“NPT”规范钢印及授权证书；SVAL合格供应商资质、PED—CE/AD2000质量体系证书；是我国第一家具备ASME核级材料设计和制造资质的供应商；船用铸锻件取得了中、英、美、法、日、德、挪威、意大利八国船检局及船级社颁发的能力认可证书；一类、二类、三类压力容器、民用核承压设备等取得了生产许可证；通过Nadcap热处理专业认证审核，为进入国际民用航空产品制造领域创造了必要条件。质量保证的基本原则被广泛运用于企业各类产品的制造活动中，与质量有关的各类活动均处于受控状态，可以确保为用户提供高质量产品。

五、基建技改情况

2011年，中国二重围绕“一个中心，两个基地”建设，抓紧实施了以煤液化、加氢、核动力装置、重型容器厂房和成都工程研究中心建设为代表的“提高国家重大技术装备设计制造水平改造”项目，以核电加工扩能为代表的“三代核电”项目，以炼钢铸锻瓶颈改造为代表的“疏通发展高端瓶颈”项目，以镇江出海口基地建设的“重大技术装备出海口基地一期建设项目”“重大技术装备出海口基地二期建设项目”，以及“工业炉窑全面节能改造项目”“8万t大型模锻压机”等重点技改、新建项目。全年完成投资额18.7亿元；完工单项工程180余项；新增生产设备139台，改造设备10台；施工建筑面积39.8万m^2，竣工建筑面积16.6万m^2。完成了风电技改项目的整体竣工验收工作，较好地完成了各工程项目的阶段计划目标。

项目的实施对中国二重经营生产提供了技术保证，极大地促进了中国二重产品结构调整。目前中国二重传统产品占比逐年缩小，而以风电、核电及重型容器为代表的高附加值产品产值大幅提高，产品结构转型已初见成效，不仅在工程总包上取得突破，还进入了新的领域，极大地拓展了企业的发展空间，为实施战略性新兴产业，推动国内装备制造业的技术升级创造了有利条件。

六、改革与机构调整

为深化公司治理模式与管理架构改革，加快推进“工厂式管理”向“公司化运营”转变，中国二重通过推进公司化改造，优化资源配置，构建了以公司总部、事业部（子公司）、公共服务平台为架构，层次清晰，适应市场需要，职责分明的组织体系。

公司新组织架构由三部分组成：公司总部、经营生产实体、公共平台。

公司总部作为投资决策中心，负责战略管理、资本运作、结构调整、财务控制、风险管控、技术研发等宏观业务；经营生产实体作为利润中心，适应市场，满足用户需求是其生存的基础，以各事业部、子公司、子企业为主体；公共平台作为服务中心，主要为经营生产实体提供检测、动能供应、集中采购、安全保卫、信息化、档案管理等公共服务。

七、企业发展主要或突出问题

近年来,受国际金融危机的后续影响,受国家宏观调控影响,逐渐波及实体经济,导致市场需求减少,产品竞争激烈;受宽松货币政策刺激,原材料、燃料动力、人工成本等均出现上涨,压窄了产品的利润空间。进行差异化、高端化的产品开发是解决这一问题的重要途径之一,但企业原创技术少、自主创新能力弱、研发风险大,企业进展缓慢,建议国家对承担国家重大装备制造的企业提高项目补助金比例,对前期技术研发投入较大、生产周期长、赢利空间有限的项目给予费用性补贴,出台首台(套)国产设备的认定细则和补偿办法,尽快完善下发"使用国产首台(套)装备的风险补偿机制"实施细则,以促进企业技术创新的持久开展。

〔供稿单位:中国第二重型机械集团公司〕

太原重型机械集团有限公司

太原重型机械集团有限公司(以下简称太重集团)始建于1950年,是新中国自行设计、建造的第一座重型机器厂,属于国家特大型骨干企业。2005年进入中国制造业500强,2006年荣获了"全国五一劳动奖状",2008年胜利跨入百亿企业的行列。2011年,荣获中国工业大奖表彰奖,成为山西省第一家在该奖项中获奖的企业。主要成员单位有:太原重工股份有限公司、太重集团煤机有限公司、榆次液压集团有限公司等。

太重集团产品门类多、品种全,主业突出、优势明显。一是大型冶金起重机、轧机油膜轴承、无缝钢管轧机、转炉倾动装置等大型冶金设备保持国内领先地位。其中,"太重"牌油膜轴承、起重机、齿轮传动等为中国名牌产品。二是构建了比较完整的煤炭设备产业链,成为比肩国际巨头的集大型井下综采设备、露天采掘设备、洁净煤技术设备等为一体的成套设备供应商,2011年成功收购了澳大利亚威利朗沃国际集团公司。三是大中型挤压机、大中型自由锻造液压机等锻压设备达到世界水平。四是突破重型机械行业单件小批的模式,成为国内唯一同时生产火车轮和轴的生产基地。五是初步形成新能源产业链,以风电整机以及增速器系列、核燃料装卸转运设备、核电锻件等为突破口,全面进入了风电、核电、水电等清洁发电领域。六是液压、传动、铸锻件等基础配套件产业群实现了向高端的延伸。其中,三峡1 200 t桥式起重机、480 t铸造起重机、20～55m^3矿用挖掘机、1.5～2 MW风力发电机、ϕ340 mm无缝管轧机、三辊连轧管机组、10 000 t铝合金挤压机、2 500 kW电牵引采煤机、神舟七号发射塔架、奥运会开闭幕式舞台设备等为太重标志性产品。

太重集团技术实力雄厚,拥有重大技术装备自主研发和工程总承包能力;建有国家级技术中心和博士后工作站。2011年国家认定企业技术中心排名第12名,荣获发改委、科技部等五部委颁发的"国家认定企业技术中心成就奖"。2011年进入全国"创新型企业20强"。拥有国家级发明奖4项,国家级成果奖26项,国家科技进步奖22项,国家授权专利126项,创造了360多个国内外第一,累计为国家重点建设项目提供了1 000余种,两万多台(套)装备,被誉为"国民经济的开路先锋"。

一、生产经营情况

2011年是太重集团稳步增长的一年,也是为"十二五"发展大规模建设、奠定坚实基础的一年。一年来,太重集团不断开拓创新,克服了后金融危机、欧美经济动荡、市场需求不旺、竞争加剧、产品价格下降等不利因素,保持了平稳较好的增长态势,综合指标位于行业前列。2011年主要经济指标完成情况见表1。

表1　2011年主要经济指标完成情况

指标名称	2011年完成(万元)
工业总产值	1 697 764
工业增加值	344 644
营业收入	1 613 366
利润总额	58 941
实现利税	87 486
出口交货值	157 386

二、市场经营及销售情况

2011年,太重集团实现营业收入1 613 366万元,同比增长21%;实现出口交货值157 386万元,同比增长149.3%。

(1)首台(套)订货取得突破。75 m^3挖掘机,6.25 m捣固焦炉,150 MN双动铝挤压机,750 t、1 200 t全路面起重机,378薄煤层采煤机,救生舱等实现订货。

(2)成套项目订货突出。全年实现成套订货21亿元。签订了4.3m、5.5m捣固焦炉成套,ϕ340Assel轧管厂成套、棒线材成套、煤机成套、动筛排矸车间成套等重大项目。

(3)出口订货创历史新高。全年实现出口订货18亿元。轮轴产品出口订货5亿元;大型挖掘机在俄罗斯受到用户好评,又取得4台订货;4.3 m焦炉首次出口伊朗;85 MN铝挤压机出口美国,首次进入发达国家;刮板输送机首次实现整机出口。

(4)市场开拓亮点纷呈。2011年与用户一次性签订了8台20 m^3、9台10 m^3挖掘机合同,共计6.2亿元,为太重集团有史以来单笔金额最大的合同。增速器订货实现实质性增长,实现订货318台。签订了3个风场共9.7亿元的合同,形成了新的经济增长点。采煤机成功进入吉林、贵州、陕西榆林、徐矿等新市场。棒线材轧机生产线累计订货7.5亿元。液压阀订货增长27%。

三、科技成果及新产品

2011年太重集团取得授权专利95项,产品开发163项,技术中心排名提升至全国第12位。成为全国首批55家技术创新示范企业之一;进入了全国"创新型企业20强",成为山西省唯一入围的企业;获得了机械行业(专用设备制造业)工程专业甲级资质,具备了工程成套总承包资格。太原重工、山西煤机入选国家火炬计划重点高新技术企业。“双柱式快速自由锻造液压机系列与全液压轨道式锻造操作机系列成套设备研制”获得中国机械工业科学技术奖一等奖。

2011 年,太重集团自主研制了国内首台 15 m^3 液压铲,660 t 履带吊完成制造,在工程机械方面迈开了坚实步伐;首台半移动破碎站调试完成,开始发货;世界上最大的 WK－75 矿用挖掘机主体结构完成,具备部装条件,实现了从“跟随”到“引领”质的飞跃;3MW 风机现场安装完毕,标志着太重集团步入国内大型风机制造行列;完成 ϕ460Assel 轧管机、穿孔机组,250MN 铝挤压机,大中棒线材系列设备开发;自主研发了世界最大功率的 3 000kW 电牵引采煤机,研制了国内最大的 SGZ1400/3×1600 刮板机,标志性煤机产品的龙头地位得到稳固;焦炉设备成套化、大型化、系列化取得突破。

四、产品质量及标准工作

2011 年,太重集团制(修)订技术标准 42 项,其中行业技术标准 2 项,完成国际技术标准的收集、转化和翻译共 28 项。全年顺利通过起重机械特种设备制造许可证换证复评、国际焊接企业认证、2MW 风电增速器型式认证、铁道部 QA 能力评价和 AAR、TUV 的审核;取得了压力容器管道设计许可证;核级锻件认证已完成厂内工作,并通过国家核安全局的现场评审和专家组答辩。

2011 年,太重集团进一步完善核电产品、轮轴产品、压力容器、起重机械等法规产品和批量产品的质量管理体系。进一步加强对重大新产品、重点产品、出口产品在用户现场的安装、调试和使用情况进行跟踪、考核,针对突出问题及时组织召开专题会,制定改进措施,以优质的服务赢得了用户的认可,继续保持了“全国用户满意企业”称号。

五、基本建设及技术改造

2011 年,太重集团实施了以“五大工程”为主体的最大规模技术改造,大项目建设全面推进,全年共完成投资近 30 亿元。

(1)重大技术装备大型铸锻件国产化项目。2011 年炼铸钢厂房建成并完成封闭,80 t 电炉、120 t 精炼炉安装完成;锻造厂房封闭,125 MN 压机机械本体安装就位;联合泵站、变电站工程完工。

(2)新建高速列车轮轴国产化项目。2011 年主厂房建成并完成封闭,国内购置设备基本安装就位,锯切区、锻轧区、机加工区国外进口设备全部到货,开始安装。

(3)高性能液压产品自主化产业基地项目。2011 年项目建设全力推进,办公楼、液压系统厂房、液压阀厂房、柱塞泵厂房等土建工程和厂房钢结构基本完成。

(4)临港重型装备研制基地项目。2011 年一期重型装备厂房完工,起重机调试完成,国产设备安装完毕,进口设备已经发运;食堂、倒班宿舍等配套设施及道路硬化全部完工;研发中心大楼封顶。

六、对外合作

2011 年,太重集团通过大力推进国际化发展路径,持续扩大产品出口,成功收购澳大利亚威利朗沃国际集团、德国 CEC 等企业,全年实现海外业务收入已超过 28 亿元(其中出口交货值 15.7 亿元,海外公司营业收入 12.8 亿元),达到公司营业收入的 17% 以上。

成功收购澳大利亚威利朗沃国际集团,布局了海外制造平台,并将其技术和产品引入国内,在煤机工业园区建立了制造基地,加快实现产品、技术与太重集团的优势互补。

成功并购了德国 CEC 设计公司,布局了国际化的研发平台,促进太重产品研发与国际接轨,加快建设国际化研发体系。

成立了太重香港国际有限公司和太原重工印度有限公司,布局海外营销平台,进一步加快国际化步伐。

〔撰稿人:太原重型机械集团公司乔铁军　审稿人:太原重型机械集团公司高培成〕

大连重工·起重集团有限公司

2011 年,大连重工·起重集团有限公司(以下简称大连重工·起重)积极应对复杂多变的国内外经济环境和诸多挑战,按照预定的调结构、保增长目标,积极进取、务实创新,实现了科学平稳发展,主要经济指标达到了预期目标。企业技术创新能力稳步提升,产品结构得到进一步优化,运行平稳健康,发展质量提高,进一步巩固了在国内重机行业中的领先地位,为“十二五”开局奠定了坚实基础。2011 年,大连重工·起重被国家工信部和财政部认定为首批“国家技术创新示范企业”;荣获“全国质量工作先进单位”称号;以大连重工·起重为依托单位的“国家风电传动及控制工程技术研究中心”获科技部批复组建;自主研制、世界首创的“20 000 t×125 m 多吊点桥式起重装备”获国家科技进步奖二等奖;企业下属 1 家全资子公司被认定为高新技术企业,集团公司共有 8 家所属全资子公司进入了高新技术企业行列。2011 年 12 月 27 日,大连重工·起重实施重大资产重组,成功实现整体上市,企业发展翻开了具有重要里程碑意义的新篇章。2011 年企业主要经济指标完成情况见表 1。

表 1　2011 年企业主要经济指标完成情况

指标名称	实际完成(亿元)	同比增长(%)
总产值	1 054 689.0	－27.5
销售收入	123.8	－5.8
净利润	13.0	－13.9

一、生产发展

2011 年,企业经济发展呈现出运行平稳健康、发展质量提高、更加和谐稳定的特点。全年实现工业总产值 1 054 689 万元,工业增加值 242 220 万元,主要产品产量 308 442t。2011 年生产完成情况见表 2。

表 2　2011 年生产完成情况

指 标 项 目	单位	实际完成
工业总产值(当年价)	万元	1 054 689
商品产值(当年价)	万元	1 231 970
工业增加值	万元	242 220
销售收入	万元	1 238 150
产品产量	t	308 442
起重机械	t	74 663
装卸机械	t	47 787
港口机械	t	24 024
冶金机械	t	89 578
矿山机械(含盾构机)	t	904
风电设备	t	18 802
船用设备	t	3 489
工程机械	t	1 686
其他机械设备	t	12 915
工矿配件	t	50 998

二、市场经营及销售

国内外市场拓展收效明显。散料装卸机械、焦炉机械、冶炼设备等传统主导产品实现高端升级，市场占有率进一步提高，国内领先优势进一步巩固和扩大。万吨级大型斗轮堆取料机、大型装卸船机、新型翻车机、6.25 m 捣固焦炉机械、48 MVA 密闭电石炉等一批代表行业领先水平的升级换代重大装备新产品相继投入市场，并形成了规模效益；利用核电技术优势主动出击，拿到 11 台 AP1000 乏燃料吊车及 HIC 井套、井塞、固定支架和废料井等核电设备订单，核电设备上下游产品市场拓展取得了新突破；签订了大连金桥 60 万 t 和庄河永盛 30 万 t 立磨合同，新拓展产品市场化取得新进展；签订了 CZ－5 运载火箭发射平台塔脐带塔及行走装置订货合同，丰富了航天领域产品种类和业绩。

企业加快了单机生产向工程成套的转变，重大装备工程总包能力再上一个新台阶。顺利成签 6 项矿热炉 EPC 工程总承包合同，巩固了大型矿热炉工程总包国内领先地位；与唐山长城钢铁集团签订了新型套筒石灰窑总包合同，拓展了新的市场领域；签订了丹东港 5 万 t 散货码头一期工程总承包合同，散货码头工程总包取得了新突破；与世界矿业巨头巴西瓦里集团签订了包括共有 9 台超大型卸船机和斗轮堆取料机，合同金额近亿美元的马来西亚矿石码头设备总包合同，这是迄今为止集团公司签订的单笔出口合同金额最大、技术水平最高、装卸能力最大及完全自主设计制造的散料码头关键设备总包合同。2011 年企业工程成套订货同比增长 119%，创历史新高。

强力拓展国际市场，国际化经营战略成效显著，外贸出口订货创历史新高。散料装卸机械产品整机和成套出口取得了新突破，与澳大利亚劳黑尔公司签订了 7 台 5 000～15 280 t/h堆取料机和 1 台机械压车式双车翻车机合同，8 台设备全部采用国际最高设计制造标准的澳大利亚 AS 标准，为国际顶级产品。其中，14 400 t/h 斗轮取料机和 15 280 t/h固定堆料机为目前国际上装卸能力最大的堆取料机。双车翻车机改变了传统的液压压车式倾翻技术，采用机械压车式倾翻技术，可拨 4 万 t 大列；签订了两台出口非洲加蓬的 30 MVA 半密闭硅锰炉机电液整机供货合同，实现了矿热炉整机出口零的突破；签订了总额近 5 000 万美元的出口印度风电机组核心零部件供货协议，这是迄今为止集团公司签订的最大的一笔风电核心零部件出口订单，为拓展印度及国际风电市场，扩大国际行业知名度具有重要作用。2011 年企业出口订货同比增长 155%，创历史最好成绩。公司产品已遍布全球 74 个国家和地区。

2011 年企业实现销售收入 1 238 150 万元。2011 年主要产品销售收入构成情况见表 3。

表 3　2011 年主要产品销售收入构成情况

产 品 名 称	销售收入(万元)
合计	1 238 150
起重机械	142 835
装卸机械	170 568
港口机械	71 547
冶金机械	252 175
矿山机械(含盾构机)	2 909
风电设备	333 054
船用设备	24 721
工程机械	5 206
其他机械设备	45 003
工矿配件	156 682
工业性作业	13 540

产销及国内外市场分析。2011 年，企业面临着市场需求不足、产品价格下降、综合成本上升、行业竞争加剧等诸多困难和复杂多变的国内外经济环境，同时也面临着“十二五”开局，国家重点支持发展七大战略性新兴产业的战略机遇，大连重工·起重全面加速产品结构调整，四大类传统主导产品向大型成套、安全可靠、自动高效、环保低耗方向发展，加速由中低端向中高端升级，扩大散料装卸机械、起重机械、焦炉机械及连铸、热连轧、矿热炉等主导产品技术水平及设备成套和工程总包能力；在巩固和扩大四大类传统主导产品竞争优势的同时，不断深化风电核心部件、核电设备等五大成长型产品；以市场为导向，大力开发拓展符合国家产业政策和企业特点的新能源、海工、矿山、节能环保等新产业领域新产品。企业产品结构优化调整已见成效，逐步形成了传统产业与新拓展产业“新老并举、以新为主”的差异化、多元化发展，专业化、规模化经营的新格局。

三、科技成果及新产品

技术创新结出新硕果。按照企业年度科技发展计划和战略型新产品开发部署，着眼于传统主导产品升级换代和新领域产业拓展，2011 年共组织实施开展并完成了“6.25 m 捣固焦炉机械”等 46 项新产品开发；“三代核电站起重设备重大关键技术研究”等 89 项科研课题攻关；申报发明专利 40 项；6 项产品荣获市级以上科技奖项 8 项，其中“20 000 t ×125 m 多吊点桥式起重装备”获国家科技进步奖二等奖；2 项产品通过了大连市级新产品投产和科技成果技术鉴定。2011 年，企业新产品开发成效显著，为广东台山核电项目承制的国内首台法国技术 EPR 三代核环吊制造成功，标志着三代核环吊国产化取得成功，填补国内空白。同时，为山东海阳核电站、浙江三明核电站承制的国内首次制造的美国技术 AP1000 三代核环吊及装卸料机、乏燃料容器起重机、燃料抓取机等核电设备开工制造；自主研发设计、制造、安装调试的国内最大的河北旭阳 6. 25 m 捣固焦炉机械 SCP 一体机顺利投产，填补国内空白；国内首台国产化 6 MW 风电增速机及偏航、变桨驱动器样机研制成功，自主研制的 1. 5 MW、2 MW、3 MW、5 MW 风电增速机相继通过了世界权威风电产品认证机构德国劳氏船级社(GL)认证，大连重工·起重已成为目前国内最大的可提供多品种、多规格风电核心部件和兆瓦级风电增速机批量产能最大的企业；国内首支最大型号的瓦锡兰系列 7RY - FLEX82T 超大型船用曲轴研制成功，标志着继研制成功曼恩系列 50 - 90 型船用曲轴后，在产品规格型号和服务领域拓展以及超大型船用曲轴研制方面取得了又一重大突破，大大提升了我国超大型船舶制造关键核心部件的国产化水平；自主设计制造的国内目前最大容量 48 MV·A 密闭电石炉，在包头用户现场顺利投产；海工产业拓展取得实质性突破，与中远船务集团签订了 25 - 1/S 单点系泊项目合同，打破国外技术垄断，改写了单点系泊产品一直从国外进口的历史。技术创新成果进一步巩固和扩大了企业优势产品的国内领先地位，加快了新领域市场拓展步伐，为企业当前及未来发展奠定了坚实基础。

四、产品质量及标准工作

企业通过了 GB/T 19001—2008 版质量管理体系认证，产品质量稳步提高，全年重大质量事故为零，产品出厂检验合格率为 100%，在国家有关质量监督部门的各项产品质量抽查中无不合格。2011 年，大连重工·起重被评为"全国质量工作先进单位"。

2011 年完成产品"三化"21 项；完成企业技术标准制修订 13 项；主持或参与制订的《通用桥式起重机》等 5 项国家标准获批发布，主导产品行业地位得到了进一步巩固。

五、基本建设及技术改造

根据企业"十二五"战略规划和发展需求，按照 2011 年企业基本建设及技术改造计划，一是加大了风电、曲轴等产品生产能力完善、扩能、科研投资，实施风电增速机、曲轴、核电、热处理、大型铸锻件、船用推进器等项目的扩能改造工程；二是落实其他专项及生产应急投资，主要包括安环改造、信息化建设、检测设备更新完善等。目前企业已形成了风电核心零部件、大型船用曲轴、核电站用起重设备、高端铸锻件及散料装卸机械、焦炉机械、起重机械、港口机械等产品专业化、规模化生产格局，为产能不断扩大奠定了软硬件基础，对企业未来发展具有战略性意义。国家发改委、工信部将大连重工·起重集团"大型球墨铸铁件扩能改造项目"列入国家 2011 年重点产业振兴和技术改造支持计划，项目建成后将新增 4. 5 万 t 大型球墨铸铁生产能力。

六、对外合作

全面实施联盟战略。多年来，企业已先后与克虏伯、奥钢联、亨肖、西门子、夏尔克、弗尔兰德、东芝、住友、石川岛播磨、斗山重工、罗宾斯、Romax、KONE 等众多国际知名公司建立了战略合作关系。2011 年，百万千瓦三代核环吊、万吨级斗轮堆取料机、大型连续卸船机、隧道掘进机等产品的对外合作得到了进一步加强。通过实施对外合作和联盟战略，进一步提升了传统主导产品技术水平，巩固了市场优势，为产品向做大做强目标发展和进军国际市场奠定了基础。同时对拓展新能源、矿山、海工等新产业领域起到了重要推动作用，取得了技术与市场开发的双突破。

七、改革与调整

企业实施重大资产重组，整体上市圆满成功。2011 年 12 月 27 日，大连华锐重工集团股份有限公司完成新股发行，标志着大连重工·起重集团整体上市取得圆满成功，实现了"当年启动、当年完成"的目标，企业体制创新取得了重大突破。上市后的大连重工成为具备资本运营和核心业务经营双重功能的国际化大型企业集团，企业发展翻开了具有重要里程碑意义的新篇章。

内控体系建设基本完成。2011 年，为适应上市公司规范运作和长远发展需要，引入风险管理机制，强力推进内控体系建设，共梳理出 424 个风险点、735 个控制点和 122 项管理问题，制定了 58 项一级制度、154 项二级制度，编制了 12 个流程内控手册，基本建立起科学、简捷、实用、高效的内控体系，增强了抵御风险能力，促进了企业科学管理水平的提升，打造了企业发展的软实力。

八、主要问题

(1)2011 年，后金融危机时期复杂多变的国内外经济环境，造成了传统装备制造产品市场需求下滑；风电市场在连续多年井喷式快速增长后进入了战略调整期；核电市场受日本福岛核事故影响建设暂停等，企业生产经营面临着前所未有的挑战，特别是已成为企业支柱产业之一的风电核心部件订单和效益锐减，对企业生产总值、销售收入和利润造成了很大影响。

(2)企业缺乏行业领军式专家人才，自主创新能力还不足，尤其是在新领域拓展和新产品开发方面缺少专业技术人才，缺少具有自主知识产权的核心技术，技术开发和市场拓展不快，持续发展动力不足，缺少支撑企业后续发展的新经济增长点，与企业未来发展需求还有较大差距。

〔撰稿人：大连重工·起重集团有限公司邵龙成、姜明东 审稿人：大连重工·起重集团有限公司唐宪峰〕

北方重工集团有限公司

北方重工集团有限公司(以下简称北方重工)是在沈阳重型机械集团有限责任公司和沈阳矿山机械(集团)有限责任公司合并重组基础上组建的国有独资公司。2007 年并购德国维尔特控股公司/法国 NFM 公司后，成为跨国经营企业。

北方重工位于沈阳经济技术开发区，占地面积 105 万 m^2，在岗员工近万人。公司有完整的设计、试验、检测和计量手段,有完整的生产制造体系。

北方重工主要产品包括工程机械、电站、冶金、轧钢、矿山、锻压、水泥、人造板、环保、散料装卸和散料输送、煤矿机械、传动机械、军工等十二大类500多个品种、7 000余种规格。产品远销世界五大洲30多个国家和地区。

北方重工为国家级高新技术企业,拥有国家级技术中心和以全断面掘进机国家重点实验室为核心的10个专业产品实验室,公司设有产品和工程等2个设计研究院,14个专业产品研究所,专业工程技术人员1 200人。公司拥有200余项专利和专有技术,先后有180台(套)新产品填补国家空白,有200多项产品或技术获国家各级科技奖,2种产品获"中国名牌"称号,企业商标为"中国驰名商标"。

公司通过了ISO9001质量管理体系、ISO14001环境管理体系、GB/T 28001职业健康安全管理体系和ISO10012测量管理体系四项"一体化"认证。

北方重工全体员工坚持以科学发展观为指导,满怀发展激情,实施"三大战略""四个结构调整",以"重大装备,高端成套"为主攻方向,以打造具有核心竞争力的国际化知名企业为目标,发扬"细、严、实"的工作作风,锐意创新,开拓进取,近年来实现了较好的发展。2011年,实现销售收入135亿元,实现利润2.3亿元,上缴税金4.1亿元,实现工业增加值15亿元(分配法)。

北方重工秉承"高端成套,绿色成长"的发展理念,肩负"提供重大装备,造福人类社会"的企业使命,以"精诚图强,创新突破"的企业精神,持续为顾客、员工、股东和社会创造价值。北方重工以科学发展观为指导,坚持走新型工业化道路,把企业打造成为具有核心竞争力的国际化知名企业。

〔撰稿人:北方重工集团有限公司郎猛　审稿人:北方重工集团有限公司刘向左〕

中信重工机械股份有限公司

2011年,在外部经济形势异常严峻的情况下,中信重工机械股份有限公司上下不畏艰难,团结拼搏,锐意创新,化压力为动力,变被动为主动,共同努力,保持了生产经营的良好发展态势,实现了"十二五"的良好开局。公司全年经济运行主要呈现以下特点:规模效益平稳增长,经营规模跃上150亿元平台;技术创新成效显著,重点研发项目取得突破;成套业务快速发展,新增订货创历史新高;生产组织更加高效,合同交货期得到更好保证;首宗国际并购获得成功,国际化取得新进展;重点技改项目稳步推进,"新重机"工程整体投产;内部管理进一步完善,促进了全年经营目标的实现;党组织在促进发展和保障和谐稳定方面,发挥了不可替代的作用。

2011年,公司共实现营业总收入155.8亿元,完成年计划的129.84%,同比增长27.29%;实现利润总额9.6亿元,完成年计划的120.56%,同比增长26.44%;机器产品产量达到20万t,完成年计划的100.05%,同比下降9.46%;工业总产值达到152.3亿元,完成年计划的126.92%,同比增长19.52%;新增订货额突破132.9亿元,完成年计划的132.89%,同比增长32.71%。

一、技术创新

公司坚持技术先导战略,不断加强创新体系建设,自主创新能力显著增强,初步形成了技术创新驱动下的内生增长模式。通过集聚、整合、优化企业技术资源,公司正在组建中信重工技术中心,加速推进企业技术创新和成果转换。矿山重型装备国家重点实验室建设正在按照计划推进,实验室管理制度也得到进一步规范,年内召开了学术会议。公司新的科技大楼正式投入使用。2011年,公司还获批国家创新型企业,顺利通过国家高新技术企业复审,"大型铸锻件工程技术研究中心"成为河南省省级工程技术中心。目前,公司已拥有包括"河南省矿山机械工程技术研究中心"在内的2个省级工程技术研究中心。在国家发改委2011年对全国729家国家级企业技术中心的综合评定中,公司排名第3名,技术研发的实力和水平得到验证。

公司重大科研开发项目利用水泥回转窑处理城市生活垃圾的技术研究、大型硬岩掘进机技术创新研究、矿用大型破碎机技术应用研究、褐煤提质和高压成型技术应用研究等按计划稳步推进,并取得新突破。公司新获授权48项,其中发明专利16项,实用新型32项。

二、市场营销

2011年,面对市场需求增速放缓,行业竞争加剧的不利形势,公司及时调整营销策略,加强对重点项目的跟踪和新产品的推介,积极开拓工程成套市场和国际市场,保持了订货的稳步增长。全年实现新增订货132.9亿元,完成年计划的132.89%,同比增长32.71%;累计在手订货达到256.6亿元,同比增长8.94%。

从新增订货的行业结构来看,建材、冶金、煤炭、有色领域订货分别占到总量的33.56%、27.73%、15.68%和15.13%。建材领域的余热发电和水泥生产线成套项目、新型立磨所占比重较大。冶金领域的球团、活性石灰成套项目、矿用磨机、矿渣立磨所占比重较大。有色领域主要是矿用磨机。煤炭领域主要是含机电成套和新型闸控的大型提升机。

在国际市场上,公司本部与海外办事处加强业务协同,充分发挥联动作用和整体优势,国际订货取得重大突破,成功签订了巴西MMX公司项目4台磨机和2台破碎机合同、中钢巴西球磨机项目和Usiminas球磨机合同、江西耐普出口蒙古厄尔登特铜矿项目、菲律宾半自磨机合同等一批具有示范作用的订单,对于开拓拉美、东亚、东南亚矿业设备市场具有积极意义。签订的马来西亚宏朝控股水泥生产线总包项目、多米尼加水泥生产线及余热发电总包项目,使公司成功进军拉美和东南亚水泥设备市场。

国内成套项目市场签订了江都泰富球团总包项目、太钢活性石灰项目、太钢钢渣综合处理项目、湖北新冶钢矿渣微粉项目、阿克苏佳域矿渣微粉项目等一批重点大项目。

中信锦州金属铬扩能改造项目余热发电工程是公司余热发电技术在冶金领域的拓展应用。

市场推介情况。2011年10月10日，中央电视台直播车开进中信重工，对世界最大185 MN油压机成功锻造438 t特大钢锭进行了全程录制，当天的《新闻联播》也报道了此事。同一天，公司还举办了中国黄金集团公司磨机试车交付仪式，“发展高端装备、服务产业升级”研讨会等系列大型活动，均取得圆满成功，在全国引起热烈反响。

三、生产组织和制造

2011年，公司产品结构与往年有较大不同，磨机尤其是矿用磨机和水泥立磨居多，提升机的量也有所增加，回转窑、金属冶炼及轧制设备有所减少，而且呈现生产周期短、重点客户多、项目交货期集中等特点。但通过转变生产组织观念，加强产销衔接，调整生产布局，充分发挥生产指挥中心信息化优势，公司的生产组织更加高效，实现了由追求“产量”到“期量”的转变，确保了重点产品的按期交货。

2011年，公司生产亮点不断。黄金集团2台国内最大、最先进的ϕ11 m×5.4 m半自磨机和ϕ7.9 m×13.6 m大型矿用磨机顺利实现工厂试车交付。淡水河谷系列磨机、破碎机，铜陵有色2台矿用磨机和阳极炉，CP项目系列磨机，多台新型矿渣立磨和原料立磨先后完成生产。“大飞机”项目120 MN张力拉伸机在西南铝业顺利投产。热加工成功浇铸兴澄特钢4 300 mm轧机支撑辊438t钢锭，完成公司目前最大83.83 t热轧辊锻件，并开始批量锻造支撑辊。公司设计总包的山西中阳钢铁有限公司800 t/d活性石灰生产线一次点火成功。总体看，重点项目进展顺利。

四、技术改造

2011年建设项目8个，其中：当年新开工项目2个，当年完工项目3个，全年完成投资额48 500万元。主要项目为：千万吨级煤炭超深矿建井及提升关键设备产业化项目、矿山重型装备工艺试验基地创新能力建设项目、余热利用汽轮机发电机组产业规模化建设项目、中信重工技术中心建设项目、拖动式汽轮机产业化项目、现代装备制造业信息资源管理体系建设项目、褐煤提质成套装备产业化基地建设项目、高端电液智能控制装备制造项目。

五、内部管理

1. 人力资源管理

年末在册人数8 846人，少于年初制定的人员总量控制指标。对人力资源结构的分析显示，生产及辅助生产工人比年初有所减少，所占比重也有所下降，技术人员、营销人员、管理人员、质检人员等比年初有所增加，所占比重有所上升。

人员培训方面，开展了2011年度新员工入职培训，继续与华中科技大学联办研究生班，组织了对技术工人的专业技能等级培训。11月23日，中信重工企业大学正式挂牌成立，为培养内部人才提供了更为良好的软硬件条件。

薪酬激励方面，完成了2011年薪酬调整方案的制定。适应公司国际化进程，开始探索对海外机构的薪酬激励机制，拟定了澳办CEO绩效考核方案。

2. 质量管理

公司获评“全国质量工作先进单位”，顺利通过了中联认证中心对公司质量、军工质量等四体系审核。质量看板管理和6S管理步入常态化、规范化。

3. 风险管控

以防范、化解、监控重大合同、重大项目风险为切入点，狠抓落实，以点带面，促进了公司风险管控工作的全面、深入开展。审计和效能监察的作用更加明显，全年未出现因重大风险事项造成的经济损失，一些历史遗留案件也都得到了妥善处置。

六、党建、工会及稳定工作

公司党委以深入开展创先争优和创建学习型党组织活动为载体，充分发挥各级党组织的战斗堡垒作用和党员的先锋模范作用，在促进发展、保障和谐稳定方面发挥了不可替代的作用。公司党委被河南省委和中信集团党委授予“先进基层党组织”称号。

公司工会发挥组织优势，积极开展形式多样的劳动竞赛、经济技术创新和建功立业活动，取得显著成绩，为确保实现公司全年生产经营目标作出了积极贡献。

七、股改上市

公司上市申报材料于2011年10月11日通过了证监会部务会审核。当前，公司正加紧与证监会的沟通，同时提前做好过会及后续相关准备工作，力争早日过会，择机上市。此外，2011年公司还完成了对信达资产的股权回购。

八、国际化进程

2011年2月23日，中信重工完成对西班牙GANDARA CENSA公司的全资收购，并实现股权交割。完成收购后，GANDARA CENSA更名为CITIC CENSA。截至年底，CITIC CENSA运转正常，公司首次国际并购取得成功。

12月13日，中信重工巴西分公司正式成立，有助于公司更好地开拓巴西乃至整个南美市场。

〔供稿单位：中信重工机械股份有限公司〕

上海电气重工集团

2011年是我国“十二五”的开局之年，全球经济继续向低碳经济转型，以新能源产业为代表的产业结构调整成为不可逆转的趋势，欧美国家推动“再工业化”，倒逼我国重化工业产业持续优化升级。在这样的新形势下，上海电气重工集团一方面抓住新能源变革的历史机遇，一方面按照上海市委“创新驱动、转型发展”和上海电气集团“再次创业”的要求，克服国内外经济环境的不利因素，团结一致、众志成城、攻坚克难，巩固了应对国际金融危机冲击的成果，克服了日本福岛核电站事故的影响,通过技术进步、商业模式创新、管理水平提高和战略协同等手段进一步提高了核心竞争能力,实现了产销双增长,产品攻关取得了阶段性的成果,结构调整取得了明显进展。

一、经济运行总体平稳

2011 年,宏观经济形势较以往更加严峻,原材料、能源价格和劳动力价格的持续上升推升了企业成本,尽管产能、产量实现了历史性的突破,但是价格总量不高;由于全国范围的流动性紧缩,应收账款大幅增加,也加大了货款的回笼难度。虽然面临着巨大的困难,但是上海电气重工集团团结一致,主动出击,以提高经济效益为导向,积极扩大市场份额,在经济运行上克服了稳定毛利率和提高净资产收益的巨大考验,最终实现了主营业务收入同比增长 2.33% 和毛利率同比提高 2.94 个百分点的成绩。

1. 核电核岛主设备

核电核岛主设备共签订合同总额近 30 亿元,包括三门 2#机组蒸汽发生器,咸宁 1#、2#机组稳压器,CAP1400 项目蒸汽发生器、主泵等共 10 台设备;跟踪参与了 CAP1400 堆内构件、控制棒驱动机构项目和徐大堡核电主设备项目。在产出方面,实现了百万千瓦级压力容器和 AP1000 三代核岛主设备的首台供货业绩,基本实现了百万千瓦级核岛主设备压力容器、蒸汽发生器、堆内构件和控制棒驱动机构的完整配套交货。

2. 大型铸锻件

借助上海电气集团铸锻件产业平台,扩大业内配套量,同时积极开拓哈电集团、东电集团等国内重要客户和印度等国际市场,扩大外部市场份额。但是由于大型铸锻件国内总体产能过剩,核电锻件市场锐减,低端铸锻件市场普遍恶性削价竞争,造成产品毛利率大幅下降,全年新接订单 20.21 亿元,同比下降了 27.5%。

3. 船用曲轴

由于船舶市场需求出现结构性变化,面对日韩船企的技术优势和竞争策略,我国船舶企业承接新船订单的难度加大。2011 年新接曲轴订单 74 根,实际出产曲轴 88 根,创造了有史以来最高的年产量。

4. 重型机器产品

根据市场形势,重型机器产品方面加大了碾磨、冶金设备国内外市场的开拓力度和锻压、水泥设备等产品的合同承接量,尤其是通过与 SPCO 战略合作,拓展冶金设备海外市场,积累了与跨国公司战略合作的经验。重型机器产品全年承接合同 27.02 亿元,比 2010 年略有减少。

二、自主创新能力显著提升

上海电气重工集团 2011 年度技术创新、新产品开发等项目计划稳步推进,技术创新、新产品开发项目共 125 项。2011 年申请受理的专利 67 项,其中发明专利 36 项,软件著作权 1 项;授权专利 35 项,其中发明专利 8 项,软件著作权 1 项。450t 电渣重熔炉获得中国机械工业科学技术奖一等奖和上海电气科技进步奖一等奖;核电百万千瓦级(二代加)蒸汽发生器及堆内构件大锻件获上海电气重大创新奖一等奖;岭澳(Ⅱ)百万千瓦级核电堆内构件主设备获得中国核能行业协会科学技术奖一等奖和中国核能行业协会科学技术奖二等奖。

1. 核电核岛主设备

上海电气重工集团掌握了二代加百万千瓦级核电核岛主设备及锻件的制造技术,在做好二代加堆型加工的同时,致力于第三代、第四代核电技术的制造技术攻关。完成了"AP1000 第三代核电 - 控制棒驱动机构的整体式密封壳制造工艺"课题,即将完成"第三代非能动型压水堆核电站核岛设计制造关键技术开发""第三代非能动安全型先进核电站核岛关键设备和材料制造技术开发"等课题。

2. 大型铸锻件

(1)在核电锻件攻关方面,二代加核电锻件除堆芯筒体、水室封头外均已实现批量交货,水室封头的制造也取得突破性进展。AP1000 核电锻件压力容器堆芯段筒体、一体化顶盖、下封头过渡段及接管已研制成功;蒸发器部分筒体段、管板等已研制成功;堆内构件整套锻件除压紧弹性环锻件外均已完成研制;稳压器已掌握整套锻件的制造技术。高温气冷堆核电锻件已完成压力容器全套锻件和堆内构件锻件的研制。

(2)在电站转子攻关方面,超超临界高中压转子已在化学成分控制、锻造裂纹控制及细化晶粒等工艺研究上取得突破;300 ~ 600 MW 火电低压转子已形成大批量稳定交货能力;1 000 MW 超超临界火电低压转子也研制成功。

(3)船用曲轴锻件在批量稳定生产的同时,以降本为目标,加快下注钢锭、优化合金成分、提高钢锭利用率的攻关进度,完成了 54 t 及以下下注钢锭的研制。

(4)大型锻钢支承辊已实现了带钢支承辊(含 Cr3、Cr4、Cr5)的批量制造,完成中厚板支承辊的研制。加氢加钒钢的锻件试制工作取得突破,已具备生产制造能力。

(5)护环锻件、燃气轮机锻件、风电主轴锻件、超超临界及核电常规岛汽缸体等大型铸锻件科研攻关工作也正紧锣密鼓开展,力争早日突破。

3. 大型船用曲轴

先后完成了瓦锡兰机型 5RT - flex58T - D 曲轴、6S70MC 曲轴科研攻关和曲拐立车双刀加工的科研攻关(2011 年重点科研项目);完成了整体曲轴干切加工研究。

三、以质量管理为重点,软实力建设成效初显

1. 进一步提升了质量管理水平

2011 年,上海电气重工集团所属企业质量体系运行平稳,核电产品 NCR 平均下降了 32%,曲轴产品未产生报废,船检一次通过率为 98.2%。

上海电气重工集团所属企业均已取得 ISO9000 证书。上海第一机床厂有限公司 2011 年申报并荣获了上海市质量金奖,通过了 ASME 认证和民用核安全机械设备制造许可证延证申请;上海电气凯士比核电泵阀有限公司计量检测中心通过 CNAS 现场监督评审及扩项评审;上海重型机器厂有限公司通过了能源管理体系、环境管理体系、职业健康安全管理体系认证,建成能源、环境、职业安全、质量四位一体的综合型管理体系;上海船用曲轴有限公司荣获"上海市名牌产品"称号;上海电气凯士比核电泵阀有限公司对核二级、三级泵设计制造资格许可证扩大范围申请、核一级泵设计制造许可证申请;上海重型机器厂有限公司和上海电气凯士比核电泵阀有限公司启动了ASME复证工作。

上海电气重工集团通过积极开展“质量百日工作”和“质量月”活动，推进了《质量工作规范》的学习和落实，推行了卓越绩效评价准则，以质量案例分析为基点，提高了质量管理水平和产品实物质量；加强了供应商管理，启动了“外向型质量管理”建设工作；加强了质量和教育培训；启动了重工集团质量体系建立工作。

2. 进一步加强了信息化建设

上海电气重工集团ERP项目覆盖了本部及上海电气核电设备有限公司、上海第一机床厂有限公司、上海船用曲轴有限公司三家公司的研发、销售、项目管理、生产、采购、财务及人力资源等业务领域，上海重型机器厂有限公司的销售、生产、采购、财务和人力资源以及热加工产品的研发、生产等业务领域。ERP项目的上线及实施克服了时间短、经验少、任务重、数据量大的困难，已上线部分目前已常态化运行，基本实现了业务在系统中运行、系统保障管理的作用，为上海电气重工集团培养了一批既懂业务又懂流程的关键用户，进一步优化了管理流程，提高了管理效率和管控能力。

3. 进一步加强了人才队伍建设

上海电气重工集团以上海电气核电设备设计所为试点，完善了科技人员薪酬体系。新考核体系基于现代薪酬支付“3P”理论，吸取了先进企业薪酬体系的优点，匹配企业技术人员职务发展序列，并结合上海电气重工集团实际情况，对技术人员队伍的稳定和激发技术人员学习技术、提高业务能力起到了积极作用。上海电气重工集团还组织研究了核心员工选拔管理方案，形成了关键岗位编制初稿，计划在上海重型机器厂有限公司试点实施，待成熟后推广。

〔供稿单位：上海电气重工集团〕

上海重型机器厂有限公司

在国内外愈加严峻、复杂的经济形势下，上海重型机器厂有限公司（以下简称上重）发展面临巨大挑战。虽然困难重重，但在公司全体干部员工的共同努力下，上重全年销售收入同上年持平，实物量指标有所增长，公司经济运行依然保持可控平稳。2011年企业主要经济指标完成情况见表1。

表1 2011年企业主要经济指标完成情况

指标名称	实际完成（万元）	同比增长（%）
总产值	380 366.60	-1.00
销售收入	352 986.38	-6.59
净利润	754.50	-95.59

一、生产发展情况

2011年生产依然呈现出任务重、新产品多、产品制造难度大等特点。上重紧紧围绕“加快产出、实现完整销售”的目标，一方面加强计划的执行，最大限度发挥内部制造能力的同时，强化外部资源的利用和管控；另一方面加强经济运行各条线间沟通，进一步完善产销沟通机制，提升产销联动的协调能力，产出的完整性和可销售性大大提高，为公司发展可控平稳提供重要支撑。2011年主要产品产量统计见表2。

表2 2011年主要产品产量统计

产品类别	产量	
	以台套计（台、套）	以吨位计（t）
金属成形机床	17	16 536
铸钢件		38 309
锻件		67 509
矿山专用设备	454	76 488
其中：矿物破碎机械	5	643
矿物粉磨机械	449	75 845
金属轧制设备		6 133

二、市场经营及销售情况

1. 市场营销情况

面对严峻的市场环境，上重管理层始终抓住经营这一龙头，全力开拓市场，拼抢订单。在产品市场价格持续下降的情况下，通过全体营销人员的共同努力，2011年合同承接量比2010年略有增长。

2. 产品销售收入

2011年分类产品销售收入见表3。

表3 2011年分类产品销售收入

产品类别	销售收入（万元）
HP磨煤机	135 753.71
BBD钢球磨	38 097.18
冶金设备	10 554.27
锻压设备	17 542.62
水泥设备	2 517.79
铸锻件	146 642.24
其中：转子	31 424.91
汽缸	5 514.97
曲轴	8 366.07
核电	17 579.62
备品备件及其他	2 793.26

3. 出口销售情况

2011 年分类产品出口情况见表 4。

表 4　2011 年分类产品出口情况

主要出口产品	单位	出口额
矿山设备	万元	60 498
	万美元	3 397
轧制设备	万美元	295
	万欧元	109
工矿配件	万元	3 258
	万欧元	4
电站设备	万美元	181
	万欧元	30

三、科技成果及新产品情况

在广大科技人员的努力下，企业自主创新能力有了较大的提升。2011 年组织开展技术创新、新产品开发项目共 82 项，当年完成（包括阶段性完成结转）68 项，完成率达到 83%。获得专利 23 项，其中发明专利 15 项。450 t 电渣重熔炉获得“中国机械工业科学技术奖一等奖”和“上海电气科技进步奖一等奖”殊荣，核电百万千瓦级（二代加）堆内构件大锻件获得“上海电气重大创新奖一等奖”。公司被国家科学技术部、国务院国资委、中华全国总工会联合授予“创新型企业”称号。

2011 年大型铸锻件科研攻关取得了阶段性的成果。在核电锻件攻关方面，二代加核电锻件除堆芯筒体、水室封头外均已实现批量交货，水室封头的制造也取得突破性进展。AP1000 核电锻件依托海阳、桃花江、三门等项目正加大攻关力度并取得一定突破：压力容器堆芯段筒体、一体化顶盖、下封头过渡段及接管已研制成功；蒸发器部分筒体段、管板等已研制成功，其他锻件也相继进入精加工工序；堆内构件整套锻件除压紧弹性环锻件外均已完成研制，其中堆芯支承板作为国核重大专项子课题内容已通过项目验收；随着稳压器下封头锻件的研制成功，公司已掌握整套稳压器锻件的制造技术。高温气冷堆核电锻件已完成压力容器全套锻件和堆内构件锻件的研制。在电站转子攻关方面，超超临界高中压转子已在化学成分控制、锻造裂纹控制及细化晶粒等工艺研究上取得突破；300 ~ 600 MW 火电低压转子已形成大批量稳定交货能力；1 000 MW 超超临界火电低压转子也研制成功。船用曲轴锻件在批量稳定生产的同时，以降本为目标，加快下注钢锭、优化合金成分、提高钢锭利用率的攻关进度，完成了 54 t 及以下下注钢锭的研制。大型锻钢支承辊已实现了带钢支承辊（含 Cr3、Cr4、Cr5）的批量制造，完成中厚板支承辊的研制。加氢加钒钢的锻件试制工作取得突破，已具备生产制造能力。护环锻件、燃气轮机锻件、超超临界及核电常规岛汽缸体等大型铸锻件科研攻关工作也正紧锣密鼓开展，力争早日突破。

四、产品质量及标准工作情况

2011 年，公司继续开展“质量年”活动，以“再次创业”精神抓质量，明确要求、落实到位、检查总结、步步推进，不断提高质量管理水平。强化过程控制，严格规范操作，建立并实施了“自检和关键节点专检”“热加工零件质量控制卡”等一系列质量控制制度。提高核电质保体系运行的有效性，组织进行了核电质保体系运行大检查，同时将核电质量管控模式覆盖到转子、曲轴等其他攻关产品的管理上。坚持召开质量工作推进会，通报质量事件，进行案例分析，找出问题的根源和症结，做到举一反三。加强对配套件供应商的评审，建立和完善产业链质量控制体系，加大采购产品的质量控制力度。

五、基本建设及技术改造情况

2011 年上重完成基本建设投资（含日常技措、安措和生产能力配套技术改造投资）共计 24 448 万元。其中大型核电及转子锻件产能完善技术改造项目是国家和上海市重点技改项目，该项目计划固定资产投资为 2. 932 亿元，项目于 2010 年开始建设，2011 年 6 月完成建设并投入试生产。项目的实施，对公司在超大、超厚、结构复杂类核电等关键锻件产品的热处理性能质量的提升将起到的很好的硬件支撑作用。

六、对外合作

2011 年，上重先后联手上海交通大学、上海电机学院、菱电公司、同济大学等开展了“大型锻件均质化热制造”“核电主管道弯曲成形”“护环专用工装”“350 t 吊具”“重型装备企业生产流程能源优化关键技术研发及应用”等项目，继续承担与中国重型机械研究院、济南铸造所、沈阳铸造研究所、Intec 公司等合作的 10 余项研究。这些研究成为公司技术能级提升的基础。上重在取得一系列成果的同时，注重技术积累，不断提高自身实力。

七、企业改革与结构调整

2011 年，上重 ERP 系统成功上线，是对公司流程和组织的再造，是提升企业精细化管理能力的重要推手和抓手，有助于公司业务流程、组织架构的优化和员工素质的提高，有助于实现管理理念、管理模式、管理水平的跨越式提升。通过第一阶段 ERP 的上线，上重初步实现“提高集中度，推进集约化”的构想，对市场营销、采购仓储、产品研发等条线进行资源整合：将 9 个营销口径集中，成立市场营销部；将 16 个采购口径、17 个仓储口径集中，成立物资采购部；大锻所全面承担起热加工工艺技术的研究工作，工艺处承担起热加工分厂冷加工工艺技术的研究工作。

八、突出问题

2011 年是“十二五”的开局之年，通过全体员工的共同努力，上重取得了一定的成绩，企业发展保持可控平稳，但离目标和要求还有很大差距，更需要认清当前面临的严峻形势和存在的不足。

受国际金融危机影响，国家继续执行稳健的货币政策，银根紧缩，企业融资难度增加，资金使用成本明显提高，货款回笼难度加大、速度放缓，严重影响了企业的经济运行。

市场竞争异常激烈，整体市场价格持续下降，部分产品的价格战已达白热化的程度。被寄予厚望的热加工产品市场合同承接未能实现突破，一方面是受日本福岛核泄漏事件影响，核电锻件市场需求下降明显；另一方面随着各地纷纷上马热加工项目，产能过剩的不利局面已显现，竞争加剧。

人才的质量、数量、考核激励机制都还不能适应企业快速发展和做强做大的需要。

〔撰稿人：上海重型机器厂有限公司陈寿焕　审稿人：上海重型机器厂有限公司戴世杰〕

中材装备集团有限公司

中材装备集团有限公司(以下简称中材装备)是中国中材集团控股的中国中材国际工程股份有限公司按专业化分工原则,集全部装备研发、设计、制造资源,以天津水泥工业设计研究院有限公司为平台组建的从事装备产业的高新技术企业。拥有3个研发中心、5个现代化的实验室、12个专业装备设计研究所、21家分子公司,年生产能力超过30万t。

中材装备集基础理论研究、装备研发设计和加工制造、设备成套、设备在线诊断和改造、备品备件供应、国际贸易和物流于一体,是拥有系列核心关键技术和完整创新服务体系的全方位、全产品技术装备服务商。产品在保持全球水泥工程技术装备领域主导地位的基础上,成功进入矿山、冶金、电力、煤炭、化工、环保等行业。

中材装备拥有完整自主知识产权的技术装备专利技术和一系列相关专有技术,在水泥、钢铁、矿山、冶金、电力、煤炭、化工、环保等不同行业成功应用,并达到国际先进水平。作为行业技术装备发展方向的引领者,中材装备拥有国家级水泥节能环保工程研究中心、国家级企业技术中心、博士后工作站等国家级创新平台,承担了国家多项重大产业技术开发项目、科技支撑计划项目,具有现代化的实验室、实验基地以及先进完备的仪器设备和研究手段,拥有高水平、高层次的科技型人才组成的研发团队,可为客户提供合理、可靠、适用的系统解决方案。公司大力推进技术装备的关键技术创新和系统集成创新,开展了大量新技术、新装备的基础研究和应用研究,填补了水泥行业大型技术装备的多项空白,推动了行业的持续创新和技术进步,极大地促进了国际水泥工业的发展。

中材装备积极坚持技术成果产业化,通过对传统产业的改造、重组,有效配置资源,形成了专业化分工、协同高效的大型技术装备产业化平台,拥有11个制造基地,分布在天津,河北唐山,山东淄博,四川成都,江苏的徐州、溧阳、扬州、常熟,河南平顶山和江西上饶等地,年供货量超过30万t,可满足1 000~12 000 t/d不同规模的新型干法水泥生产线和不同行业专业设备的加工制造能力。拥有国际先进的6.3 m以上立式车床7台、8 m以上滚齿机2台、筒体车床4台、大型镗铣车床14台、80 mm以上卷板机4台、大型热处理炉3台、高精度激光切割机等各类重型机加工装备,现代化的加工设备和先进的生产工艺,可为顾客提供高品质的产品。同时,制造系统的柔性生产能力和快速反应能力能够及时满足客户的不同需求。中材装备采用与国际接轨的DIN、IEC和ISO等国际标准,建立了适应国际市场的质量技术控制标准体系和质量管理运行体系,通过了ISO9001:2000质量管理体系认证、3C强制性认证、CE认证和GOST认证等。中材装备先进的数控制造加工设备,精密的过程检测仪器以及完善的产品测试系统,确保产品满足客户的高品质需求,产品质量得到了全球知名企业和众多国际高端客户的认可和好评。

中材装备拥有不同系列的破碎设备、粉磨设备、烧成设备、环保设备、输送与计量设备、电气设备、固废处理及环境工程设备、新能源设备等关键装备、新型装备、节能装备和大型钢结构、非标设备,拥有完整的具有自主知识产权的1 000~12 000 t/d系列规模的新型干法水泥技术装备,实现了大量实用性成果和配套装备的广泛成功应用。产品在保持全球水泥工程技术装备领域主导地位和市场份额的基础上,已成功进入钢铁、冶金、矿山、电力、煤炭、化工、环保等行业。伴随着经营业务的拓展和国际化进程的推进,技术装备系统优化能力和集成能力在国内外工程项目中得到成功实践,装备供货遍及欧洲、美洲、亚洲、非洲的50多个国家。

(1)破碎设备。可提供处理不同物料、各种系列的破碎机、可搬迁或半移动移动破碎站、喂料机等破碎设备,满足对大块物料破碎、粘湿物料破碎及筛分、工业及生活垃圾破碎、骨料破碎等需求。

(2)磨设备。包括系列立式辊磨、辊压机、球磨机、管磨机、高效选粉机等,用于原料、水泥、矿渣、煤粉、脱硫石灰石粉、粉煤灰、钢渣等物料的粉磨和超细粉磨。

(3)烧成设备。拥有新型预热器、回转窑、第四代冷却机和新型大推力燃烧器等系列产品,完善的工艺、独到的设计,使系统对原料和燃料的适应性广,并具有系统阻力低、换热效率高、能耗低、操作稳定、煅烧效果好等特点。

(4)环保设备。拥有各种工业废气的净化处理技术,主导产品包括高效大型袋除尘器、电除尘器、空气冷却器和自控降温系统设备,能够为工业废气净化提供系统方案、设备制造、安装调试和总承包等全方位服务。

(5)输送与计量设备。拥有提升机、拉链机、煤粉称、堆取料机、给料机等产品,可提供适应各种粉状、块状物料,系列化的均化、输送和计量设备。

(6)电气设备。集电气、自动化、控制系统的研发设计、产品制造及服务于一体,可提供DCS集散控制系统、水泥厂生产管理信息系统、企业资源计划系统、在线分析仪系统控制软件、变电站自动化系统等。

(7)钢结构。可提供各种形式钢结构设计、制造和安装,产品包括大型钢板库、钢板仓、实腹门架、空腹门架、拱形空腹钢架、拱形网架、穹顶钢结构、穹顶网架、工业厂房钢框架等,几乎涵盖钢结构的所有形式。

中材装备集团拥有完整、优质、专业、系统的服务体系和服务队伍,能够以服务的完整性、管理的有效性实现对顾客的整体服务功能,以最快的反应速度和最好的服务质量不断满足和有效处理顾客的需求。同时,公司以向客户提供超市化备件供应、专业化解决方案为核心,不断推进装备备件服务实现专业化、科学化、规范化运作,目前已建有6个国内备件配送仓储中心和5个国外办事机构,为顾客提供安全、信赖、可靠、及时的增值服务,积极打造国际一流的专业化备件供应与服务中心。

中材装备将以中材集团“创新型、国际型、价值型”企业定位为指导，持续关注顾客需求，持续开展技术创新，持续提升管理水平，努力实现“专业品质，高端制造，打造国际一流装备产业集团”的发展战略目标，为顾客提供重大技术装备和系统解决方案，提供全方位、全过程的超值服务和价值体现。中材装备愿与国内外广大客户和合作伙伴同发展、共成长，携手开创更加美好的明天！

〔供稿单位：中材装备集团有限公司〕

卫华集团有限公司

卫华集团有限公司（以下简称卫华集团）是一家以研发、生产、经营起重机械为主业、多业发展的综合性集团公司。卫华集团桥式、门式起重机产销量全国第一，已经发展成为起重行业产销量最大、品牌影响力最强、最具竞争力的企业集团之一。

卫华集团占地面积近 100 万 m^2，总资产 37.76 亿元，现有员工 6 000 余人，其中专业技术人员 800 余人。卫华集团以优质的产品、超值的服务赢得了市场，得到了客户的认可，产品畅销全国，远销东南亚、中东及欧非等 56 个国家和地区。2011 年卫华集团实现销售收入 48.4 亿元。

成功建于诚信，努力终有回报。卫华集团先后获得“中国机械百强企业”“全国守合同重信用企业”“中国 100 最佳雇主”“全国质量管理先进企业”等 500 多项殊荣。“卫华”牌桥式、门式起重机获得“中国名牌产品”称号，“卫华”商标被评为“中国驰名商标”。

卫华集团以科技创新作为公司发展的主要动力之一。集团获得“国家高新技术企业”“国家企业知识产权试点单位”，拥有了“国家级企业技术中心”和“博士后工作站”，有国家认可委认可的“技术检验测试中心”，2011 年被评为首批“国家技术创新示范企业”。卫华集团每年完成几十项具有国际、国内先进水平的研发项目，解决企业发展过程中的技术难题，使企业产品的技术水平处于行业领先地位。

一、调整营销思路，实现企业生产经营新突破

卫华集团对外开拓市场，对内挖掘潜力，对上用好政策，对下加强管理。通过结构调整产品升级、提高质量、挖掘潜力，并一如既往地坚持科技创新，取得了骄人成绩。

根据市场环境，集团积极调整营销思路。在继续抓好钢铁、化工、造船等传统市场领域的同时，积极开发路桥、水工机械、岸边集装箱设备，不断开拓国际贸易业务，并取得重大进展。

2011 年，卫华集团实现工业总产值 49.4 亿元，同比增长 33.5%；工业销售产值 48.4 亿元，同比增长 33.7%；利税 3.99 亿元，同比增长 47.8%。2011 年主要产品产销情况见表 1。

表 1　2011 年主要产品产销情况

产品种类	产量（台）	同比增长（%）	销售收入（亿元）	同比增长（%）
桥式、门式起重机	15 333	34.2	31.1	16.0
电动葫芦	14 380	9.1	4.2	23.0

二、坚持科技创新，加大技术改造力度，促进产品更新换代

卫华集团始终坚持“科技为本，创新为魂”，坚持“科技创新与产品升级相结合”，充分发挥河南省起重机械装备工程技术研究中心、国家级实验室、博士后科研工作站、国家企业技术中心的作用，通过自主创新与引进先进技术消化吸收并举，不断优化方案设计，改进工艺，不断壮大科研队伍，加大投入，提高科技创新能力。

2011 年，卫华集团申报专利 72 项，其中发明专利 11 项。截至目前，公司申报专利 223 项，其中发明专利 36 项，已获国家专利 126 项。同时还建立了国内第一个起重机专利数据库（含 6 000 余个起重机专利）和第一个国外起重机专利数据库（含万余个起重机专利）。继 2008 年被评为“河南省创新型试点企业”和“河南省知识产权优势企业”、2009 年被列为“国家企事业知识产权试点单位”和“国家高新技术企业”之后，2010 年卫华集团设立“博士后科研工作站”，并晋身“国家企业技术中心”行列，2011 年又被评为首批“国家技术创新示范企业”。

2011 年集团科技项目主要类型为新产品、新工艺、工艺技术改造等，在桥门式起重机、港口机械、新型电动葫芦等产品上实现了重大突破。

（1）自主研发的“GLQ 系列双驱动交流变频港口轮胎起重机”，采用交流电驱动和柴油机驱动的双驱动交流变频技术，解决了由于单驱动带来能源浪费和环境污染的难题，高效节能减排，填补了国内外空白。其核心技术申报了 2 项发明专利和 2 项实用新型专利，此项目进行了国内外科技查新，为国内外首创。

（2）自主研发的“BB8T（BX8T）、BB12T（BX12T）壁式悬臂起重机”是目前我国起重量最大、悬臂最长的壁行式悬臂起重机。通过采用具有自主知识产权的“壁行式悬臂起重机上的起升机构”和“可调式平衡臂防卡轨装置”等专利技术，成功地解决了大吨位长悬臂带来的起重机水平轮压增大以及厂房建筑成本较大等问题，达到了国际先进水平。

（3）成功研制 80 ~ 400 t 低净空桥式起重机。该产品整机高度尺寸小，自重轻，轮压小，能耗低。解决了我国 80 ~ 400 t 系列桥式起重机重量大、高度高、成本高、能耗大等缺点，其中 250 t 低净空桥式起重机出口英国得到用户好评。

（4）成功研制了 MG400/30 t 自顶升门式起重机。该起重机门架结构件为可拆卸式结构，所有构件均不超过 25t，主梁、支腿采用分段连接，在端梁、支腿、下横梁上设计有装卸用的顶升支座，支腿分成 8 段，每段为 1.5 m，用高强螺栓现场联结，安装时采用液压千斤顶起升，自上而下逐段联接。解决了我国自顶升门式起重机自重大、起重量小、在矿区、石油开采区等流动性工作场所使用大型起重设备而又无法使用大型安装起重装备的运输安装的技术难题。为国内首创,达到国内领先水平。

(5)成功研制了0.5t—2.5 m核级遥控起重机。该机是利用自动定位技术和滚珠丝杠技术使起升机构、运行机构与桥架分离的高精度定位核废料桥式起重机,其核心技术申报了2项发明专利和5项实用新型专利。项目进行了国内外科技查新,为国内外首创。

(6)自主研发的“旋转电磁自翻转C形钩组合吊具”结合了电磁吊具和C型机械吊具的优点。其核心技术申报了2项发明专利和2项实用新型专利。该产品的研发成功,解决了组合吊具在使用过程中吊钩不能自行翻转的技术难题。

(7)自主研发的“900t移梁机”产品是公司首台移梁机产品。该产品采用了PLC控制,结构有限元分析、冗余设计等先进技术,应用了“防止起重机制动接触器粘连控制器、一种防止起重机过零位溜钩的控制线路”自有实用新型专利技术,解决了移梁机在起吊过程中转向作业时,提梁机走行不到位,大车转向角度小,梁体在吊装过程中受力不平衡、不安全等技术难题,达到国内领先水平。

(8)自主研发成功“NH型3.2～50 t电动葫芦”,该电动葫芦的投产填补了河南省规模化生产世界水准电动葫芦的空白,同时加快了卫华集团起重机的技术升级,促进行业技术进步及结构调整。

(9)ND型10 t—9 m运行式电动葫芦。该项目对葫芦的结构形式进行重新布置,对葫芦的整体进行详细验算,以达到缩小葫芦整体尺寸,减轻葫芦自重的目的。采用先进的控制技术,以达到优秀的起升和运行状态。该电动葫芦的研制成功填补了河南省规模化生产世界水准电动葫芦的空白,同时将加快我国起重机行业技术升级,促进行业技术进步及结构调整。该电动葫芦的开发成功有效推进了我国起重机工业的综合竞争力,拉动区域性经济发展,并可为社会提供数千个就业岗位。

除上述产品以外,还研发了600 t桥式起重机、400 t欧式结构桥式起重机、多功能绝缘桥式起重机、300 t/h—19.2 m堆料机、中国航天一体化模态试验作业系统、MG32/10 t—72 m大跨度门式起重机、QE400+400 t-34 m A5桥式起重机等。完成了桥架整体加工、优化热处理参数等工艺改进项目以及多项产品的标准化、系列化,加快了产品设计和生产准备过程。

集团在新产品开发方面,不断自主创新,完成各项工艺技术改造、新工艺推广、新产品开发等科技项目100多项,2011年获奖科研项目见表2。

表2　2011年获奖科研项目

序号	项目名称	项目类别	奖项名称	奖励等级
1	低净空250 t桥式起重机	中国机械工业科学技术奖	中国机械工业科学技术奖	三等奖
2	NH型系列钢丝绳电动葫芦	中国机械工业科学技术奖	中国机械工业科学技术奖	三等奖
3	低净空250系列桥式起重机	科学技术成果	河南省工业和信息化成果奖	一等奖
4	盾构用系列门式起重机	科学技术成果	河南省工业和信息化成果奖	一等奖
5	NH型系列钢丝绳电动葫芦	科学技术成果	河南省工业和信息化成果奖	三等奖
6	BX(BB)系列壁式悬臂起重机	科技成果转化	河南省科学技术成果奖	
7	系列自顶升门式起重机	科技成果转化	河南省科学技术成果奖	
8	起重机自动定位防摇摆控制技术的研究	科技攻关计划	河南省科技攻关计划	
9	RTG关键技术改进攻关	科技攻关计划	河南省科技攻关计划	三等奖
10	盾构用系列门式起重机	科技进步奖	新乡市科技进步奖	一等奖

三、注重产品质量,打造卫华精品

卫华集团按照“关注客户,持续改进,过程控制,制造精品”的质量方针,完善质量控制机构,健全质量管理制度,运用质量管理方法,促进质量改进。

2011年是公司起重产品“质量年”,实施了从“制造产品”到“制造精品”的跃进。

一是引进了卓越绩效管理模式,使公司的质量管理由检验的二级管理水平提升到预防的三级管理,质量管理工作由被动的“救火”步入主动的预防,质量管理从简单的产品制造质量,延伸到整个企业的经营质量和全体员工的素质方面,使企业的质量管理跃升到一个新的高度。

二是集团制造管理中心分设质量控制管理部、工艺改进管理部和重点产品管理部,制定有关质量的管理制度6项,每月编制《集团质量情况报告》和《质量简报》,通过到各子公司进行现场质量督察,发现问题,提出改进建议,监督整改。

三是调动各种技术力量,组织技术和质量攻关。针对重大项目的重大质量难题和集团生产中长期存在的质量问题,组织相关人员攻关,并取得良好效果。

四是实施并认真贯彻执行了《产品质量奖惩制度》《产品制造质量考核办法》《产品质量保证金实施办法》等系列质量管理标准,落实质量责任,奖罚并举,有效地激励员工提高工作质量意识,减少工作失误和产品质量事故,降低产品质量损失,同时加强外协、外购件的质量管理,跟踪配套件的质量改进。9月份还组织开展“质量月”活动,宣传质量管理先进人物,弘扬“一次工作做好”的零缺陷理念,经常开展“质量合理化”建议等一系列全员参与的质量活动。

五是公司国家级技术检验测试中心新增部分重要设备,完善了检测手段,提高检测能力。产品在公司内部执行“三检制”,出厂前全部要经过国家起重运输机械质量监督检验中心的检查,通过层层把关,确保产品质量可靠。

四、对内加强基本建设，对外深入合作交流

2011年，卫华集团投入2 000多万元新建电气车间、附属结构车间、吊钩车间等生产用车间1.3万m^2，添置了立式车床、插齿机、滚齿机等设备，进一步提高了企业的技术装备水平，提高了生产能力，为企业自主研发提供了一流的硬件基础。

通过了中国合格评定国家认可委员会认可的“卫华集团有限公司技术检验测试中心”，在原有金相分析室、力学分析室等涵盖力学、长度、无损、化学、电学计量和检测机构的基础上，投入资金300余万元，筹建了电器实验室。

卫华集团与华中科技大学机械科学与工程学院、郑州大学机械工程学院、武汉理工大学、西班牙GH公司等院校、科研院所、起重机械企业及相关研究机构合作，建立了科研生产联合体，先后开发出GLQ40t双驱动交流变频港口轮胎起重机，BXBT(BB8)、BX12T(BB12)壁式悬臂起重机等产品。还聘请了杨叔子院士为集团高级顾问，带动了集团科技创新研发能力的不断提高，推动集团加快科技人才的培养和全员素质的提升。

五、强化管理，打造一流企业

2011年，卫华集团全面开展了企业标准化工作，制定了技术标准、管理标准、工作标准300余项，并且建立标准电子数据库，对标准的收发、使用实现信息化管理。由中国企业联合会、国务院国资委企业改革局、工业和信息化部产业政策司和中小企业司共同主办的第十七届企业管理现代化创新成果奖，共有435项成果获准参审，有183项成果获奖，其中一等奖32项，卫华集团题为《以产业链延伸和产品升级为重点的民营装备制造企业战略转型》的工作成果，是获得一等奖的唯一一家河南省民营企业。

集团目标责任考核制度逐渐完善，日趋成熟。目标责任书制度的制定和执行较以前明显改进：紧密围绕集团经营计划确定各中心、各子公司的考核指标，确保集团总体目标的实现；相关指标能够有效涵盖职能部门的主要工作内容和目标，起到了积极的导向作用，各单位的年度目标更加明确，工作质量不断改进；考核指标的权重分配更加合理，较好地突出了重点考核指标；目标值的确定具有一定的难度，同时目标值尽可能量化，有效地兼顾了操作性与挑战性；对应的考核单位界定更加合理，便于对考核数据进行审核把关。同时还推行季度、月度绩效考核，提高了员工工作责任心和积极性，也强化了各单位对部门人员的监督与管理力度。

2011年，卫华集团积极探索，引进精益思想、工具和方法，确定了精益管理体系建设规划。企业管理中心成立了精益管理办公室，并聘请北京冠卓管理咨询公司在子公司河南卫华推进精益管理工作顾问，结合企业实际推进精益实施改善项目，形成了以DMAIC为基础的项目推进机制，建立了有效的精益管理体系，培育了卫华第一批精益骨干人才，取得了很多无形收益。

〔撰稿人：卫华集团有限公司吴庆宁　审稿人：卫华集团有限公司孙明尧〕

中国重型机械有限公司

2011年是国家“十二五”规划的开局之年，也是中国重型机械有限公司三年实现“双佰亿”发展目标的起步之年。一年来，在国机集团的正确领导下，公司带领广大职工，锐意进取，勇于拼搏，大力开拓市场，强化经营管理，严控经营风险，加强人才队伍建设，较圆满地完成了各项工作任务。

一、经营发展取得新业绩

2011年，公司根据国内外经济形势的发展变化和自身加快发展的需要，把三年实现“双佰亿”发展目标作为首要任务，统一思想，落实措施，大力推进“业务领域多元化、业务类型多样化、市场区域分散化”经营发展战略实施，取得了新的经营业绩。

1. 经营指标完成情况

实现主营业务收入14.15亿元，完成集团年初考核计划13.2亿元的106.74%；利润总额4 500万元，完成集团年初考核计划4 400万元的102.27%；经济增加值(EVA)1 051万元，完成集团计划1 530万元的68.69%；资产负债率83.70%；应收账款周转率累计实现4.4。

2. 市场开拓取得新的成效

2011年，公司不断调整国际市场布局，坚持市场开发的“区域滚动”发展战略，巩固传统市场，加大对新市场特别是非洲市场的开发力度，积极推进国际市场区域分散化发展。全年合同签约额实现272亿元，同比增长225%。

(1)非洲市场取得突破性进展。自公司明确提出把非洲市场作为开发的目标市场以来，不断加大对非洲市场的开发力度，锁定目标、选派人员、设立机构、积极跟踪，2011年先后在埃塞俄比亚和南苏丹设立了代表处。

在埃塞俄比亚市场，通过近一年的努力，率先取得突破性进展。2011年8月13日，公司和埃塞俄比亚金属工程公司签订50万t钢厂EPC总承包合同，合同金额3.689亿美元，标志着公司正式进入非洲市场，为进一步拓展非洲市场增添了信心。

南苏丹国家2011年7月成立后，公司就积极跟进。9月份，与南苏丹能源和大坝部签订了以EPC方式总承包1 700 km 400 kV输变电线路和1 100 MW水电站的谅解备忘录。组织技术人员对项目现场进行实地考察和踏勘，已正式确定项目分三期建设。第一期工程可研报告已经完成，项目正在积极推进。

(2)新的市场不断拓展。2011年，公司加大对伊朗、印度尼西亚等一些新市场的开拓力度，取得了一定收获。跟踪伊朗市场，10月、12月先后签订了伊朗2个乙烷回收和1个联合化工厂项目的承包合同，合同总金额约合36亿美元。12月24日，签订了印度尼西亚40万t红土镍矿加工项目，采取融资租赁的方式进行，合同金额3 920万美元。

(3)传统市场继续巩固。2011年，公司继续在东南亚、中亚及土耳其等传统市场积极拓展，努力实现持续滚动发展。在缅甸、孟加拉、土耳其等市场上实现了新项目签约。签订了缅甸上巴路桥水电站、孟加拉水泥粉磨生产线、土耳其输煤系统等项目。

积极跟踪斯里兰卡科伦坡棚户区改造房建设项目，由公司分期分批承包2万套住房建设，首批开工数量为2 000套，已提交项目方案和报价，等待业主评估后签约。加快柬埔寨农网扩建二期工程前期工作，完成项目可研报告。积极推动塔吉克斯坦铝厂11、12车间改造项目，通过创新融资模式，有力地推进了项目的进展。

（4）国内市场保持稳定。继续开发矿用卡车车斗产品，与小松公司在矿用自卸车项目上密切合作，积极开发新的矿山项目，签订包头钢铁公司10台830E型车斗，合同金额3 000万元。继续开发北部湾项目，抓住北部湾港调整港口结构的机遇，签订13台门机、7台卸船机项目，合同金额3.58亿元。

上述市场拓展和项目跟踪签约，为公司加快发展、实现“双佰亿”目标奠定了基础。

3. 主业发展势头良好

2011年，公司工程总承包、进出口贸易、招标代理和投资运营四大主业都取得一定的发展，业务领域不断拓宽，业务类型结构更加多样。

（1）工程承包稳步发展。2011年，国内外工程承包项目合同成交额和签约额分别为1.52亿美元和42.63亿美元，占总合同成交额和签约额的比重分别为76.87%和98.93%。各种形式的工程总承包和EPC交钥匙总承包业务保持了稳步发展的势头。

（2）进出口贸易不断巩固。铸件出口继续保持稳定发展的良好态势，出口量逐年增加，全年出口量达到3.9万t，销售收入2亿元。打包机、打捆机、数控磨床进口以及向俄罗斯、美国、马来西亚备件出口都保持了一定增长。

（3）招标代理继续巩固。为河南沁阳金隅水泥钢渣水泥生产线、新北水水泥技术改造以及航天等多个项目开展设备招标代理工作，全年招标金额累计达2.2亿元。

（4）投资运营顺利推进。柬埔寨达岱水电站BOT项目，自2010年3月20日现场正式开工以来，进展顺利。2011年1月12日主坝成功实现截流；8月份汛期以来，经历多次暴雨洪水考验，实现了安全度汛；11月又成功实现副坝截流，比计划提前了一个月，有效降低了后期大坝施工填筑强度，为实现2012年主体工程安全度汛和2013年电站蓄水发电奠定坚实基础。目前厂房地基已开挖完成，转入混凝土施工阶段，标志着控制达岱水电站安装发电工期的难题基本得到解决，施工工期进入可控状态。正加紧厂房建设和打通10 km引水洞，确保2013年8月31日第一台机组发电，2013年底3台机组全部建成发电。

公司第二个海外投资项目，柬埔寨输变电BOT项目完成了可行性研究报告和环境评估工作，等待商务谈判和法律文件签署。

（5）业务领域不断拓宽。伊朗化工项目的签约，进一步拓宽了化工领域业务。南非酒精项目的开发，进一步扩大了在生物能源领域的影响。印度尼西亚红土镍矿加工项目的签约，斯里兰卡房建项目的开发，进一步拓宽了公司业务领域，推进了业务领域多元化发展。

（6）业务类型更加多样。由过去靠前期跟踪、参与集中竞标获取项目，逐步转向培育市场、运作项目，以开发中国政府提供融资支持的项目为重点，借助“优买优贷”政策获取项目。融资项目、融资租赁项目不断增加，推进了业务类型多样化发展。

4. 项目管理不断深化

（1）加强重点项目执行。越南新光水泥厂EPC总承包项目，于8月12日签署了项目最终验收证书，各项技术和经济指标全部达到或超过合同约定，创造了包括中国公司在内的在越南建设水泥厂工期最短、验收最快两项纪录，得到业主的好评，积累了有效执行管理EPC项目的宝贵经验。

柬埔寨金边环网输变电工程项目，进入了实施阶段，现场施工工作已经全面展开。塔吉克斯坦冰晶石项目，扭转了一度处于的被动地位，95%的设备运抵现场，35个土建子项工程已开工29项，冰晶石工厂雏形已经显现。

（2）规范项目管理。一年来，各事业部不断加强项目执行团队建设，认真贯彻落实公司“三标一体”管理体系，进一步强化项目执行管理，加强过程控制，加强施工现场管理，项目管理的规范化程度不断提高。

二、企业改制扎实推进

2011年，公司作为国机集团第二批企业改制单位，积极落实国机集团加快发展和完善企业治理结构的总体要求，按照国机集团的统一部署，从自身改革发展的大局出发，齐心协力，扎实工作，积极推进公司企业改制工作，成立了公司改制工作小组。4月14日，国机集团及立信大华会计师事务所有限公司、北京国友大正资产评估有限公司等外聘机构进驻公司召开企业改制进场会，拟定了公司企业改制工作计划，明确了公司与外聘机构的分工，明确各项具体工作的内部责任部门。6月10日，召开了公司企业改制工作启动会议。

按照国机集团有关企业改制的十项主要步骤，积极推动各项工作落实。完成了资产清查、财务审计、资产评估和公司办公楼土地出让等工作。制定了公司改制实施方案、改制后的新公司章程及职工安置方案。对公司纳入本次改制范围的北京中重技贸开发公司和北京重矿成套设备销售中心制定了改制实施方案，对不纳入本次改制范围的深圳市中重机械有限公司制定了未来发展设想。

公司职工代表大会审议了公司改制方案，审议通过了职工安置方案。上报国机集团改制文件，2011年12月31日前完成向国家工商行政管理总局提交改制变更登记材料，实现了年底前基本完成的工作目标。

〔撰稿人：中国重型机械有限公司刘东明　审稿人：中国重型机械有限公司张发明〕

云南冶金昆明重工有限公司

一、生产发展

2011年,公司围绕发展昆重、服务社会、突出特色、打造一流服务品牌的发展方针,以生产经营和项目建设为工作重点,夯实基础,强化管理,团结和动员全体干部职工弘扬工人阶级的优秀品格,公司上下团结一致,克服了各方面的困难,生产经营和新基地项目建设前期工作做出了一定的成绩。全年完成工业总产值2.47亿元,销售收入3.65亿元,年出口创汇1.02亿元。公司经济发展特点是:市场竞争激烈、原材料价格上涨、经营压力加大。2011年主要产品产量见表1。

表1　2011年主要产品产量

序号	产品分类	数量(台)
1	回转圆筒设备	20
2	金属压延加工设备	55
3	起重设备	193
4	铸锭设备	2
5	水利设备	2
6	矿山设备	99

二、市场经营及销售

2011年主要产品销售收入见表2。

表2　2011年主要产品销售收入

序号	产品分类	销售收入(万元)
1	回转圆筒设备、起重设备、铸锭设备、水利设备	5 497.98
2	金属压延加工设备	6 683.41
3	矿山设备	3 837.10

PTC5613塔式起重机(平头塔机)开发研制成功,并进入省内市场,填补了云南省平头塔机市场的空白。同时1250五机架连轧机组设计技术资料的完善,填补了公司产品空白,具有良好的近远期经济效益及市场前景,并解决了多机架张力的分配,提高了机架稳定性;保证了机组的无头轧制;提高了换辊效率。LZ—8/900卧式直线式拉丝机大胆采用电动机卧式摆放,控制形式为交流变频的形式,填补了公司卧式直线式拉丝机技术资料的空白,达到国内先进水平,具有广阔的市场前景,该产品系列已于2011年与鞍钢签订了销售合同。

三、科技成果及新产品

1. 科技项目

2011年,公司申报的"桥式起重机高效降耗轻量化关键技术研究"及"25t/h铝锭连续铸造机组的开发及产业化"项目被云南冶金集团列为十二五重点新产品开发项目。

2. 产品获奖情况

2011年5月,"KH及图商标"被国家工商行政管理总局认定为"中国驰名商标"。2011年11月,公司被认定为"国家高新技术企业"。公司理化计量室拥有先进的检测手段及先进的检测设备,1997年由云南省进出口商品检疫检验局认定为进出口商品检验室;1996年由云南省技术监督局认证通过"云南省机械工业热加工内在质量监测站",2011年通过国家完善计量检测体系认证。

3. 专利申请及授权情况

2011年止公司申请的实用新型专利见表3。

表3　2011年止公司申请的实用新型专利

序号	专利名称	专利号	专利类型	授权日
1	一种铸锭翻转机转运装置	ZL200920111493.0	实用新型	2009.12.11
2	一种铸锭连续翻转机转运装置	ZL200920111492.6	实用新型	2009.12.11
3	转臂式堆码装置	ZL200910094566.4	发明	2010.11.15
4	一种轧机辊系轴向定位装置	ZL201020151891.8	实用新型	2010.09.14
5	一种组合式板带轧机除油装置	ZL201020151880.X	实用新型	2010.10.12
6	一种用于线材除锈及去污的机械装置	ZL201020220106.X	实用新型	2010.10.18
7	一种测量深孔内沟槽的游标卡尺	ZL201020276684.5	实用新型	2010.11.25
8	一种高效颗粒橡胶液压打包机	ZL201020529698.3	实用新型	2011.01.13
9	倒立式拉丝机双辊式压丝装置	ZL201020529654.0	实用新型	2011.02.12
10	一种塔式起重机附着框装置	ZL201020655234.7	实用新型	2011.04.21
11	一种检定焊接检验尺宽度尺示值误差的专用样板尺	201120261750.6	实用新型	2011.11.29
12	一种10 kg锌合金锭连续铸造机组的锭列整理装置	201110292256	实用新型	2012.03.06
13	一种铸锭连续翻转装置	201120367858.3	实用新型	2012.03.06
14	一种20 kg铝锭连续铸造机用的水溶性脱模剂连续喷涂装置	201120367712.9	实用新型	2012.03.08

四、产品质量及标准工作

2011 年,各主导产品质量整体有所提高,没有出现较大质量问题。产品的设计生产制造主要执行《重型机械标准》及桥式、门式、塔式起重机等特种设备的国家标准,无采用国际标准及转化情况。具体采标情况如下:GB/T 14405—2011 通用桥式起重机、GB/T 5031—2008 塔式起重机、Q/KZG162—2009 中小型四辊可逆式液压轧机、JB/T 7910—1999 拉丝机、JB/T 8916—1999 回转窑、JB/T 3264—2002 简摆颚式破碎机等。

五、基本建设及技术改造

"云南冶金重型装备研发制造基地"的建设有序进行,已完成初步设计的集团内部审查,框定项目投资概算,确定预留设备;确定重大设备的工艺技术方案,完成厂房设备基础、内部降压站(或配电室)、排水系统、施工道路(初步硬化)的施工图设计。完成一期用地手续的重新组织报批、一期用地预审意见、规划许可及临时施工用电等各项审批;完成受电工程可行性研究报告的审批;完成职业卫生防护设施、安全防护、消防、防雷、地震安全性等各项设计审查;完成节能评价、辐射评价。项目管理单位进场。

六、企业对外合作情况

企业已和昆明理工大学建立密切的合作关系,每年都组织在校学生来公司实习、学习。已与昆明理工大学达成"矿冶装备集成开发技术产业化实施合作协议"及"联合共建'云南省矿冶装备数字化设计与健康维护工程研究中心'合作协议"。和太原科技大学、东北大学、长沙矿冶研究院、北京起重运输机械设计研究院、中国重型机械研究院股份有限公司、意大利法塔公司、德国森德威公司的合作事宜正在洽谈中。

七、企业改革与结构调整

(1)经过上年的班子调整后,2011 年又做了一系列的完善工作。针对班子成员来自不同单位,工作经历、技术专业、业务专长各不相同的客观实际,加强领导班子建设,确保生产经营各项工作平稳开展。

(2)理顺职责,优化管理,对部分管理职能进行了归并、整合,对人员以及资源进行了优化配置,有效解决了人浮于事、机构重叠、效率低下等问题,提高了工作效率。

(3)建立完善公司规章制度,加强信息沟通,严格考核,使责任层层落实。

八、企业发展的主要突出问题

(1)企业文化建设亟待加强。

(2)历史包袱沉重,制约企业发展。

(3)整体缺乏竞争力。从硬件来讲,装备不具备竞争力,大型、精密加工设备缺乏,加工设备老化严重,加工能力弱。从软件来讲,由于传统产品引进、消化、吸收外来技术速度慢,新产品开发迟迟难以取得重大的突破,公司产品在价格竞争上不具备强有力的竞争优势,市场竞争中处于不利境地,市场份额逐年萎缩。

(4)执行力建设有待加强。

〔撰稿人:云南冶金昆明重工有限公司李艳芳　审稿人:云南冶金昆明重工有限公司赵勇〕

中国重型机械研究院有限公司

2011 年是"十二五"开局之年,面对国际金融危机造成的复杂的宏观经济形势和产业发展环境,中国重型机械研究院有限公司(以下简称中国重型院)及时转变观念、科学决策,提出"大力发展优势专业,积极开拓国际市场"的经营思路,全方位多层次开拓市场,取得了良好业绩,实现了逆境中的平稳过渡。同时,紧抓科技创新,提出"发散创新思维,引领高端技术"的科研方略,取得了丰硕的科技成果。进一步改革和理顺内部体制机制,加大管理力度,向着精细化的方向不断迈进,企业保持了稳定和持续发展的态势。

一、生产发展情况

2011 年,中国重型院签订合同总额 25.06 亿元,主营业务收入 20.05 亿元,进出口总额 1 699.8 万美元,经济增加值(EVA)为 1.24 亿元。

二、市场经营情况

2011 年,中国重型院加大冶金、重型锻压等优势专业的市场推广力度,重点拓展真空精炼、板带轧制与精整及重型锻压专业,均取得了不错的市场业绩。积极拓展新市场新领域,在国有企业新建项目暂缓的情况下,加强与民营企业的合作,全年 25 项重大项目中民营企业占到 20 项,合同额占 73%;先后与美国、印度、伊朗、日本、韩国、缅甸、越南等国家的企业进行交流合作,全年共签订出口项目 8 项,合同额 1.36 亿元,是 2010 年的 3.02 倍;同时积极参与航天航空、轨道交通、石油化工及天然气等行业领域的市场竞争,取得了一定的成绩。进一步加强服务意识,加大现有用户的回访力度,对正在运行的项目提供优质服务,从服务过程中获取市场需求信息,积极服务于投产设备的升级换代和技术改造。全年签订以日照钢铁有限公司 8 000 余万元项目为代表的技术服务、技术改造项目共计 26 项,合同总额 1.4 亿元。

1. 各专业市场经营

冶金装备专业在国内钢产量过度饱和的不利局面下,做好连铸装备精细化、差异化、个性化设计,签订合同 2.7 亿元;重型锻压装备专业在 100 MN 以上金属型材挤压设备市场竞争中,中标 75% 的国内项目,其中,中标青海西部水电 250 MN铝材挤压机重大项目;真空精炼专业中标 40% 国内市场项目,并中标韩国现代 300tRH 和 LF 项目,拓展了国际市场;精整装备专业在紧盯国企市场的同时,以民营企业高端设备市场作为技术开发的突破口,与民营企业签订 5 项合同,占新签订合同的 28%;管棒型材装备专业基本占领了高速冷轧管机的国内市场并出口,特殊钢棒材矫直设备市场占有率达到 80% 以上;环保专业改变经营策略,从传统电除尘器领域向转炉煤气湿式电除尘、转炉煤气回收干法系统及玻璃窑炉除尘脱硫脱硝三大领域倾斜,达到了预期的目标;轧制装备专业签订的中色海南二轧一平机组,合同额超1亿元,是国内首套机、电、液全国产化1 200 mm双机架四辊冷轧平整机组。

2. 产品生产情况

2011年,中国重型院下属机械厂注重完善产品制造过程控制制度建设,提高产品质量,努力开拓市场。全年签订外部合同占总合同的73.92%,并积极参与金属挤压/锻造装备技术国家重点实验室的建设。电控装备厂(信息与控制研究所)加大公司外部冶金行业传统市场的开发,全年签订外部合同占总合同的10.70%。2011年度签订了1套1 250 mm六辊可逆轧机电气控制系统成套合同、1套套管接箍拧接机电气控制系统改造合同、5套螺旋焊管机组电气控制系统制造合同;在亚洲铝业彩涂线设备项目中,在外商撤离后无资料和技术支持的情况下独立完成电气调试任务,比外商计划调试时间提前一个月完成,对中国重型院电控装备拓展铝行业业务具有重要意义。

3. 子公司生产情况

陕西冶金设计研究院有限公司转变经营理念、扩大经营范围,全年签订合同总额1.69亿元,是前三年平均值1.11亿元的152.37%,并首次承揽过亿元工程总包合同;西安重型技术有限公司继2010年与伊朗七钴镀锌生产线成套供货合同顺利执行后,2011年与七钴公司就彩涂生产线设备再次成功签约;燕大分院签订了唐山热轧窄带钢多卷自动打捆机,该产品为国内首创;成都分院充分发挥"窗口"和"桥头堡"作用,2011年再次在攀钢集团签约两项总包交钥匙工程,在攀钢的影响力进一步增强;上海西重所重型机械成套有限公司在稳住宝钢市场的同时,不断扩大业务范围和经营领域,全年签订合同总额1.34亿元,是前三年平均值0.79亿元的170.33%,其中梅钢1#大包回转台项目,实现了宝钢上海区域外市场工作新的突破;西安海威工程监理有限公司继续做好石油行业的设备监理服务工作,2011年与长庆油田签订监理合同900万元,在5家监理单位中名列前茅。为中国石油集团石油管道工程技术研究院研制的国内首套大口径、高强度钢管轴向压缩—弯曲复合大变形试验系统成功通过用户验收。

三、科技成果及新产品

2011年,中国重型院共有6项科技成果分获国家和省市级以上科技奖,完成9项技术成果鉴定和验收;获授权专利72项,其中发明专利27项、实用新型专利45项。

全年争取国家、行业、地方及上级集团科研项目14项,其中列入国家层面的计划项目5项(包括国家科技重大专项"高档数控机床与基础制造装备"(04专项)课题2项):金属挤压/模锻设备与工艺创新能力平台建设、大型数控径轴向轧环机;国家重点新产品1项;国家重点基础研究发展计划(973计划)1项;科研院所技术开发研究专项资金项目1项。

2011年创造国产首台首套项目6项:汉冶特钢420 mm×2 700 mm特大型板坯连铸机、1 250 kN/200 kN·m锻造操作机、西南铝120 MN铝及铝合金板张力拉伸机、矿热炉煤气干法处理系统、全自主化1 450 mm全连续五机架冷连轧机组、60万t/a兰炭项目。

研发新技术新产品6项:16MN反向挤压机,60万t/a兰炭项目,韩国RH、LF、吹氧站精炼项目,首钢2#冷轧拉矫重卷检查机组,中厚板表面处理及垛板包装生产线,低温低压余热发电与动力机。

四、质量管理及标准化情况

2011年,中国重型院质量管理及标准化工作运行良好。公司质量、环境和职业安全健康管理体系顺利通过中国质量认证中心认证审核,采用过程控制方法,实施对管理体系的监督检查,以确保合同执行过程符合体系文件的要求,同时对质量、环境和职业健康安全运行情况进行例行检查,确保管理体系有效运行。在此基础之上,中国重型院推行"质量月"活动,结合公司实际情况推广先进质量管理方法、加强质量管理工作、提高质量管理水平、提升质量管理效能、推动质量工作发展,取得良好效果。

承担行业标准化的制定工作,完成由中国机械工业联合会组织编写的《机械工业"十二五"标准化规划》冶金设备部分,明确了"十二五"期间冶金设备专业化工作的重点领域和重点项目。完成国家行业标准《湿式电除尘器》的编制及报批。全国冶金设备标准化技术委员会中国重型院秘书处复核并报批国家标准3项,行业标准26项;完成并上报《冶金设备重点领域机械产品安全标准体系研究报告》;结合"十二五"标准化规划和2010年的复审结论,上报行业标准制修订计划70项,国家工信部、发改委批复67项。

五、企业创新平台建设情况

金属挤压/锻造装备技术国家重点实验室自2007年通过计划论证并开始运转,经过5年的建设,于2011年11月完成基础建设、设备制造、安装、调试,并上报中国机械工业集团有限公司(以下简称国机集团)申请国资委和科技部验收。2011年中国重型院获批建设国家航空、船舶、汽车、发电四大领域"高档数控机床与基础制造装备"科技重大专项(国家04专项)、"金属挤压/模锻设备与工艺创新平台建设"项目,并在此基础上组织行业优势单位共同合作打造创新平台。申报陕西省"十二五"装备制造业重点建设项目——中国重型机械研究院有限公司沣渭新区重大技术成套装备研发基地及高端技术成套集成研发平台建设。

六、企业对外合作情况

中国重型院坚持走产学研用合作道路,扩大国内外技术交流与合作的领域与范围。结合承担国家04专项"高档数控机床与基础制造装备"课题,科研方面继续与国内多个高校进行深入合作,并以国家重点实验室为平台,与多家科研院所及上下游产业链企业广泛开展产学研合作,瞄准国际高技术前沿,针对产业和行业发展中的重大需求,开展应用基础研究、关键技术和共性技术研究。

七、企业改革改制情况

中国重型院积极推进股改上市工作。聘请了有关证券公司、会计师事务所、资产评估公司及律师事务所等中介机构,积极开展相关准备工作,以2011年6月30日为审计评估基准日,进行了审计评估,并出具了审计评估报告。9月13日,中国重型院向国机集团上报了《关于中国重型机械研究院有限公司整体变更设立为股份有限公司的请示》。

〔撰稿人:中国重型机械研究院有限公司宋晔　审稿人:中国重型机械研究院有限公司孟令忠〕

北京起重运输机械设计研究院

一、企业概述

北京起重运输机械设计研究院(原北京起重运输机械研究所,以下简称北起院)成立于1958年,经过五十多年的发展,从原机械工业部直属的国家一类研究所发展成为我国物料搬运机械行业技术领先的科技型企业,隶属于中国机械工业集团公司,具有独立法人资格,是国家级高新技术企业。

北起院在作为国家部属研究所期间,是我国起重运输机械行业的技术归口单位,主要承担我国起重运输机械技术体系建立、产品开发与确定、重大研究项目开展、标准体系建立与产品标准制定等有关行业技术研究工作。转制以来,北起院根据自身的技术优势及市场竞争力,将自身发展定位在物料搬运技术开发与应用、物料搬运系统及其机电设备研究设计、集成及工程承包,保持在我国物料搬运机械行业的技术领先地位。

北起院先后承担了数百项国家科研项目,主持开发设计我国起重运输机械行业标准系列产品100余项,起草国家和行业标准300多项,完成物流仓储系统工程200多项、客运索道系统工程200多项,物料输送系统工程100余项,起重机械系统工程100余项。荣获200多项国家及省部级科技成果奖,在我国物料搬运机械行业中具有特殊地位,发挥着独特的影响。

在物流仓储技术领域,北起院是中国高架仓储技术的先驱者,自20世纪70年代研制出第一座自动化立体库并成功应用于北京汽车厂至今,为我国汽车制造、家用电器、机械电子、食品医药、石油化工、冶金等部门研发、建造了各种类型的自动化立体仓库200多座,用户广泛,设备品种齐全,技术水平领先。特别是近年来自动化物流配送中心市场的兴起,为北起院在这一领域的持续发展提供了机遇。面对国内外厂商的激烈竞争,北起院不仅在医药物流方面,而且在电子电器制造、服装制作及配送这两大应用领域有所突破,巩固了在中国物流行业的龙头地位。

在客运索道技术领域,北起院早在20世纪60年代就组织完成了我国第一套货运索道系列设计,70年代又进行了客运索道的开发、研制、建设及技术引进工作,并于80年代初期分别建成了中国第一条双线往复式客运索道——重庆嘉陵江客运索道和第一条单线循环双人吊椅式游览索道——北京香山公园索道,促进了国内旅游事业的发展。至今,北起院为国内外客户设计承建了不同类型的客运索道200多条,约占全国客运索道数量的40%。前不久,北起院在国内率先研发了新型脱挂抱索器客运索道,为开拓索道新市场打下了良好的基础。

在物料输送技术领域,北起院自20世纪60年代开始组织完成我国第一套带式输送机、振动输送机、埋刮板输送机、悬挂输送机等多项行业标准产品系列设计,在国内率先开发了斗轮堆取料机等大型装卸设备。近年来,广泛承接了国家重点建设工程大型露天矿、散料港口、料场、工厂内部的物料装卸、运输系统和各类物料输送系统成套项目的设计以及各种非标设备的开发与研制,深得广大用户的好评。

在起重机械技术领域,北起院在20世纪60年代设计了我国第一台桥式堆垛起重机,并陆续组织完成了各种轻小型起重设备、桥式起重机和门式起重机等多项行业产品系列设计,开发了多种专用起重机及其关键零部件,多次填补了我国起重机械行业的空白。近年来,更是根据市场的需求,研发了很多新机种。如用于垃圾处理领域的自动控制垃圾搬运起重机,用于秸秆发电领域的自动化秸秆搬运起重机等特种起重机,为国家在环保、生物质发电等领域提供了必要而又先进的设备。

在检验检测领域,国家起重运输机械质量监督检验中心、国家客运架空索道安全监督检验中心、国家安全生产北京矿用起重运输设备监督检验中心设在北起院,为我国各类起重运输机械产品的质量提高和客运索道的安全运行提供了保证。

在行业技术服务方面,全国起重机械标准化技术委员会、全国连续搬运机械标准化技术委员会、全国工业车辆标准化技术委员会和全国物流仓储设备标准化技术委员会的秘书处设在北起院。由北起院主办的《起重运输机械》杂志是国内物料搬运行业的技术核心期刊,为行业科技进步和科技发展起到了积极的促进作用。中国机械工程学会物流工程分会、中国索道协会、中国工程机械协会工业车辆分会秘书处设在北起院,为行业发展和技术进步做出了贡献。为更好地开展行业技术咨询与服务,北起院组建了北京科正平机电设备检验所,打造了行业技术服务的平台。

二、生产经营情况

2011年,北起院紧抓机遇,在全面分析市场环境的前提下,攻坚克难,适时调整方向和经营思路,不断加强管理,保持了持续稳定增长的势头,各项经营指标再创新高,为今后的发展储备了项目资源,奠定了良好的基础。

2011年,合同额达到7亿元,圆满完成了全年的各项经营指标和工作任务。在仓储工程板块,华北制药物流项目单份合同额再创新高;四川科伦集团物流项目,货位数、巷道数为历年之最。在索道工程板块,市场占有率约50%,在签署的多项合同中,技术先进、性能优异的脱挂式索道占有很高比重,与2010年相比有较大的提高。张家口万龙滑雪场脱挂索道工程建设项目,开辟了国产脱挂索道在滑雪场应用之先河,大大提升了北起院在滑雪设备制造界的影响力。在起重工程板块,以垃圾和秸秆发电起重机的市场为基础,努力挖掘新型垃圾处理工艺中起重机的市场潜力。同时,积极推进新领域的开发。继成功签约露天料场大跨度散秸秆门式抓斗起重机后,再次将桥式抓斗起重机推广到散秆发电领域中,成功签约赣县等地的散秆抓斗桥机。

三、科技创新情况

2011年,“新一代医药配送中心成套物流装备系统创新工程”项目获中国物流与采购联合会科技进步奖一等奖；“全自动控制垃圾搬运起重机关键技术研究”获中国机械工业科学技术奖二等奖；“国家标准《带式输送机》”获中国机械工业科学技术奖三等奖；“制动器测试装置”获中国机械工业科学技术奖三等奖；“滚筒式混匀取料机全自动控制系统研究及应用”项目获中国机械工业集团科学技术奖二等奖。

2011 年，北起院申报发明专利 1 项、实用新型专利 18 项，已获专利授权 10 项，获得软件著作权 4 项。

标准化方面，组织行业完成了 6 项国家标准和 21 项机械行业标准的制修订工作。配合国家质检总局特种设备局，仅用 6 个月时间加急制定了国家标准《起重机械安全监控管理系统》，并完成了新产品论证及识别产品类别等一系列工作。2011 年北起院被北京市质量技术监督局和中关村科技园区管理委员会授予“TC/SC 推进先进单位”光荣称号，同时全国起重机械标准化技术委员会荣获“‘十一五’机械工业标准化工作先进集体”。在标准化工作过程中，继续积极参与国际标准化工作，参与工业车辆国际标准 ISO 5053－1《工业车辆　术语和分类　第 1 部分：工业车辆类型》起草，将中文作为除官方语言英文、法文之外的另一种文字增加到国际标准中，实现零的突破，并在北京成功承办了“2011 年 ISO/TC111 钢制圆环链、吊链、部件及附件技术委员会系列会议”，受到国内外专家的一致好评。

2011 年，北起院新增了国家科技支撑计划“通用型桥式起重机轻量化设计技术及应用”课题、国家发改委智能制造发展装备专项“青岛华仁药业包装车间自动堆码及仓储设备系统”项目、科技部科研院所技术开发研究专项“秸秆包自动搬运起重机械关键技术研究与应用”项目、北京市“新型旅游索道项目的开发及应用”项目以及中国机械工业集团有限公司科技基金发展专项“基于物联网技术的物流信息系统开发与应用”等多项科研项目。

四、行业技术服务

2011 年，国家起重运输机械质量监督检验中心共完成了 1 326 份特种设备型式试验报告、429 份特种设备鉴定评审报告、210 份生产许可证产品检验报告、137 份生产许可证企业审查报告、60 份出口许可证产品检验报告和 389 份委托产品检验报告。

2011 年，国家客运架空索道安全监督检验中心共完成 29 个省、直辖市、自治区 256 条客运索道的定期检验任务。除定期检验外，还对 21 个省市的 54 条新建索道进行了验收检验。此外，应山西、陕西、甘肃等省质监部门邀请，还对相应地区的 20 条客运拖牵索道进行了委托检验；受理 86 条（其中包括拖牵索道 29 条）客运索道的总体设计审查，并全部在国家规定的时间要求内完成；对 243 个索道公司的 312 041 m钢丝绳、4 280 套固定抱索器、463 套脱挂抱索器、254 根吊杆、8 根主轴、25 套轮体、1 个吊架进行了无损探伤检测，并及时出具了检验报告；完成了部件设计文件鉴定 13 件次、现场型式试验 18 件次，并对 7 家制造、安装企业进行了条件评审。论文《中国客运索道现状及关键评价指标》被收录到六年一度的国际索道协会大会论文集当中。

2011 年，国家安全生产北京矿用起重运输设备监督检验中心完成产品检验 26 家，出具 56 份检验报告；技术审查完成 30 家；现场评审完成 47 家。2011 年 9 月，按照新颁布的 AQ8006—2010《安全生产检测检验机构能力的通用要求》标准的要求，安检中心顺利通过国家安全监管总局检查。2011 年 12 月份，安检中心顺利通过了安全标志检验检测甲级机构资质到期换证评审，评审组对安检中心资质及体系保持情况给予了高度的评价，取得了令人满意的结果。

〔撰稿人：北京起重运输机械设计研究院解小燕、王睿　审稿人：北京起重运输机械设计研究院张喜军〕

洛阳矿山机械工程设计研究院有限责任公司

洛阳矿山机械工程设计研究院（以下简称洛阳矿研院）是中信重机公司旗下的独立法人。主要从事：机械、冶金、建材、矿山、电力等行业的工程设计与工程承包；重型与矿山机械的产品研发；重型与矿山机械产品的制造工艺设计与研究。经国家有关部门批准，全国矿山机械标准化技术委员会、国家矿山机械质量监督检验中心挂靠在该院。编辑出版国家一级刊物《矿山机械》。

一、生产发展概况

2011 年，在全球经济危机的大环境下，洛阳矿研院积极转变经营方式，千方百计稳定和开拓国内外市场，各项经济指标取得了历史最好水平。新增订货合同 380 355 万元，新增生效合同 305 654 万元，销售收入 153 859 万元，货币收入 137 564 万元，利润总额 27 710 万元，报表利润 16 724 万元。2006—2011 年销售额走向见图 1。

二、市场经营与销售

2011 年，在订货总量上实现重大突破，完成新增订货 38.035 5 亿元，其中江都泰富 2×300 万 t/a 球团总包项目合同额 7.8 亿元；林州电力等 3 个水泥成套项目合同额 13.13 亿元；常州中天 2×1 000 t/d 等 8 个活性石灰项目合同额 4.56 亿元；余热发电 11 项 3.2 亿元；湖北新冶钢铁 100 万 t/a 矿渣微粉工程等 4 个矿渣立磨成套项目 4.06 亿元，太钢哈斯科钢渣处理项目 7 300 万元。在洛阳矿研院，工程设计和工程总承包的合同额占 90% 以上的比例。

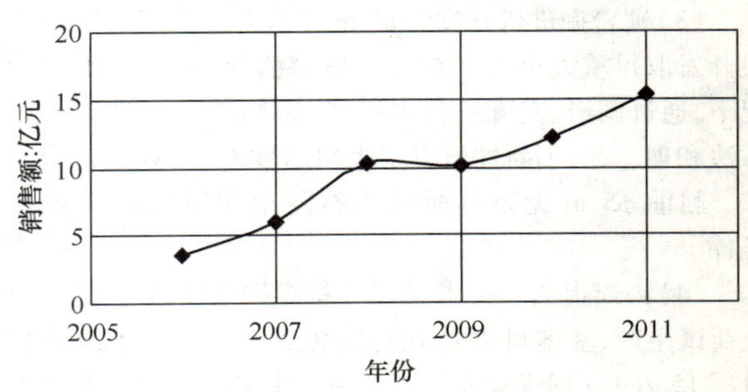

图 1　2006—2011 年销售额走向

2011 年,洛阳矿研院共实施成套项目 59 个,合同额达 48.1 亿元。共交工 16 项,合同额 8.5 亿元,其中包括日产 6 000 t水泥项目、水泥生产线纯低温余热发电工程、年产 100 万 t 矿渣微粉工程等;一批多年未能验收的难点项目,均于2011 年达标验收;并实现了一批当年开工、当年竣工验收的项目。

三、科技成果和新产品

2008 年开始的技术先导战略的实施和具有鲜明特色的“三位一体”技术研发体系的形成(成套工程工艺设计研究—机械产品设计研究—产品制造工艺设计研究)给洛阳矿研院和中信重工机械股份有限公司的生产经营带来了活力。以洛阳矿研院为主体的中信重工技术中心在国家认定企业技术中心 2011 年评价中,以 93.3 分在 729 家国家级企业技术中心中名列前 3 名。

2011 年,洛阳矿研院的“MZL 系列多分流重载立磨减速器”获中国机械工业科学技术奖二等奖和洛阳市科技进步奖一等奖;“大断面棒材飞剪技术研究”获中国机械工业科学技术奖二等奖和洛阳市科技进步奖二等奖;“大型摩擦提升机动力学设计方法及应用”获中国机械工业科学技术奖二等奖。

2011 年,洛阳矿研院申报专利 38 项,其中发明专利 18 项。

除此之外,“120 万 t 矿渣立磨及粉磨工艺系统”“大型高效高压辊磨机研制”“F3 减速器”和“煤化工水煤浆制备棒磨机组”等四个项目通过专家鉴定,达到国际先进或国内领先水平。

2011 年洛阳矿研院还完成了下列重大项目(产品)的设计和服务工作:

(1)利用水泥回转窑消纳城市生活垃圾项目。国内首个示范工程正在洛阳黄河同力 5 000 t/d 水泥生产线迅速推进,目前已完成热负荷联动调试。该项目已列入国家“十二五”科技支撑计划。工程建成投产后,每天可处理生活垃圾 500 t,可满足洛阳市“十二五”规划的生活垃圾处理要求。

(2)大型磨机。自行设计、拥有完全自主知识产权的目前国内规格最大、技术最先进的中国黄金集团乌山项目核心装备 ϕ11 m×5.4 m 半自磨机和 ϕ7.9 m×13.6 m 球磨机在中信重工公司一次试车成功并交付用户;完成太钢 ϕ7.32 m×11.28 m 和 ϕ7.32 m×12.5 m 共 6 台大型球磨机设计并在中信重工公司试车工作,再次改写了我国自主设计制造大型矿用磨机设备的纪录。

(3)硬岩掘进机开发。ϕ5 m 无轨开敞式岩石隧道掘进机开发取得重大进展。在技术资料匮乏、开发难度大的情况下,通过调研、交流和自主研究,基本掌握了 TBM 的设计方法和理念,并创新性研发了无轨运输系统,以满足施工要求。目前 ϕ5 m 无轨开敞式岩石隧道掘进机已具备投产条件。

(4)褐煤提质。神华 50 万 t 褐煤提质项目通过了 120 h 负荷试生产,基本可以达到稳定化工业生产。上海外高桥电厂 15 万 t/a 褐煤提质生产线通过中电投公司和专家组评审,正式获得立项通过,已开始进行土建施工,并被列为中电投“十二五”重大科技攻关项目。

(5)大型破碎机。完成巴西淡水河谷 PXZ1500Ⅱ新型液压旋回破碎机设计工作,并在中信重工完成试车并交付;相继开发出 PXZ1375Ⅱ和与世界上最大通用规格相当的 PXZ1750Ⅱ新型液压旋回破碎机,并分别取得巴西淡水河谷、宝利集团和 MMX 公司的订货,使洛阳矿研院新型液压旋回破碎机基本实现系列化;完成新型多缸液压圆锥破碎机 CC500 的开发,并在江西铜业取得订货;完成 CC800 多缸液压圆锥破碎机的技术设计工作。

(6)矿用高压辊磨机。完成国内最大规格澳大利亚 FMG 项目 GM200—200、GM180—160 高压辊磨机的设计工作;完成重大项目新疆洛钼集团用 GM240—170 和 GM200—150 高压辊磨机选型技术设计。

(7)钢渣处理技术取得重大突破。凭借先进的钢渣处理利用技术和装备实力,承担了太钢不锈钢湿法处理生产线合同。太钢钢渣综合利用项目建成后,将年处理 100 万 t 不锈钢尾渣和 50 万 t 碳钢尾渣,形成不锈钢废钢、钢渣肥料、水泥熟料掺和料、钢渣路基料等六大系列产品。

四、创新平台建设

投资 1 100 多万元,用于改善办公条件,打造国内一流的办公环境;投资近 500 万元,用于购置计算机、工作站等办公机具,实施服务器及桌面虚拟化系统的建设;购置了 LMB8 通道振动噪声测试分析系统等检测和实验设备,拓宽了检测领域和实验范围。

五、矿山机械行业工作

①矿山机械行业标准。组织完成《矿山机械术语　第 8 部分:焙烧设备》等 3 项国家标准和《高压对辊褐煤成型机》等 41 项行业标准的起草、审查及报批工作;编制完成《“十二五”矿山机械行业标准化发展规划》。②矿山机械质量检验。完成 12 家企业 24 台样机生产许可证检验;完成矿山在用提升设备安全性能检验 280 多台;完成 20 多台大型港口机械设备性能测试,完成 30 余项煤自燃倾向性和煤尘爆炸性鉴定等委托鉴定检验,取得良好的经济和社会效益。③《矿山机械》杂志。完成 12 期杂志的编辑出版,刊文 1 817 页,420 万字;共处理作者投稿 2 512 余篇,编辑刊登 546 篇,论文采用率 29%,较上年同期降低了 17%,办刊质量得到提高,受到读者广泛好评。④信息工作:完成《国外矿山机械》《重机信息》的编印工作,收集资料信息 578 篇 412 万字。建成由 135 种《数字化期刊》和 25 793 册数字图书组成的数字图书库,提高了技术图书的利用率。

六、企业发展的突出问题

研发技术领军人才短缺问题仍然没有解决,需要不断引进和培养高层次青年技术人才;管理上不尽如人意,特别在行政、经营和技术管理的细节上差距较大(体现在设计、采购、现场管理等方面)。

〔撰稿人:洛阳矿山机械工程设计研究院有限责任公司张荣宽　审稿人:洛阳矿山机械工程设计研究院有限责任公司刘正魁〕

中钢集团衡阳重机有限公司

一、基本情况

中钢集团衡阳重机有限公司(简称中钢衡重)是中国中钢集团公司的全资子公司,主要从事矿山、冶金重型机械装备的研发、设计、制造、安装和服务,具有年产异型铸锻件35 000 t(铸钢件最大单重100 t)、钢结构件10 000 t、机加工及装配30 000 t的综合机械制造和配套能力,主要为千万吨及以上级露天矿山和400万t以下井下矿山的开采和选矿、钢铁及有色和建材等行业生产提供关键工艺装备,如牙轮钻机、电动挖掘机、井下铲运机、破碎机、球磨机、烧结机、冶金炉、连铸机、轧机、卷取机及大型耐热耐酸铸件等。

公司已通过了GB/T 19001—2008质量管理体系和GB/T 24001—2004、GB/T 28001—2001环境和职业健康安全管理体系认证,拥有国家级、省级企业技术中心,具有国家授予的企业自营进出口经营权、矿用产品生产许可、冶金机电设备安装工程等多项资质。近年来,中钢衡重通过采取强化技术创新、优化产品结构和内部运行机制,以及加大技术改造投入等措施,企业保持了持续较快发展。

二、生产经营

2011年,面对国际金融危机对宏观经济的影响进一步深入、国内市场需求低迷、市场同质化竞争日益激烈、企业运行成本不断增加等新情况,中钢衡重坚持贯彻落实科学发展观,立足当前,着眼长远,自我加压,拼搏进取,围绕"抓质效,促转型,增实力,保平稳,谋发展"的工作主线,着力抓好市场开拓、挖潜增效、精益制造服务,努力推进企业持续平稳增长,努力谋求在调整时期实现新发展。2011年,公司完成工业总产值13.54亿元,实现利润总额1 667万元,在诸多不利因素的影响下生产经营继续保持了基本稳定。

三、技术创新

2011年,公司以国家级企业技术中心申报为契机,坚持创新驱动,持续推进公司技术创新能力建设。公司以国家宏观调控政策和市场需求为导向,重点围绕传统产品技术升级和新产品开发两大方面,积极开展技术创新工作,努力为公司产品结构调整和优化做好技术支撑。2011年,公司加强对主导产品的创新工作,努力将技术优势转化为产品优势,不断增强企业竞争能力,ϕ250 mm全液压牙轮钻机和35 m^3电铲的设计开发工作取得了突破性进展,完成了井下载人车、井下油料车、井下车板车、液压撬锚车等地下辅助车辆和0.4 m^3铲运机的开发与研制,2 m^3遥控型和侧卸式铲运机的方案设计。为适应市场需求,公司不断加强技术攻关,为调整产品结构提供技术支持,突破了风电机舱、轮毂、转子等高品质铸件铸造技术难关,在全国率先研制出风电设备关键零部件球墨铸铁转子、锭子;完成了大型中硬齿面齿轮制造技术攻关,在大型立式车床上积极推广应用新刀具。全年完成新产品研制、试制项目26项,新技术、新工艺、新材料推广应用项目11项,进一步提高了公司主导产品的技术含量和生产工艺水平。申报国家、省、市重大科技专项、科技成果和知识产权管理取得新成绩,共有8项自主研发科技成果通过了中国有色金属工业协会组织的鉴定,3个项目通过省级科技成果鉴定;YZ55B钻机和CYE—2铲运机分别获得中国有色金属工业协会科技成果奖一等奖和二等奖;全年申请专利33项,其中发明专利14项。公司被认定为国家高新技术企业,公司技术中心被认定为国家级企业技术中心。

四、基本建设

2011年以来,公司的重点建设项目新区项目,完成了铸造生产系统以及与其配套的动能供应系统的建设工作,且完成了老区铸造生产系统的搬迁工作。新区项目已进入热调试和试生产阶段。公司针对热调试和试生产过程中的问题以及开发高端铸件市场的需求,正进一步改进、完善新区生产工艺,积极推进设备填平补齐,全力为新区项目达产达效夯实基础。项目投产后将为企业2012年乃至"十二五"期间的整体发展提供强有力的支撑。

五、质量、安全环保管理及标准化

1. 质量管理工作

公司努力确保质量标准体系的有效运行,坚持以客户需求为关注焦点,狠抓产品质量预防、质量攻关、质量抽查检验等工作,加大了对生产环节"三按""三检"等制度落实的监督检查,从严产品质量考核和质量损失责任追究。积极尝试专业化运作的售后服务模式,提高响应、服务用户的前瞻性、及时性,售后服务工作取得一定进步。公司再次荣获衡阳市质量管理先进单位称号,产品质量整体保持稳定,基本实现了产品质量年度目标。

2. 安全和环保管理工作

公司不断强化安全管理、现场管理。积极开展各种形式的安全教育和培训,大力宣贯《中央企业安全生产禁令》,增强了员工的安全生产意识。认真落实"0123"安全管理模式的要求,安监部门加强安全巡查和专项检查,进一步促进了安全生产责任制的落实。积极推进"6S"现场管理和安全标准化班组建设,通过全员努力,公司安全生产形势全年总体平稳。全面启动清洁生产审核工作,加强了对生产现场环境的综合管理和专项治理,积极推进"清洁生产""绿色制造",各项排放总量均在控制指标内。公司通过了环境和职业健康安全管理体系再认证审核。

3. 标准化工作

2011年,公司全年主持完成国家强制标准《地下轮胎式运人车　安全要求》的起草制定,主持完成行业标准《地下矿用无轨轮胎运矿车》的修订,参与行业标准《地下铲运机》的修订。2010年开始参与一项国际标准《土方机械　地下轮胎式移动机器　安全要求》的制定工作,并将公司主持起草制定的2个国家标准翻译成英文版本。

〔供稿单位:中钢集团衡阳重机有限公司〕

中钢集团西安重机有限公司

中钢集团西安重机有限公司(以下简称中钢西重)属国家大型一类企业,主要从事冶金设备、矿山机械及其他大型机械设备的设计和制造。公司注册资金7.15亿元,注册地在西安经济技术开发区泾渭工业园,拥有城区和泾渭两个生产基地,总占地面积115万 m^2(1 723.43亩),城区基地位于西安市莲湖区汉城北路,泾渭基地位于西安经济技术开发区泾渭工业园中钢大道。公司可生产最大铸件100 t,最大锻件30 t,最大起重能力260 t,具有年产机械加工装配件4.5万t、铸锻件5万t、结构件3万t的综合生产能力,具有一类、二类压力容器设计资格和BR1级压力容器制造资格,通过了GB/T 19001—2008(ISO9001:2008)质量管理体系认证。主导产品包括:高炉无料钟炉顶、液压泥炮、开铁口机等炼铁设备,RH、LF、VOD精炼、板坯连铸机等炼钢设备,棒线材轧机、大口径焊管轧机等轧制设备以及轧材深加工设备、废钢处理设备、石油机械成套设备、大中型铸锻件毛坯等。近年来,中钢西重通过采取调整产品结构、强化技术创新、管理创新和体制创新等措施,使企业保持了持续平稳的发展。

一、生产发展情况

2011年,中钢西重面对宏观经济形势复杂多变、冶金装备市场持续低迷、同行业竞争日趋激烈的不利形势,积极采取各种有效措施,调整组织结构,整合内部资源,构建新的生产组织流程,成立了炼铁设备公司、冶金设备公司、金结容器公司、铸锻公司、传动电气公司等专业化经营性分公司,实现了从设计、生产到经营的扁平化管理,快速适应市场的变化。内部管理突出效益为先,改变原来粗放经营的模式,加快资金周转率。全力开拓市场,快速推进产品结构调整,以"两个确保(确保产品质量、确保交货期)"落实苦练内功;坚持全面预算管理,防范经营风险,使得各项业务稳步推进,保证了生产经营的平稳运行。2011年中钢西重实现工业总产值9.05亿元,较2010年同期增长了17.4%;实现销售收入7.04亿元,较2010年同期增长了8%,保持了平稳的经济增长态势。

2011年分类产品生产情况见表1。

表1　2011年分类产品生产情况

产品类别	产值(万元)
炼铁类产品	49 839.1
炼钢类产品	7 513.6
轧钢类产品	15 415.7
其他产品	17 770.4
合计	90 538.8

二、市场经营及销售情况

2011年,为了适应复杂多变的市场形势,巩固拓展优势产品的市场份额,实现企业的长远发展,中钢西重根据市场形势积极调整营销思路和策略,对传统优势产品在质量、功能和服务上进行精耕细作的同时,全力支持经营性分公司发展,加大非冶金产品市场开发力度,提高合同承接量。同时在企业内部全力推进"三位一体"市场营销体系实施。解决流程长、效率低下的顽疾,更好地适应市场,快速响应市场。公司先后荣获"马钢优秀供应商""中冶赛迪优秀供应商",并与马钢签署新一轮战略合作协议。通过一年的运行,使全员市场意识和服务意识不断增强,企业生产运行效率、技术水平和服务质量也有较大的进步,对市场开发工作起到了积极的促进作用。

在外贸业务上,中钢西重继续与奥钢联、西马克、新日铁等国外公司保持良好的供需关系,积极了解需求,向美国、巴西、日本、中国台湾、土耳其、马来西亚等国家和地区出口成套冶金设备和备品备件。

2011年分类产品销售情况见表2。

表2　2011年分类产品销售情况

产品类别	销售收入(万元)
炼铁类产品	38 586.5
炼钢类产品	6 872.5
轧钢类产品	9 885.3
其他产品	15 055.8
合计	70 400.1

三、科技成果及新产品研发情况

科技研发方面,中钢西重拥有自己的技术研发机构——西安冶金设备研究所和中钢集团西安重机有限公司技术中心(省级),具有多年研究、设计各种冶金、矿山设备和其他大型成套设备的经验,特别是在制造工艺方面积累了丰富的经验。

2011年,中钢西重积极行动,加大新产品开发力度,完成了KD型液压泥炮,YPE、YPF液压型泥炮,KD型液压开口机,KJE开口机、KJF型液压开口机等炉前设备,以及1 000~5 500 m^3 并罐(串罐)无料钟炉顶设备的系列化和配置系统化;积极开发单机架板带轧机,全年制造了3台(套)大中型轧机,填补了企业在大中型轧机制造上的空白;加强专利的开发和申请工作,研制的"半封闭回转机构的大型液压泥炮""油缸外推式大型开铁口机"两种产品获得国家实用新型专利;加强非冶金产品开发,开发制作了矫直机、减速机、凿岩机等设备,108T洒水车电枢总成、高炉炉顶甘油职能润滑系统和探尺电控系统等。先后走访了多家行业知名的科研院所,对矿山机械、选矿设备先进技术,以及大型废钢液压剪切机市场需求进行调研,广泛收集信息,寻找新的市场机会。

目前为止,中钢西重共取得科技成果164项,其中获国家科技成果奖10项,部省级科技奖26项,7种产品分别获国家、省部级优质产品称号,32种产品获国家银质奖,15项产品获实用新型专利。

四、产品质量及标准工作情况

在质量管理方面,中钢西重始终坚持"关注顾客、科学管理、持续改进、追求卓越”的质量方针。2011 年,为切实提高全员质量意识、服务意识和产品实物质量水平,将“确保产品质量”工作落到实处,中钢西重深入开展“精品工程”,以产品实物质量为抓手,不断加大现场检查力度,在“查问题、堵漏洞”上下苦功夫,针对生产现场典型、重复发生的质量问题,举一反三,制定了有针对性的质量改进措施,有效地完善作业规范,突破了一系列的技术工艺难题,使得企业全员质量意识进一步增强,产品实物质量也有了明显提升。2011 年产品合格率为 99.26%,较上年同期提高了 0.23 个百分点;废品损失率 0.275%,较上年同期下降了 0.085 个百分点;质量损失率 0.505%,较上年同期下降了 0.246 个百分点。

4 月中旬,企业顺利通过了 GB/T19001 - 2008 标准监督审核。中钢西重从 1998 年通过质量管理体系认证至今,在标准化方面取得了长足的进步,有效促进了企业生产经营工作的开展。

五、对外合作情况

随着科技的进步和社会的发展,在新的经济形势下“互利、双赢”的经营观念已经被越来越多的企业的认可和推崇。为不断提升企业市场竞争力,促进企业快速发展壮大,2011 年,中钢西重不断加大对外合作力度,继续与北京科技大学、北京工业大学、西安建筑科技大学等原有合作伙伴保持良好关系,并与马钢签署了新一轮的战略合作协议,同时又与西门子奥钢联(英国)公司续签炼铁设备《技术授权许可协议》,与中国电子科技集团第 39 所签订战略合作协议。

〔撰稿人:中钢集团西安重机有限公司韩光辉　审稿人:中钢集团西安重机有限公司庄涛〕

山东山矿机械有限公司

2011 年,山东山矿机械有限公司(以下简称山矿公司)以科学发展观为指导,紧紧围绕年度方针目标计划的落实,全面开展工作。针对形势发展和公司实际,适时、分步采取了多种举措,积极应对错综复杂的宏观经济形势和严峻的市场环境所带来的困难和挑战,努力克服了原材料价格大幅波动、资金紧张等不利因素的影响,保持公司整体运营呈现状况良好、发展态势稳固。2011 年,全面实现了各项工作目标,获得了全国机械行业文明单位、全国“安康杯”竞赛活动优胜单位、济宁市第二届市长质量奖提名奖和首批“济宁市技师工作站”等荣誉称号。

一、生产方面

受国际经济危机和国家宏观调控力度加大的影响,用户资金不到位,部分项目暂停或交货期推迟,山矿公司上半年任务非常紧张,下半年生产节奏相对有所放缓。公司以深入推动协同计划管理模式的有效运行为主抓手,以计划为纲领,统领、整合公司的内部业务流程,控制好生产线节奏,加快投入、产出周期,确保项目按时交货,降低了合同执行的风险,成效较为显著。

2011 年,公司加大了技改投入力度,扩建了涂装车间,增添了液压剪板机、CW61100X5 重型车床,自制了一台滚筒落地车床等,全年技改投入 1 150 万元。公司重组了下料车间和滚筒车间,生产能力、生产效率明显提高。

全年重点组织生产了沁北电厂、天盛港码头、太钢集团、太重集团、武汉凯迪等 30 余家国内项目;以及越南冒溪电厂,印度 GMR、TALWANDI、KMPCL 电站和 MIPP 等出口项目。

二、技术创新

2011 年,山矿公司紧紧围绕市场需求,以大型、环保节能、机电一体化、成套化设备为主导,全面提升企业自主创新能力,加强与大学、设计院、国内外公司进行技术合作,关键技术和新产品、新工艺都有突破。全年完成新产品开发、产品改进项目 20 余项,其中开发设计了露天煤矿带式输送机、水平拐弯带式输送机、行走式连续输送散料装船机、复合振动筛、S155 标准型圆锥破碎机、GLZB1250/450—8Y 直线螺旋取料机等新产品,并对 PEY750X1060 液压颚式破碎机等产品进行了改进和系列化、优化设计。复合型振动筛和散料装船机两项产品通过了省级新产品鉴定,得到了专家们的认可和高度评价。

公司完善了科技创新奖励和技术中心绩效考核办法,激励技术人员快出成果,多出成果,有效提高了技术人员工作的积极性和主动性,在全面上线运行 PDM/CAPP 数据管理及工艺管理系统的基础上,对 PDM/CAPP 数据管理及工艺管理系统进行了升级,根据要求编制项目设计 BOM、工艺 BOM,全面实施工艺管理,提高工艺文件对生产的指导性,进一步提高设计 BOM 和工艺 BOM 的编制效率和质量,使整体技术设计的效率和质量有了较大的改善和提高。

三、市场营销

2011 年是经济形势非常艰难的一年,在国家紧缩银根的大背景下,许多项目因缺少资金支持未能上马或处于半停滞状态,山矿公司的市场业绩也受到一定程度的影响。一年来,公司紧紧围绕订货、回收和销售三项硬性指标的实现开展工作,继续强化队伍建设,提升内部管理,面对各种困难压力不退缩,积极组织全体营销人员深化市场调研,定期进行市场分析,广泛收集市场信息,梳理分类定盘,根据不同项目、不同行业和用户特点,推行个性化、差异化营销,做细前期工作,认真分析项目、行业特点情况,制定相应的营销策略,发挥团队合作的优势,紧紧把握市场脉搏,积极主动开拓市场。2011 年电力市场得到了巩固,冶金市场继续拓展,煤炭市场初显成效,港口大型皮带机和管带机的订单也在不断攀升,并取得了多个生物质能发电厂项目,保持了一定的出口量。

今后,公司将积极推进新产品的市场布局和销售,并努力争取更多的“交钥匙工程”项目订货。在巩固与国际工程总包公司及国外采购商跟踪合作的基础上,拓展出口渠道,扩大出口国家范围,提高产品出口档次,自营出口业务实现大的突破。

四、质量管理

2011年,以市长质量奖的获得为契机,认真贯彻质量工作方针,改善质量管理思路、质量管控体系,全面运行质量管理信息平台,更加系统化地控制产品质量的管理方案、工艺流程、规范、执行标准、检测手段及相应的质量文件和检验记录等,提高了管理质量和工作效率,在产出节奏不断加快的情况下保证了质量水平的不断提高,确保了产品质量提升,赢得了用户满意和信赖,保持了山矿品牌的良好信誉。

五、企业管理

2011年,公司调整了组织机构,改善了干部管理,正式运行了新的绩效考核办法,初步建立了企业“PDCA”自我改善平台;进一步完善了成本管控体系,理顺成本控制流程,有效运行成本管控信息平台,严谨与细化经营全过程成本的有效控制;坚持定期进行人员状况和劳动力成本分析;完善企业用工机制,建立正常的干部及专业技术人员培养、考核机制,有效提升员工的岗位适应能力,进一步提升了管理效能,确保了公司良好的运营秩序,促进了公司稳步发展。

〔供稿单位:山东山矿机械有限公司〕

中冶陕压重工设备有限公司

一、企业概况

中冶陕压重工设备有限公司是中国冶金科工股份有限公司暨中冶集团旗下的重型设备研发制造企业,公司冷热加工配套齐全,工艺制造能力先进,具有设备成套、工程项目总包能力。企业以生产大型精密板带轧机和板带处理成套设备、大型有色轧制设备、特种金属轧制设备、大型锻压成套设备、锻钢轧辊、大型铸锻件为主要产品,是中国西部乃至国际、国内都有着广泛影响力的大型国有重工业企业。

企业具有三标一体管理体系(GB/T 19001质量管理体系、GB/T 24001环境管理体系和BG/T 28001职业健康安全管理体系和资质),可以按国际标准、欧洲标准和国外公司标准制造设备,并具有国家批准的进出口贸易经营权。

企业建立了完整的技术创新体系,有独立的新产品开发能力,从市场开拓、产品研发、产品设计、工艺技术研究、生产制造、质量控制到售后服务,具有严格的运行管理体系。

在企业3 300多名职工队伍中,拥有教授级高级工程师、高级工程师以及各类工程技术人员800余人。公司具有强大的冷、热加工能力,技术实力雄厚,产品主要涉及钢铁、有色金属、矿山、电力、石油、化工、汽车、船舶、机械等行业,拥有广泛的国内外市场并有着良好的产品业绩和口碑。

公司已形成年产冶金及锻压设备50 000 t的生产能力,产品形成了15个系列,200多个品种规格。主导产品有:各种黑色、有色板带轧制设备,板带连续处理设备以及板带精整设备。代表产品有:大型冷、热板带轧机,平整机,开卷与卷取机,矫直设备,热镀锌、镀锡机组,连续退火机组,酸洗机组,板带纵、横剪切机组,板带矫直设备,各种飞剪、液压剪;方坯、板坯连铸设备。

大型锻压设备有:大型金属挤压机、锻造液压机、操作机、液压压力机,硬齿面传动箱,各种大型冶金备件等。

大型锻钢轧辊和铸锻件,具有年生产2万t成品锻钢轧辊(单件轧辊最大直径1 650 mm,最大重量65 t)、2.5万t大型铸钢件(最大单重铸钢件可达240 t)、4.5万t锻件(最大单重锻钢件可达90 t),以及9万t锻造用钢锭的生产能力。

二、经济运行情况

2011年实际完成工业总产值(不含税)105 600.86万元,完成年度计划的86.09%;比上年同期98 359.6万元增加7 241.26万元,增长7.36%;产品销售收入(不含税)105 086.54万元,比上年95 697.54万元增加9 389万元,增长9.81%;利润总额3 453.34万元,比上年同期3 691.75万元减少238.41万元,下降6.46%;利税总额5 487.57万元,比上年同期6 850.79万元减少了1 363.22万元,下降19.9%,其主要原因是应交增值税比上年减少了1 195.42万元。

2011年完成机器产品产量37 055.87 t,比上年34 479.05 t增加2 576.82 t,增长7.47%;完成钢液产量15 822.6 t,比上年同期21 628.9 t减少5 806.3 t,下降26.85%;完成钢产量14 662.09 t,比上年同期20 070.72 t减少5 408.63 t,下降26.95%;完成铸钢件4 659.01 t,比上年同期6 528.83 t减少1 869.82 t,下降28.64%;完成锻钢件9 309.44 t,比上年同期8 632.76增加676.68 t,增长7.84%。钢液、钢产量、铸钢件减少的主要原因是2011年拆除了3t电弧炉。

2011年实际新签合同量99 236万元,比上年同期116 276万元减少了17 040万元,下降14.65%。其中:出口产品合同10 710.94万元,比上年同期1 451.65万元增加9 259.29万元,增长637.85%。当年实际新签合同量不太理想,但出品产品合同有较大的提高。

从2011年实际完成的指标情况看,比上年同期水平有升有降,没有达到年度总目标的要求。

三、公司发展

公司致力于打造为国民经济提供重大装备的国内一流、国际知名的专业化冶金设备及大型成套设备的研发、制造基地;打造中国西北地区最大的锻钢轧辊生产基地;打造以生产、销售铸锻件、焊接件、热处理件、机械零部件以及相关材料、相关技术为主的大型铸锻件生产基地。以新的起点和高度、为客户提供适用的精品、名牌、成套、创新产品,让企业产品为社会创造价值并使客户获得利益,使企业在为社会和客户服务的过程中得到持续发展和提升。

〔撰稿人:中冶陕压重工设备有限公司李萍〕

焦作制动器股份有限公司

焦作制动器股份有限公司的前身是焦作市制动器厂，成立于1964年，是原机械部唯一定点生产工业制动器的厂家，2011年2月从焦作市城区搬迁至博爱县工业集聚区。公司占地面积28万 m^2，拥有员工近1 000人，主要生产销售三大系列的"金箍"牌制动器产品，即以起重运输、冶金矿山、船舶及港口机械行业为主的工业制动器产品系列，以风电偏航制动器和高速轴制动器为主的新能源产品系列，以ABS防抱死系统和ASR汽车驱动防滑系统为主的汽车电子及零部件产品系列。

公司是中国重型机械工业协会传动部件专委会副理事长单位和制动器行业组组长单位，是行业标准的起草单位，是中国机械工业优秀企业、河南省高新技术企业、河南省产品质量管理卓越百强企业、河南省博士后研发基地、河南省装备制造业50强企业。公司于1997年在国内制动器行业率先通过ISO9001质量体系国内、国际认证。"金箍"牌制动器是"河南省名牌产品"，"金箍"牌商标是国内同行业唯一的中国驰名商标。

一、依靠科技创新，扩大领先优势

公司拥有的"河南省制动器工程技术研究中心"是行业内最早的省级技术中心，是国内制动器行业唯一的"国家认可实验室"，拥有工业制动器综合性能试验台、风电偏航系统试验台等二十余台国内最先进的实验检测设备；拥有国内同行业产品覆盖面最广，研发实力最强的科研团队。该中心下设起重冶金室、港口机械室、矿山机械室、移动车辆室、汽车电子室、综合管理室、试验车间、检验中心等部门，具有承担国家本行业科技攻关、火炬计划、技术创新、重点新产品项目、修改和制定标准的能力；拥有国家专利42项，专有技术29项；已制定行业标准6项，正在起草的国家标准1项，行业标准3项；共有15项产品获得国家级奖项，30余项产品获得省市级奖项。

为了进一步扩大研发优势，公司于2009年投入6 090万元，在新厂区实施研发中心项目建设，建筑面积6 400 m^2，实现了研发区、试验检测区和产品试制区的独立运行，为进一步提升研发水平奠定了基础。

二、抓好产业升级，制造一流产品

一流的产品需要一流的制造装备来保证。2009年，公司响应市政府要求工业企业搬出老城区的号召，也为了满足产业升级、长远发展的需要，在博爱县产业集聚区新征土地28万 m^2（421亩），进行易地项目建设，购置了具有国内一流、世界先进水平的全自动生产线、半自动生产线、自动装配线、喷漆线共十余条。目前已达到年产工业制动器5万套、风电制动器5万套、ABS 10万套的生产能力。

工业制动器生产拥有以国内最先进的高精度全机能数控车床和立式加工中心为主的ED推动器生产单元；以先进卧式加工中心、数控铣床等数控设备和专用机床为主的结构件生产单元；以大型卧式加工中心为主的安全制动器生产单元。风电制动器生产拥有国内最先进的风电制动器桁架式机械手全自动生产线和三条半自动生产线，以及具有先进在线检测功能的风电制动器装配线。汽车电子产品生产拥有国内最先进的半自动、全自动ABS调节器机加工生产线和装配检测线，以及控制器生产检测线。

三、追求卓越质量，提升管理水平

公司以实施卓越绩效管理为主线，实现内部管理水平的全面提升。一是以"6S"为突破口抓现场管理，遵循"整理、整顿、清扫、清洁、素养、安全"的6S管理原则，对公司现场管理制度不断修订完善，坚持日检查、月考核、季度评比，效果显著。二是严抓产品和工作质量，公司先后通过了ISO9001、TS16949质量管理体系、欧洲CE认证、德国GL认证、国家特种设备型式试验认证、矿用产品安全标志认证、中国船级社型式认证、防爆认证等。三是以信息化为抓手、从设计、工艺、生产到销售，全面实施信息化建设，大大提高了管理效率。

四、实施品牌战略，占领高端市场

品牌是企业实力的综合体现。近几年来，公司围绕品牌建设，从生产制造、产品研发、内部管理、质量水平、市场营销、企业文化等多方面去抓，企业综合实力持续提升，先后获得"焦作市知名商标""河南省著名商标""河南省名牌产品"。2011年底，公司"金箍"牌商标被国家工商总局认定为中国驰名商标。这是我国工业制动器行业的第一个"中国驰名商标"，确立了"金箍"牌为国内第一品牌和用户最信赖品牌的地位。

有了用户最信赖的品牌，有了一流的产品质量和服务质量，国家重点工程项目如西昌、酒泉、太原等三大卫星发射基地，三峡、葛洲坝、黄河小浪底等大型水利枢纽工程，神五、神六、神七飞船发射塔架，北京奥运会鸟巢体育场升降台和上海世博会主会场升降台等纷纷独家选用公司制动器产品。起重运输、冶金矿山、船舶港口和风电行业的国家特大型企业也纷纷选用公司产品并长期合作，如中国第一重型机械集团公司、中国第二重型机械集团公司、大连重工·起重集团有限公司、太原重型机械集团有限公司等特大型重型机械企业，宝钢集团、鞍钢集团、太钢集团、包钢集团、武钢集团等特大型钢铁企业，天津港、青岛港、宁波港、上海港、广州港、日照港等特大型港口，新疆金风科技、国电动力等特大型风机厂家，中国重汽、东风汽车、江淮汽车等知名汽车厂家。

〔供稿单位：焦作制动器股份有限公司〕

沈阳隆基电磁科技股份有限公司

一、企业发展概况

沈阳隆基电磁科技股份有限公司是国家级高新技术企业，国家标准、行业标准起草单位，中国重型机械工业协会常务理事单位，中国重型机械工业协会洗选分会副理事长单位；拥有中国机械工业联合会批定的机械工业磁选工程技术研究中心、辽宁省省级企业技术中心、冶金渣综合利用工程技术研究中心。公司连年销售额居同行业首位，是磁选机、除铁器、起重电磁铁、有色金属分选机、永磁起重器等工业磁力应用产品的专业供应商。

隆基产品从2000年始，逐步获得欧盟CE认证、安全标志准用证、防爆合格证，在同行业中率先通过了质量体系认证、职业健康安全管理体系认证和环境管理体系认证。“隆基”作为中国驰名商标，已为国内外3 000多家客户提供了可靠、增值、便利的专业设备和方案。

二、市场经营及销售情况

隆基公司主导产品是磁力分选、磁力起重、磁力除杂设备。隆基致力于为矿山、冶金、能源、环保行业提供更尖端的磁性装备及整套的系统解决方案。由于公司产品下游行业相对分散，企业产品服务应用范围相对较广，多元化的技术装备特点为企业营造了较多的技术开发及技术创新条件，公司也因此获得了更多占领市场的优势。公司技术开发及生产规模在行业内也具备了较强的竞争优势，为市场拓展奠定了良好的基础。2012年度，企业产品国内外销售水平较上年稳中有升，利润及税金均保证了持续增长。

隆基产品遍布国内30个省市和地区，并出口到美国、日本、加拿大、荷兰、意大利、巴西、澳大利亚、马来西亚、赞比亚、印度、俄罗斯、乌克兰等30多个国家。

三、技术创新

公司从成立之初便不断致力于磁技术的研究开发与应用，坚持自主创新机制，建立磁学工程技术研究团队。近三年来，企业科研技术开发总投入5 000余万元，完成新技术、新产品、新工艺等技术成果20项。获得国家专利60余项，发表行业论文20余篇，负责起草、参与编订行业标准15项。由公司自主研发的立式转环感应式湿法强磁选机产品被列入“国家火炬计划项目”；高强磁煤用重介质磁选机产品荣获国家知识产权总局评定的“中国专利优秀奖”。企业主导产品有色金属分选机、磁性物料除铁器、高强磁煤用重介质磁选机产品均获得国家科技型中小企业创新基金的资助及扶持。其中，高强磁煤用重介质磁选机项目产品获得了国家科技型中小企业创新基金重点项目。

至今，公司立项研究开发完成的新技术有30余项。10余项新技术产品完成了成果转化，作为公司主导产品形成了规模生产能力。通过制定战略发展目标，自主创新任务更加明确，课题攻关及解决难题的能力逐渐增强，产业升级转型能力也突显优势。

“磁选工程技术研究中心”是公司创新技术的摇篮。通过中心立项、设计、开发的新技术、新工艺产品达数十项。依托磁选工程技术研究中心，公司通过不同行业领域的扩展，逐渐建立起冶金渣综合利用工程技术研究中心、再生铝回收处理工程技术中心，为磁技术的多元化应用制定了更高技术要求。

四、产品质量及标准工作

公司是行业内首家通过ISO9001质量体系认证的单位，近年又相继通过ISO14001环境管理体系认证、GB/T28001职业健康安全管理体系认证。公司严格按照管理体系组织管理要求，对公司内部生产、经营进行监督执行。在质量管理、检验检测等方面公司拥有先进的仪器设备和质检方法，产品严格执行国家、行业标准。采用优质原材料，精湛工艺为基础，保证永磁设备使用八年内退磁率1%。公司一直本着可靠、增值、便利的经营方针，力争将企业产品质量做到更可靠，为用户带来巨大增值和永久便利。

五、基本建设

2012度，公司在新购置的6万m^2厂区新建工程技术研究中心2万m^2，其中包括：磁选工程技术研究中心、冶金渣综合利用工程技术研究中心、再生铝回收处理工程技术研究中心，已完成中心基建主体部分。同时，完成实验仪器设备的安装和调试，力争2013年初投入使用。

另外，新建机加工厂房28 000 m^2，厂房整体建设已经完成，部分设备已经陆续投入使用，具备了大规模生产能力，为迎接公司大发展奠定了扎实基础。

六、管理创新

在明确产品目标市场的基础上，确定公司产品在同行产品的差别优势，扬长避短，建立核心目标研发体系。企业建立新产品项目委员会，委员会主任携会员共同讨论、辩证新产品项目的可行性。对批准立项的新产品项目提供资金支持，以创业基金的形式向科研开发小组拨放研发经费，并按照项目实施期限对项目进行现场验收。验收达标后按照相应指标对技术人员拨发开发奖金，产品进入市场推广取得经济效益后分期偿还科研基金。该管理体系的建立充分调动了各技术小组成员的积极性、项目研发周期较以往科研课题明显缩短、深入市场调研快速反应意识更强。按照此流程运行，不仅取得了事半功倍的效果，更让企业的科研开发管理工作有了质的飞跃。

公司自主研发的科技创新管理体系经过多年来不断的改进与应用，已经基本成熟，并被辽宁省经济和信息化委员会评为“辽宁省企业管理进步成果一等奖”。

七、对外合作

2012年，公司积极寻求国外引进消化、吸收再创新技术，并与俄罗斯矿业工艺创新科研中心签订了长期合作协议，共同研究开发磁分选加工中心合作项目。该项目的合作成功，使得隆基磁技术研发应用事业走向了一个全新的里程碑，将为国内实现大型化、高效化、绿色化智能装备的开发应用作出贡献。

〔撰稿人：沈阳隆基电磁科技股份有限公司黄烁〕

象王重工股份有限公司

象王重工股份有限公司下辖江苏象王重机科技有限公司、上海艺力起重机设计有限公司、江苏中煤机电科技有限公司。现有职工 15 00 人，主要生产大型造船门式起重机、桥式起重机、港机、电动葫芦、物料输送设备、矿用机电产品，为国内最大跨度和最大出口吨位的起重机生产制造商。参与制定了 GB 3811—2008《起重机设计规范》等 6 个起重机行业标准，是国家质量监督检验检疫总局及国家标准委员会起重机标准主要起草单位，中国重型机械工业协会常务理事单位，中国重型机械工业协会桥式起重机分会副理事长单位。江苏省规模最大的起重机制造基地，造船门式起重机位列全国起重机行业第二位。产品畅销国内港口、码头、军工及造船企业，并远销韩国、巴西、越南、埃塞俄比亚、阿拉伯联合酋长国等国家。近五年累计实现工业产值 50 亿元。

公司被认定为国家级高新技术企业，率先通过 ISO9001 国际质量体系认证，获得国家质监总局起重机最高级别的 A 级特种设备制造和安装资质。分别获得“中国驰名商标”“国家级新产品奖”“中国专利 20 年优秀成果金奖”“江苏省名牌产品”“江苏省著名商标”“江苏高新技术产品”“省级工程技术中心”等多项荣誉称号。公司集研发、设计、生产、制造、安装、销售、售后为一体的运作模式，未来五年内将稳步发展起重机产品，开发老厂区房地产，建设大丰港 600 m 海岸线，强势推进矿用产品项目，加快院士工作站筹建和股改上市。

董事长葛明先生率全体员工诚邀新老朋友共谋发展，同创辉煌，以“致力于象王做强做大，引领企业走向世界舞台”为愿景，为象王美好明天而努力奋斗！

〔供稿单位：象王重工股份有限公司〕

太原通泽重工有限公司

一、企业概况

太原通泽重工有限公司（以下简称通泽重工）成立于 2001 年 8 月，属于科技型民营企业，是开发研制无缝钢管热轧、挤压成套设备以及特种工艺装备和精密模具，具有工程总承包和系统集成的专业公司。公司技术中心于 2011 年被国家发改委等五部委认定为国家级企业技术中心，成为山西省民营企业中首家跻身国家级的企业技术中心，荣获山西省“十二五”和 2011 年度技术中心建设成就奖。公司是国家级高新技术企业、山西省创新型试点企业、山西省工业转型发展“百强潜力企业”和第四批全国企事业知识产权试点单位，通过了 ISO9001:2008 质量管理体系认证。通泽重工是中国机械工程学会理事单位、中国重型机械工业协会常务理事单位，是中国冶金设备标准起草单位之一。

通泽重工总部及研发基地位于国家级太原经济技术开发区。注册资本 4 700 万元。公司占地面积 5.9 万 m^2（88 亩），建有技术中心研发大楼、试验生产车间等，总建筑面积达 43 800 m^2。在无锡新区投资建设了厂房面积达 15 000 m^2、拥有数十台大型数控先进生产设备的加工和装配中心。下属 8 个子公司，为通泽重工的重大成套技术装备提供配套产品。

通泽重工开发研制的主导产品有限动芯棒热连轧管生产线、无缝钢管热旋扩管生产线、不锈钢无缝钢管挤压生产线、大口径厚壁无缝钢管冲孔 - 拔伸生产线、特种筒形件（弹体）精化生产线、新型 Aseel 热轧无缝钢管生产线、Accu - Roll 热轧无缝钢管生产线、石油钻杆生产线、石油套管热处理生产线、无缝钢管精整生产线、石油管加工生产线以及精密模具等十二大类。通泽重工研制的无缝钢管热轧（挤压）装备，生产直径范围覆盖 $\phi32$ ~ 1 500 mm，壁厚 3.2 ~ 200 mm 的无缝钢管。

通泽重工坚持“人才为本、创新为魂、崇尚奉献”的人才发展战略，培养和造就创新型人才，以创新促进发展。企业技术中心拥有来自中国、德国、印度等多国员工组成的研发团队 200 余人。技术专业涉及 16 个研发设计部门和实验室。

二、生产经营

公司成立 11 年来，为我国 30 余家无缝钢管生产企业开发研制了 110 余台（套）各类无缝钢管热轧生产线和成套设备，主导产品的市场占有率达到 70% ~100%。天管集团、宝钢无缝、衡阳华菱钢管、无锡西姆莱斯等全国无缝钢管骨干制造企业都采用了通泽重工研发的无缝钢管热轧设备。目前通泽重工在国内研制建成投产了 3 条国产连轧管生产线，出口印度建成投产了 1 条连轧管生产线。通泽重工产品不仅数量居同行业首位，而且技术性能达到了国际先进水平，产品先后出口到印度、美国、日本等国家。

通泽重工坚持打造具有国际竞争力的技术创新型企业，实现了转型跨越发展，具有较强的盈利能力和较高的管理水平，整体财务状况良好，销售收入和利润总额呈稳定上升势头。

三、科技创新

通泽重工始终瞄准世界无缝钢管重大技术装备的核心技术和前沿技术，注重原始创新，抢占行业科技发展的制高点。2006 年研制成功了我国第一条拥有自主知识产权的 $\phi250$ mm 限动芯棒连轧管生产线，荣获山西省科技进步奖一等奖。该项目的研制成功，打破了国外对连轧管技术的长期垄断，在我国无缝钢管行业的发展史上具有里程碑式的意义。

随后于 2009 年又研制成功世界上第一条 $\phi114$ mm 短流程连轧管生产线，达到国际领先水平；向印度出口了 $\phi180$ mm

连轧管机组，率先实现了国产无缝钢管重大技术装备出口"零"的突破。2010年研制成功的我国第一条具有国际最新水平的ϕ366 mm三辊智能型连轧管生产线在新疆建成投产，多项核心技术达到国际领先水平。

2011年验收企业内部研发项目19项，鉴定验收省市科技项目5项，其中国际领先1项，国际先进4项。ϕ114 mm二辊连轧管机组的研制，经省科技厅鉴定认为："达到同类机组国际领先水平"。ϕ366 mm三辊限动芯棒连轧管生产线的研制，经省科技厅鉴定认为："总体达到了国际先进水平，其中轧机中心线和辊缝检测修正系统、芯棒支撑快速侧出装置、工具寿命全流程管理系统国际领先。"36 MN无缝钢管热挤压机组的研制，经省科技厅鉴定认为："具有先进的技术特点，显著的经济、社会效益和推广应用前景，在同类产品中达到了国际先进水平。"

公司以"产学研用"合作方式承担了"高档数控机床与基础制造装备"国家科技重大专项《12 500 kN/3 500 kN组合式高速油压机成套设备》课题。课题任务是要开发研制我国第一条12 500/3 500 kN组合式油压机特种筒形件(弹体)精化生产线。目前为止各项工作如期开展，已进入设备制造、安装阶段。

四、专利和标准

通泽重工始终坚持"科技创新驱动转型跨越发展"，形成了一批具有自主知识产权的专利技术，成为行业中拥有无缝钢管热轧装备专利技术最多的企业，被国家知识产权局确定为"第四批全国企事业知识产权试点单位"，被评为太原市发明专利大户。截至2011年底，公司累计申报专利200余项，其中发明专利84项，已获得国家授权的专利100余项。2011年当年共申请专利25项，其中发明专利11项。拥有山西省名牌产品3项，注册商标9项，参与制定的行业标准10项。这些标准分别是：《三辊连续轧管机组》《三辊斜轧管机组》《卧式双动黑色金属挤压机》《钢管热轧机组用辊道》《两辊连轧管机　技术条件》《三辊顶管机组　技术条件》《管材矫正机　型式与基本参数》《张力减径机减速机　技术条件》《定减径机轧辊机架　技术条件》和《穿孔机轧辊装置　技术条件》。

五、"十二五"规划

通泽重工贯彻落实科学发展观，实现了"十一五"精彩收官和"十二五"良好开局。"十二五"期间，将以主导产品向高端化和智能化技术升级和主营业务向精密基础件、关键件转型发展为主线，进行战略布局。把通泽重工建成具有国际竞争力的无缝钢管重大技术装备、军民结合产品组合式高速油压机成套设备和智能型高端电液成套装备产业化基地。销售收入达到25亿元。目前，通泽重工正在贯彻落实全国科技创新大会精神，进一步加大科技创新力度和增加科技创新投入，用科技创新的实力，支撑企业的转型跨越发展，继续谱写从中国制造到中国创造的新篇章！

〔供稿单位：太原通泽重工有限公司〕

上海冶金矿山机械厂

一、企业概况

上海冶金矿山机械厂创建于1959年，是上海电气(集团)总公司全资国有企业。主要从事工业烟气污染治理和矿山综采输送成套设备的设计、制造和服务。是中国机械500强企业，上海市高新技术企业，上海市科技小巨人企业，上海市创新型企业，振兴装备制造业中小企业之星明星企业。能为电力、冶金、化工、建材等行业的烟气污染，运用电除尘器、布袋除尘器技术与服务，进行有效治理；能为各类综采类企业提供包括各类提升机在内的成套装备与服务；能为不同业主提供各类非金属矿产物颗粒粉磨装备与服务。

2011年，通过结构调整和强化管理等举措，促进了企业转型发展，主要经济指标保持持续稳定增长：完成工业总产值64 495.3万元，同比增长15.57%；销售收入62 112.83万元，增长11.88%，人均销售收入124.7万元，增长25.57%；利润总额2 319.82万元，增长145.95%；净利润1 802.93万元，增长238.35%；净资产收益率15.72%，提高10.69个百分点。经济运行质量明显提高，特别是衡量经济运行的重要指标、应收账款加存货之和与销售收入之比为49%；资金周转次数超出10次，运作效率明显提高。按照会计准则逐步消化历史遗留欠账，并基本清除了长期积累的潜亏，资产质量明显提升。

二、科技成果及新产品

2011年，自行设计和制造的、国内最大载荷的井塔式JKMD5×6多绳提升机推向市场，交付中煤集团鄂尔多斯分公司蒙大矿业使用。由此，企业形成了涵盖单绳、多绳矿用提升机全部规格的产品系列。同时，与中煤集团鄂尔多斯分公司蒙大矿业签订首例提升系统总承包合同，项目包括多绳提升机、容器、电控、液压制动系统等。

三、所获荣誉

2011年，经上海市科委等批准，获上海市科技小巨人企业；经中国机械工业联合会等机构综合评定，为中国机械500强。

四、技术创新与对外合作

2011年，共申请专利23项，21项获得国家专利局授权，2项正在审核。其中矿井提升机产品获得6项实用新型专利，环保产品获得15项实用新型专利。两年内累计获得授权的专利达36项。

2011年，通过"产学院企"合作的方式，对矿井提升机液压制动系统提出了以下四个方面的优化：蝶形弹簧正压力实时检测和疲劳检测；闸瓦磨损后的间隙自动补偿；液压制动单元的阀块化；恒减速制动系统的闭环响应速度提高。

2011年，按"引进、吸收、消化、创新"的技术路线，加强了与多家国际知名公司的技术交流与沟通，其中与澳大利亚知名液压件公司Custom Fluidpower达成合作意向，并就技术领域的合作进行深入交流；与德国著名烟气治理Turbo-filter GmbH.公司达成合作框架，为从电除尘器的单一治理方案，迈向电除尘和布袋除尘一体化治理的技术进步创造了条件，也为确保用户达到国家最新大气污染物排放标准提供了基础。

五、产品质量及标准工作

经职代会审议通过《质量事故赔偿和考核实施细则》(修订稿)并贯彻执行；在树立质量敬畏感的前提下，生产制作过程严格推行按图样、按工艺、按标准的“刻板操作”；外聘上海机电工程监理有限公司对主要外协分供方进行严格的第三方质量监理；对分供方实行质量问题全额赔偿制度并与优胜劣汰结合起来。这些举措，使产品质量有了明显提高，质量损失率由 2010 年的 2.7‰下降为 2.2‰。

积极参与行业标准的修订工作，共计参与了《矿井提升机和矿用提升绞车　盘形制动器》等 4 项多绳提升机行业标准的修订。

六、管理创新

(1)推进生产方式调整基本完成。按关键零部件生产、总装调试和现代服务为特征的生产方式调整中，关键零部件生产和总装调试车间初具规模，更符合上海城市转型发展的要求。

(2)信息管理上新台阶。经过两年多的投入和努力，企业局域网的功能不断完善，运用现代信息技术手段，将管理与控制覆盖营销、生产、采购、技术、质量、财务、成本、人力等经营管理的各个层面，促进了工作效率和管理水平不断提升。

(3)制造与服务配套的“生产协力”起步。与一本厂制造的环保设备厂家签订协议，明确在提供技术指导的同时，派员在设备的运行过程中协助，发现问题及时处理，以保障设备运行，保证用户正常生产。“生产协力”受到了用户的欢迎，也为拓展市场，为从环保产品扩大到矿用产品、培育新的经济增长点提供了条件。

上海冶金矿山机械厂将按“十二五”规划确定的发展战略，围绕“以我们的技术和服务，向社会提供环保、节能、高效的产品，造福人类”的企业愿景，坚持践行“持续完善，追求完美”的经营理念，着力打造先进的成套装备制造业基地，为我国经济发展和社会进步作出更大的贡献。

〔撰稿人：上海冶金矿山机械厂顾建新〕

天津起重设备有限公司

天津起重设备有限公司(以下简称天起公司)始建于 1953 年，有着 60 年起重机制造历史，原名天津起重设备厂，是隶属于百利机电控股集团的起重机专业生产国有企业。中国第一台钢丝绳电动葫芦和第一台电动单梁起重机均诞生于该公司。1991 年公司晋升为国家一级企业，是中国重型机械工业协会常务理事，起重葫芦分会理事单位，是钢丝绳电动葫芦和梁类产品标准的制定单位之一。

2009 年，天起公司为了迎合天津市东移战略规划发展的需要，投资 4 亿元在滨海西区建立了新的生产基地。新厂区占地面积 10 万 m^2，建筑面积 6.7 万 m^2。公司实行董事会领导下的总经理负责制，秉承“忠诚服务用户、敬业升华产品”的公司理念和“创新、高效、务实、聚才”的企业精神。

公司主导产品是“天起”牌钢丝绳电动葫芦式起重机。覆盖的产品包括 CD、MD、AS 型钢丝绳电动葫芦和以 CD、MD、AS 型电动葫芦为起升机构的单梁、悬挂、桥式、门式、多支点起重机；BCD(三级)、HBTex(三级、四级)型防爆钢丝绳电动葫芦和以 BCD、HBTex 型防爆葫芦为起升机构的防爆单梁、悬挂、桥式起重机；旋臂、抓斗、通用门式起重机、通用桥式起重机等共二十大系列，上万种规格的产品，均获得由国家质量监督检验检疫总局颁发的“中华人民共和国特种设备制造许可证”，并具有自营进出口权。

多年来，公司产品以先进的技术水平和可靠的质量获得多项荣誉。1991 年获得国务院重大技术装备部门颁发的“在国家重大技术装备研制中做出突出贡献”表彰证书；2000 年获中国酒泉卫星发射中心颁发的在“神州”号飞船发射试验中产品性能稳定、工作可靠证书；1981 年获国家质量银质奖。AS 型钢丝绳电动葫芦 1988 年获国家质量银质奖，1991 年获天津市政府颁发的一流产品称号证书，1997 年获国家经济贸易委员会颁发的国家重点新产品证书；LHT 型电动葫芦桥式起重机获“八五”国家级重点新产品证书；DXT 型多支点电动葫芦悬挂起重机 2001 年获国家经济贸易委员会颁发的国家重点新产品证书。LD 型电动单梁起重机和 AS 型钢丝绳电动葫芦是行业中仅有的两种银质奖产品。“天起”牌电动葫芦式起重机 2004 年获天津市名牌产品称号和著名商标称号。

公司坚持“严格管理、持续改进、质量为先、顾客至上”的服务方针，采用高标准的 GJB9001B—2009 质量体系认证，拥有市级技术中心。技术开发全部使用 CAD 设计。拥有专业检验检测设备 500 多台(套)，检测能力达到国内先进水平。“天起”牌起重设备广泛应用于国防建设、核电、汽车、冶金、机械、石油、化工、能源、运输、造纸、航空、航天、电力等行业及大亚湾核电站、岭澳核电站、福清核电站、海南核电站、上海宝钢集团、首都机场、成都机场、昆明机场、厦门机场、西飞集团、沈飞集团、来宾电厂、三河电厂、哈尔滨电站、三峡工程、西昌卫星发射中心、航天科技集团、航天科工集团等国家重点工程，并出口 35 个国家和地区，得到了包括前总理李鹏在内的多位领导的赞扬。

以党委书记、总经理冯会有同志为核心的领导班子制定了产品向大型化、专业化、高端化方向发展的总体战略，300 t 大型起重设备就是这种战略化的新起点。用技术创新成果促进企业发展，向世界先进技术水平靠近，是公司孜孜不断的追求。公司始终保持“自强不息，厚德载物”的精神，“以市场和客户为焦点”的管理理念，竭诚与国内外宾朋携手合作，共创辉煌！

〔供稿单位：天津起重设备有限公司〕

洛阳大华重型机械有限公司

洛阳大华重型机械有限公司是一家高新技术企业，拥有两个生产分厂和一个市级研发中心。公司主要研制生产各类破碎、筛分、磨矿、洗选、给料、输送机械及水泥装备、人工砂石料加工等成套设备。产品广泛应用于各类金属、非金属矿山开采及建材、交通、城市建设、水利水电工程、能源开发、建筑垃圾和固体金属废渣循环回收利用等行业。

公司成立于20世纪50年代，90年代初加入破磨机械行业，1998年通过了ISO9001国际质量体系认证，2004年进行股份制改造后先后获得“全国诚信企业”“全国第一批国家级征信企业”“全国模范职工之家”“河南省高新技术企业”“河南省高成长型企业”“河南省著名商标”“洛阳市质量管理先进单位”等荣誉。在社会各界的关爱和支持下，2012年公司再添殊荣，C系列颚式破碎机通过德国莱茵CE认证，“华重”破碎机产品荣获“河南省名牌产品”荣誉称号，“华重”商标被认定为中国驰名商标。

公司主导制定了《立式冲击破碎机》《立式复合破碎机》《钢渣自磨机》三项全国破碎机械行业标准，并参与起草了《四辊破碎机》行业标准，已取得专利技术55项，被洛阳市人民政府确定为“洛阳市自主知识产权创新重点保护单位”“洛阳市第一批知识产权优势企业”，是国内研发生产洗选、破磨设备的重点企业，是中国重型机械工业协会矿山机械分会的成员单位，中国砂石协会常务理事单位，中国废钢铁应用协会理事单位。

一、市场经营

在“订单就是命令，需求就是方向”市场理念的指导下，公司始终坚持以市场需求和客户满意为中心，有针对性地对煤炭、冶金、矿山、建材、水电、道路等行业的用户市场进行市场调研，及时了解客户需求动态，并根据市场的各种需求变化做出迅捷反应，在不断满足客户需求的同时引领新的市场走向。

在全球低碳、环保呼声不断高涨的趋势下，公司顺应时代潮流，在产品的节能、环保性能上投入更多精力，大力研发新型智能化高效、节能、环保产品，可为水电、城建、高速公路等行业的用户提供设计、制造、安装、调试规模为2 500 t/h以下的交钥匙系统服务。本着“诚信、共赢”的原则，公司赢得了广阔的发展市场，产品遍及国内31个省、自治区、直辖市，在郑西高铁、三峡工程、南水北调等国内大型工程建设中均有使用，并深受用户信赖；公司还与中国水电建设集团、葛洲坝集团、武汉钢铁集团等大型企业集团建立了长久的战略合作伙伴关系，产品远销欧洲、南北美洲、非洲及东南亚等地区。

二、科技创新

企业的生命力取决于创新力，能有现在的规模与成绩，与公司80余人的专业化技术研发团队及积极的技术引进措施密不可分。2006年，公司开始与阿尔斯泰克公司进行合作，引进其先进的层压破碎原理制造的AF系列和DHGY系列高能液压圆锥破碎机，采用V型腔设计的ASJ－E系列颚式破碎机，具有大振幅的DHS系列大型振动给料机、NS系列大型振动筛等设备，被广泛应用于国内外水电、矿山、煤炭等行业。2010年公司引进法国ALTARAC先进技术，制造出新一代BP55大型高效反击式破碎机和C1080大型高效颚式破碎机，可实现每小时千吨的生产能力。公司与德国SES组织保持着长期的技术交流合作关系，每年定期邀请德国工程机械制造方面的技术专家到公司做技术交流、指导工作；另外，还与洛阳矿山机械研究院有着密切的技术合作关系，与洛阳理工学院联合建立矿物破碎机械实验室，与河南科技大学建立产学研合作平台，通过引智借力，持续提升公司技术创新能力。

在“全方位自我创新”理念的引导下，在“忠诚、专注、协作、创新”的企业精神激励下，公司持续引导技术人员提高设计水平，完善产品设计方案，实现破碎筛分设备技术上的不断突破。到目前为止，公司已经获得55项国家专利认证，其中高效立式复合破碎机获得国家发明专利认证。这是公司产品技术不断取得突破的有力见证，是公司为广大客户提供高效、节能、环保的智能化破碎筛分设备的保障，也是公司实现持续、快速、健康发展的坚实支撑。

三、质量管理

公司秉承“品质缔造价值，诚信铸就未来”的核心价值观，一方面强调品质是价值缔造过程中的核心要素，视品质为企业的生命，坚持走以品质谋发展的兴业之路；另一方面强调诚信是企业生存发展的基石，是促进企业内外有效沟通的桥梁，是推动企业生产力提高的精神动力，是企业实现未来理想的前提。

为保障产品质量，公司建立了可追溯的质量管理档案，持续完善质量管理体系，实现全面质量管理；实施现代化的精益生产管理模式，优化生产环境的同时从设备的零部件抓起，设计科学合理的生产工艺，在新的作业任务下达之前对工人进行相应的技能培训，严格把控每个工艺流程。公司还设立了专业的质量检测部门，置备了各类精密的先进检测设备，建立了严密的质量监控体系，确保产品质量处于行业领先水平。

四、服务保障

公司奉行“为客户创造最大价值”的服务理念，在把好产品质量关的同时，严格要求服务人员时刻为客户着想，主动与客户保持长期联系，掌握产品使用情况，第一时间赶赴故障现场，切实、快速、有效地解决一切疑难问题。公司的服务措施是：严格执行售后服务工作流程及安装、调试和维修的操作规程；保证售后服务热线24 h有人值班，节假日不休息；接到任务后，正常情况下24 h内必须出发，省内30 h到达客户现场，省外72 h内到达客户现场；确保外部反馈质量信息处理的及时性，一般问题在工作时间4 h内与客户沟通恢复意见，其他时间不应超过20 h。公司各部门密切配合，使客户的问题尽快解决到位。

公司可以为客户提供从毛料开采到各级成品料产出输

送过程的全套服务，并为客户提供最佳的解决方案，包括工程概算、工艺方案设计、设备的制作、系统的安装、调试运行、人员的培训和后期的长期服务保障。公司为客户提供的不仅仅是高品质的产品，更是完善的服务和经营问题的解决之道。

五、发展目标

当前破磨机械领域，用户对设备大型化、智能化、成套化等要求不断提高，再加上破磨机械市场发展潜能巨大，国内外制造商纷纷转战加入，造成了激烈的市场竞争格局，加剧了公司市场开拓的难度。挑战面前不进则退，不讲诚信、没有发展战略、无力打造卓越企业文化，企业终将被淘汰出局。因此，大华不能固步自封，只能坚持持续创新，一路向前。

文化建设方面，公司在现有企业文化体系框架的基础上，进一步落实企业文化“落地”方案，通过成立以公司决策层为核心的企业文化领导小组，加快健全企业文化体系的步伐；通过企业内刊、宣传栏等方式，加强对文化理念进行宣导；通过安全演讲、歌咏比赛、体育比赛等活动，加深员工对企业文化的理解；通过卓有成效的企业文化绩效考核机制，实现对企业文化“落地”工作的全面推进。

企业管理方面，走精细化管理之路，坚持以战略规划为导向，工作目标为依据，制度体系为准则，苦练内功，加强内控，提高执行力，强化技术、销售、生产、质量、服务、供应、财务和企业文化建设等方面的运行效率，实施“工作有标准，管理全覆盖，考核无盲区，奖惩有依据”的全员绩效考核体系，建立适度增长，差距合理，高能、高业绩、高薪酬的分配格局，挖掘和调动各方面积极因素，提高公司整体管理水平，确保公司持续健康稳定的发展。

科技研发方面，加大科研投入力度，每年将5%的销售收入投入到科技研发中，努力培养引进一批有专业知识、有技术创新能力、有技术创新欲望的专业人才，在工作环境、薪资待遇、发展空间等方面为其提供大力支持，从而使公司获得更多的创新成果，依靠技术创新提升设备的先进性、可靠性，切实增强企业竞争力，持续保持公司在行业中的技术领先地位；公司不仅在产品结构优化上下功夫，更在液压电气智能化、设备的节能环保等方面加大投入力度，加快产品更新换代步伐，实现设备的大型化与智能化，提高设备的综合性能，着眼用户研制出领先市场产品，努力为客户提供“一站式”的供应链服务，提升“HUAZN 华重”品牌的影响力。

市场开拓方面，调整营销思路，关注市场营销的创新性、时代性，加强营销团队和营销网络体系建设，优化营销队伍结构。根据市场和客户的需求，不断提高产品质量，建立健全服务体系，在扩大产品国内市场占有率的同时，关注破磨机械行业国际市场的科技研发与需求动态，有计划、有重点地扩大国际市场影响力，努力使公司发展成为一个在矿山机械领域拥有世界名牌的跨国集团。

〔供稿单位：洛阳大华重型机械有限公司〕

国家桥门式起重机械产品质量监督检验中心

国家桥门式起重机械产品质量监督检验中心（以下简称中心）由国家质检总局批准筹建，2011 年 3 月正式揭牌成立，是国家级权威型式试验和第三方检验机构。中心以江苏省特检院为母体，以无锡分院为依托，坐落于璀璨的江南明珠——无锡。中心占地面积 2.3 万 m^2（35 亩），科研用房面积 30 000 m^2，试验室面积 8 000 m^2；拥有试验设备、检测仪器 2 000 余台（套）；配备科研人员 67 名，其中研究员级高工 4 人，高级工程师 27 人，高检师 4 人，博士 6 人，研究生 22 人。

中心率先通过了国家 CNAS“三合一”评审，走上了一条检验资源优化配置的集约发展道路。建成了电动葫芦试验室、制动器试验室、构件试验室、安全保护装置实验室、力学性能实验室、无损检测实验室、等离子体光谱实验室和微波消解实验室、金相显微分析室、综合测试实验室 9 大实验室

随着中心业务的不断开拓和科研人员的不懈努力，两年来分别对制动器试验台、电动葫芦试验台、结构件静载试验台、限制器试验台、制动电机试验台等进行了升级改造，提高了试验效率，改进了试验工装，降低了劳动强度，提高了报告出具效率。

自成立以来，中心立足华东面向全国，中心业务范围迅速扩展到全国 10 余个省，以及美国、日本、英国、法国、韩国、德国、瑞士等多个外企，在国内外树立了良好的形象。国家桥门式起重机械产品质量监督检验中心 2011 年扬帆启航，2012 年展露辉煌。

〔供稿单位：国家桥门式起重机械产品质量监督检验中心〕

客观反映2011年重型机械行业主要经济指标及产品进出口情况

It objectively reflects the main economic indicators and product import & export of the heavy machinery industry in 2011

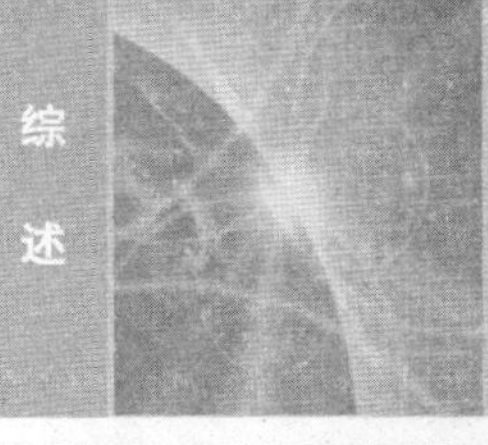

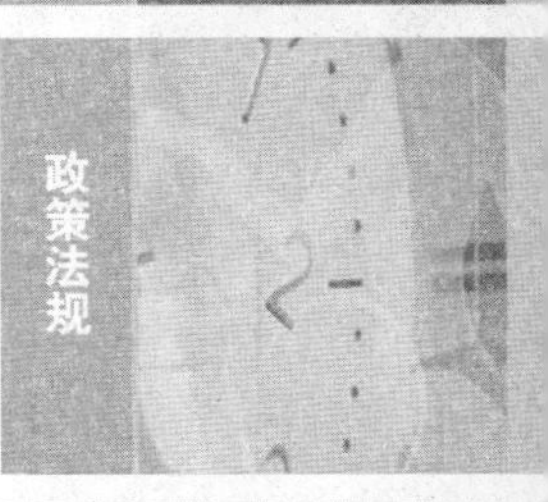

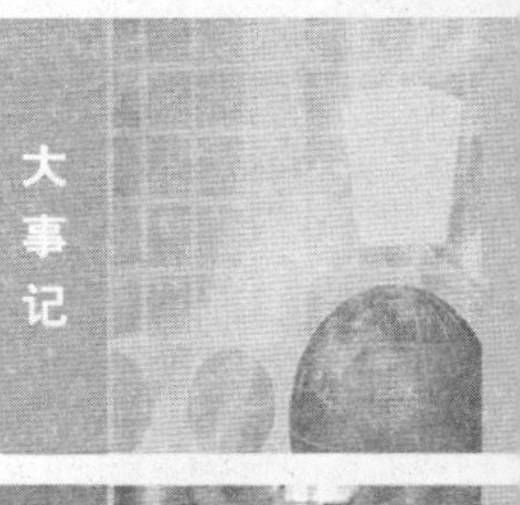

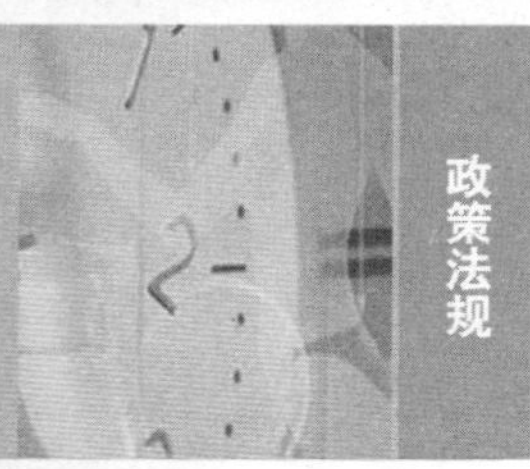
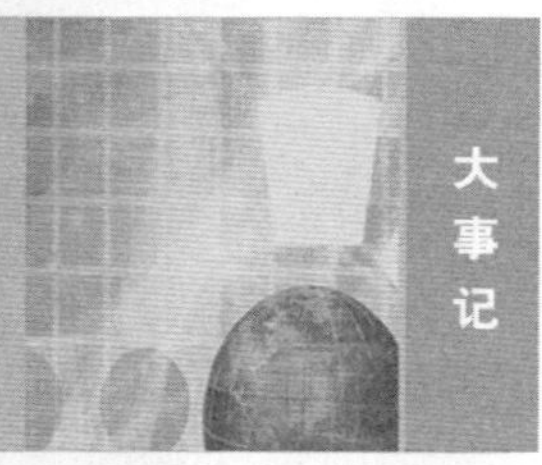

统计资料

2011年重型机械行业主要经济指标

行业及企业分类	企业数（家）	工业总产值（当年价）（亿元）	工业销售产值（当年价）（亿元）	其中:出口交货值（亿元）	全部从业人员年均人数（人）	流动资产合计（亿元）	应收账款（亿元）	存货（亿元）
重型机械行业合计	3 626	8 986.10	8 712.39	636.19	923 213	5 519.03	1 697.40	1 564.48
一、冶金矿山机械行业	1 886	4 154.29	3 988.94	132.32	493 523	2 806.24	946.95	765.21
占重型机械行业比重(%)	52.01	46.23	45.78	20.80	53.46	50.85	55.79	48.91
1. 按企业规模分								
大型企业	55	1 608.24	1 511.59	71.19	196 211	1 816.79	626.30	493.96
占行业比重(%)	2.92	38.71	37.89	53.81	39.76	64.74	66.14	64.55
中型企业	237	881.61	857.44	33.55	126 352	501.77	170.40	144.63
占行业比重(%)	12.57	21.22	21.50	25.35	25.60	17.88	17.99	18.90
小型企业	1 549	1 639.68	1 595.87	27.20	170 135	480.49	148.97	124.72
占行业比重(%)	82.13	39.47	40.01	20.56	34.47	17.12	15.73	16.30
微型企业	45	24.76	24.03	0.37	825	7.18	1.27	1.90
2. 按注册类型分								
国有企业	64	678.32	630.53	32.64	93 311	828.16	265.20	247.88
占行业比重(%)	3.39	16.33	15.81	24.67	18.91	29.51	28.01	32.39
私营企业	1 107	1 472.22	1 433.73	15.31	149 437	362.25	127.16	78.55
占行业比重(%)	58.70	35.44	35.94	11.57	30.28	12.91	13.43	10.26
其他内资企业	604	1 600.98	1 525.17	42.27	217 786	1 309.70	447.84	354.06
占行业比重(%)	32.03	38.54	38.23	31.95	44.13	46.67	47.29	46.27
三资企业	111	402.77	399.51	42.09	32 989	306.13	106.75	84.72
占行业比重(%)	5.89	9.70	10.02	31.81	6.68	10.91	11.27	11.07
3. 按控股类型分								
国有控股	154	1 551.64	1 446.14	70.10	199 226	1 847.63	617.69	535.50
占行业比重(%)	8.17	37.35	36.25	52.98	40.37	65.84	65.23	69.98
私人控股	1 491	2 064.69	2 016.19	21.13	212 443	556.33	188.82	123.22
占行业比重(%)	79.06	49.70	50.54	15.97	43.05	19.82	19.94	16.10
三资控股	86	286.41	286.27	32.88	23 019	255.45	91.97	68.41
占行业比重(%)	4.56	6.89	7.18	24.85	4.66	9.10	9.71	8.94
其他控股	155	251.54	240.33	8.20	58 835	146.82	48.48	38.08
占行业比重(%)	8.22	6.05	6.03	6.20	11.92	5.23	5.12	4.98
二、物料搬运(起重运输)机械行业	1 740	4 831.81	4 723.45	503.88	429 690	2 712.80	750.46	799.27
占重型机械行业比重(%)	47.99	53.77	54.22	79.20	46.54	49.15	44.21	51.09
1. 按企业规模分								
大型企业	46	2 039.39	2 019.77	319.36	124 008	1 420.15	363.28	428.96
占行业比重(%)	2.64	42.21	42.76	63.38	28.86	52.35	48.41	53.67
中型企业	272	1 350.56	1 306.85	113.39	149 185	636.82	200.09	199.87
占行业比重(%)	15.63	27.95	27.67	22.50	34.72	23.47	26.66	25.01
小型企业	1 389	1 427.41	1 383.56	70.45	155 718	643.95	184.46	168.79
占行业比重(%)	79.83	29.54	29.29	13.98	36.24	23.74	24.58	21.12
微型企业	33	14.45	13.28	0.68	779	11.88	2.63	1.66
2. 按注册类型分								
国有企业	46	612.68	610.55	55.67	41 864	463.87	141.52	134.96
占行业比重(%)	2.64	12.68	12.93	11.05	9.74	17.10	18.86	16.88
私营企业	938	1 339.73	1 295.28	51.32	140 750	484.09	143.14	114.77
占行业比重(%)	53.91	27.73	27.42	10.19	32.76	17.84	19.07	14.36
其他内资企业	474	1 237.61	1 207.19	63.66	140 588	620.95	181.25	182.63
占行业比重(%)	27.24	25.61	25.56	12.63	32.72	22.89	24.15	22.85
三资企业	282	1 641.78	1 610.43	333.21	106 488	1 143.88	284.55	366.91
占行业比重(%)	16.21	33.98	34.09	66.13	24.78	42.17	37.92	45.91
3. 按控股类型分								
国有控股	81	967.13	958.72	73.72	63 735	715.91	210.30	209.16
占行业比重(%)	4.66	20.02	20.30	14.63	14.83	26.39	28.02	26.17
私人控股	1 297	2 214.77	2 141.20	116.47	235 926	917.39	255.76	239.43
占行业比重(%)	74.54	45.84	45.33	23.12	54.91	33.82	34.08	29.96
三资控股	217	1 348.87	1 330.90	295.37	83 619	927.98	244.69	306.99
占行业比重(%)	12.47	27.92	28.18	58.62	19.46	34.21	32.61	38.41
其他控股	145	301.03	292.63	18.31	46 410	151.52	39.71	43.70
占行业比重(%)	8.33	6.23	6.20	3.63	10.80	5.59	5.29	5.47

（续）

行业及企业分类	其中：产成品（亿元）	固定资产合计（亿元）	固定资产原价（亿元）	累计折旧（亿元）	其中：本年折旧（亿元）	资产总计（亿元）	流动负债合计（亿元）	其中：应付账款（亿元）
重型机械行业合计	465.68	1 962.51	2 793.29	1 137.11	208.22	8 246.19	4 250.68	1 266.65
一、冶金矿山机械行业	235.33	1 067.50	1 507.57	613.24	109.92	4 200.97	2 241.10	713.45
占重型机械行业比重（%）	50.54	54.39	53.97	53.93	52.79	50.94	52.72	56.33
1. 按企业规模分								
大型企业	140.69	606.31	726.75	252.41	45.13	2 580.78	1 417.79	448.37
占行业比重（%）	59.78	56.80	48.21	41.16	41.06	61.43	63.26	62.85
中型企业	48.89	186.07	307.33	135.18	27.20	765.92	441.27	150.96
占行业比重（%）	20.77	17.43	20.39	22.04	24.75	18.23	19.69	21.16
小型企业	45.49	272.74	470.37	224.84	37.42	844.01	377.39	113.18
占行业比重（%）	19.33	25.55	31.20	36.66	34.04	20.09	16.84	15.86
微型企业	0.26	2.39	3.12	0.80	0.16	10.26	4.65	0.94
2. 按注册类型分								
国有企业	71.78	294.01	295.68	99.91	16.91	1 166.16	685.70	198.02
占行业比重（%）	30.50	27.54	19.61	16.29	15.38	27.76	30.60	27.75
私营企业	34.48	224.02	371.09	164.75	30.96	658.99	287.22	72.99
占行业比重（%）	14.65	20.99	24.62	26.87	28.17	15.69	12.82	10.23
其他内资企业	107.19	472.39	708.93	285.09	50.98	1 966.76	1 053.34	361.47
占行业比重（%）	45.55	44.25	47.02	46.49	46.38	46.82	47.00	50.67
三资企业	21.88	77.09	131.87	63.48	11.06	409.07	214.84	80.96
占行业比重（%）	9.30	7.22	8.75	10.35	10.07	9.74	9.59	11.35
3. 按控股类型分								
国有控股	153.45	631.28	739.88	236.28	46.98	2 655.37	1 488.10	485.86
占行业比重（%）	65.21	59.14	49.08	38.53	42.75	63.21	66.40	68.10
私人控股	50.84	340.80	584.50	277.63	48.05	1 009.30	449.02	121.44
占行业比重（%）	21.60	31.93	38.77	45.27	43.72	24.03	20.04	17.02
三资控股	19.50	57.66	101.20	49.72	8.10	337.99	176.55	64.84
占行业比重（%）	8.29	5.40	6.71	8.11	7.37	8.05	7.88	9.09
其他控股	11.54	37.77	82.00	49.60	6.77	198.32	127.42	41.30
占行业比重（%）	4.90	3.54	5.44	8.09	6.16	4.72	5.69	5.79
二、物料搬运（起重运输）机械行业	230.35	895.01	1 285.71	523.87	98.30	4 045.22	2 009.58	553.20
占重型机械行业比重（%）	49.46	45.61	46.03	46.07	47.21	49.06	47.28	43.67
1. 按企业规模分								
大型企业	119.26	454.08	591.49	228.82	45.36	2 103.05	1 028.53	258.51
占行业比重（%）	51.77	50.73	46.00	43.68	46.14	51.99	51.18	46.73
中型企业	56.79	197.38	308.17	129.90	22.93	934.71	487.71	160.94
占行业比重（%）	24.65	22.05	23.97	24.80	23.32	23.11	24.27	29.09
小型企业	54.00	242.72	384.56	164.44	29.88	989.73	482.19	131.60
占行业比重（%）	23.44	27.12	29.91	31.39	30.40	24.47	23.99	23.79
微型企业	0.31	0.83	1.50	0.71	0.13	17.73	11.15	2.16
2. 按注册类型分								
国有企业	65.47	98.96	103.37	36.49	7.04	651.68	301.23	84.82
占行业比重（%）	28.42	11.06	8.04	6.97	7.16	16.11	14.99	15.33
私营企业	35.82	215.31	347.95	149.86	30.76	774.58	356.72	101.64
占行业比重（%）	15.55	24.06	27.06	28.61	31.30	19.15	17.75	18.37
其他内资企业	59.99	280.52	397.60	183.38	31.97	1 013.30	477.38	102.94
占行业比重（%）	26.04	31.34	30.92	35.00	32.52	25.05	23.75	18.61
三资企业	69.06	300.22	436.80	154.15	28.53	1 605.65	874.26	263.80
占行业比重（%）	29.98	33.54	33.97	29.42	29.03	39.69	43.50	47.69
3. 按控股类型分								
国有控股	102.18	200.62	210.83	78.86	14.85	1 041.22	547.27	129.81
占行业比重（%）	44.36	22.42	16.40	15.05	15.11	25.74	27.23	23.46
私人控股	72.49	382.28	623.96	288.37	53.10	1 458.23	648.05	168.44
占行业比重（%）	31.47	42.71	48.53	55.05	54.02	36.05	32.25	30.45
三资控股	43.97	270.51	390.69	136.05	25.69	1 334.98	720.42	227.00
占行业比重（%）	19.09	30.22	30.39	25.97	26.13	33.00	35.85	41.03
其他控股	11.71	41.60	60.23	20.59	4.66	210.79	93.84	27.96
占行业比重（%）	5.09	4.65	4.68	3.93	4.74	5.21	4.67	5.05

（续）

行业及企业分类	负债合计（亿元）	所有者权益合计（亿元）	其中:实收资本（亿元）	1. 国家资本（亿元）	2. 集体资本（亿元）	3. 法人资本（亿元）	4. 个人资本（亿元）	5. 中国港澳台资本（亿元）
重型机械行业合计	5 029.80	3 202.25	1 301.17	155.12	21.82	497.52	378.32	42.87
一、冶金矿山机械行业	2 647.44	1 547.10	634.68	107.34	17.14	294.98	139.05	7.00
占重型机械行业比重(%)	52.64	48.31	48.78	69.20	78.55	59.29	36.75	16.32
1. 按企业规模分								
大型企业	1 715.15	863.19	307.14	79.06	12.05	168.14	11.18	3.85
占行业比重(%)	64.79	55.79	48.39	73.66	70.31	57.00	8.04	54.99
中型企业	497.20	267.56	138.69	18.26	1.92	66.21	32.23	2.73
占行业比重(%)	18.78	17.29	21.85	17.01	11.21	22.45	23.18	38.98
小型企业	429.27	412.02	186.68	10.02	3.17	59.98	94.90	0.41
占行业比重(%)	16.21	26.63	29.41	9.33	18.47	20.33	68.25	5.79
微型企业	5.82	4.33	2.17	0.00	0.00	0.65	0.74	0.02
2. 按注册类型分								
国有企业	835.50	329.83	151.29	73.72	1.11	75.71	0.75	0.00
占行业比重(%)	31.56	21.32	23.84	68.68	6.50	25.67	0.54	0.00
私营企业	332.11	322.93	132.89	0.05	0.44	42.50	90.04	0.02
占行业比重(%)	12.54	20.87	20.94	0.05	2.59	14.41	64.76	0.32
其他内资企业	1 253.28	711.82	263.77	33.24	15.57	164.96	46.58	2.85
占行业比重(%)	47.34	46.01	41.56	30.96	90.83	55.92	33.50	40.70
三资企业	226.54	182.53	86.74	0.33	0.02	11.82	1.68	4.13
占行业比重(%)	8.56	11.80	13.67	0.31	0.09	4.01	1.21	58.97
3. 按控股类型分								
国有控股	1 790.26	863.51	337.88	106.11	12.41	206.32	10.17	0.00
占行业比重(%)	67.62	55.81	53.24	98.86	72.42	69.94	7.31	0.00
私人控股	533.24	471.54	195.34	0.68	1.21	71.90	121.46	0.14
占行业比重(%)	20.14	30.48	30.78	0.63	7.05	24.37	87.35	1.98
三资控股	185.62	152.36	74.19	0.10	0.00	4.62	0.64	4.01
占行业比重(%)	7.01	9.85	11.69	0.09	0.00	1.57	0.46	57.32
其他控股	138.31	59.69	27.27	0.45	3.52	12.14	6.78	2.85
占行业比重(%)	5.22	3.86	4.30	0.42	20.53	4.12	4.88	40.70
二、物料搬运(起重运输)设备行业	2 382.36	1 655.15	666.49	47.78	4.68	202.54	239.27	35.87
占重型机械行业比重(%)	47.36	51.69	51.22	30.80	21.45	40.71	63.25	83.68
1. 按企业规模分								
大型企业	1 301.12	799.56	183.24	33.60	0.00	40.48	49.17	17.27
占行业比重(%)	54.61	48.31	27.49	70.32	0.00	19.98	20.55	48.14
中型企业	535.86	397.07	194.65	10.85	1.77	70.70	50.08	5.04
占行业比重(%)	22.49	23.99	29.21	22.70	37.81	34.91	20.93	14.04
小型企业	534.02	452.15	281.99	3.09	2.91	87.05	138.90	13.40
占行业比重(%)	22.42	27.32	42.31	6.46	62.19	42.98	58.05	37.36
微型企业	11.37	6.36	6.60	0.24	0.00	4.31	1.12	0.17
2. 按注册类型分								
国有企业	409.03	242.28	45.75	22.16	0.00	20.92	2.56	0.00
占行业比重(%)	17.17	14.64	6.86	46.39	0.00	10.33	1.07	0.00
私营企业	400.00	371.06	170.30	0.36	0.62	57.22	110.65	0.56
占行业比重(%)	16.79	22.42	25.55	0.75	13.25	28.25	46.24	1.57
其他内资企业	565.48	444.33	190.73	24.86	2.95	66.96	93.14	0.69
占行业比重(%)	23.74	26.85	28.62	52.03	63.06	33.06	38.93	1.93
三资企业	1 007.85	597.47	259.70	0.40	1.11	57.44	32.92	34.62
占行业比重(%)	42.30	36.10	38.97	0.83	23.69	28.36	13.76	96.50
3. 按控股类型分								
国有控股	664.45	376.32	108.57	46.77	0.81	48.12	6.44	0.95
占行业比重(%)	27.89	22.74	16.29	97.89	17.28	23.76	2.69	2.64
私人控股	764.71	687.18	288.67	0.38	1.89	98.24	180.31	3.87
占行业比重(%)	32.10	41.52	43.31	0.80	40.40	48.50	75.36	10.78
三资控股	845.10	489.87	214.54	0.00	0.84	31.76	28.42	30.61
占行业比重(%)	35.47	29.60	32.19	0.00	18.04	15.68	11.88	85.33
其他控股	108.10	101.78	54.71	0.63	1.14	24.42	24.10	0.44
占行业比重(%)	4.54	6.15	8.21	1.32	24.29	12.06	10.07	1.24

（续）

行业及企业分类	6. 外商资本（亿元）	主营业务收入（亿元）	主营业务成本（亿元）	主营业务税金及附加（亿元）	其他业务利润（亿元）	销售费用（亿元）	管理费用（亿元）	其中：税金（亿元）
重型机械行业合计	204.69	8 806.22	7 352.20	40.81	20.42	252.96	467.53	22.74
一、冶金矿山机械行业	68.83	4 021.02	3 354.58	20.93	7.87	106.51	233.32	12.41
占重型机械行业比重（%）	33.63	45.66	45.63	51.29	38.53	42.11	49.91	54.54
1. 按企业规模分								
大型企业	32.86	1 544.22	1 283.62	7.38	2.96	46.87	124.37	5.81
占行业比重（%）	47.74	38.40	38.26	35.25	37.64	44.00	53.30	46.83
中型企业	17.33	855.37	703.10	4.49	1.92	22.96	47.22	2.00
占行业比重（%）	25.17	21.27	20.96	21.45	24.34	21.56	20.24	16.12
小型企业	17.88	1 600.87	1 349.81	8.98	3.00	36.42	61.23	4.58
占行业比重（%）	25.98	39.81	40.24	42.91	38.15	34.20	26.24	36.89
微型企业	0.76	20.56	18.05	0.08	-0.01	0.26	0.50	0.02
2. 按注册类型分								
国有企业	0.00	574.50	482.95	2.63	1.84	19.93	54.63	2.56
占行业比重（%）	0.00	14.29	14.40	12.57	23.37	18.72	23.41	20.63
私营企业	0.00	1 436.95	1 198.90	8.45	1.30	34.89	50.65	4.41
占行业比重（%）	0.00	35.74	35.74	40.38	16.47	32.76	21.71	35.56
其他内资企业	0.06	1 606.63	1 356.99	7.91	3.15	36.10	103.86	4.79
占行业比重（%）	0.09	39.96	40.45	37.80	40.00	33.89	44.51	38.63
三资企业	68.77	402.95	315.73	1.94	1.59	15.59	24.18	0.64
占行业比重（%）	99.91	10.02	9.41	9.26	20.16	14.63	10.36	5.18
3. 按控股类型分								
国有控股	2.87	1 465.79	1 223.06	7.07	3.80	40.89	125.91	5.39
占行业比重（%）	4.17	36.45	36.46	33.76	48.31	38.39	53.96	43.45
私人控股	0.13	2 011.55	1 695.55	11.10	1.96	46.00	71.63	5.83
占行业比重（%）	0.19	50.03	50.54	53.05	24.91	43.19	30.70	47.03
三资控股	64.82	291.63	223.73	1.42	1.32	13.29	20.30	0.52
占行业比重（%）	94.17	7.25	6.67	6.78	16.77	12.47	8.70	4.23
其他控股	1.02	252.05	212.23	1.34	0.79	6.33	15.48	0.66
占行业比重（%）	1.48	6.27	6.33	6.41	10.00	5.94	6.63	5.29
二、物料搬运（起重运输）设备行业	135.86	4 785.20	3 997.62	19.88	12.55	146.45	234.21	10.34
占重型机械行业比重（%）	66.37	54.34	54.37	48.71	61.47	57.89	50.09	45.46
1. 按企业规模分								
大型企业	42.72	2 107.15	1 740.00	7.21	3.30	63.66	99.73	2.83
占行业比重（%）	31.45	44.03	43.53	36.29	26.32	43.47	42.58	27.32
中型企业	56.22	1 282.23	1 083.92	6.43	5.31	41.21	69.44	4.48
占行业比重（%）	41.38	26.80	27.11	32.34	42.32	28.14	29.65	43.34
小型企业	36.31	1 381.94	1 160.89	6.17	3.93	41.38	64.64	3.01
占行业比重（%）	26.73	28.88	29.04	31.04	31.31	28.25	27.60	29.07
微型企业	0.61	13.89	12.81	0.07	0.01	0.21	0.39	0.03
2. 按注册类型分								
国有企业	0.03	640.67	534.92	2.90	0.71	16.22	34.24	0.80
占行业比重（%）	0.02	13.39	13.38	14.59	5.67	11.08	14.62	7.76
私营企业	0.61	1 289.96	1 092.11	5.80	2.68	34.39	50.39	3.42
占行业比重（%）	0.45	26.96	27.32	29.17	21.37	23.48	21.52	33.11
其他内资企业	2.02	1 210.16	1 018.43	5.39	3.20	36.74	56.74	3.33
占行业比重（%）	1.49	25.29	25.48	27.12	25.51	25.09	24.23	32.17
三资企业	133.20	1 644.42	1 352.15	5.79	5.96	59.10	92.83	2.79
占行业比重（%）	98.04	34.36	33.82	29.12	47.44	40.35	39.64	26.97
3. 按控股类型分								
国有控股	5.40	983.56	826.31	3.99	2.10	25.26	53.00	1.45
占行业比重（%）	3.98	20.55	20.67	20.08	16.72	17.25	22.63	14.02
私人控股	3.59	2 137.40	1 786.93	9.58	4.94	64.06	90.98	6.08
占行业比重（%）	2.64	44.67	44.70	48.18	39.31	43.75	38.85	58.84
三资控股	122.90	1 370.41	1 134.15	4.77	4.35	47.92	76.58	2.17
占行业比重（%）	90.46	28.64	28.37	23.98	34.63	32.72	32.70	21.02
其他控股	3.97	293.82	250.24	1.54	1.17	9.21	13.64	0.63
占行业比重（%）	2.92	6.14	6.26	7.76	9.33	6.29	5.82	6.12

（续）

行业及企业分类	财务费用（亿元）	利息支出（亿元）	营业利润（亿元）	投资收益（亿元）	补贴收入（亿元）	营业外收入（亿元）	利润总额（亿元）	应交所得税（亿元）	应付职工薪酬（亿元）
重型机械行业合计	70.27	77.38	664.26	1.64	5.24	26.45	653.17	92.15	447.02
一、冶金矿山机械行业	45.10	42.00	279.66	2.84	3.28	10.66	274.89	38.49	226.01
占重型机械行业比重(%)	64.18	54.28	42.10	172.77	62.66	40.30	42.09	41.77	50.56
1. 按企业规模分									
大型企业	25.45	26.64	91.48	2.07	2.40	7.36	95.17	14.61	114.99
占行业比重(%)	56.43	63.44	32.71	72.99	73.04	69.02	34.62	37.97	50.88
中型企业	7.48	6.38	72.08	1.32	0.40	0.93	66.68	10.68	51.12
占行业比重(%)	16.59	15.19	25.77	46.65	12.20	8.72	24.26	27.75	22.62
小型企业	12.03	8.90	114.96	-0.56	0.48	2.32	111.95	13.00	59.59
占行业比重(%)	26.67	21.19	41.11	-19.64	14.76	21.73	40.72	33.76	26.37
微型企业	0.14	0.07	1.14	0.00	0.00	0.06	1.10	0.20	0.30
2. 按注册类型分									
国有企业	12.44	12.89	24.99	1.22	1.45	1.92	25.22	4.86	55.66
占行业比重(%)	27.57	30.69	8.93	42.96	44.15	17.99	9.17	12.62	24.63
私营企业	14.00	10.57	111.29	-1.37	0.28	1.78	108.75	12.11	50.19
占行业比重(%)	31.05	25.17	39.80	-48.24	8.50	16.68	39.56	31.47	22.21
其他内资企业	16.89	16.39	97.45	2.82	1.45	5.21	97.52	15.11	98.42
占行业比重(%)	37.45	39.04	34.85	99.29	44.31	48.88	35.48	39.25	43.55
三资企业	1.78	2.14	45.93	0.17	0.10	1.75	43.40	6.41	21.73
占行业比重(%)	3.94	5.10	16.42	6.00	3.03	16.45	15.79	16.66	9.61
3. 按控股类型分									
国有控股	23.20	24.51	78.15	4.34	2.64	7.21	82.06	13.90	123.83
占行业比重(%)	51.44	58.36	27.95	152.99	80.43	67.65	29.85	36.11	54.79
私人控股	17.96	13.53	148.65	-2.26	0.52	1.53	143.46	17.42	69.50
占行业比重(%)	39.81	32.21	53.15	-79.49	15.77	14.36	52.19	45.25	30.75
三资控股	1.21	1.66	34.55	0.27	0.09	1.35	32.18	5.28	16.23
占行业比重(%)	2.69	3.95	12.35	9.55	2.88	12.70	11.71	13.72	7.18
其他控股	2.73	2.30	18.30	0.48	0.03	0.56	17.18	1.89	16.45
占行业比重(%)	6.06	5.48	6.55	16.95	0.91	5.29	6.25	4.92	7.28
二、物料搬运(起重运输)设备行业	25.17	35.38	384.61	-1.19	1.96	15.79	378.28	53.66	221.01
占重型机械行业比重(%)	35.82	45.72	57.90	-72.77	37.34	59.70	57.91	58.23	49.44
1. 按企业规模分									
大型企业	4.30	16.85	198.72	1.04	0.82	8.60	202.02	31.96	96.40
占行业比重(%)	17.10	47.63	51.67	-86.93	41.83	54.43	53.41	59.56	43.62
中型企业	8.30	7.93	97.51	0.58	0.45	3.84	95.71	11.48	69.55
占行业比重(%)	32.97	22.40	25.35	-48.77	23.17	24.29	25.30	21.38	31.47
小型企业	12.33	10.41	88.36	-2.82	0.68	3.35	80.55	10.20	54.81
占行业比重(%)	48.97	29.42	22.97	235.81	34.96	21.24	21.29	19.00	24.80
微型企业	0.24	0.20	0.01	0.00	0.00	0.01	0.00	0.03	0.25
2. 按注册类型分									
国有企业	6.81	7.77	46.60	-0.45	0.16	2.05	46.28	6.79	26.30
占行业比重(%)	27.04	21.96	12.12	37.35	8.24	13.00	12.23	12.66	11.90
私营企业	11.39	9.87	96.89	-2.04	0.63	3.57	90.88	9.07	48.56
占行业比重(%)	45.25	27.89	25.19	170.95	32.40	22.61	24.03	16.90	21.97
其他内资企业	9.04	9.08	101.60	-0.04	0.80	3.00	96.43	9.92	59.40
占行业比重(%)	35.92	25.66	26.42	3.35	40.71	19.01	25.49	18.48	26.88
三资企业	-2.07	8.67	139.52	1.33	0.36	7.17	144.68	27.89	86.75
占行业比重(%)	-8.21	24.49	36.28	-111.65	18.65	45.39	38.25	51.97	39.25
3. 按控股类型分									
国有控股	6.14	8.58	77.27	0.12	0.53	3.43	77.29	9.69	45.91
占行业比重(%)	24.40	24.26	20.09	-10.23	27.06	21.72	20.43	18.06	20.77
私人控股	19.49	17.65	175.73	-2.01	1.17	4.49	165.61	18.09	85.53
占行业比重(%)	77.45	49.87	45.69	168.07	59.74	28.46	43.78	33.70	38.70
三资控股	-2.30	7.33	111.57	1.08	0.18	6.45	116.71	24.08	71.47
占行业比重(%)	-9.14	20.71	29.01	-90.54	8.99	40.86	30.85	44.88	32.34
其他控股	1.84	1.82	20.03	-0.39	0.08	1.41	18.66	1.80	18.10
占行业比重(%)	7.30	5.16	5.21	32.71	4.21	8.96	4.93	3.36	8.19

（续）

行业及企业分类	本年应交增值税（亿元）	本年进项税额（亿元）	本年销项税额（亿元）	亏损企业亏损面（%）	总资产贡献率（%）	资本保值增值率（%）	流动资产周转率（次）
重型机械行业合计	260.58	1 001.48	1 196.34	6.84	12.51	116.33	1.60
一、冶金矿山机械行业	123.18	425.22	548.84	5.94	10.97	115.64	1.43
占重型机械行业比重（%）	47.27	42.46	45.88				
1. 按企业规模分							
大型企业	53.16	194.34	264.73	14.55	7.07	132.23	0.85
占行业比重（%）	43.15	45.70	48.23				
中型企业	27.44	87.56	107.30	9.28	13.71	109.20	1.70
占行业比重（%）	22.28	20.59	19.55				
小型企业	42.10	141.19	174.30	4.71	20.37	93.62	3.33
占行业比重（%）	34.18	33.20	31.76				
微型企业	0.48	2.13	2.51	20.00	16.90		2.86
2. 按注册类型分							
国有企业	19.77	64.27	79.17	25.00	5.19	109.33	0.69
占行业比重（%）	16.05	15.11	14.43				
私营企业	43.58	127.28	160.28	3.25	26.00	124.08	3.97
占行业比重（%）	35.38	29.93	29.20				
其他内资企业	45.39	180.82	242.07	7.28	8.50	122.50	1.23
占行业比重（%）	36.85	42.52	44.11				
三资企业	14.43	52.85	67.32	14.41	15.14	93.67	1.32
占行业比重（%）	11.72	12.43	12.27				
3. 按控股类型分							
国有控股	46.77	180.22	240.17	20.78	6.04	114.33	0.79
占行业比重（%）	37.97	42.38	43.76				
私人控股	59.21	181.69	228.75	3.76	22.52	133.52	3.62
占行业比重（%）	48.07	42.73	41.68				
三资控股	10.47	43.60	54.60	17.44	13.53	89.55	1.14
占行业比重（%）	8.50	10.25	9.95				
其他控股	6.73	19.71	25.33	5.81	13.89	100.66	1.72
占行业比重（%）	5.46	4.63	4.61				
二、物料搬运（起重运输）机械行业	137.40	576.26	647.50	7.82	14.11	116.98	1.76
占重型机械行业比重（%）	52.73	57.54	54.12				
1. 按企业规模分							
大型企业	65.47	270.25	299.33	4.35	13.86	144.31	1.48
占行业比重（%）	47.65	46.90	46.23				
中型企业	36.74	151.30	172.59	8.46	15.70	98.55	2.01
占行业比重（%）	26.74	26.26	26.65				
小型企业	34.99	153.08	173.83	7.56	13.35	98.75	2.15
占行业比重（%）	25.47	26.56	26.85				
微型企业	0.20	1.63	1.75	18.18	2.61		1.17
2. 按注册类型分							
国有企业	16.10	125.58	132.71	26.09	11.21	118.95	1.38
占行业比重（%）	11.72	21.79	20.50				
私营企业	32.91	128.34	148.95	5.65	18.00	111.88	2.66
占行业比重（%）	23.95	22.27	23.00				
其他内资企业	40.51	134.69	164.01	6.75	14.94	127.00	1.95
占行业比重（%）	29.48	23.37	25.33				
三资企业	47.88	187.65	201.83	13.83	12.89	112.80	1.44
占行业比重（%）	34.85	32.56	31.17				
3. 按控股类型分							
国有控股	26.34	174.23	190.75	20.99	11.16	117.31	1.37
占行业比重（%）	19.17	30.23	29.46				
私人控股	60.31	214.71	252.72	5.86	17.36	119.47	2.33
占行业比重（%）	43.90	37.26	39.03				
三资控股	40.81	153.27	162.78	15.67	12.71	114.00	1.48
占行业比重（%）	29.70	26.60	25.14				
其他控股	9.94	34.05	41.24	6.21	15.17	114.14	1.94
占行业比重（%）	7.23	5.91	6.37				

（续）

行业及企业分类	成本费用利润率（%）	工业产品销售率（%）	资产负债率（%）	工业总产值全员劳动生产率（万元/人）	主营业务收入利润率（%）	主营业务收入利润总额率（%）	工业资金利润率（%）
重型机械行业合计	8.02	96.95	61.00	97.34	16.05	7.42	8.73
一、冶金矿山机械行业	7.35	96.02	63.02	84.18	16.05	6.84	7.10
占重型机械行业比重（%）							
1. 按企业规模分							
大型企业	6.43	93.99	66.46	81.96	16.40	6.16	3.93
占行业比重（%）							
中型企业	8.54	97.26	64.91	69.77	17.28	7.80	9.69
占行业比重（%）							
小型企业	7.67	97.33	50.86	96.38	15.12	6.99	14.86
占行业比重（%）							
微型企业	5.80	97.05	56.67	300.18	11.87	5.35	11.49
2. 按注册类型分							
国有企业	4.42	92.95	71.65	72.69	15.48	4.39	2.25
占行业比重（%）							
私营企业	8.38	97.39	50.40	98.52	15.98	7.57	18.55
占行业比重（%）							
其他内资企业	6.44	95.26	63.72	73.51	15.05	6.07	5.47
占行业比重（%）							
三资企业	12.15	99.19	55.38	122.09	21.16	10.77	11.33
占行业比重（%）							
3. 按控股类型分							
国有控股	5.81	93.20	67.42	77.88	16.08	5.60	3.31
占行业比重（%）							
私人控股	7.83	97.65	52.83	97.19	15.16	7.13	15.99
占行业比重（%）							
三资控股	12.45	99.95	54.92	124.42	22.79	11.04	10.28
占行业比重（%）							
其他控股	7.26	95.54	69.74	42.75	15.27	6.82	9.31
占行业比重（%）							
二、物料搬运（起重运输）设备行业	8.59	97.76	58.89	112.45	16.04	7.91	10.48
占重型机械行业比重（%）							
1. 按企业规模分							
大型企业	10.59	99.04	61.87	164.46	17.08	9.59	10.78
占行业比重（%）							
中型企业	7.96	96.76	57.33	90.53	14.96	7.46	11.47
占行业比重（%）							
小型企业	6.30	96.93	53.96	91.67	15.55	5.83	9.08
占行业比重（%）							
微型企业	0.01	91.87	64.11	185.52	7.32	0.01	0.01
2. 按注册类型分							
国有企业	7.81	99.65	62.76	146.35	16.05	7.22	8.22
占行业比重（%）							
私营企业	7.65	96.68	51.64	95.19	14.89	7.05	12.99
占行业比重（%）							
其他内资企业	8.60	97.54	55.81	88.03	15.40	7.97	10.70
占行业比重（%）							
三资企业	9.63	98.09	62.77	154.17	17.42	8.80	10.02
占行业比重（%）							
3. 按控股类型分							
国有控股	8.49	99.13	63.81	151.74	15.58	7.86	8.43
占行业比重（%）							
私人控股	8.44	96.68	52.44	93.88	15.95	7.75	12.74
占行业比重（%）							
三资控股	9.29	98.67	63.30	161.31	16.89	8.52	9.74
占行业比重（%）							
其他控股	6.79	97.21	51.28	64.86	14.31	6.35	9.66
占行业比重（%）							

（续）

行业及企业分类	工业资金利税率（%）	每百元固定资产创利润（元）	每百元固定资产创利税（元）	每百元流动资产创利润（元）	每百元流动资产创利税（元）	流动比率	速动比率
重型机械行业合计	12.76	33.28	48.64	11.83	17.30	1.30	0.93
一、冶金矿山机械行业	10.82	25.75	39.25	9.80	14.93	1.25	0.91
占重型机械行业比重（%）							
1. 按企业规模分							
大型企业	6.43	15.70	25.68	5.24	8.57	1.28	0.93
占行业比重（%）							
中型企业	14.34	35.83	52.99	13.29	19.65	1.14	0.81
占行业比重（%）							
小型企业	21.64	41.05	59.78	23.30	33.93	1.27	0.94
占行业比重（%）							
微型企业	17.35	46.05	69.55	15.31	23.12	1.54	1.14
2. 按注册类型分							
国有企业	4.24	8.58	16.20	3.05	5.75	1.21	0.85
占行业比重（%）							
私营企业	27.42	48.55	71.77	30.02	44.38	1.26	0.99
占行业比重（%）							
其他内资企业	8.46	20.64	31.93	7.45	11.52	1.24	0.91
占行业比重（%）							
三资企业	15.60	56.30	77.54	14.18	19.53	1.42	1.03
占行业比重（%）							
3. 按控股类型分							
国有控股	5.48	13.00	21.53	4.44	7.36	1.24	0.88
占行业比重（%）							
私人控股	23.83	42.10	62.73	25.79	38.43	1.24	0.96
占行业比重（%）							
三资控股	14.08	55.82	76.44	12.60	17.25	1.45	1.06
占行业比重（%）							
其他控股	13.68	45.49	66.86	11.70	17.20	1.15	0.85
占行业比重（%）							
二、物料搬运（起重运输）设备行业	14.84	42.27	59.84	13.94	19.74	1.35	0.95
占重型机械行业比重（%）							
1. 按企业规模分							
大型企业	14.66	44.49	60.50	14.23	19.34	1.38	0.96
占行业比重（%）							
中型企业	16.65	48.49	70.36	15.03	21.81	1.31	0.90
占行业比重（%）							
小型企业	13.73	33.18	50.14	12.51	18.90	1.34	0.99
占行业比重（%）							
微型企业	2.10	0.18	32.16	0.01	2.25	1.07	0.92
2. 按注册类型分							
国有企业	11.60	46.76	65.96	9.98	14.07	1.54	1.09
占行业比重（%）							
私营企业	18.53	42.21	60.19	18.77	26.77	1.36	1.04
占行业比重（%）							
其他内资企业	15.79	34.38	50.74	15.53	22.92	1.30	0.92
占行业比重（%）							
三资企业	13.74	48.19	66.07	12.65	17.34	1.31	0.89
占行业比重（%）							
3. 按控股类型分							
国有控股	11.74	38.53	53.64	10.80	15.03	1.31	0.93
占行业比重（%）							
私人控股	18.12	43.32	61.60	18.05	25.67	1.42	1.05
占行业比重（%）							
三资控股	13.54	43.14	59.99	12.58	17.49	1.29	0.86
占行业比重（%）							
其他控股	15.61	44.86	72.46	12.32	19.90	1.61	1.15
占行业比重（%）							

〔供稿人：中国重型机械工业协会李革　审稿人：中国重型机械工业协会臧义成〕

2011 年冶金矿山机械行业主要经济指标

行业及企业分类	企业数（家）	工业总产值（当年价）（亿元）	工业销售产值（当年价）（亿元）	其中：出口交货值（亿元）	全部从业人员年均人数（人）	流动资产合计（亿元）	应收账款（亿元）	存货（亿元）
冶金矿山机械行业	1 886	4 154.29	3 988.94	132.32	493 523	2 806.24	946.95	765.21
（一）冶金机械行业	453	1 189.27	1 101.98	41.72	146 121	1 185.47	394.72	339.26
占冶矿行业比重（%）	24.02	28.63	27.63	31.53	29.61	42.24	41.68	44.34
1. 按企业规模分								
大型企业	18	517.93	456.93	22.73	70 219	812.38	275.45	238.81
占行业比重（%）	3.97	43.55	41.46	54.48	48.06	68.53	69.78	70.39
中型企业	64	286.91	274.45	11.75	34 627	202.83	67.91	54.79
占行业比重（%）	14.13	24.12	24.91	28.16	23.70	17.11	17.20	16.15
小型企业	361	377.65	364.46	7.24	41 046	167.86	50.88	45.20
占行业比重（%）	79.69	31.76	33.07	17.35	28.09	14.16	12.89	13.32
微型企业	10	6.78	6.14	0.00	229	2.39	0.48	0.47
2. 按注册类型分								
国有企业	20	180.82	159.94	3.78	33 468	270.21	70.20	93.68
占行业比重（%）	4.42	15.20	14.51	9.06	22.90	22.79	17.78	27.61
私营企业	250	308.74	296.53	3.19	33 671	140.42	53.54	34.34
占行业比重（%）	55.19	25.96	26.91	7.64	23.04	11.85	13.56	10.12
其他内资企业	144	560.96	510.89	17.48	65 750	679.34	242.04	182.41
占行业比重（%）	31.79	47.17	46.36	41.90	45.00	57.31	61.32	53.77
三资企业	39	138.75	134.62	17.27	13 232	95.49	28.95	28.84
占行业比重（%）	8.61	11.67	12.22	41.39	9.06	8.06	7.33	8.50
3. 按控股类型分								
国有控股	50	584.27	519.63	24.43	80 558	883.18	299.17	256.86
占行业比重（%）	11.04	49.13	47.15	58.56	55.13	74.50	75.79	75.71
私人控股	345	472.66	456.50	3.66	49 713	197.17	67.83	48.46
占行业比重（%）	76.16	39.74	41.43	8.77	34.02	16.63	17.18	14.28
三资控股	27	57.83	56.60	8.56	6 413	60.55	16.62	20.22
占行业比重（%）	5.96	4.86	5.14	20.52	4.39	5.11	4.21	5.96
其他控股	31	74.51	69.25	5.07	9 437	44.57	11.10	13.73
占行业比重（%）	6.84	6.27	6.28	12.15	6.46	3.76	2.81	4.05
（二）矿山机械行业	1 433	2 965.02	2 886.96	90.59	347 402	1 620.77	552.23	425.95
占冶矿行业比重（%）	75.98	71.37	72.37	68.47	70.39	57.76	58.32	55.66
1. 按企业规模分								
大型企业	37	1 090.31	1 054.66	48.46	125 992	1 004.40	350.85	255.15
占行业比重（%）	2.58	36.77	36.53	53.49	36.27	61.97	63.53	59.90
中型企业	173	594.70	582.99	21.80	91 725	298.94	102.49	89.85
占行业比重（%）	12.07	20.06	20.19	24.06	26.40	18.44	18.56	21.09
小型企业	1 188	1 262.03	1 231.41	19.97	129 089	312.63	98.09	79.52
占行业比重（%）	82.90	42.56	42.65	22.04	37.16	19.29	17.76	18.67
微型企业	35	17.99	17.90	0.37	596	4.79	0.79	1.42
2. 按注册类型分								
国有企业	44	497.51	470.59	28.86	59 843	557.95	195.00	154.20
占行业比重（%）	3.07	16.78	16.30	31.85	17.23	34.42	35.31	36.20
私营企业	857	1 163.48	1 137.20	12.12	115 766	221.82	73.62	44.21
占行业比重（%）	59.80	39.24	39.39	13.38	33.32	13.69	13.33	10.38
其他内资企业	460	1 040.02	1 014.28	24.79	152 036	630.36	205.81	171.65
占行业比重（%）	32.10	35.08	35.13	27.37	43.76	38.89	37.27	40.30
三资企业	72	264.02	264.88	24.82	19 757	210.63	77.80	55.88
占行业比重（%）	5.02	8.90	9.18	27.40	5.69	13.00	14.09	13.12
3. 按控股类型分								
国有控股	104	967.37	926.51	45.67	118 668	964.45	318.52	278.64
占行业比重（%）	7.26	32.63	32.09	50.41	34.16	59.51	57.68	65.42
私人控股	1 146	1 592.03	1 559.68	17.47	162 730	359.16	120.99	74.76
占行业比重（%）	79.97	53.69	54.03	19.28	46.84	22.16	21.91	17.55
三资控股	59	228.59	229.68	24.32	16 606	194.90	75.35	48.20
占行业比重（%）	4.12	7.71	7.96	26.85	4.78	12.03	13.64	11.31
其他控股	124	177.03	171.08	3.13	49 398	102.26	37.37	24.34
占行业比重（%）	8.65	5.97	5.93	3.46	14.22	6.31	6.77	5.71

（续）

行业及企业分类	其中：产成品（亿元）	固定资产合计（亿元）	固定资产原价（亿元）	累计折旧（亿元）	其中：本年折旧（亿元）	资产总计（亿元）	流动负债合计（亿元）	其中：应付账款（亿元）
冶金矿山机械行业	235.33	1 067.50	1 507.57	613.24	109.92	4 200.97	2 241.10	713.45
（一）冶金机械行业	92.79	457.56	581.40	199.44	44.93	1 793.92	961.53	311.41
占冶矿行业比重（%）	39.43	42.86	38.57	32.52	40.87	42.70	42.90	43.65
1. 按企业规模分								
大型企业	61.53	324.11	379.15	123.24	27.14	1 231.36	626.34	213.14
占行业比重（%）	66.31	70.83	65.21	61.79	60.42	68.64	65.14	68.44
中型企业	17.34	63.59	101.27	40.42	9.97	299.54	193.72	58.50
占行业比重（%）	18.69	13.90	17.42	20.26	22.20	16.70	20.15	18.78
小型企业	13.75	69.42	100.37	35.57	7.79	260.05	140.17	39.51
占行业比重（%）	14.82	15.17	17.26	17.83	17.33	14.50	14.58	12.69
微型企业	0.17	0.44	0.60	0.22	0.02	2.97	1.30	0.27
2. 按注册类型分								
国有企业	16.84	152.57	156.03	58.14	11.55	444.16	214.32	66.57
占行业比重（%）	18.15	33.35	26.84	29.15	25.71	24.76	22.29	21.38
私营企业	13.43	53.48	69.43	18.94	6.07	210.84	125.34	30.27
占行业比重（%）	14.47	11.69	11.94	9.50	13.50	11.75	13.04	9.72
其他内资企业	55.85	220.29	306.85	103.14	23.59	1 002.48	536.60	185.85
占行业比重（%）	60.19	48.14	52.78	51.71	52.50	55.88	55.81	59.68
三资企业	6.67	31.22	49.09	19.21	3.72	136.43	85.29	28.71
占行业比重（%）	7.19	6.82	8.44	9.63	8.29	7.61	8.87	9.22
3. 按控股类型分								
国有控股	66.13	349.98	423.48	142.01	32.17	1 346.69	694.72	239.38
占行业比重（%）	71.27	76.49	72.84	71.20	71.61	75.07	72.25	76.87
私人控股	17.94	78.43	107.25	34.53	9.24	299.72	174.84	43.00
占行业比重（%）	19.33	17.14	18.45	17.31	20.56	16.71	18.18	13.81
三资控股	4.69	19.40	26.00	7.83	1.50	88.87	58.85	18.41
占行业比重（%）	5.05	4.24	4.47	3.92	3.35	4.95	6.12	5.91
其他控股	4.04	9.74	24.67	15.07	2.01	58.64	33.12	10.62
占行业比重（%）	4.35	2.13	4.24	7.56	4.47	3.27	3.44	3.41
（二）矿山机械行业	142.54	609.95	926.18	413.80	64.99	2 407.05	1 279.56	402.03
占冶矿行业比重（%）	60.57	57.14	61.43	67.48	59.13	57.30	57.10	56.35
1. 按企业规模分								
大型企业	79.16	282.20	347.60	129.17	17.99	1 349.42	791.44	235.23
占行业比重（%）	55.53	46.27	37.53	31.22	27.68	50.06	61.85	58.51
中型企业	31.55	122.48	206.06	94.77	17.23	466.38	247.54	92.46
占行业比重（%）	22.13	20.08	22.25	22.90	26.51	19.38	19.35	23.00
小型企业	31.74	203.32	370.00	189.27	29.63	583.97	237.23	73.67
占行业比重（%）	22.27	33.33	39.95	45.74	45.60	24.26	18.54	18.32
微型企业	0.10	1.95	2.51	0.59	0.14	7.29	3.35	0.67
2. 按注册类型分								
国有企业	54.94	141.43	139.66	41.77	5.36	721.99	471.39	131.44
占行业比重（%）	38.54	23.19	15.08	10.09	8.24	29.99	36.84	32.69
私营企业	21.05	170.54	301.66	145.81	24.90	448.15	161.88	42.72
占行业比重（%）	14.77	27.96	32.57	35.24	38.31	18.62	12.65	10.63
其他内资企业	51.34	252.10	402.08	181.95	27.39	964.28	516.74	175.62
占行业比重（%）	36.02	41.33	43.41	43.97	42.15	40.06	40.38	43.68
三资企业	15.21	45.87	82.78	44.27	7.34	272.63	129.55	52.25
占行业比重（%）	10.67	7.52	8.94	10.70	11.30	11.33	10.12	13.00
3. 按控股类型分								
国有控股	87.32	281.29	316.40	94.27	14.81	1 308.68	793.38	246.49
占行业比重（%）	61.26	46.12	34.16	22.78	22.79	54.37	62.00	61.31
私人控股	32.90	262.37	477.25	243.10	38.81	709.58	274.18	78.45
占行业比重（%）	23.08	43.01	51.53	58.75	59.72	29.48	21.43	19.51
三资控股	14.82	38.26	75.20	41.90	6.60	249.11	117.70	46.43
占行业比重（%）	10.39	6.27	8.12	10.12	10.16	10.35	9.20	11.55
其他控股	7.51	28.03	57.33	34.53	4.76	139.68	94.30	30.68
占行业比重（%）	5.27	4.59	6.19	8.34	7.33	5.80	7.37	7.63

（续）

行业及企业分类	负债合计（亿元）	所有者权益合计（亿元）	其中：实收资本（亿元）	1. 国家资本（亿元）	2. 集体资本（亿元）	3. 法人资本（亿元）	4. 个人资本（亿元）	5. 中国港澳台资本（亿元）
冶金矿山机械行业	2 647.44	1 547.10	634.68	107.34	17.14	294.98	139.05	7.00
（一）冶金机械行业	1 191.55	601.56	233.79	44.87	3.28	127.07	40.27	1.03
占冶矿行业比重（%）	45.01	38.88	36.84	41.80	19.12	43.08	28.96	14.69
1. 按企业规模分								
大型企业	823.85	407.09	126.24	32.28	2.41	85.89	2.94	0.00
占行业比重（%）	69.14	67.67	54.00	71.94	73.49	67.59	7.30	0.00
中型企业	212.37	87.17	55.59	8.52	0.21	30.23	8.78	1.01
占行业比重（%）	17.82	14.49	23.78	18.98	6.41	23.79	21.81	98.42
小型企业	153.17	106.48	51.66	4.07	0.66	10.85	28.38	0.02
占行业比重（%）	12.85	17.70	22.10	9.08	20.10	8.54	70.47	1.58
微型企业	2.16	0.81	0.29	0.00	0.00	0.11	0.17	0.00
2. 按注册类型分								
国有企业	308.05	136.11	69.91	32.12	0.00	37.79	0.00	0.00
占行业比重（%）	25.85	22.63	29.90	71.59	0.00	29.74	0.00	0.00
私营企业	138.35	72.12	37.93	0.00	0.05	8.36	29.52	0.00
占行业比重（%）	11.61	11.99	16.23	0.00	1.67	6.58	73.31	0.00
其他内资企业	655.30	346.74	100.02	12.75	3.21	74.26	9.80	0.00
占行业比重（%）	55.00	57.64	42.78	28.41	97.88	58.44	24.34	0.00
三资企业	89.85	46.58	25.93	0.00	0.02	6.66	0.95	1.03
占行业比重（%）	7.54	7.74	11.09	0.00	0.46	5.24	2.35	100.00
3. 按控股类型分								
国有控股	898.19	448.08	160.02	44.84	2.44	107.16	2.77	0.00
占行业比重（%）	75.38	74.49	68.45	99.94	74.36	84.33	6.89	0.00
私人控股	191.83	107.51	49.43	0.03	0.08	13.23	35.95	0.09
占行业比重（%）	16.10	17.87	21.14	0.06	2.43	10.41	89.28	8.31
三资控股	62.31	26.57	17.26	0.00	0.00	2.40	0.17	0.94
占行业比重（%）	5.23	4.42	7.38	0.00	0.00	1.89	0.43	91.69
其他控股	39.22	19.40	7.08	0.00	0.76	4.28	1.37	0.00
占行业比重（%）	3.29	3.23	3.03	0.00	23.21	3.37	3.41	0.00
（二）矿山机械行业	1 455.89	945.55	400.89	62.47	13.86	167.91	98.79	5.97
占冶矿行业比重（%）	54.99	61.12	63.16	58.20	80.88	56.92	71.04	85.31
1. 按企业规模分								
大型企业	891.30	456.10	180.90	46.79	9.64	82.25	8.24	3.85
占行业比重（%）	61.22	48.24	45.12	74.89	69.56	48.98	8.34	64.46
中型企业	284.82	180.39	83.09	9.75	1.71	35.98	23.45	1.72
占行业比重（%）	19.56	19.08	20.73	15.60	12.35	21.43	23.74	28.74
小型企业	276.11	305.53	135.02	5.94	2.51	49.13	66.52	0.39
占行业比重（%）	18.96	32.31	33.68	9.51	18.09	29.26	67.34	6.52
微型企业	3.66	3.52	1.88	0.00	0.00	0.55	0.57	0.02
2. 按注册类型分								
国有企业	527.45	193.71	81.38	41.60	1.11	37.92	0.75	0.00
占行业比重（%）	36.23	20.49	20.30	66.59	8.03	22.59	0.76	0.00
私营企业	193.77	250.81	94.95	0.05	0.39	34.13	60.53	0.02
占行业比重（%）	13.31	26.53	23.69	0.08	2.81	20.33	61.27	0.38
其他内资企业	597.98	365.08	163.75	20.49	12.36	90.69	36.78	2.85
占行业比重（%）	41.07	38.61	40.85	32.80	89.16	54.01	37.23	47.71
三资企业	136.68	135.95	60.81	0.33	0.00	5.16	0.73	3.10
占行业比重（%）	9.39	14.38	15.17	0.53	0.00	3.07	0.74	51.91
3. 按控股类型分								
国有控股	892.06	415.44	177.86	61.27	9.98	99.16	7.39	0.00
占行业比重（%）	61.27	43.94	44.37	98.08	71.96	59.05	7.48	0.00
私人控股	341.41	364.02	145.91	0.65	1.13	58.67	85.51	0.05
占行业比重（%）	23.45	38.50	36.40	1.04	8.14	34.94	86.56	0.89
三资控股	123.32	125.80	56.93	0.10	0.00	2.22	0.47	3.07
占行业比重（%）	8.47	13.30	14.20	0.16	0.00	1.32	0.48	51.40
其他控股	99.10	40.29	20.19	0.45	2.76	7.86	5.41	2.85
占行业比重（%）	6.81	4.26	5.04	0.72	19.90	4.68	5.48	47.71

（续）

行业及企业分类	6. 外商资本（亿元）	主营业务收入（亿元）	主营业务成本（亿元）	主营业务税金及附加（亿元）	其他业务利润（亿元）	销售费用（亿元）	管理费用（亿元）	其中：税金（亿元）
冶金矿山机械行业	68.83	4 021.02	3 354.58	20.93	7.87	106.51	233.32	12.41
(一)冶金机械行业	17.28	1 139.95	953.33	6.24	4.63	24.06	82.01	5.64
占冶矿行业比重(%)	25.11	28.35	28.42	29.83	58.90	22.59	35.15	45.49
1. 按企业规模分								
大型企业	2.73	490.44	407.16	2.82	2.52	11.16	47.61	2.71
占行业比重(%)	15.81	43.02	42.71	45.17	54.29	46.39	58.05	48.02
中型企业	6.84	280.88	235.56	1.26	0.68	4.43	15.64	1.09
占行业比重(%)	39.59	24.64	24.71	20.26	14.67	18.43	19.07	19.36
小型企业	7.69	362.76	305.28	2.11	1.44	8.44	18.68	1.84
占行业比重(%)	44.52	31.82	32.02	33.86	31.05	35.08	22.78	32.59
微型企业	0.01	5.86	5.33	0.04	0.00	0.03	0.08	0.00
2. 按注册类型分								
国有企业	0.00	149.17	124.60	0.92	1.06	3.39	15.13	0.89
占行业比重(%)	0.00	13.09	13.07	14.77	22.77	14.09	18.45	15.70
私营企业	0.00	298.57	248.08	1.88	0.63	6.72	14.04	1.69
占行业比重(%)	0.00	26.19	26.02	30.06	13.54	27.92	17.12	29.91
其他内资企业	0.00	557.81	468.35	2.91	2.08	10.48	45.55	2.82
占行业比重(%)	0.00	48.93	49.13	46.56	44.96	43.55	55.54	49.89
三资企业	17.28	134.40	112.30	0.54	0.87	3.47	7.28	0.25
占行业比重(%)	100.00	11.79	11.78	8.61	18.72	14.44	8.88	4.50
3. 按控股类型分								
国有控股	2.81	551.56	460.27	3.01	2.82	11.43	53.17	2.89
占行业比重(%)	16.25	48.38	48.28	48.28	60.83	47.52	64.83	51.28
私人控股	0.06	454.90	381.18	2.72	0.96	9.50	20.25	2.45
占行业比重(%)	0.37	39.90	39.98	43.60	20.66	39.47	24.69	43.43
三资控股	13.75	58.18	48.70	0.15	0.67	1.80	4.45	0.18
占行业比重(%)	79.54	5.10	5.11	2.45	14.44	7.47	5.43	3.24
其他控股	0.67	75.31	63.18	0.35	0.19	1.33	4.14	0.12
占行业比重(%)	3.85	6.61	6.63	5.66	4.08	5.54	5.05	2.06
(二)矿山机械行业	51.55	2 881.07	2 401.25	14.69	3.23	82.46	151.32	6.76
占冶矿行业比重(%)	74.89	71.65	71.58	70.17	41.10	77.41	64.85	54.51
1. 按企业规模分								
大型企业	30.13	1 053.77	876.46	4.56	0.45	35.71	76.76	3.10
占行业比重(%)	58.45	36.58	36.50	31.04	13.79	43.31	50.73	45.84
中型企业	10.48	574.49	467.54	3.23	1.24	18.53	31.58	0.91
占行业比重(%)	20.34	19.94	19.47	21.96	38.19	22.47	20.87	13.42
小型企业	10.19	1 238.11	1 044.54	6.87	1.56	27.99	42.55	2.74
占行业比重(%)	19.76	42.97	43.50	46.76	48.32	33.94	28.12	40.48
微型企业	0.75	14.71	12.71	0.04	-0.01	0.23	0.42	0.02
2. 按注册类型分								
国有企业	0.00	425.33	358.35	1.71	0.78	16.55	39.50	1.67
占行业比重(%)	0.00	14.76	14.92	11.63	24.23	20.07	26.10	24.75
私营企业	0.00	1 138.38	950.82	6.57	0.67	28.18	36.61	2.72
占行业比重(%)	0.00	39.51	39.60	44.76	20.66	34.17	24.19	40.28
其他内资企业	0.06	1 048.82	888.64	5.00	1.06	25.62	58.32	1.98
占行业比重(%)	0.12	36.40	37.01	34.07	32.90	31.07	38.54	29.23
三资企业	51.49	268.55	203.43	1.40	0.72	12.11	16.90	0.39
占行业比重(%)	99.88	9.32	8.47	9.54	22.21	14.69	11.17	5.75
3. 按控股类型分								
国有控股	0.06	914.23	762.79	4.05	0.98	29.46	72.74	2.50
占行业比重(%)	0.12	31.73	31.77	27.59	30.38	35.73	48.07	36.92
私人控股	0.07	1 556.65	1 314.37	8.38	1.00	36.51	51.38	3.38
占行业比重(%)	0.13	54.03	54.74	57.06	31.01	44.27	33.96	50.04
三资控股	51.07	233.45	175.03	1.27	0.65	11.49	15.85	0.34
占行业比重(%)	99.07	8.10	7.29	8.62	20.11	13.93	10.48	5.05
其他控股	0.35	176.73	149.05	0.99	0.60	5.00	11.34	0.54
占行业比重(%)	0.68	6.13	6.21	6.73	18.50	6.06	7.49	7.99

（续）

行业及企业分类	财务费用（亿元）	利息支出（亿元）	营业利润（亿元）	投资收益（亿元）	补贴收入（亿元）	营业外收入（亿元）	利润总额（亿元）	应交所得税（亿元）
冶金矿山机械行业	45.10	42.00	279.66	2.84	3.28	10.66	274.89	38.49
(一)冶金机械行业	17.58	16.94	60.21	1.20	0.57	5.88	62.59	8.71
占冶矿行业比重(%)	38.98	40.33	21.53	42.38	17.27	55.18	22.77	22.64
1. 按企业规模分								
大型企业	11.61	11.96	17.99	1.35	0.23	4.85	21.26	3.87
占行业比重(%)	66.00	70.59	29.88	112.19	40.88	82.53	33.97	44.46
中型企业	2.71	2.53	21.40	0.79	0.21	0.13	20.49	2.11
占行业比重(%)	15.41	14.97	35.55	66.04	36.46	2.13	32.74	24.21
小型企业	3.23	2.43	20.55	-0.94	0.13	0.89	20.56	2.64
占行业比重(%)	18.38	14.35	34.12	-78.24	22.66	15.17	32.85	30.35
微型企业	0.04	0.02	0.27	0.00	0.00	0.01	0.28	0.09
2. 按注册类型分								
国有企业	4.65	5.11	2.80	0.12	0.16	3.47	5.76	0.82
占行业比重(%)	26.44	30.16	4.65	10.25	28.91	59.01	9.20	9.44
私营企业	4.01	2.83	18.78	-0.21	0.11	0.74	18.91	2.24
占行业比重(%)	22.78	16.70	31.19	-17.83	19.08	12.51	30.20	25.75
其他内资企业	8.23	8.26	27.22	1.31	0.25	1.19	26.68	4.34
占行业比重(%)	46.83	48.80	45.20	108.94	44.98	20.19	42.62	49.83
三资企业	0.70	0.74	11.41	-0.02	0.04	0.49	11.25	1.31
占行业比重(%)	3.95	4.34	18.95	-1.35	7.04	8.29	17.97	14.98
3. 按控股类型分								
国有控股	11.42	12.23	21.30	2.04	0.39	5.35	24.92	4.48
占行业比重(%)	64.96	72.19	35.38	169.99	68.89	91.02	39.81	51.42
私人控股	4.98	3.65	29.36	-1.23	0.13	0.09	28.13	3.32
占行业比重(%)	28.32	21.53	48.76	-102.14	23.81	1.60	44.94	38.13
三资控股	0.19	0.29	3.24	0.08	0.04	0.26	3.31	0.55
占行业比重(%)	1.10	1.69	5.38	7.03	7.04	4.50	5.28	6.36
其他控股	0.99	0.78	6.31	0.30	0.00	0.17	6.24	0.36
占行业比重(%)	5.63	4.60	10.48	25.12	0.27	2.88	9.96	4.09
(二)矿山机械行业	27.52	25.06	219.44	1.63	2.71	4.78	212.30	29.78
占冶矿行业比重(%)	61.02	59.67	78.47	57.62	82.73	44.82	77.23	77.36
1. 按企业规模分								
大型企业	13.85	14.69	73.49	0.72	2.17	2.50	73.90	10.74
占行业比重(%)	50.31	58.61	33.49	44.16	79.75	52.39	34.81	36.07
中型企业	4.77	3.84	50.67	0.53	0.19	0.80	46.19	8.57
占行业比重(%)	17.34	15.34	23.09	32.39	7.14	16.83	21.76	28.79
小型企业	8.80	6.47	94.41	0.38	0.36	1.42	91.39	10.35
占行业比重(%)	31.96	25.82	43.02	23.45	13.11	29.79	43.05	34.76
微型企业	0.11	0.06	0.87	0.00	0.00	0.05	0.82	0.11
2. 按注册类型分								
国有企业	7.79	7.78	22.19	1.10	1.29	-1.55	19.46	4.04
占行业比重(%)	28.29	31.06	10.11	67.01	47.33	-32.51	9.16	13.56
私营企业	10.00	7.74	92.51	-1.15	0.17	1.04	89.84	9.87
占行业比重(%)	36.33	30.90	42.16	-70.60	6.30	21.82	42.32	33.14
其他内资企业	8.66	8.13	70.23	1.51	1.20	4.02	70.84	10.76
占行业比重(%)	31.45	32.44	32.00	92.19	44.17	84.19	33.37	36.15
三资企业	1.08	1.40	34.52	0.19	0.06	1.27	32.15	5.11
占行业比重(%)	3.92	5.61	15.73	11.40	2.20	26.50	15.14	17.16
3. 按控股类型分								
国有控股	11.78	12.29	56.85	2.30	2.25	1.86	57.14	9.42
占行业比重(%)	42.80	49.02	25.91	140.50	82.85	38.87	26.92	31.63
私人控股	12.98	9.88	119.29	-1.03	0.38	1.44	115.33	14.10
占行业比重(%)	47.16	39.42	54.36	-62.84	14.10	30.08	54.33	47.33
三资控股	1.02	1.37	31.31	0.19	0.05	1.09	28.88	4.73
占行业比重(%)	3.71	5.47	14.27	11.40	2.01	22.79	13.60	15.88
其他控股	1.74	1.52	11.99	0.18	0.03	0.39	10.94	1.54
占行业比重(%)	6.33	6.08	5.47	10.94	1.05	8.26	5.15	5.16

（续）

行业及企业分类	应付职工薪酬（亿元）	本年应交增值税（亿元）	本年进项税额（亿元）	本年销项税额（亿元）	亏损企业亏损面（%）	总资产贡献率（%）	资本保值增值率（%）
冶金矿山机械行业	226.01	123.18	425.22	548.84	5.94	10.97	115.64
(一)冶金机械行业	83.85	34.79	132.74	184.15	49.23	6.72	108.04
占冶矿行业比重(%)	37.10	28.24	31.22	33.55			
1. 按企业规模分							
大型企业	51.11	17.47	66.45	102.28	27.78	4.35	122.95
占行业比重(%)	60.95	50.22	50.06	55.54			
中型企业	16.11	8.11	28.72	36.56	12.50	10.82	75.08
占行业比重(%)	19.21	23.31	21.63	19.86			
小型企业	16.56	9.12	36.99	44.69	7.20	13.16	97.16
占行业比重(%)	19.75	26.20	27.87	24.27			
微型企业	0.07	0.09	0.58	0.62	0.00	14.61	
2. 按注册类型分							
国有企业	20.73	5.06	25.71	27.34	45.00	3.79	111.15
占行业比重(%)	24.72	14.55	19.37	14.85			
私营企业	12.19	7.11	30.32	35.60	5.60	14.57	97.49
占行业比重(%)	14.53	20.43	22.84	19.33			
其他内资企业	40.98	18.27	61.60	102.75	7.64	5.60	109.75
占行业比重(%)	48.87	52.52	46.41	55.80			
三资企业	9.96	4.35	15.11	18.47	12.82	12.37	104.89
占行业比重(%)	11.88	12.49	11.38	10.03			
3. 按控股类型分							
国有控股	55.51	19.27	74.22	112.93	30.00	4.41	110.10
占行业比重(%)	66.19	55.38	55.91	61.32			
私人控股	17.57	11.74	44.12	53.98	4.64	15.43	99.41
占行业比重(%)	20.95	33.76	33.24	29.31			
三资控股	5.55	1.35	7.88	8.37	18.52	5.73	103.43
占行业比重(%)	6.62	3.88	5.94	4.55			
其他控股	5.23	2.43	6.52	8.88	9.68	16.71	121.48
占行业比重(%)	6.23	6.99	4.91	4.82			
(二)矿山机械行业	142.15	88.39	292.48	364.69	5.09	14.14	121.05
占冶矿行业比重(%)	62.90	71.76	68.78	66.45			
1. 按企业规模分							
大型企业	63.88	35.68	127.89	162.45	8.11	9.55	141.77
占行业比重(%)	44.94	40.37	43.73	44.54			
中型企业	35.01	19.33	58.84	70.73	8.09	15.56	139.93
占行业比重(%)	24.63	21.87	20.12	19.40			
小型企业	43.03	32.99	104.19	129.61	3.96	23.58	92.45
占行业比重(%)	30.27	37.32	35.62	35.54			
微型企业	0.23	0.39	1.55	1.89	25.71	17.84	
2. 按注册类型分							
国有企业	34.93	14.71	38.55	51.83	15.91	6.05	108.08
占行业比重(%)	24.57	16.64	13.18	14.21			
私营企业	38.01	36.47	96.96	124.69	2.57	31.38	134.65
占行业比重(%)	26.74	41.27	33.15	34.19			
其他内资企业	57.45	27.12	119.22	139.32	7.17	11.52	137.69
占行业比重(%)	40.41	30.68	40.76	38.20			
三资企业	11.77	10.09	37.74	48.85	15.28	16.52	90.36
占行业比重(%)	8.28	11.41	12.90	13.40			
3. 按控股类型分							
国有控股	68.32	27.51	106.00	127.24	16.35	7.72	119.27
占行业比重(%)	48.06	31.12	36.24	34.89			
私人控股	51.94	47.46	137.57	174.77	3.49	25.52	148.57
占行业比重(%)	36.53	53.70	47.04	47.92			
三资控股	10.68	9.12	35.72	46.22	16.95	16.31	87.09
占行业比重(%)	7.51	10.32	12.21	12.68			
其他控股	11.22	4.30	13.19	16.45	4.84	12.71	92.98
占行业比重(%)	7.89	4.86	4.51	4.51			

（续）

行业及企业分类	流动资产周转率（次）	成本费用利润率（%）	工业产品销售率（%）	资产负债率（%）	工业总产值全员劳动生产率（万元/人）	主营业务收入利润率（%）	主营业务收入利润总额率（%）
冶金矿山机械行业	1.43	7.35	96.02	63.02	84.18	16.05	6.84
（一）冶金机械行业	0.96	5.81	92.66	66.42	81.39	15.82	5.49
占冶矿行业比重（%）							
1. 按企业规模分							
大型企业	0.60	4.45	88.22	66.91	73.76	16.41	4.34
占行业比重（%）							
中型企业	1.38	7.93	95.66	70.90	82.86	15.69	7.30
占行业比重（%）							
小型企业	2.16	6.13	96.51	58.90	92.01	15.26	5.67
占行业比重（%）							
微型企业	2.45	5.13	90.60	72.60	295.87	8.20	4.79
2. 按注册类型分							
国有企业	0.55	3.90	88.46	69.36	54.03	15.85	3.86
占行业比重（%）							
私营企业	2.13	6.93	96.04	65.62	91.69	16.28	6.33
占行业比重（%）							
其他内资企业	0.82	5.01	91.07	65.37	85.32	15.52	4.78
占行业比重（%）							
三资企业	1.41	9.09	97.03	65.86	104.86	16.04	8.37
占行业比重（%）							
3. 按控股类型分							
国有控股	0.62	4.65	88.94	66.70	72.53	16.01	4.52
占行业比重（%）							
私人控股	2.31	6.76	96.58	64.00	95.08	15.61	6.18
占行业比重（%）							
三资控股	0.96	6.00	97.87	70.11	90.17	16.02	5.68
占行业比重（%）							
其他控股	1.69	8.96	92.94	66.87	78.96	15.64	8.28
占行业比重（%）							
（二）矿山机械行业	1.78	7.97	97.37	60.48	85.35	16.14	7.37
占冶矿行业比重（%）							
1. 按企业规模分							
大型企业	1.05	7.37	96.73	66.05	86.54	16.39	7.01
占行业比重（%）							
中型企业	1.92	8.84	98.03	61.07	64.84	18.05	8.04
占行业比重（%）							
小型企业	3.96	8.13	97.57	47.28	97.76	15.08	7.38
占行业比重（%）							
微型企业	3.07	6.08	99.48	50.17	301.84	13.33	5.57
2. 按注册类型分							
国有企业	0.76	4.61	94.59	73.06	83.14	15.35	4.57
占行业比重（%）							
私营企业	5.13	8.76	97.74	43.24	100.50	15.90	7.89
占行业比重（%）							
其他内资企业	1.66	7.22	97.53	62.01	68.41	14.80	6.75
占行业比重（%）							
三资企业	1.27	13.77	100.33	50.14	133.63	23.73	11.97
占行业比重（%）							
3. 按控股类型分							
国有控股	0.95	6.52	95.78	68.17	81.52	16.12	6.25
占行业比重（%）							
私人控股	4.33	8.15	97.97	48.11	97.83	15.03	7.41
占行业比重（%）							
三资控股	1.20	14.20	100.48	49.50	137.65	24.48	12.37
占行业比重（%）							
其他控股	1.73	6.55	96.64	70.95	35.84	15.11	6.19
占行业比重（%）							

（续）

行业及企业分类	工业资金利润率（%）	工业资金利税率（%）	每百元固定资产创利润（元）	每百元固定资产创利税（元）	每百元流动资产创利润（元）	每百元流动资产创利税（元）	流动比率	速动比率
冶金矿山机械行业	7.10	10.82	25.75	39.25	9.80	14.93	1.25	0.91
（一）冶金机械行业	3.81	6.31	13.68	22.65	5.28	8.74	1.23	0.88
占冶矿行业比重（%）								
1. 按企业规模分								
大型企业	1.87	3.66	6.56	12.82	2.62	5.12	1.30	0.92
占行业比重（%）								
中型企业	7.69	11.21	32.22	46.96	10.10	14.72	1.05	0.76
占行业比重（%）								
小型企业	8.67	13.40	29.62	45.80	12.25	18.94	1.20	0.88
占行业比重（%）								
微型企业	9.92	14.76	64.07	95.32	11.74	17.46	1.84	1.48
2. 按注册类型分								
国有企业	1.36	2.78	3.78	7.70	2.13	4.35	1.26	0.82
占行业比重（%）								
私营企业	9.75	14.38	35.35	52.15	13.46	19.86	1.12	0.85
占行业比重（%）								
其他内资企业	2.97	5.32	12.11	21.73	3.93	7.04	1.27	0.93
占行业比重（%）								
三资企业	8.88	12.73	36.04	51.69	11.78	16.90	1.12	0.78
占行业比重（%）								
3. 按控股类型分								
国有控股	2.02	3.83	7.12	13.49	2.82	5.34	1.27	0.90
占行业比重（%）								
私人控股	10.21	15.46	35.87	54.31	14.27	21.61	1.13	0.85
占行业比重（%）								
三资控股	4.14	6.01	17.04	24.78	5.46	7.94	1.03	0.69
占行业比重（%）								
其他控股	11.49	16.61	64.03	92.62	14.00	20.24	1.35	0.93
占行业比重（%）								
（二）矿山机械行业	9.52	14.14	34.81	51.70	13.10	19.46	1.27	0.93
占冶矿行业比重（%）								
1. 按企业规模分								
大型企业	5.74	8.87	26.19	40.45	7.36	11.36	1.27	0.95
占行业比重（%）								
中型企业	10.96	16.31	37.71	56.13	15.45	22.99	1.21	0.84
占行业比重（%）								
小型企业	17.71	25.44	44.95	64.55	29.23	41.98	1.32	0.98
占行业比重（%）								
微型企业	12.15	18.44	42.00	63.76	17.09	25.95	1.43	1.01
2. 按注册类型分								
国有企业	2.78	5.13	13.76	25.36	3.49	6.43	1.18	0.86
占行业比重（%）								
私营企业	22.90	33.87	52.68	77.92	40.50	59.91	1.37	1.10
占行业比重（%）								
其他内资企业	8.03	11.67	28.10	40.84	11.24	16.33	1.22	0.89
占行业比重（%）								
三资企业	12.53	17.01	70.09	95.14	15.26	20.72	1.63	1.19
占行业比重（%）								
3. 按控股类型分								
国有控股	4.59	7.12	20.31	31.53	5.92	9.20	1.22	0.86
占行业比重（%）								
私人控股	18.56	27.54	43.96	65.24	32.11	47.66	1.31	1.04
占行业比重（%）								
三资控股	12.39	16.84	75.48	102.63	14.82	20.15	1.66	1.25
占行业比重（%）								
其他控股	8.40	12.46	39.05	57.91	10.70	15.87	1.08	0.83
占行业比重（%）								

〔供稿人：中国重型机械工业协会李革　审稿人：中国重型机械工业协会臧义成〕

2011年冶金机械行业主要经济指标及按省、自治区、直辖市分布

序号	地区名称	企业数（家）	工业总产值（当年价）（亿元）	工业销售产值（当年价）（亿元）	其中：出口交货值（亿元）	流动资产合计（亿元）	固定资产合计（亿元）	资产总计（亿元）	负债合计（亿元）	主营业务收入（亿元）
	冶金机械行业	453	1 189.27	1 101.98	41.72	1 185.47	457.56	1 793.92	1 191.55	1 139.95
1	辽宁省	43	228.51	220.07	14.00	265.05	113.95	406.00	290.05	238.97
	占行业比重(%)	9.49	19.21	19.97	33.55	22.36	24.90	22.63	24.34	20.96
2	江苏省	100	174.64	170.60	14.01	111.59	35.15	158.94	102.21	168.05
	占行业比重(%)	22.08	14.68	15.48	33.59	9.41	7.68	8.86	8.58	14.74
3	河北省	77	133.55	125.64	3.60	101.28	39.29	154.90	113.66	146.11
	占行业比重(%)	17.00	11.23	11.40	8.62	8.54	8.59	8.63	9.54	12.82
4	黑龙江省	4	131.14	89.08	0.00	248.21	59.00	351.07	180.46	87.48
	占行业比重(%)	0.88	11.03	8.08	0.00	20.94	12.89	19.57	15.15	7.67
5	四川省	11	95.56	84.65	1.99	167.91	104.30	277.80	204.21	83.93
	占行业比重(%)	2.43	8.03	7.68	4.77	14.16	22.80	15.49	17.14	7.36
6	湖南省	27	79.65	78.08	0.68	16.00	23.91	43.15	26.36	70.77
	占行业比重(%)	5.96	6.70	7.08	1.63	1.35	5.23	2.41	2.21	6.21
7	河南省	27	70.01	69.75	0.08	30.33	7.28	39.88	29.89	70.38
	占行业比重(%)	5.96	5.89	6.33	0.20	2.56	1.59	2.22	2.51	6.17
8	湖北省	30	49.29	44.92	0.74	52.85	9.85	70.23	55.30	52.69
	占行业比重(%)	6.62	4.14	4.08	1.78	4.46	2.15	3.92	4.64	4.62
9	山东省	20	48.56	45.76	0.24	9.24	4.01	13.75	9.48	47.65
	占行业比重(%)	4.42	4.08	4.15	0.59	0.78	0.88	0.77	0.80	4.18
10	陕西省	7	43.69	42.33	0.59	59.64	28.22	100.46	57.30	41.02
	占行业比重(%)	1.55	3.67	3.84	1.42	5.03	6.17	5.60	4.81	3.60
11	福建省	10	17.42	17.02	0.00	8.05	3.49	14.49	10.44	15.22
	占行业比重(%)	2.21	1.46	1.54	0.00	0.68	0.76	0.81	0.88	1.33
12	北京市	14	16.67	16.47	1.12	45.53	5.25	54.86	44.82	20.87
	占行业比重(%)	3.09	1.40	1.49	2.67	3.84	1.15	3.06	3.76	1.83
13	上海市	14	16.08	16.02	2.31	15.69	4.26	21.81	12.82	16.59
	占行业比重(%)	3.09	1.35	1.45	5.55	1.32	0.93	1.22	1.08	1.46
14	天津市	12	15.86	15.70	1.67	14.10	3.91	20.28	11.54	16.46
	占行业比重(%)	2.65	1.33	1.42	4.01	1.19	0.86	1.13	0.97	1.44
15	山西省	8	12.56	12.80	0.00	9.44	3.76	13.68	10.74	12.12
	占行业比重(%)	1.77	1.06	1.16	0.00	0.80	0.82	0.76	0.90	1.06
16	重庆市	1	8.99	8.13	0.00	3.61	1.25	7.50	6.55	8.09
	占行业比重(%)	0.22	0.76	0.74	0.00	0.30	0.27	0.42	0.55	0.71
17	吉林省	8	8.35	8.28	0.00	4.06	2.76	9.82	4.42	8.19
	占行业比重(%)	1.77	0.70	0.75	0.00	0.34	0.60	0.55	0.37	0.72
18	安徽省	8	7.54	7.07	0.02	3.29	1.77	5.32	2.35	6.09
	占行业比重(%)	1.77	0.63	0.64	0.04	0.28	0.39	0.30	0.20	0.53
19	浙江省	9	6.98	6.46	0.01	5.13	1.33	6.92	3.66	6.51
	占行业比重(%)	1.99	0.59	0.59	0.01	0.43	0.29	0.39	0.31	0.57
20	江西省	4	6.50	6.50	0.00	0.34	0.34	1.38	0.51	6.60
	占行业比重(%)	0.88	0.55	0.59	0.00	0.03	0.07	0.08	0.04	0.58
21	内蒙古自治区	5	4.84	4.82	0.00	4.55	0.37	5.46	4.09	4.68
	占行业比重(%)	1.10	0.41	0.44	0.00	0.38	0.08	0.30	0.34	0.41
22	广东省	3	4.75	4.45	0.00	2.55	0.59	3.14	2.73	4.45
	占行业比重(%)	0.66	0.40	0.40	0.00	0.21	0.13	0.18	0.23	0.39
23	贵州省	4	3.93	3.49	0.66	3.49	1.26	6.90	3.76	3.08
	占行业比重(%)	0.88	0.33	0.32	1.57	0.29	0.27	0.38	0.32	0.27
24	甘肃省	3	2.63	2.43	0.00	2.58	1.99	4.78	3.21	2.56
	占行业比重(%)	0.66	0.22	0.22	0.00	0.22	0.44	0.27	0.27	0.22
25	广西壮族自治区	3	1.27	1.15	0.00	0.81	0.24	1.17	0.90	1.11
	占行业比重(%)	0.66	0.11	0.10	0.00	0.07	0.05	0.07	0.08	0.10
26	云南省	1	0.30	0.30	0.00	0.16	0.00	0.21	0.10	0.30
	占行业比重(%)	0.22	0.03	0.03	0.00	0.01	0.00	0.01	0.01	0.03

（续）

序号	地区名称	利润总额（亿元）	利税总额（亿元）	全部从业人员年均人数（人）	工业总产值全员劳动生产率（万元/人）	主营业务收入利润率（%）	主营业务收入利润总额率（%）	工业产品销售率（%）	资产负债率（%）	亏损企业亏损面（%）
	冶金机械行业	62.59	88.99	146 121	81.39	15.82	5.49	92.66	66.42	8.61
1	辽宁省	11.65	26.29	19 781	115.52	15.48	4.88	96.31	71.44	18.60
	占行业比重（%）	18.62	29.54	13.54						
2	江苏省	12.55	16.96	19 680	88.74	15.30	7.47	97.69	64.31	3.00
	占行业比重（%）	20.05	19.06	13.47						
3	河北省	5.12	7.03	24 902	53.63	12.38	3.50	94.08	73.38	7.79
	占行业比重（%）	8.18	7.90	17.04						
4	黑龙江省	5.30	6.12	14 440	90.82	21.55	6.06	67.92	51.40	0.00
	占行业比重（%）	8.47	6.87	9.88						
5	四川省	0.12	1.47	15 930	59.99	13.64	0.14	88.59	73.51	18.18
	占行业比重（%）	0.19	1.65	10.90						
6	湖南省	5.97	7.79	7 793	102.20	23.57	8.44	98.03	61.09	0.00
	占行业比重（%）	9.54	8.76	5.33						
7	河南省	4.23	4.64	5 894	118.79	11.81	6.01	99.63	74.96	3.70
	占行业比重（%）	6.76	5.21	4.03						
8	湖北省	4.60	5.03	5 366	91.86	19.06	8.73	91.13	78.73	6.67
	占行业比重（%）	7.35	5.65	3.67						
9	山东省	1.84	2.04	3 398	142.89	11.82	3.87	94.25	68.89	0.00
	占行业比重（%）	2.94	2.29	2.33						
10	陕西省	1.88	2.07	8 025	54.45	13.67	4.59	96.89	57.03	42.86
	占行业比重（%）	3.01	2.32	5.49						
11	福建省	1.14	1.16	1 453	119.87	12.73	7.47	97.74	72.02	10.00
	占行业比重（%）	1.82	1.30	0.99						
12	北京市	1.24	1.33	5 597	29.79	19.38	5.96	98.79	81.70	7.14
	占行业比重（%）	1.99	1.49	3.83						
13	上海市	1.34	1.36	1 689	95.18	17.22	8.07	99.67	58.77	0.00
	占行业比重（%）	2.14	1.53	1.16						
14	天津市	1.64	1.65	1 299	122.10	16.19	9.94	98.99	56.91	8.33
	占行业比重（%）	2.61	1.86	0.89						
15	山西省	-0.06	-0.04	2 080	60.38	11.05	-0.50	101.95	78.52	25.00
	占行业比重（%）	-0.10	0.00	1.42						
16	重庆市	1.55	1.55	360	249.63	21.68	19.19	90.46	87.31	0.00
	占行业比重（%）	2.48	1.75	0.25						
17	吉林省	-0.04	-0.04	1 664	50.17	11.45	-0.50	99.19	45.04	12.50
	占行业比重（%）	-0.07	0.00	1.14						
18	安徽省	0.77	0.81	907	83.19	16.73	12.69	93.73	44.06	0.00
	占行业比重（%）	1.23	0.91	0.62						
19	浙江省	0.60	0.61	1 050	66.47	22.41	9.20	92.55	52.82	11.11
	占行业比重（%）	0.96	0.68	0.72						
20	江西省	0.67	0.68	515	126.31	45.43	10.14	100.00	36.86	0.00
	占行业比重（%）	1.07	0.77	0.35						
21	内蒙古自治区	0.29	0.29	438	110.42	13.14	6.11	99.68	75.01	20.00
	占行业比重（%）	0.46	0.32	0.30						
22	广东省	0.16	0.16	783	60.67	9.41	3.61	93.61	86.71	0.00
	占行业比重（%）	0.26	0.18	0.54						
23	贵州省	0.17	0.17	928	42.37	25.30	5.53	88.70	54.49	50.00
	占行业比重（%）	0.27	0.19	0.64						
24	甘肃省	-0.18	-0.18	1 428	18.45	0.10	-7.16	92.38	67.15	100.00
	占行业比重（%）	-0.29	0.00	0.98						
25	广西壮族自治区	0.03	0.03	293	43.25	14.63	3.08	90.54	76.48	33.33
	占行业比重（%）	0.05	0.04	0.20						
26	云南省	0.01	0.01	428	7.00	6.63	2.32	100.00	48.03	0.00
	占行业比重（%）	0.01	0.01	0.29						

〔供稿人：中国重型机械工业协会李革　审稿人：中国重型机械工业协会臧义成〕

2011年矿山机械行业主要经济指标及按省、自治区、直辖市分布

序号	地区名称	企业数（家）	工业总产值（当年价）（亿元）	工业销售产值（当年价）（亿元）	其中：出口交货值（亿元）	流动资产合计（亿元）	固定资产合计（亿元）	资产总计（亿元）	负债合计（亿元）	主营业务收入（亿元）
	矿山机械行业	1 433	2 965.02	2 886.96	90.59	1 620.77	609.95	2 407.05	1 455.89	2 881.07
1	河南省	235	709.59	700.41	9.16	301.67	155.18	488.79	277.04	742.21
	占行业比重(%)	16.40	23.93	24.26	10.11	18.61	25.44	20.31	19.03	25.76
2	辽宁省	160	446.22	432.39	13.78	274.18	88.94	398.38	247.03	407.74
	占行业比重(%)	11.17	15.05	14.98	15.21	16.92	14.58	16.55	16.97	14.15
3	山东省	202	286.13	283.14	6.46	64.82	40.79	116.65	60.13	281.50
	占行业比重(%)	14.10	9.65	9.81	7.13	4.00	6.69	4.85	4.13	9.77
4	山西省	57	273.47	261.11	15.39	325.85	72.78	412.99	292.71	254.03
	占行业比重(%)	3.98	9.22	9.04	16.99	20.10	11.93	17.16	20.11	8.82
5	江苏省	110	188.30	191.73	6.53	91.05	29.95	127.75	76.86	186.91
	占行业比重(%)	7.68	6.35	6.64	7.21	5.62	4.91	5.31	5.28	6.49
6	河北省	94	161.13	148.74	1.90	85.77	41.14	135.78	68.10	146.72
	占行业比重(%)	6.56	5.43	5.15	2.09	5.29	6.75	5.64	4.68	5.09
7	安徽省	123	125.57	122.83	1.91	41.71	21.45	70.57	39.85	121.85
	占行业比重(%)	8.58	4.23	4.25	2.11	2.57	3.52	2.93	2.74	4.23
8	四川省	47	117.61	113.04	0.39	26.71	14.97	47.33	26.89	111.59
	占行业比重(%)	3.28	3.97	3.92	0.43	1.65	2.45	1.97	1.85	3.87
9	上海市	30	109.56	103.30	23.92	125.62	33.14	167.67	114.91	106.44
	占行业比重(%)	2.09	3.70	3.58	26.40	7.75	5.43	6.97	7.89	3.69
10	湖南省	61	77.65	75.51	2.52	21.93	8.70	34.80	15.45	73.06
	占行业比重(%)	4.26	2.62	2.62	2.78	1.35	1.43	1.45	1.06	2.54
11	吉林省	31	64.07	60.99	0.00	18.85	13.44	34.98	21.87	62.12
	占行业比重(%)	2.16	2.16	2.11	0.00	1.16	2.20	1.45	1.50	2.16
12	江西省	36	51.25	50.55	0.50	9.77	11.25	22.93	9.42	51.39
	占行业比重(%)	2.51	1.73	1.75	0.55	0.60	1.84	0.95	0.65	1.78
13	内蒙古自治区	14	38.99	38.69	0.00	16.14	5.78	27.01	16.66	34.67
	占行业比重(%)	0.98	1.31	1.34	0.00	1.00	0.95	1.12	1.14	1.20
14	北京市	17	38.46	37.61	0.21	34.73	7.26	44.27	28.64	36.99
	占行业比重(%)	1.19	1.30	1.30	0.24	2.14	1.19	1.84	1.97	1.28
15	天津市	35	36.36	37.09	5.50	25.28	7.00	34.54	15.72	35.48
	占行业比重(%)	2.44	1.23	1.28	6.07	1.56	1.15	1.44	1.08	1.23
16	黑龙江省	17	33.02	31.53	0.00	30.85	4.52	38.40	22.85	27.09
	占行业比重(%)	1.19	1.11	1.09	0.00	1.90	0.74	1.60	1.57	0.94
17	宁夏回族自治区	5	30.75	31.00	0.00	25.53	4.66	32.69	18.62	30.76
	占行业比重(%)	0.35	1.04	1.07	0.00	1.58	0.76	1.36	1.28	1.07
18	陕西省	7	27.14	24.70	0.09	24.57	17.05	48.24	32.32	25.29
	占行业比重(%)	0.49	0.92	0.86	0.10	1.52	2.80	2.00	2.22	0.88
19	浙江省	33	25.67	24.61	0.83	16.87	5.87	25.00	12.84	24.99
	占行业比重(%)	2.30	0.87	0.85	0.92	1.04	0.96	1.04	0.88	0.87
20	湖北省	33	23.82	22.75	0.00	6.00	3.42	10.29	4.51	22.09
	占行业比重(%)	2.30	0.80	0.79	0.00	0.37	0.56	0.43	0.31	0.77
21	广西壮族自治区	13	23.43	21.59	0.07	13.48	4.71	23.09	15.26	20.81
	占行业比重(%)	0.91	0.79	0.75	0.08	0.83	0.77	0.96	1.05	0.72
22	重庆市	22	23.28	24.98	0.00	15.43	4.71	21.83	11.16	25.50
	占行业比重(%)	1.54	0.79	0.87	0.00	0.95	0.77	0.91	0.77	0.89
23	福建省	15	13.53	13.52	0.71	2.44	3.28	6.00	4.08	13.64
	占行业比重(%)	1.05	0.46	0.47	0.79	0.15	0.54	0.25	0.28	0.47
24	广东省	13	12.52	12.29	0.34	5.19	2.91	9.69	6.03	12.05
	占行业比重(%)	0.91	0.42	0.43	0.38	0.32	0.48	0.40	0.41	0.42
25	云南省	7	12.15	12.06	0.00	7.22	1.60	11.45	8.15	12.78
	占行业比重(%)	0.49	0.41	0.42	0.00	0.45	0.26	0.48	0.56	0.44
26	新疆维吾尔自治区	5	7.73	5.12	0.00	3.14	2.12	5.87	3.28	7.76
	占行业比重(%)	0.35	0.26	0.18	0.00	0.19	0.35	0.24	0.23	0.27
27	贵州省	8	4.16	3.14	0.35	2.89	1.28	4.54	3.46	3.16
	占行业比重(%)	0.56	0.14	0.11	0.39	0.18	0.21	0.19	0.24	0.11
28	甘肃省	3	3.49	2.54	0.03	3.09	2.04	5.52	2.06	2.46
	占行业比重(%)	0.21	0.11	0.08	0.02	0.19	0.34	0.21	0.14	0.09

（续）

序号	地区名称	利润总额（亿元）	利税总额（亿元）	全部从业人员年均人数（人）	工业总产值全员劳动生产率（万元/人）	主营业务收入利润率（%）	主营业务收入利润总额率（%）	工业产品销售率（%）	资产负债率（%）	亏损企业亏损面（%）
	矿山机械行业	212.30	358.68	347 402	85.35	16.14	7.37	97.37	60.48	5.09
1	河南省	60.39	142.40	68 639	103.38	14.83	8.14	98.71	56.68	1.70
	占行业比重（%）	28.44	39.70	19.76						
2	辽宁省	29.36	50.93	34 468	129.46	16.27	7.20	96.90	62.01	3.75
	占行业比重（%）	13.83	14.20	9.92						
3	山东省	21.00	35.22	35 619	80.33	17.87	7.46	98.96	51.54	0.00
	占行业比重（%）	9.89	9.82	10.25						
4	山西省	10.30	15.54	41 618	65.71	14.22	4.06	95.48	70.88	12.28
	占行业比重（%）	4.85	4.33	11.98						
5	江苏省	15.98	23.53	16 226	116.05	16.24	8.55	101.82	60.17	4.55
	占行业比重（%）	7.53	6.56	4.67						
6	河北省	15.74	20.83	24 642	65.39	19.88	10.73	92.31	50.15	7.45
	占行业比重（%）	7.42	5.81	7.09						
7	安徽省	4.19	5.94	19 951	62.94	11.35	3.44	97.82	56.47	3.25
	占行业比重（%）	1.97	1.66	5.74						
8	四川省	6.49	10.57	19 712	59.66	12.61	5.82	96.12	56.81	4.26
	占行业比重（%）	3.06	2.95	5.67						
9	上海市	4.29	4.79	10 400	105.35	19.54	4.03	94.28	68.53	23.33
	占行业比重（%）	2.02	1.34	2.99						
10	湖南省	6.55	8.18	9 797	79.26	16.77	8.97	97.25	44.39	3.28
	占行业比重（%）	3.09	2.28	2.82						
11	吉林省	1.80	1.96	5 632	113.75	10.66	2.90	95.21	62.53	16.13
	占行业比重（%）	0.85	0.55	1.62						
12	江西省	4.38	5.14	7 078	72.40	18.15	8.53	98.63	41.09	0.00
	占行业比重（%）	2.06	1.43	2.04						
13	内蒙古自治区	2.33	2.36	2 847	136.95	14.61	6.73	99.22	61.69	14.29
	占行业比重（%）	1.10	0.66	0.82						
14	北京市	2.89	3.05	5 708	67.38	18.35	7.81	97.79	64.71	5.88
	占行业比重（%）	1.36	0.85	1.64						
15	天津市	5.02	5.39	3 863	94.13	24.53	14.14	102.01	45.51	8.57
	占行业比重（%）	2.36	1.50	1.11						
16	黑龙江省	5.69	6.04	5 877	56.18	33.83	21.00	95.50	59.49	5.88
	占行业比重（%）	2.68	1.68	1.69						
17	宁夏回族自治区	3.26	3.49	4 371	70.35	23.96	10.60	100.80	56.94	0.00
	占行业比重（%）	1.54	0.97	1.26						
18	陕西省	0.62	0.74	3 715	73.05	15.96	2.46	91.03	66.99	42.86
	占行业比重（%）	0.29	0.21	1.07						
19	浙江省	1.88	1.99	4 929	52.07	16.64	7.50	95.90	51.35	3.03
	占行业比重（%）	0.88	0.55	1.42						
20	湖北省	1.24	1.37	3 326	71.63	11.52	5.63	95.48	43.79	0.00
	占行业比重（%）	0.59	0.38	0.96						
21	广西壮族自治区	1.87	1.93	4 876	48.05	14.49	8.99	92.14	66.07	7.69
	占行业比重（%）	0.88	0.54	1.40						
22	重庆市	3.47	3.68	4 475	52.03	30.84	13.62	107.28	51.13	9.09
	占行业比重（%）	1.64	1.03	1.29						
23	福建省	0.36	0.36	1 720	78.67	11.27	2.62	99.93	67.96	0.00
	占行业比重（%）	0.17	0.10	0.50						
24	广东省	0.97	0.99	1 567	79.88	13.45	8.08	98.17	62.24	38.46
	占行业比重（%）	0.46	0.27	0.45						
25	云南省	1.18	1.19	2 312	52.54	11.08	9.26	99.31	71.21	42.86
	占行业比重（%）	0.56	0.33	0.67						
26	新疆维吾尔自治区	0.88	0.88	1 473	52.47	19.00	11.34	66.22	55.90	0.00
	占行业比重（%）	0.41	0.25	0.42						
27	贵州省	-0.05	-0.05	771	54.01	9.38	-1.65	75.35	76.11	12.50
	占行业比重（%）	-0.02	0.00	0.22						
28	甘肃省	0.21	0.21	1 790	19.47	34.80	8.68	72.87	37.33	33.33
	占行业比重（%）	0.00	0.06	0.52						

〔供稿人：中国重型机械工业协会李革　审稿人：中国重型机械工业协会臧义成〕

2011年物料搬运(起重运输)机械行业主要经济指标及按省、自治区、直辖市分布

序号	地区名称	企业数（家）	工业总产值（当年价）（亿元）	工业销售产值(当年价)（亿元）	其中:出口交货值（亿元）	流动资产合计（亿元）	固定资产合计（亿元）	资产总计（亿元）	负债合计（亿元）	主营业务收入（亿元）
	物料搬运(起重运输)机械行业	1 740	4 831.81	4 723.45	503.88	2 712.80	895.01	4 045.22	2 382.36	4 785.20
1	江苏省	362	1 270.33	1 257.70	144.41	777.61	233.48	1 163.31	680.55	1 293.23
	占行业比重(%)	20.80	26.29	26.63	28.66	28.66	26.09	28.76	28.57	27.03
2	上海市	124	643.81	634.48	185.81	571.01	188.71	863.24	579.83	624.47
	占行业比重(%)	7.13	13.32	13.43	36.88	21.05	21.08	21.34	24.34	13.05
3	浙江省	243	473.18	459.29	74.89	258.32	54.29	351.26	220.69	466.82
	占行业比重(%)	13.97	9.79	9.72	14.86	9.52	6.07	8.68	9.26	9.76
4	河南省	172	376.52	371.71	2.10	160.61	80.97	258.81	123.76	370.48
	占行业比重(%)	9.89	7.79	7.87	0.42	5.92	9.05	6.40	5.19	7.74
5	辽宁省	146	322.63	299.64	14.68	103.66	54.33	178.42	84.48	300.92
	占行业比重(%)	8.39	6.68	6.34	2.91	3.82	6.07	4.41	3.55	6.29
6	山东省	129	280.85	270.42	4.52	70.76	39.08	128.19	60.91	261.06
	占行业比重(%)	7.41	5.81	5.73	0.90	2.61	4.37	3.17	2.56	5.46
7	广东省	93	268.90	262.74	14.89	188.83	30.95	232.60	149.15	291.90
	占行业比重(%)	5.34	5.57	5.56	2.95	6.96	3.46	5.75	6.26	6.10
8	安徽省	97	230.45	220.56	15.15	80.34	39.91	134.19	57.64	227.76
	占行业比重(%)	5.57	4.77	4.67	3.01	2.96	4.46	3.32	2.42	4.76
9	天津市	29	215.27	212.80	14.72	109.90	21.48	139.01	81.51	223.72
	占行业比重(%)	1.67	4.46	4.51	2.92	4.05	2.40	3.44	3.42	4.68
10	湖南省	50	208.53	207.22	4.21	95.06	31.02	136.72	82.31	196.16
	占行业比重(%)	2.87	4.32	4.39	0.84	3.50	3.47	3.38	3.45	4.10
11	河北省	66	149.49	147.32	2.38	79.80	55.03	146.00	74.33	145.15
	占行业比重(%)	3.79	3.09	3.12	0.47	2.94	6.15	3.61	3.12	3.03
12	湖北省	49	73.70	70.42	1.78	34.09	11.09	48.34	28.66	66.99
	占行业比重(%)	2.82	1.53	1.49	0.35	1.26	1.24	1.19	1.20	1.40
13	福建省	31	65.92	64.39	20.35	38.94	17.34	62.04	35.64	73.14
	占行业比重(%)	1.78	1.36	1.36	4.04	1.44	1.94	1.53	1.50	1.53
14	北京市	24	47.30	45.84	2.04	45.30	5.58	58.71	36.23	47.42
	占行业比重(%)	1.38	0.98	0.97	0.41	1.67	0.62	1.45	1.52	0.99
15	四川省	32	44.31	42.56	0.24	15.22	5.24	22.75	13.82	41.87
	占行业比重(%)	1.84	0.92	0.90	0.05	0.56	0.59	0.56	0.58	0.87
16	吉林省	18	37.01	36.28	0.00	13.19	9.23	23.31	13.43	37.16
	占行业比重(%)	1.03	0.77	0.77	0.00	0.49	1.03	0.58	0.56	0.78
17	江西省	12	30.10	28.37	0.04	13.29	4.03	19.45	7.87	28.71
	占行业比重(%)	0.69	0.62	0.60	0.01	0.49	0.45	0.48	0.33	0.60
18	陕西省	6	24.81	25.01	0.63	10.04	2.07	14.50	7.64	23.02
	占行业比重(%)	0.34	0.51	0.53	0.12	0.37	0.23	0.36	0.32	0.48
19	广西壮族自治区	8	19.71	19.32	0.81	16.01	3.21	21.18	15.92	18.76
	占行业比重(%)	0.46	0.41	0.41	0.16	0.59	0.36	0.52	0.67	0.39
20	重庆市	12	14.78	14.42	0.11	7.96	1.29	10.54	7.30	13.44
	占行业比重(%)	0.69	0.31	0.31	0.02	0.29	0.14	0.26	0.31	0.28
21	内蒙古自治区	4	11.37	11.12	0.00	1.29	0.37	2.02	0.99	11.09
	占行业比重(%)	0.23	0.24	0.24	0.00	0.05	0.04	0.05	0.04	0.23
22	黑龙江省	11	7.09	6.23	0.00	6.74	1.71	9.84	5.86	6.11
	占行业比重(%)	0.63	0.15	0.13	0.00	0.25	0.19	0.24	0.25	0.13
23	山西省	7	6.79	7.21	0.00	5.94	1.54	7.79	6.23	6.88
	占行业比重(%)	0.40	0.14	0.15	0.00	0.22	0.17	0.19	0.26	0.14
24	宁夏回族自治区	6	4.48	4.11	0.00	5.37	2.22	8.43	5.03	4.61
	占行业比重(%)	0.34	0.09	0.09	0.00	0.20	0.25	0.21	0.21	0.10
25	云南省	5	2.20	1.99	0.00	1.26	0.32	1.76	0.83	2.02
	占行业比重(%)	0.29	0.05	0.04	0.00	0.05	0.04	0.04	0.03	0.04
26	新疆维吾尔自治区	2	1.31	1.31	0.11	1.39	0.34	1.73	1.10	1.29
	占行业比重(%)	0.11	0.03	0.03	0.02	0.05	0.04	0.04	0.05	0.03
27	甘肃省	2	0.98	1.00	0.00	0.87	0.20	1.07	0.67	1.02
	占行业比重(%)	0.11	0.02	0.02	0.00	0.03	0.02	0.03	0.03	0.02

（续）

序号	地区名称	利润总额（亿元）	利税总额（亿元）	全部从业人员年均人数（人）	工业总产值全员劳动生产率（万元/人）	主营业务收入利润率（%）	主营业务收入利润总额率（%）	工业产品销售率（%）	资产负债率（%）	亏损企业亏损面（%）
	物料搬运(起重运输)机械行业	378.28	690.88	429 690	112.45	16.04	7.91	97.76	58.89	7.82
1	江苏省	111.97	299.26	91 207	139.28	16.82	8.66	99.01	58.50	6.91
	占行业比重（%）	29.60	43.32	21.23						
2	上海市	25.86	46.98	40 401	159.36	12.38	4.14	98.55	67.17	16.13
	占行业比重（%）	6.84	6.80	9.40						
3	浙江省	37.82	61.33	48 111	98.35	16.20	8.10	97.06	62.83	7.82
	占行业比重（%）	10.00	8.88	11.20						
4	河南省	35.83	54.85	51 070	73.73	15.17	9.67	98.72	47.82	1.16
	占行业比重（%）	9.47	7.94	11.89						
5	辽宁省	16.01	22.75	25 853	124.79	15.76	5.32	92.87	47.35	13.70
	占行业比重（%）	4.23	3.29	6.02						
6	山东省	18.17	31.77	25 336	110.85	15.78	6.96	96.29	47.51	5.43
	占行业比重（%）	4.80	4.60	5.90						
7	广东省	20.89	34.67	26 621	101.01	17.36	7.16	97.71	64.12	6.45
	占行业比重（%）	5.52	5.02	6.20						
8	安徽省	20.64	24.66	20 176	114.22	15.05	9.06	95.71	42.96	2.06
	占行业比重（%）	5.46	3.57	4.70						
9	天津市	34.71	45.13	15 338	140.35	20.98	15.52	98.85	58.64	10.34
	占行业比重（%）	9.18	6.53	3.57						
10	湖南省	21.59	26.65	18 765	111.13	15.53	11.01	99.37	60.20	2.00
	占行业比重（%）	5.71	3.86	4.37						
11	河北省	11.21	16.83	17 892	83.55	18.40	7.73	98.55	50.91	6.06
	占行业比重（%）	2.96	2.44	4.16						
12	湖北省	3.65	4.66	9 240	79.77	14.86	5.45	95.55	59.29	8.16
	占行业比重（%）	0.96	0.67	2.15						
13	福建省	7.53	7.94	5 982	110.19	21.42	10.30	97.68	57.45	12.90
	占行业比重（%）	1.99	1.15	1.39						
14	北京市	1.94	2.01	4 583	103.21	16.00	4.08	96.92	61.70	16.67
	占行业比重（%）	0.51	0.29	1.07						
15	四川省	3.02	3.66	6 822	64.95	15.59	7.22	96.05	60.75	9.38
	占行业比重（%）	0.80	0.53	1.59						
16	吉林省	0.72	0.77	3 664	101.00	10.10	1.93	98.03	57.61	5.56
	占行业比重（%）	0.19	0.11	0.85						
17	江西省	2.30	2.45	3 880	77.58	21.38	8.00	94.23	40.43	8.33
	占行业比重（%）	0.61	0.36	0.90						
18	陕西省	2.03	2.07	2 140	115.96	17.99	8.83	100.79	52.68	33.33
	占行业比重（%）	0.54	0.30	0.50						
19	广西壮族自治区	0.55	0.61	3 146	62.64	17.37	2.92	98.02	75.13	25.00
	占行业比重（%）	0.14	0.09	0.73						
20	重庆市	0.62	0.64	2 678	55.19	17.69	4.62	97.56	69.20	0.00
	占行业比重（%）	0.16	0.09	0.62						
21	内蒙古自治区	0.40	0.40	530	214.45	3.95	3.62	97.81	48.94	25.00
	占行业比重（%）	0.11	0.06	0.12						
22	黑龙江省	0.35	0.36	2 294	30.90	17.31	5.66	87.89	59.60	9.09
	占行业比重（%）	0.09	0.05	0.53						
23	山西省	0.04	0.05	1 895	35.85	9.40	0.63	106.07	80.02	42.86
	占行业比重（%）	0.01	0.01	0.44						
24	宁夏回族自治区	0.22	0.22	1 195	37.45	22.49	4.74	91.85	59.68	16.67
	占行业比重（%）	0.06	0.03	0.28						
25	云南省	0.17	0.18	330	66.75	13.47	8.56	90.29	47.16	0.00
	占行业比重（%）	0.05	0.03	0.08						
26	新疆维吾尔自治区	0.02	0.02	241	54.36	19.30	1.47	100.00	63.53	0.00
	占行业比重（%）	0.01	0.00	0.06						
27	甘肃省	0.01	0.01	300	32.63	16.41	0.54	102.53	62.96	0.00
	占行业比重（%）	0.00	0.00	0.07						

〔供稿人：中国重型机械工业协会李革　审稿人：中国重型机械工业协会臧义成〕

2011年冶金矿山机械产品产量及按省、自治区、直辖市分布

序号	产品及地区名称	产品代码	企业数（家）	2010年（t）	2011年（t）	占总计比重（%）	同比增长（%）
一	金属冶炼设备总计	3615020	53	529 933	635 690	100.00	19.96
1	辽宁省		5	135 909	175 578	27.62	29.19
2	河北省		7	104 663	135 973	21.39	29.92
3	江苏省		6	79 144	82 784	13.02	4.60
4	山东省		2	39 387	43 640	6.86	10.80
5	河南省		7	38 730	37 496	5.90	-3.19
6	黑龙江省		1	13 292	31 231	4.91	134.96
7	湖南省		3	33 549	27 203	4.28	-18.91
8	陕西省		3	20 711	22 986	3.62	10.98
9	吉林省		1	15 838	22 318	3.51	40.91
10	上海市		4	14 139	22 234	3.50	57.25
11	湖北省		2	9 829	20 456	3.22	108.12
12	广西壮族自治区		3	4 954	5 368	0.84	8.36
13	山西省		1	4 090	4 029	0.63	-1.50
14	北京市		2	13 955	2 620	0.41	-81.23
15	浙江省		1	711	1 232	0.19	73.28
16	安徽省		1	300	310	0.05	3.33
17	云南省		1	550	210	0.03	-61.82
18	天津市		2	18	22	0.00	22.22
19	四川省		1	164	0	0.00	
二	金属轧制设备总计	3615110	48	477 807	647 138	100.00	35.44
1	河北省		6	33 270	144 817	22.38	335.28
2	黑龙江省		2	74 140	111 566	17.24	50.48
3	山西省		1	60 643	85 083	13.15	40.30
4	湖南省		3	75 290	84 297	13.03	11.96
5	四川省		3	53 779	46 676	7.21	-13.21
6	陕西省		3	37 684	43 800	6.77	16.23
7	江苏省		4	37 277	43 657	6.75	17.12
8	浙江省		4	20 953	20 235	3.13	-3.43
9	上海市		5	18 568	18 840	2.91	1.46
10	河南省		3	30 538	15 280	2.36	-49.96
11	山东省		3	8 556	10 183	1.57	19.02
12	辽宁省		4	11 574	9 634	1.49	-16.76
13	天津市		2	7 039	7 745	1.20	10.03
14	湖北省		1	2 432	2 500	0.39	2.80
15	云南省		1	2 622	2 215	0.34	-15.52
16	北京市		1	0	460	0.07	
17	广东省		2	3 443	150	0.02	-95.64
三	矿山专用设备总计	3611020	351	3 616 613	4 441 282	100.00	22.80
1	河南省		47	1 104 369	1 244 878	28.03	12.72
2	河北省		35	319 406	553 201	12.46	73.20
3	山西省		12	334 552	354 327	7.98	5.91

（续）

序号	产品及地区名称	产品代码	企业数（家）	2010年（t）	2011年（t）	占总计比重（%）	同比增长（%）
4	辽宁省		35	342 081	324 845	7.31	-5.04
5	山东省		47	182 779	310 110	6.98	69.66
6	安徽省		9	131 102	208 306	4.69	58.89
7	四川省		17	168 174	204 222	4.60	21.44
8	上海市		8	181 196	180 783	4.07	-0.23
9	北京市		6	143 799	156 982	3.53	9.17
10	湖南省		28	90 986	138 357	3.12	52.06
11	宁夏回族自治区		4	100 356	113 359	2.55	12.96
12	江西省		13	93 046	100 069	2.25	7.55
13	浙江省		8	70 859	74 920	1.69	5.73
14	黑龙江省		7	46 016	68 875	1.55	49.68
15	重庆市		7	51 364	68 420	1.54	33.21
16	广东省		8	30 070	59 769	1.35	98.76
17	陕西省		6	47 387	59 691	1.34	25.97
18	湖北省		6	26 476	52 037	1.17	96.55
19	江苏省		10	36 610	38 635	0.87	5.53
20	吉林省		11	42 060	37 668	0.85	-10.44
21	云南省		6	20 546	33 511	0.75	63.10
22	广西壮族自治区		9	16 479	18 983	0.43	15.20
23	内蒙古自治区		3	17 022	15 379	0.35	-9.65
24	贵州省		3	8 288	7 896	0.18	-4.73
25	天津市		1	3 230	5 683	0.13	75.95
26	新疆维吾尔自治区		3	4 422	4 618	0.10	4.43
27	福建省		1	2 719	3 278	0.07	20.56
28	甘肃省		1	1 218	2 482	0.06	103.78
四	水泥专用设备总计	3614010	55	1 117 476	853 467	100.00	-23.63
1	辽宁省		8	350 631	275 575	32.29	-21.41
2	江苏省		9	240 319	135 184	15.84	-43.75
3	河南省		9	147 014	106 887	12.52	-27.29
4	四川省		5	86 745	82 326	9.65	-5.09
5	河北省		3	65 042	65 541	7.68	0.77
6	安徽省		5	50 125	53 990	6.33	7.71
7	山东省		4	50 261	53 659	6.29	6.76
8	广西壮族自治区		4	71 179	28 040	3.29	-60.61
9	浙江省		3	21 681	22 756	2.67	4.96
10	上海市		2	28 558	22 061	2.58	-22.75
11	北京市		1	5 103	5 289	0.62	3.64
12	重庆市		1	816	2 158	0.25	164.46
13	广东省		1	0	0	0.00	
五	铸钢件总计	3591020	790	7 434 087	11 022 350	100.00	48.27
1	河南省		69	996 408	2 208 019	20.03	121.60
2	河北省		46	1 168 156	1 632 488	14.81	39.75
3	江苏省		144	927 278	1 015 838	9.22	9.55
4	安徽省		57	473 365	683 512	6.20	44.39
5	广西壮族自治区		18	466 250	668 882	6.07	43.46
6	辽宁省		72	433 040	614 133	5.57	41.82
7	四川省		55	435 795	611 851	5.55	40.40
8	浙江省		86	487 781	603 909	5.48	23.81
9	山东省		50	408 463	504 838	4.58	23.59
10	福建省		24	263 236	422 760	3.84	60.60

（续）

序号	产品及地区名称	产品代码	企业数（家）	2010 年（t）	2011 年（t）	占总计比重（%）	同比增长（%）
11	广东省		15	277 138	362 634	3. 29	30. 85
12	湖北省		29	158 206	357 132	3. 24	125. 74
13	湖南省		29	233 689	320 957	2. 91	37. 34
14	重庆市		20	137 195	284 616	2. 58	107. 45
15	山西省		14	103 836	181 142	1. 64	74. 45
16	吉林省		8	170 089	158 538	1. 44	-6. 79
17	黑龙江省		3	49 273	65 755	0. 60	33. 45
18	天津市		9	51 647	63 984	0. 58	23. 89
19	江西省		5	35 170	57 679	0. 52	64. 00
20	云南省		6	31 194	42 691	0. 39	36. 86
21	宁夏回族自治区		5	24 316	33 991	0. 31	39. 79
22	上海市		6	29 223	32 933	0. 30	12. 70
23	陕西省		5	23 142	23 128	0. 21	-0. 06
24	青海省		2	3 135	18 694	0. 17	496. 30
25	内蒙古自治区		3	9 644	14 321	0. 13	48. 50
26	北京市		2	13 518	10 845	0. 10	-19. 77
27	新疆维吾尔自治区		3	10 652	10 062	0. 09	-5. 54
28	贵州省		4	5 046	8 812	0. 08	74. 65
29	甘肃省		1	8 204	8 204	0. 07	0. 00
六	锻件总计	3592010	449	5 737 274	7 084 609	100. 00	23. 48
1	山东省		119	2 049 443	2 116 462	29. 87	3. 27
2	河南省		32	831 433	1 097 919	15. 50	32. 05
3	重庆市		11	418 827	699 893	9. 88	67. 11
4	江苏省		50	479 421	567 657	8. 01	18. 40
5	浙江省		42	368 428	403 451	5. 69	9. 51
6	福建省		7	122 958	234 391	3. 31	90. 63
7	湖北省		9	105 534	223 908	3. 16	112. 17
8	黑龙江省		6	166 046	214 457	3. 03	29. 16
9	安徽省		23	137 780	200 399	2. 83	45. 45
10	湖南省		4	116 170	197 179	2. 78	69. 73
11	辽宁省		42	159 616	192 546	2. 72	20. 63
12	上海市		21	171 364	183 876	2. 60	7. 30
13	河北省		8	158 912	164 819	2. 33	3. 72
14	四川省		19	90 121	148 424	2. 10	64. 69
15	山西省		9	127 471	146 026	2. 06	14. 56
16	广东省		16	48 866	76 035	1. 07	55. 60
17	江西省		3	65 278	72 304	1. 02	10. 76
18	天津市		6	20 695	31 420	0. 44	51. 82
19	陕西省		5	21 531	29 545	0. 42	37. 22
20	贵州省		2	17 716	20 689	0. 29	16. 78
21	云南省		5	20 982	19 916	0. 28	-5. 08
22	吉林省		2	12 333	15 219	0. 21	23. 40
23	广西壮族自治区		4	7 970	10 473	0. 15	31. 41
24	甘肃省		1	10 680	8 961	0. 13	-16. 10
25	北京市		2	7 630	8 562	0. 12	12. 22
26	内蒙古自治区		1	69	78	0. 00	13. 04

注：表中产量原始数据来源于国家统计局 2011 年 12 月月报资料。

〔供稿人：中国重型机械工业协会李革　审稿人：中国重型机械工业协会臧义成〕

2011年物料搬运（起重运输）机械产品产量及按省、自治区、直辖市分布

序号	产品及地区名称	产品代码	产量单位	企业数（家）	2010年	2011年	占总计比重（%）	同比增长（%）
一	起重机总计	3530100	t	326	5 789 313	7 436 471	100.00	28.45
1	河南省		t	77	1 178 023	1 509 139	20.29	28.11
2	湖南省		t	8	910 935	1 293 865	17.40	42.04
3	山东省		t	61	1 018 195	1 283 942	17.27	26.10
4	江苏省		t	26	652 766	680 813	9.16	4.30
5	安徽省		t	10	331 302	668 787	8.99	101.87
6	上海市		t	15	554 845	540 386	7.27	-2.61
7	湖北省		t	9	185 599	412 446	5.55	122.22
8	浙江省		t	23	182 842	217 894	2.93	19.17
9	广西壮族自治区		t	4	131 133	161 291	2.17	23.00
10	辽宁省		t	9	130 383	143 954	1.94	10.41
11	山西省		t	4	80 415	93 195	1.25	15.89
12	四川省		t	10	105 284	87 944	1.18	-16.47
13	吉林省		t	9	54 042	67 590	0.91	25.07
14	重庆市		t	10	55 899	57 254	0.77	2.42
15	广东省		t	11	62 359	50 142	0.67	-19.59
16	北京市		t	7	38 978	45 122	0.61	15.76
17	江西省		t	3	34 854	29 523	0.40	-15.29
18	云南省		t	5	15 524	21 705	0.29	39.82
19	新疆维吾尔自治区		t	3	14 122	19 145	0.26	35.57
20	宁夏回族自治区		t	4	17 334	18 929	0.25	9.21
21	河北省		t	4	10 485	11 202	0.15	6.85
22	天津市		t	2	7 457	6 337	0.09	-15.02
23	黑龙江省		t	4	5 580	5 541	0.07	-0.70
24	甘肃省		t	2	5 439	4 862	0.07	-10.61
25	福建省		t	5	3 903	4 176	0.06	6.99
26	陕西省		t	1	1 616	1 287	0.02	-20.36
二	电动车辆（电动叉车）总计	3530280	台	32	151 338	169 484	100.00	11.99
1	安徽省		台	6	28 954	36 269	21.40	25.26
2	湖北省		台	1	34 558	33 039	19.49	-4.40
3	浙江省		台	8	28 310	31 670	18.69	11.87
4	上海市		台	4	27 606	28 453	16.79	3.07
5	江苏省		台	3	19 035	12 134	7.16	-36.25
6	福建省		台	1	8 006	11 060	6.53	38.15
7	广东省		台	3	1 540	10 618	6.27	589.51
8	山东省		台	2	2 595	5 641	3.33	117.38
9	北京市		台	1	351	296	0.17	-15.67
10	辽宁省		台	1	303	282	0.17	-6.93
11	河南省		台	1	80	22	0.01	-72.50

（续）

序号	产品及地区名称	产品代码	产量单位	企业数（家）	2010 年	2011 年	占总计比重（%）	同比增长（%）
12	陕西省		台	1	0	0	0.00	
三	内燃叉车总计	3530290	台	35	152 994	200 844	100.00	31.28
1	浙江省		台	7	62 116	71 654	35.68	15.36
2	安徽省		台	7	40 613	48 236	24.02	18.77
3	湖北省		台	1	5 532	26 007	12.95	370.12
4	陕西省		台	2	11 528	13 207	6.58	14.56
5	江苏省		台	4	6 745	9 528	4.74	41.26
6	广西壮族自治区		台	1	6 922	8 792	4.38	27.02
7	上海市		台	4	3 674	5 115	2.55	39.22
8	辽宁省		台	1	4 275	4 146	2.06	-3.02
9	福建省		台	1	2 767	3 976	1.98	43.69
10	河南省		台	2	2 780	3 824	1.90	37.55
11	北京市		台	1	3 400	3 252	1.62	-4.35
12	山东省		台	2	2 560	3 056	1.52	19.38
13	天津市		台	1	82	51	0.03	-37.80
14	广东省		台	1	0	0	0.00	
四	输送机械(输送机和提升机)总计	3530311	t	107	1 411 468	1 271 224	100.00	-9.94
1	辽宁省		t	3	275 546	299 631	23.57	8.74
2	安徽省		t	22	240 442	208 224	16.38	-13.40
3	浙江省		t	14	138 621	157 545	12.39	13.65
4	江苏省		t	10	84 876	107 609	8.46	26.78
5	内蒙古自治区		t	1	70 650	101 780	8.01	44.06
6	山东省		t	2	70 204	64 778	5.10	-7.73
7	湖北省		t	12	37 104	53 063	4.17	43.01
8	河北省		t	6	48 963	52 589	4.14	7.41
9	黑龙江省		t	2	30 056	39 597	3.11	31.74
10	宁夏回族自治区		t	1	33 217	38 690	3.04	16.48
11	山西省		t	2	269 709	33 492	2.63	-87.58
12	四川省		t	3	29 210	23 703	1.86	-18.85
13	湖南省		t	1	22 695	20 316	1.60	-10.48
14	北京市		t	2	13 417	19 629	1.54	46.30
15	河南省		t	8	9 270	13 404	1.05	44.59
16	福建省		t	2	8 586	9 976	0.78	16.19
17	吉林省		t	2	9 583	8 738	0.69	-8.82
18	广东省		t	6	5 991	4 875	0.38	-18.63
19	天津市		t	1	7 567	4 360	0.34	-42.38
20	广西壮族自治区		t	1	2 958	4 138	0.33	39.92
21	新疆维吾尔自治区		t	1	1 114	3 772	0.30	238.60
22	贵州省		t	1	999	865	0.07	-13.41
23	重庆市		t	1	691	449	0.04	-35.02
24	上海市		t	1	0	0	0.00	
25	云南省		t	1	0	0	0.00	
26	陕西省		t	1	0	0	0.00	
五	减速机总计	3579020	台	173	4 587 644	5 579 034	100.00	21.61
1	浙江省		台	35	1 937 892	2 380 060	42.66	22.82

（续）

序号	产品及地区名称	产品代码	产量单位	企业数（家）	2010 年	2011 年	占总计比重（%）	同比增长（%）
2	江苏省		台	23	930 045	1 079 459	19. 35	16. 07
3	上海市		台	8	532 693	589 252	10. 56	10. 62
4	湖北省		台	8	178 956	316 359	5. 67	76. 78
5	天津市		台	5	190 169	209 457	3. 75	10. 14
6	北京市		台	3	149 218	195 061	3. 50	30. 72
7	湖南省		台	6	130 097	193 927	3. 48	49. 06
8	广东省		台	6	178 385	169 281	3. 03	-5. 10
9	山东省		台	24	147 692	166 681	2. 99	12. 86
10	河南省		台	13	78 752	103 838	1. 86	31. 85
11	重庆市		台	3	40 996	48 178	0. 86	17. 52
12	辽宁省		台	16	31 553	37 161	0. 67	17. 77
13	河北省		台	5	18 741	31 491	0. 56	68. 03
14	安徽省		台	6	9 808	14 614	0. 26	49. 00
15	四川省		台	3	10 133	13 945	0. 25	37. 62
16	山西省		台	3	12 224	13 213	0. 24	8. 09
17	内蒙古自治区		台	1	7 808	9 327	0. 17	19. 45
18	广西壮族自治区		台	1	1 483	6 665	0. 12	349. 43
19	吉林省		台	1	769	843	0. 02	9. 62
20	陕西省		台	1	143	125	0. 00	-12. 59
21	宁夏回族自治区		台	1	69	61	0. 00	-11. 59
22	云南省		台	1	18	36	0. 00	100. 00

〔供稿人：中国重型机械工业协会李革　审稿人：中国重型机械工业协会臧义成〕

2011 年冶金矿山机械进出口按产品分类统计

税　号	货品名称	数量单位	出口量	出口额（万美元）	进口量	进口额（万美元）	进出口总额（万美元）	进出口差额（万美元）
	冶金矿山机械总计			302 471		205 923	508 396	96 546
	占重型机械行业总计比重（%）			21. 66		29. 90	24. 38	13. 64
	（一）冶金机械合计			158 167		122 241	280 410	35 926
	占冶金矿山机械总计比重（%）			52. 29		59. 36	55. 16	37. 21
	1. 金属冶炼设备	台	412	5 032	42	2 855	7 887	2 176
84178010	炼焦炉	台	5	521			521	521
84541000	转炉	台	279	1 962	22	1 678	3 640	283
84542010	炉外精炼设备	台	128	2 549	20	1 177	3 726	1 372
	2. 连续铸钢设备	台	206	7 380	6	1 440	8 820	5 940
84543021	方坯连铸机	台	73	2 336	3	345	2 681	1 991
84543022	板坯连铸机	台	14	40	1	39	79	0
84543029	其他钢坯连铸机	台	119	5 004	2	1 056	6 060	3 949

（续）

税　　号	货品名称	数量单位	出口量	出口额（万美元）	进口量	进口额（万美元）	进出口总额（万美元）	进出口差额（万美元）
	3. 金属轧制设备	台	11 300	31 817	2 062	52 722	84 539	-20 906
	(1)管轧机	台	874	8 299	44	8 384	16 683	-84
84551010	热轧管机	台	69	3 369	18	4 038	7 407	-668
84551020	冷轧管机	台	572	3 074	18	3 086	6 160	-13
84551030	定、减径轧管机	台	40	538	3	947	1 485	-408
84551090	其他金属管轧机	台	193	1 318	5	313	1 631	1 005
	(2)板材轧机	台	2 404	6 400	25	8 344	14 744	-1 945
84552110	板材热轧机	台	28	1 108	0	0	1 108	1 108
84552210	板材冷轧机	台	2 376	5 292	25	8 344	13 636	-3 053
84552120	(3)型材轧机	台	193	2 169	9	2 320	4 488	-151
84552130	(4)线材轧机	台	288	2 371	26	4 372	6 742	-2 001
	(5)其他金属轧机	台	4 206	6 978	476	18 758	25 736	-11 780
84552190	其他金属热轧机或冷热联轧机	台	303	1 358	14	5 170	6 528	-3 812
84552290	其他金属冷轧机	台	3 903	5 621	462	13 588	19 209	-7 968
	(6)拉拔机	台	3 335	5 600	1 482	10 544	16 145	-4 944
84631011	300 t及以下的冷拔管机	台	60	755	19	233	988	521
84631019	其他冷拔管机	台	10	95	0	0	95	95
84631020	拔丝机	台	2 694	3 207	1 029	8 540	11 747	-5 333
84631090	金属杆、管、型材、异型材等的拉拔机	台	571	1 544	434	1 771	3 315	-227
	4. 冶金设备零件			113 940		65 225	179 165	48 715
	(1)金属冶炼设备零件			49 232		7 071	56 303	42 160
84179010	海绵铁回转窑的零件	t	1 753	862	346	230	1 092	632
84179020	焦炉零件	t	14 175	4 931	22	87	5 018	4 844
84542090	锭模及浇包	台	9 890	5 306	104	1 437	6 743	3 869
84549010	炉外精炼设备的零件	t	8 274	2 864	142	667	3 531	2 197
84549090	其他金属冶炼设备及铸造机的零件	t	89 211	35 268	1 774	4 650	39 918	30 619
	(2)连铸机零件		20 882	12 207	1 280	6 338	18 546	5 869
84549021	钢坯连铸机用结晶器	t	2 122	2 803	172	1 873	4 676	930
84549022	钢坯连铸机用振动装置	t	287	225	359	1 185	1 411	-960
84549029	其他钢坯连铸机用零件	t	18 474	9 179	749	3 281	12 459	5 898
	(3)金属轧制设备零件			52 501		51 815	104 316	686
84553000	金属轧机用轧辊	个	128 641	22 876	67 292	30 581	53 457	-7 705
84559000	其他金属轧机零件	t	72 392	29 625	7 727	21 234	50 859	8 391
	(二) 矿山机械合计			144 303		83 682	227 986	60 620
	占冶金矿山机械总计比重(%)			47.71		40.64	44.84	62.79
	1. 采掘、凿岩设备及钻机	台	48 160	26 789	381	36 439	63 229	-9 651
	(1)采煤、凿岩机及隧道掘进机	台	27 523	21 089	215	30 822	51 911	-9 734
84303100	自推进的采煤、凿岩机及隧道掘进机	台	691	19 681	128	17 696	37 376	1 985
84303900	非自推进的采煤、凿岩机及隧道掘进机	台	26 832	1 408	87	13 127	14 534	-11 719
84305020	(2)矿用电铲	台	4	15	4	3 404	3 419	-3 389
	(3) 采矿钻机	台	336	1 102	103	983	2 085	119
84305031	牙轮直径在380 mm及以上的采矿钻机	台	9	36	8	42	78	-6
84305039	其他采矿钻机	台	327	1 066	95	941	2 007	125
	(4)工程钻机	台	20 297	4 583	59	1 230	5 814	3 353
84306911	钻筒直径在3 m以上的非自推进工程钻机	台	21	153	0	0	153	153

（续）

税　号	货品名称	数量单位	出口量	出口额（万美元）	进口量	进口额（万美元）	进出口总额（万美元）	进出口差额（万美元）
84306919	其他非自推进工程钻机	台	20 276	4 430	59	1 230	5 661	3 200
	2. 筛分、洗选设备	台	29 903	28 762	2 413	12 727	41 489	16 036
84741000	筛分、洗选设备	台	29 903	28 762	2 413	12 727	41 489	16 036
	3. 破碎、粉磨设备	台	32 240	83 840	1 098	32 588	116 428	51 252
84742010	齿辊式破碎设备	台	4 824	10 366	153	10 338	20 704	27
84742020	球磨式粉磨设备	台	2 973	23 212	167	2 262	25 474	20 951
84742090	其他破碎或粉磨设备	台	24 443	50 262	778	19 988	70 250	30 274
	4. 矿山提升设备	台	1 311	865	20	268	1 134	597
84253110	电动矿山提升设备	台	1 150	817	17	195	1 012	622
84253910	非电动矿山提升设备	台	161	49	3	73	122	-24
	5. 矿山机械零件	t	12 324	4 046	596	1 660	5 706	2 386
84314910	矿用电铲用零件	t	12 324	4 046	596	1 660	5 706	2 386

注：表中原始数据来源海关2011年12月月报资料，进出口顺差为负数表示逆差。编者按照《GB/T 4754—2011 国民经济行业分类》新标准和2010年国统局《统计用产品分类目录》对货品名称及归类作了适当调整（以下表同）。

〔供稿人：中国重型机械工业协会李革　审稿人：中国重型机械工业协会臧义成〕

2011年冶金矿山机械进出口额按国家（地区）统计

序号	国家（地区）名称	出口额（万美元）	占出口总额的比重（%）	序号	国家（地区）名称	进口额（万美元）	占进口总额的比重（%）
	冶金矿山机械总计	302 471	100.00		冶金矿山机械总计	205 923	100.00
1	印度	50 575	16.72	1	德国	68 841	33.43
2	巴西	18 629	6.16	2	美国	38 599	18.74
3	越南	15 870	5.25	3	日本	26 548	12.89
4	印度尼西亚	13 743	4.54	4	意大利	11 239	5.46
5	美国	12 692	4.20	5	法国	10 265	4.99
6	日本	11 216	3.71	6	英国	9 701	4.71
7	俄罗斯联邦	9 924	3.28	7	瑞典	8 132	3.95
8	马来西亚	9 689	3.20	8	奥地利	7 228	3.51
9	沙特阿拉伯	8 455	2.80	9	韩国	6 905	3.35
10	韩国	8 091	2.67	10	中国台湾	2 567	1.25
11	伊朗	7 954	2.63	11	荷兰	2 068	1.00
12	中国香港	6 858	2.27	12	澳大利亚	1 875	0.91
13	中国台湾	5 757	1.90	13	瑞士	1 822	0.89
14	泰国	5 533	1.83	14	中华人民共和国	1 305	0.63
15	德国	5 428	1.79	15	芬兰	1 160	0.56
16	澳大利亚	5 122	1.69	16	巴西	1 032	0.50

（续）

序号	国家（地区）名称	出口额（万美元）	占出口总额的比重（%）	序号	国家（地区）名称	进口额（万美元）	占进口总额的比重（%）
17	土耳其	4 991	1.65	17	比利时	1 024	0.50
18	墨西哥	4 413	1.46	18	加拿大	1 001	0.49
19	哈萨克斯坦	3 748	1.24	19	南非	627	0.30
20	阿拉伯联合酋长国	3 648	1.21	20	乌克兰	532	0.26
21	蒙古	3 626	1.20	21	新加坡	506	0.25
22	新加坡	3 564	1.18	22	波兰	385	0.19
23	缅甸	3 152	1.04	23	土耳其	293	0.14
24	南非	3 122	1.03	24	西班牙	284	0.14
25	意大利	3 108	1.03	25	丹麦	231	0.11
26	尼日利亚	2 748	0.91	26	捷克	203	0.10
27	菲律宾	2 740	0.91	27	俄罗斯联邦	201	0.10
28	赞比亚	2 681	0.89	28	印度	190	0.09
29	乌克兰	2 648	0.88	29	中国香港	181	0.09
30	智利	2 504	0.83	30	新西兰	177	0.09
31	老挝	2 422	0.80	31	挪威	171	0.08
32	朝鲜	2 418	0.80	32	马来西亚	152	0.07
33	加拿大	2 277	0.75	33	斯洛文尼亚	120	0.06
34	荷兰	2 276	0.75	34	泰国	107	0.05
35	斯里兰卡	2 270	0.75	35	智利	84	0.04
36	白俄罗斯	2 145	0.71	36	沙特阿拉伯	44	0.02
37	孟加拉国	1 971	0.65	37	卢森堡	41	0.02
38	加纳	1 846	0.61	38	匈牙利	36	0.02
39	巴基斯坦	1 831	0.61	39	列支敦士登	14	0.01
40	奥地利	1 696	0.56	40	越南	10	0.00
41	肯尼亚	1 673	0.55	41	印度尼西亚	9	0.00
42	委内瑞拉	1 661	0.55	42	墨西哥	7	0.00
43	苏丹	1 564	0.52	43	菲律宾	2	0.00
44	巴林	1 474	0.49	44	爱沙尼亚	0.44	0.00
45	英国	1 361	0.45	45	保加利亚	0.42	0.00
46	阿尔及利亚	1 326	0.44	46	斯洛伐克	0.42	0.00
47	比利时	1 260	0.42	47	多米尼加共和国	0.17	0.00
48	秘鲁	1 199	0.40	48	罗马尼亚	0.11	0.00
49	乌兹别克斯坦	1 144	0.38	49	伊朗	0.05	0.00
50	埃及	1 138	0.38	50	叙利亚	0.05	0.00

注：2011 年冶金矿山机械共出口 187 个国家（地区），从 50 个国家（地区）进口，表中仅列出前 50 位国家（地区）。

〔供稿人：中国重型机械工业协会李革　审稿人：中国重型机械工业协会臧义成〕

2011年冶金机械进出口额按国家(地区)统计

序号	国家(地区)名称	出口额(万美元)	占出口总额的比重(%)	序号	国家(地区)名称	进口额(万美元)	占进口总额的比重(%)
	冶金机械合计	158 167	100.00		冶金机械合计	122 241	100.00
1	印度	31 148	19.69	1	德国	45 719	37.40
2	日本	10 665	6.74	2	日本	20 985	17.17
3	巴西	10 643	6.73	3	美国	14 893	12.18
4	美国	8 202	5.19	4	意大利	10 843	8.87
5	韩国	7 519	4.75	5	韩国	5 557	4.55
6	越南	7 046	4.45	6	英国	4 224	3.46
7	印度尼西亚	6 436	4.07	7	法国	3 936	3.22
8	中国台湾	5 283	3.34	8	奥地利	3 889	3.18
9	德国	5 128	3.24	9	瑞典	2 636	2.16
10	俄罗斯联邦	4 992	3.16	10	荷兰	1 901	1.56
11	泰国	4 291	2.71	11	中国台湾	1 583	1.30
12	沙特阿拉伯	4 004	2.53	12	瑞士	1 548	1.27
13	阿拉伯联合酋长国	3 402	2.15	13	比利时	847	0.69
14	土耳其	3 363	2.13	14	加拿大	782	0.64
15	墨西哥	3 184	2.01	15	巴西	704	0.58
16	意大利	2 914	1.84	16	乌克兰	532	0.44
17	马来西亚	2 290	1.45	17	芬兰	219	0.18
18	伊朗	2 110	1.33	18	西班牙	215	0.18
19	哈萨克斯坦	1 972	1.25	19	捷克	180	0.15
20	荷兰	1 885	1.19	20	中国香港	176	0.14
21	乌克兰	1 810	1.14	21	挪威	166	0.14
22	澳大利亚	1 626	1.03	22	中华人民共和国	166	0.14
23	奥地利	1 509	0.95	23	俄罗斯联邦	132	0.11
24	巴林	1 469	0.93	24	斯洛文尼亚	120	0.10
25	加拿大	1 172	0.74	25	智利	71	0.06
26	比利时	1 149	0.73	26	南非	52	0.04
27	菲律宾	1 119	0.71	27	卢森堡	41	0.03
28	巴基斯坦	1 069	0.68	28	匈牙利	36	0.03
29	南非	1 036	0.66	29	澳大利亚	18	0.01
30	缅甸	889	0.56	30	丹麦	16	0.01
31	摩洛哥	883	0.56	31	印度	12	0.01
32	苏丹	857	0.54	32	波兰	10	0.01
33	法国	828	0.52	33	泰国	9	0.01
34	阿根廷	781	0.49	34	印度尼西亚	8	0.01
35	孟加拉国	719	0.45	35	越南	7	0.01
36	乌兹别克斯坦	717	0.45	36	马来西亚	3	0.00
37	埃及	709	0.45	37	新加坡	2	0.00

（续）

序号	国家(地区)名称	出口额（万美元）	占出口总额的比重（%）	序号	国家(地区)名称	进口额（万美元）	占进口总额的比重（%）
38	英国	703	0.44	38	菲律宾	2	0.00
39	叙利亚	699	0.44	39	爱沙尼亚	0.44	0.00
40	西班牙	694	0.44	40	保加利亚	0.42	0.00
41	尼日利亚	625	0.39	41	斯洛伐克	0.42	0.00
42	瑞士	559	0.35	42	多米尼加共和国	0.17	0.00
43	加纳	554	0.35	43	罗马尼亚	0.11	0.00
44	老挝	490	0.31	44	墨西哥	0.10	0.00
45	智利	484	0.31	45	土耳其	0.06	0.00
46	罗马尼亚	453	0.29	46	伊朗	0.05	0.00
47	新加坡	409	0.26	47	巴基斯坦	0.01	0.00
48	立陶宛	348	0.22				
49	朝鲜	338	0.21				
50	约旦	288	0.18				

注:2011 年冶金机械共出口 159 个国家(地区),表中仅列出前 50 位国家(地区)。

〔供稿人:中国重型机械工业协会李革　审稿人:中国重型机械工业协会臧义成〕

2011 年矿山机械进出口额按国家(地区)统计

序号	国家(地区)名称	出口额（万美元）	占出口总额的比重（%）	序号	国家(地区)名称	进口额（万美元）	占进口总额的比重（%）
	矿山机械合计	93 688	100.00		矿山机械合计	83 682	100.00
1	印度	19 428	13.46	1	美国	23 706	28.33
2	越南	8 824	6.12	2	德国	23 123	27.63
3	巴西	7 986	5.53	3	法国	6 329	7.56
4	马来西亚	7 399	5.13	4	日本	5 564	6.65
5	印度尼西亚	7 307	5.06	5	瑞典	5 496	6.57
6	中国香港	6 630	4.59	6	英国	5 477	6.55
7	伊朗	5 843	4.05	7	奥地利	3 339	3.99
8	俄罗斯联邦	4 932	3.42	8	澳大利亚	1 857	2.22
9	美国	4 490	3.11	9	韩国	1 348	1.61
10	沙特阿拉伯	4 451	3.08	10	中华人民共和国	1 140	1.36
11	蒙古	3 586	2.48	11	中国台湾	984	1.18
12	澳大利亚	3 496	2.42	12	芬兰	941	1.12
13	新加坡	3 154	2.19	13	南非	575	0.69
14	赞比亚	2 435	1.69	14	新加坡	504	0.60
15	缅甸	2 263	1.57	15	意大利	396	0.47
16	斯里兰卡	2 157	1.49	16	波兰	375	0.45

（续）

序号	国家（地区）名称	出口额（万美元）	占出口总额的比重（%）	序号	国家（地区）名称	进口额（万美元）	占进口总额的比重（%）
17	尼日利亚	2 123	1.47	17	巴西	328	0.39
18	南非	2 086	1.45	18	土耳其	293	0.35
19	朝鲜	2 080	1.44	19	瑞士	275	0.33
20	智利	2 021	1.40	20	加拿大	219	0.26
21	白俄罗斯	1 968	1.36	21	丹麦	215	0.26
22	老挝	1 933	1.34	22	印度	179	0.21
23	哈萨克斯坦	1 777	1.23	23	比利时	177	0.21
24	土耳其	1 627	1.13	24	新西兰	177	0.21
25	菲律宾	1 621	1.12	25	荷兰	167	0.20
26	肯尼亚	1 477	1.02	26	马来西亚	149	0.18
27	委内瑞拉	1 473	1.02	27	泰国	98	0.12
28	加纳	1 292	0.89	28	俄罗斯联邦	69	0.08
29	孟加拉国	1 252	0.87	29	西班牙	68	0.08
30	泰国	1 242	0.86	30	沙特阿拉伯	44	0.05
31	墨西哥	1 229	0.85	31	捷克	23	0.03
32	加拿大	1 105	0.77	32	列支敦士登	14	0.02
33	阿尔及利亚	1 061	0.73	33	智利	13	0.02
34	秘鲁	973	0.67	34	墨西哥	7	0.01
35	民主刚果	867	0.60	35	中国香港	6	0.01
36	乌克兰	839	0.58	36	挪威	5	0.01
37	埃塞俄比亚	805	0.56	37	越南	3	0.00
38	坦桑尼亚	784	0.54	38	印度尼西亚	2	0.00
39	巴基斯坦	762	0.53	39	叙利亚	0	0.00
40	苏丹	706	0.49				
41	厄瓜多尔	689	0.48				
42	英国	659	0.46				
43	韩国	572	0.40				
44	塞拉利昂	569	0.39				
45	哥伦比亚	557	0.39				
46	日本	551	0.38				
47	古巴	510	0.35				
48	中国台湾	474	0.33				
49	塔吉克斯坦	462	0.32				
50	安哥拉	454	0.31				

注:2011 年矿山机械共出口 174 个国家(地区),表中仅列出前 50 位国家(地区)。

〔供稿人:中国重型机械工业协会李革　审稿人:中国重型机械工业协会臧义成〕

2011 年物料搬运(起重运输)机械进出口按产品分类统计

税号	货品名称	数量单位	出口量	出口额（万美元）	进口量	进口额（万美元）	进出口总额（万美元）	进出口差额（万美元）
	物料搬运(起重运输)机械总计			1 093 912		482 836	1 576 747	611 076
	占重型机械行业总计比重(%)			78.34		70.10	75.62	86.36
	(一)轻小型起重设备合计			167 974		67 740	235 714	100 234
	占物料搬运(起重运输)机械总计比重(%)			15.36		14.03	14.95	16.40
84251100	1. 电动葫芦	台	682 024	10 169	18 396	5 309	15 477	4 860
84251900	2. 滑车及手动葫芦	台	2 733 076	12 109	27 523	2 130	14 239	9 978
	3. 卷扬机及绞盘	台	7 881 719	48 335	47 679	41 718	90 052	6 617
84253190	(1)电动的卷扬机及绞盘	台	1 442 321	36 775	29 483	28 328	65 102	8 447
84253990	(2) 非电动卷扬机及绞盘	台	6 439 398	11 560	18 196	13 390	24 950	-1 830
	4. 千斤顶	台	32 314 497	54 214	986 046	4 740	58 954	49 474
84254100	(1)车库中使用的固定千斤顶系统	台	1 381	2	40	5	8	-3
84254210	(2)其他液压千斤顶	台	20 116 935	38 639	43 550	2 941	41 579	35 698
84254910	(3)其他千斤顶	台	12 196 181	15 573	942 456	1 794	17 367	13 779
	5. 车辆举升机	台	2 159 460	28 224	7 166	2 694	30 918	25 530
84254290	(1)液压举升机	台	417 253	23 577	3 840	1 634	25 212	21 943
84254990	(2)其他举升机	台	1 742 207	4 646	3 326	1 060	5 706	3 586
	6. 轻小型起重设备零件	t	6 072	14 924	410	11 149	26 074	3 775
84311000	(1) 税号 8425 轻小型起重设备零件	t	6 072	14 924	410	11 149	26 074	3 775
	(二)起重机合计	台		320 102		78 896	398 997	241 206
	占物料搬运(起重运输)机械总计比重(%)			29.26		16.34	25.31	39.47
	1. 桥式起重机	台	2 893	20 042	942	9 813	29 855	10 229
84261120	(1)通用桥式起重机	台	2 234	16 287	366	4 994	21 281	11 294
84261190	(2)其他桥式起重机	台	659	3 755	576	4 820	8 574	-1 065
84261930	2. 门式起重机	台	536	39 654	17	214	39 868	39 439
	3. 装卸桥及其他桥架型起重机	台	879	80 059	240	2 124	82 183	77 934
	(1)装卸桥	台	193	71 640	31	979	72 619	70 661
84261921	① 抓斗式卸船机	台	13	1 148	20	706	1 854	443
84261941	② 通用装卸桥	台	19	711	0	0	711	711
84261942	③ 集装箱装卸桥	台	131	69 495	0	0	69 495	69 495
84261943	④ 其他动臂式装卸桥	台	19	71	8	268	339	-198
84261949	⑤ 其他装卸桥	台	11	215	3	5	220	210
	(2)其他桥架型起重机	台	686	8 419	209	1 145	9 564	7 273
84261200	① 胶轮移动式吊运架及跨运车	台	380	7 500	65	470	7 970	7 029
84261990	② 未列名桥架型起重机和移动式吊运架及跨运车	台	306	919	144	675	1 594	244
84262000	4. 塔式起重机	台	2 295	33 329	66	5 150	38 479	28 179
84263000	5. 门座起重机	台	864	23 547	459	25 956	49 503	-2 410

（续）

税　　号	货品名称	数量单位	出口量	出口额（万美元）	进口量	进口额（万美元）	进出口总额（万美元）	进出口差额（万美元）
	6. 流动式起重机	台	5 240	103 684	285	25 317	129 001	78 367
	(1)轮式起重机	台	3 965	68 791	84	12 164	80 954	56 627
	① 汽车起重机	台	2 741	42 932	2	752	43 684	42 180
87051091	最大起重量不超过50t汽车起重机	辆	2 124	26 258	1	33	26 290	26 225
87051092	最大起重量超过 50 t,但不超过 100 t汽车起重机	辆	585	14 805	0	0	14 805	14 805
87051093	最大起重量超过 100 t 汽车起重机	辆	32	1 869	1	719	2 588	1 149
	②全路面起重机	辆	804	11 859	34	10 122	21 981	1 737
87051021	最大起重量不超过 50 t 全路面起重机	辆	690	7 495	0	0	7 495	7 495
87051022	最大起重量超过 50 t,但不超过 100 t全路面起重机	辆	90	1 813	0	0	1 813	1 813
87051023	最大起重量超过 100 t 全路面起重机	辆	24	2 552	34	10 122	12 674	－7 570
	③ 轮胎起重机	台	420	14 000	48	1 290	15 290	12 710
84264110	通用轮胎起重机	台	59	1 278	13	530	1 809	748
84264190	其他轮胎式起重机	台	361	12 721	35	759	13 481	11 962
84264910	(2)履带式起重机	台	767	33 532	35	12 760	46 293	20 772
84264990	(3)其他流动式起重机	台	44	911	2	85	995	826
84269100	(4)公路车辆的随车起重机	台	464	451		308	759	143
84269900	7. 未列名起重机	台	3 422	11 445	392	5 484	16 929	5 961
	8. 起重机零件	个	237 670	8 342	14 622	4 837	13 179	3 505
84314100	(1)税号 8426 戽斗、铲斗、抓斗及夹斗	个	237 670	8 342	14 622	4 837	13 179	3 505
	(三)工业车辆合计	台		189 918		51 974	241 892	137 944
	占物料搬运(起重运输)机械总计比重(%)			17. 36		10. 76	15. 34	22. 57
	1. 电动起升车辆(叉车)	台	33 685	21 764	9 075	16 184	37 947	5 580
84271020	(1)乘驾式高起升堆垛叉车	台	540	341	356	574	914	－233
84271090	(2)其他电动车辆(叉车)	台	33 145	21 423	8 719	15 610	37 033	5 813
	2. 内燃叉车	台	50 560	79 673	1 912	13 241	92 915	66 432
84272010	(1)集装箱叉车	台	140	2 999	51	645	3 643	2 354
84272090	(2)其他内燃叉车	台	50 420	76 675	1 861	12 597	89 271	64 078
	3. 短距离牵引车	辆	1 157	1 030	1 565	1 714	2 743	－684
87091110	(1)电动牵引车	辆	805	209	1 228	1 196	1 406	－987
87091910	(2)其他机动牵引车	辆	352	820	337	517	1 338	303
	4. 固定平台搬运车	辆	22 775	2 099	505	717	2 816	1 382
87091190	(1) 电动固定平台搬运车	辆	18 481	1 012	132	143	1 155	869
87091990	(2) 其他固定平台搬运车	辆	4 294	1 087	373	574	1 661	513
84279000	5. 手动起升搬运车辆	台	1 786 013	30 699	4 456	3 163	33 861	27 536
	6. 工业车辆零件	t	38 827	54 654	1 790	16 955	71 610	37 699
84312000	(1)税号 8427 起升车辆的零件	t	38 643	53 908	1 755	16 339	70 247	37 569
87099000	(2)税号 8709 牵引车、搬运车零件	t	185	746	35	617	1 363	130
	(四)电梯、自动梯及升降机合计	台		198 021		27 593	225 614	170 429
	占物料搬运(起重运输)机械总计比重(%)			18. 10		5. 71	14. 31	27. 89
84281010	1. 载客电梯	台	30 741	77 868	1 698	13 000	90 868	64 868
84281090	2. 其他升降机及倒卸式起重机	台	3 926	4 799	456	2 648	7 446	2 151
84284000	3. 自动梯及自动人行道	台	16 834	52 351	19	122	52 473	52 230
84313100	4. 电梯、自动梯及升降机零件	t	30 225	63 004	911	11 823	74 827	51 180

（续）

税　　号	货品名称	数量单位	出口量	出口额（万美元）	进口量	进口额（万美元）	进出口总额（万美元）	进出口差额（万美元）
	（五）连续搬运设备合计	台	225 487	127 148	44 553	138 565	265 714	-11 417
	占物料搬运（起重运输）机械总计比重（%）			11.62		28.70	16.85	-1.87
	1. 输送机械（输送机及提升机）	台	225 089	113 567	44 540	137 765	251 331	-24 198
84282000	（1）气力输送机	台	8 397	4 778	1 680	10 976	15 754	-6 198
84283100	（2）地下专用的输送机	台	170	575	46	3 586	4 160	-3 011
84283200	（3）斗式提升输送机	台	4 541	14 540	1 361	4 077	18 618	10 463
84283300	（4）带式输送机	台	30 192	38 609	11 573	21 965	60 574	16 645
84283910	（5）链式输送机	台	8 984	9 632	3 509	22 425	32 057	-12 794
84283920	（6）辊式输送机	台	8 713	15 678	5 019	20 865	36 543	-5 188
84283990	（7）其他输送机及提升机	台	162 871	29 343	20 647	49 755	79 098	-20 411
	（8）架空索道	台	1 221	412	705	4 115	4 527	-3 703
84286010	① 货运架空索道	台	13	54	13	127	181	-72
	② 客运架空索道	台	31	64	26	2 549	2 613	-2 484
84286021	循环式客运架空索道	台	2	48	25	2 546	2 594	-2 498
84286029	其他客运架空索道	台	29	17	1	3	19	14
84286090	③ 其他缆车、滑雪拉索、牵引机等	台	1 177	293	666	1 440	1 733	-1 147
	2. 装卸机械	台	398	13 582	13	800	14 382	12 781
84261910	（1）装船机	台	377	2 673	7	201	2 874	2 472
84261929	（2）卸船机	台	21	10 909	6	599	11 508	10 309
84289031	（3）堆取料机械							
84289039	（4）其他装卸机械							
	（六）其他物料搬运设备合计	台		90 749		118 068	208 816	-27 319
	占物料搬运（起重运输）机械总计比重（%）			8.30		24.45	13.24	-4.47
	1. 立体仓库设备	台	4	19	189	4 257	4 277	-4 238
84798992	（1）自动化立体仓储设备							
84271010	（2）有轨巷道堆垛机	台	4	19	189	4 257	4 277	-4 238
84289020	2. 机械停车设备	台	3 658	1 365	19	67	1 433	1 298
	3. 机场专用搬运设备							
84797100	（1）机场用旅客登机桥							
84797900	（2）其他旅客登机（船）桥							
84289010	4. 矿车推进机、转车台、货车倾卸装置等	台	330	1 820	54	1 009	2 828	811
84289090	5. 未列名提升、搬运、装卸机械	台	1 579 094	43 227	107 306	91 021	134 248	-47 793
84313900	6. 税号84.28所列其他机械零件	t	13 968	44 317	1 149	21 714	66 031	22 603

〔供稿人：中国重型机械工业协会王文斯　审稿人：中国重型机械工业协会臧义成〕

2011年物料搬运（起重运输）机械进出口额按国家（地区）统计

序号	国家（地区）名称	出口额（万美元）	占出口总额的比重（%）	序号	国家（地区）名称	进口额（万美元）	占进口总额的比重（%）
	物料搬运（起重运输）机械总计	1 093 912	100.00		物料搬运（起重运输）机械总计	482 836	100.00
1	美国	103 897	9.50	1	德国	154 932	32.09
2	印度	79 749	7.29	2	日本	84 065	17.41
3	巴西	66 539	6.08	3	韩国	49 465	10.24
4	韩国	57 081	5.22	4	美国	32 770	6.79
5	日本	39 637	3.62	5	中国台湾	26 682	5.53
6	澳大利亚	39 407	3.60	6	意大利	17 636	3.65
7	越南	36 476	3.33	7	挪威	10 466	2.17
8	印度尼西亚	36 352	3.32	8	法国	10 241	2.12
9	新加坡	35 146	3.21	9	奥地利	9 965	2.06
10	俄罗斯联邦	34 071	3.11	10	瑞典	8 805	1.82
11	德国	26 724	2.44	11	新加坡	8 763	1.81
12	沙特阿拉伯	23 886	2.18	12	荷兰	8 684	1.80
13	中国香港	23 276	2.13	13	芬兰	7 754	1.61
14	泰国	23 257	2.13	14	英国	7 662	1.59
15	马来西亚	21 556	1.97	15	澳大利亚	6 132	1.27
16	土耳其	21 457	1.96	16	瑞士	6 076	1.26
17	英国	18 218	1.67	17	中华人民共和国	5 768	1.19
18	伊朗	16 941	1.55	18	西班牙	5 254	1.09
19	阿拉伯联合酋长国	16 553	1.51	19	捷克	3 646	0.76
20	荷兰	14 408	1.32	20	加拿大	3 419	0.71
21	中国台湾	14 406	1.32	21	波兰	2 975	0.62
22	委内瑞拉	12 978	1.19	22	马来西亚	1 888	0.39
23	意大利	12 017	1.10	23	丹麦	1 725	0.36
24	南非	11 960	1.09	24	比利时	1 396	0.29
25	菲律宾	11 898	1.09	25	泰国	1 357	0.28
26	斯里兰卡	11 626	1.06	26	土耳其	1 021	0.21
27	哥伦比亚	10 913	1.00	27	匈牙利	759	0.16
28	阿根廷	10 640	0.97	28	中国香港	515	0.11
29	巴拿马	10 292	0.94	29	以色列	456	0.09
30	法国	9 956	0.91	30	卢森堡	419	0.09
31	加拿大	9 597	0.88	31	罗马尼亚	307	0.06
32	缅甸	9 586	0.88	32	斯洛文尼亚	293	0.06
33	墨西哥	8 898	0.81	33	越南	271	0.06
34	智利	8 466	0.77	34	南非	254	0.05
35	埃及	8 343	0.76	35	爱尔兰	168	0.03
36	比利时	8 161	0.75	36	新西兰	145	0.03

（续）

序号	国家(地区)名称	出口额 (万美元)	占出口总额的比重 (%)	序号	国家(地区)名称	进口额 (万美元)	占进口总额的比重 (%)
37	哈萨克斯坦	7 724	0.71	37	白俄罗斯	124	0.03
38	蒙古	7 126	0.65	38	印度	122	0.03
39	瑞典	6 922	0.63	39	斯洛伐克	96	0.02
40	阿曼	6 539	0.60	40	葡萄牙	73	0.02
41	西班牙	6 382	0.58	41	爱沙尼亚	62	0.01
42	阿尔及利亚	5 700	0.52	42	列支敦士登	58	0.01
43	白俄罗斯	5 568	0.51	43	墨西哥	53	0.01
44	孟加拉国	5 464	0.50	44	印度尼西亚	47	0.01
45	尼日利亚	5 421	0.50	45	希腊	16	0.00
46	巴基斯坦	5 398	0.49	46	保加利亚	14	0.00
47	肯尼亚	5 216	0.48	47	菲律宾	11	0.00
48	波兰	4 523	0.41	48	巴西	8	0.00
49	芬兰	4 233	0.39	49	乌克兰	7	0.00
50	希腊	4 158	0.38	50	阿拉伯联合酋长国	5	0.00

注:2011 年物料搬运(起重运输)机械共出口 201 个国家(地区),从 69 个国家(地区)进口,表中仅列出前 50 位国家(地区)。

〔供稿人:中国重型机械工业协会王文斯　审稿人:中国重型机械工业协会臧义成〕

2011 年轻小型起重设备进出口额按国家(地区)统计

序号	国家(地区)名称	出口额 (万美元)	占出口总额的比重(%)	序号	国家(地区)名称	进口额 (万美元)	占进口总额的比重 (%)
	轻小型起重设备合计	167 974	100.00		轻小型起重设备合计	67 740	100.00
1	美国	49 119	29.24	1	德国	20 511	30.28
2	韩国	10 614	6.32	2	日本	9 337	13.78
3	日本	8 096	4.82	3	美国	5 157	7.61
4	德国	7 742	4.61	4	新加坡	4 756	7.02
5	澳大利亚	5 274	3.14	5	挪威	4 486	6.62
6	俄罗斯联邦	5 185	3.09	6	韩国	3 315	4.89
7	印度	4 714	2.81	7	意大利	2 582	3.81
8	新加坡	4 297	2.56	8	法国	2 493	3.68
9	加拿大	4 291	2.55	9	瑞典	2 206	3.26
10	巴西	3 955	2.35	10	西班牙	2 079	3.07
11	英国	3 872	2.30	11	芬兰	1 688	2.49
12	泰国	3 677	2.19	12	荷兰	1 398	2.06
13	荷兰	3 652	2.17	13	加拿大	1 280	1.89
14	法国	3 553	2.12	14	波兰	1 107	1.63
15	印度尼西亚	2 620	1.56	15	中国台湾	835	1.23
16	越南	2 581	1.54	16	瑞士	821	1.21

（续）

序号	国家（地区）名称	出口额（万美元）	占出口总额的比重（%）	序号	国家（地区）名称	进口额（万美元）	占进口总额的比重（%）
17	马来西亚	2 291	1.36	17	土耳其	625	0.92
18	中国台湾	2 136	1.27	18	马来西亚	564	0.83
19	阿拉伯联合酋长国	2 126	1.27	19	英国	503	0.74
20	比利时	1 932	1.15	20	澳大利亚	386	0.57
21	墨西哥	1 931	1.15	21	丹麦	315	0.46
22	南非	1 815	1.08	22	南非	224	0.33
23	土耳其	1 770	1.05	23	奥地利	207	0.31
24	芬兰	1 744	1.04	24	匈牙利	189	0.28
25	西班牙	1 739	1.04	25	比利时	139	0.21
26	意大利	1 533	0.91	26	白俄罗斯	124	0.18
27	阿根廷	1 482	0.88	27	中华人民共和国	107	0.16
28	波兰	1 421	0.85	28	罗马尼亚	89	0.13
29	瑞典	1 256	0.75	29	捷克	72	0.11
30	丹麦	1 200	0.71	30	越南	61	0.09
31	伊朗	1 074	0.64	31	爱沙尼亚	28	0.04
32	沙特阿拉伯	1 018	0.61	32	新西兰	16	0.02
33	智利	864	0.51	33	希腊	10	0.01
34	中国香港	721	0.43	34	中国香港	8	0.01
35	乌克兰	719	0.43	35	印度	6	0.01
36	缅甸	562	0.33	36	阿拉伯联合酋长国	4	0.01
37	哥伦比亚	560	0.33	37	以色列	3	0.01
38	菲律宾	558	0.33	38	泰国	3	0.00
39	奥地利	557	0.33	39	斯洛文尼亚	2	0.00
40	委内瑞拉	547	0.33	40	乌克兰	2	0.00
41	尼日利亚	513	0.31	41	厄瓜多尔	1	0.00
42	新西兰	511	0.30	42	墨西哥	1	0.00
43	埃及	509	0.30	43	科威特	1	0.00
44	赞比亚	425	0.25	44	俄罗斯联邦	1	0.00
45	捷克	425	0.25	45	印度尼西亚	0	0.00
46	挪威	405	0.24	46	菲律宾	0	0.00
47	秘鲁	400	0.24	47	巴西	0	0.00
48	孟加拉国	358	0.21	48	斯洛伐克	0	0.00
49	厄瓜多尔	353	0.21				
50	拉脱维亚	347	0.21				

注:2011 年轻小型起重设备共出口 184 个国家(地区),表中仅列出前 50 位国家(地区)。

〔供稿人:中国重型机械工业协会王文斯　审稿人:中国重型机械工业协会臧义成〕

2011 年起重机进出口额按国家(地区)统计

序号	国家(地区)名称	出口额(万美元)	占出口总额的比重(%)	序号	国家(地区)名称	进口额(万美元)	占进口总额的比重(%)
	起重机合计	320 102	100.00		起重机合计	78 896	100.00
1	印度	36 695	11.46	1	德国	44 967	56.99
2	巴西	24 951	7.79	2	挪威	4 818	6.11
3	韩国	21 947	6.86	3	韩国	4 530	5.74
4	越南	18 930	5.91	4	日本	4 336	5.50
5	印度尼西亚	15 227	4.76	5	美国	3 322	4.21
6	新加坡	13 146	4.11	6	荷兰	3 160	4.00
7	沙特阿拉伯	11 875	3.71	7	奥地利	2 416	3.06
8	斯里兰卡	10 415	3.25	8	法国	2 169	2.75
9	美国	9 756	3.05	9	捷克	1 102	1.40
10	巴拿马	8 531	2.67	10	芬兰	1 093	1.38
11	俄罗斯联邦	8 091	2.53	11	中国台湾	1 081	1.37
12	缅甸	7 406	2.31	12	意大利	990	1.26
13	泰国	6 668	2.08	13	新加坡	612	0.78
14	哥伦比亚	6 556	2.05	14	波兰	591	0.75
15	马来西亚	5 996	1.87	15	比利时	588	0.75
16	阿拉伯联合酋长国	5 743	1.79	16	中华人民共和国	568	0.72
17	埃及	5 701	1.78	17	马来西亚	462	0.59
18	伊朗	5 505	1.72	18	英国	407	0.52
19	中国香港	5 488	1.71	19	瑞典	307	0.39
20	哈萨克斯坦	4 936	1.54	20	卢森堡	305	0.39
21	蒙古	4 639	1.45	21	斯洛文尼亚	273	0.35
22	菲律宾	4 332	1.35	22	土耳其	250	0.32
23	英国	3 725	1.16	23	丹麦	188	0.24
24	澳大利亚	3 555	1.11	24	越南	117	0.15
25	中国台湾	3 469	1.08	25	澳大利亚	86	0.11
26	肯尼亚	3 463	1.08	26	加拿大	74	0.09
27	土耳其	3 425	1.07	27	西班牙	37	0.05
28	巴基斯坦	3 419	1.07	28	印度	26	0.03
29	希腊	3 195	1.00	29	匈牙利	10	0.01
30	阿尔及利亚	3 134	0.98	30	印度尼西亚	8	0.01
31	瓦努阿图	2 744	0.86	31	瑞士	3	0.00
32	南非	2 338	0.73	32	新西兰	1	0.00
33	日本	2 097	0.65	33	中国香港	0.5	0.00
34	伊拉克	2 058	0.64	34	泰国	0.2	0.00
35	厄瓜多尔	1 825	0.57	35	墨西哥	0.1	0.00
36	尼日利亚	1 798	0.56	36	阿拉伯联合酋长国	0.03	0.00
37	苏丹	1 469	0.46				

（续）

序号	国家（地区）名称	出口额（万美元）	占出口总额的比重（%）	序号	国家（地区）名称	进口额（万美元）	占进口总额的比重（%）
38	委内瑞拉	1 292	0.40				
39	荷兰	1 286	0.40				
40	坦桑尼亚	1 284	0.40				
41	利比亚	1 242	0.39				
42	巴哈马	1 201	0.38				
43	智利	1 153	0.36				
44	卡塔尔	1 082	0.34				
45	加纳	1 050	0.33				
46	孟加拉国	1 005	0.31				
47	塞浦路斯	961	0.30				
48	安哥拉	942	0.29				
49	朝鲜	939	0.29				
50	瑞典	919	0.29				

注:2011 年起重机共出口 166 个国家（地区），表中仅列出前 50 位国家（地区）。

〔供稿人:中国重型机械工业协会王文斯　审稿人:中国重型机械工业协会臧义成〕

2011 年工业车辆进出口额按国家（地区）统计

序号	国家（地区）名称	出口额（万美元）	占出口总额的比重（%）	序号	国家（地区）名称	进口额（万美元）	占进口总额的比重（%）
	工业车辆合计	189 918	100.00		工业车辆合计	51 974	100.00
1	美国	25 742	13.55	1	德国	12 765	24.56
2	巴西	14 054	7.40	2	日本	9 246	17.79
3	德国	11 403	6.00	3	美国	8 885	17.10
4	韩国	9 218	4.85	4	澳大利亚	5 070	9.75
5	俄罗斯联邦	8 646	4.55	5	韩国	3 730	7.18
6	澳大利亚	8 534	4.49	6	瑞典	2 715	5.22
7	日本	8 057	4.24	7	意大利	1 914	3.68
8	阿根廷	6 691	3.52	8	法国	1 757	3.38
9	土耳其	6 473	3.41	9	捷克	1 315	2.53
10	意大利	4 904	2.58	10	芬兰	921	1.77
11	英国	4 859	2.56	11	中国台湾	572	1.10
12	南非	4 272	2.25	12	英国	518	1.00
13	法国	4 165	2.19	13	中华人民共和国	407	0.78
14	比利时	4 062	2.14	14	荷兰	337	0.65
15	印度尼西亚	3 528	1.86	15	加拿大	272	0.52
16	印度	3 193	1.68	16	马来西亚	258	0.50
17	泰国	3 163	1.67	17	丹麦	246	0.47

（续）

序号	国家（地区）名称	出口额（万美元）	占出口总额的比重（%）	序号	国家（地区）名称	进口额（万美元）	占进口总额的比重（%）
18	瑞典	2 838	1.49	18	挪威	192	0.37
19	荷兰	2 770	1.46	19	爱尔兰	168	0.32
20	沙特阿拉伯	2 745	1.45	20	比利时	140	0.27
21	波兰	2 370	1.25	21	罗马尼亚	137	0.26
22	新加坡	2 326	1.22	22	西班牙	111	0.21
23	智利	2 232	1.18	23	瑞士	68	0.13
24	中国香港	2 056	1.08	24	匈牙利	56	0.11
25	中国台湾	1 915	1.01	25	泰国	39	0.07
26	阿尔及利亚	1 779	0.94	26	以色列	35	0.07
27	马来西亚	1 739	0.92	27	印度尼西亚	34	0.06
28	伊朗	1 482	0.78	28	越南	20	0.04
29	阿拉伯联合酋长国	1 448	0.76	29	印度	10	0.02
30	墨西哥	1 340	0.71	30	土耳其	9	0.02
31	加拿大	1 333	0.70	31	爱沙尼亚	4	0.01
32	越南	1 288	0.68	32	墨西哥	4	0.01
33	西班牙	1 223	0.64	33	波兰	4	0.01
34	委内瑞拉	1 070	0.56	34	新加坡	3	0.01
35	以色列	1 052	0.55	35	斯洛文尼亚	3	0.00
36	爱尔兰	960	0.51	36	奥地利	2	0.00
37	乌克兰	944	0.50	37	卢森堡	2	0.00
38	丹麦	926	0.49	38	新西兰	2	0.00
39	芬兰	895	0.47	39	中国香港	1	0.00
40	突尼斯	886	0.47	40	斯洛伐克	1	0.00
41	尼日利亚	883	0.47	41	南非	1	0.00
42	菲律宾	866	0.46	42	斯里兰卡	0.3	0.00
43	巴拿马	746	0.39	43	巴西	0.1	0.00
44	安哥拉	686	0.36	44	巴勒斯坦	0.1	0.00
45	新西兰	684	0.36	45	波多黎各	0.1	0.00
46	哈萨克斯坦	642	0.34	46	伊朗	0.1	0.00
47	秘鲁	614	0.32	47	菲律宾	0.1	0.00
48	瑞士	609	0.32	48	保加利亚	0.1	0.00
49	摩洛哥	555	0.29	49	俄罗斯联邦	0.04	0.00
50	哥伦比亚	553	0.29	50	多米尼加共和国	0.03	0.00

注:2011 年工业车辆共出口 178 个国家(地区),表中仅列出前 50 位国家(地区)。

〔供稿人:中国重型机械工业协会王文斯　审稿人:中国重型机械工业协会臧义成〕

2011 年电梯、自动扶梯及升降机进出口额按国家(地区)统计

序号	国家(地区)名称	出口额（万美元）	占出口总额的比重(%)	序号	国家(地区)名称	进口额（万美元）	占进口总额的比重（%）
	电梯、自动扶梯及升降机合计	198 021	100.00		电梯、自动扶梯及升降机合计	27 593	100.00
1	印度	13 209	6.67	1	日本	11 970	43.38
2	韩国	11 953	6.04	2	德国	3 054	11.07
3	新加坡	10 574	5.34	3	韩国	2 060	7.46
4	土耳其	7 654	3.87	4	中华人民共和国	1 534	5.56
5	美国	7 548	3.81	5	西班牙	1 269	4.60
6	马来西亚	7 288	3.68	6	瑞士	1 023	3.71
7	俄罗斯联邦	7 108	3.59	7	奥地利	1 001	3.63
8	日本	7 049	3.56	8	中国台湾	969	3.51
9	泰国	6 472	3.27	9	瑞典	962	3.49
10	澳大利亚	6 339	3.20	10	意大利	783	2.84
11	中国香港	6 034	3.05	11	泰国	779	2.82
12	巴西	5 708	2.88	12	美国	556	2.02
13	印度尼西亚	5 369	2.71	13	加拿大	527	1.91
14	阿拉伯联合酋长国	5 223	2.64	14	荷兰	277	1.00
15	中国台湾	4 819	2.43	15	法国	185	0.67
16	越南	4 706	2.38	16	芬兰	164	0.59
17	伊朗	4 185	2.11	17	英国	149	0.54
18	墨西哥	4 169	2.11	18	波兰	90	0.33
19	沙特阿拉伯	3 694	1.87	19	挪威	84	0.30
20	德国	3 517	1.78	20	印度	33	0.12
21	意大利	3 453	1.74	21	中国香港	27	0.10
22	菲律宾	3 422	1.73	22	卢森堡	19	0.07
23	委内瑞拉	3 287	1.66	23	比利时	17	0.06
24	智利	3 261	1.65	24	捷克	14.8	0.05
25	西班牙	2 664	1.35	25	新加坡	14.6	0.05
26	哥伦比亚	2 651	1.34	26	土耳其	12.6	0.05
27	南非	2 483	1.25	27	马来西亚	6.2	0.02
28	荷兰	2 385	1.20	28	丹麦	3.5	0.01
29	英国	1 751	0.88	29	澳大利亚	3.5	0.01
30	卡塔尔	1 671	0.84	30	希腊	2.5	0.01
31	孟加拉国	1 546	0.78	31	墨西哥	1.2	0.00
32	安哥拉	1 535	0.77	32	以色列	0.4	0.00
33	加拿大	1 442	0.73	33	厄瓜多尔	0.4	0.00
34	科威特	1 411	0.71	34	南非	0.3	0.00
35	以色列	1 328	0.67	35	阿拉伯联合酋长国	0.3	0.00
36	奥地利	1 285	0.65	36	印度尼西亚	0.3	0.00

（续）

序号	国家（地区）名称	出口额（万美元）	占出口总额的比重（%）	序号	国家（地区）名称	进口额（万美元）	占进口总额的比重（%）
37	捷克	1 248	0.63	37	巴西	0.2	0.00
38	秘鲁	1 159	0.59	38	尼日利亚	0.2	0.00
39	埃及	1 050	0.53	39	新西兰	0.2	0.00
40	哈萨克斯坦	1 048	0.53	40	菲律宾	0.2	0.00
41	阿曼	1 046	0.53	41	巴林	0.1	0.00
42	阿根廷	998	0.50	42	突尼斯	0.1	0.00
43	澳门	927	0.47	43	匈牙利	0.1	0.00
44	芬兰	885	0.45	44	柬埔寨	0.1	0.00
45	多米尼加共和国	883	0.45	45	爱沙尼亚	0.1	0.00
46	乌克兰	839	0.42	46	格鲁吉亚	0.0	0.00
47	黎巴嫩	807	0.41	47	智利	0.0	0.00
48	比利时	798	0.40	48	波多黎各	0.0	0.00
49	瑞典	769	0.39	49	阿曼	0.0	0.00
50	肯尼亚	765	0.39	50	毛里求斯	0.0	0.00

注：2011 年电梯、自动扶梯及升降机共出口 174 个国家（地区），进口 51 个国家（地区），表中仅列出前 50 位国家（地区）。

〔供稿人：中国重型机械工业协会王文斯　审稿人：中国重型机械工业协会臧义成〕

2011 年连续搬运设备进出口额按国家（地区）统计

序号	国家（地区）名称	出口额（万美元）	占出口总额的比重（%）	序号	国家（地区）名称	进口额（万美元）	占进口总额的比重（%）
	连续搬运设备合计	127 148	100.00		连续搬运设备合计	138 565	100.00
1	印度	15 231	11.98	1	德国	42 689	30.81
2	巴西	14 557	11.45	2	日本	23 218	16.76
3	澳大利亚	8 883	6.99	3	韩国	15 224	10.99
4	越南	7 150	5.62	4	中国台湾	11 888	8.58
5	印度尼西亚	6 847	5.38	5	美国	10 166	7.34
6	委内瑞拉	6 317	4.97	6	意大利	6 550	4.73
7	阿曼	5 163	4.06	7	奥地利	4 985	3.60
8	中国香港	4 735	3.72	8	英国	4 482	3.23
9	日本	4 077	3.21	9	荷兰	2 799	2.02
10	白俄罗斯	3 857	3.03	10	新加坡	2 624	1.89
11	沙特阿拉伯	3 243	2.55	11	芬兰	2 201	1.59
12	伊朗	3 086	2.43	12	中华人民共和国	1 932	1.39
13	俄罗斯联邦	3 030	2.38	13	瑞士	1 602	1.16
14	马来西亚	2 631	2.07	14	瑞典	1 310	0.95
15	荷兰	2 326	1.83	15	捷克	1 118	0.81
16	菲律宾	2 156	1.70	16	西班牙	842	0.61

（续）

序号	国家(地区)名称	出口额（万美元）	占出口总额的比重（%）	序号	国家(地区)名称	进口额（万美元）	占进口总额的比重（%）
17	新加坡	2 089	1.64	17	加拿大	653	0.47
18	泰国	2 051	1.61	18	法国	529	0.38
19	孟加拉国	2 014	1.58	19	泰国	523	0.38
20	美国	1 806	1.42	20	丹麦	476	0.34
21	韩国	1 725	1.36	21	马来西亚	437	0.32
22	土耳其	1 312	1.03	22	澳大利亚	387	0.28
23	中国台湾	1 299	1.02	23	以色列	305	0.22
24	蒙古	838	0.66	24	中国香港	279	0.20
25	尼日利亚	806	0.63	25	匈牙利	234	0.17
26	德国	800	0.63	26	挪威	219	0.16
27	阿拉伯联合酋长国	765	0.60	27	比利时	210	0.15
28	博茨瓦那	726	0.57	28	土耳其	123	0.09
29	加拿大	635	0.50	29	波兰	89	0.06
30	意大利	609	0.48	30	罗马尼亚	81	0.06
31	哈萨克斯坦	579	0.46	31	斯洛伐克	80	0.06
32	埃塞俄比亚	579	0.46	32	葡萄牙	73	0.05
33	缅甸	554	0.44	33	新西兰	53	0.04
34	保加利亚	502	0.39	34	墨西哥	46	0.03
35	南非	493	0.39	35	印度	43	0.03
36	巴基斯坦	475	0.37	36	越南	40	0.03
37	阿根廷	473	0.37	37	卢森堡	31	0.02
38	哥伦比亚	471	0.37	38	南非	10	0.01
39	埃及	469	0.37	39	菲律宾	7	0.01
40	赞比亚	462	0.36	40	爱沙尼亚	5	0.00
41	智利	438	0.34	41	斯洛文尼亚	4	0.00
42	苏丹	411	0.32	42	巴西	3	0.00
43	法国	383	0.30	43	印度尼西亚	0.3	0.00
44	伊拉克	335	0.26	44	叙利亚	0.3	0.00
45	墨西哥	331	0.26				
46	柬埔寨	309	0.24				
47	英国	306	0.24				
48	肯尼亚	293	0.23				
49	朝鲜	291	0.23				
50	阿尔及利亚	289	0.23				

注:2011 年连续搬运设备共出口 168 个国家(地区),表中仅列出前 50 位国家(地区)。

〔供稿人:中国重型机械工业协会王文斯　审稿人:中国重型机械工业协会臧义成〕

2011年其他物料搬运设备进出口额按国家(地区)统计

序号	国家(地区)名称	出口额(万美元)	占出口总额的比重(%)	序号	国家(地区)名称	进口额(万美元)	占进口总额的比重(%)
	其他物料搬运设备合计	90 749	100.00		其他物料搬运设备合计	118 068	100.00
1	日本	10 262	11.31	1	德国	30 946	26.21
2	美国	9 926	10.94	2	日本	25 959	21.99
3	澳大利亚	6 823	7.52	3	韩国	20 607	17.45
4	印度	6 707	7.39	4	中国台湾	11 337	9.60
5	中国香港	4 242	4.67	5	意大利	4 817	4.08
6	英国	3 705	4.08	6	美国	4 684	3.97
7	巴西	3 313	3.65	7	法国	3 110	2.63
8	德国	2 889	3.18	8	瑞士	2 559	2.17
9	印度尼西亚	2 761	3.04	9	芬兰	1 688	1.43
10	新加坡	2 713	2.99	10	英国	1 602	1.36
11	俄罗斯联邦	2 012	2.22	11	奥地利	1 354	1.15
12	荷兰	1 989	2.19	12	瑞典	1 305	1.11
13	越南	1 821	2.01	13	中华人民共和国	1 220	1.03
14	韩国	1 624	1.79	14	波兰	1 093	0.93
15	马来西亚	1 611	1.78	15	西班牙	917	0.78
16	伊朗	1 610	1.77	16	新加坡	754	0.64
17	沙特阿拉伯	1 312	1.45	17	荷兰	714	0.61
18	阿拉伯联合酋长国	1 248	1.37	18	挪威	668	0.57
19	加拿大	1 247	1.37	19	加拿大	613	0.52
20	博茨瓦那	1 232	1.36	20	丹麦	497	0.42
21	泰国	1 226	1.35	21	比利时	301	0.26
22	意大利	1 174	1.29	22	匈牙利	271	0.23
23	法国	1 114	1.23	23	澳大利亚	199	0.17
24	瑞典	994	1.10	24	中国香港	199	0.17
25	尼日利亚	857	0.94	25	马来西亚	161	0.14
26	土耳其	824	0.91	26	以色列	112	0.09
27	中国台湾	767	0.85	27	新西兰	74	0.06
28	比利时	624	0.69	28	卢森堡	63	0.05
29	蒙古	613	0.68	29	列支敦士登	58	0.05
30	菲律宾	564	0.62	30	越南	33	0.03
31	南非	559	0.62	31	爱沙尼亚	24	0.02
32	智利	518	0.57	32	捷克	24	0.02
33	墨西哥	516	0.57	33	南非	19	0.02
34	丹麦	491	0.54	34	斯洛伐克	15	0.01
35	塞内加尔	469	0.52	35	保加利亚	14	0.01
36	委内瑞拉	465	0.51	36	泰国	13	0.01

（续）

序号	国家(地区)名称	出口额（万美元）	占出口总额的比重（%）	序号	国家(地区)名称	进口额（万美元）	占进口总额的比重（%）
37	西班牙	457	0.50	37	斯洛文尼亚	12	0.01
38	芬兰	411	0.45	38	乌克兰	6	0.01
39	安哥拉	410	0.45	39	印度尼西亚	5	0.00
40	埃塞俄比亚	387	0.43	40	印度	5	0.00
41	新西兰	369	0.41	41	希腊	4	0.00
42	埃及	356	0.39	42	巴西	3	0.00
43	秘鲁	316	0.35	43	菲律宾	3	0.00
44	以色列	312	0.34	44	土耳其	2	0.00
45	阿根廷	301	0.33	45	阿拉伯联合酋长国	1	0.00
46	孟加拉国	243	0.27	46	克罗地亚	1	0.00
47	缅甸	233	0.26	47	俄罗斯联邦	0.4	0.00
48	新喀里多尼亚	213	0.23	48	墨西哥	0.3	0.00
49	约旦	212	0.23	49	阿尔及利亚	0.3	0.00
50	伊拉克	203	0.22	50	爱尔兰	0.3	0.00

注:2011 年其他物料搬运设备共出口 173 个国家(地区),进口 51 个国家(地区),表中仅列出前 50 位国家(地区)。

〔供稿人:中国重型机械工业协会王文斯　审稿人:中国重型机械工业协会臧义成〕

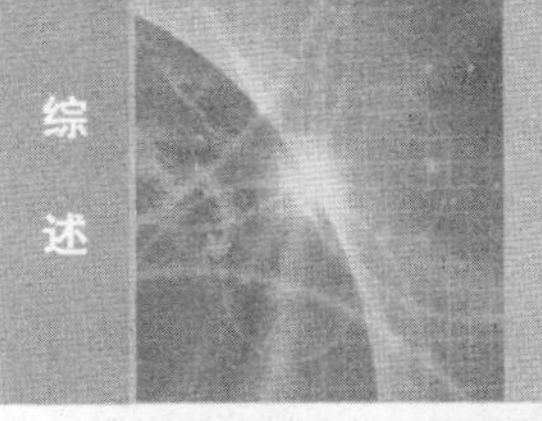

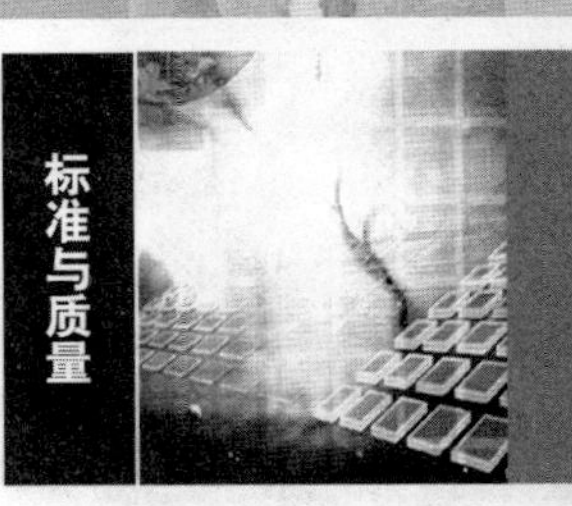

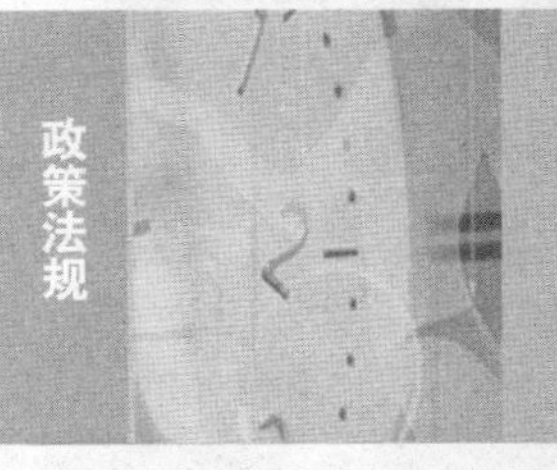

介绍重型机械行业标准化及质量工作情况

It publishes the progress made in standardization and quality inspection by the heavy machinery industry

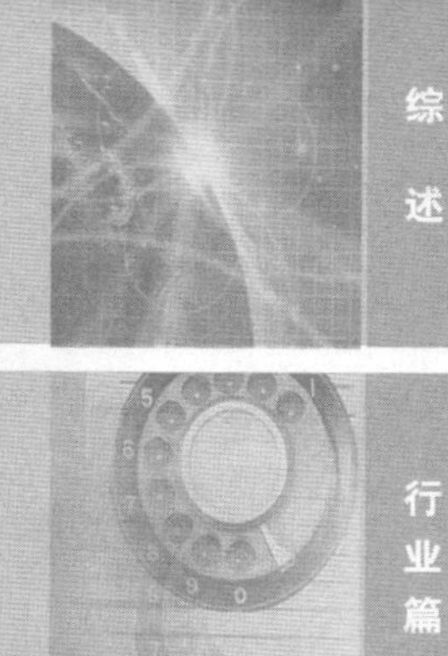

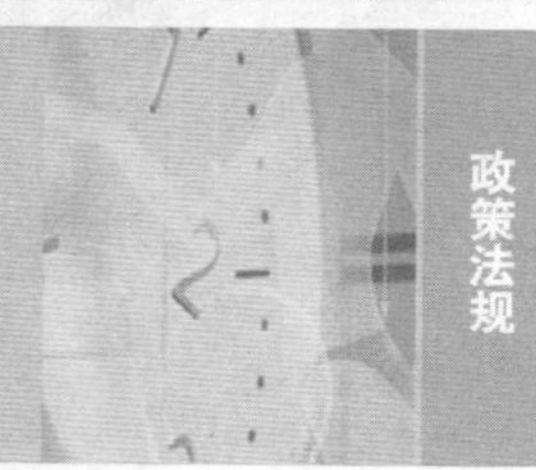

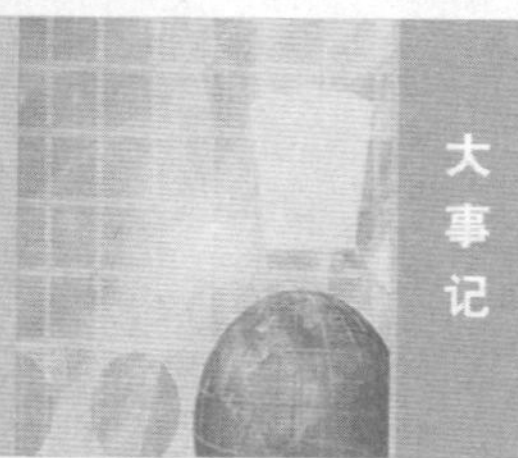

标准与质量

我国矿山机械行业标准化工作情况

一、2011 年矿山机械标准化工作情况

1. 标准制定、修订完成情况

2010—2011 年,矿山机械行业共列入国家标准计划的项目 3 项,行业标准计划的项目 53 项,其中 2011 年完成国家标准计划项目 3 项、行业标准计划项目 41 项,正常结转到 2012 年完成的行业标准计划项目有 12 项。2011 年标准制定、修订项目完成情况见表 1。

表 1　2011 年标准制定、修订项目完成情况

序号	标准项目名称	标准级别	标准类别	标准属性
1	矿山机械术语　第 8 部分:焙烧设备	国家标准	制定	推荐
2	中心传动式浓缩机	国家标准	修订	推荐
3	地下矿用无轨轮胎式运人车辆　安全要求	国家标准	制定	强制
4	对喷式矿物气流磨	机械行业标准	制定	推荐
5	筒辊式永磁强磁选机	机械行业标准	制定	推荐
6	振动筛用箱式振动器	机械行业标准	制定	推荐
7	振动筛用块偏心式振动器	机械行业标准	制定	推荐
8	钢渣自磨机	机械行业标准	制定	推荐
9	高压对辊褐煤成形机	机械行业标准	制定	推荐
10	矿用静态选粉机	机械行业标准	制定	推荐
11	矿用履带移动破碎筛分站	机械行业标准	制定	推荐
12	矿用轮胎移动破碎筛分站	机械行业标准	制定	推荐
13	立磨行星减速器	机械行业标准	制定	推荐
14	立轴双反击破碎机	机械行业标准	制定	推荐
15	多元变振幅圆振动筛	机械行业标准	制定	推荐
16	重叠式高频振动细筛	机械行业标准	制定	推荐
17	矿物回收磁选机	机械行业标准	制定	推荐
18	矿用带式布料机	机械行业标准	制定	推荐
19	深锥浓缩机	机械行业标准	制定	推荐
20	矿用架空索道　衬垫	机械行业标准	制定	推荐
21	凿井提升机	机械行业标准	制定	推荐
22	复摆颚式破碎机	机械行业标准	修订	推荐
23	双辊破碎机	机械行业标准	修订	推荐
24	硬岩反击式破碎机	机械行业标准	修订	推荐
25	简摆颚式破碎机	机械行业标准	修订	推荐
26	弹簧圆锥破碎机	机械行业标准	修订	推荐
27	旋盘圆锥破碎机	机械行业标准	修订	推荐
28	立式冲击破碎机	机械行业标准	修订	推荐
29	立式复合破碎机	机械行业标准	修订	推荐
30	振动磨	机械行业标准	修订	推荐
31	辊压机	机械行业标准	修订	推荐
32	转筒干燥机	机械行业标准	修订	推荐
33	转筒干燥机　托轮装置	机械行业标准	修订	推荐
34	冷矿振动筛	机械行业标准	修订	推荐

（续）

序号	标准项目名称	标准级别	标准类别	标准属性
35	弧形筛	机械行业标准	修订	推荐
36	带式制动矿用提升绞车	机械行业标准	修订	推荐
37	地下铲运机	机械行业标准	修订	推荐
38	地下矿用轮胎式运矿车	机械行业标准	修订	推荐
39	矿井提升机　盘形制动器闸瓦	机械行业标准	修订	推荐
40	矿井提升机和矿用绞车　盘形制动器用碟形弹簧	机械行业标准	修订	推荐
41	矿井提升机和矿用提升绞车　盘形制动器	机械行业标准	修订	推荐
42	摩擦式提升机　摩擦衬垫	机械行业标准	修订	推荐
43	窄轨矿车　通用技术条件	机械行业标准	修订	推荐
44	液态硝酸铵保温罐车	机械行业标准	制定	推荐

在2011年完成的44项标准中，有的属提高标准水平，有的为填补空白和自主创新，涵盖重大技术装备和节能环保等项目。如《高压对辊褐煤成形机》是近年来成功研发用于褐煤成形提质的高新技术装备。这一产品的成功研制，为我国煤炭、化工等行业充分利用褐煤资源，提供了机、电、液一体化的全套国产化技术装备。它可使褐煤的热值提高20% ~ 50%，吨煤热值从不到4 000大卡（1cal = 4.18J）提高到近6 000大卡，密度提高一倍以上，大大提高了褐煤的开采价值，实现了资源的科学开发与利用。该标准的制定，将为提高我国高压对辊成形机的技术水平起到关键性的支撑作用，大大提升了该产品参与国内、国际市场的竞争能力。《地下矿用无轨轮胎式运人车辆　安全要求》《地下铲运机》《地下矿用轮胎式运矿车》三项标准项目涉及的产品是国家大力发展的井下无轨采矿设备。这些设备目前正朝着安全、环保、高效和自动化方向发展。《矿用静态选粉机》是为满足矿物粉磨工艺要求和适应国际发展趋势而开发研制的新一代节能型选粉机械，其产品和技术的发展符合国家节能降耗及资源节约与综合利用的产业政策。通过制定具有前瞻性和适用性的行业标准，引导和促进选粉机节能技术的发展，不断提升我国矿用粉磨及分级设备的技术水平。

2011年完成的44项计划中，有22项是修订标准项目。通过修订使标准更加科学、合理和实用，不但明确了应淘汰的落后技术和产品，也体现了科学技术的发展水平。如：《辊压机》标准是对JB/T 8917—1999的修订。由于辊压机具有显著的节能、高产优点，被世界公认是先进的破碎粉磨设备，在世界范围内得到了迅速的推广，辊压机也是我国正大力推广的节能环保型重大技术装备。我国辊压机经过十多年来的不断改进，参数和结构进一步优化，综合技术性能进一步提高，并日益向大型化和节能方向发展，符合国家节能降耗、资源节约与综合利用和保护环境的产业政策以及行业发展方向。本次修订，重点是新增大型产品、优化性能参数，增补整机性能要求，完善试验方法和检验规则等，使标准充分吸纳当今先进技术成果。

2. 2011年国家公布的矿山机械标准

2011年国家公布的矿山机械标准见表2。

表2　2011年国家公布的矿山机械标准

序号	标准编号	标准名称	代替标准	实施日期
1	GB/T 26449—2010	辐射式水力旋流分级机组	/	2011.10.1
2	GB/T 26506—2011	悬臂筛网振动筛	/	2011.10.1
3	GB/T 26964—2011	振动筛　筛板磨耗	/	2012.1.1
4	GB/T 26965—2011	圆锥破碎机　能耗指标	/	2012.1.1
5	GB/T 26966—2011	矿井提升机　提升能效检测方法	/	2012.1.1
6	JB/T 1653—2010	筒型内滤式真空过滤机	JB/T1653—1991	2011.4.1
7	JB/T 3275—2010	圆盘真空过滤机用扇形滤板	JB/T3275—2001	2011.4.1
8	JB/T 3276—2010	折带过滤机	JB/T3276—1999	2011.4.1
9	JB/T 5502—2010	浅槽型机械搅拌式浮选机	JB/T5502—1991	2011.4.1
10	JB/T 6117—2010	立磨粉磨系统原料易磨性试验方法	JB/T 6117—2002	2011.4.1
11	JB/T 6126—2010	立式原料/熟料辊磨机	JB/T6126—2002	2011.4.1
12	JB/T 9033—2010	热矿振动筛	JB/T9033—1999	2011.4.1
13	JB/T 9039—2010	电磁双辊强磁选机	JB/T9039—1999	2011.4.1
14	JB/T 9040—2010	带式压滤机	JB/T9040—1999	2011.4.1
15	JB/T 11109—2010	超导除铁器	/	2011.4.1

（续）

序号	标准编号	标准名称	代替标准	实施日期
16	JB/T 11110—2010	煤用重型环锤式破碎机	/	2011. 4. 1
17	JB/T 11111—2010	高频网振筛	/	2011. 4. 1
18	JB/T 11112—2010	矿用双齿辊破碎机	/	2011. 4. 1
19	JB/T 11113—2010	立环式电磁感应强磁选机	/	2011. 4. 1
20	JB/T 11114—2010	石材矿山开采设备　金刚石串珠锯	/	2011. 4. 1
21	JB/T 11115—2010	石材矿山开采设备　二维可移动圆盘式锯切机	/	2011. 4. 1
22	JB/T 11116—2010	四辊破碎机	/	2011. 4. 1
23	JB/T 11117—2010	物料分选用金属探测仪	/	2011. 4. 1

3. 完成《“十二五”矿山机械行业标准化发展规划》编制的上报稿

按照国家标准化管理委员会和中国机械工业联合会的统一部署，全国矿山机械标准技术委员会（简称矿机标委会）秘书处经过调研、征求意见、协调和论证，历经两年最终编制完成了《“十二五”矿山机械行业标准化发展规划》（简称《规划》）上报稿。《规划》确定在“十二五”期间矿山机械设备标准重点项目共 108 项，其中国家标准 41 项、行业标准 67 项。

4. 积极参与国际标准化组织活动

近年来，矿机标委会根据国家标准化管理委员会要求，实质性参与了国际标准化活动，为产品出口提供了强有力的技术支持；积极寻找突破口，决定首先参与相关国际标准的制订，待条件成熟后再承接国际标准化组织委托，独立制订国际标准的任务。

当前国际标准化组织 ISO/TC 127 土方机械技术委员会，联合 ISO/TC 82 矿业技术委员会组成联合工作组 ISO/TC 127/WG 14（简称为“UGM”），开始组织地下采矿机械安全技术标准的制订。矿机标委会秘书处通过与 ISO/TC 127 主席专项交流，代表中国参与联合工作组活动。当前，通过电子邮件方式联系和参与该联合工作组的有关事项，10 月份组织行业单位参加了在北京召开的起草工作组会议，以后将陆续组织参加国际标准制订会议。

5. 开展标准复审工作

为促进产业升级和技术进步，提高标准水平，调整标准体系，定期对现行标准进行复审，保证标准的时效性，是矿机标委会重要工作内容之一。2011 年 8 月，矿机标委会在湖北宜昌市组织召开了“矿山机械标准审查会暨标准复审工作会议”，对 2005—2006 年批准发布的 20 多项矿山机械国家标准和行业标准进行了复审，逐项提出了复审结论。

二、2011 年及以前的矿山机械标准基本情况与统计

1. 全国矿山机械标准化技术委员会

矿机标委会是由国家标准化管理委员会（SAC）委托的中国机械工业联合会负责日常管理，编号为 SAC/TC 88，与国际标准化组织 ISO/TC 82 矿业技术委员会相对应。

2011 年全国矿山机械标准化技术委员会机构构成见图 1。

图 1　2011 年全国矿山机械标准化技术委员会机构构成

2. 各类标准统计数据图表

2011 年矿机标委会归口的各类标准情况见表 3。各类标准构成见图 2。各类标准按标龄占比见图 3。国家标准与行业标准占比见图 4。强制性与推荐性标准占比见图 5。

表 3　2011 年矿机标委会归口的各类标准情况

产品分类	国家标准		机械行业标准		合计	
	强制性	推荐性	强制性	推荐性	强制性	推荐性
D90 综合	2	8			2	8
D91 建井	1	1		7	1	8
D92 采掘	6	7		19	6	26
D93 提升运输	7	14		32	7	46
D94 破磨焙烧	2	10		50	2	60
D95 筛分	1	2		39	1	41
D96 洗选	2	4		62	2	66
D99 其他				12		12
合计	21	46		221	21	267

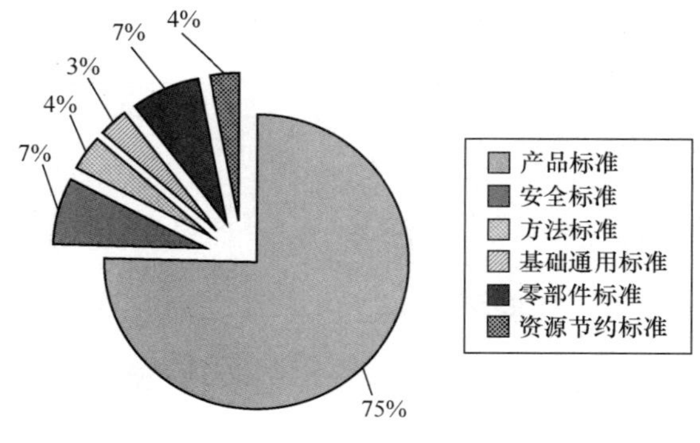

图2 各类标准构成

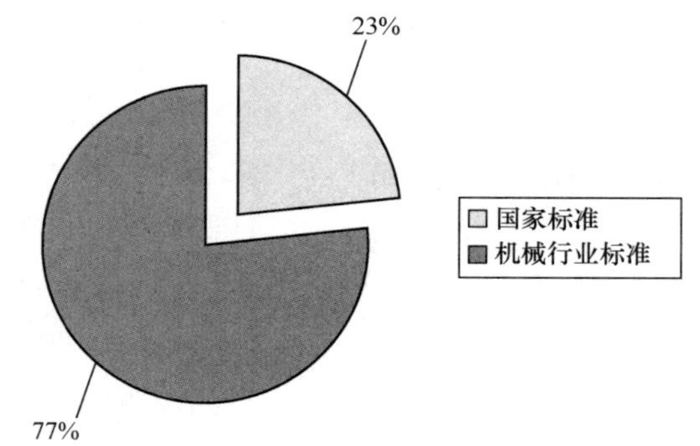

图4 国家标准与机械行业标准占比

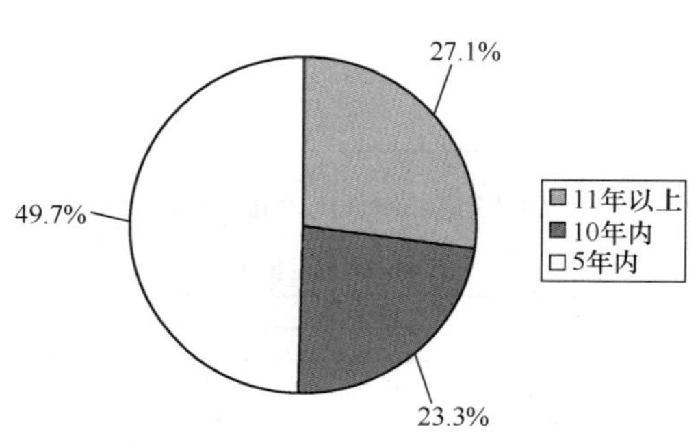

图3 各类标准按标龄占比

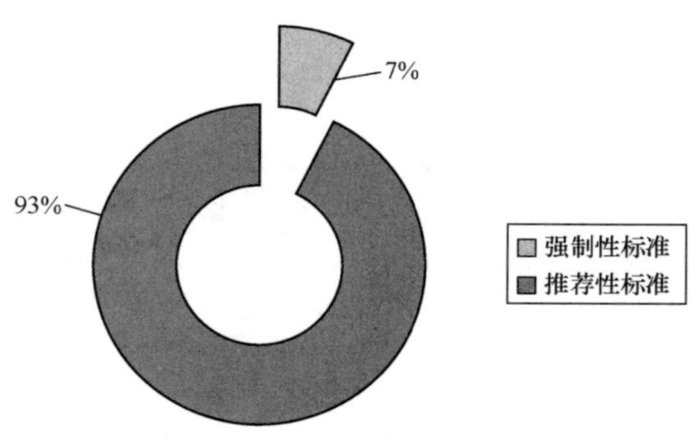

图5 强制性与推荐性标准占比

〔撰稿人:洛阳矿山机械工程设计研究院有限责任公司杨现利　审稿人:洛阳矿山机械工程设计研究院有限责任公司邹声勇〕

我国起重运输机械行业标准化工作情况

2011年是“十二五”的开局之年、起步之年。回顾“十一五”起重运输机械标准化工作,虽然取得了许多成绩,但今后的标准化工作任务仍然很艰巨。“2011年全国标准化工作会议”指出:“标准化工作与经济社会又好又快发展的要求相比,总体上还存在不适应和跟不上的问题,工作机制还不尽完善,在国际标准竞争格局中还处于相对弱势,标准总体水平有待进一步提高,管理水平和能力有待进一步加强”。面对标准化工作的新形势、新挑战,作为秘书处承担单位的北京起重运输机械设计研究院,在国家标准化管理委员会和中国机械工业联合会的领导下,在起重运输机械行业的大力支持下,较好地完成了标准的制修订工作、国际标准化工作和标准化服务工作。2011年,全国起重机械标准化技术委员会荣获“‘十一五’机械工业标准化工作先进集体”荣誉称号。

截至2011年12月31日,起重运输机械行业已经制定标准435项,其中国家标准228项(包括强制性标准12项,推荐性标准216项),机械行业标准207项。这些标准对于提高起重运输机械产品质量、降低生产成本、规范市场秩序、保障健康和安全及促进贸易发挥了重要作用。

一、国内标准化工作情况

1. 起重机械标准化工作情况

全国起重机械标准化技术委员会(SAC/TC227)负责起重机械国家标准和行业标准的归口管理工作。截至2011年12月31日,我国起重机械行业共有现行有效标准265项,其中国家标准173项(包括12项强制性标准和161项推荐性标准),机械行业标准92项。

2011年,全国起重机械标准化技术委员会(以下简称起重机标委会)共组织完成5项国家标准和9项机械行业标准的制修订工作，并完成了部分重要标准的制修订工作及其他工作。

(1)完成国家标准和机械行业标准的制修订。

1)加急制订国家标准《起重机械安全监控管理系统》。为尽快落实国务院国发[2010]23号文《关于进一步加强企业安全生产工作的通知》中有关“大型起重机械要安装安全监控管理系统”的精神和国家质检总局特种设备安全监察局国质检特联[2011]137号文“关于印发《大型起重机械安装安全监控管理系统实施方案》的通知”的要求，在时间紧、任务重的情况下，从立项到完成上报仅仅用了6个月时间，起重机标委会组织起重机械行业加急制订了国家标准《起重机械　安全监控管理系统》。该标准的制定，为降低起重机械事故，用科技手段来加强起重机械的监管，实现起重机械在正常工作过程阶段和事故发生阶段的可记录性，以及增加事故的可追溯性等方面，打下了坚实的基础。

2)制订强制性国家标准《简易升降机安全规程》。为配合特种设备加强对简易升降机的监督管理，起重机标委员秘书处组织起重机械行业加急制订了国家标准《简易升降机安全规程》。该国家标准的制订，对进一步提高简易升降机的安全性，保障人员生命和财产安全，改善在用简易升降机的安全状况，配合特种设备监督管理，具有非常重要的意义。

3)制订国家标准《缆索起重机》。2008年10月28日，重庆武隆县一在建大桥缆索起重机吊斗坠落，造成13人死亡的重大事故。为杜绝发生类似事故，根据国家质量监督检验检疫总局司(局)函(2009)质检特便字第5006号“关于尽快将缆索起重机国家标准立项的建议函”的要求，2011年，起重机标委会组织加急制订了GB/T 28756—2012《缆索起重机》。该标准的制订，为提高缆索起重机的产品质量和安全性，降低缆索起重机的事故，配合特种设备监督管理，打下了坚实的基础。

4)修订机械行业标准JB/T 8907—1999《绝缘桥式起重机　技术条件》。机械行业标准JB/T 8907—1999《绝缘桥式起重机　技术条件》自2000年1月实施至今已有十余年，这期间绝缘桥式起重机无论在产品安全性及市场需求量方面都发生了很大变化，为使该标准能够更好地满足使用要求，提高绝缘桥式起重机的性能和使用安全，修订该标准十分必要。该标准的修订是在广泛征求意见的基础上，结合我国多年来绝缘桥式起重机设计、制造、使用、管理等方面生产实践经验修订的，修订的技术内容符合当前技术发展的要求。本次修订标准主要解决了以下两个问题：a)增加了“起重机应设置绝缘失效自动声光报警装置，报警装置应与电源的总开关联锁”的要求，强化了绝缘桥式起重机作业的安全性，当起重机的三级绝缘失效时，能立即通过声光报警装置自动报警，断开起重机的总电源，使起重机处于停机状态，防止因绝缘失效产生漏电而导致人身伤亡和设备损坏事故发生。b)增加了“在强磁环境中工作的起重机，吊钩应采用防磁材料，材料的力学性能不应低于1Cr18Ni9Ti”的要求，该内容的增加对防止起重机吊装作业受磁场强度的影响以及起重机吊钩被吸持在吊索具上的故障发生，具有重要意义。

(2)起重机械国家标准和行业标准的复审。根据中国机械工业联合会秘书处文件机联秘标[2011]84号“关于做好2011年国家标准复审工作的通知”的要求，起重机标委会秘书处组织完成对8项起重机械国家标准的复审，其中7项继续有效，1项修订。

根据中国机械工业联合会秘书处文件机联秘标[2011]52号“关于开展2011年机械行业标准复审工作的通知”的要求，起重机标委会秘书处组织完成对11项起重机械行业标准的复审，复审结论均为废止。2011年废止的标准见表1。

表1　2011年废止的标准

序号	标准编号	标准名称	复审结论	理由
1	JB/T 4109.1—1999	中小型液压闸门启闭机　基本参数	废止	该标准内容已被国家标准GB/T 14627—2011《液压式启闭机》所涵盖
2	JB/T 4109.2—1999	中小型液压闸门启闭机　技术条件	废止	该标准内容已被国家标准GB/T 14627—2011《液压式启闭机》所涵盖
3	JB/T 5318—1991	大型履带式起重机　技术条件	废止	该标准内容已被国家标准GB/T 14560—2011《履带起重机》所涵盖
4	JB/T 4207.1—1999	手动起重设备用吊钩	废止	该标准内容已被GB/T 10051.1—2010 ~ GB/T 10051.7—2010《起重吊钩》所涵盖
5	JB/T 4207.2—1999	手动起重设备用吊钩　闭锁装置	废止	该标准内容已被国家标准GB/T 10051.12—2010《起重吊钩　第12部分：吊钩闭锁装置》所涵盖
6	JB/T 7687.1—1995	直柄吊钩横梁毛坯件	废止	该标准内容已被国家标准GB/T 10051.8—2010《起重吊钩　第8部分：吊钩横梁毛坯件》所涵盖
7	JB/T 7687.2—1995	直柄吊钩横梁	废止	该标准内容已被国家标准GB/T 10051.9—2010《起重吊钩　第9部分：吊钩横梁》所涵盖

（续）

序号	标准编号	标准名称	复审结论	理由
8	JB/T 7687.3—1995	直柄吊钩螺母	废止	该标准内容已被国家标准 GB/T 10051.10—2010《起重吊钩　第10部分:吊钩螺母》所涵盖
9	JB/T 7687.4—1995	直柄吊钩螺母定位板	废止	该标准内容已被国家标准 GB/T 10051.11—2010《起重吊钩　第11部分:吊钩螺母防松板》所涵盖
10	JB/T 8112—1999	一般起重用锻造卸扣　D形卸扣和弓形卸扣	废止	该标准内容已被国家标准 GB/T 25854—2010《一般起重用D形和弓形锻造卸扣》所涵盖
11	JB/T 8713—1998	机械式停车设备类别、型式与基本参数	废止	该标准内容已被国家标准 GB/T 26559—2011《机械式停车设备　分类》所涵盖

（3）配合特种设备开展的工作。

1）受某单位的委托，组织桥式和门式起重机行业有关专家在北京市召开“MH20电动葫芦门式起重机产品论证会”，对MH20电动葫芦门式起重机的产品结构设计是否符合相应产品标准和安全技术规范，以及设计是否可行可靠进行了论证，并将论证结论提供给委托单位。

2）受国家质量监督检验检疫总局特种设备安全监察局的委托，由全国起重机械标准化技术委员会负责组织对天津天安起重电器有限公司生产的功率式起重量限制器进行技术论证。在第一次论证会议结论的基础上，起重机标委会秘书处于2011年11月8日在北京市组织召开了“功率式起重量限制器论证工作会议”，顺利完成了对天津天安起重电器有限公司生产的功率式起重量限制器进行安全技术论证，并将论证结论提供给国家质检总局特种设备安全监察局。

3）受“国务院三峡工程建设委员会”等4家单位的委托，分别对其委托的产品是否属于特种设备中的起重机械，组织起重机械有关专家进行现场或通过通信的方式进行鉴别，并将最终结论告知委托单位。

（4）起重机械行业产品安全标准体系编制工作。根据中国机械工业联合会秘书处文件机联秘标[2011]96号“关于开展机械工业重点领域机械产品安全标准体系编制工作的通知”的要求，起重机标委会秘书处按时完成了《起重机械行业产品安全标准体系研究报告》，并在起重机标委会委员中进行征求意见后，上报中国机械工业联合会。

（5）开展重要标准的宣贯工作。为使标准能够得到更好的贯彻实施，起重机标委会组织在杭州市、成都市先后举办了2期GB 6067.1—2010《起重机械安全规程　第1部分：总则》宣贯会；在江苏省南京市举办了1期GB/T 10051.1—2010～GB/T 10051.15—2010《起重吊钩》15项标准宣贯会；在上海市举办了GB 17907—2010《机械式停车设备　通用安全要求》宣贯会；在上海、无锡和济南举办了共3期GB/T 14405—2011《通用桥式起重机》和GB/T 14406—2011《通用门式起重机》宣贯会，参加培训人数达到800余人，受到了行业的欢迎和普遍认可。

2. 连续搬运机械标准化工作情况

全国连续搬运机械标准化技术委员会（SAC/TC331）负责连续搬运机械国家标准和行业标准的归口管理工作。截至2011年12月31日，我国连续搬运机械行业共有现行有效标准103项，其中国家标准20项（包括2项强制性标准和18项推荐性标准），机械行业标准83项。

2011年，全国连续搬运机械标准化技术委员会（以下简称“连续搬运机械标委会”）组织连续搬运机械行业完成了9项机械行业标准的制修订工作。

（1）完成国家标准和机械行业标准的制修订。

1）制定了机械行业标准《刮板式取料机》。我国自20世纪50年代开始生产堆取料机，1994年制定了臂式斗轮堆取料机的行业标准。但刮板式取料机一直未制定相应的标准。随着我国经济和技术的飞速发展，国内外市场对刮板式取料机的需求量也越来越大。当前，国内生产厂家已经具备了与国外公司竞争的能力，设计水平已基本达到了国际先进水平。因此，制定行业标准《刮板取料机》非常必要。该标准为我国自主制定，改变了刮板式取料机无标准的现状，填补了连续搬运机械标准体系的空白。该标准的制订，为进一步提高我国刮板式取料机的设计和制造水平，增强在国内外市场的竞争能力打下了良好的基础，必将产生较大的经济效益和社会效益。

2）制定了机械行业标准《桥式斗轮取料机》。我国桥式斗轮取料机产品是在20世纪60年代中期开始进行研究和开发的，随着我国经济和技术的飞速发展，国内外市场对桥式斗轮取料机的需求量也越来越大，加快了国内桥式斗轮取料机的研制步伐。当前，国内制造商已经具备了与国外公司竞争的能力，部分产品的设计和制造水平基本达到了国际先进水平，大型桥式斗轮取料机已走向国际市场。我国包括国际上的料场设备都在向占地小、储量大、高环保、自动化程度高、工艺先进等方面发展，也就是说，产品的大型化、标准化已成为发展的必然趋势。因此，制定行业标准《桥式斗轮取料机》非常必要。

该标准为我国自主制定，改变了桥式斗轮取料机无标准的现状，填补了连续搬运机械标准体系的空白。该标准的制定，为进一步提高我国桥式斗轮取料机的设计和制造水平，增强在国内外市场的竞争能力打下了良好的基础，必将产生较大的经济效益和社会效益。

3）修订JB/T 10380—2002《圆管带式输送机》。随着国民经济的迅猛发展，圆管带式输送机在散料输送设备中占有越来越重要的地位。JB/T 10380—2002《圆管带式输送机》自2002年发布实施以来,经多年的实施发现了一些不完善及与提高圆管带式输送机质量不相协调的问题,影响了产品在国内外市场的进一步发展。为了规范国内市场秩序,加强管理,提高圆管带式输送机的整体水平,按国家工信部计划要求对《圆管带式输送机》机械行业标准进行了修订。该标准的修订,为促进国内圆管带式输送机技术水平的提高,加快与国际接轨的步伐,同时为配合生产许可证管理打下了良好的基础。

4)修订JB/T 8908—1999《波状挡边带式输送机》。随着国民经济的迅猛发展,波状挡边带式输送机以其可实现大倾角输送的特点,被广泛用于煤炭、粮食、建材、化工、水电和冶金等行业,波状挡边带式输送机在散料输送设备中占有越来越重要的地位。JB/T 8908—1999《波状挡边带式输送机》自1999年发布实施以来,发现了一些不完善的地方及与提高波状挡边带式输送机质量不相协调的问题,影响了产品在国内外市场的进一步发展。为规范国内市场秩序,加强管理,提高波状挡边带式输送机的整体水平,按国家工信部计划要求对《波状挡边带式输送机》机械行业标准进行了修订。该标准的修订,为促进国内波状挡边带式输送机械技术水平的提高,加快与国际接轨的步伐,同时为配合生产许可证管理打下了良好的基础。

(2)连续搬运机械行业标准的复审。根据中国机械工业联合会秘书处文件机联秘标[2011]52号"关于开展2011年机械行业标准复审工作的通知"的要求,连续搬运机械标委会秘书处组织完成对5项连续搬运机械行业标准的复审,复审结论均为继续有效。

(3)连续搬运机械行业产品安全标准体系编制工作。根据中国机械工业联合会秘书处文件机联秘标[2011]96号"关于开展机械工业重点领域机械产品安全标准体系编制工作的通知"的要求,连续搬运机械标委会秘书处按时完成了《连续搬运机械行业产品安全标准体系研究报告》,并在连续搬运机械标委会委员中进行征求意见后,上报中国机械工业联合会。

(4)连续搬运机械行业正在制修订的标准项目。根据2011年国家标准制修订计划的安排及2010年和2011年行业标准制修订计划的安排,正在修订GB/T 14521—1993《连续搬运机械术语》和GB 14784—1993《带式输送机安全规范》;正在制订机械行业标准《双轨小车悬挂输送机》和《液力传动油》;正在修订JB/T 3926—1999《垂直斗式提升机》、JB/T 9004—1999《限矩型液力偶合器　试验方法》、JB/T 3666—1996《吊式圆盘给料机》、JB/T 3667—1996《座式圆盘给料机》。

3. 工业车辆标准化工作情况

全国工业车辆标准化技术委员会(SAC/TC332)负责工业车辆国家标准和机械行业标准的归口管理工作。截至2011年12月31日,我国工业车辆行业共有现行有效标准52项,其中国家标准35项(包括1项强制性标准和34项推荐性标准),机械行业标准17项。

2011年,全国工业车辆标准化技术委员会(以下简称"工业车辆标委会")组织工业车辆行业共完成了1项国家标准《工业车辆　稳定性验证　第1部分:总则》和1项机械行业标准《电动固定平台搬运车》的制修订工作及其他相关工作。

(1)工业车辆国家标准和行业标准的复审。

1)根据中国机械工业联合会秘书处文件机联秘标[2011]84号"关于做好2011年国家标准复审工作的通知"的要求,工业车辆标委会秘书处组织完成对5项工业车辆国家标准的复审,其中3项继续有效,2项修订。

2)根据中国机械工业联合会秘书处文件机联秘标[2011]52号"关于开展2011年机械行业标准复审工作的通知"的要求,工业车辆标委会秘书处组织完成对4项工业车辆行业标准的复审,复审结论均为继续有效。

(2)工业车辆行业产品安全标准体系编制工作。根据中国机械工业联合会秘书处文件机联秘标[2011]96号"关于开展机械工业重点领域机械产品安全标准体系编制工作的通知"的要求,工业车辆标委会秘书处按时完成了《工业车辆行业产品安全标准体系研究报告》,并在工业车辆标委会委员中进行征求意见后,上报中国机械工业联合会。

(3)问卷调查。根据国家标准化管理委员会文件标委综合函[2011]22号"关于开展问卷调查的通知"的要求,按时完成了《全国专业标准化技术委员会调查问卷》的填报工作,包括3家重点企业的《企业调查问卷》以及标委会15位委员填写的《技术委员会培训需求调查表》。

(4)工业车辆行业正在制修订的标准项目。根据2011年国家标准制修订计划及2010年和2011年行业标准制修订计划的安排,2011年正在制修订6项国家标准和4项机械行业标准:国家标准《工业车辆　安全要求和验证 第1部分:除无人驾驶、伸缩臂式车辆和载运车外的自行式工业车辆》(等同采用ISO 3691—1:2011),《工业车辆　安全要求和验证　第5部分:步行式车辆》(等同采用ISO 3691—5:2009),《工业车辆　稳定性验证　第2部分:带门架的平衡重式车辆》(等同采用ISO 22915—2:2008),《工业车辆　稳定性的验证 第3部分:前移式和插腿式叉车》(等同采用ISO 22915—3:2008),《防爆工业车辆通用要求　第2部分:内燃工业车辆》和《工业车辆　电磁兼容》;行业标准《叉车　侧移器》《内燃平衡重式叉车　能耗测试方法》《内燃平衡重式叉车　能效限定额》和行业标准《平板搬运车》。

4. 物流仓储设备标准化工作情况

2006年9月,机械工业物流仓储设备标准化技术委员会(CMIF/TC10)成立,物流仓储设备标准由机械工业物流仓储设备标准化技术委员会归口管理。2008年8月9日,国家标准化管理委员会以国标委综合[2008]125号"关于批准筹建全国食品分析与抽样标准化技术委员会等190个全国专业标准化技术委员会的通知"批准筹建"全国物流仓储设备标准化技术委员会"。2009年8月完成全国物流仓储设备标准化技术委员会组建方案的上报,等待国家标准化管理委员会正式批准组建的通知。2011年7月18日，国家标准化管理委员会以国标委综合【2011】42号“关于成立全国物流仓储设备标准化技术委员会(SAC/TC499)等4个技术委员会和分技术委员会的批复”，正式同意组建“全国物流仓储设备标准化技术委员会”。

截至2010年12月31日，物流仓储设备行业共有现行有效标准15项，均为机械行业标准。

2011年，机械工业物流仓储设备标准化技术委员会(以下简称“物流仓储设备标委会”)组织物流仓储设备行业完成了1项机械行业标准JB/T 9229—1999《剪叉式升降工作平台》的修订，并完成了相关工作。

(1)物流仓储设备行业标准的复审。根据中国机械工业联合会秘书处文件机联秘标[2011]52号“关于开展2011年机械行业标准复审工作的通知”的要求，物流仓储设备标委会秘书处组织完成6项物流仓储设备行业标准的复审，其中4项为修订，2项废止。

(2)物流仓储设备行业产品安全标准体系编制工作。根据中国机械工业联合会秘书处文件机联秘标[2011]96号“关于开展机械工业重点领域机械产品安全标准体系编制工作的通知”的要求，物流仓储设备标委会秘书处按时完成了《工业车辆行业产品安全标准体系研究报告》，并在物流仓储设备标委会委员中进行征求意见后，上报中国机械工业联合会。

(3)物流仓储设备行业正在制修订的标准项目。根据2009年国家标准制修订计划及2009年和2011年行业标准制修订计划的安排，2011年正在制订国家标准《自动导引运输车　设计通则》和《自动导引运输车　术语》；正在制订机械行业标准《巷道堆垛起重机转轨车》。

二、国际标准化工作情况

20世纪70年代末，原国家标准总局指定北京起重运输机械研究所(现为北京起重运输机械设计研究院)为国际标准化组织的4个技术委员，即ISO/TC96(起重机技术委员会)、TC101(连续机械搬运设备技术委员会)、TC110(工业车辆技术委员会)、TC111(钢制圆环连、吊链、部件及附件技术委员会)的国内技术对口单位。主要工作任务包括日常对国际标准文件的表态，审查我国提案和国际标准的中文译稿，组织参加ISO/TC96、ISO/TC110、ISO/TC111和ISO/TC101国际会议，以及提出对外开展标准化技术交流活动的建议等。

(1) 2011年国际标准文件管理及投票情况。日常负责国际标准化组织的4个技术委员会ISO/TC96(起重机技术委员会)、ISO/TC101(连续机械搬运设备技术委员会)、ISO/TC110(工业车辆技术委员会)和ISO/TC111(钢制圆环链、吊链、部件及附件技术委员会)国内对口的标准化技术业务工作，包括国际标准文件的登记、存档工作，并负责对国际标准文件的投票。2011年共收到ISO/TC96文件121个，其中投票文件30个，实际投票28个(其余2个未到截止日期)，正式国际标准2个，其他文件89个。收到ISO/TC110文件69个，其中投票文件29个，实际投票27个(其余2个未到截止日期)，正式国际标准3个，其他文件37个。收到ISO/TC111文件30个；其中投票文件4个，实际投票4个，正式国际标准0个，其他文件26个。未收到ISO/TC101文件。

(2)2011年参加国际会议情况。

1)组团参加ISO/TC96起重机技术委员会系列会议。起重机标委会在起重机械行业中组织13人代表团代表国家标准化管理委员会(SAC)参加了于2011年5月30日至6月4日在南非比勒陀利亚召开的“2011年ISO/TC96起重机技术委员会系列会议”。会议由ISO/TC96起重机技术委员会主办，由南非标准局(SABS)承办，来自澳大利亚、中国、法国、德国、日本、韩国、马来西亚、南非、波兰、英国和美国11个国家的代表出席了会议。

此次国际会议上，我国越来越多地实质性参与了起重机国际标准化工作，其中参与了SC6分技术委员会的ISO 9926—2《起重机—司机培训—第2部分:流动式起重机》的制订，ISO 15442《起重机—随车起重机安全要求》和ISO 10245—2《起重机—限制器和指示器—第2部分:流动式起重机》的修订；由于我国在转化ISO 12488—1:2005《起重机—车轮及大车和小车轨道公差—第1部分:总则》时发现了许多编辑性和技术性错误，并提出了许多修改意见，因此，ISO决定对其进行修订，中国作为除英国、德国、日本、美国之外的主要成员之一参与ISO 12488—1的修订工作。另外，在此次会议上，中国提出承担SC4试验方法分技术委员会秘书处，在有其他成员国参与竞争的情况下，我国提出承担SC4秘书处得到了ISO/TC96主席Jack Wray及与会代表的支持，由于SC4原秘书国俄罗斯两年以来未做任何工作，因此ISO/TC96决定更换SC4秘书国，但最终是否更换有待俄罗斯确定是否愿意继续承担SC2和SC4秘书处的工作。这是中国起重机行业实质性参与国际标准化工作取得的又一成果，承担ISO/TC96/SC4秘书处的工作，对提高我国起重机械行业在国际标准化组织的影响力，实质性提升我国起重机械行业国际标准化工作水平都具有非常重要的意义。这是一个很大的进步，说明当前中国参与起重机械国际标准化活动已进入实质性阶段。

2)组团参加ISO/TC110“工业车辆技术委员会系列会议”。工业车辆标委会在工业车辆行业中组织6人代表团代表国家标准化管理委员会(SAC)参加了于2011年5月9—13日在德国柏林召开的“2011年ISO/TC110工业车辆技术委员会系列会议”，这是我国第五次组团参加ISO/TC110工业车辆技术委员会系列会议。由于我国是ISO 5053—1《工业车辆—术语和分类—第1部分:工业车辆类型》标准修订工作组成员之一，会前工作组内中文内容负责人赵春晖秘书长已多次与国内主要企业推敲有关标准中文内容细节，并借助我国生产轻小型搬运车辆出口量大的优势，为起草工作组提供了步行式车辆图形。最终在SC1“术语”分技术委员会会议上，在讨论对草案《工业车辆——术语和分类——第 1 部分:工业车辆类型》征求意见汇总中的意见时,经过中国代表的努力,由中国提出的 20 余条修改意见,包括增加叉车类型、补充示意图、修改术语的定义、修改技术性和编辑性错误等意见全部被工作组采纳,并得到了 ISO/TC110/SC1 主席 Andreas Kühn 博士的高度赞扬,他称赞中国工作积极主动,认真负责地提出了许多好的意见和建议。另外,在 ISO/TC110/SC2 会议上,赵春晖秘书长代表中国作了题为“中国工业车辆标准的总体情况和近两年制修订标准情况”的报告,介绍了中国工业车辆标准的总体情况、2009—2011 年制修订标准情况及制订叉车能效测试方法和能效限额标准的情况,受到了与会代表的好评。许多国外代表就他们关心的问题纷纷提问,中国代表一一给予解答。

3)在北京承办 2011 年 ISO/TC111 国际会议。2011 年 10 月 18—20 日,由起重机标委会和北京起重运输机械设计研究院在北京市共同承办了国际标准化组织 ISO/TC111 钢制圆环链、吊链、部件及附件技术委员会 2011 年系列会议。来自中国、英国、法国、德国、日本、南非、印度、瑞典、荷兰 9 个国家的 31 名中外代表出席了会议,这是我国起重机械行业继 2007 年承办 ISO/TC96 起重机技术委员会系列会议以来承办的又一个国际盛会。ISO/TC111 系列会议期间还举办了“起重圆环链、起重吊具中外技术专家研讨会”,邀请了来自德国、英国、日本和中国的 4 位专家介绍起重圆环链和起重吊具在国际上的技术发展趋势,受到了 70 余名与会代表的好评。另外,10 月 19 日晚上还举行了隆重的招待晚宴,国家标准化管理委员会工业一部殷明汉主任、国家质量监督检验检疫总局特种设备安全监察局宋继红局长等领导应邀出席招待晚宴并致辞,ISO/TC111 主席 Derrick Bailes 先生在晚宴上高度赞扬了 10 月 19 日下午召开的“起重圆环链、起重吊具研讨会”,称赞中国正在积极参与国际标准化组织 ISO/TC111 的活动,并已经取得了一定的成绩。此次会议的成功举办,极大地增强了中国在国际标准领域的影响力,树立了良好的形象。

三、2012 年起重运输机械标准化工作的重点任务

2012 年,起重运输机械标准化工作围绕起重运输机械“十二五”标准化工作重点领域,组织起重运输机械行业开展标准的制修订工作,进一步完善起重运输机械标准体系,着力提高标准化工作质量和水平,切实加强我国起重运输机械行业在国际标准化工作中的水平,充分发挥标准化工作在行业发展中的作用,促进我国起重运输机械行业又好又快地发展。

2012 年起重运输机械行业将完成共计 25 项国家标准和 37 项机械行业标准的制修订任务;重点加强质检公益科研专项项目“起重机械能效测试方法”成果转化的 8 项起重机能效测试方法国家标准的制订。组织工业车辆行业的主要企业重点开展对内燃平衡重式叉车能耗测试方法的研究工作,在试验验证的基础上尽快完成机械行业标准《内燃平衡重式叉车　能耗测试方法》和《内燃平衡重式叉车　能耗限额》的制订工作。配合国家质量监督检验检疫总局特种设备安全监察局完成相关的工作,包括:加急制订国家标准《起重机械　安全监控管理系统》和《简易升降机安全规程》,受企业委托鉴别产品类别,并起草相应的管理办法等工作。召开“全国物流仓储设备标准化技术委员会成立大会暨一届一次会议”。

继续加大对重要标准的宣贯力度,组织做好对 GB/T 14405—2011《通用桥式起重机》和 GB/T 14406—2011《通用门式起重机》、GB/T 26469—2011《架桥机安全规程》和 GB/T 26470—2011《架桥机通用技术条件》、国家标准《造船门式起重机》、国家标准《起重机械 安全监控管理系统》、JB/T 7688.5《冶金起重机技术条件　第 5 部分:铸造起重机》等标准的宣贯工作。

继续实质性参与国际标准化组织的活动,积极参与对国际标准文件的投票;组团参加于 2012 年 5 月在德国柏林召开的 ISO/TC 96 起重机技术委员会系列会议和 2012 年 9 月在瑞典斯德哥尔摩召开的 ISO/TC 110 工业车辆技术委员会系列会议。另外,完成与 ISO/TC96 下属各分技术委员会 SC2 ~ SC10 对应的 10 个国内工作组的组建工作,为更好地参与国际标准化活动打下基础。

〔撰稿人:北京起重运输机械设计研究院赵春晖　审稿人:中国重型机械工业协会徐善继〕

2011 年全国特种设备安全状况

一、特种设备的基本情况

1. 特种设备使用情况

截至 2011 年底,全国在用特种设备 729.15 万台。其中:锅炉 62.03 万台,压力容器 251.54 万台,电梯 201.06 万台,起重机械 171.74 万台,场(厂)内专用机动车辆 41.03 万辆,客运索道 863 条,大型游乐设施 1.64 万台(套)。另有气瓶 1 3563.64 万只,压力管道 83.68 万 km。设备总量比 2010 年增长 12.3%。

全国现有持证的特种设备作业人员 657.60 万人，比 2010 年增长 16.89%，其中 2011 年考核发证 180.02 万人。

2. 特种设备生产情况

我国现有特种设备生产（含设计、制造、安装、改造、维修、气瓶充装）单位 53 899 家，持有特种设备许可证54 514张。

3. 特种设备安全监察和检验检测情况

截至 2011 年年底，全国质检系统共设置特种设备安全监察机构 3 144 个，其中国家级 1 个、省级 32 个、市级 476 个、县级 2 635 个。全国特种设备安全监察人员共 11 542人。

全国现有特种设备综合性检验机构 545 个，其中质检部门所属检验机构 347 个，行业检验机构及企业自检机构 198 个。另外，还有型式试验机构 32 个，无损检测机构 273 个，气瓶检验机构 1 681 个。检验机构人员共 60 697 人，其中质检部门所属检验机构人员 25 993 人。

2011 年全国各级质检部门开展特种设备执法监督检查 74.89 万次，责令整改各类问题 24.75 万个。特种设备检验机构对 382.05 万台特种设备及元部件的制造过程进行了监督检验，发现并督促企业处理质量安全问题 4.54 万个；对 82.92 万台特种设备安装、改造、维修过程进行了监督检验，发现并督促企业处理质量安全问题 22.98 万个；对 349.29 万台在用特种设备进行了定期检验，发现并督促企业处理质量安全问题 399.29 万个。

二、特种设备安全状况

1. 事故总体情况

2011 年全国共发生各类特种设备事故 275 起，死亡 300 人，受伤 332 人。与 2010 年同期相比，事故总起数下降 7.09%；死亡人数下降 3.23%。全年特种设备事故中，起重机械 74 起。2011 年万台设备死亡人数为 0.595，万台死亡人数控制在国务院安委会下达的特种设备安全生产控制指标之内，事故状况保持平稳态势。

2006—2011 年万台设备事故死亡人数走势见图 1。

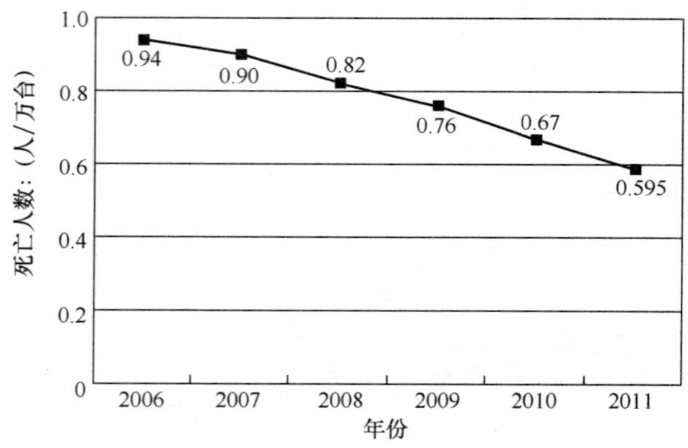

图 1　2006—2011 年万台设备事故死亡人数走势

2. 事故特点

全年发生的 275 起事故中，承压类和机电类特种设备事故分别呈现出不同的特点。锅炉、压力容器、压力管道等承压类事故特征主要是爆炸或泄漏着火。起重机械、电梯等机电类事故的特征主要为倒塌、坠落、撞击和剪切等。

在各类事故中起重机械事故总数最多，主要发生在建设工地、仓储物流和冶金、机械制造行业，分别各占 1/3，建设工地的起重机械事故特征主要是倒塌，仓储物流和冶金、机械制造行业事故多为撞击、挤压和坠落；电梯事故多发生在安装、维修保养等作业过程中，主要原因是使用管理不当和作业人员违章操作；场内机动车辆主要发生在仓储物流和冶金、机械制造行业的使用环节，多数为叉车。

3. 事故原因

从事故发生环节来看，全年统计范围事故中，发生在使用环节的事故占 79.62%；充装、储运环节的事故占 6.64%；安装环节的事故占 6.16%；维修改造环节的事故占 7.11%；检验环节事故占 0.5%。

从技术层面来看，锅炉事故主要发生在小型服务业，其原因主要是企业管理不善，操作人员操作不当；压力容器事故突出体现为快开门压力容器和造纸烘缸事故，其原因主要为快开门压力容器联锁保护装置失效或功能不全，造纸烘缸缺少系统压力控制；气瓶事故主要发生气体充装环节，设备种类体现为氧气瓶和车载气瓶，其原因主要是企业管理不到位，充装前缺少检查；压力管道事故则主要在化肥合成氨企业的工艺管道，其原因主要是超负荷生产，检修维修不到位；电梯事故的主要原因是电梯使用单位管理缺失，电梯故障以及急救处置不当；起重机械事故原因主要是作业现场管理不到位；大型游乐设施事故主要原因是设备缺少维修维护，现场管理不到位。

三、2011 年特种设备安全监察工作实施情况

一是严格生产源头监管，全面提升特种设备安全质量水平。通过严格准入条件，提高准入门槛，全年对近 4 000 家特种设备生产单位进行许可。同时，加强特种设备制造企业证后监管，采取对企业和鉴定评审、检验检测机构同时抽查的方式，完成100 家获证企业和机构的特种设备国家监督抽查工作，组织地方局完成了 20% 获证企业的监督抽查，对 20 余个企业实施撤销证书等处罚。加大对特种设备安全质量的监管力度，共对 400 余万台（套）特种设备进行了监督检验，发现并督促企业处理质量安全问题 4 万余条，监督检验覆盖率达到 100%。加大了对新技术新产品的监管力度。

二是严格使用环节监管，提升特种设备安全监察水平。下发了《关于加强特种设备使用环节安全监察的意见》，全系统在 15 个省 376 个企业部署开展特种设备使用安全标准化管理及达标评价活动试点。在多个省份实施了使用单位分类监管，并推进特种设备安全“一岗双责”工作制度。出台了《特种设备使用单位风险评价指标》等分类监管准则，对 180 余万名特种设备作业人员进行考核发证。

三是严格重点设备领域监管，有效防止特种设备安全事故。按照国务院 23 号文件要求，联合安监部门发布了《大型起重机械安装安全监控管理系统实施方案》，并联合铁道、交通等相关部门成立了工作小组，组织制定了起重机械安全监控管理系统国家标准，并组织24家单位在13个品种28台大型起重机械中开展安全监控管理系统示范试点。为加强涉及公共安全的电梯等特种设备监管，颁发了《关于电梯安全监察工作若干问题的指导意见》等文件，推进了电梯维保整治、老旧电梯改造、物联网监控工作。

四是实施风险管理，初步构建特种设备安全风险监测和预防体系。加强风险分析理论及应用研究，在全国特种设备科技协作平台科研项目中设立风险分析课题，逐步完善风险管理和应急救援制度，指导地方建立质量安全分析报告和风险分析报告制度。构建风险监测技术体系，结合国家"十二五"国家科技支撑计划项目"基于风险的特种设备安全监管关键技术研究"课题研究，开展特种设备风险理论与技术研究，基本建立了特种设备风险管理技术支撑体系。完善特种设备风险管理机制，修订完善了《特种设备重大突发安全事件应急处置预案》，妥善处置了北京"7·5"地铁4号线自动扶梯事故等近10起社会影响较大的特种设备事件。

五是促发展，积极服务国家经济社会发展大局。继续完善高耗能特种设备节能法规标准体系。加大节能技术和产品推广力度，完成第二批节能技术和产品的遴选工作。服务经济结构调整和地方经济发展。推动特种设备公共检测平台、培训考核基地建设，推动特种设备产业集群结构调整升级，在北京推动开展物联网技术应用试点。做好重点时期、重大活动和重点工程特种设备安全保障工作。保障了建党90周年活动、深圳大运会和亚欧博览会期间特种设备安全。开展西气东输二线东段等重点项目特种设备安全监察，针对"无资质企业生产的法兰用于国内项目建设存在重大安全隐患"问题进行调查处理。

六是强质检，夯实特种设备安全工作基础。做好"十二五"发展工作部署，制定发布了《"十二五"特种设备安全与节能规划》。继续完善特种设备法规标准体系、动态监管体系、安全责任体系、风险管理体系、绩效评价体系和科技支撑体系等六个工作体系建设，推进《特种设备安全法》的立法进程。继续深化行政许可和检验工作改革，取得阶段性成果。

四、2012年特种设备安全监察与节能监管工作要点

按照"抓质量、保安全、促发展、强质检"工作方针，以深入扎实开展"安全生产年"活动为载体，以防重特大事故和重大负面影响事件、万台设备事故率持续下降、万台设备事故死亡率下降9%为目标，履职尽责，创新发展，真抓实干，稳中求进，全面提升特种设备安全与节能工作水平。

1. 多措并举抓质量

运用综合质量监管手段。宣传贯彻《质量发展纲要》，开展"质检利剑行动""双打"等活动。完善特种设备安全质量统计和分析工作，加强省、市两级年度、季度特种设备质量安全状况分析。紧密结合质量诚信体系建设，建立特种设备安全质量失信"黑名单"制度。利用行政许可、监督抽查、监督检验等手段，加强对生产企业质量管理体系建立、实施情况的追踪、检查，督促企业持续改进质量管理体系，督促企业有效实施质量管理和质量提升。

进一步完善优化特种设备行政许可制度，适当提高许可条件，强化鉴定评审把关作用，严格实施准入制度；提高对获证单位和鉴定评审机构监督抽查的比例，继续开展对企业、检验检测机构和鉴定评审机构工作质量的联合监督抽查。狠抓特种设备安全质量提升，围绕学校、公共场所和重大工程使用的特种设备产品，加强监督检验，开展监检工作质量专项监督检查；继续开展压力管道元件、起重机械等产业聚集区的安全质量提升活动。

2. 科学监管保安全

按照《国务院办公厅关于集中开展安全生产领域"打非治违"专项行动的通知》精神，积极部署开展特种设备安全"打非治违"专项行动，要将特种设备使用环节列为"打非治违"的重点，加大对企业违法违规生产、使用特种设备和作业人员无证上岗、违章作业行为的依法惩治力度；加强对设备安全风险、工作风险和队伍风险的管理。利用各种风险监测渠道，进一步加大风险监测力度；结合事故情况，开展事故易发设备、存在严重缺陷设备的风险预警通报。完善《特种设备使用安全管理规范》和特种设备使用单位分类评价办法，加大对使用单位执行各项特种设备安全制度的监督检查力度；完善特种设备作业人员信息公示系统；推进压力管道使用登记和定期检验工作。

以突出重点、分类监管为原则，建立健全省、市、县三级重点监控设备管理制度。实施重点监管，督促使用单位加强电梯、大型游乐设施、客运索道、气瓶等涉及公共安全特种设备的日常检查，继续运用信息化、物联网等新型技术手段对危险化学品承压罐车、气瓶、流动式起重机等移动设备实施动态监管，联合有关部门继续推动大型起重机械安装安全监控管理系统，开展小型锅炉、快开门压力容器使用的专项隐患排查和整治。严厉打击违规充装、检验和翻新改造气瓶、拼装电梯等违法行为；加强查处后的跟踪检查，督促整改措施落实到位。

3. 服务大局促发展

结合落实国务院《"十二五"节能减排综合性工作方案》和启动实施总局《"十二五"高耗能特种设备节能发展规划》，加强与节能主管部门及有关部门的协调合作，充分发挥行业组织、技术机构的作用，形成合力，共同推进高耗能特种设备节能工作。大力推进锅炉设计文件节能审查、锅炉定型产品能效测试和在用工业锅炉能效测试工作，启动电站锅炉能效测试；重点开展对国家确定的万家企业高耗能特种设备节能标准执行情况的监督检查和节能监管，配合环保部门实施燃煤电厂脱硫脱硝工程；继续遴选和推广特种设备节能技术和产品，加大对特种设备节能技术和产品的宣传力度；加强地市级高耗能特种设备节能测试机构建设。着力支持节能产品的推广应用，支持高端装备和新能源配套特种设备制造业发展，推动新材料新工艺的应用；引导物联网等先进信息技术在特种设备安全领域的应用；

推动合同能源管理、合同安全管理，促进高技术服务业发展。做好党的十八大、重大活动、重要节假日期间重点领域、重点场所、重点部位特种设备的安全保障工作；继续做好国家重大基础设施建设项目特种设备的安全监察。

4. 夯实基础强质检

进一步完善工作体系。重点推动特种设备安全立法，推进安全技术规范的整合优化，加快实现监察与检验数据信息互联、互通和共享。继续开展法规和规范的清理，明晰职责界限；推进合同安全管理、责任保险等制度创新，继续分解下达事故控制考核相对指标，推进政府对重大安全隐患挂牌督办、部门联合监管、“一岗双责”、行政执法与刑事司法衔接等“大监管”机制建设。积极协调有关部门，促进特种设备事故与安全生产事故等级的衔接；进一步完善应急预案并组织开展应急演练；创新安全监察机构绩效评价方法。全面实施《“十二五”特种设备科技发展规划》，深入开展“基于风险的特种设备安全监管关键技术研究”软课题研究和阶段性成果的推广应用，加强省级检验机构的科技能力建设。

进一步减少、合并、下放许可项目，取消部分特种设备部件、原材料等制造许可；推进检验人员考试换证向审核换证转变。严格检验检测人员考核条件，全面实施检验检测人员先报名参加考试、合格后再申请行政许可的制度；加强考试机构监督管理，严格考试的程序和上报行政许可申请的时限；完善检验检测人员执业资格注册制度；加快完善鉴定评审机构和人员考试机构建设，提高鉴定评审和人员考试工作的准入门槛；建立鉴定评审和人员考试工作的退出机制。

按照深入推进法制质检、和谐质检建设要求，开展行政许可窗口和检验机构报检窗口考核评议活动，增强服务意识，提升服务成效；加强反腐倡廉建设，完善工作制度，健全监督机制，加大监督检查力度。在“质量月”期间，开展电梯安全“宣传周”活动，以宣传法制和普及安全节能知识为重点，继续开展特种设备安全与节能“进企业、进校园、进社区”活动。

〔撰稿人：国家起重运输机械质量监督检验中心王顺亭　审稿人：中国重型机械工业协会徐善继〕

介绍与重型机械行业有关的政策法规

It carries the policies, laws and regulations related to the heavy machinery industry

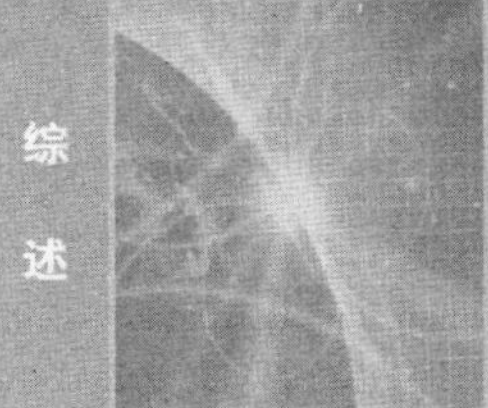

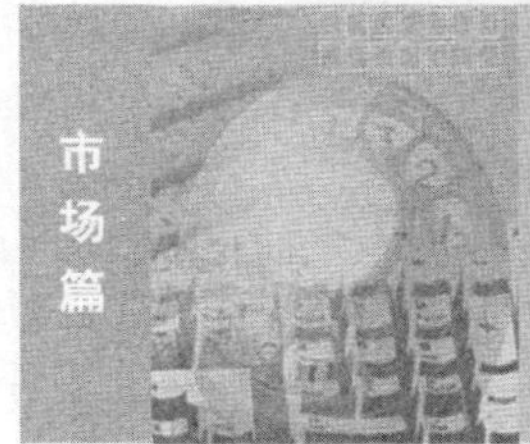

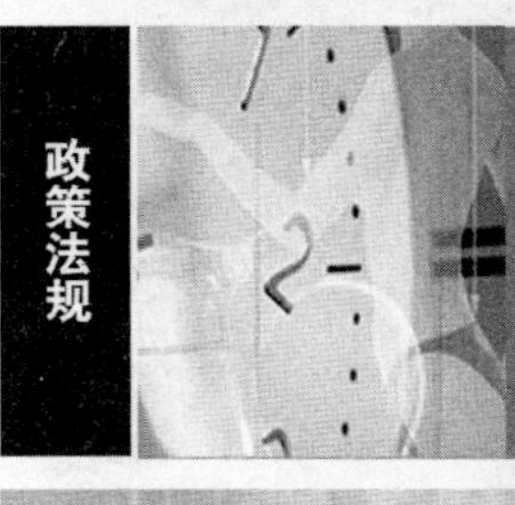

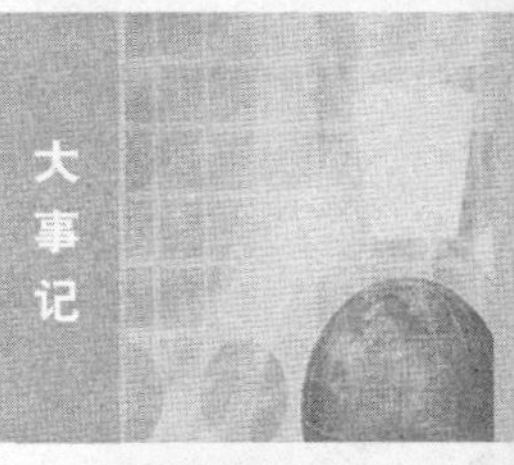

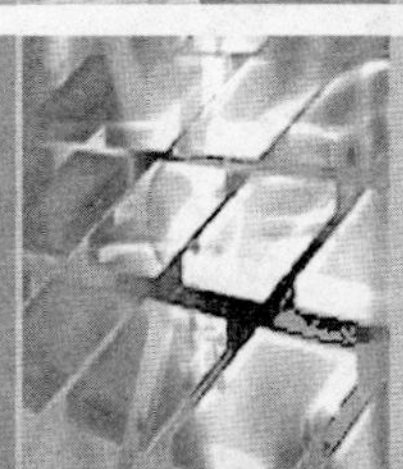

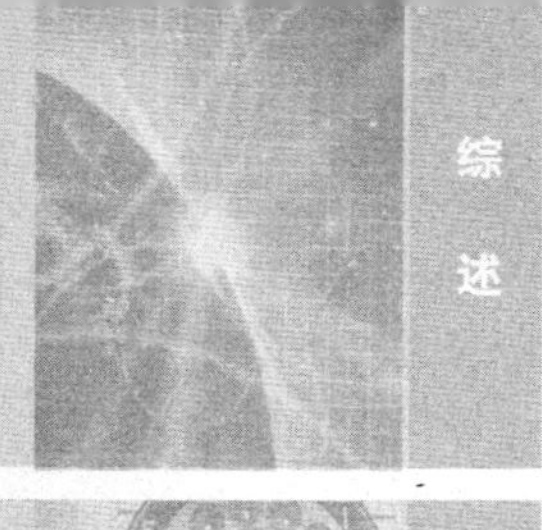

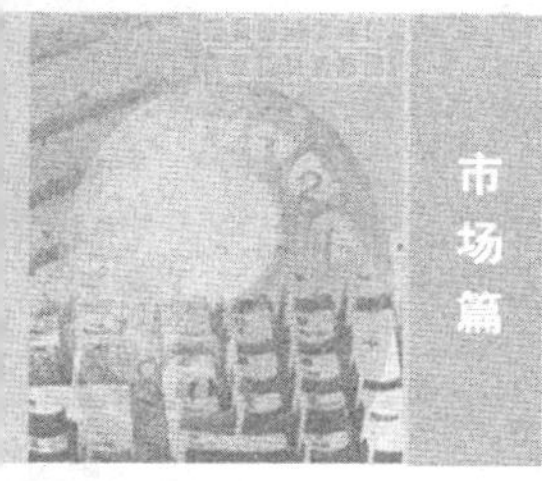

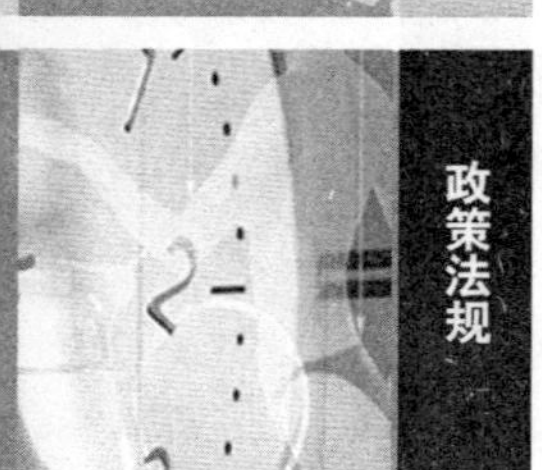

特种设备质量监督与安全监察规定

（国家质量技术监督局令　第13号）

2000年6月27日经国家质量技术监督局局务会议通过，自2000年10月1日起施行。

第一章　总　则

第一条　为了规范特种设备质量监督与安全监察工作，确保特种设备的产品质量和安全使用，保障人身和财产安全，促进经济发展和社会稳定，根据法律、行政法规的规定及国务院赋予质量技术监督部门的职责，制定本规定。

第二条　特种设备是指由国家认定的，因设备本身和外在因素的影响容易发生事故，并且一旦发生事故会造成人身伤亡及重大经济损失的危险性较大的设备。

本规定所称"特种设备"包括电梯、起重机械、厂内机动车辆、客运索道、游艺机和游乐设施、防爆电气设备等。执行本规定具体的特种设备目录，由国家质量技术监督局根据特种设备危险性程度提出，征求有关方面意见后确定，并公布实施。

防爆电气设备的质量监督与安全监察规定另行制定。

第三条　本规定适用于特种设备的设计、制造、安装、使用、检验、维修保养和改造。

第四条　国家质量技术监督局统一负责全国特种设备的质量监督与安全监察工作；地方质量技术监督行政部门负责本行政区域内特种设备的质量监督与安全监察工作；各级质量技术监督行政部门的特种设备安全监察机构（以下简称特种设备安全监察机构）在各自职责范围内，负责实施特种设备的质量监督与安全监察。

各级特种设备安全监察机构在实施特种设备的质量监督与安全监察时，应当发挥行业部门、社会中介组织的作用。

第五条　从事特种设备监督检验工作的技术机构（以下简称监督检验机构），应当具备相应的条件，经省级以上质量技术监督行政部门资格认可并授权后，方可以开展授权项目的特种设备监督检验工作。

第二章　通用规定

第一节　设计与制造

第六条　设计单位及其设计人员对所设计的特种设备的质量和安全技术性能负责。设计必须符合相应的标准和安全技术要求。未制定国家标准或者行业标准的，必须符合保障人体健康，人身、财产安全的要求。

第七条　制造单位对制造的特种设备的质量和安全技术性能负责。

对实施生产许可证管理的特种设备，由国家质量技术监督局统一实行生产许可证制度；对未实施生产许可证管理的特种设备，实行安全认可证制度。未取得相应产品生产许可证或者安全认可证的单位不得制造相应产品。

特种设备生产许可证的取（换）证和管理工作，按照国家有关工业产品生产许可证的具体规定执行。

特种设备安全认可证的取（换）证工作，实行分级分类管理。证书申请的受理分别由国家特种设备安全监察机构或者省级特种设备安全监察机构负责，审查工作由国家特种设备安全监察机构授权的单位承担，审查合格后，分别由国家质量技术监督局或者省级质量技术监督行政部门批准发证。

第八条　有下列情况之一的，必须由国家质量技术监督局认可的监督检验机构进行整机或者部件的型式试验，合格后方可以提供用户使用：

（一）试制特种设备新产品或者部件；

（二）制造标准或者技术规程有型式试验要求的产品或者部件。

需要正式生产的，取得相应产品生产许可证或者安全认可证后，方可以正式生产、销售。从型式试验合格到提出生产许可证或者安全认可证取证申请的期限，不得超过6个月。

第九条　特种设备产品出厂时，必须按照有关法律、行政法规及本规定第三章的具体要求，提供相应的随机文件，并保证备品配件的供应。

第十条　在中国境内销售境外制造的特种设备，其产品必须符合我国有关特种设备的法律、行政法规、规章、强制性标准及技术规程的要求。

境外企业在中国境内销售境外制造的特种设备，必须明确中国境内注册的代理商，并由代理商承担相应的质量和安全责任。该代理商必须持接受委托代理和在中国境内注册的证明材料，到所在地省级特种设备安全监察机构备案。

凡在中国境内销售境外制造特种设备的产品或者部件，其同类型首台产品或者部件必须由国家质量技术监督局指定的监督检验机构进行型式试验，合格后方可以正式销售。

第二节　安装、维修保养与改造

第十一条　特种设备安装、维修保养、改造单位必须对特种设备安装、维修保养、改造的质量和安全技术性能负责。

安装、维修保养、发行单位必须具备相应的条件，向所在地省级特种设备安全监察机构或者其授权的特种设备安全监察机构申请资格认可，取得资格证书后，方可以承担认可项目的业务。该资格证书在全国范围内有效。

特种设备安装、维修保养、改造业务不得以任何形式进行转包或者分包。

第十二条 安装、大修、改造特种设备前，使用单位必须持施工方案等相关资料到所在地区的地、市级以上特种设备安全监察机构备案。

第十三条 安装、大修、改造后特种设备的质量和安全技术性能，经施工单位自检合格后，由使用单位向规定的监督检验机构提出验收检验申请，并由执行当次验收检验的机构出具检验报告，合格的，发给特种设备安全检验合格标志。

除国家法律、行政法规另有规定外，任何行政部门不得要求再进行强制性的验收检验。

第十四条 安装、大修、改造的特种设备验收合格后，负责该项目施工的单位必须将施工的技术文件和资料等，移交使用单位存入该特种设备的技术档案。

第三节 使用与管理

第十五条 特种设备使用单位必须对特种设备使用和运营的安全负责。

特种设备使用单位必须使用有生产许可证或者安全认可证的特种设备。对使用的特种设备，必须按照本规定的有关要求申请相应的验收检验和定期检验。

第十六条 新增特种设备，在投入使用前，使用单位必须持监督检验机构出具的验收检验报告和安全检验合格标志，到所在地区的地、市级以上特种设备安全监察机构注册登记。将安全检验合格标志固定在特种设备显著位置上后，方可以投入正式使用。

第十七条 使用单位必须制定并严格执行以岗位责任制为核心，包括技术档案管理、安全操作、常规检查、维修保养、定期报检和应急措施等在内的特种设备安全使用和运营的管理制度，必须保证特种设备技术档案的完整、准确。

第十八条 特种设备遇可能影响其安全技术性能的自然灾害或者发生设备事故后，以及停止使用一年以上时，再次使用前，使用单位应当对其进行全面检查，必须消除影响安全的隐患。

第十九条 特种设备作业人员（指特种设备安装、维修、保养、操作等作业的人员）必须经专业培训和考核，取得地、市级以上质量技术监督行政部门颁发的特种设备作业人员资格证书后，方可以从事相应工作。

第二十条 使用单位必须对在用特种设备进行日常的维修保养。特种设备的维修保养必须由有资格的人员进行，无特种设备维修保养资格人员的使用单位，必须委托取得特种设备维修保养资格的单位，进行特种设备日常的维修保养。

第二十一条 使用单位应当严格执行特种设备年检、月检、日检等常规检查制度，经检查发现有异常情况时，必须及时处理，严禁带故障运行。检查应当做详细记录，并存档备案。

第二十二条 在用特种设备实行安全技术性能定期检验制度。使用单位必须按期向使用特种设备所在地的监督检验机构申请定期检验，及时更换安全检验合格标志中的有关内容。安全检验合格标志超过有效期的特种设备不得使用。

安全检验合格标志的有效期自签发验收检验或者定期检验合格报告之日起计算。各类特种设备定期检验的周期按第三章的具体规定执行。

第二十三条 标准或者技术规程有寿命期限要求的特种设备或者零部件，应当按照相应要求予以报废处理。特种设备进行报废处理后，使用单位应当向负责该特种设备注册登记的特种设备安全监察机构报告。

第二十四条 特种设备一旦发生事故，使用单位必须采取紧急救援措施，防止灾害扩大，并按照有关规定及时向当地特种设备安全监察机构及有关部门报告。

第二十五条 在爆炸危险场所使用的特种设备，除执行本规定有关要求之外，还必须符合防爆安全技术要求。

第四节 监督、监察与监督检验

第二十六条 各地质量技术监督行政部门应当根据本地区的实际情况，按照上级质量技术监督行政部门的安排，对特种设备组织定期或者不定期的产品质量监督抽查。各级特种设备安全监察机构对特种设备的设计、制造、安装、使用、检验、维修保养与改造单位执行本规定的情况应当进行现场安全监察，发现存在危险品及问题的，责令相应单位改正，必要时向其发出《特种设备安全监察意见通知书》，并督促其及时予以解决。

第二十七条 各级质量技术监督行政部门的特种设备安全监察人员，必须经过专业培训和考核，取得国家质量技术监督局颁发的特种设备安全监察员证书后，方可以从事相应的安全监察工作。

特种设备安全监察员在行使安全监察职权时，应当出示特种设备安全监察员证书。

第二十八条 各级特种设备安全监察机构应当按照有关规定对特种设备事故进行报告、调查，督促处理和结案批复，做好事故统计工作，并按照规定期限逐级上报。

第二十九条 监督检验机构进行特种设备型式试验、验收检验和定期检验等各类监督检验的程序、内容、方法、合格判定规则等，必须按照国家质量技术监督局发布的相应检验规程执行。

第三十条 监督检验机构必须加强检验工作质量的管理，确保检验工作质量保证体系的正常运转，按期完成监督检验工作任务，必须对出具的检验报告负责。

第三十一条 监督检验机构在接到具备验收检验或者定期检验条件的检验申请后，必须在 10 个工作日内安排相应的检验。完成相应检验工作后，必须在 10 个工作日内出具检验报告，同时应当将检验报告报送负责注册登记的特种设备安全监察机构。

第三十二条 在用特种设备数量较多而且具有该类特种设备独立检验机构的大型企业，可以向所在地省级特种设备安全监察机构申请成立企业自检站，经上述机构核准建站方案，并经资格认可及授权后，可以承担本企业内在用特种设备的定期检验。

企业自检站检验范围内的在用特种设备，应当接受监督检验机构的抽检，抽检比例不得高于该企业当年应当检验设备总量的20%。具体抽检比例由企业所在地省级特种设备安全监察机构确定。

企业自检站及其检验人员从事授权检验类别以外的或者本企业之外的特种设备检验所出具的检验报告,不具备法律效力。

第三十三条 从事特种设备监督检验工作的人员,必须经专业培训,并接受省级以上特种设备安全监察机构组织的考核,取得相应资格证书后,方可以从事批准项目的监督检验工作。

第三十四条 受检单位对检验结果有异议时,可以在收到检验报告之日起15日内,以书面形式向监督检验机构提出。监督检验机构必须在15日内对受检单位提出的异议予以书面答复。

受检单位对监督检验机构的答复仍有异议时,可以在收到答复之日起15日内,以书面形式向当地与该监督检验机构同级的特种设备安全监察机构提出。接到异议申请的特种设备安全监察机构,应当在30日内,委托由国家特种设备安全监察机构授权的监督检验机构或者组织专家,对被提出异议的检验结果进行鉴定或者确认。鉴定或者确认的结论为最终结论。

上述鉴定或者确认所需费用,由提出异议的单位支付。鉴定或者确认结论证明原检验结果错误的,该费用由出具原检验结果的监督检验机构承担。

第三十五条 特种设备安全监察机构开展特种设备的质量监督与安全监察工作中,以及监督检验机构开展特种设备的监督检验工作中,需要收取费用的,必须按照财政、物价行政管理部门的规定收取。

第三十六条 监督检验机构及其检验人员不得从事特种设备的设计、制造、销售、安装、维修保养和改造等经营性活动,并保守受检单位的商业秘密。

第三章 特殊规定

第一节 电梯

第三十七条 电梯出厂时,必须附有制造企业关于该电梯产品或者部件的出厂合格证、使用维护说明书、装箱清单等出厂随机文件。合格证上除标有主要参数外,还应当标明驱动主机、控制柜、安全装置等主要部件的型号和编号。门锁、安全钳、限速器、缓冲器等重要的安全部件,必须具有有效的型式试验合格证书。

第三十八条 电梯制造企业承担自己制造电梯的安装、维修保养、改造业务时,应当按本规定要求,申请并取得相应的资格证书。与制造资格同时提出申请的,执行资格审查的机构应当同时安排该企业制造、安装、维修保养、改造的资格审查。

第三十九条 在用电梯的定期检验周期为一年。

第二节 起重机械

第四十条 起重机械出厂时,必须附有制造企业关于该起重机械产品或者部件的出厂合格证、使用维护说明书、装箱清单等出厂随机文件。合格证上除标有主要参数外,还应当标明主要部件的型号和编号。

起重机械的超载保护等安全装置,必须具有有效的型式试验合格证书。

第四十一条 自行制造或者改造本单位使用起重机械的单位,必须将设计或者改造的相关资料,报所在地监督检验机构审核通过,并报所在地区地、市级以上特种设备安全监察机构备案后,方可以进行制造或者改造。

此类起重机械使用前,必须按照本规定要求进行验收检验,取得安全检验合格标志并办理注册登记后,方可以投入正式使用。

第四十二条 在用起重机械的定期检验周期为二年。

第三节 厂内机动车辆

第四十三条 厂内机动车辆出厂时,必须附有制造企业关于该厂内机动车辆的出厂合格证、使用维护说明书、备品配件和专用工具清单等出厂随机文件。合格证上除标有主要参数外,还应当标明车辆主要部件(如发动机、底盘等)的型号和编号。

第四十四条 新增厂内机动车辆的单位,必须按照本规定要求到所在地区地、市级以上特种设备安全监察机构注册登记。该特种设备安全监察机构可以指定所在地的监督检验机构,了解申请注册登记车辆的情况,并根据实际情况确定是否进行验收检验。免于验收检验或者验收检验合格的,由该监督检验机构发给厂内机动车辆安全检验合格标志。特种设备安全监察机构应当凭有效的厂内机动车辆安全检验合格标志办理该车辆的注册登记,并核发厂内机动车辆牌照。厂内机动车辆安装牌照并粘贴安全检验合格标志后,方可投入使用。

第四十五条 厂内机动车辆使用单位应当结合本单位生产作业区或者施工现场的实际情况,按照《工业企业厂内运输安全规程》等国家标准的要求,在生产作业区或者施工现场设置交通安全标志和进行交通安全管理。

第四十六条 在用厂内机动车辆定期检验周期为一年。定期检验不合格或者安全检验合格标志超过有效期的不得使用,特种设备安全监察机构应当收回牌照。

第四节 客运索道

第四十七条 对新建或者改建的客运索道实行设计审核制度。设计审核工作由省级特种设备安全监察机构组织,审查由国家客运索道监督检验机构承担,审核通过后,方可以投入制造和施工。

第四十八条 客运索道的驱动机、抱索器、运载车辆、钢丝绳、减速机等主要部件出厂时,必须附有制造企业关于该部件的出厂合格证、使用维护说明等随机文件。合格证上除标有主要参数外,还应当标明部件的型号和编号。

第四十九条 客运索道安装工程竣工后,索道站(公司)或者索道运营承包单位必须向所在地省级特种设备安全监察机构提出运营申请。经省级特种设备安全监察机构对索道站(公司)或者索道运营承包单位的安全管理审查合格,并经国家客运索道监督检验机构对客运索道进行验收检验合格,发给安全检验合格标志后,方可以投入正式运营。

第五十条 客运索道安全检验合格标志有效期为三

年。有效期自国家客运索道监督检验机构签发验收检验报告之日起计算。有效期满后需要继续运营的，其索道站（公司）或者索道运营承包单位必须在期满前三个月向所在地省级特种设备安全监察机构提出运营复审申请。经所在地省级特种设备安全监察机构审查其安全管理状况合格，国家客运索道监督检验机构全面检验合格，取得新的安全检验合格标志后，方可以继续运营。

第五十一条 在客运索道安全检验合格标志有效期内，客运索道每年要进行一次年度检验。年度检验不合格的不得运营。年度检验由索道站（公司）或者索道的运营承包单位提出申请，由当地具备客运索道检验资格的监督检验机构承担，当地没有具备客运索道检验资格监督检验机构的，年度检验由国家客运索道监督检验机构承担。

第五十二条 索道站（公司）站长（经理）或者索道运营承包单位负责人对保证客运索道的安全运营负责。站长（经理）要熟悉所管理的客运索道的安全技术知识，必须经过专业的培训与考核，合格后，方能够上岗。

第五十三条 索道站（公司）或者索道运营承包单位必须建立救护组织，并按照国家有关规定和标准，结合本索道的实际情况，配备相应数量的营救装备与急救物品。必须制定救援预案，并定期进行救援演习。当索道营运过程中出现意外事件或者发生事故时，能进行紧急处理，防止事态恶化及时妥善地救援、救护乘客。

第五十四条 索道站（公司）或者索道运营承包单位必须按照《客运架空索道安全规范》的规定，对索道进行日常检查和维护。索道日常营运、检查、维护、救护演习、发生意外事件的事故等情况，应当记入运行日记，由索道站（公司）值班站长（经理）签字认可并存档备查。

第五节 游艺机和游乐设施

第五十五条 对新建或者改建危险性较大的游艺机和游乐设施实行设计审核制度，设计审核工作由省级特种设备安全监察机构组织，审查由国家游艺机和游乐设施监督检验机构承担，审核通过后，方可以投入正式制造和安装。

第五十六条 游艺机和游乐设施出厂时，必须附有制造企业关于该游艺机或者游乐设施的合格证、使用维护说明书和有关图样等随机文件，并向用户提供备品配件和专用工具。

第五十七条 危险性较大的游艺机和游乐设施由国家游艺机和游乐设施监督检验机构进行验收检验和定期检验；其他游艺机和游乐设施由所在地区具备相应检验资格的监督检验机构进行验收检验和定期检验。

移地重新安装的游艺机和游乐设施，必须进行验收检验和办理注册登记。

第五十八条 在用游艺机和游乐设施的定期检验周期为一年。

第五十九条 游艺机和游乐设施的使用与运营单位，在游艺机和游乐设施每日投入营运前，必须进行试运行和相应的安全检查。每次运行前，操作和服务人员必须及时向游客讲解安全注意事项，并对安全装置进行检查确认；运行中要注意游客动态，及时制止游客的危险行为。安全注意事项必须张贴在游客易于看到的明显位置上。

第六十条 游艺机和游乐设施的所有者与运营单位，必须按照国家有关规定与标准配备适用的救护设施和满足需要数量的经过专业培训合格的监护或者救护人员。必须制定救援预案，并定期进行救援演习。在出现意外事故时，能进行紧急处理，防止事态恶化，及时妥善地救援、救护游客。

第四章 罚 则

第六十一条 有下列情形之一并拒绝按照特种设备安全监察机构发出的《特种设备安全监察意见通知书》进行整改的，由质量技术监督行政部门按照以下规定进行处罚：

（一）违反本规定第七条、第四十一条、第四十七条、第五十五条，未履行设计审核手续即进行制造者，或者无相应产品有效的安全认可证即投入制造者，责令停止制造和销售其产品，并处5 000元至20 000元罚款；

（二）违反本规定第七条，持相应产品有效的生产许可证或者安全认可证，但不能保证特种设备产品质量或者安全技术性能的，吊销相应的生产许可证或者安全认可证；

（三）违反本规定第八条、第十条，未按照要求办理有关手续即提供用户使用单位产品的，责令补办有关手续，并处5 000元至20 000元罚款；

（四）违反本规定第十一条，无资格证书或者有资格证书但无相应项目即从事特种设备的安装、维修保养、改造者，责令承担项目停止进行，并处5 000元至20 000元罚款，有资格证书但无相应项目的，吊销相应的资格证书；

（五）违反本规定第十五条、第十六条、第四十九条，对购置无生产许可证或者安全认可证产品并投入使用者，或者未办理注册登记手续即投入运营的使用者，责令其设备停止使用，属于非经营性使用行为的，并处1 000元以下罚款；属于经营性使用行为的，并处3 000元至10 000元罚款；

（六）违反本规定第二十条、第二十一条，未按照要求定期维修保养特种设备的，以及发现异常情况未及时处理的，属于非经营性使用行为的，处以1 000元以下罚款；属于经营性使用行为的，处以3 000元至10 000元罚款。发现设备带故障运行的，必须责令设备停止使用；

（七）违反本规定第十九条、第三十三条、第五十二条，使用无相应有效资格证书的人员从事特种设备管理、安装、维修保养、改造、检验、操作的，对用人单位处以10 000元以下的罚款；

（八）违反本规定第二十二条，安全检验合格标志超过有效期或者定期检验不合格仍然继续使用的，责令设备停止使用，并处3 000元至10 000元罚款；

（九）对伪造、涂改、转借特种设备生产许可证或者安全认可证、安装（维修保养、改造）资格证书、安全检验合格标志和厂内机动车辆牌照等有关证书和牌照者，没收或者吊销其相应的证书和牌照，并处10 000元至30 000元罚款。

第六十二条 违反第二十四条规定，特种设备发生事故后不采取紧急救援措施，未能及时有效抑制灾害扩大，或者未按照规定及时报告事故以及隐瞒事故不报的，由质量技术监督行政部门予以警告，并处5 000元至25 000元罚款。

第六十三条 对违反本规定进行特种设备的设计、制造、安装、使用、检验、维修保养或者改造，并因此造成事故的，由质量技术监督行政部门责令相关设备停止使用，并处10 000元至30 000元罚款；涉嫌犯罪的，移送司法机关依法追究有关责任人的刑事责任。

第六十四条 从事安全监察或者监督检验的安全监察员和检验人员，在工作中玩忽职守、徇私舞弊、泄露或者剽窃商业秘密的，由所在单位视其情节和后果，给予相应的行政处分；涉嫌犯罪的，移送司法机关依法追究其刑事责任。

第六十五条 监督检验机构不能按照有关规定履行职责或者因管理不严，造成工作人员失职的，由授予其检验资格的质量技术监督行政部门予以警告，并视情节暂时停止或者取消其检验资格。

第六十六条 法律、行政法规对违反本规定行为的处罚机关、处罚方式有明确规定的，依照该法律、行政法规的规定执行。

第五章　附　则

第六十七条 本规定配套的规范性文件或者技术规程，由国家特种设备安全监察机构另行组织制定，国家质量技术监督局发布实施。

本规定中明确由质量技术监督行政部门颁发的各类证书和牌照的格式，由国家质量技术监督局统一规定。

第六十八条 本规定不适用于军事用途的特种设备。但军队所有，用于民用场所的特种设备必须执行本规定。

第六十九条 取得特种设备生产许可证或者安全认可证的企业、取得相应资格的特种设备监督检验机构，由国家质量技术监督局发布公告。取得相应特种设备的安装、维修保养、改造资格的企业，由颁发相应资格证书的省级质量技术监督行政部门发布公告。

第七十条 本规定由国家质量技术监督局负责解释。

第七十一条 本规定自2000年10月1日起实施。

特种设备作业人员监督管理办法

2005年1月10日国家质量监督检验检疫总局令第70号公布，根据2011年5月3日《国家质量监督检验检疫总局关于修改＜特种设备作业人员监督管理办法＞的决定》修订。

第一章　总　则

第一条 为了加强特种设备作业人员监督管理工作，规范作业人员考核发证程序，保障特种设备安全运行，根据《中华人民共和国行政许可法》《特种设备安全监察条例》和《国务院对确需保留的行政审批项目设定行政许可的决定》，制定本办法。

第二条 锅炉、压力容器（含气瓶）、压力管道、电梯、起重机械、客运索道、大型游乐设施、场（厂）内专用机动车辆等特种设备的作业人员及其相关管理人员统称特种设备作业人员。特种设备作业人员作业种类与项目目录由国家质量监督检验检疫总局统一发布。

从事特种设备作业的人员应当按照本办法的规定，经考核合格取得《特种设备作业人员证》，方可从事相应的作业或者管理工作。

第三条 国家质量监督检验检疫总局（以下简称国家质检总局）负责全国特种设备作业人员的监督管理，县以上质量技术监督部门负责本辖区内的特种设备作业人员的监督管理。

第四条 申请《特种设备作业人员证》的人员，应当首先向省级质量技术监督部门指定的特种设备作业人员考试机构（以下简称考试机构）报名参加考试。

对特种设备作业人员数量较少不需要在各省、自治区、直辖市设立考试机构的，由国家质检总局指定考试机构。

第五条 特种设备生产、使用单位（以下统称用人单位）应当聘（雇）用取得《特种设备作业人员证》的人员从事相关管理和作业工作，并对作业人员进行严格管理。

特种设备作业人员应当持证上岗，按章操作，发现隐患及时处置或者报告。

第二章　考试和审核发证程序

第六条 特种设备作业人员考核发证工作由县以上质量技术监督部门分级负责。省级质量技术监督部门决定具体的发证分级范围，负责对考核发证工作的日常监督管理。

申请人经指定的考试机构考试合格的，持考试合格凭证向考试场所所在地的发证部门申请办理《特种设备作业人员证》。

第七条 特种设备作业人员考试机构应当具备相应的场所、设备、师资、监考人员以及健全的考试管理制度等必备条件和能力，经发证部门批准，方可承担考试工作。

发证部门应当对考试机构进行监督，发现问题及时处理。

第八条 特种设备作业人员考试和审核发证程序包括：考试报名、考试、领证申请、受理、审核、发证。

第九条 发证部门和考试机构应当在办公处所公布本办法、考试和审核发证程序、考试作业人员种类、报考具体条件、收费依据和标准、考试机构名称及地点、考试计划等事项。其中，考试报名时间、考试科目、考试地点、考试时间等具体考试计划事项，应当在举行考试之日 2 个月前公布。

有条件的应当在有关网站、新闻媒体上公布。

第十条 申请《特种设备作业人员证》的人员应当符合下列条件：

（一）年龄在 18 周岁以上；

（二）身体健康并满足申请从事的作业种类对身体的特殊要求；

（三）有与申请作业种类相适应的文化程度；

（四）具有相应的安全技术知识与技能；

（五）符合安全技术规范规定的其他要求。

作业人员的具体条件应当按照相关安全技术规范的规定执行。

第十一条 用人单位应当对作业人员进行安全教育和培训，保证特种设备作业人员具备必要的特种设备安全作业知识、作业技能和及时进行知识更新。作业人员未能参加用人单位培训的，可以选择专业培训机构进行培训。

作业人员培训的内容按照国家质检总局制定的相关作业人员培训考核大纲等安全技术规范执行。

第十二条 符合条件的申请人员应当向考试机构提交有关证明材料，报名参加考试。

第十三条 考试机构应当制订和认真落实特种设备作业人员的考试组织工作的各项规章制度，严格按照公开、公正、公平的原则，组织实施特种设备作业人员的考试，确保考试工作质量。

第十四条 考试结束后，考试机构应当在 20 个工作日内将考试结果告知申请人，并公布考试成绩。

第十五条 考试合格的人员，凭考试结果通知单和其他相关证明材料，向发证部门申请办理《特种设备作业人员证》。

第十六条 发证部门应当在 5 个工作日内对报送材料进行审查，或者告知申请人补正申请材料，并作出是否受理的决定。能够当场审查的，应当当场办理。

第十七条 对同意受理的申请，发证部门应当在 20 个工作日内完成审核批准手续。准予发证的，在 10 个工作日内向申请人颁发《特种设备作业人员证》；不予发证的，应当书面说明理由。

第十八条 特种设备作业人员考核发证工作遵循便民、公开、高效的原则。为方便申请人办理考核发证事项，发证部门可以将受理和发放证书的地点设在考试报名地点，并在报名考试时委托考试机构对申请人是否符合报考条件进行审查，考试合格后发证部门可以直接办理受理手续和审核、发证事项。

第三章　证书使用及监督管理

第十九条 持有《特种设备作业人员证》的人员，必须经用人单位的法定代表人（负责人）或者其授权人雇（聘）用后，方可在许可的项目范围内作业。

第二十条 用人单位应当加强对特种设备作业现场和作业人员的管理，履行下列义务：

（一）制订特种设备操作规程和有关安全管理制度；

（二）聘用持证作业人员，并建立特种设备作业人员管理档案；

（三）对作业人员进行安全教育和培训；

（四）确保持证上岗和按章操作；

（五）提供必要的安全作业条件；

（六）其他规定的义务。

用人单位可以指定一名本单位管理人员作为特种设备安全管理负责人，具体负责前款规定的相关工作。

第二十一条 特种设备作业人员应当遵守以下规定：

（一）作业时随身携带证件，并自觉接受用人单位的安全管理和质量技术监督部门的监督检查；

（二）积极参加特种设备安全教育和安全技术培训；

（三）严格执行特种设备操作规程和有关安全规章制度；

（四）拒绝违章指挥；

（五）发现事故隐患或者不安全因素应当立即向现场管理人员和单位有关负责人报告；

（六）其他有关规定。

第二十二条 《特种设备作业人员证》每 4 年复审一次。持证人员应当在复审期届满 3 个月前，向发证部门提出复审申请。对持证人员在 4 年内符合有关安全技术规范规定的不间断作业要求和安全、节能教育培训要求，且无违章操作或者管理等不良记录、未造成事故的，发证部门应当按照有关安全技术规范的规定准予复审合格，并在证书正本上加盖发证部门复审合格章。

复审不合格、逾期未复审的，其《特种设备作业人员证》予以注销。

第二十三条 有下列情形之一的，应当撤销《特种设备作业人员证》：

（一）持证作业人员以考试作弊或者以其他欺骗方式取得《特种设备作业人员证》的；

（二）持证作业人员违反特种设备的操作规程和有关的安全规章制度操作，情节严重的；

（三）持证作业人员在作业过程中发现事故隐患或者其他不安全因素未立即报告，情节严重的；

（四）考试机构或者发证部门工作人员滥用职权、玩忽职守、违反法定程序或者超越发证范围考核发证的；

（五）依法可以撤销的其他情形。

违反前款第（一）项规定的，持证人 3 年内不得再次申请《特种设备作业人员证》。

第二十四条 《特种设备作业人员证》遗失或者损毁的，持证人应当及时报告发证部门，并在当地媒体予以公告。查证属实的，由发证部门补办证书。

第二十五条 任何单位和个人不得非法印制、伪造、涂改、倒卖、出租或者出借《特种设备作业人员证》。

第二十六条 各级质量技术监督部门应当对特种设备作业活动进行监督检查，查处违法作业行为。

第二十七条 发证部门应当加强对考试机构的监督管理，及时纠正违规行为，必要时应当派人现场监督考试的有关活动。

第二十八条 发证部门要建立特种设备作业人员监督管理档案，记录考核发证、复审和监督检查的情况。发证、复审及监督检查情况要定期向社会公布。

发证部门应当在发证或者复审合格后20个工作日内，将特种设备作业人员相关信息录入国家质检总局特种设备作业人员公示查询系统。

第二十九条 特种设备作业人员考试报名、考试、领证申请、受理、审核、发证等环节的具体规定，以及考试机构的设立、《特种设备作业人员证》的注销和复审等事项，按照国家质检总局制定的特种设备作业人员考核规则等安全技术规范执行。

第四章 罚 则

第三十条 申请人隐瞒有关情况或者提供虚假材料申请《特种设备作业人员证》的，不予受理或者不予批准发证，并在1年内不得再次申请《特种设备作业人员证》。

第三十一条 有下列情形之一的，责令用人单位改正，并处1 000元以上3万元以下罚款：

（一）违章指挥特种设备作业的；

（二）作业人员违反特种设备的操作规程和有关的安全规章制度操作，或者在作业过程中发现事故隐患或者其他不安全因素未立即向现场管理人员和单位有关负责人报告，用人单位未给予批评教育或者处分的。

第三十二条 非法印制、伪造、涂改、倒卖、出租、出借《特种设备作业人员证》，或者使用非法印制、伪造、涂改、倒卖、出租、出借《特种设备作业人员证》的，处1 000元以下罚款；构成犯罪的，依法追究刑事责任。

第三十三条 发证部门未按规定程序组织考试和审核发证，或者发证部门未对考试机构严格监督管理影响特种设备作业人员考试质量的，由上一级发证部门责令整改；情节严重的，其负责的特种设备作业人员的考核工作由上一级发证部门组织实施。

第三十四条 考试机构未按规定程序组织考试工作，责令整改；情节严重的，暂停或者撤销其批准。

第三十五条 发证部门或者考试机构工作人员滥用职权、玩忽职守、以权谋私的，应当依法给予行政处分；构成犯罪的，依法追究刑事责任。

第三十六条 特种设备作业人员未取得《特种设备作业人员证》上岗作业，或者用人单位未对特种设备作业人员进行安全教育和培训的，按照《特种设备安全监察条例》第八十六条的规定对用人单位予以处罚。

第五章 附 则

第三十七条 《特种设备作业人员证》的格式、印制等事项由国家质检总局统一规定。

第三十八条 考试收费按照财政和价格主管部门的规定执行。省级质量技术监督部门负责对本辖区内《特种设备作业人员证》考试收费工作进行监督检查，并按有关规定通报相关部门。

第三十九条 本办法不适用于从事房屋建筑工地和市政工程工地起重机械、场（厂）内专用机动车辆作业及其相关管理的人员。

第四十条 本办法由国家质检总局负责解释。

第四十一条 本办法自2005年7月1日起施行。原有规定与本办法要求不一致的，以本办法为准。

大事记

记载2011年重型机械行业发生的重大事件

It records the important events happening to the heavy machinery industry in 2011

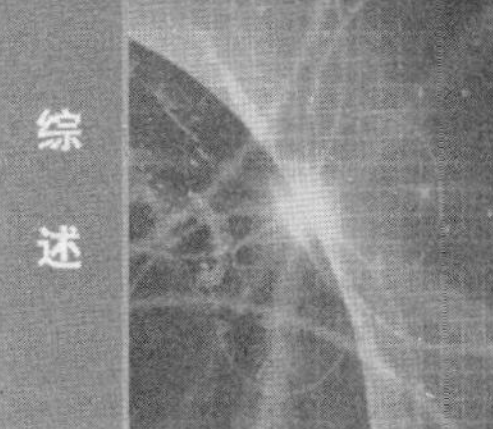

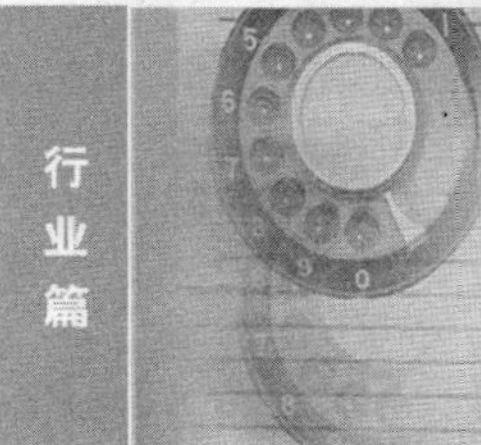

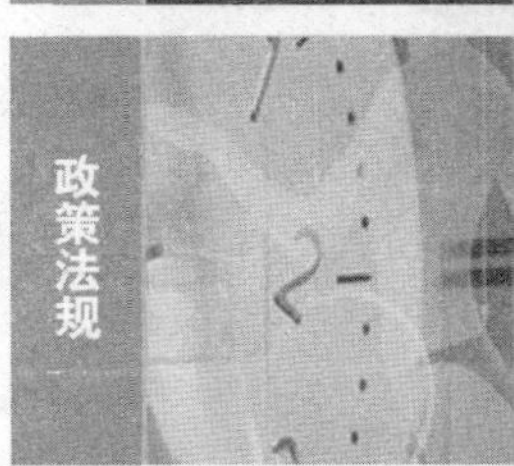

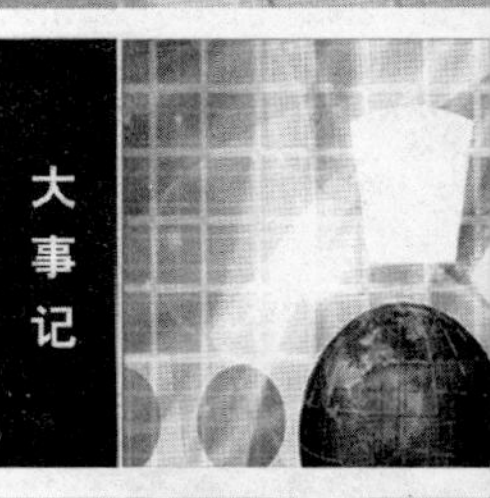

2011年重型机械行业大事记

2011 年重型机械行业大事记

1 月

5 日 正在西班牙进行正式访问的国务院副总理李克强和西班牙萨帕特罗首相共同见证了 16 个经贸合作协议的签署。中信集团副总经理王炯与 Gandara Censa 公司董事局主席莫利诺先生在中信重工机械股份有限公司收购西班牙 Gandara Censa 公司的协议上签字，这是中国企业在西班牙唯一的资产收购项目。中信重工董事长、总经理任沁新出席签字仪式。

★ 卫华集团“以产业链延伸和产品升级为重点的民营装备制造企业战略转型”顺利通过终审，荣获“国家级企业管理现代化创新成果”一等奖。这是卫华集团首次获此殊荣，标志着卫华战略管理工作取得了新的成绩和突破。与会专家认为：“该成果具有较好的创新性、示范性和现实意义，对于如何提升我国装备制造业水平、促进民营企业持续健康发展具有参考借鉴价值”。

14 日 国家科学技术奖励大会在北京召开。中国重型机械行业 6 个单位 5 个项目获得 2010 年度国家科学技术进步奖二等奖，它们是：太原科技大学、太原重型机械集团有限公司等 4 个单位的“大型宽厚板矫直成套技术装备开发与应用”，中国第一重型机械集团公司等 5 个单位的“超大加氢反应器研制及工程应用”，上海振华重工（集团）股份有限公司等 4 个单位的“海上重型起重装备全回转浮吊关键技术及应用”，中国矿业大学、中信重工机械股份有限公司等 6 个单位的“大型矿山提升装备关键技术及应用”，秦皇岛天业通联重工股份有限公司等 7 个单位的“高速铁路 900t 简支箱梁建造成套技术与装备”。

18 日 在“大连经济十年盛典 2001 ~ 2010 年度经济人物回望”晚会上，大连重工·起重集团有限公司董事长、总经理宋甲晶荣获“大连经济十年盛典特别贡献奖”。宋甲晶在接受访谈时表示，大连重工·起重集团在技术创新方面实施的“早、快、新”，就是要早于他人，早谋划，早动作；要快速行动，快速抢占市场；要瞄准新产业上的新产品，加大科技投入，实施技术研发，使企业不断地持续科学发展。

月内 中信重工机械股份有限公司东南亚市场取得重大突破。中信重工与马来西亚宏朝控股有限公司签订了首个国外 EPC 工程总承包项目——日产 2 500 t 水泥生产线。这是中信重工由 EP 工程（设计、采购）总承包向 EPC 工程（设计、采购、施工）总承包的一次全新突破。该项目是公司水泥成套走向国际市场的第一笔大单，对公司水泥成套业务的国际化将起到示范和推动作用。

★ 中国重型机械总公司与马来西亚金狮集团签订了金狮高炉公司炼铁炼钢项目 EPC 总承包合同及 17 个子合同，合同金额约 9 亿美元。该项目的签订是我国冶金行业迄今为止金额最大的单笔出口 EPC 合同，实现了从炼铁到炼钢及其全部配套设施全方位的总承包。标志着中国重机总公司在马来西亚市场实现了区域滚动发展，为后续项目的开发打下了坚实的基础。

★ 南非国家知识产权局批准中钢邢机轧辊产品商标完成南非注册。至此，中钢邢机在美国、日本、韩国、新西兰、欧盟、中国台湾、埃及、泰国、马来西亚、印度、巴西、南非等 12 个国家和地区开展的商标国际注册工作顺利完成，进一步加强了企业在全球范围内的知识产权保护力度，将有利于促进企业品牌和影响力的持续提升，扩大企业产品商标影响力，更为企业树立全球良好形象，不断开拓国际市场奠定了良好基础。

2 月

16 日 科技部网站公布了第三批国家创新型企业名单，中信重工机械股份有限公司、上海重型机器厂有限公司名列其中。自 2006 年底国家科技部推出首批国家创新型试点企业建设以来，通过大力推进创新型企业建设，已涌现出很多国家级创新型企业、国家级创新型试点企业，培育了一批现代企业制度健全、创新团队优良、具有自主知识产权的核心技术和自主品牌，对产业具有带动、辐射和示范作用的综合竞争力较强的龙头企业。

18 日 在 2011 年全国科技工作会议上，科技部集中表彰了一批“十一五”国家科技计划实施先进集体和个人，中信重工机械股份有限公司荣获“十一五”国家科技计划执行优秀团队奖，中信重工副总经理王继生荣获“十一五”国家科技计划执行突出贡献奖。“十一五”期间，中信重工积极实施技术先导战略，加大创新投入和技术中心等创新平台建设，先后承担并完成了国家科技支撑计划“低能耗、智能化、高活性大型石灰成套关键技术及设备研究”、国家“863”计划“大型干法水泥线纯低温余热发电双压技术”、“土压平衡盾构机大功率减速器”等多项国家科技创新项目，开发和培育了一批具有自主知识产权的产品，取得了良好的经济效益和社会效益。

★ 中信重工机械股份有限公司与西门子（中国）有限公司在矿井提升机机电成套合作协议上签字，结为战略合作伙伴。双方将凭借各自在机械及电气领域内拥有的技术优势、广泛客户资源及良好的品牌声誉，在矿井提升机的市场开发及项目投标中进行深层次合作，共同为客户提供综合解决方案。同时加强双方客户及项目信息的共享，不定期举行联合技术研讨会及双方员工项目管理及业务管理的经验交流。

月内 中国一重大连石化装备有限公司基地建设项目开工奠基仪式在大连湾临港装备制造业聚集区举行。该基地是“十二五”期间大连市政府与中国一重的战略合作重点项目。该项目占地约30万 m^2，总投资30亿元。基地建成达产后，每年可为石油化工行业提供高品质锻焊加氢反应器3万t、板焊加氢反应器2万t，以及汽化炉、换热器、EO反应器等产品，并逐步通过技术集成实现总承包，最终实现百亿元产值目标。大连石化装备制造基地建成后，将成为中国乃至世界最大的石化装备专业化制造基地，对于进一步提升中国一重的综合实力意义重大。

★ 经工业和信息化部、财政部和科技部组织有关单位和专家评审，太原重型机械集团有限公司以及太原钢铁集团有限公司、山西焦化集团有限公司等3家企业被列入第一批国家“两型”企业创建试点名单。“两型”企业是指资源节约型和环境友好型企业，由工信部、财政部和科技部在工业领域共同开展创建，旨在组织推动工业企业走节约发展、清洁发展之路，加快工业发展方式转变。“两型”企业试点将通过3年的努力，降低资源消耗、减少废物排放和提高资源产出效率，形成“两型”示范企业，在产品结构、产出效率、资源节约、环境保护等方面都达到行业先进水平，污染排放量大幅度降低，“三废”排放达到国内领先水平。

★ 由太重集团自行设计和研制的世界最大吨位级别的80 MN双柱式快速自由锻造液压机成套设备，经过一年多工业性运行考核，在中钢邢台机械轧辊有限公司顺利通过了验收。该项目的研制，使自由锻造液压机的速度、位置和压力得到精确地控制，锻造频次达到了快速性要求，实现了液压机整体结构、传动方式、控制技术和性能的创新，填补了国内空白，实现了替代进口，成为我国第一台最大吨位的双柱式快速锻造液压机和我国自由锻造行业的主流机型，使太重成为目前世界上已经掌握这种装备设计和制造核心技术的少数几家公司之一，也标志着我国双柱快速自由锻造液压机和大型操作机的研发水平达到了世界先进水平。目前，太重已开发出了25 MN、35 MN、45 MN、63 MN、80 MN、125 MN和200 MN级别的双柱快速自由锻造液压机，以及与之配套的锻造操作机成套装备。

★ 中国重型机械研究院管棒所新开发的国内首套LG280伺服回转送进冷轧管机在浙江投产；同时，该研究院研发的国内首套LG10高速冷轧管机在美国DMV公司也成功投产。这两台设备的成功投产意味着通过不断的积累和开发，中国重型机械研究院冷轧管机产品规格得到进一步扩展，产品类型越来越丰富。目前，成品规格从最小6.4 mm到最大360 mm的两辊冷轧管机产品线已全部覆盖，代表行业领先水平的伺服回转送进连续上料连续轧制技术业已成熟，中国重型机械研究院在国内两辊冷轧管机市场的行业领先地位得到巩固。

★ 中信重工机械股份有限公司副总经理王继生当选河南省第四批“中原学者”。“中原学者”计划由河南省委组织部、省科技厅、财政厅、人事厅、教育厅、科协联合制定，是河南省创新型科技人才队伍建设工程的重要组成部分，旨在通过对在豫工作的科技人才的资助，发现、选拔、培养和造就一批河南省的院士后备人才，被誉为该省的“院士摇篮”。王继生以其在矿山重型装备领域取得的成果和业绩为基础以及将要凸现的能够解决国民经济重大发展的课题为支撑，成为企业“中原学者”的代表。

3月

1日 大连地铁项目第四台盾构机顺利通过用户联检验收，至此，大连重工·起重集团有限公司为大连地铁项目制造的4台盾构机全部通过用户联检，其中第一台盾构机已在施工现场完成掘进任务180余米。此次联检的第四台盾构机将用于大连地铁一号线功成街至星海广场的地铁施工。

11日 由北方重工集团有限公司研制的两台QJRN-112泥水平衡盾构机（直径11.18 m）在广州狮子洋隧道右线水下60 m深处成功实现无缝精确对接，开创了国产盾购机穿江越洋的新时代。广深港铁路客运专线狮子洋隧道全长10.8 km，分左右两条隧道，左线隧道已于2010年12月8日对接，实现了水下对接洞内解体。北方重工采用自主知识产权技术，首次开发研制出能够在高水压、软硬不均、渗透性强、高石英含量等高复杂地质构造中进行隧道掘进的大直径泥水平衡盾构机。QJRN-112泥水平衡盾构机有10项相关专利技术，满足了我国隧道施工领域对大型泥水平衡盾构机的急需，填补了国内大型泥水平衡盾构机设计、制造领域的空白，成功替代了进口，打破了国外产品的技术垄断。

12日 中国第一重型机械集团公司研制的世界首个AP1000核电站三门一号机组稳压器下封头开始发运，这标志着中国一重已完全具备AP1000三代核电站核岛一回路所有锻件的生产能力，并实现了自主化和批量化。稳压器属于核电站核岛一回路的关键设备，稳压器下封头的制造难度较大，对材料的强度、韧性和纯净度要求都非常高。这是中国一重继成功研制AP1000蒸发器管板锻件、反应堆压力容器锻件之后，在核电设备国产化上取得的又一重大突破。

15日 由中国重型机械研究院有限公司为攀华集团研制的1 450 mm五机架全连续冷轧机组继一次负荷试车成功后，又成功实现全自动连续轧钢。目前，机组已进入试生产阶段，机组性能、产品质量日趋稳定。该机组是我国第一条通过自主研制、开发和集成成套的大型带钢冷连轧生产线。该机组充分体现了装备技术起点高、配置完整、整体性价比高等特点，对高端冶金装备市场逐步替代进口，加速推进重大高端装备自主化进程和提升我国冶金装备行业的核心竞争力具有重要的意义，打破了国外公司在我国技术垄断的历史。

★ 中国第二重型机械集团公司与东芝水电设备（杭州）有限公司签订的抽水蓄能叶片合同，是美国勒丁顿抽水蓄能电站单机容量达31.2万kW抽水蓄能电站机组转轮中的关键部件，属世界最大。每张叶片由两瓣组成，呈瓦片式结构，进水瓣和出水瓣叶片组装后将增加近一倍的尺寸。由于边沿尺寸特大，几何形状复杂，设计难度高，钢液冶炼精度高，浇注风险大，加工精度高，其制造技术目前仅为国际少数几个大公司拥有。这标志着中国二重在掌握大型抽水蓄能发电设备叶片制作技术上取得了重要进展,其配套制造能力显著增强。

★ 衡阳运输机械有限公司与北京企星公司签订的印度 JSW 物料输送设备项目,全部按期投产完成,并分三批发往出口港。这为打造湖南先进装备制造业基地,推动衡阳装备走向世界、装备世界,跨出了成效显著的一步。该项目共有 31 条皮带机,总重量约 2 800 t。

★ 河南华东起重集团有限公司"宝起"牌商标被国家工商局认定为"中国驰名商标",这是该品牌获"河南省名牌产品"后取得的又一荣誉。

4 月

28 日 第二届中国工业大奖表彰大会在人民大会堂召开。太原重型机械集团有限公司获中国工业大奖表彰奖。中国工业大奖奖励对象针对坚持科学发展观,代表我国工业化的方向、道路和精神,代表工业发展最高水平,对增强综合国力、推动国民经济发展做出突出贡献的工业企业和项目。该奖的设立与颁发是经国务院批准,由中国工业经济联合会联合 10 家全国性行业协会(联合会)共同组织实施的,对深入贯彻落实科学发展观,推动中国特色新型工业化道路具有显著的促进意义。

月内 中信重工机械股份有限公司研制的国内最大的 PXZ1500Ⅱ液压旋回破碎机成功通过试车及工厂交付。这标志着中信重工在大型破碎装备技术上达到国际领先水平,并在大型选矿装备的成套化、系统化上实现了质的跨越。该机是中信重工拥有自主知识产权的新产品,生产能力大,装机功率高,其各项性能指标达到国际同类先进机型水平,处理能力国内第一。

★ 上海重型机器厂有限公司一举中标中冶陕西府谷清水川 2×1 000 MW 百万机组项目,成为该项工程磨煤机设备的供货商。该工程所采用的 HP1263/Dyn 中速磨煤机,不仅代表了目前中速磨煤机世界先进水平,也是目前国内外中速磨煤机中规格最大的,这使得上重公司不仅具备了为 1 000~1 500 MW 超超临界燃煤火力发电厂配套磨煤机的能力,也填补了国内超大规格磨煤机的空白。

★ 河北冀中能源石家庄煤矿机械有限责任公司自主研发的国内首台多功能掘进机被国家专利局授予实用新型专利。该掘进机可一机两用,在巷道掘进过程中兼具机掘作业和钻车打孔作业功能,并能实现两种功能的快速互换,有效降低了井下工人劳动强度,提高了巷道掘进速度及工作效率。

5 月

5 日 中国第一重型机械股份公司在安徽省马鞍山市投资建设高端装备制造基地项目签约仪式在安徽省合肥市举行。安徽省省长王三运表示,基地项目的建设对安徽省推动装备制造业转型升级、加快转变经济发展方式将产生积极作用,安徽省政府和各级地方政府将积极履行承诺,贴近企业需求,真诚加强服务,为双方在更宽领域、更高层次的合作创造良好环境。中国一重董事长吴生富简要介绍了一重的发展历史、产品结构,对新基地的未来发展进行了展望。

7—9 日 中国重型机械工业协会五届四次会员代表会议暨理事会议在北京召开。原机械部副部长孙昌基,中国机械工业联合会执行副会长蔡惟慈、杨学桐,国家能源局黄鹏副司长,国家质检总局武津生司长、尚洪处长,工信部景晓波副局长、杨拴昌处长,国家发改委调研员李镜、中国机械工业集团公司总裁助理赵兵等领导应邀出席会议。

中国第一重型机械集团公司总经理、协会理事长吴生富简要总结了协会过去一年中取得的成绩,回顾了 2010 年重型机械行业的发展,指出了重型机械行业"十二五"发展方向,对协会工作提出了要求。

协会常务副理事长徐善继做了题为《以市场为导向,科技创新为支撑,加快产业结构调整,保持重型机械行业平稳较快发展》的工作报告,从三个方面汇报了协会所做的工作和发挥的作用。报告还总结了"十一五"期间重型机械行业发展情况及重大成就,介绍了重型机械行业 2010 全年和 2011 年第一季度的经济运行情况,提出了"十二五"重型机械行业发展思路,对 2011 年协会工作任务做出了安排。

原机械部副部长孙昌基,国家质检总局武津生司长,国家能源局黄鹏副司长,工信部景晓波副局长、杨拴昌处长等领导分别在大会作了重要讲话,介绍了重型机械行业密切相关的新能源、高端装备制造、特种设备等相关政策措施,对重型机械行业的发展提出了指导性意见。

会议表彰了吴生富等 50 位"十一五"全国重型机械行业优秀企业家、马克等 50 位"十一五"全国重型机械行业优秀科技工作者,表彰了大连重工·起重集团有限公司等 45 个中国重型机械工业协会统计工作先进单位,还表彰了破碎粉磨设备专业委员会等 8 个先进分支机构、起重葫芦分会等 8 个表扬分支机构。

8—9 日 中共中央政治局常委李长春先后到太重子公司榆液集团和太重集团本部视察。李长春视察榆液集团油研液压有限公司后,希望榆液集团进一步扩大研发队伍,加大研发力度,走国际化兼并购的路子,在高端液压器械领域取得更大成就。李长春在得知太重刚刚收购了澳大利亚威利朗沃国际集团公司时表示,要大胆走出去,加大收购和兼并,发展壮大自己。他详细了解了太重几大标志性产品的生产经营情况,观看了太重发射塔架的模拟发射,对太重 60 多年来取得的辉煌成就和自主研发能力给予了充分的肯定,鼓励太重继续加大研发步伐,振兴民族装备制造业。

11 日 杭州西子石川岛停车设备有限公司的高层高速塔式立体停车库专利获得授权。西子石川岛融合城市交通建筑一体化、停车技术智能化等先进理念,2010 年在西安天竹大厦建成并投入使用中国最高的立体停车库,在高 87.6 m、底部面积 50 m^2 的空间里,能停上百辆汽车,创造了我国停车场库建设领域的多项第一:第一个将立体车库完全置入建筑内核;单塔高度 87.6 m,全国第一、全球第二;单塔停车数量全国第一;载车板提升速度全国第一。

18 日 由中国重型机械研究院有限公司自主创新研制的世界最大断面直弧形特大型宽厚板坯连铸机,在南阳汉冶特钢有限公司一次试车成功。这套连铸机采用了 30 多项国际一流技术工艺,浇铸断面为 420 mm×2 700 mm,其生产的普通碳结钢、优质碳素结构钢、低合金高强度结构钢、造船及海洋用钢、管线钢、锅炉与压力容器用钢、桥梁结构钢、工程机械用钢、汽车大梁用钢、耐候钢、耐磨钢、模具钢、合金钢等产品，将对我国经济建设和国防事业的快速发展提供坚实的保证。

19 日 山东华特磁电科技股份有限公司与东北大学合作办学签约仪式在华特公司举行。此次合作办学招生对象为 2011 年高考成绩达到或临近专科录取分数线，有志于成人教育，经济上需要帮助的应届高中毕业生。培训费由华特公司全额承担，生活费、住宿费、教材费自理。每年报销两次往返路费，发放公司工作服装，对成绩优秀者每年发放助学奖金，寒暑假可到华特实习并发放实习工资。毕业后全部安排到公司相关部门工作，以解决当地应届毕业生的升学和就业问题，造福于当地民众。这是华特公司第四次和大专院校合作办班，出资 200 多万元。

22 日 中国机械工业联合会在中国一重大连制造基地组织召开“2 000 吨级煤液化反应器研制成果鉴定会”。课题成果具有世界先进水平，社会效益和经济效益显著，推广应用前景广阔。煤直接液化反应器是以煤炭替代石油资源的核心设备，可将煤、原油和氢气混合物在高温、高压和催化剂的作用下反应生成低质原油，再通过加氢精制、加氢裂化和重整工艺，把低质原油加工成汽油、柴油和航空煤油。它的研制成功，对于提升我国煤炭产业的深加工能力，优化能源结构，摆脱石油对国民经济发展的资源约束具有重大意义，其技术推广应用前景十分广阔，标志着我国煤液化反应器制造实力已跃居世界前列。

27 日 由中国机械工业联合会、中国汽车工业协会主办的“2011 年中国机械工业百强企业汽车工业三十强企业信息发布会暨机械工业发展战略研讨会”在北京召开。会上公布了 2010 年中国机械工业百强、汽车三十强企业名单（按企业 2010 年主营业务收入排名）。中国重型机械工业协会 8 家会员单位进入“2010 年中国机械工业百强”名单，分别是：大连重工・起重集团有限公司（排序 25）、太原重型机械集团有限公司（排序 27）、中信重工机械股份有限公司（排序 28）、北方重工集团有限公司（排序 29）、中国第一重型机械集团公司（排序 44）、中国第二重型机械集团公司（排序 52）、卫华集团有限公司（排序 78）、江苏通润机电集团有限公司（排序 81）。

★ 国家工商行政总局商标局在官网公布了最新认定的“中国驰名商标”。中国重型机械行业 4 家单位的商标被认定，分别是沈阳重型机械集团有限责任公司的“沈重”商标，中原圣起有限公司的“圣起及图”，河南起重机器有限公司的“豫飞”，云南冶金力神重工有限公司的“KH 及图”。

31 日 受国家科技部委派，中国机械工业联合会在大连组织召开“十一”国家支撑计划“大型铸锻件制造关键技术与装备研制”重点项目验收会。中国第一重型机械集团公司承担的“百万千瓦级核电设备大型铸锻件关键制造技术研究”课题，以优秀的成绩顺利通过验收。专家组认为，此课题研发的制造技术属于原创技术，拥有自主知识产权，技术指标达到国际先进水平，部分锻件的制造技术达到国际领先水平，通过课题实施，已形成了年产 10 套百万千瓦级核电核岛一回路主设备铸锻件，5 套常规岛的汽轮机整体低压转子及电机转子锻件的制造能力，解决了我国高端装备制造相关领域的瓶颈制约，大大提升了我国核电装备的装机水平和制造实力，创造了良好的经济和社会效益。百万千瓦级核电关键设备制造能力的形成，对于摆脱我国大型铸锻件受制于人的局面，实现我国装备制造及相关产业的技术进步和产业升级，提高我国装备制造业的国际竞争力，实现大型核电设备的国产化、产业化，保障我国核电发展战略的实施均具有重大意义。同时，通过课题实施，锻炼和培养了大批核电技术专业人才，建立了核电制造基地和专业化生产线，为核电锻件的国产化、批量化生产奠定了基础。

月内 由中国机械工业联合会组织的专家组通过质询和充分讨论，通过了对中国第一重型机械集团公司研制的“开合式大型热处理设备”鉴定。专家组认为，开合式大型热处理设备是解决国家重大能源装备关键大型锻件国产化的基础装备，是世界首创，拥有自主知识产权。作为中国“高档数控机床与基础制造装备”重大专项课题，开合式大型热处理设备列为国家数控专项的十大标志性设备，主要用于核电常规岛转子的热处理，是标志性的大型、先进的热处理设备，解决了国家重大能源装备中关键大型锻件国产化的基础装备问题。该项目打破了国外的技术垄断，解决了制约中国核电发展的瓶颈问题，对于降低核电站工程投资、保证核电安全具有重大意义，对中国的经济和社会发展有着不可估量的重要作用。

★ 中国第二重型机械集团公司被国家科技部、国务院国资委和中华全国总工会等有关部门正式认定为“国家级创新型企业”，这必将为二重集团公司进一步开展创新工作提供更加良好的条件。

★ 中信重工机械股份有限公司为江苏溧阳金峰水泥公司 2 × 4 500 t/d 水泥熟料生产线配套的当前中信重工最大的纯低温余热发电工程一次并网发电成功。发电量达到 18 500 kW/h，预计年发电量在 1.2 亿度以上，每年将为金峰水泥公司创造 6 000 万元利润，并可为国家节约标准煤 8 万 t，同时减少二氧化碳排放 20 万 t。该工程是中信重工自主设计的总包项目，采用了“四炉一机”的新型装机方式，其核心设备采用了国内首创的“补汽—冷凝式”汽轮发电机组和 DCS 电站控制系统。

★ 中钢集团邢台机械轧辊有限公司首次热模拟试验顺利完成，标志着国际上最先进的动态热模拟试验机顺利落户中钢邢机。该设备的引进，将为快速推动国际尖端轧辊制造技术的科研进程提供试验场所和有效技术数据，为中国轧辊领航国际市场，实现从中国制造到中国创造的转变做出贡献。

6 月

9—11 日 中国机械工业联合会和中国重型机械工业协会主办、中国重型机械工业协会和北京五洲卓越国际展览有限公司共同承办的“2011 中国（上海）国际重型机械装备展览会”成功举办。此届展会无论在规模、档次还是在社会影响等各方面都较前几届有了很大提高。展会在上海国际展览中心举行，展出面积 12 000 m^2，参展厂商近 400 家。展会举办了“2011 中国起重运输机械发展论坛”近 6 场专题论坛活动，收到非常好的效果。展会集中展示了代表国家机械装备实力的重型机械行业高端制造项目，展出了各种炼钢、轧钢等冶金设备；挖掘机、破碎机、采煤机、刨煤机、矿用提升机等矿山机械设备；集装箱装卸桥、斗轮堆取料机、桥式起重机、门式起重机、葫芦单双梁起重机、电动葫芦、手动葫芦、千斤顶、液压升降台等起重运输机械设备；减速器、制动器、偶合器、电动滚筒、输送带、联轴器、电缆卷筒、变频器、超载限制器、缓冲器、吊具、精密轴承等矿山、起重运输机械配套件；工业控制和自动化领域与驱动领域、低压电器领域的系统产品。现场参观观众近 10 000 人次，属历届展览会中规模最大的一次。展览会为企业展示实力、介绍产品、突出形象、了解市场、寻求商机提供了机会，受到参展企业的一致好评，达到了预期目标。

10 日　中共中央政治局常委、国务院副总理李克强视察了太原重型机械集团有限公司。李克强详细了解了太重轴承、热连轧整机研发、国内外市场份额等情况，深入车间与工人亲切交谈，仔细询问他们的生产、生活情况。与几位刚参加工作的大学生交谈，勉励他们努力工作，为太重再次创造奇迹做出成绩，做出贡献。李克强说，太重是现代装备制造业的骨干力量，要致力于打造世界名牌。太重现在已经在世界上有了一定影响，三峡的水钻机就是一个很好的例子。我们进军国际市场，占领更多市场份额，可能更多的是靠大型装备制造业。这就需要我们在国际市场上有更多、更具竞争力的知名品牌。太重是中国装备制造业的长子，希望技术和产品走在世界的前面。

12 日　中国第一重型机械集团公司承制的中核集团福清核电站 1 号机组反应堆压力容器发运庆典在中国一重大连核电制造基地举行。中国一重具备了为我国核电建设标准化、批量化、规模化发展提供成套装备的能力，能够有效保证我国核电重大装备的安全供应。福清核电站项目受到中央的高度重视，福清作为连接长三角和珠三角的纽带，是海峡西岸经济区中心，经济发展快、电力需求强，对发展核电的期盼由来已久。核电站建成后将极大地缓解福建电力紧张局面，更好地满足福建和华东地区电力及环保的需求，为福建省和华东地区能源结构调整和经济发展做出巨大的贡献。

20 日　大连重工·起重集团有限公司首支瓦锡兰系列国内最大 7RT－FLEX82T 超大型曲轴在曲轴公司研制成功。这标志着集团公司继研制成功曼恩系列 8K90MC－C 型曲轴后，在产品规格型号和服务领域拓展方面取得又一重大突破。82T 型曲轴成品长度 13m，重 225t，是为 40 万 t 超大型矿砂船（VLOC）推进系统主动力机型量身定制的曲轴，在节能减排方面具有多项领先技术，满足国际海事组织的排放标准，代表着业界最新科技水平。在此之前，82T 型曲轴全部依靠进口。82T 型曲轴的研制成功，填补了国内空白，大大提升了我国超大型船舶制造关键核心部件的国产化水平。

27 日　中国一重集团常州华冶轧辊有限公司挂牌仪式在常州隆重举行。中国一重集团总经理吴生富表示，中国一重是中央直接管理的 53 户国有重要骨干企业之一，是国内重型机械行业的龙头企业。中国一重的产品装备了我国钢铁、石化、核能、汽车、矿山、电力等诸多行业，为我国国民经济发展做出了突出贡献，塑造了知名的一重品牌。常州华冶轧辊有限公司是生产冷轧辊的专业厂家，一直是中国一重的优质供应商和合作伙伴。今后，作为中国一重制造生产轧辊产品的重组企业，将在中国一重的统一组织和领导下，依托中国一重的技术优势、品牌优势、市场协同优势，不断开拓进取，承担起中国一重冷轧工作辊的市场开拓和生产制造任务。今后，中国一重将根据战略发展的需要，在海洋工程、海水淡化等高端项目上，在长三角地区展开新一轮的投资。

29 日　中信重工机械股份有限公司世界最大最先进的 185 MN 自由锻造油压机和 750 t·m 操作机正式投产，意味着中信重工构建世界级高端重型装备制造工艺体系的完成，标志着我国大型锻造装备和大型锻件制造工艺能力达到世界先进水平。它的投产，将有效满足我国超临界、超超临界、水电、火电、核电高压转子、低压转子、加氢、石化、核电等关键件的制造需求，实现大型锻件的国产化，推动中信重工成为世界级重型装备制造企业。

月内　太重（天津）滨海技术中心揭牌仪式在天津滨海新区隆重举行。这个拥有 15 000m^2 的科研和实验基地，它将成为太重临港基地的研发中心，并重点对港口机械设备、海洋工程装备、大型造船门机、大型锻压设备、大型钢结构等产品进行研究开发，掌握产品核心技术，并形成自主知识产权，为太重临港重型装备制造基地提供强有力的技术支持。建成后将形成“两部七所五室”，拥有研发人员 700 人以上。每年可开发大的项目 3～5 项，科研开发 20～30 项，完成国家行业标准制定 2～3 项，申请专利 100～120 项，实现设计产值 100 亿元以上。太重集团为适应超大型装备制造沿海化发展趋势，提高企业的国际竞争力，加快产品转型升级的战略性调整，决定在“十二五”全力推进五大基地建设，着力打造 10 个 50 亿级别的产品专业化分、子公司，太重（天津）滨海临港基地便是战略规划的重要组成部分。临港项目一期投资 20 亿元，正在建设一个占地 100 万 m^2、拥有 1 km海岸线的临港重型装备研制、总装和出口基地。

★　中国二重集团万力公司完成了首批水轮机导叶 24 片的生产任务，并合格交检。大型导叶的制造一直是 235 MW 及以上水轮机组制造的一大难题。2010 年，二重首次签订了 125 件阿根廷 235 MW 水轮机导叶精加工项目，力求突破大型导叶国产化的制造瓶颈，扩大市场竞争力。此导叶是当前国内承制的重量最大、外形最复杂、加工精度最高的水轮机导叶。

★　由重庆齿轮箱有限责任公司开发、制造的百万千瓦级核电站海水循环泵配套齿轮箱顺利通过了中国机械工业联合会组织的专家鉴定。来自国家能源局、中国核电集团、中国广东核电工程有限公司和国家核电技术公司等相关单位的专家经过评审，肯定了重齿公司的设计制造能力以及完善的质保体系，认为样机采用立式大功率多分流双斜齿行星齿轮结构合理，齿轮选用优质合金钢和成熟的渗碳淬火热处理及加工工艺确保了产品的内在品质，推力轴承通过了台架满负荷加载试验，具有创新性。样机主要技术指标性能达到了国外同类产品的先进水平，可用于百万千瓦核电站。专家组一致认为重齿公司具备了核电站齿轮箱设计、制造、检验、试验能力和批量生产的条件，希望尽快投入工程应用。

7 月

2 日 中共中央政治局常委、全国政协主席贾庆林在辽宁大连调研时，视察了中国一重大连生产基地。贾庆林听取了中国一重多年来在坚持自主创新、不断提升核心竞争力、自主研发核电、石化装备等方面的情况汇报后指出，装备制造业产业关联度高、服务功能强、技术资金密集，是各行业产业升级、技术进步的重要保障和国家综合实力的集中体现。贾庆林强调，绿色制造作为一种现代制造模式，综合考虑了环境影响和资源效率，是制造业和绿色理念的有机结合。发展绿色制造业，要求生产过程和产品都是绿色的，有了绿色的装备就为用户实现节能降耗提供了基本条件。要积极推进绿色设计和制造工艺，提供节能、节水、节材、智能化的高附加值产品，推广回收再生和循环再利用技术，延伸再制造产业链，提高能源资源利用效率，增强可持续发展能力，为建设资源节约型、环境友好型社会做出不懈努力。要按照“十二五”规划的要求，坚持走中国特色新型工业化道路，大力振兴装备制造业，着力突破和掌握关键核心技术和前沿技术，加快打造世界级的一流企业和知名品牌，为振兴东北地区等老工业基地、建设创新型国家奠定坚实的基础。要着力推进装备制造业优化升级，大力改造提升传统制造业，加快发展高端制造业，促进制造业由大变强。着力增强自主创新能力，高度重视科技人才的培养和引进，深化体制机制改革，切实搞好产学研相结合，力争在首台首套研制和产业化上实现突破，使经济发展更多地依靠科技创新驱动。着力加快“走出去”步伐，鼓励和支持有条件的企业兼并重组境外企业和研发机构，有序向境外转移成熟技术装备和产能，培育具有国际知名度和影响力的大型跨国企业，建立和完善支持企业“走出去”的政策和服务体系，努力提升产业国际竞争力。

★ 经过两年精心设计制造，我国第一台采用自主知识产权“智能缠绕－坎合技术”制造的3万t模锻液压机，在昆山建成并冷压测试成功，填补了亚太地区重型模锻压机空白。这台液压机创造了5项世界第一：3万t液压缸，内径达2 060 mm，工作介质压力达900大气压，缸体高度3. 5 m，超高压预应力工作缸通过45 min保压实验。此前这一纪录为德国奥托福克斯公司于20世纪60年代所保持。

8 日 川润液压“2.0～3.0 MW风力发电机组液压、润滑、冷却装置研制”项目成果鉴定会在成都郫县举行。鉴定委员会一致认为：在液压系统方面，川润液压研制的集成式微型液压系统，满足了风电机舱空间要求；采用了插装阀液压元件，无泄漏；微型油箱采用了折边工艺，保证了质量。在润滑系统方面，研制的温控阀控制润滑油的油路系统，使系统在低温工况下能安全、快速启动；研制的双级过滤器，减少了润滑系统的压力损失，提高了润滑效率。在冷却装置方面，研制的翅片式、分拆式风冷却器，减少了风阻，提高了换热效率及可维修性；通过在系统中对流量开关、离心泵的优化配置设计，提高了系统的安全性，降低了噪声、震动。该项目通过鉴定。项目成果已批量应用于风电场，取得了显著的经济效益和社会效益，整体技术达到了国际同类产品先进水平。

★ 上海振华重工（集团）股份有限公司承建的美国旧金山—奥克兰海湾大桥全部钢结构在长兴岛基地圆满完工，全部钢结构均正式通过美国相关部门验收，全部达到设计标准。这标志着振华重工在大型钢构钢桥梁制造领域达到了国际先进水平。旧金山—奥克兰海湾大桥是美国加州旧金山投资72亿美元实施的一项重点工程，预计2013年建成通车。该桥是全球最大跨度的单塔自锚抗震悬索钢结构桥梁，重1. 3万t的单塔柱支撑全桥重量7万t，是世界同类桥梁之首；抗震设计为8级，是世界桥梁抗震之首；是世界单塔桥梁之首；是世界桥梁通过能力之首。业内人士认为该桥是世界同类钢结构桥梁中技术难度最高、造价最高的钢桥项目，建成后将成为美国西海岸的地标性建筑，可与自由女神像相媲美。这也是中国企业首次承担如此复杂、大规模的桥梁钢构建造，它为提升国内及国际桥梁制造水平贡献了巨大的力量。振华重工突出的技术实力是让世界顶级桥梁贴上“中国制造”标签的重要原因。

★ 郑州大学工商管理硕士（MBA）校企联合培养基地揭牌仪式在卫华集团举行。卫华集团从2000年开始相继与郑州大学、太原科技大学、西南大学、武汉理工大学、华中科技大学以及相关科研机构建立了良好的合作伙伴关系，希望通过这次与郑州大学的校企携手，能够为企业培养现代化的管理人才，促进企业管理水平的提高。

13 日 巨力集团“十二五”重大产业战略支撑项目在保定国家高新技术开发区隆重举行了奠基仪式，标志着中国巨力集团发展规模的又一次跨越，根据巨力集团“十二五”发展规划，计划在高新区投资120亿元建设1GW光伏太阳能全产业链项目和年产30万t索具全产业链项目。1GW太阳能全产业链项目形成从硅料生产到光伏电站建设的完整产业链。年产30万t索具全产业链项目建设国际最先进生产线，建成后成为全球规模最大、技术水平最高的索具制造基地。

23 日 中钢设备有限公司承建的印度JSW钢铁公司190万t焦化项目C炉顺利投产出焦，标志着该项目4座焦炉全部建成投产。该项目合同于2007年签订，为4×72孔4. 3 m捣固式焦炉及配套设施，是迄今为止中国企业向海外出口的最大捣固式焦炉项目。近年来，中钢设备在印度市场先后建成了SISCOL40万t无回收焦炉、JSW150万t捣固式焦炉及配套设施、JSW190万t捣固式焦炉及配套设施，并正在进行JSPL170万t捣固式焦炉及配套设施、JSL42万t捣固式焦炉、USHA MARTIN 40万t无回收焦炉等项目的建设，得到了印度客户的高度认可和充分肯定，在印度焦化市场已具有重要的影响力，为进一步开拓其他国家焦化项目市场，保障公司海外工程项目市场的稳定和可持续发展创造了良好的条件。

月内 中信重工机械股份有限公司承担研制的HI－13串列加速器升级工程100MeV强流质子回旋加速器主磁铁

系统项目，在洛阳顺利通过专家组验收。串列加速器升级工程是国家投资建设的重要科研工程建设项目，是为推动我国核科技和核物理研究及其应用的发展，使我国本世纪在这一前沿领域占有一席之地而进行的重要工程。该工程也是原子能院新时期四大科技创新平台之一。100MeV 强流质子回旋加速器主磁铁系统是加速器的主体部分，具有体积大、零件及装配精度极高、制造难度极大等特点。中国原子能科学研究院验收小组成员认为，中信重工在整个制造过程以质量计划为依据对产品进行质量控制，质量处于受控状态，检测方法正确，数据真实有效。主磁铁系统加工符合合同、图样技术要求，各项检测数据均优于设计指标。

★　山东山矿机械有限公司与印度 MIPP INTERNATIONAL LTD 公司就印度 UCCHPINDA 4×360MW 机组工程项目签订合同。合同内容是山矿公司主打产品——带式输送机（山东名牌产品）及其附属设备，共计 3 000 多万元。该项目为山矿公司直接与海外业主签订、并将在国外执行的合同。项目的成功签订为山矿公司进一步自主开拓海外市场，提升品牌认知程度打下了坚实的基础。

8 月

12 日　中国重型机械总公司越南新光水泥厂 2 500 t/d 生产线总承包工程项目签署了项目最终验收证书，项目的各项技术和经济指标全部达到和超过合同约定。中国重机总公司圆满完成了该项目除协助运行 6 个月之外的所有工作，创造了在越南建设水泥厂工期最短、验收最快两项纪录。公司在越南市场树立了又一个良好的口碑，为越南宣光省经济建设及区域经济发展做出了贡献，赢得业主和当地政府的一致好评。

16 日　北方重工集团有限公司与国家开发银行签署了“十二五”100 亿开发性金融合作备忘录。国家开发银行的大力支持，必将大大促进北方重工在“十二五”期间实施全球化布局、形成完善的国际化经营服务网络体系建设，使北方重工产品大量实现本地化制造，实施海外扩张和国际化经营，加速实现北方重工产品的国际化进程。双方的合作为北方重带来了新的发展机遇。北方重工“十二五”发展目标是，建设五个国内产业基地：沈阳核心研发制造产业基地、铸锻产业基地、临港极限制造产业基地、华南产业基地和西部产业基地；实现打造八个海外研发销售服务中心，其中包括欧洲研发生产中心、拉丁美洲研发生产中心、澳大利亚生产中心、印度生产基地；实现拓展十大服务领域，包括隧道、矿山、建材、冶金、锻造、煤炭、港口、电力、环保和海洋工程。

★　衡阳运输机械有限公司在湖南省工商局和省私营企业协会承办的“2010 年度湖南省私营企业 100 强”授牌大会上获“湖南省私营企业 100 强”，标志着衡阳运机在“百年运机”的征途上又迈出了坚实的一大步。

★　满载着韩国釜山新港 6 台、韩国现代 2 台轨道式场桥的“振华 13”轮顺利起航韩国。其中，釜山新港项目的发运，标志着上海振华重工（集团）股份有限公司一次中标釜山新港 38 台轨道式场桥项目圆满结束。自 2004 年港机项目陆续签约以来，振华重工已累计向该港交付 195 台港机设备。釜山新港拥有世界上数量最多、最先进、效率最高的自动化轨道式场桥，使该码头成为世界上最大的自动化码头。

17 日　山东省经信委发出《关于公布 2011 年度山东省重点领域重大首台（套）技术装备及企业名单的通知》，山东华特磁电科技股份有限公司与中科院高能物理研究所合作研制的“低温超导除铁器”产品被确定为山东省重点领域“重大首台（套）装备”。

17—20 日　中国重型机械工业协会主持的 2011 年度“中国重型机械科学技术奖”评审会议在西安市召开，参加会议的行业评审专家共 26 人。评审会议对重型机械行业企业、科研单位、大专院校 2011 年申报的 55 项科学技术奖项目进行评审，评审出三等奖以上项目 34 项，其中有 7 项推荐参加中国机械工业科学技术奖特等奖和一等奖评审。

18 日　土耳其 ISDEMIR 钢铁公司 4 号高炉流出了第一炉铁液，标志着由中钢设备有限公司总承包建设的中国企业出口海外最大规格高炉、烧结项目全面进入试生产阶段。土耳其 ISDEMIR 钢铁公司 3 050 m^3 高炉和 300 m^2 烧结项目合同是中钢设备分别于 2005 年和 2006 年以 EP + 技术指导模式与土耳其最大的钢铁生产企业 OYKA 集团 ISDEMIR 钢铁公司签订的，项目的技术条件和要求均达到国际先进水平，是土耳其近年来最重要的工业建设项目之一。中钢设备大力实践国家“走出去”发展战略，利用自身市场能力，不断整合社会资源，不仅将我国冶金工艺技术和设计带入土耳其市场，还带动了大量国产成套设备的出口，成为在土耳其冶金建设市场最成功的外国企业之一。“中钢（SINOS－TEEL）”在土耳其冶金行业已经成为知名品牌。

19 日　由卫华集团上海宏岸港口机械有限公司独立承制的直接出口项目泰国 PAT 港口 6 台轮胎式集装箱门式起重机（简称 RTG）顺利交机，开启了上海宏岸产品的国际之旅，提高了在行业内的知名度和美誉度。

20 日　中信重工机械股份有限公司为铜陵有色金属集团公司研制的全球最大、国内首台 ϕ4. 9 m×14. 38 m 炼铜阳极炉在河南洛阳成功试车。该阳极炉每炉冶炼能力达到 800 t 铜液，为目前规格、产量最大，采用当今世界最先进的闪速熔炼、闪速吹炼的“双闪”工艺技术处理铜精矿，使企业大幅提升铜冶炼技术水平，实现节能减排。项目建成达产后，可为企业带来年产阴极铜 40 万 t 的增量，将使铜陵有色年产阴极铜超过百万吨，实现销售收入超千亿元，并继续保持铜冶炼能力全国乃至世界领先水平。

22 日　中国第二重型机械集团公司为北京嘉博生物科技有限公司生产的 BGB-SCZ-3000B 型有机垃圾生化处理机，在二重金结分厂一次性试车成功。在经过 12 个小时的焚烧处理后，垃圾被成功地进行了生化处理，变成了可以二次使用的肥料。该生化处理机是二重首次承制的成台套环保设备，它能将 95% 的有机废弃物高速高温好氧发酵后，转化得到再生资源，实现资源循环再利用；从源头杜绝危害，无二次污染，解决城市有机废弃物资源化利用的出路问题，为绿色有机农业提供生物肥料，减少化肥使用，提升食品安全水平，同时减排农业二氧化碳。

24 日　中国重型机械研究院有限公司子公司海威监理

公司为中国石油集团石油管工程技术研究院研制的国内首套高钢级、大规格钢管压缩弯曲实物试验系统，成功完成了材质 X70、直径 1 016 mm、壁厚 21 mm、长度 8 000 mm 大变形钢管压缩弯曲调试试验，并且获得了相关试验数据。这套系统的研制成功，填补了我国在该领域的空白，标志着我国管线钢管的研究迈上了新的台阶，也证明了我国在输气管道试验装备设计及制造领域达到了世界先进水平。该系统的研制成功，为我国中缅天然气管道工程应用大变形钢管提供了可靠的试验保障，也为我国天然气管道工程基于应变设计的研究工作提供了不可或缺的支持。

月内 中国第一重型机械集团公司承担的国家“863”计划能源领域的重大科研项目“中国实验快堆核岛关键主设备研制”科研成果在大连通过了由核能行业协会组织的专家鉴定。专家委认为，此科研项目解决了中国实验快堆核岛关键主设备（堆容器、堆内构件和旋转屏蔽塞）施工设计、制造、组装过程中的一系列难题，成功研制出我国首台实验快堆核岛关键主设备，应用运行情况良好，成果拥有自主知识产权，填补了国内空白，制造技术水平达到国际同类领先，为完成国家“863”重大项目做出了重要贡献。目前，中国实验快堆在完成设备制造、现场安装和调试后，已成功并网发电，标志着列为国家“863”中长期科技发展规划前沿技术的快堆技术取得了重大突破，也标志着我国在占领核能技术制高点，建立可持续发展的先进核能系统上跨出了重要的一步。

★ 太原重工股份有限公司为实施公司国际化战略，扩大公司产品在印度及南亚和周边地区市场，更好地为当地用户提供优质产品和服务，决定在印度德里设立全资子公司，注册资本为 2 000 万印度卢比（约合人民币 290 万元），从事公司产品及其零部件的销售和相关服务等业务。在组建印度公司和收购德国 CEC 起重机工程与咨询有限公司的基础上，积极开拓海外市场。

★ 太原重型机械集团煤机有限公司与煤炭工业太原设计院签署了战略合作协议，双方将通过煤炭矿井、煤炭洗选的新建、改造、安装调试、交钥匙总承包等领域的合作，推动山西省煤炭主导产业的发展。太重煤机是以设计、研发、生产制造煤矿成套机电设备为主的大型煤机生产制造企业，是我国最大的煤炭机械装备制造基地，产品涉及煤矿综采综掘设备、洗选煤成套设备、辅助运输设备、煤矿安全监控和电气控制等多个产品领域。煤炭工业太原设计院则是山西省最早拥有国家甲级设计资质的煤矿设计单位，拥有 10 项国家甲级资质、4 项乙级资质和对外合作经营权，在大型矿井、洗煤厂、环境评价、环保工程、瓦斯发电、特种结构等岩土工程方面拥有雄厚的技术实力和丰富的实践经验。双方将共同打造企业与科研院所合作平台，在实施煤矿建设工程总承包方面形成紧密有效的合作机制。

★ 上海振华重工（集团）股份有限公司研制开发的“低姿式（LP）集装箱起重机研发与产业化”项目通过了国家财政部、工信部的审核，被列入 2011 年国家重大科技成果转化项目，并获得国家科研补助资金。由于地理条件限制，许多国内外集装箱码头建在机场附近，鉴于安全因素，航空管理局对码头配置的集装箱起重机的航空限高有明确要求。2010 年，振华重工根据用户的要求，开始研制低姿式集装箱起重机，采用世界前沿科技集装箱起重机设计和制造技术，并进一步进行整机总体优化、大梁平移控制技术、大梁连接定位技术、大梁结构轻型化、大车平衡驱动控制技术和产业化技术开发等研究和技术升级，解决低姿态集装箱起重机研制中的关键技术问题，创新地提出在起重机整机限高的苛刻前提下，尽量提高起升高度的新技术和新工艺，实现伸缩大梁形式的低姿式集装箱起重机的产品升级。该项目中的相关核心技术已达到国际领先水平，形成自主知识产权。

★ 中国重型机械研究院有限公司开发的“液压支架搬运车行走减速机”获得国家专利局授权的发明专利，这标志着中重院在车辆传动技术的开发上又迈出了新的一步。液压支架搬运车是煤炭行业近几年开发的新产品，行走减速机则是与其配套的一个重要部件。煤矿巷道路况的复杂性对行走减速机提出了较高的要求，不仅要求其承载能力大，而且还要能提供斜坡行走时的减速制动功能。中重院开发的这一减速机，采用了独特的外制动整体结构，杜绝了漏油现象，制动效果也非常好，一上市就受到用户的欢迎，已向包括神华集团在内的众多用户提供了 200 多台产品。

★ 中钢衡重铸锻公司用球铁材质为湘电风能试制的风电设备发电机定子、转子实现成品交货，通过超声波探伤及超低温环境冲击功检测，其铸件致密度达到了 EN12680－3 二级标准，－40℃超低温环境冲击功满足 EN1563 标准要求，其他各项性能全面满足要求。风电设备电机球铁定子、转子属于高韧性铁素体球墨铸铁，因其安装的地点特殊，对铸件致密性及低温（超低温）冲击韧性要求甚高，其制造技术为国际少数企业拥有，当前仅有两台样机在意大利运行。

9 月

1 日 上海振华重工（集团）股份有限公司自主设计、自主调试的具有全球最大卸船能力的环保型链斗式连续卸船机——曹妃甸链斗卸船机项目顺利投产，填补了我国链斗式连续卸船机自主设计、自主调试的空白，是国内散货卸船设备设计、制造、调试的一次重大突破，受到全球同行业及散货码头用户的高度关注。该项目为曹妃甸二期矿石码头 2 台 3 800t/h 的环保型链斗式连续卸船机。链斗式连续卸船机凭借其高效、低碳、节能、环保等优势，以及日趋成熟的技术，在散货码头领域拥有广阔的市场前景。

2 日 上海振华重工（集团）股份有限公司与新加坡 Swiber 公司签约提供海洋石油铺管船全套甲板设备。这是振华重工完全自主研发的铺管系统首次走出国门，也是中国企业首次将铺管系统推向国际市场，具有标志性的意义。该项目全套甲板设备包括由张紧器、A&R 绞车、传输滚轮系统等组成的铺管系统、电控系统、电动变频锚绞机和 300t 柴油机液压驱动的近海克令吊，均由振华重工自主研发。铺管系统是海洋石油铺管船的关键系统，国际上能够提供全套铺管系统的公司只有 3 家，主要分布在欧美。作为该领域的新生力量，振华重工能够在强大的竞争对手挑战中脱颖而出，表明 ZPMC 海工品牌以及技术实力正被越来越多的客户认可。

23 日 北方重工集团有限公司董事长、总经理耿洪臣被中国机械工业联合会授予“装备中国功勋企业家”称号。中国机械工业联合会开展的“中国装备装备中国走向世界”宣传活动，通过对行业成就和对“两个”规划贯彻落实情况的宣传，对“十二五”行业发展规划的宣传，对作为市场主体的优秀企业及企业家的宣传，进一步扩大了机械工业的影响。经过区域性行业协会、专业性行业协会和行业媒体的推荐、筛选，报专家和领导小组审定，确定 45 位企业家荣获“装备中国功勋企业家”称号，56 家企业荣获“装备中国功勋企业”称号。

★ 上海振华重工集团电气公司承接的和黄国际(HIT)香港国际货柜码头公司自动化轨道吊(ARMG)改造项目正式开工。该项目是上海振华集团电气公司首次将拥有自主知识产权的码头自动化技术应用于实际项目，标志着其在码头设备自动化控制领域迈出了关键一步。改造后的 HIT 码头，将实现 ARMG 快速有效的自动化运行、准确的抓放箱以及现代化的中控远程操作。届时，中控室的 12 个操作台可对 24 台 ARMG 进行多对多的连接，任何一台 ARMG 需要远程协助时，都可以迅速地连接到一台可用的操作台上，远程操作的延迟控制在200 微秒以内。通过电子防摇等技术保证 ARMG 的自动抓放箱，并根据大车的倾斜角度以及吊具位置的检测自动校正放箱和拿箱的位置，在基本交通情况下，效率可达到每小时 30 个 move。

28 日 大连重工·起重集团国贸公司与世界矿业巨头瓦里集团签订马来西亚矿石码头设备总包合同。该项目共有 9 台超大型卸船机和斗轮堆取料机，合同额近亿美元，是迄今为止，大连重工·起重集团公司签订的单笔出口合同额最大、技术水平最高、装卸能力最大及完全自主设计制造的散料码头关键设备总包合同。2009 年，巴西瓦里公司确定在马来西亚西海岸建设亚太地区矿石中转站，形成辐射整个亚太地区的矿石物流系统，项目名称 VMMP，即巴西瓦里马来西亚矿石码头建设项目。此项目将是世界上规模最大的矿石中转码头，建设分三期，本次签订的合同为一期建设所需全部主体设备。项目完全建成后，可同时停泊 12 条 40 万 t 世界最大吨位的矿石运输船。码头将于 2014 年 2 月正式投入使用。

★ 山东华特磁电科技股份有限公司与中科院电工所举行“电磁流体海水浮油分离与回收技术”技术开发合同签字仪式。该技术主要应用于海水油污的分离回收，包括海洋溢油(化工原料)和船舶含油污水的处理。其特点是无须向海水中投入任何亲油的或磁性的其他物质，分离和回收过程同时进行，无须后处理。特别适合现有技术难以回收的轻质油和化工原料的分离回收，回收比较彻底，回收油的含水率低，对海洋环境影响小，易于实现自动化控制，劳动强度低。该合同的签署，基于保护海洋生态，解决海水油污染治理难题，为山东半岛蓝色经济区建设提供技术支撑，也将对山东华特发展海洋环保装备战略性新兴产业发挥重要作用。

29 日 “天宫一号”从酒泉卫星发射中心一举发射成功。此次发射“天宫一号”的 921 塔架由太重集团制造，是我国目前规模最大、功能最全的全天候发射塔架。该塔架高 100 多米，发运时先后用了 7 节专列、近 300 节车皮，在现场塔体拼装时，3 万余个高强度螺栓孔，现场穿孔率达 100%，创造了国内塔架安装史上的奇迹。从我国第一艘载人飞船“神舟”一号到“神舟”七号，均全部由该塔架成功托起，太重制造的 921 塔架因此被誉为“功勋塔架”。40 年来，太重先后为我国的航天及国防事业提供了 10 余台(套)发射塔架及其他专用设备。竖立在我国酒泉、西昌、太原三大卫星发射中心的 9 座发射塔架，有 8 座出自于太重。太重通过研制发射塔架及其专用设备，不仅丰富了重大工程项目的管理经验，提高了制造大型成套设备的水平，同时也锻炼出了一支纪律严明、作风顽强、技术过硬的航天工程技术人才和职工队伍。

月内 太重集团公司研制成功的首台 660 t 履带式起重机在第六届中博会大型机械展区亮相。它的主臂长 84 m，副臂长 96 m，全部伸直后从地面到铁臂的顶端，高度可达到 170 m，相当于 46 层楼高；自重为 55 t，需要 11 节火车皮才能一次运走。目前国内市场，起重量在 100 t 以下以国内品牌产品占主导地位，起重量在 100 ~ 300 t 的以国产和日本产品居多。300 t 以上的大型起重设备以欧美品牌为主。此次太重产 660 t 履带起重机采用国际一流的德国德马克公司标准，产品设计标准和质量要求完全达到国际标准。太重还将继续研发制造各类特大型履带式起重机，包括 1 000 t、1 250 t、1 600 t、2 000 t 等机型，朝着标准化、系列化方向快速发展。

★ 冀中能源峰峰集团控股河北天择重型机械有限公司研制的 TZC3SW7B/D 煤矿用带式输送机减速器，顺利通过中国煤炭科工集团太原研究院测试中心的整机型式检验和关键部件型式检验，各项性能指标达到或超过国家行业标准，标志着该公司的高端减速器研制达到国内先进水平。高端减速器作为煤矿用带式输送机的关键部件，其性能和质量对于提高煤矿生产效率、保证安全生产具有重要意义。高端减速器具有精准驱动、精确运转、传动扭转大等特点，其设计制作水平代表着装备制造行业的发展方向，成为市场竞争的热点和焦点。

★ 上海振华重工(集团)股份有限公司与英国 ITL 公司签订一艘 2 000 t 全回转起重船采购合同。项目总价约 1 亿美元，将于 2013 年 6 月份交货。该合同供货范围包括起重船的设计、采购、建造、安装、调试和入籍。该船船体主尺度为 124 m × 40 m × 11 m，作业吃水 6.5 m，主钩固定吊载 2 000 t，全回转吊载 1 100 t，配备了全球领先的 DP1 动力定位系统。

★ 山东能源机械集团研制的 ZC4000/16/32 充填式液压支架，顺利通过专家技术鉴定。充填式液压支架采用刚性整体顶梁结构，高强板焊接工艺，顶梁设有活动侧护板，具有整体性强和安全可靠的优点。采用单摆杆机构，简化了支架结构，既改善了受力条件，又保证了具有足够的通风断面和行人空间，满足了井下矸石充填施工技术要求。

★ 冀中能源机械装备石煤机公司最新研发的“矿用隔爆型动力锂电池电源装置”取得了国家专利，为煤矿井下机械产品提供了一种更加环保的动力选择。作为煤矿机械产品的专业生产厂家，石煤机为研制出能够替代燃油机的新型动力源装置，解决燃油机带来的环境污染和噪声污染等问题，进行了坚持不懈的研究与探索。

★ 国内最大吨级矿用自卸车 HMTK－6000 日前在湘潭九华工业园成功下线。该车填补了我国 400 吨级非公路电动轮自卸车制造的空白。它的成功下线使中冶京诚（湘潭）重工设备有限公司成为世界上第三家生产此规格矿用自卸车的公司。

10 月

8 日 科技部火炬计划高技术产业开发中心“2011 年国家火炬计划重点高新技术企业”评选结果揭晓，全国 35 个省市科技厅推荐报送的 1 287 家企业有 598 家当选。中国重型机械工业协会会员单位广州机械科学研究院、山东华特磁电科技股份有限公司、江苏泰隆减速机股份有限公司荣列其中。

★ 大连重工·起重集团有限公司设计院自主设计、冶金设备公司制造的国内当前最大容量 48 MVA 密闭电石炉，在包头用户现场顺利生产出电石。此工程的成功投产，标志着大连重工冶炼电炉产品在向大型化发展中又进了一步，成为国内唯一同时具有研发、设计、制造及运行实践经验的 48 MVA 密闭电石炉设备的行业龙头。

10 日 中信重工机械股份有限公司自行设计制造、拥有完全自主知识产权的当前国内规格最大、技术最先进的 ϕ11 m×5.4 m 半自磨机和 ϕ7.9 m×13.6 m 球磨机试车仪式隆重举行，并一次试车成功。这两台磨机在国内外矿业领域均创出了多项第一，此次验收交付意味着我国自主设计制造大型矿用磨机设备的纪录再次被改写，其将对中国黄金集团、中信重工，乃至全球矿业界产生巨大的影响，对中国矿业发展也具有划时代的意义。

12 日 广州市知识产权局组织专家对广州机械科学研究院有限公司承担的专利技术产业化示范项目“高性能数控冷室压铸机产业化”进行了验收，专家组一致同意通过验收。该项目具有节能、冷室压铸、精密压铸、嵌入式数字化控制技术、锁模机构的箱体式模板体等特色，研制成功了系列高性能冷室压铸机，开发了热量回收式节能燃料熔炉，增强了该公司压铸机产品的市场竞争力。

13 日 上海振华重工（集团）股份有限公司西班牙“OCEANIC5000”起重铺管船交船协议签订仪式隆重举行。该船是为 ADSA 承建的 4 400 t 起重铺管船，也是我国首次完全由国内独立设计制造的起重铺管船。它的研发成功填补了我国大型综合铺管工程船舶依赖进口设计的空白，标志着振华重工在海洋工程船舶领域的设计、制造、服务、管理水平上了一个新台阶，为大力开拓国际海工市场奠定了坚实的基础。作为当今世界技术最先进、效率最高的铺管船之一，该船型长 196.89 m，型宽 48 m，型深 14.30 m，铺管作业水深可达 300 m 以上，铺设管径可达 60 in，配有先进的双节点全自动焊接及检验铺管线、DP2 动力定位系统，带双节管铺管能力，采用 10 点锚泊定位方式，船艉设一台固定起重能力 4 400 t、全回转起重能力 3 000 t 的重型起重机，甲板堆管能力达 5 000 t，设计铺管能力为每天 3 km，由 10 点锚泊定位系统和 8 台推进器共同组成，可同时满足深水、浅水铺管及起重作业需要。

14 日 全球最大的筒式磁选机 LCTY-1550 在沈阳隆基电磁科技股份有限公司生产装配基地成功下线。该产品应用于矿山磁选行业，具有可靠保护的磁系、独特的模块式结构、高性能耐磨耐腐蚀等特点。它的成功下线，填补了国内大型磁选机领域的空白，标志着隆基已掌握了全球顶级磁选机的研发技术和制造能力。

16—18 日 中国重型机械工业协会主办的“2011 全国散料输送新技术和装备发展论坛”在天津召开。散料输送行业的制造企业、设计院所、相关配套企业以及港口、电厂、水泥厂等最终用户 103 个单位的 177 名代表参会。中国重型机械工业协会常务副理事长徐善继出席会议并致辞，秘书长肖立群主持会议。工信部装备司装备处处长杨拴昌就智能装备规划及有关重大技术装备产业政策做了讲话，来自散料装卸、输送行业的龙头企业上海振华重工（集团）股份有限公司、大连重工·起重集团股份有限、北方重工沈阳矿山机械集团股份有限公司、华电重工股份有限公司、中联重科物料输送设备公司以及煤科总院沈阳研究院露天工程所、太原科技大学等单位的 11 位专家和学者做专题技术报告，内容涉及大型斗轮堆取料机、大型装卸船机、圆形料场、大型带式输送机、管带输送机等产品和工程的国内最新技术发展现状以及智能化发展趋势等。大会组织参观了曹妃甸港矿石码头和华电曹妃甸重工装备有限公司。曹妃甸港矿石码头是代表我国散料装卸设备先进水平的码头；华电曹妃甸重工装备有限公司是华电重工股份公司在曹妃甸工业区的现代化制造基地，主要产品为大型港口机械设备、大型物料搬运装备和海洋重工装备等。此次论坛为企业了解国内外技术发展趋势，开发市场急需的产品提供了有指导价值的信息和高层次的技术交流平台。

22 日 国家发展改革委公告第 27 号，对 2011 年国家认定企业技术中心评价结果予以公布。评价结果：14 家企业技术中心得分在 90 分及以上，评为优秀；699 家企业技术中心评价得分在 60 分至 90 分之间，评为合格；10 家企业技术中心评价得分在 60 分以下，评为不合格。中国重型机械行业企业评价结果如下：

序号	企业名称	评价结果
3	中信重工机械股份有限公司	93.3
12	太原重型机械集团有限公司	91.0
44	中国第一重型机械集团公司	86.7
87	中国第二重型机械集团公司	84.4
100	巨力索具股份有限公司	84.0
208	大连重工·起重集团有限公司	80.8
231	上海重型机器厂有限公司	80.0
305	卫华集团有限公司	78.2
319	重庆齿轮箱有限责任公司	77.6
338	沈阳重型机械集团有限责任公司	77.0
459	中国华电工程（集团）有限公司	73.9
534	上海建设路桥机械设备有限公司	71.8
538	上海振华重工（集团）股份有限公司	71.6
565	沈阳矿山机械（集团）有限责任公司	70.9

25 日 中钢集团衡阳重机有限公司新产品 UVO-5B 地下油罐车成功下线。经检测，该机整体性能达到了国内外同类产品先进水平。地下油罐车是一种通过井下斜坡道快速将油料运送至几公里之外作业场的无轨辅助运输车辆，保障井下主要生产设备铲运机、运矿车等的油料供应，是大型矿山提高工效的必备生产工具。UVO-5B 地下油罐车选用排放达欧Ⅱ标准的道依茨柴油机作为动力源，采用双变合体液电自动控制动力配置，有效节省了空间。整机设计运用了三维动态建模及仿真计算，使结构更合理、操作更舒适，并首次将电气启动异常保护运用在该机上，同时严格按照国家标准设计安装防静电保护、接地装置，整机材料选型、表面油漆、涂装防腐等方面也充分考虑了矿山使用工况的特殊要求。

27 日 西门子奥钢联公司在奥地利维也纳举行表彰优秀供货商的颁奖活动，中国第一重型机械集团公司荣获“全球竞争力—供货商之星”奖。此奖项的 5 名获奖供货商是西门子奥钢联公司在全球近 6 000 家供货商中评选出来的。自 2003 年与奥钢联公司合作以来，中国一重为其提供了连铸机大包回转台、扇形段和热连轧机、宽厚板轧机、转炉等大量冶金设备，并与其建立了长期良好的合作关系。中国一重凭借着不断改进完善的生产经营管理系统以及可靠的产品质量，获得了“全球竞争力—供货商之星”奖，更加证明了中国一重在国际市场上的竞争力。

月内 中国第二重型机械集团公司生产制造的百万千瓦级核电厂蒸汽发生器一次侧封头，一次性顺利通过了中国核动力研究设计院核级设备制品技术评定中心的评定和审查，取得了《核级设备制品评定证书》。一次侧封头外形为球形，其管嘴与封头呈一体化结构，管嘴为翻孔成形。在制造中，探伤要求高、锻件的均匀性要求严格、热处理冷却条件差、易变形、封头整体成型精度要求高，这些特点使之成为核电大锻件中少数制造难度最大的特型锻件产品之一。这次一次侧封头顺利通过评定，使中国二重取得了百万千瓦级核电厂蒸汽发生器所有核级关键部件（大型锻件）制造工艺评定认可证书，意味着中国二重从此可以按法国 RCC-M 规则要求制造百万千瓦级核电厂蒸汽发生器的所有核级关键部件（大型锻件）。

★ 中信重工机械股份有限公司成功中标中国有色矿业集团非洲矿业公司谦比希铜矿东南矿体项目 JKMD-5 × 4（Ⅲ）E 和 JK-MD-4.5 × 4（Ⅲ）E 大型落地多绳摩擦式提升机各一台。此次出口赞比亚的提升机用于千米深井矿石提升，是当前中信重工同等型号规格下电机传递功率最大的提升机，最大功率高达 5 600 kW。中信重工自 2000 年打开非洲市场以来，一直积极履约、按期交货，以领先的技术、优质的产品和良好的服务，赢得了忠实的用户群，提升了企业的品牌形象。

★ 中信重工机械股份有限公司成功签订伊拉克 MASSIRAQ 投资公司 3 台当前世界最大的 ϕ4.6 m × 14.5 m 纯静压滑履磨机合同，将用于伊拉克 MASSIRAQ 投资公司苏莱曼尼亚水泥厂 5 300 t/d 熟料水泥生产线三期工程。这标志着中信重工高效节能水泥磨机批量打入了国际市场。与传统的滑履磨机相比，中信重工拥有自主知识产权的纯静压滑履磨机，颠覆了国内外建材行业磨机“动、静压轴承”最适合于建材柴油发电机磨机筒体支撑的观念。纯静压滑履磨机采用的纯静压轴承润滑方式实现了筒体滑环与滑履瓦的全液体润滑，耗电量可节省 10% ~15%，具有承载能力高、运行可靠性高、作业温度低、使用寿命长等优点。

11 月

3 日 中国重型机械总公司（CHMC）的“柬埔寨金边环网输变电项目”在项目现场举行开工仪式，项目施工将于柬埔寨旱季到来前夕正式开始。柬埔寨国家电力公司（EDC）主席介绍了该项目对柬埔寨经济发展的巨大作用，感谢 CHMC 为金边环网项目前期所做的大量工作，并表示相信 CHMC 一定能够按期、出色地完成任务。中国重型机械总公司总经理表示，“柬埔寨金边环网输变电项目”是柬埔寨国家电力工程的重要环节，是关系到柬埔寨国家经济发展的重大基础性工程建设项目，得到了中国政府的大力支持，为该项目提供了优惠贷款。该项目建成后将对改善金边地区的电力供应状况，提高电网供电能力，改善居民用电水平，起到巨大的推动作用。

5 日 山东华特磁电科技股份有限公司历时三年研制开发的世界第一台“节能环保强制油冷却立环高梯度磁选机”新产品现场鉴定会在安徽省凤阳县召开。该产品可广泛应用于非金属矿加工铁杂质提纯，亦可用于弱磁性矿开采选矿，是国家产业政策鼓励发展的矿山机械产品，已申报和授权国家专利 5 件。经中国机械工业联合会、山东省科技厅和经信委联合组织的鉴定委员会对现场使用情况的考察和对相关材料的审查评议，顺利通过了省、部级鉴定。设备可靠性高；经用户使用，物料除铁率高，创造了良好的经济社会效益；属国内外首创，技术达到国际领先水平。

10 日 中冶赛迪集团有限公司自主研发的新余钢铁股份有限公司特厚板连铸机成功生产出规格为 420 mm × 1 870 mm的板坯，这是迄今世界上由垂直弯曲型铸机生产的最大厚度板坯。该机应用中冶赛迪具有完全自主知识产权的液压振动技术、动态轻压下、动态二冷自动控制及喷淋宽度调节技术等一系列先进工艺和技术，可以生产板坯厚度 300 ~420 mm、最大板坯宽度 2 400 mm 的铸坯。3 月 10 日热负荷试车后，已经成功生产出厚度 300 mm、320 mm 和 360 mm 的铸坯，轧制成厚度 22 ~150 mm 的碳素结构钢板、低合金结构钢板、低合金压力容器钢板、高强度船用钢板（最高级别 E 级）、高层建筑用钢板（Z 向性能钢板）、桥梁钢板等优质厚钢板，部分轧制的特厚板已出口国外。这标志着中冶赛迪完全掌握了特厚板连铸机技术，跻身国际领先行列。

11 日 中国重型机械研究院有限公司为西南铝业（集团）有限公司研制的 120MN 高强度航空铝合金厚板拉伸机在重庆竣工投产。该机能拉伸厚 250mm、宽 4m、长 30m 的航空铝合金厚板，可作为关键设备应用于我国第一条达到国际先进水平的航空铝合金厚板生产线，也能为我国“大飞机”项目、载人航天和探月工程、重点国防项目建设配套生产线。该项目填补了国内空白，使我国成为继美国、日本、德国和俄罗斯等国家后，又一个能够实现大规模航空铝合金厚板规模化生产的国家，打破了欧美等发达国家对国际市场的垄断，对振兴我国装备制造业、加强国防建设具有重要意义。

16 日 中国第一重型机械集团公司承制的我国首台拥有完全自主知识产权的百万千瓦核电关键设备辽宁红沿河核电站 1 号机组核反应堆压力容器水压试验圆满成功，这标志着我国百万千瓦级核岛关键设备的制造技术已经完全实现国产化，达到了国际先进水平，具备了为我国核电建设标准化、批量化、规模化发展提供成套装备的能力。红沿河核电站是我国“十一五”期间开工建设的第一座、也是我国东北第一座百万千瓦级核电站，是我国二代改进型核电自主化建设重点依托项目。该设备在中国一重核电装备制造史上创造了多项第一，是中国一重承制的首台 M310 堆型的百万千瓦级核电压力容器，也是中国一重首次完全采用 RCC－M 标准制造的核电关键设备，容器所采用的核岛锻件均为中国一重独立锻造，其中的关键锻件一体化接管段为国内首创，技术水平世界领先。

17 日 大连重工·起重集团有限公司与印度 INOX 风电有限公司签订了 2012—2013 年风电机组核心部件协议，订单总额近五千万美元。这是迄今为止该公司最大的一批风电核心零部件出口订单。INOX 是印度著名的风电能源开发企业，也是印度较早开发大功率风电机组的公司。INOX 公司的 2 兆瓦风电机组现已实现批量化生产，2012—2013 年计划装机容量 800 MW。此次合作，为大连重工·起重集团有限公司拓展印度及国际风电市场创下了有利条件，并对扩大其在国际风电行业的知名度具有重要意义。

20 日 大连重工·起重集团有限公司董事长、总经理宋甲晶率队赴日本进行为期一周的大客户年度回访。代表团先后访问了新日铁工程株式会社、石川岛播磨重工业株式会社、日本铸造株式会社、住友重机械工业株式会社、日立制作所五大国际一流企业。双方高层领导的深入交流，用户现场的实地参观考察，加深了双方的了解沟通，为未来合作拓展了更广阔的空间，达成了合作意向。

23 日 中信重工大学举行揭牌仪式。这是中信重工以企业发展战略为导向实施的人才培养工程，是围绕以人为本搭建的员工成长平台，也是满足客户和相关方培训需求搭建的交流平台。公司将致力于建立全覆盖的员工培训体系，建立完善的人力资源培训体系，形成具有中信重工特色、有精品课程的企业大学，并使之成为企业可持续发展的助推器。

★ 沈阳隆基电磁科技有限公司申报的产品“高强磁煤用重介质磁选机”获得国家科技基金扶持。这是国家科技部门对企业创新产品的认可，更是对企业科技创新的长足发展寄予厚望。同期隆基“LJK 磁性物料除铁器”项目申报国家科技型技术创新基金顺利通过验收，辽宁省科技厅对该项目进行了全面了解并给予高度肯定，并在产品创新管理方面提出指导意见，为该公司新产品发展提出了更高要求，鼓励其继续申请国家重点科技项目资金扶助，积极开展科技创新工作。

★ 在四川省质量技术监督局、四川省质量协会举办的四川省 2011 年度追求卓越大会上，四川润股份有限公司被评为“2010 年度实施卓越绩效模式先进企业”称号。该荣誉为下一步公司名牌产品评审及更高质量荣誉奖的获得奠定了基础。

24 日 中信重工机械股份有限公司承担的河南省重大科技专项“低热值褐煤提质新技术及装备的研究与开发”顺利通过河南省科技厅专家组验收。该项目将依托神华洁净煤有限公司年产 50 万 t 示范工程，研发出世界先进的高温、高压、无添加剂褐煤提质技术，开发出世界最大的 HPU140－100 高压对辊成型机。

25 日 由大连重工·起重集团有限公司自主研发设计、生产制造、安装调试的河北旭阳 6.25m 捣固焦炉机械 SCP 一体机顺利投产。该机具有捣固、装煤、推焦三大功能，是世界最大、国内第一套具有自主知识产权的捣固焦炉机械。

29 日 中国第一重型机械集团公司采用树脂砂工艺成功浇注了国内液重最大的轧机机架——南钢 4 700 mm 轧机机架。这标志着中国一重冶炼技术再一次攀上了新的高峰，具备了采用树脂砂工艺浇注超大型铸钢件的能力，有力地提高了铸件产品的外观质量，对进一步增强铸件产品在市场上的竞争优势奠定了坚实基础。该机架是中国一重为南京钢铁股份有限公司制造的重点产品，材质为 G20Mn5＋QT，钢液重达到 780t，为我国轧机机架浇注所用钢液之最。

★ 江苏象王起重机有限公司“象王及图”商标被国家工商总局商标局认定为中国驰名商标。这是象王人锐意改革、不断进取、团结拼搏、狠抓管理的结果，对保护“象王”品牌、巩固和拓展市场将起到积极作用。公司将以此为契机，加快实施“象王”品牌战略工程，为进一步做强做大“象王”品牌，提高企业核心竞争力而继续努力。

29—30 日 国家“高档数控机床与基础制造装备”科技重大装备验收会在中国一重召开，由中国工程院院士和国内著名科研院所专家组成的专家组对中国一重承担的四项科技重大专项《大型电渣重熔炉设备》《开合式大型热处理设备》《大型高质量铸件的材料冶炼与成型控制技术》《大型铸锻焊件的加工工艺和质量控制技术》课题进行验收，认为各项考核指标达到了任务合同书的要求，一致同意通过课题验收。”专家组意见是：部分课题研究成果达到国际先进水平，并已应用于重大工程、重点项目，对专项目标完成的作用巨大，经济、社会效益显著；课题实施过程中，组织管理严谨，产、学、研、用合作紧密，任务衔接集成好，人才队伍稳定，人才培养任务完成得好。

月内 大连重工·起重集团有限公司研制的首台年产 90 万 t 矿渣立磨设备在沙钢永兴钢厂成功投入生产，并顺利实现达产指标。矿渣立磨设备属于节能环保产品，是国家“十二五”重点发展的新兴产品之一。当前，国内仅有少数几家企业能够制造。为积极拓展新的经济增长点，大连重工·起重集团有限公司将其作为“十二五”企业产品战略调整的主攻方向之一，并已形成系列化，可满足客户年产 30 万 t 至 120 万 t 矿渣粉磨需求。此次设备的成功投产，表明企业已在该领域的拓展上迈出了坚实的一步。

★ 西南铝业(集团)铝合金厚板生产线投产。该生产线关键设备——120 MN 张力拉伸机由中信重工机械股份有限公司制造。国防科工局和中国铝业公司等单位领导与专家观摩了铝合金厚板生产线，高度赞扬了中信重工的制造水平和产品质量。120 MN 张力拉伸机规格位居世界第二、亚洲第一；填补了国内空白，对我国“大飞机”项目铝合金材料实现自主保障具有重大意义；也是特大型高端装备制造的标志性产品，对促进重型装备制造业的技术升级具有重要意义。

★　中信重工机械股份有限公司与府谷恒源公司正式签订560 MW热电联产项目合同，这是中信重工近年来在发电市场的最大热电联产项目。中信重工将在20个月内，为府谷恒源公司生产3台(套)150 MW超高温、超高压、抽气型、空冷式汽轮机发电机组，以及2台(套)20 MW超高压、背压式汽轮机发电组和1台(套)40 MW背压式汽轮发电机组。该项目的签订，标志着中信重工发电设备的研发、制造水平实现了跨越式发展，将有利于其进行100 MW以上汽轮发电机组市场的开发，进一步扩大和提升中信重工在发电设备市场领域的影响力、知名度和竞争力。

★　机械科学研究总院哈尔滨焊接研究所研制的我国首台GH-2500型超大厚度钢锭火焰切割机及可调工作台热试车在中国第一重型机械集团公司成功完成整机联合调试工作和调整工作台的负载试验，并完成了直径2 500 mm钢锭的实验切割。GH-2500型超大厚度钢锭火焰切割机设计最大切割厚度为2.5 m、龙门跨距6.5 m、龙门高度4.8 m，整机高度达7 m，重量20余吨，并配有排烟除尘装置，调整工作台可以承受重达500 t的钢锭，整机重量超过120 t。

★　广州机械科学研究院申请的“国家自然科学基金依托单位”获得国家自然科学基金委员会批准。今后该院可以独立组织申请和实施国家自然科学基金项目，标志着该院科学研究技术的发展又跃上了一个新台阶，也为广大科研工作者提供了更好的科研平台。

12 月

1 日　中国第一重型机械集团公司承制的阳江2号反应堆压力容器一次水压试验成功。这是该公司今年完成的第四台核电产品，是为中广核集团承制的第3台百万千瓦核岛主设备。中国一重核电石化事业部以“出合格品、出优质品、出精品”为宗旨，不断创新工作方法，高质量、高效率地完成了制造任务，标志着中国一重不仅完全具备了批量生产核电产品的制造实力，还具备了“自动化、信息化、专业化”制造核电设备的能力和水平。

6 日　南通润邦重机有限公司自主设计研发的“700～1 000 t造船门式起重机”“MQ4062门座式起重机”经过专家组评审，被江苏省科技厅认定为“江苏省高新技术产品”。润邦重机已有6项产品被评为江苏省高新技术产品，涵盖桥门式起重机、港口机械、海上风电等产品领域。

13 日　中信重工巴西公司开业酒会在巴西贝洛奥里藏特市举行。中信重工巴西公司是继中信重工成立澳大利亚公司、成功收购西班牙工厂后建立的又一海外重要子公司，标志着中信重工国际化进程又迈出了重要一步。

14 日　太重集团通过中航技国际工贸有限公司与俄罗斯库斯巴斯煤业有限公司签订了4台35 m^3大型矿用挖掘机的供货合同。2010年10月，太重为俄罗斯库斯巴斯煤业有限公司生产了首台35 m^3大型矿用挖掘机，是太重大型矿用挖掘机首次出口俄罗斯。经受住了俄罗斯恶劣条件下的运行考验，太重大型矿用挖掘机各项性能均达到国际一流水平。

15 日　山东省经信委、省科技厅组织的“济南重工新产品鉴定会”举行。专家组对济南重工股份有限公司4项新产品“MB3245湿式棒磨机”“MQ3245湿式格子型滚动轴承球磨机”“FGDM3680湿式球磨机”“MQY3236溢流型滚动轴承球磨机”进行了现场审核鉴定，最终全部通过省级鉴定。济南重工一直非常注重科技创新工作，不断加大科技投入，提高新产品研发力度，此次4项新产品顺利通过专家鉴定，说明公司在科技创新领域又取得了显著成绩，将为公司发展注入新的动力。

17 日　“2011年度陕西经济人物”评选活动揭晓，中国重型机械研究院有限公司院长谢东钢等10人荣获2011年度“陕西经济人物”称号。评委会的颁奖词为：“他为陕西制造贴上智慧的标签，他为陕西经济创造了绿色的GDP，他科技创新的步伐为陕西速度添加了新的动力”。陕西年度经济人物评选活动旨在评选推出一年来在“推动科学发展、富裕三秦百姓、建设西部强省”中做出突出贡献、具有行业示范性和社会影响力的经济人物。

25 日　宁波凹凸重工有限公司自主研发的新型轻量化桥式起重机顺利通过专家验收。“轻量”和“节能”是这款新型起重机的最大亮点。它不光自重轻、轮压小，对厂房高度的要求也较低，可节约厂房投资7%～10%，噪声小于同类产品，仅为35 dB，节能环保效应明显。该起重机已获得国家实用新型专利3项，受理国家发明专利2项。

28 日　中国自主创新年会在北京人民大会堂举行。上海振华重工(集团)股份有限公司荣获“2011年度中国十大创新型企业”称号。

月内　齐齐哈尔市政府与中国第一重型机械股份公司举行了共建“国家能源重大装备材料研发中心”和科技人才园区项目协议签约仪式。中国一重将把该中心建成我国装备制造业重大装备所需基础材料、复合材料的生产工艺、工业化试验研发机构，成为国内一流、国际领先的研发、学术交流、产学研成果转化、科研中试和产业化及国际交流中心。

★　上海市科委、市总工会、市国资委在上海市科技创业中心举行了第三批国家创新型企业授牌仪式，上海重型机器厂有限公司被授予“国家创新型企业”称号。上重公司近年来在科技创新方面取得了一系列突破，因而获批列入。

★　中国民营企业联合会、中国统计协会、北京大学中国民营企业研究所联合发布了“2011中国民营企业500强”排行榜，卫华集团排名350位，相比2010年上升6位，是河南省唯一入选的制造业企业，也是新乡市唯一入选的民营企业。

★　大连重工·起重集团有限公司国贸公司与澳大利亚劳黑尔公司签订7台5 000～15 280t/h堆取料机和1台双车翻车机合同。此合同是大连重工签订的国际最高设计制造标准合同，8台设备全部采用澳大利亚AS标准，全部机型为国际顶级产品。其中 14 400t/h 斗轮取料机和 15 280t/h 固定堆料机为目前国际上装卸能力最大的堆取料机。双车翻车机改变了传统的液压式倾翻技术,采用机械压车式倾翻,可拨 4 万 t 大列。

★ 上海重型机器厂有限公司大锻所桃花江 AP1000 核电项目首件一体化顶盖锻件一次性通过全部力学性能测试,可以进入精加工阶段,标志着上重在 AP1000 核电大锻件研发上又向前迈进了一大步。AP1000 一体化顶盖锻件改变了二代、二代加核电压力容器的常规设计模式,将原有上封头(顶盖)及顶盖法兰改为一体化制造。这种设计的优点是减少了压力容器制造过程中的一道主要焊缝,缩短了设备制造周期,增加了安全性,但明显提高了锻件制造难度。上重攻克了冶炼、锻造成型和性能热处理、如何实施性能热处理等难题,成功完成了此次一体化顶盖锻件,为今后大型异型封头锻件的研制积累了技术经验,同时也标志着上重核电产品的自主研制能力再次获得提升。

★ 秦皇岛天业通联重工股份有限公司和意大利 SELI 公司合作生产的 DSU 型硬岩掘进机,中标中国葛洲坝集团股份有限公司采购合同,一举打破了此前欧美企业垄断硬岩掘进机市场的局面。产品将用于埃塞俄比亚 GD-3 水电工程。DSU 型硬岩隧道掘进机直径 8.1 m,为首台国内企业自主生产并用于国外项目的新一代硬岩掘进设备,具有推进力大、操作简单、作业环境更安全等特点,可适应不同的地质条件。

〔撰稿人:中国重型机械工业协会李广孝　审稿人:中国重型机械工业协会徐善继〕

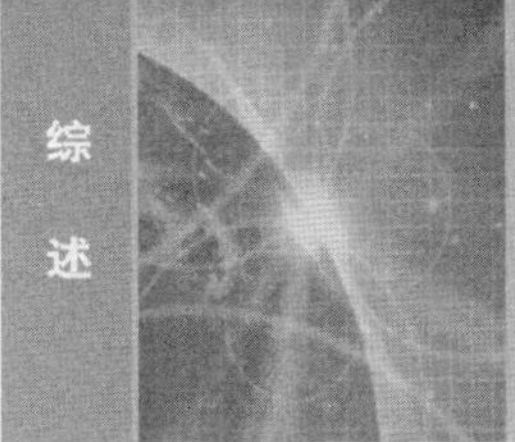

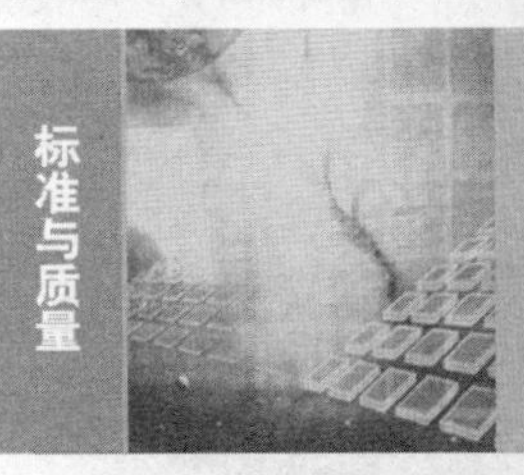

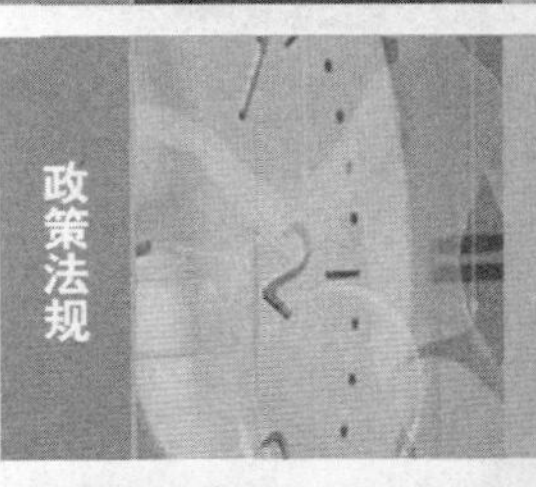

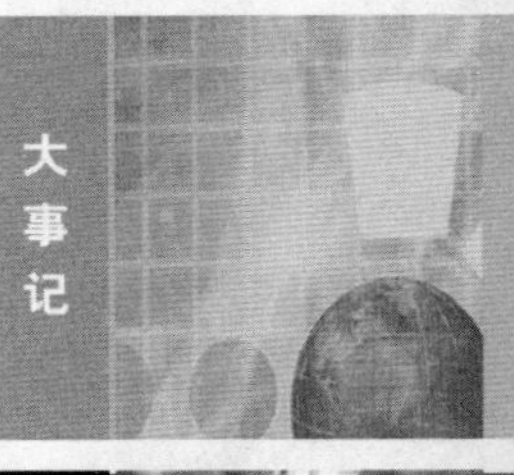

发布中国重型机械工业协会第五届、第六届理事会理事名单，组织机构，分会会员名录

Lists of directors, organizational frameworks, lists of members of sub-associations of the fifth and sixth boards of directors of CHMIA

附录

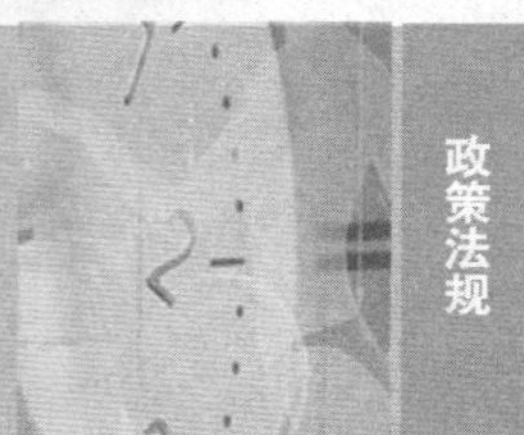

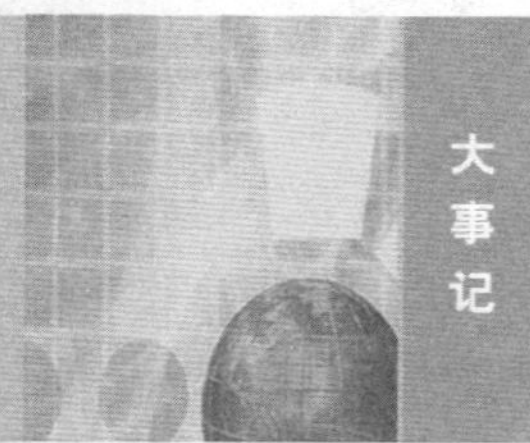

中国重型机械工业协会组织机构

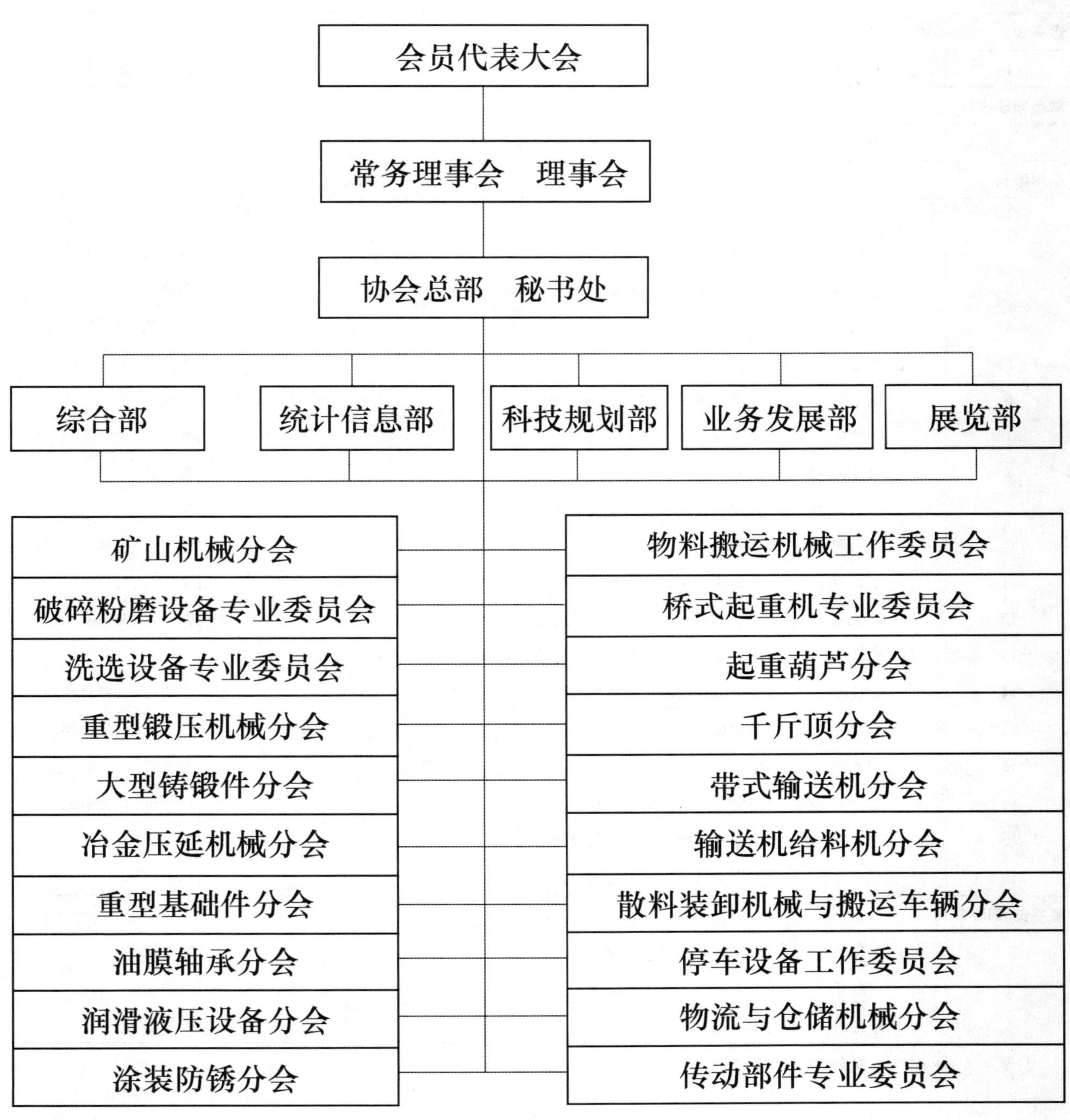

〔供稿人：中国重型机械工业协会张艳君〕

中国重型机械工业协会第六届理事会正副理事长、正副秘书长

序号	姓名	单位名称	职务
理事长			
1	石柯	中国第二重型机械集团公司	总经理、党委书记
常务副理事长			
1	李镜	原国家发展和改革委员会经济运行调节局	副巡视员
副理事长			
1	吴生富	中国第一重型机械集团公司	总经理、党委副书记
2	王创民	太原重型机械集团有限公司	董事长、党委书记
3	宋甲晶	大连重工·起重集团有限公司	董事长、总经理
4	耿洪臣	北方重工集团有限公司	董事长、总经理
5	任沁新	中信重工机械股份有限公司	董事长、党委书记
6	康学增	上海振华重工(集团)股份有限公司	总裁
7	陆文俊	中国重型机械有限公司	董事长、总经理
8	吕亚臣	上海重型机器厂有限公司	董事长
9	高继轩	国家质检总局特种设备安全监察局	副局长
10	韩宪保	卫华集团有限公司	董事长、总裁
11	谢东钢	中国重型机械研究院股份公司	董事长、院长
12	陆大明	北京起重运输机械设计研究院	院长、党委书记
13	戚天明	洛阳矿山机械工程设计研究院有限责任公司	院长
14	张亚红	上海电气临港重型机械装备有限公司	党委书记、副总经理
15	陆鹏程	中钢设备有限公司	执行董事、总经理
16	宋寿顺	中材装备集团有限公司	董事长
17	王汝贵	华电重工股份有限公司	总经理、党委书记
18	崔培军	河南省矿山起重机有限公司	董事长
19	马波	云南冶金昆明重工有限公司	总经理
秘书长、副秘书长			
1	岳建忠	中国重型机械工业协会	秘书长
2	张维新	中国重型机械工业协会	副秘书长
3	张艳君	中国重型机械工业协会	副秘书长

〔供稿人:中国重型机械工业协会李镜、张艳君〕

中国重型机械工业协会第六届理事会常务理事、理事

序号	姓名	单位名称	职务
常务理事			
1	尚 洪	国家质量监督检验检疫总局特种设备安全监察局	调研员
2	岳建忠	中国重型机械工业协会	第六届秘书长
3	智西巍	宝山钢铁股份有限公司	总经理助理
4	王玉敏	中国建材机械工业协会	秘书长
5	许亚雄	中国煤炭机械工业协会	理事长
6	刘宏民	燕山大学	校长
7	王国强	吉林大学机械科学与工程学院	党委书记
8	徐格宁	太原科技大学	副校长
9	朱 庆	江苏通润机电集团有限公司	副总裁
10	张耀明	中钢集团衡阳重机有限公司	总经理
11	黄乐亭	天地科技股份有限公司	副总经理
12	梁敏志	上海起重运输机械厂有限公司	总经理
13	黄珑琳	江阴凯澄起重机械有限公司	总经理
14	鲍生旭	北京首钢机电有限公司	总经理
15	王顺亭	国家起重运输机械质量监督检验中心	常务副主任
16	刘劲波	中色科技股份有限公司	董事长
17	马昭喜	山东山矿机械有限公司	董事长
18	杨 军	四川矿山机器(集团)有限责任公司	董事长、总经理
19	廖纯德	衡阳运输机械有限公司	董事长
20	陈铁坚	中联重科物料输送设备有限公司	总经理
21	高 度	巨力索具股份有限公司	总裁助理
22	张 勇	上海建设路桥机械设备有限公司	总经理
23	成固平	株洲天桥起重机股份有限公司	董事长
24	徐新民	山起重型机械股份公司	董事长
25	李 静	芜湖起重运输机器有限公司	董事长
26	黄庆学	重型机械教育部工程研究中心	主任
27	陈 思	唐山冶金矿山机械厂	厂长
28	彭国成	三一集团有限公司	副总经理
29	张观华	张家港长力机械有限公司	董事长、总经理
30	荆汝大	河南长垣起重工业园区管委会	管委会主任
31	明艳华	中国重型机械工业协会停车设备工作委员会	理事长
32	周水妹	杭州西子石川岛停车设备有限公司	总经理
33	张战波	北京中冶设备研究设计总院有限公司	院长
34	彭 兵	广州机械科学研究院有限公司	常务副总经理
35	李 平	上海科大重工集团有限公司	董事长
36	龚欣荣	四川省自贡运输机械集团股份有限公司	副总经理

（续）

序　　号	姓　　名	单位名称	职　　务
37	郭章先	豫飞重工集团	董事长、总裁
38	辜宁生	江苏三马起重机械制造有限公司	总经理
39	段京丽	焦作制动器股份有限公司	董事长
40	杨永柱	鞍山重型矿山机器股份有限公司	董事长
41	齐景光	中原圣起有限公司	董事长
42	黄海珊	广州起重机械有限公司	董事长
43	张志华	郑州新大方重工科技有限公司	总裁
44	张国林	泰星减速机股份有限公司	董事长
45	殷永庆	江苏泰隆减速机股份有限公司	副董事长
46	宋济隆	宁波东力传动设备股份有限公司	董事长
47	张文忠	浙江双鸟机械有限公司	董事长
48	翁耀根	无锡华东重型机械股份有限公司	董事长
49	王玉珏	机械工业第一设计研究院	副院长
50	宋文学	机械工业第三设计研究院	院长
51	聂仲毅	中钢集团西安重机有限公司	董事长、总经理
52	姚光辉	焦作市科瑞森机械制造有限公司	董事长、总经理
53	罗永忠	四川川润股份有限公司	副董事长
54	张承臣	沈阳隆基电磁科技股份有限公司	董事长
55	承洪宇	常州市华立液压润滑设备有限公司	董事长
56	王兆连	山东华特磁电科技股份有限公司	总经理
57	葛　明	象王重工股份有限公司	董事长
58	黄金荣	河南太行振动机械股份有限公司	董事长
59	汪碧远	SEW－传动设备（天津）有限公司	总经理助理
60	马立民	北京约基工业股份有限公司	董事长、总经理
61	韩红静	北京斯诺堡轴承有限公司	总经理
62	吴　建	南通润邦重机有限公司	执行董事、总经理
63	杨　泽	太原通泽重工有限公司	董事长
理事			
1	王伯芝	济南重工股份有限公司	董事长
2	张义民	东北大学机械工程与自动化学院	院长
3	朱真才	中国矿业大学科学技术研究院	院长
4	程诗彬	湖北宜都机电工程股份有限公司	董事长
5	肖　熳	湖南长重机器股份有限公司	副总经理、总工程师
6	覃　勇	南宁广发重工集团有限公司	董事长
7	朱永忠	杭州武林机器有限公司	董事长
8	白芸民	北京起重工具厂	厂长
9	陈海涛	南京起重机械总厂有限公司	董事长、总经理
10	王金发	哈尔滨重型机器有限责任公司	董事长、总经理
11	俞铮庆	上海冶金矿山机械厂	厂长
12	段春红	河北金马矿山机械集团公司	总经理
13	胡善宏	淮北矿山机器制造有限公司	董事长
14	金国性	南昌凯马有限公司	总经理
15	喻连生	江西起重机械总厂	董事长

（续）

序　号	姓　名	单位名称	职　务
16	黄国富	广西百色矿山机械厂有限公司	董事长
17	马卫国	新疆通用机械有限公司	总经理
18	汪国春	铜陵天奇蓝天机械设备有限公司	董事长
19	周光海	重庆起重机厂有限责任公司	执行董事、总经理
20	宋彦东	河南省郑起起重设备有限公司	总经理
21	任会江	河南省新乡市矿山起重机有限公司	董事长
22	胡国和	河南重工起重机集团有限公司	董事长
23	郝兆庆	新乡市中原起重机械总厂有限公司	董事长
24	韩永章	河南华东起重机集团有限公司	董事长
25	韩宜增	河南豫中起重集团有限公司	董事长
26	阮曙峰	浙江众擎起重机械制造有限公司	董事长
27	陈树义	宁夏天地奔牛银起设备有限公司	董事长
28	马首山	辽宁恒泰重机有限公司	董事长
29	王孙同	浙江东海减速机有限公司	总经理
30	龚友良	南昌矿山机械有限公司	总经理
31	孙文田	鞍钢重型机械有限责任公司	副总经理
32	张志玲	柳州起重机器有限公司	董事长
33	郑世静	天水长城控制电器有限责任公司	董事长
34	蒋林苏	长春发电设备总厂	厂长
35	原建洲	洛阳起重机厂	总经理
36	黄建华	上海电力环保设备总厂有限公司	副总经理
37	张清明	光明起重集团有限公司	董事长
38	项建忠	浙江通力重型齿轮股份有限公司	董事长、总经理
39	杨忠良	江阴齿轮箱制造有限公司	副总经理
40	冯　勇	湖州双力自动化科技装备有限公司	总经理
41	徐　敏	无锡新大力电机有限公司	董事长
42	杜　勇	武汉电力设备厂	副厂长
43	刘鼎越	辽源重型实业集团有限公司	总经理
44	侯向保	河南焦矿机器有限公司	董事长、总经理
45	李荣华	通化市起重运输机械制造有限责任公司	董事长、总经理
46	吴建一	湖北银轮起重机械股份有限公司	总经理
47	李　坤	天津重钢机械装备股份有限公司	董事长、总经理
48	李祥启	潍坊大洋自动泊车设备有限公司	董事长
49	郭守锦	山东莱钢泰达车库有限公司	董事长
50	江　鹏	湖北鄂重重型机械有限公司	董事长
51	张彦五	上海嘉庆轴承制造有限公司	董事长
52	李伟敏	河南省东风起重机械有限公司	董事长
53	何国胜	八达机电有限公司	董事长
54	张瑞庆	无锡宏达重工股份有限公司	董事长、总经理
55	操文章	安徽攀登重工股份有限公司	董事长、总经理
56	丁加新	集安佳信通用机械有限公司	董事长
57	王自远	马鞍山钢铁股份有限公司重型机械设备制造公司	经理
58	张先锋	北京锋必达矿山机械有限公司	董事长、总经理

（续）

序号	姓名	单位名称	职务
59	周　斌	上海润滑设备厂有限公司	董事长
60	孙振田	机科发展科技股份有限公司	部长
61	聂春喜	山西新富升机器制造有限公司	董事长
62	纪　清	河北同力滑车有限公司	董事长
63	李　兵	江苏佳力起重机械制造有限公司	销售总监
64	孙宝才	常熟市电动平车厂	厂长
65	王东升	北京中冶华润科技发展有限公司	董事长
66	程清丰	河南天隆输送装备有限公司	董事长
67	冯会有	天津起重设备有限公司	总经理、党委书记
68	谢徐洲	江西华伍制动器股份有限公司	总经理
69	曲　凯	沈阳北方交通重工集团有限公司	董事长、总裁
70	曹　骅	大丰市重型装备产业园管理委员会	常务副主任
71	赵清林	长垣县起重行业协会	常务副会长
72	王业训	新泰市羊流起重机械协会	会长
73	陈　红	马鞍山马钢表面工程技术有限公司	总经理
74	崔天雄	济南永固重型机械制造有限公司	副总经理
75	李汝勤	四平维克斯换热设备有限公司	董事长
76	万名炎	湖北省咸宁三合机电制业有限责任公司	董事长、总经理
77	聂晓霖	南京科润工业介质有限公司	董事长、总经理
78	陈敏兆	温州合力建设机械有限公司	总经理
79	黄　曦	上海精星仓储设备工程有限公司	总经理
80	冯就景	广东日丰电缆股份有限公司	董事长
81	董久赤	河北天择重型机械有限公司	董事长
82	叶胜康	浙江恒丰泰减速机制造有限公司	董事长、总经理
83	付小邗	浙江矿山机械有限公司	董事长
84	胡祖尧	浙江双金机械集团股份有限公司	董事长
85	孙　超	哈尔滨国海星轮传动有限公司	总经理
86	王建新	新乡县振动机械设备行业协会	理事长
87	刘存德	《重型机械》编辑部	主编
88	周　航	《矿山机械》杂志	主编
89	黄　平	《起重运输机械》编辑部	主编
90	陈海堤	《大型铸锻件》杂志	主编
特邀理事			
1	赵　兵	中国机械工业集团有限公司	总裁助理、教授级高工
2	须　雷	德马格起重机械（上海）有限公司	高级经理、教授级高工
3	王　鹰	带式输送机分会	高级顾问、教授
4	黄文林	北京约基工业股份有限公司	副总经理、教授级高工
5	李国杰	三一集团港口机械研究院	副院长、教授级高工

〔供稿人：中国重型机械工业协会李镜、张艳君〕

中国重型机械工业协会第五届理事会常务理事、理事

序号	姓名	单位名称	职务
常务理事			
1	吴生富	中国第一重型机械集团公司	总经理
2	徐善继	中国重型机械工业协会	常务副理事长
3	石　柯	中国第二重型机械集团公司	董事长
4	岳普煜	太原重型机械集团有限公司	董事长
5	宋甲晶	大连重工·起重集团有限公司	总经理
6	耿洪臣	北方重工集团有限公司	董事长
7	任沁新	中信重工机械股份有限公司	董事长兼党委书记
8	康学增	上海振华重工(集团)股份有限公司	总裁
9	陆文俊	中国重型机械有限公司	总经理
10	吕亚臣	上海重型机器厂有限公司	董事长
11	武津生	国家质量监督检验检疫总局科技司	司长
12	张庆伟	上海电气临港重型机械装备有限公司	总经理
13	谢东钢	中国重型机械研究院有限公司	董事长
14	陆大明	北京起重运输机械设计研究院	院长
15	戚天明	洛阳矿山机械工程设计研究院有限责任公司	院长
16	程幸之	上海建设路桥机械设备有限公司	总经理
17	陆鹏程	中钢设备有限公司	执行董事兼总经理
18	方　芳	中材装备集团有限公司	党委书记常务副总经理
19	韩宪保	卫华集团有限公司	董事长
20	焦苏华	云南冶金力神重工有限公司	董事长
21	杨　勇	中国华电工程(集团)有限公司	党组书记
22	尚　洪	国家质检总局特种设备安全监察局	调研员
23	李海燕	中国机械工业联合会	副秘书长
24	肖立群	中国重型机械工业协会	秘书长
25	包起帆	上海国际港务(集团)股份有限公司	副总裁
26	王建跃	宝山钢铁股份有限公司	总经理助理
27	顾雄斌	江苏通润机电集团有限公司	董事长
28	张耀明	中钢集团衡阳重机有限公司	总经理
29	王玉敏	中国建材机械工业协会	秘书长
30	许亚雄	中国煤炭机械工业协会	理事长
31	刘宏民	燕山大学	校长
32	王国强	吉林大学机械科学与工程学院	党委书记兼副院长
33	徐格宁	太原科技大学	副校长
34	梁敏志	上海起重运输机械厂有限公司	总经理
35	黄珑琳	江阴凯澄起重机械有限公司	总经理
36	杨建忠	巨力索具股份有限公司	董事长
37	鲍生旭	北京首钢机电有限公司	总经理
38	王顺亭	国家起重运输机械质量监督检验中心	常务副主任
39	张　策	中色科技股份有限公司	董事长

（续）

序　　号	姓　　名	单位名称	职　　务
40	彭国成	三一集团港口机械有限公司	总经理
41	马昭喜	山东山矿机械有限公司	董事长兼总经理
42	廖纯德	衡阳运输机械有限公司	董事长
43	杨　军	四川矿山机器(集团)有限责任公司	董事长兼总经理
44	成固平	株洲天桥起重机股份有限公司	董事长
45	徐新民	山起重型机械股份公司	董事长
46	李　静	芜湖起重运输机器有限公司	董事长
47	黄庆学	山西省现代轧制工程技术研究中心	主任
48	陈　思	唐山冶金矿山机械厂	厂长
49	张观华	张家港长力机械有限公司	董事长兼总经理
50	周水妹	杭州西子石川岛停车设备有限公司	总经理
51	荆汝大	河南长垣起重工业园区管理委员会	主任
52	张家驷	北京清源发机电设备工程监理有限公司	总经理
53	张国林	泰星减速机股份有限公司	董事长
54	殷永庆	江苏泰隆减速机股份有限公司	副总经理
55	宫　强	天津起重设备有限公司	总经理
56	黄海珊	广州起重机械有限公司	董事长兼总经理
57	张战波	北京中冶设备研究设计总院有限公司	院长
58	彭　兵	广州机械科学研究院	副院长
59	覃　勇	南宁广发重工集团有限公司	董事长
60	黄金荣	河南太行振动机械股份有限公司	董事长
61	郭章先	豫飞重工集团有限公司	董事长
62	段京丽	焦作制动器股份有限公司	董事长
63	辜宁生	江苏三马起重机械制造有限公司	董事长兼总经理
64	承洪宇	常州市华立液压润滑设备有限公司	董事长
65	罗永忠	四川川润股份有限公司	总经理
66	李福光	焦作市科瑞森机械制造有限公司	董事长
67	黄乐亭	天地科技股份有限公司	副总经理
68	陈铁坚	中联重科物料输送设备有限公司	总经理
69	聂仲毅	中钢集团西安重机有限公司	总经理
70	翁耀根	无锡华东重机科技集团有限公司	董事长
71	崔培军	河南省矿山起重机有限公司	董事长
72	齐景光	中原圣起有限公司	董事长
73	葛　明	象王重工股份有限公司	董事长
74	龚欣荣	四川省自贡运输机械集团有限公司	副总经理
75	李　平	上海科大重工集团有限公司	董事长
76	罗岳芳	宁波东力传动设备股份有限公司	市场副总
77	杨永柱	鞍山重型矿山机器股份有限公司	董事长兼总经理
78	张承臣	沈阳隆基电磁科技股份有限公司	总经理
79	王兆连	山东华特磁电科技股份有限公司	董事长兼总经理
80	明艳华	中国重型机械工业协会停车设备工作委员会	理事长
理事			
81	李　镜	国家发展和改革委员会经济运行调节局应急处	调研员
82	马　克	中国第一重型机械股份公司	总裁
83	曾祥东	中国第二重型机械集团公司	副总经理
84	张克斌	太原矿山机器集团有限公司	董事长

（续）

序号	姓名	单位名称	职务
85	邹 胜	大连重工·起重集团有限公司	副总经理
86	王铁锋	北方重工集团有限公司	副董事长、党委书记
87	杨好志	北方重工集团有限公司	总经理助理
88	王继生	中信重工机械股份有限公司	副总经理
89	王伯芝	济南重工股份有限公司	董事长
90	程诗彬	湖北宜都机电工程股份有限公司	董事长
91	汤保昌	新乡市起重设备厂有限责任公司	总经理
92	赵国其	杭州武林机器有限公司	总经理
93	金国性	南昌凯马有限公司	总经理
94	郭守锦	山东莱钢泰达车库有限公司	董事长
95	白荟民	北京起重工具厂	厂长
96	姚 宏	上海冶金矿山机械厂	副厂长
97	郑世静	天水长城控制电器有限责任公司	总经理
98	张鼎庆	长沙重型机器制造有限责任公司	总经理
99	陈海涛	南京起重机械总厂有限公司	董事长兼总经理
100	王金发	哈尔滨重型机器有限责任公司	总经理
101	段志禹	河北金马矿山机械集团公司	董事长
102	胡善宏	淮北矿山机器制造有限公司	董事长
103	喻连生	江西起重机械总厂	董事长
104	黄国富	广西百色矿山机械厂	厂长
105	马卫国	新疆通用机械有限公司	总经理
106	张志华	郑州新大方重工科技有限公司	董事长、总裁
107	张胜利	SEW－传动设备（天津）有限公司	董事长、总经理
108	宋济隆	浙江东力集团有限公司	董事长
109	张文忠	浙江双鸟机械有限公司	董事长
110	周 斌	上海润滑设备厂有限公司	董事长
111	张先锋	北京锋必达矿山机械有限公司	董事长兼总经理
112	汪国春	铜陵天奇蓝天机械设备有限公司	总经理
113	杨万林	自贡九天水利机械有限公司	总经理
114	雷耀民	内蒙古北方重工业集团有限公司特殊钢厂	厂长
115	陈学清	重庆起重机厂有限责任公司	总经理
116	宋保魁	河南省郑起起重设备有限公司	董事长
117	蔡景新	河南省新乡市矿山起重机有限公司	董事长
118	胡国和	河南重工起重机集团有限公司	董事长兼总经理
119	郝兆庆	新乡市中原起重机械总厂有限公司	董事长兼总经理
120	韩永章	河南华东起重机集团有限公司	总裁
121	韩宜增	河南豫中起重集团有限公司	董事长
122	刘汉礼	本溪钢铁（集团）起重机制造有限公司	董事长兼总经理
123	李子木	宁夏天地奔牛银起设备有限公司	总经理
124	阮曙峰	浙江众擎起重机械制造有限公司	董事长
125	王孙同	浙江东海减速机有限公司	总经理
126	曹 磊	机科发展科技股份有限公司	事业部经理
127	杨杏茹	北京中重重机软件科技有限公司	总经理
128	张志玲	柳州起重机器有限公司	董事长
129	金宇顺	洛阳起重机厂	厂长
130	马立民	北京约基工业股份有限公司	董事长兼总经理

（续）

序号	姓名	单位名称	职务
131	项建忠	浙江通力重型齿轮股份有限公司	总经理
132	冯国祯	江阴齿轮箱制造有限公司	董事长兼总经理
133	冯　勇	湖州双力自动化科技装备有限公司	总经理
134	龚友良	南昌矿山机械有限公司	总经理
135	江　鹏	湖北鄂重重型机械有限公司	董事长
136	孙文田	鞍钢重型机械有限责任公司	副总经理
137	徐　敏	无锡新大力电机有限公司	总经理
138	张彦五	上海嘉庆轴承制造有限公司	董事长
139	张春丽	河南省东风起重机械有限公司	总经理
140	何国胜	八达机电有限公司	董事长
141	张瑞庆	无锡宏达重型锻压有限公司	董事长
142	操文章	安徽攀登重工股份有限公司	董事长兼总经理
143	潘　宁	马钢股份公司重型机械设备制造公司	经理
144	纪　清	河北同力滑车有限公司	总经理
145	聂春喜	山西新富升机器制造有限公司	董事长
146	杜　勇	武汉电力设备厂	副厂长
147	赵清林	长垣县起重行业协会	常务副会长
148	王建新	新乡县振动机械设备行业协会	理事长
149	张　英	新泰市羊流起重机械协会	秘书长
150	冀慎珠	山东青云起重机械有限公司	董事长
151	张清明	山东光明起重机械集团有限公司	董事长
152	刘鼎越	辽源重型实业集团有限公司	常务副、总经理
153	王金祥	秦皇岛天业通联重工股份有限公司	总经理
154	侯向保	河南焦矿机器有限公司	董事长
155	吴建一	湖北银轮起重机械股份有限公司	总经理
156	吴　建	南通润邦重机有限公司	执行董事、总经理
157	李　坤	天津重钢机械装备股份有限公司	总经理
158	李祥启	潍坊大洋自动泊车设备有限公司	董事长
159	李荣华	通化市起重运输机械制造有限责任公司	董事长
160	陈　红	马鞍山钢铁股份有限公司第二机械设备制造公司	经理
161	谢徐洲	江西华伍制动器股份有限公司	总经理
162	韩红静	北京斯诺堡轴承有限公司	总经理
163	黄　曦	上海精星仓储设备工程有限公司	总经理
特聘个人理事			
164	赵　兵	中国机械工业集团有限公司	总裁助理
165	须　雷	德马格起重机械(上海)有限公司	高级经理
166	周小平	中国第一重型机械集团公司	副总工程师
167	蒋新亮	中国第二重型机械集团公司	副总工程师
168	王　鹰	太原科技大学	教　授
169	黄文林	北京约基工业股份有限公司	总工程师
170	徐京鸿	中钢设备有限公司	副总经济师
171	李国杰	三一集团港口机械有限公司研究院	副院长
直管会员			
172	陈建军	哈尔滨重型机械工业控股有限责任公司	总经理
173	周应创	岳阳科德科技有限责任公司	总经理

〔供稿人：中国重型机械工业协会肖立群、张艳君〕

中国重型机械工业协会会员名录

矿山机械

企业名称:中信重工机械股份有限公司
地　　址:河南省洛阳市涧西区建设路 206 号
邮　　编:471039
电　　话:0379 - 64088001
传　　真:0379 - 64214680

企业名称:国家矿山重型装备重点实验室
地　　址:河南省洛阳市涧西区建设路 206 号
邮　　编:471039
电　　话:0379 - 64088003
传　　真:0379 - 64214680

企业名称:洛阳矿山机械工程设计研究院有限责任公司
地　　址:河南省洛阳市涧西区建设路 206 号
邮　　编:471039
电　　话:0379 - 64087722
传　　真:0379 - 64221800

企业名称:太原重型机械集团有限公司
地　　址:山西省太原市万柏林区玉河街 53 号
邮　　编:030024
电　　话:0351 - 6365768
传　　真:0351 - 6361133

企业名称:太原矿山机器集团有限公司
地　　址:山西省太原市经济技术开发区电子街 25 号
邮　　编:030009
电　　话:0351 - 3040108
传　　真:0351 - 3041942

企业名称:上海建设路桥机械设备有限公司
地　　址:上海市奉贤区金汇镇工业路 188 号
邮　　编:201404
电　　话:021 - 51393838
传　　真:021 - 51393800

企业名称:山东山矿机械有限公司
地　　址:山东省济宁市济安桥北路 11 号
邮　　编:272041
电　　话:0537 - 2226931
传　　真:0537 - 2228529

企业名称:上海冶金矿山机械厂
地　　址:上海市闸北区汶水路 210 号
邮　　编:200072
电　　话:021 - 56652175
传　　真:021 - 56639508

企业名称:南昌凯马有限公司
地　　址:江西省南昌市国家经济技术开发区丁香路凯马机电工业园
邮　　编:330101
电　　话:0791 - 3951398
传　　真:0791 - 3951350

企业名称:中国矿业大学机电工程学院
地　　址:江苏省徐州市三环南路
邮　　编:221116
电　　话:0516 - 83590758
传　　真:0516 - 83590289

企业名称:山西新富升机器制造有限公司
地　　址:山西省太原市小东门街新开南巷 27 号
邮　　编:030013
电　　话:0351 - 3075217
传　　真:0351 - 2664710

企业名称:济南重工股份有限公司
地　　址:山东省济南市东郊机场路
邮　　编:250109
电　　话:0531 - 86139298
传　　真:0531 - 88287286

企业名称:中钢集团衡阳重机有限公司
地　　址:湖南省衡阳市珠晖区东风路
邮　　编:421002
电　　话:0734 - 8352311
传　　真:0734 - 8332398

企业名称:淄博大力矿山机械有限公司
地　　址:山东省淄博市周村区东门路北首
邮　　编:255300

电　　话:0533－6181501
传　　真:0533－6181392

企业名称:浙江矿山机械有限公司
地　　址:浙江省义乌市义亭镇矿机一路 96 号
邮　　编:322005
电　　话:0579－85817891
传　　真:0579－85815387

企业名称:鞍山市重型矿山机器股份有限公司
地　　址:辽宁省鞍山市立山区胜利北路 900 号
邮　　编:114042
电　　话:0412－6215364
传　　真:0412－6216900

企业名称:山东省淄博生建机械厂
地　　址:山东省淄博市淄川区昆仑路 1 号
邮　　编:255129
电　　话:0533－5787201
传　　真:0533－5780070

企业名称:吉林大学机械科学与工程学院
地　　址:吉林省长春市人民大街 5988 号
邮　　编:130025
电　　话:0431－85094404
传　　真:0431－85095288

企业名称:太原科技大学材料学院
地　　址:山西省太原市万柏林区窊流路 66 号
邮　　编:030024
电　　话:0351－6998056
传　　真:0351－6863369

企业名称:山东泰山天盾矿山机械有限公司
地　　址:山东省新泰市开发区新兴路
邮　　编:271200
电　　话:0538－7069810－8603
传　　真:0538－7069332

企业名称:湘电重型装备股份有限公司
地　　址:湖南省湘潭市下摄司街 302 号
邮　　编:411101
电　　话:0731－58595267
传　　真:0731－58595267

企业名称:徐州矿山设备制造有限公司
地　　址:江苏省徐州市九里区时代大道南
邮　　编:221140
电　　话:0516－87836917－8088
传　　真:0516－87836922

企业名称:四川矿山机器(集团)有限责任公司
地　　址:四川省江油市建设北路 888 号
邮　　编:621701
电　　话:0816－3696888
传　　真:0816－3698888

企业名称:重庆泰丰矿山机器有限公司
地　　址:重庆市九龙坡区石坪桥横街 66 号
邮　　编:400051
电　　话:023－68822731
传　　真:023－68822731

企业名称:韶关市韶瑞重工有限公司
地　　址:广东省韶关市西郊武江科技工业园
邮　　编:512026
电　　话:0751－8136683
传　　真:0751－8136193

企业名称:安徽盛运机械股份有限公司
地　　址:安徽省桐城市同安路 265 号
邮　　编:231400
电　　话:0556－6213999
传　　真:0556－6205280

企业名称:郑州鸿源重型机械有限公司
地　　址:河南省郑州市郑上路与广武路交叉口东 50 m 路北
邮　　编:450100
电　　话:0371－64629998
传　　真:0371－64602334

企业名称:如皋昌昇建工机械有限责任公司
地　　址:江苏省如皋市皋南光华工业园
邮　　编:226553
电　　话:0513－87283901
传　　真:0513－87283901

企业名称:洛阳百克特摩擦材料有限公司
地　　址:河南省洛阳市高新开发区孙辛辅路 4 号
邮　　编:471003
电　　话:0379－65112136
传　　真:0379－64183328

企业名称:无锡贝特尔机器制造有限公司
地　　址:江苏省无锡市蠡园开发区隐秀路 B2 楼
邮　　编:214072
电　　话:0510－85168022
传　　真:0510－85165400

企业名称:洛阳大华重型机械有限公司
地　　址:河南省洛阳市关林路 280 号

邮　　编:471023
电　　话:0379－62669999
传　　真:0379－62669988

企业名称:河北金马矿山机械集团公司
地　　址:河北省遵化市东新庄镇
邮　　编:064209
电　　话:0315－6999117
传　　真:0315－6998918

企业名称:中信重型机械公司实业总公司工程塑料厂
地　　址:河南省洛阳市涧西区建设路 206 号
邮　　编:471039
电　　话:0379－64088063
传　　真:0379－64214823

企业名称:株洲力达液压机械有限责任公司
地　　址:湖南省株洲市新华东路 115 号
邮　　编:412000
电　　话:0731－22493253
传　　真:0731－28780421

企业名称:浙江武精机器制造有限公司
地　　址:浙江省金华市武义县青年路 106 号
邮　　编:321200
电　　话:0579－7641326
传　　真:0579－7647558

企业名称:广东省韶铸集团有限公司
地　　址:广东省韶关市北郊十里亭
邮　　编:512031
电　　话:0751－8832578
传　　真:0751－8853784

企业名称:平顶山煤矿机械有限责任公司(规划发展部)
地　　址:河南省平顶山市湛河区南环路西段 2 号
邮　　编:467001
电　　话:0375－4978682
传　　真:0375－4943795

企业名称:湖州新天翔橡胶厂
地　　址:浙江省湖州市杨家埠经济开发区九九桥
邮　　编:313000
电　　话:0572－2361336
传　　真:0572－2361386

企业名称:湖州恒通机械设备有限公司
地　　址:浙江省湖州市滨河路 288 号爱都花园 2 号楼 1 单元 15FA
邮　　编:313000
电　　话:0572－2367341、2367342
传　　真:0572－2367343

企业名称:安徽铜陵学院机械工程系
地　　址:安徽省铜陵市铜陵学院新区
邮　　编:244000
电　　话:0562－5881015
传　　真:0562－2837940

企业名称:浙江鑫隆机械制造有限公司
地　　址:浙江省瑞安市塘下镇海安城西南路 92 号
邮　　编:325205
电　　话:0577－65279838
传　　真:0577－65279868

企业名称:鹤壁市豫兴煤机有限公司
地　　址:河南省鹤壁市山城区豫兴工业园
邮　　编:458000
电　　话:0392－2560169
传　　真:0392－2566177

企业名称:鹤壁市万丰矿山机械制造有限公司
地　　址:河南省鹤壁市山城区石林乡东石林村
邮　　编:458000
电　　话:0392－2566777
传　　真:0392－2560777

企业名称:鹤壁市四达矿山设备有限公司
地　　址:河南省鹤壁市山城区汤鹤路中段
邮　　编:458000
电　　话:0392－2560391
传　　真:0392－2560800

企业名称:鹤壁市通达矿山设备有限公司
地　　址:河南省鹤壁市山城区汤鹤路中段山城工业区
邮　　编:458000
电　　话:0392－2560354
传　　真:0392－2568096

企业名称:鹤壁市星光矿山机械制造有限公司
地　　址:河南省鹤壁市山城区石林乡东石林村
邮　　编:458000
电　　话:0392－2563669
传　　真:0392－2566433

企业名称:鹤壁市双信矿山机械有限公司
地　　址:河南省鹤壁市山城区汤鹤路中段路北
邮　　编:458000
电　　话:0392－2560366
传　　真:0392－2568366

企业名称:重庆四丰矿山建筑机械有限公司
地　　址:重庆市大渡口区八桥镇互助工业园
邮　　编:400084
电　　话:023－68953208
传　　真:023－68953258

企业名称:广州富通光科技术有限公司
地　　址:广东省广州市科学城光谱中路广州科技创新基地E区203室
邮　　编:510663
电　　话:020－32290991
传　　真:020－32290977

企业名称:河南太行振动机械股份有限公司
地　　址:河南省新乡市经济开发区西区中央大道北段66号
邮　　编:453731
电　　话:0373－5590168
传　　真:0373－5586881

企业名称:郑州一帆机械设备有限公司
地　　址:北京市海淀区三里河路11号建材联合会南配楼422室
邮　　编:100831
电　　话:010－88383719
传　　真:010－88380880

企业名称:山东升金矿山机械有限公司
地　　址:山东省新泰市新安路53号
邮　　编:271200
电　　话:13805487285
传　　真:0538－2200111

企业名称:宁夏天地西北煤机有限公司
地　　址:宁夏石嘴山市大武口工业园区
邮　　编:753001
电　　话:0952－2175328
传　　真:0952－2175329

企业名称:上海驿德桥轴承有限公司
地　　址:上海市共和新路425号凯鹏国际大厦9层G座
邮　　编:200070
电　　话:021－61486717
传　　真:021－61486718

企业名称:山东东平开元机械制造有限公司
地　　址:山东省泰安市东平县工业园区
邮　　编:271500
电　　话:0538－2821052
传　　真:0538－6356808

企业名称:浙江镇南精工机械有限公司
地　　址:浙江省诸暨市店口镇解放路259号
邮　　编:311835
电　　话:0575－87655388
传　　真:0575－87655618

企业名称:南昌矿山机械研究所
地　　址:江西省南昌市下罗枫林东大街
邮　　编:330001
电　　话:0791－3806998
传　　真:0791－3805987

企业名称:南昌矿山机械有限公司
地　　址:江西省南昌市湾里区盘龙路23号
邮　　编:330004
电　　话:0791－3798611
传　　真:0791－3761006

企业名称:鹤壁中机矿山设备有限公司
地　　址:河南省鹤壁市汤河街63号
邮　　编:458000
电　　话:0392－2616293
传　　真:0392－2102988

企业名称:山东华特磁电科技股份有限公司
地　　址:山东省潍坊市临朐县经济技术开发区
邮　　编:262600
电　　话:0536－3158808
传　　真:0536－3158801

企业名称:沈阳隆基电磁科技股份有限公司
地　　址:辽宁省抚顺市经济开发区顺发路82号
邮　　编:113122
电　　话:024－56700045
传　　真:024－56605768

企业名称:浙江东海减速机有限公司
地　　址:浙江省温州市平阳县经济开发区(敖江镇)
邮　　编:325401
电　　话:0577－63675933
传　　真:0577－63635393

企业名称:石家庄油漆厂
地　　址:河北省石家庄市中山西路433号
邮　　编:050051
电　　话:0311－85233768
传　　真:0311－83013681

企业名称:洛阳兴达重工设备有限公司
地　　址:河南省洛阳市孟津县麻屯镇水泉村

邮　　编:471132
电　　话:0379 – 62232199
传　　真:0379 – 62231178

企业名称:鸡西永益煤矿机械制造有限公司
地　　址:黑龙江省鸡西市鸡冠区南星街 47 号
邮　　编:158100
电　　话:0467 – 2725068
传　　真:0467 – 2725068

企业名称:大连思沃特液力传动设备有限公司
地　　址:辽宁省大连市甘井子区营城子街道对门沟
邮　　编:116036
电　　话:0411 – 84444529
传　　真:0411 – 84444509

企业名称:遵化市君盛同合矿山机械厂
地　　址:河北省遵化市黎河桥西
邮　　编:064200
电　　话:0315 – 6601508
传　　真:0315 – 6602118

企业名称:遵化市禹铭矿山机械厂
地　　址:河北省遵化市黎河桥西
邮　　编:064200
电　　话:0315 – 6883926
传　　真:0315 – 6603658

企业名称:河北宣化工程机械股份有限公司
地　　址:河北省张家口市宣化区东升路 21 号
邮　　编:075105
电　　话:0313 – 3186001
传　　真:0313 – 3186026

企业名称:哈尔滨国海星轮传动有限公司
地　　址:黑龙江省哈尔滨市哈平路工业区烟台三路 8 号
邮　　编:150060
电　　话:0451 – 86522278
传　　真:0451 – 86530858

企业名称:洛阳百力克矿山机械有限公司
地　　址:河南省洛阳市洛新工业园双湘路 12 号
邮　　编:471822
电　　话:0379 – 65190660
传　　真:0379 – 67312866

企业名称:无锡优利康电气有限公司
地　　址:江苏省无锡市蠡园经济开发区国家创意产业园 5 号楼 3 层
邮　　编:214000
电　　话:0510 – 85161131
传　　真:0510 – 85161139

企业名称:江苏三羊开泰煤矿电机制造有限公司
地　　址:江苏省丹阳市开发区胡桥大贡
邮　　编:212313
电　　话:0511 – 86981555
传　　真:0511 – 86967626

企业名称:《矿山机械》杂志社
地　　址:河南省洛阳市建设路 206 号
邮　　编:471039
电　　话:0379 – 64087786
传　　真:0379 – 64087868

企业名称:全国矿山机械标准化技术委员会
地　　址:河南省洛阳市建设路 206 号
邮　　编:471039
电　　话:0379 – 64087746
传　　真:0379 – 64087746

企业名称:国家矿山机械质量监督检测中心
地　　址:河南省洛阳市建设路 206 号
邮　　编:471039
电　　话:0379 – 64087838
传　　真:0379 – 64215427

企业名称:杭州重型机械有限公司
地　　址:浙江省杭州市东新路 806 号
邮　　编:310004
电　　话:0571 – 85378458
传　　真:0571 – 85374879

企业名称:朝阳重型机器有限公司
地　　址:辽宁省朝阳市黄河路三段 22 号
邮　　编:122000
电　　话:0421 – 2810279
传　　真:0421 – 2811597

破碎粉磨设备

企业名称:上海建设路桥机械设备有限公司
地　　址:上海市奉贤区金汇镇工业路 188 号
邮　　编:201404
电　　话:021 – 51393838
传　　真:021 – 51393800

企业名称:北方重工集团有限公司矿山冶金设备分公司
地　　址:辽宁省沈阳市经济技术开发区开发大路 16 号
邮　　编:110027

电　　话:024－25802282
传　　真:024－25802282

企业名称:山东山矿机械有限公司
地　　址:山东省济宁市济安桥北路 11 号
邮　　编:272041
电　　话:0537－2225292
传　　真:0537－2228529

企业名称:四川矿山机器(集团)有限责任公司
地　　址:四川省江油市建设北路 888 号
邮　　编:621701
电　　话:0816－3696888
传　　真:0816－3698888

企业名称:北京锋必达矿山机械有限公司
地　　址:北京市门头沟区中门寺街 69 号
邮　　编:102300
电　　话:010－61890942
传　　真:010－61891117

企业名称:上海重型机器厂有限公司
地　　址:上海市闵行区江川路 1800 号
邮　　编:200245
电　　话:021－67287017
传　　真:021－54725084

企业名称:云南冶金力神重工有限公司
地　　址:云南省昆明市龙泉路 871 号
邮　　编:650203
电　　话:0871－6085302
传　　真:0871－6085303

企业名称:河南焦矿机器有限公司
地　　址:河南省焦作市焦东中路 28 号
邮　　编:454002
电　　话:0391－3976001
传　　真:0391－3929939

企业名称:南昌矿山机械有限公司
地　　址:江西省南昌市湾里区盘龙路 23 号
邮　　编:330004
电　　话:0791－3782882
传　　真:0791－3961006

企业名称:河北金马矿山机械集团公司
地　　址:河北省遵化市东新庄镇
邮　　编:064209
电　　话:0315－6999117
传　　真:0315－6999117

企业名称:浙江矿山机械有限公司
地　　址:浙江省义乌市义亭镇矿机一路 96 号
邮　　编:322005
电　　话:0579－85815385
传　　真:0579－85815387

企业名称:河南省群英机械制造有限责任公司
地　　址:河南省焦作市解放中路 397 号
邮　　编:454002
电　　话:0391－3906898
传　　真:0391－3933430

企业名称:上海嘉庆轴承制造有限公司
地　　址:上海市民德路 158 号 1802 室
邮　　编:200071
电　　话:021－56559515
传　　真:021－56639899

企业名称:常熟仕名重型机械有限公司
地　　址:江苏省常熟市北三环
邮　　编:215500
电　　话:0512－52858639
传　　真:0512－52850414

企业名称:江苏鹏胜重工有限公司
地　　址:江苏省淮安市盱眙县工业园区国槐大道
邮　　编:211700
电　　话:0517－88293993
传　　真:0517－88293883

企业名称:松滋市金津矿山机械有限责任公司
地　　址:湖北省松滋市城东工业园永兴路 2 号
邮　　编:434200
电　　话:0716－6210381
传　　真:0716－6222339

企业名称:广西桂林矿山机械厂
地　　址:广西桂林市灵川县桂矿路 1 号
邮　　编:541200
电　　话:0773－6825032
传　　真:0773－6812096

企业名称:哈尔滨国海星轮传动有限公司
地　　址:黑龙江省哈尔滨市哈平路工业园区烟台三路 8 号
邮　　编:150060
电　　话:0451－86530858
传　　真:0451－86523288

企业名称:南宁广发重工集团有限公司
地　　址:广西南宁市秀安路 15 号
邮　　编:530001
电　　话:0771－3932005
传　　真:0771－3123661

企业名称:洛阳矿山机械工程设计研究院有限责任公司
地　　址:河南省洛阳市涧西区建设路 206 号
邮　　编:471039
电　　话:0379－64087722
传　　真:0379－64221800

企业名称:上海冶金矿山机械厂
地　　址:上海市闸北区汶水路 210 号
邮　　编:200072
电　　话:021－56650499
传　　真:021－56639508

企业名称:溧阳中材重型机器有限公司
地　　址:江苏省溧阳市天目湖工业园区滨河路 11 号
邮　　编:213332
电　　话:0519－80895001
传　　真:0519－80895018

企业名称:上海龙阳机械厂
地　　址:上海市浦东新区龙东支路 98 号
邮　　编:201201
电　　话:021－68915989
传　　真:021－58970007

企业名称:郑州一帆机械设备有限公司
地　　址:河南省郑州市荥阳开发区演武路东段
邮　　编:450100
电　　话:0371－64962323
传　　真:0371－64606468

企业名称:遵化市宏宇矿山机械有限公司
地　　址:河北省遵化市西留村乡学汉坨村
邮　　编:064200
电　　话:0315－6601688
传　　真:0315－6603666

企业名称:湖北枝江峡江矿山机械有限责任公司
地　　址:湖北省枝江市白洋镇沿江街 1 号
邮　　编:443208
电　　话:0717－4400029
传　　真:0717－4402299

企业名称:山东大通机械科技有限公司
地　　址:山东省淄博市博山区夏家庄镇良庄村
邮　　编:255200
电　　话:0533－4200699
传　　真:0533－4200699

企业名称:上海多灵沃森机械设备有限公司
地　　址:上海市石龙路 555 号
邮　　编:200237
电　　话:021－54083495
传　　真:021－54083494

企业名称:成都大宏立机器制造有限公司
地　　址:四川省成都市大邑县工业大道 128 号
邮　　编:611330
电　　话:028－88201030
传　　真:028－88201030

企业名称:山东益杰重工机械有限公司
地　　址:山东省淄博市博山区博莱高速公路博山路口
邮　　编:255200
电　　话:0533－4658626
传　　真:0533－4658727

企业名称:河北万矿机械厂
地　　址:河北省张家口市西山产业集聚区(万全县)矿机路 6 号
邮　　编:076250
电　　话:0313－4881100
传　　真:0313－4811166

企业名称:包头市冶金矿山机械制造有限公司
地　　址:内蒙古包头市东河区巴彦塔拉大街 128 号
邮　　编:014040
电　　话:0472－4111538
传　　真:0472－4172310

企业名称:遵化新保益达重型机械制造有限公司
地　　址:河北省遵化市黎河桥西行 4 公里路南
邮　　编:064200
电　　话:0315－6989111
传　　真:0315－6989222

企业名称:海门市重型矿山机械厂
地　　址:江苏省海门市三厂镇厂洪路 10 号
邮　　编:226121
电　　话:0513－82602392
传　　真:0513－82608081

企业名称:成都市双流金石机械制造有限公司
地　　址:四川省成都市双流县金桥镇永和村三组
邮　　编:610200

电　　话:028 - 85851618
传　　真:028 - 85851618

企业名称:山东华力电机集团股份有限公司
地　　址:山东省荣成市明珠路89号
邮　　编:264300
电　　话:0631 - 7551153
传　　真:0631 - 7553744

企业名称:中南大学机械系
地　　址:湖南省长沙市岳麓山南路105号
邮　　编:454002
电　　话:0731 - 88877025
传　　真:0731 - 88851136

企业名称:湖北省荆州市巨鲸传动机械有限公司
地　　址:湖北省荆州市沙市区东方大道58号
邮　　编:434000
电　　话:0716 - 8303999
传　　真:0716 - 8303886

企业名称:河北省邯郸市邯山冶金机械备件厂
地　　址:河北省邯郸市马庄收费站东200米
邮　　编:056001
电　　话:0310 - 5503398
传　　真:0310 - 5276955

企业名称:山东华特磁电科技股份有限公司
地　　址:山东省潍坊市临朐县经济技术开发区
邮　　编:262600
电　　话:0536 - 3158808
传　　真:0536 - 3158801

企业名称:北京斯诺堡轴承有限公司
地　　址:北京市西城区广安门外三义东里20号
邮　　编:100055
电　　话:010 - 63427566
传　　真:010 - 63479753

企业名称:启东市南方润滑液压设备有限公司
地　　址:江苏省启东市惠萍镇工业园区
邮　　编:226255
电　　话:0513 - 83792888
传　　真:0513 - 83795028

企业名称:上海山姆卡特机械工业有限公司
地　　址:上海市奉贤区南奉公路4818号
邮　　编:201406
电　　话:021 - 51695510
传　　真:021 - 60911384

企业名称:浙江镇南精工机械有限公司
地　　址:浙江省诸暨市店口镇解放路259号
邮　　编:311835
电　　话:0575 - 87655388
传　　真:0575 - 87655618

企业名称:朝阳华亿重工机械制造有限责任公司
地　　址:辽宁省朝阳市双塔区中山大街一段13号
邮　　编:122000
电　　话:0421 - 3724900
传　　真:0421 - 3724900

企业名称:章丘市东风水泥机械配件厂
地　　址:山东省章丘市相公庄镇相四村
邮　　编:250203
电　　话:0531 - 83831130
传　　真:0531 - 83821626

企业名称:洛阳市豫跃矿冶设备有限公司
地　　址:河南省洛阳市建设路133号
邮　　编:471039
电　　话:0379 - 64250589
传　　真:0379 - 64250589

企业名称:定襄县佳敏机械锻造有限公司
地　　址:山西省忻州市定襄县神山乡神山村
邮　　编:035400
电　　话:0350 - 3329586
传　　真:0350 - 6090911

企业名称:山东黑山路桥机械科技有限公司
地　　址:山东省淄博市博山区八陡镇黑山前165号
邮　　编:255203
电　　话:0533 - 4518240
传　　真:0533 - 4518147

企业名称:浙江鑫隆机械制造有限公司
地　　址:浙江省瑞安市塘下镇海安城西南路92号
邮　　编:325205
电　　话:0577 - 65279838
传　　真:0577 - 65279868

企业名称:宁波市实立矿山机械制造有限公司
地　　址:浙江省宁波市象山县石浦镇兴港路100号
邮　　编:315731
电　　话:0574 - 65912665
传　　真:0574 - 65912665

企业名称:北京华诺维科技发展有限责任公司
地　　址:北京市南四环西路188号总部基地18区23号楼

304 室
邮　　编:100044
电　　话:010 – 88399333
传　　真:010 – 68364270

企业名称:邯郸四达电机股份有限公司
地　　址:河北省邯郸市中华北大街 680 号
邮　　编:056004
电　　话:0310 – 3178286
传　　真:0310 – 7022961

企业名称:宁波市江东昊伦联轴器机械制造有限公司
地　　址:浙江省宁波市江东北路 403 号
邮　　编:315051
电　　话:0574 – 87772470
传　　真:0574 – 87761632

洗选设备

企业名称:北方重工集团有限公司矿山机械分公司
地　　址:辽宁省沈阳市经济技术开发区开发大路 16 号
邮　　编:110860
电　　话:024 – 25802787
传　　真:024 – 24324605

企业名称:中信重工机械股份有限公司矿山机器厂
地　　址:河南省洛阳市涧西区建设路 206 号
邮　　编:471039
电　　话:13683852278
传　　真:0379 – 64088600

企业名称:淮北矿山机器制造有限公司
地　　址:安徽省淮北市濉溪经济开发区工业园白杨路 15 号
邮　　编:235005
电　　话:13965876158
传　　真:0561 – 6063318

企业名称:河南太行振动机械股份有限公司
地　　址:河南省新乡市经济开发区中央大道 66 号
邮　　编:453731
电　　话:13903800578
传　　真:0373 – 5586811

企业名称:鞍山重型矿山机器股份有限公司
地　　址:辽宁省鞍山市立山区胜利北路 900 号
邮　　编:114042
电　　话:13904120312、13019635430
传　　真:0412 – 5239900

企业名称:沈阳隆基电磁科技股份有限公司
地　　址:辽宁省抚顺市经济开发区顺发路 82 号
邮　　编:113122
电　　话:13904930842
传　　真:024 – 56605768

企业名称:山东华特磁电科技股份有限公司
地　　址:山东省潍坊市临朐县经济技术开发区华特路
邮　　编:262600
电　　话:13791661888
传　　真:0536 – 3158801

企业名称:镇江电磁设备厂有限责任公司
地　　址:江苏省镇江市丹徒新区谷阳大道东延 99 号
邮　　编:212004
电　　话:13805282608
传　　真:0511 – 85622591

企业名称:海安县万力振动机械有限公司
地　　址:江苏省南通市海安县江海西路 168 号
邮　　编:226600
电　　话:13706277726
传　　真:0513 – 88814780

企业名称:北京矿冶研究总院机械研究所
地　　址:北京市西直门外文兴街 1 号
邮　　编:100044
电　　话:010 – 88399608
传　　真:010 – 68336186

企业名称:煤炭科学研究总院唐山设计研究院
地　　址:河北省唐山市新华西道 21 号
邮　　编:063012
电　　话:13703348985、13703385692
传　　真:0315 – 2829275

企业名称:中煤国际工程集团南京设计研究院
地　　址:江苏省南京市浦口区浦东路 20 号
邮　　编:210031
电　　话:025 – 85046362
传　　真:025 – 85046441

企业名称:洛阳矿山机械工程设计研究院有限责任公司
地　　址:河南省洛阳市涧西区建设路 206 号
邮　　编:471039
电　　话:0379 – 64087804
传　　真:0379 – 64221800

企业名称:东北大学资源与土木工程学院
地　　址:辽宁省沈阳市东北大学 139 信箱

邮　　编:110006
电　　话:15904051956
传　　真:024－23890448

企业名称:南昌矿山机械有限公司
地　　址:江西省南昌市湾里区盘龙路 23 号
邮　　编:330004
电　　话:13807085540
传　　真:0791－3761006

企业名称:柳州中特高压电器有限公司
地　　址:广西柳州市柳东路 222 号
邮　　编:545006
电　　话:13707726048
传　　真:0772－2615882

企业名称:新乡市瑞丰机械设备有限公司
地　　址:河南省新乡市高新技术经济开发区青龙路中段
邮　　编:453731
电　　话:13903734527
传　　真:0373－5595133

企业名称:钟祥市新宇机电制造有限公司
地　　址:湖北省钟祥市元佑路 42 号
邮　　编:431900
电　　话:13707264888
传　　真:0724－4223279

企业名称:沈阳鸿翔复合弹性设备有限公司
地　　址:辽宁省沈阳市大东区大什字街 80－1 号 23－4
邮　　编:110014
电　　话:13604904882
传　　真:024－88472546

企业名称:上海嘉庆轴承制造有限公司
地　　址:上海市民德路 158 号铭德广场 1802 室
邮　　编:200071
电　　话:13701723177、13801810616
传　　真:021－56559515

企业名称:辽源重型实业集团有限公司
地　　址:吉林省辽源市西宁大街 273 号
邮　　编:136200
电　　话:13604375653
传　　真:0437－3170955

企业名称:上海盾牌筛网滤器合作公司(原上海前哨矿筛厂)
地　　址:上海市海宁路 1388 号鸿波大厦 601 室
邮　　编:200070
电　　话:13601943842
传　　真:021－63543856

企业名称:郑州一帆机械设备有限公司
地　　址:北京市海淀区三里河路 11 号建材联合会南配楼 422 室
邮　　编:100831
电　　话:13901186062
传　　真:010－88380880

企业名称:大同市矿山机械厂
地　　址:山西省大同市王家园
邮　　编:037039
电　　话:0352－4191172
传　　真:0352－4191320

企业名称:辽源市重型选矿机械有限公司
地　　址:吉林省辽源市友谊路 17 号
邮　　编:136200
电　　话:0437－3227060
传　　真:0437－3227060

企业名称:河南师大振动机械有限公司
地　　址:河南省新乡市建设东路 46 号
邮　　编:543007
电　　话:13603737789
传　　真:0373－3326999

企业名称:唐山汇力科技有限公司
地　　址:河北省唐山市路南区唐古街 3 号
邮　　编:063001
电　　话:13503152229
传　　真:0315－2876709

企业名称:徐州大陆振动机械厂
地　　址:江苏省徐州市铜山新区南
邮　　编:221112
电　　话:13905206272
传　　真:0516－83530939

企业名称:江苏保龙机电制造有限公司
地　　址:江苏省溧阳市昆仑开发区昆仑北路 75 号
邮　　编:213300
电　　话:13906143181
传　　真:0519－87301886

企业名称:江苏省姜堰市橡胶制品厂
地　　址:江苏省姜堰市广电路 29 号
邮　　编:225500
电　　话:13901420400

传　　真:0523－88286079

企业名称:河南省群英机械制造有限责任公司
地　　址:河南省焦作市解放中路397号
邮　　编:454002
电　　话:13782713789
传　　真:0391－3911397

企业名称:辽阳市望水橡胶制品厂
地　　址:辽宁省辽阳市振兴路下王家256号
邮　　编:111004
电　　话:13704196882
传　　真:0419－3306825

企业名称:江都市金马矿机配件有限公司
地　　址:江苏省江都市通江路43号
邮　　编:225200
电　　话:13705250833
传　　真:0514－86893833

企业名称:郑州矿山机械厂
地　　址:河南省郑州市崔庙镇
邮　　编:450131
电　　话:13838198558
传　　真:0371－64602334

企业名称:淮北市协力重型机器有限责任公司
地　　址:安徽省淮北市相山区任井村渠黄路
邮　　编:235000
电　　话:13905612169
传　　真:0561－4080808

企业名称:淮北市一环矿山机械有限公司
地　　址:安徽省淮北市淮海西路西段凤凰山工业园
邮　　编:235000
电　　话:13909615455
传　　真:0561－3015222

企业名称:淮北科源矿山机器有限公司
地　　址:安徽省淮北市南黎路西段
邮　　编:235000
电　　话:13905610939
传　　真:0561－3038516

企业名称:吉林新冶设备有限责任公司
地　　址:吉林省吉林市龙潭区新山路25－2号
邮　　编:132021
电　　话:0432－3043344
传　　真:0432－3043313

企业名称:北京有色冶金设计研究总院
地　　址:北京市海淀区复兴路12号
邮　　编:100038
电　　话:010－63936452
传　　真:010－63963662

企业名称:沈阳永翔科技有限公司
地　　址:辽宁省沈阳市和平区十三纬路39号(1－21－10)
邮　　编:110002
电　　话:13804077264
传　　真:024－22722669

企业名称:上海建设路桥机械设备有限公司
地　　址:上海市奉贤区金汇镇工业路188号
邮　　编:201404
电　　话:13801869012、13761239626
传　　真:021－63133936

企业名称:新乡市博恒机械有限公司
地　　址:河南省新乡市经济开发区高新西区中央大道
邮　　编:453731
电　　话:0373－5582038
传　　真:0373－5586895

企业名称:镇江市鸿兴磁选设备有限公司
地　　址:江苏省镇江市润州区民营开发区
邮　　编:212002
电　　话:13705283961
传　　真:0511－85287177

企业名称:松滋市金津矿山机械有限责任公司
地　　址:湖北省松滋市城东工业园永兴路2号
邮　　编:434200
电　　话:13972364370
传　　真:0716－5951166

企业名称:抚顺沃尔普机电设备有限公司
地　　址:辽宁省抚顺市望花区辽中街42号(抚顺县拉古工业园区)
邮　　编:113001
电　　话:024－56380740
传　　真:024－56380540

企业名称:辽宁志远筛子王制造有限公司
地　　址:辽宁省鞍山市达到湾工业园7506号
邮　　编:114044
电　　话:13204233336、13304926686
传　　真:0412－5210599

企业名称:镇江市江南矿山机电设备有限公司
地　　址:江苏省镇江市丁卯开发区纬二路 9 号(健力宝路)
邮　　编:212009
电　　话:13906104105
传　　真:0511 - 88893966

企业名称:淮北中芬矿山机器有限责任公司
地　　址:安徽省淮北市烈山工业园 A 区 011 号
邮　　编:235000
电　　话:13905610503
传　　真:0561 - 3091224

企业名称:河南省平原矿山机械有限公司
地　　址:河南省新乡市黄河大道 289 号
邮　　编:453700
电　　话:13803802825
传　　真:0373 - 5071699

企业名称:河北金马矿山机械集团公司
地　　址:河北省遵化市新东庄镇
邮　　编:064209
电　　话:13933336380
传　　真:0315 - 6998918

企业名称:河南威猛振动设备股份有限公司
地　　址:河南省新乡市新乡县工业路 1 号
邮　　编:453700
电　　话:13837359259
传　　真:0373 - 5590098

企业名称:唐山陆凯科技有限公司
地　　址:河北省唐山市高新技术产业园区南开道
邮　　编:063020
电　　话:13931545906
传　　真:0315 - 3852866

企业名称:江都市亚业筛网厂
地　　址:江苏省江都市城南工业园刘桥路
邮　　编:225200
电　　话:13905258171
传　　真:0514 - 86545138

企业名称:潍坊泉鑫电磁设备有限公司
地　　址:山东省潍坊市临朐县东城开发区嵩山路
邮　　编:262600
电　　话:13953602255
传　　真:0536 - 3159796

企业名称:柳州市远健磁力设备制造有限责任公司
地　　址:广西柳州市柳江县新兴工业园兴福路 12 号
邮　　编:545112
电　　话:13607806468
传　　真:0772 - 3269178

企业名称:马鞍山矿山研究院网络信息中心
地　　址:安徽省马鞍山市湖北路 9 号
邮　　编:243004
电　　话:13956220721
传　　真:0555 - 2475796

企业名称:沈阳卓创科技开发有限公司
地　　址:辽宁省沈阳市沈河区西滨河路 40 号
邮　　编:110014
电　　话:13322435317
传　　真:024 - 62530971

企业名称:河南省金特振动机械有限公司
地　　址:河南省新乡市经济开发区太行北路西段
邮　　编:453731
电　　话:13803734948
传　　真:0373 - 5597320

企业名称:江苏科行环境工程技术有限公司
地　　址:江苏省盐城市亭湖区新洋路 9 号
邮　　编:224003
电　　话:13705103032
传　　真:0515 - 88566200

企业名称:黑旋风工程机械开发有限公司
地　　址:湖北省宜昌市大连路 8 号
邮　　编:443005
电　　话:0717 - 6467192、13997721910
传　　真:0717 - 6066395

企业名称:浙江镇南精工机械有限公司
地　　址:浙江省诸暨市店口镇解放路 259 号
邮　　编:311835
电　　话:13395758888
传　　真:0575 - 87655618

物料搬运机械

企业名称:上海国际港务(集团)有限公司
地　　址:上海市杨浦区杨树浦路 18 号
邮　　编:200082
电　　话:021 - 65858328
传　　真:021 - 65858328

企业名称:北京起重运输机械设计研究院
地　　址:北京市东城区雍和宫大街 52 号
邮　　编:100007
电　　话:010 - 64031452
传　　真:010 - 64052584

企业名称:大连重工·起重集团有限公司
地　　址:辽宁省大连市西岗区八一路 169 号
邮　　编:116013
电　　话:0411 - 86852166
传　　真:0411 - 86852222

企业名称:太原重型机械集团有限公司
地　　址:山西省太原市万柏林区玉河街 53 号
邮　　编:030024
电　　话:0351 - 6361948
传　　真:0351 - 6362554

企业名称:华电重工装备有限公司
地　　址:北京市海淀区西三环北路 91 号南门
邮　　编:100044
电　　话:010 - 51964967
传　　真:010 - 68710553

企业名称:承德输送机集团有限责任公司
地　　址:河北省承德市双塔山
邮　　编:067001
电　　话:0314 - 4320286
传　　真:0314 - 4044530

企业名称:卫华集团有限公司
地　　址:河南省新乡市长垣县文明西路工业园区
邮　　编:453400
电　　话:0373 - 8887699
传　　真:0373 - 8887646

企业名称:江阴凯澄起重机械有限公司
地　　址:江苏省江阴市澄江东路 18 号
邮　　编:214429
电　　话:0510 - 86199700
传　　真:0510 - 86196633

企业名称:衡阳运输机械有限公司
地　　址:湖南省衡阳市珠晖区狮山路 1 号
邮　　编:421002
电　　话:0734 - 3172001
传　　真:0734 - 8377929

企业名称:株洲天桥起重机股份有限公司
地　　址:湖南省株洲市田心北门
邮　　编:412001
电　　话:0731 - 28462032
传　　真:0731 - 28462033

企业名称:浙江双鸟机械有限公司
地　　址:浙江省嵊州市黄泽镇工业园区
邮　　编:312455
电　　话:0575 - 83055888
传　　真:0575 - 83051765

企业名称:三一集团有限公司港机公司
地　　址:上海市浦东新区川沙经济园区川大路 319 号
邮　　编:201206
电　　话:021 - 58599583

企业名称:国家起重运输机械质量监督检测中心
地　　址:北京市东城区雍和宫大街 52 号
邮　　编:100007
电　　话:010 - 64018780
传　　真:010 - 64052252

企业名称:全国起重机械标准化技术委员会
地　　址:北京市东城区雍和宫大街 52 号
邮　　编:100007
电　　话:010 - 64053038
传　　真:010 - 64052252

企业名称:吉林水工机械有限公司
地　　址:吉林省吉林市吉丰东路 86 号
邮　　编:132013
电　　话:0432 - 4626703
传　　真:0432 - 4626703

企业名称:交通运输部水运科学研究院
地　　址:北京市海淀区西土城路 8 号
邮　　编:100088
电　　话:010 - 62079449
传　　真:010 - 62079447

企业名称:中联重科物料输送设备有限公司
地　　址:湖南省长沙市国家高新技术产业开发区麓谷工业园
邮　　编:410205
电　　话:0731 - 88983204
传　　真:0731 - 88996186

企业名称:广州起重运输机械有限公司
地　　址:广东省广州市花都区北兴镇花都大道北 28 号
邮　　编:510897
电　　话:020 - 86790991

传　　真:020 - 86796828

企业名称:长春发电设备有限责任公司
地　　址:吉林省长春市经济技术开展区金川街588号
邮　　编:130031
电　　话:0431 - 84603800
传　　真:0431 - 84603811

企业名称:北京清源发机电设备监理有限公司
地　　址:北京市东城区雍和宫大街52号
邮　　编:100007
电　　话:010 - 84044057
传　　真:010 - 84052584

企业名称:大连港集团公司技术设备处
地　　址:辽宁省大连市中山区港湾街1号
邮　　编:116004
电　　话:0411 - 82626760
传　　真:0411 - 82624790

企业名称:秦皇岛港务集团有限公司技术中心
地　　址:河北省秦皇岛市海滨路35号
邮　　编:066002
电　　话:0335 - 3092223
传　　真:0335 - 3094331

企业名称:国家核电工程有限公司
地　　址:浙江省三门市核电站办公楼(国核技)
邮　　编:317111
电　　话:0576 - 81326991
传　　真:0576 - 81326900

企业名称:太原科技大学
地　　址:山西省太原市万柏林区瓦流路138号
邮　　编:030024
电　　话:0351 - 6221994
传　　真:0351 - 6220233

企业名称:大连理工大学机械工程学院
地　　址:辽宁省大连市甘井子区凌工路2号
邮　　编:116023
电　　话:0411 - 84708409 - 8019
传　　真:0411 - 84708425

企业名称:上海交大机械工程与自动化研究所
地　　址:上海市徐汇区华山路1954号
邮　　编:200436
电　　话:021 - 62932641 - 807
传　　真:021 - 62932641 - 807

企业名称:东北大学机械工程与自动化学院
地　　址:辽宁省沈阳市和平区文化路3号巷11号
邮　　编:110004
电　　话:024 - 83680540

企业名称:西南交通大学机械工程研究所
地　　址:四川省成都市二环北路111号
邮　　编:610031
电　　话:028 - 87601625
传　　真:028 - 87601625

企业名称:吉林大学机械工程学院
地　　址:吉林省长春市西民主大街6号南岭校区
邮　　编:130026
电　　话:0431 - 85095428
传　　真:0431 - 85095288

企业名称:洛阳起重机厂
地　　址:河南省洛阳市唐宫东路10号
邮　　编:471009
电　　话:0379 - 63453638
传　　真:0379 - 63415999

企业名称:山东省淄博生建机械厂
地　　址:山东省淄博市淄川区昆仑镇昆仑路1号
邮　　编:255129
电　　话:0533 - 5787353
传　　真:0533 - 5780070

企业名称:武汉港机重工有限公司
地　　址:湖北省武汉市汉阳区鹦鹉大道373号
邮　　编:430052
电　　话:027 - 84525462
传　　真:027 - 84524517

企业名称:江西起重机械总厂
地　　址:江西省樟树市共和东路82号
邮　　编:331200
电　　话:0795 - 7333174
传　　真:0795 - 7364566

企业名称:上海电力环保设备总厂有限公司
地　　址:上海市虹口区广中路1001号
邮　　编:200072
电　　话:021 - 56655880
传　　真:021 - 56657888

企业名称:太原科技大学
地　　址:山西省太原市万柏林区瓦流路138号
邮　　编:030024

电　　话:0351 - 6221994
传　　真:0351 - 6220233

企业名称:北京佳苏鸿源物流技术研究所
地　　址:北京市朝阳区北苑路 170 号 7 号楼(凯旋城 F 座)16 层
邮　　编:100101
电　　话:010 - 58236401
传　　真:010 - 58235104

企业名称:武汉港迪机械工程设计有限公司
地　　址:湖北省武汉市武昌区和平大道 1040 号 87 信箱
邮　　编:430063
电　　话:027 - 68862958
传　　真:027 - 68862904

企业名称:河南重工起重机集团有限公司
地　　址:河南省新乡市长垣县位庄工业园区 6 号
邮　　编:453424
电　　话:0373 - 8927999
传　　真:0373 - 8712958

企业名称:广西百色矿山机械厂
地　　址:广西百色市工业园区(六塘内)
邮　　编:533000
电　　话:0776 - 2770806
传　　真:0776 - 2770488

企业名称:河南天隆输送装备有限公司
地　　址:河南省新乡市高新技术开发区科隆工业园内
邮　　编:453000
电　　话:0373 - 5066522
传　　真:0373 - 5066226

企业名称:合肥迈特机械制造有限责任公司
地　　址:安徽省合肥市望江西路 188 号
邮　　编:230022
电　　话:0551 - 5584450
传　　真:0551 - 5584453

企业名称:佛山市南海迪华输送设备有限公司
地　　址:广东省佛山市南海区大沥镇谢边
邮　　编:528231
电　　话:0757 - 85555554
传　　真:0757 - 85552145

企业名称:贵阳黔劲运输机械有限责任公司
地　　址:贵州省贵阳市乌当区新添寨新庄
邮　　编:550018
电　　话:0851 - 6461333
传　　真:0851 - 6461333

企业名称:秦皇岛市山海关北方博大起重机械有限公司
地　　址:河北省秦皇岛市山海关区关城南路东段
邮　　编:066200
电　　话:0335 - 5071178
传　　真:0335 - 5059288

企业名称:唐山矿山设备厂
地　　址:河北省唐山市开平区开平东环路 13 号
邮　　编:063021
电　　话:0315 - 3363158
传　　真:0315 - 3361264

企业名称:郑州天力起重设备有限公司
地　　址:河南省郑州市京广北路 84 号附 1 号
邮　　编:450052
电　　话:0371 - 66961464
传　　真:0371 - 66988649

企业名称:郑州市华中建筑机械有限公司
地　　址:河南省郑州市上街区工业路 114 号
邮　　编:450041
电　　话:0371 - 68934862
传　　真:0371 - 68942180

企业名称:新乡市中原起重电器厂有限公司
地　　址:河南省新乡市长垣县东关工业路
邮　　编:453400
电　　话:0373 - 8810889
传　　真:0373 - 8812882

企业名称:武汉市志伟输送机械制造有限公司
地　　址:湖北省武汉市黄陂区泡桐开发区护林岗
邮　　编:430347
电　　话:027 - 61660613
传　　真:027 - 61669074

企业名称:武汉丰凡科技开发有限责任公司
地　　址:湖北省武汉市青山区工业一路 6 号
邮　　编:430080
电　　话:027 - 86879863
传　　真:027 - 86879863

企业名称:南京科瑞起重输送机械有限责任公司
地　　址:江苏省南京市浦口经济开发区万寿路 1 号
邮　　编:211800
电　　话:025 - 58194652
传　　真:025 - 58194651

企业名称:宜昌市三峡输送机械制造公司
地　　址:湖北省宜昌市西陵区窑湾乡东山村
邮　　编:443003
电　　话:0717－6445067
传　　真:0717－6445067

企业名称:深圳市格蓝德工业自动化设备有限公司
地　　址:广东省深圳市南山区南海大道2005号海王大厦
邮　　编:518054
电　　话:0755－26434006
传　　真:0755－27434106

企业名称:长沙中圆重工机械有限公司
地　　址:湖南省长沙市宁乡县新城工业发展园
邮　　编:410600
电　　话:0731－87821958
传　　真:0731－87823499

企业名称:湖州电动滚筒有限公司
地　　址:浙江省湖州市环城西路605号
邮　　编:313000
电　　话:0572－2031173
传　　真:0572－2053013

企业名称:阳泉电工机械有限责任公司
地　　址:山西省阳泉市南外路义井段
邮　　编:045000
电　　话:0353－2033451
传　　真:0353－2034938

企业名称:吴江市麒麟起重机械有限公司
地　　址:江苏省吴江市铜罗镇人民街20号
邮　　编:215237
电　　话:0512－63881419
传　　真:0512－63881774

企业名称:河南省东风起重机械有限公司
地　　址:河南省新乡市长垣县工业路96号
邮　　编:453400
电　　话:0373－8810220
传　　真:0373－8810386

企业名称:上海锋馥输送机械有限公司
地　　址:上海市奉贤区浦卫公路8208号
邮　　编:201417
邮　　编:021－57451879
电　　话:021－57452792

企业名称:西安神力起重运输机械有限公司
地　　址:陕西省西安市新四路高科广场D座1号楼18层
邮　　编:710075
电　　话:029－84288254
传　　真:029－84204345

企业名称:无锡石油化工起重机有限公司
地　　址:江苏省无锡市惠山新区长安张村路9号
邮　　编:214178
电　　话:0510－83592637
传　　真:0510－83591226

企业名称:成都三江起重机制造有限公司
地　　址:四川省成都市金堂县三中园区工业新区西一横路
邮　　编:610400
电　　话:028－84998583
传　　真:028－84998582

企业名称:鞍山市起重机械厂
地　　址:辽宁省鞍山市立山区奖工街1号
邮　　编:114033
电　　话:0412－6619166
传　　真:0412－6600118

企业名称:开封起重机有限公司
地　　址:河南省开封市周天路西段6号
邮　　编:475004
电　　话:0378－2536388
传　　真:0378－2536387

企业名称:威信自动化设备有限公司
地　　址:江苏省昆山市周市镇新镇金龙路170号
邮　　编:215337
电　　话:0512－57666666
传　　真:0512－57666777

企业名称:上海大力神悬挂输送机械有限公司
地　　址:上海市北新区江场西路200号甲
邮　　编:200436
电　　话:021－56652356
传　　真:021－56652356

企业名称:上海海希工业通讯设备有限公司
地　　址:上海市徐汇区田林路388号新业大楼1026－1033室
邮　　编:200233
电　　话:021－54902525
传　　真:021－54902626

企业名称:上海港能机电技术有限公司
地　　址:上海市浦东新区世纪大道1500号东方大厦820室

邮　　编:200122
电　　话:021－58357411
传　　真:021－58357456－24

企业名称:常州市潞城常东塑料五金厂
地　　址:江苏省常州市潞城镇李唐村
邮　　编:213025
电　　话:0519－88402188
传　　真:0519－88400668

企业名称:江苏省泰州鑫光机械制造有限公司
地　　址:江苏省泰州市凤凰西路79号
邮　　编:225300
电　　话:0523－86848779
传　　真:0523－86845688

企业名称:韩国高丽制钢株式会社北京代表处
地　　址:北京市建国门外大街19号国际大厦19－5A室
邮　　编:100004
电　　话:010－65931833
传　　真:010－65931876

企业名称:长沙第三机床厂
地　　址:湖南省长沙市韶山中路376号
邮　　编:410007
电　　话:0731－85531529
传　　真:0731－85538196

企业名称:岳阳强力电磁设备有限公司
地　　址:湖南省岳阳市花板桥137号信箱
邮　　编:414000
电　　话:0730－8638729
传　　真:0730－8636523

企业名称:霸州市格林电器有限公司
地　　址:河北省霸州市经济技术开发区迎宾道1号
邮　　编:065700
电　　话:0316－7950521
传　　真:0316－7950522

企业名称:大连众益电气工程有限公司
地　　址:辽宁省大连市沙河口区民政街417号B座10－3号
邮　　编:116021
电　　话:0411－84519311
传　　真:0411－84518435

企业名称:平凉市荣康实业有限责任公司
地　　址:甘肃省平凉市崆峒区西郊本义经济开发区312国道南
邮　　编:744000
电　　话:0933－8711841
传　　真:0933－8718305

企业名称:宁波莱斯特传动设备制造有限公司
地　　址:浙江省宁波市江北区庄桥车站对面
邮　　编:315032
电　　话:0574－87560766
传　　真:0574－87560966

企业名称:河南奔宇电机有限公司
地　　址:河南省新乡市长垣县南关工业区
邮　　编:453400
电　　话:0373－8898200
传　　真:0373－8856125

企业名称:天津市顺捷机械有限公司
地　　址:天津市河西区解放南路459号增18号
邮　　编:300120
电　　话:022－28237255
传　　真:022－23976330

企业名称:深圳市测力佳控制技术有限公司
地　　址:广东省深圳市南山区雨油天安工业区5座8A
邮　　编:518054
电　　话:0755－26416796
传　　真:0755－26052242

企业名称:陕西宝鸡第二发电有限责任公司
地　　址:陕西省宝鸡市凤翔县长青镇石头坡
邮　　编:721405
电　　话:0917－3815051
传　　真:0917－3815051

企业名称:华能国际电力开发公司北京分公司
地　　址:北京市朝阳区高碑店路
邮　　编:100023
电　　话:010－87737817
传　　真:010－87737817

企业名称:南京瑞昌物流有限公司
地　　址:江苏省南京市白下区苜蓿园大街66号15－204
邮　　编:210007
电　　话:025－84381490
传　　真:025－84381490

企业名称:深圳赤湾港航股份有限公司港务本部
地　　址:广东省深圳市南山区赤湾二路5号
邮　　编:518068
电　　话:0755－26817658

传　　真:0755－26684567

企业名称:中国石化集团上海工程有限公司
地　　址:上海市浦东新区张杨路769号
邮　　编:200120
电　　话:021－58366600
传　　真:021－58354176

企业名称:南京港惠宁码头有限责任公司
地　　址:江苏省南京市新生圩1号
邮　　编:210038
电　　话:13809048382
传　　真:025－85801430

桥式起重机

企业名称:上海起重运输机械厂有限公司
地　　址:上海市杨浦区民星路191号
邮　　编:200433
电　　话:021－65564735
传　　真:021－56639864

企业名称:大连重工·起重集团有限公司
地　　址:辽宁省大连市西岗区八一路169号
邮　　编:116013
电　　话:0411－86852166
传　　真:0411－86852222

企业名称:卫华集团有限公司
地　　址:河南省新乡市长垣县文明西路工业园区
邮　　编:453400
电　　话:0373－8887699
传　　真:0373－8887646

企业名称:太原重工股份有限公司
地　　址:山西省太原市万柏林区玉河街53号
邮　　编:030024
电　　话:0351－6362824
传　　真:0351－6362554

企业名称:北京起重运输机械设计研究院
地　　址:北京市东城区雍和宫大街52号
邮　　编:100007
电　　话:010－64053039
传　　真:010－84037436

企业名称:株洲天桥起重机股份有限公司
地　　址:湖南省株洲市田心北门
邮　　编:412001
电　　话:0731－28462032
传　　真:0731－28462033

企业名称:山起重型机械股份公司
地　　址:山东省青州市昭德北路2198号
邮　　编:262515
电　　话:0536－3203038
传　　真:0536－3203037

企业名称:广州起重机械有限公司
地　　址:广东省广州市花都区花东镇北兴花都大道北28号
邮　　编:510897
电　　话:020－86798891
传　　真:020－86796828

企业名称:宁夏天地奔牛银起设备有限公司
地　　址:宁夏银川市西夏区银川经济技术开发区金波南街160号
邮　　编:750021
电　　话:0951－5615026
传　　真:0951－3067126

企业名称:武汉钢铁重工集团冶金重工有限公司
地　　址:湖北省武汉市青山区厂前街青王路9号
邮　　编:430083
电　　话:027－86303703
传　　真:027－86865751

企业名称:重庆起重机厂有限公司
地　　址:重庆市九龙坡区中梁山人和场
邮　　编:400052
电　　话:023－65269394
传　　真:023－65258916

企业名称:南京起重机械总厂有限公司
地　　址:江苏省南京市浦口区泰冯路62号
邮　　编:210011
电　　话:025－58842388
传　　真:025－58841693

企业名称:洛阳起重机厂
地　　址:河南省洛阳市唐宫东路10号
邮　　编:471009
电　　话:0379－63415918
传　　真:0379－63415999

企业名称:常州市常欣电子衡器有限公司
地　　址:江苏省常州市中凉亭夏凉路68号
邮　　编:213001
电　　话:0519－86643942

传　　真:0519－86640473

企业名称:杭州起重机有限公司
地　　址:浙江省杭州市良渚镇勾运路19号
邮　　编:311112
电　　话:0571－88747563
传　　真:0571－88747388

企业名称:黑龙江富锦富华起重机有限公司
地　　址:黑龙江省富锦市富福路西段
邮　　编:156101
电　　话:0454－2350200
传　　真:0454－2349210

企业名称:柳州起重机器有限公司
地　　址:广西柳州市荣军路226号
邮　　编:545005
电　　话:0772－3117615
传　　真:0772－3117615

企业名称:德马格起重机械(上海)有限公司
地　　址:上海市奉贤区庄行欧洲工业园区叶庄公路125号
邮　　编:201415
电　　话:021－37182205
传　　真:021－57464558

企业名称:河南豫飞重工集团有限公司
地　　址:河南省新乡市新飞大道北段81号
邮　　编:453002
电　　话:0373－3321000
传　　真:0373－3321906

企业名称:辽宁清原第一缓冲器制造有限公司
地　　址:辽宁省抚顺市146信箱
邮　　编:113103
电　　话:024－53022438
传　　真:024－53020828

企业名称:云南冶金昆明重工有限公司
地　　址:云南省昆明市龙泉路871号
邮　　编:650203
电　　话:0871－6085085
传　　真:0871－6085285

企业名称:江苏泰隆减速机股份有限公司
地　　址:江苏省泰兴市大庆东路88号
邮　　编:225400
电　　话:0523－87668088
传　　真:0523－87665426

企业名称:湖北银轮起重机械股份有限公司
地　　址:湖北省赤壁市河北大道170号
邮　　编:437300
电　　话:0715－5337928
传　　真:0715－5337966

企业名称:本溪钢铁(集团)起重机制造有限公司
地　　址:辽宁省本溪市明山区文化路14号
邮　　编:117022
电　　话:0414－4845903
传　　真:0414－4829202

企业名称:河南省郑起起重设备有限公司
地　　址:河南省郑州市化工路158号
邮　　编:450066
电　　话:0371－67848168
传　　真:0371－67848299

企业名称:新乡市中原起重电器厂有限公司
地　　址:河南省新乡市长垣县东关工业区工业路
邮　　编:453400
电　　话:0373－8810889
传　　真:0373－8812882

企业名称:河南省东风起重机械有限公司
地　　址:河南省新乡市长垣县工业路96号
邮　　编:453400
电　　话:0373－8814223
传　　真:0373－8814996

企业名称:广东永通起重机械实业有限公司
地　　址:广东省顺德市陈村镇潭村工业区三路
邮　　编:528313
电　　话:0757－23329912
传　　真:0757－23833832

企业名称:石家庄市动力机械厂
地　　址:河北省石家庄市良村经济开发区三峡路23号
邮　　编:052165
电　　话:0311－86087072
传　　真:0311－88080711

企业名称:河南重工起重机集团有限公司
地　　址:河南省新乡市长垣县位庄工业园区6号
邮　　编:453424
电　　话:0373－8927999
传　　真:0373－8927999

企业名称:河南华东起重机集团有限公司
地　　址:河南省新乡市长垣县位庄工业区

邮　　编:453424
电　　话:0373－8619880
传　　真:0373－8619880

企业名称:江西起重机械总厂
地　　址:江西省樟树市共和东路82号
邮　　编:331200
电　　话:0795－7364266
传　　真:0795－7364566

企业名称:浙江众擎起重机械制造有限公司
地　　址:浙江省诸暨市城西工业区
邮　　编:311800
电　　话:0575－87385688
传　　真:0575－87387610

企业名称:无锡新大力电机有限公司
地　　址:江苏省无锡市长安镇
邮　　编:214177
电　　话:0510－83761037
传　　真:0510－83621022

企业名称:丹东振安建工机械有限公司
地　　址:辽宁省丹东市振安区鸭绿江村89号
邮　　编:118003
电　　话:0415－3147945
传　　真:0415－4188606

企业名称:四川川起起重设备有限公司
地　　址:四川省成都市金堂县赵镇赵杨路西段666号
邮　　编:610400
电　　话:028－84932244
传　　真:028－84932244

企业名称:通化市起重运输机械制造有限责任公司
地　　址:吉林省通化市保安路2369号
邮　　编:134000
电　　话:0435－3617315
传　　真:0435－3617752

企业名称:山东安信起重设备有限公司
地　　址:山东省新泰市羊流工业区
邮　　编:271208
电　　话:0538－7440328
传　　真:0538－7444617

企业名称:江苏三马起重机械制造有限公司
地　　址:江苏省靖江市江防西路3号
邮　　编:214500
电　　话:0523－84866933
传　　真:0523－56778610

企业名称:新乡市起重设备厂有限责任公司
地　　址:河南省新乡市红旗区南干道111号
邮　　编:453003
电　　话:0373－3054082
传　　真:0373－3058094

企业名称:中原圣起有限公司
地　　址:河南省新乡市长垣县位庄工业园区1号
邮　　编:453424
电　　话:0373－8710562
传　　真:0373－8711808

企业名称:河南省矿山起重机有限公司
地　　址:河南省新乡市长垣县长恼工业区
邮　　编:453400
电　　话:0373－8735555
传　　真:0373－8735555

企业名称:芜湖起重运输机器有限公司
地　　址:安徽省芜湖市长江南路8号
邮　　编:241001
电　　话:0553－5855088
传　　真:0553－5852711

企业名称:河南豫中起重集团有限公司
地　　址:河南省新乡市长垣县城南工业区
邮　　编:453424
电　　话:0373－8791368
传　　真:0373－8791898

企业名称:新乡市中原起重机械总厂有限公司
地　　址:河南省新乡市长垣县东关工业区
邮　　编:453400
电　　话:0373－8814682
传　　真:0373－8810258

企业名称:新疆通用机械有限公司
地　　址:新疆米泉市振兴路1号
邮　　编:831400
电　　话:0991－6868164
传　　真:0991－6868968

企业名称:河南省新乡市矿山起重机有限公司
地　　址:河南省新乡市长恼工业区
邮　　编:453423
电　　话:0373－8732008
传　　真:0373－8732014

企业名称:浙江通力重型齿轮股份有限公司
地　　址:浙江省瑞安市林垟工业区
邮　　编:325207
电　　话:0577－65599838
传　　真:0577－65598888

企业名称:江苏象王起重机有限公司
地　　址:江苏省盐城市建湖县经济开发区明珠东路1号
邮　　编:224700
电　　话:0515－86317221
传　　真:0515－86317221

企业名称:上海豪力起重机械有限公司
地　　址:上海市浦东新区凌白公路1128号
邮　　编:201201
电　　话:021－58971138
传　　真:021－58971159

企业名称:温州合力建设机械有限公司
地　　址:浙江省温州市平阳县鳌江镇鳌江大道390号
邮　　编:325401
电　　话:0577－63196610
传　　真:0577－63196610

企业名称:宁波市凹凸重工有限公司
地　　址:浙江省宁波市机场路与鄞州大道立交桥口
邮　　编:315176
电　　话:0574－88008778
传　　真:0574－88008779

企业名称:焦作制动器股份有限公司
地　　址:河南省焦作市博爱县发展大道1688号
邮　　编:454450
电　　话:0391－2086000
传　　真:0391－2080000

企业名称:宁波东力传动设备股份有限公司
地　　址:浙江省宁波市江北工业园区C区荪湖路1号
邮　　编:315033
电　　话:0574－87587777
传　　真:0574－88388889

企业名称:河南华北起重吊钩有限公司
地　　址:河南省新乡市长垣县工业园区华北大道12号
邮　　编:453424
电　　话:0373－8791377
传　　真:0373－8710583

企业名称:奔宇电机集团有限公司
地　　址:河南省新乡市长垣县起重工业园纬二路西段
邮　　编:453400
电　　话:0373－8622311
传　　真:0373－8622313

企业名称:武汉力威起重机制造有限公司
地　　址:湖北省武汉市武昌区张家湾
邮　　编:430065
电　　话:027－88117256
传　　真:027－88117256

企业名称:常州常矿起重机械有限公司
地　　址:江苏省常州市武进高新区凤鸣路18－2号
邮　　编:213119
电　　话:0519－88609206
传　　真:0519－88609203

企业名称:常州市潞城常东塑料五金厂
地　　址:江苏省常州市潞城镇潞横路中段
邮　　编:213025
电　　话:0519－88402188
传　　真:0519－88400668

企业名称:上海市黄渡起重机械厂
地　　址:上海市嘉定区黄渡镇曹安路21号桥东首
邮　　编:201804
电　　话:021－59596451
传　　真:021－59595138

企业名称:山东省淄博生建机械厂
地　　址:山东省淄博市淄川区昆仑路1号
邮　　编:255129
电　　话:0533－5787381
传　　真:0533－5780070

企业名称:西安起重机械厂
地　　址:陕西省西安市莲湖区红光路72号
邮　　编:710077
电　　话:029－84241596
传　　真:029－84251072

企业名称:大连起重矿山机械有限公司
地　　址:辽宁省大连市甘井子区营口路10号
邮　　编:116036
电　　话:0411－86704818
传　　真:0411－86704184

企业名称:上海伯瑞制动器有限公司
地　　址:上海市奉贤区奉城镇东街98号
邮　　编:201411
电　　话:021－57522358

传　　真:021－57522350

企业名称:江西特种电机股份有限公司
地　　址:江西省宜春市东风大街10号
邮　　编:336000
电　　话:0795－3285285
传　　真:0795－3263554

企业名称:上海科大重工集团有限公司
地　　址:上海市青浦工业园区华青路815号
邮　　编:201700
电　　话:021－69211558
传　　真:021－69211138

企业名称:上海雄风起重设备厂有限公司
地　　址:上海市松江区佘北公路2199号
邮　　编:201602
电　　话:021－57796242
传　　真:021－57792656

企业名称:宝鼎重工股份有限公司
地　　址:浙江省杭州市郊塘栖镇一号桥南
邮　　编:311106
电　　话:0571－86380888
传　　真:0571－86380688

企业名称:常州市海之杰港口起重机设备有限公司
地　　址:江苏省常州市新区汤庄叶汤公路
邮　　编:213133
电　　话:0519－83205268
传　　真:0519－83205568

企业名称:天津津起起重设备有限公司
地　　址:天津市津南区葛沽镇
邮　　编:300352
电　　话:022－28682369
传　　真:022－28682369

企业名称:浙江阳戈电器有限公司
地　　址:浙江省台州市三门县海游镇沙田洋经济开发区
邮　　编:317100
电　　话:0576－83373758
传　　真:0576－83373755

企业名称:浙江立新起重开关厂
地　　址:浙江省乐清市柳市镇柳横路1658号西仁宕工业区
邮　　编:325604
电　　话:0577－62718111
传　　真:0577－62718999

企业名称:大连辽南起重机器厂
地　　址:辽宁省大连市旅顺口区水师营镇
邮　　编:116065
电　　话:0411－86233046
传　　真:0411－86233046

企业名称:中外合资无锡天宝电机有限公司
地　　址:江苏省无锡市玉祁镇锡玉路38号
邮　　编:214183
电　　话:0510－83880261
传　　真:0510－83889752

企业名称:河南省中原起重机械总厂
地　　址:河南省新乡市长垣县文明路402号
邮　　编:453400
电　　话:0373－8810848
传　　真:0373－8813875

企业名称:常州武进起重电器有限公司
地　　址:江苏省常州市武进区横林镇莲蓉村
邮　　编:213103
电　　话:0519－88501043
传　　真:0519－88501298

企业名称:河南省飞马起重机械有限公司
地　　址:河南省长垣县位庄工业园区纬五东路
邮　　编:453400
电　　话:0373－8712222
传　　真:0373－8711976

企业名称:江阴真良机械有限公司
地　　址:江苏省江阴市利港镇
邮　　编:214444
电　　话:0510－86636637
传　　真:0510－86636637

企业名称:郑州市大林机械有限公司
地　　址:河南省荥阳市京城北路7号
邮　　编:450100
电　　话:0371－64601631
传　　真:0371－64607555

企业名称:昌乐县东田聚氨酯厂
地　　址:山东省潍坊市昌乐县红河镇大宅科
邮　　编:262413
电　　话:0536－6973111
传　　真:0536－6973255

企业名称:天水长城控制电器厂起重电气设备厂
地　　址:甘肃省天水市秦城区南廓路11号

邮　　编:741018
电　　话:0938 – 8383411
传　　真:0938 – 8383411

企业名称:新乡克瑞重型机械科技股份有限公司
地　　址:河南省新乡市长垣县华垣路西段
邮　　编:453400
电　　话:0373 – 8887988
传　　真:0373 – 8887999

企业名称:新乡市广增起重设备有限公司
地　　址:河南省新乡市长垣县长恼工业区
邮　　编:453423
电　　话:0373 – 8639183
传　　真:0373 – 8639488

企业名称:山东烟起起重设备有限公司
地　　址:山东省烟台市福山区福海路 141 号
邮　　编:265500
电　　话:0535 – 6362473
传　　真:0535 – 6367663

企业名称:厦门银鹭重工有限公司
地　　址:福建省厦门市翔安区银鹭高科技园区
邮　　编:361111
电　　话:0592 – 7177585
传　　真:0592 – 7177585

企业名称:大连宝通工业控制有限公司
地　　址:辽宁省大连市河口工业园区汇贤街 19 号
邮　　编:116023
电　　话:0411 – 84798860
传　　真:0411 – 84798611

企业名称:上海神安起重运输机械制造有限公司
地　　址:上海市青浦区西岑莲西路 4398 号
邮　　编:201721
电　　话:021 – 59294306
传　　真:021 – 59295355

企业名称:焦作市长江制动器有限公司
地　　址:河南省焦作市武陟县大司马工业区 888 号
邮　　编:454981
电　　话:0391 – 7517888
传　　真:0391 – 7515658

企业名称:焦作市制动器开发有限公司
地　　址:河南省焦作市武陟工业园 18 号
邮　　编:454950
电　　话:0391 – 7268818
传　　真:0391 – 7268019

企业名称:南京开关厂有限公司
地　　址:江苏省南京市江宁区滨江开发区绣王路 2 号
邮　　编:211178
电　　话:025 – 86106952
传　　真:025 – 86106515

企业名称:泰兴市华东减速机制造有限公司
地　　址:江苏省泰兴市鑫泰路 318 号
邮　　编:225400
电　　话:0523 – 87694282
传　　真:0523 – 87694337

企业名称:无锡市宏泰起重电机有限公司
地　　址:江苏省无锡市惠山区前州镇园区万寿路 17 号
邮　　编:214181
电　　话:0510 – 83392288
传　　真:0510 – 83395888

企业名称:新乡市鹏升起重设备有限公司
地　　址:河南省新乡市长垣县位梁工业区
邮　　编:453424
电　　话:0373 – 8719619
传　　真:0373 – 8719398

企业名称:施耐德电气(中国)投资有限公司
地　　址:上海市宜山路 1009 号创新大厦 15 楼
邮　　编:200233
电　　话:021 – 62848800
传　　真:021 – 62848800

企业名称:江苏太兴隆减速机有限公司
地　　址:江苏省泰兴市城区科技工业园
邮　　编:225400
电　　话:0523 – 87996888
传　　真:0523 – 87996999

企业名称:开封起重机有限公司
地　　址:河南省开封市周天路西段 6 号
邮　　编:475004
电　　话:0378 – 2521555
传　　真:0378 – 2536387

企业名称:泰兴市泰宏减速机制造有限公司
地　　址:江苏省泰兴市姚王镇大庆东路 999 号
邮　　编:225400
电　　话:0523 – 87548779
传　　真:0523 – 87540655

企业名称:无锡石油化工起重机有限公司
地　　址:江苏省无锡市惠山区长安张村路9号
邮　　编:214178
电　　话:0510－83592637
传　　真:0510－83591226

企业名称:中国长江航运集团电机厂
地　　址:湖北省武汉市江夏区藏龙岛科技园九凤街5号
邮　　编:430205
电　　话:027－81977307
传　　真:027－87801309

企业名称:焦作市虹桥制动器有限公司
地　　址:河南省焦作市武陟县虹桥工业区18号
邮　　编:454981
电　　话:0391－7541888
传　　真:0391－7541666

企业名称:中国有色(沈阳)冶金机械有限公司
地　　址:辽宁省沈阳市经济技术开发区沈辽路2号
邮　　编:110141
电　　话:024－25285707
传　　真:024－25378205

企业名称:甘肃省定西起重机厂有限责任公司
地　　址:甘肃省定西市安定区焦家坡新村3号
邮　　编:743000
电　　话:0932－8216532
传　　真:0932－8221013

企业名称:上海嘉庆轴承制造有限公司
地　　址:上海市闸北区普善路239弄19号101室
邮　　编:200070
电　　话:021－56559515
传　　真:021－56559517

企业名称:郑州凯澄起重设备有限公司
地　　址:河南省新郑市双湖开发区磨河桥南
邮　　编:451191
电　　话:0371－62579688
传　　真:0371－62575699

企业名称:河南省远征起重机械有限公司
地　　址:河南省新乡市长垣县位庄工业区南
邮　　编:453400
电　　话:0373－8611999
传　　真:0373－8611997

企业名称:河南省盛达起重机械有限公司
地　　址:河南省新乡市长垣县长恼工业区
邮　　编:453423
电　　话:0373－8731356
传　　真:0373－8731355

企业名称:泰星减速机股份有限公司
地　　址:江苏省泰兴市姚王镇
邮　　编:225402
电　　话:0523－87635681
传　　真:0523－87635683

企业名称:河南省力源重型起重机公司
地　　址:河南省新乡市长垣县位庄工业园区
邮　　编:453424
电　　话:0373－8710919
传　　真:0373－8710919

企业名称:江苏锦友减速机制造有限公司
地　　址:江苏省泰兴市鑫泰路316号
邮　　编:225400
电　　话:0523－87692335
传　　真:0523－87694775

企业名称:上海宝松重型机械工程有限公司
地　　址:上海市宝山区盘古路732号
邮　　编:201900
电　　话:021－56698880
传　　真:021－56690455

企业名称:无锡大力起重机械有限公司
地　　址:江苏省无锡市华清路148号
邮　　编:214124
电　　话:0510－85628988
传　　真:0510－85627005

企业名称:淄博九州润滑科技有限公司
地　　址:山东省淄博市博山高新区万杰路121号
邮　　编:255086
电　　话:0533－4548567
传　　真:0533－4546336

企业名称:淄博博山益杰机械有限公司
地　　址:山东省淄博市经济开发区
邮　　编:255213
电　　话:0533－4658626
传　　真:0533－4658727

企业名称:江西飞达电器设备有限公司
地　　址:江西省宜春市工业园区长青大道
邮　　编:336000
电　　话:0795－2192198

传　　真:0795－3245060

企业名称:山东泰峰起重设备制造有限公司
地　　址:山东省新泰市羊流工业区
邮　　编:271208
电　　话:0538－7442272
传　　真:0538－7442858

企业名称:山东光明起重机械有限公司
地　　址:山东省新泰市羊流工业区
邮　　编:271208
电　　话:0538－7442429
传　　真:0538－7442118

企业名称:山东泰山起重机械有限公司
地　　址:山东省新泰市羊流工业区
邮　　编:271208
电　　话:0538－7442312
传　　真:0538－7442366

企业名称:江苏格雷特起重机械有限公司
地　　址:江苏省通州市平潮镇沿江工业园华能路 58 号
邮　　编:226361
电　　话:0513－86725777
传　　真:0513－86725777

企业名称:山东柳杭减速机有限公司
地　　址:山东省淄博市博山区水河路中段
邮　　编:255200
电　　话:0533－4266859
传　　真:0533－4182198

企业名称:淄博市博山起重机器厂
地　　址:山东省淄博市博山区白塔镇小庄村 17 号
邮　　编:255202
电　　话:0533－4680509
传　　真:0533－4680509

企业名称:南京特种电机厂有限公司
地　　址:江苏省南京市六合区雄州东路 289 号
邮　　编:211500
电　　话:025－57512565
传　　真:025－57512565

企业名称:湖北鄂南起重运输机械有限公司
地　　址:湖北省赤壁市经济开发区起重工业园
邮　　编:437300
电　　话:0715－5250777
传　　真:0715－5250326

企业名称:浙江茗东起重电器有限公司
地　　址:浙江省乐清市柳市镇马仁桥工业区
邮　　编:325604
电　　话:0577－62726000
传　　真:0577－62726000

企业名称:江苏宏达起重电机有限公司
地　　址:江苏省无锡市惠山区前州镇开发区惠和路 3 号
邮　　编:214181
电　　话:0510－83396666
传　　真:0510－83396666

企业名称:山东华通机械有限公司
地　　址:山东省新泰市羊流工业区
邮　　编:271208
电　　话:0538－7442393
传　　真:0538－7442393

企业名称:山东开元重型机械有限公司
地　　址:山东省新泰市羊流工业区
邮　　编:271208
电　　话:0538－7443936
传　　真:0538－7443936

企业名称:云南劲力重型机器有限公司
地　　址:云南省安宁市昆钢金泰物流园内
邮　　编:650238
电　　话:0871－8712750
传　　真:0871－8712749

企业名称:河南省中威金属制品有限公司
地　　址:河南省新乡市长垣县长城大道 199 号
邮　　编:453400
电　　话:0373－8885868
传　　真:0373－8885868

企业名称:上海海希工业通讯设备有限公司
地　　址:上海市田林路 388 号 1026－1033 室
邮　　编:200233
电　　话:021－54902525
传　　真:021－54902525

企业名称:河北金马矿山机械集团公司
地　　址:河北省遵化市东新庄镇
邮　　编:064209
电　　话:0315－6999117
传　　真:0315－6999117

企业名称:常州达卡重工机械制造有限公司
地　　址:江苏省常州市新北区薛冶路 20 号

邮　　编:213000
电　　话:0519－85135677
传　　真:0519－85135627

企业名称:无锡市安特防爆机电制造有限公司
地　　址:江苏省无锡市惠山区长安长东路
邮　　编:214177
电　　话:0510－83620477
传　　真:0510－83622120

企业名称:湖北蒲圻起重机械有限公司
地　　址:湖北省赤壁市经济开发区起重机械工业园区
邮　　编:437300
电　　话:0715－5250377
传　　真:0715－5250489

企业名称:咸宁起重机械有限公司
地　　址:湖北省咸宁市巨宁大道56号
邮　　编:437000
电　　话:0715－8343666
传　　真:0715－8343666

企业名称:河南省宏业起重设备有限公司
地　　址:河南省新乡市长垣县长恼工业区
邮　　编:453423
电　　话:0373－8639350
传　　真:0373－8639350

企业名称:重庆金象起重设备制造有限公司
地　　址:重庆市江津区德感工业园18号
邮　　编:402284
电　　话:023－87063693
传　　真:023－87063693

企业名称:焦作市长控液压制动器有限公司
地　　址:河南省焦作市武陟县文化路东段08号
邮　　编:454950
电　　话:0391－7260558
传　　真:0391－7260558

企业名称:湖北省咸宁三合机电制造有限责任公司
地　　址:湖北省咸宁市咸安区同心路138号
邮　　编:437000
电　　话:0715－8322725
传　　真:0715－8322725

企业名称:无锡市安能滑触电器有限公司
地　　址:江苏省无锡市锡山区东北塘镇农坝村
邮　　编:214191
电　　话:0510－83776272
传　　真:0510－83776272

企业名称:江阴市兴科起重机械有限公司
地　　址:江苏省江阴市申港镇申港村工业园
邮　　编:214443
电　　话:0510－86621891
传　　真:0510－86621891

企业名称:河南华豫起重集团有限公司
地　　址:河南省新乡市长垣县起重工业园区华豫大道
邮　　编:453400
电　　话:0373－8717666
传　　真:0373－8717555

企业名称:四平市海格起重机器制造有限公司
地　　址:吉林省四平市红嘴开发区兴红路1515号
邮　　编:136000
电　　话:0434－5016806
传　　真:0434－5016816

企业名称:河南振强起重机械有限公司
地　　址:河南省新乡市长垣县恼里镇碱场工业区
邮　　编:453400
电　　话:0373－8639293
传　　真:0373－8639293

企业名称:青岛立邦达工控技术有限公司
地　　址:山东省青岛市人民路99号丙
邮　　编:266033
电　　话:0532－83758778
传　　真:0532－83758778

企业名称:河南诚信起重设备有限公司
地　　址:河南省新乡市长垣县起重机工业园区
邮　　编:453400
电　　话:0373－8927066
传　　真:0373－8928878

企业名称:江苏沃得起重机有限公司
地　　址:江苏省镇江市丹徒新区勤政南路
邮　　编:212143
电　　话:0511－85935166
传　　真:0511－85935226

企业名称:武汉正通传动器材有限责任公司
地　　址:湖北省武汉市汉阳区燎原工业园10号
邮　　编:430051
电　　话:027－84674487
传　　真:027－84631790

企业名称:上海共久电气有限公司
地　　址:上海市松江区石湖荡镇育新路 128 号 -8
邮　　编:201617
电　　话:021 -57842800
传　　真:021 -57841775

企业名称:上海美绿起重设备有限公司
地　　址:上海市崇明县港沿镇富强路 807 号
邮　　编:202158
电　　话:021 -59465126
传　　真:021 -66206651

企业名称:无锡市新宏达电机有限公司
地　　址:江苏省无锡市惠山区玉祁民主新桥
邮　　编:214183
电　　话:0510 -80226838
传　　真:0510 -80226818

企业名称:河南省新科起重机有限公司
地　　址:河南省新乡市长垣县起重机工业园区纬七路
邮　　编:453400
电　　话:0373 -8622113
传　　真:0373 -8622113

企业名称:江苏武东机械有限公司
地　　址:江苏省常州市雪堰镇潘家工业集中区
邮　　编:213179
电　　话:0519 -86169011
传　　真:0519 -86169011

企业名称:江西冠华重工机械有限公司
地　　址:江西省宜春市环城南路 599 号
邮　　编:336000
电　　话:0795 -3248111
传　　真:0795 -3241888

企业名称:江西省宜春市建达安全装置设备有限公司
地　　址:江西省宜春市明月南路 267 号
邮　　编:336000
电　　话:0795 -7040312
传　　真:0795 -7040312

企业名称:江阴市金达传动机械有限公司
地　　址:江苏省江阴市青山路 111 号
邮　　编:214400
电　　话:0510 -86022317
传　　真:0510 -86022317

企业名称:南通力威机械有限公司
地　　址:江苏省如皋市如城镇兴源大道 6 号
邮　　编:226522
电　　话:0513 -87268999
传　　真:0513 -87268999

企业名称:江苏省泰宇减速机有限公司
地　　址:江苏省泰兴市姚王镇石桥村工业园
邮　　编:225402
电　　话:0523 -87540099
传　　真:0523 -87540099

企业名称:上海申江锻造有限公司
地　　址:上海市嘉定区曹安公路 16 号桥南
邮　　编:201812
电　　话:021 -69134181
传　　真:021 -69134181

企业名称:天津重钢机械装备股份有限公司
地　　址:天津市塘沽区厦门路 139 号
邮　　编:300459
电　　话:022 -25211535
传　　真:022 -25211535

企业名称:烟台天府起重设备制造有限公司
地　　址:山东省烟台市福山区上庄路 81 号
邮　　编:265500
电　　话:0535 -6331648
传　　真:0535 -6331648

企业名称:南京一嘉起重机械制造有限公司
地　　址:江苏省南京市栖霞区靖安街道飞花工业园
邮　　编:210059
电　　话:025 -85738622
传　　真:025 -85738622

企业名称:诸暨市宏贝达机械设备有限公司
地　　址:浙江省诸暨市人民中路 75 号
邮　　编:311800
电　　话:0575 -87114125
传　　真:0575 -87114125

企业名称:杭州浙起机械有限公司
地　　址:浙江省杭州市拱墅工业园区康惠路 1 号
邮　　编:310015
电　　话:0571 -86331468
传　　真:0571 -86331468

企业名称:河南省发达起重机有限公司
地　　址:河南省新乡市长垣县起重机工业园区
邮　　编:453400
电　　话:0373 -8791378

传　　真:0373－8791378

企业名称:象山万邦电器有限公司
地　　址:浙江省宁波市象山县城东工业园望海路 5 号
邮　　编:315700
电　　话:0574－65626626
传　　真:0574－65626626

企业名称:河南省盛华起重机有限公司
地　　址:河南省新乡市长垣县起重机工业园区
邮　　编:453400
电　　话:0373－8712503
传　　真:0373－8712503

企业名称:新乡市志远起重配件厂
地　　址:河南省新乡市长垣县起重机工业园区
邮　　编:453400
电　　话:0373－8615167
传　　真:0373－8615167

企业名称:河南新起腾升起重设备有限公司
地　　址:河南省新乡市榆东产业聚集区
邮　　编:453000
电　　话:0373－7722088
传　　真:0373－7722088

企业名称:河南恒达机电设备有限公司
地　　址:河南省新乡市长垣县起重机工业园区纬四路
邮　　编:453424
电　　话:0373－8615219
传　　真:0373－8615319

企业名称:绍兴起重机总厂
地　　址:浙江省绍兴市袍江新区洋江东路 38 号
邮　　编:312000
电　　话:0575－88265977
传　　真:0575－88265977

企业名称:江阴市起重运输机械有限公司
地　　址:江苏省江阴市申港街道申新路 33 号
邮　　编:214443
电　　话:0510－86621524
传　　真:0510－86621524

企业名称:四川合起起重设备有限公司
地　　址:四川省成都市金堂县清江镇双江社区 4 组
邮　　编:610400
电　　话:028－84901618
传　　真:028－84903300

企业名称:成都三江起重机制造有限公司
地　　址:四川省成都市金堂县三中园区钢城路西段
邮　　编:610400
电　　话:028－84934393
传　　真:028－84934393

企业名称:江西华伍制动器股份有限公司
地　　址:江西省丰城市工业园区新梅路 7 号
邮　　编:331100
电　　话:0795－6203200
传　　真:0795－6203200

企业名称:郑州市华中路桥设备有限公司
地　　址:河南省郑州市上街区洛宁路 88 号
邮　　编:450041
电　　话:0371－68117266
传　　真:0371－68117258

企业名称:唐山沧达电缆有限公司
地　　址:河北省唐山市复兴路 54 号
邮　　编:063000
电　　话:0315－2863232
传　　真:0315－5933210

企业名称:长沙起重机厂有限公司
地　　址:湖南省长沙市韶山南路 123 号
邮　　编:410004
电　　话:0731－85590525
传　　真:0731－87807779

企业名称:天津港航安装工程有限公司
地　　址:天津市塘沽区新市北路 5793 号
邮　　编:300459
电　　话:022－25211535
传　　真:022－25213100

企业名称:天津市百业机械制造有限公司
地　　址:天津市东丽区民族路 2 号
邮　　编:300300
电　　话:022－84893995
传　　真:022－84893985

企业名称:江苏金长城减速机有限公司
地　　址:江苏省泰兴市经济开发区城东工业园
邮　　编:225400
电　　话:0523－87700018
传　　真:0523－87552788

企业名称:成都起重机械厂
地　　址:四川省成都市金牛区天回镇

邮　　编:610083
电　　话:028－82572910
传　　真:028－82572910

企业名称:湖北创新电气有限公司
地　　址:湖北省宜昌市伍家岗临江坪科技园
邮　　编:443000
电　　话:0717－6435383
传　　真:0717－6435545

企业名称:浙江欧迈特减速机械有限公司
地　　址:浙江省温州市平阳县宋桥镇工业园
邮　　编:325409
电　　话:0577－63770881
传　　真:0577－63775678

企业名称:新乡市起重机厂有限公司
地　　址:河南省新乡市南环路东1号
邮　　编:453003
电　　话:0373－5797669
传　　真:0373－5797669

企业名称:无锡文鼎线缆有限公司
地　　址:江苏省宜兴市官司林镇江工业区张来路
邮　　编:214251
电　　话:0510－87206210
传　　真:0510－87209409

企业名称:江阴市正盛机械制造有限公司
地　　址:江苏省江阴市申港镇于门工业园68号
邮　　编:214443
电　　话:0510－86688868
传　　真:0510－86623128

企业名称:银川银重(集团)起重机有限公司
地　　址:宁夏银川市金凤区贺兰山中路533号
邮　　编:750011
电　　话:0951－3073729
传　　真:0951－3072981

企业名称:伟肯(苏州)电气传动有限公司北京分公司
地　　址:北京市朝阳区光华路甲8号
邮　　编:100026
电　　话:010－51280006
传　　真:010－51280006

传动部件

企业名称:大连重工・起重集团有限公司通用减速机厂
地　　址:辽宁省大连市甘井子区新水泥路78号
邮　　编:116035
电　　话:0411－86426007
传　　真:0411－86426190

企业名称:焦作制动器股份有限公司
地　　址:河南省焦作市博爱县发展大道1688号
邮　　编:454450
电　　话:0391－2086000
传　　真:0391－2080000

企业名称:北京起重运输机械设计研究院
地　　址:北京市东城区雍和宫大街52号
邮　　编:100007
电　　话:010－64033078
传　　真:010－64052584

企业名称:太原重工股份有限公司齿轮传动分公司
地　　址:山西省太原市万柏林区玉河街53号
邮　　编:030024
电　　话:0351－6366731
传　　真:0351－6360835

企业名称:大连重工・起重集团有限公司
地　　址:辽宁省大连市甘井子区新水泥路78号
邮　　编:116035
电　　话:0411－86426100
传　　真:0411－86426190

企业名称:上海冶金矿山机械厂
地　　址:上海市闸北区汶水路210号
邮　　编:200072
电　　话:021－56650499
传　　真:021－56639508

企业名称:嘉兴嘉冶机械制造有限公司
地　　址:浙江省嘉兴市角里街112号
邮　　编:314000
电　　话:0573－82820184
传　　真:0573－82818650

企业名称:广州劲草减速机机械有限公司
地　　址:广东省广州市白云区爱国11路1－1号
邮　　编:510450
电　　话:020－86601532
传　　真:020－86601532

企业名称:荆州市巨鲸传动机械有限公司
地　　址:湖北省荆州市沙市区北京东路157号
邮　　编:434000
电　　话:0716－8303888

传　　真:0716－8303905

企业名称:沈阳市起重电器厂
地　　址:辽宁省沈阳市铁西区路宫 2 街 15－1－2 门
邮　　编:110023
电　　话:024－25922592
传　　真:024－25922582

企业名称:昆明重工集团有限责任公司减速机公司
地　　址:云南省昆明市茨坝路 31 号
邮　　编:650203
电　　话:0871－5150091
传　　真:0871－5150151

企业名称:上海起重运输机械厂有限公司
地　　址:上海市杨浦区民星路 191 号
邮　　编:200433
电　　话:021－65561388
传　　真:021－56639864

企业名称:太原科技大学机电学院
地　　址:山西省太原市万柏林区窊流路 66 号
邮　　编:030024
电　　话:0351－6963399
传　　真:0351－6998027

企业名称:甘肃天水长城控制电器有限责任公司
地　　址:甘肃省天水市秦州区南廓路 11 号
邮　　编:741018
电　　话:0938－8371651
传　　真:0938－8384077

企业名称:南京起重电器厂
地　　址:江苏省南京市江宁区淳化镇七里岗 12 号
邮　　编:211123
电　　话:025－52262856
传　　真:025－52252014

企业名称:江西华伍制动器股份有限公司
地　　址:江西省丰城市工业园区新梅路 7 号
邮　　编:331100
电　　话:0795－6203200
传　　真:0795－6242146

企业名称:焦作市长江制动器有限公司
地　　址:河南省焦作市武陟县大司马工业区 888 号
邮　　编:454981
电　　话:0391－7517556
传　　真:0391－7515658

企业名称:宁夏天地奔牛银起设备有限公司
地　　址:宁夏银川市西夏区金波南街 160 号
邮　　编:750021
电　　话:0951－5615026
传　　真:0951－3067126

企业名称:西安环力传动机械股份有限公司
地　　址:陕西省西安市经济技术开发区凤城 11 路 91 号
邮　　编:710018
电　　话:029－86171905
传　　真:029－85251911

企业名称:唐冶减速机制造有限公司
地　　址:河北省唐山市路北区缸窑路 4 号
邮　　编:063027
电　　话:0315－3202616
传　　真:0315－3202214

企业名称:包头市起重机械有限公司
地　　址:内蒙古包头市东河区西脑乡 135 号
邮　　编:014040
电　　话:0472－4874100
传　　真:0472－4862406

企业名称:内蒙古兴华机械制造厂
地　　址:内蒙古呼和浩特市南郊小黑河
邮　　编:010070
电　　话:0471－5686313
传　　真:0471－5686313

企业名称:天津理工传动机械厂
地　　址:天津市北辰区引河桥北
邮　　编:300400
电　　话:022－26972199
传　　真:022－26972199

企业名称:石家庄科一重工有限公司
地　　址:河北省石家庄市和平西路 595 号
邮　　编:050071
电　　话:0311－87796242
传　　真:0311－87756244

企业名称:山西新富生机器制造有限公司
地　　址:山西省太原市小东门新开南巷 27 号
邮　　编:030013
电　　话:0351－3074892
传　　真:0351－3074892

企业名称:山西省平遥减速器厂
地　　址:山西省晋中市平遥县古城南路 138 号

邮　　编:031100
电　　话:0354 - 5622828
传　　真:0354 - 5622828

企业名称:沈阳金龟减速机厂有限公司
地　　址:辽宁省沈阳市辽中县商业街 15 号
邮　　编:110200
电　　话:024 - 87880508
传　　真:024 - 87881361

企业名称:青岛减速机厂
地　　址:山东省胶州市铺集镇铺集二村
邮　　编:266326
电　　话:0532 - 87737569
传　　真:0532 - 86250253

企业名称:龙口市减速机机械有限公司
地　　址:山东省龙口市黄城区西市场 1 号
邮　　编:265701
电　　话:0535 - 8519156
传　　真:0535 - 8517471

企业名称:重庆减速机有限责任公司
地　　址:重庆市璧山县牛角湾
邮　　编:402760
电　　话:023 - 41432059
传　　真:023 - 41436677

企业名称:张家口市宣化区减速机厂
地　　址:河北省张家口市宣化区按院街 11 号
邮　　编:075100
电　　话:0313 - 3014659
传　　真:0313 - 3013870

企业名称:衡阳起重运输机械有限公司
地　　址:湖南省衡阳市珠晖区狮山路 1 号
邮　　编:421005
电　　话:0734 - 3172069
传　　真:0734 - 8290779

企业名称:宁波誉力冶金矿山机械有限公司
地　　址:浙江省宁波市鄞州区鄞州镇经济工业园
邮　　编:315151
电　　话:0574 - 88431146
传　　真:0574 - 88432207

企业名称:瑞慈马鞍山传动机械有限公司
地　　址:安徽省马鞍山市经济技术开发区湖西南路 159 号
邮　　编:243041
电　　话:0555 - 8323651
传　　真:0555 - 8323656

企业名称:浙江东海减速机有限公司
地　　址:浙江省温州市平阳县经济开发区(敖江镇)
邮　　编:325401
电　　话:0577 - 63631862
传　　真:0577 - 63635393

企业名称:焦作市起重控制电器厂
地　　址:河南省焦作市黄河大道东段
邮　　编:454750
电　　话:0391 - 8190687
传　　真:0391 - 8198930

企业名称:焦作神箍制动器制造公司
地　　址:河南省焦作市东二环路气象局南 200 米
邮　　编:454100
电　　话:0391 - 3933681
传　　真:0391 - 3933052

企业名称:焦作市虹桥重工科技发展股份有限公司
地　　址:河南省焦作市武陟县大虹桥乡南虹桥
邮　　编:454981
电　　话:0391 - 7543555
传　　真:0391 - 7541666

企业名称:焦作市虹发制动器有限公司
地　　址:河南省焦作市武陟县大虹桥乡南虹桥
邮　　编:454981
电　　话:0391 - 7541838
传　　真:0391 - 7542897

企业名称:重庆起重电器厂
地　　址:重庆市九龙坡区石坪桥横街 66 号 3 - 6
邮　　编:400051
电　　话:023 - 68825728
传　　真:023 - 68855478

企业名称:宁波名泰起重电器有限公司
地　　址:浙江省宁波市象山县丹城镇西丹路 18 号
邮　　编:315700
电　　话:0574 - 65723430
传　　真:0574 - 65723165

企业名称:宁波凯元电器有限公司
地　　址:浙江省宁波市象山县经济开发区白鹤路 198 号
邮　　编:315700
电　　话:0574 - 65758595
传　　真:0574 - 65713876

企业名称:上海伯瑞制动器有限公司
地　　址:上海市奉贤区奉城镇东街98号
邮　　编:201411
电　　话:021－57522358
传　　真:021－57522350

企业名称:青岛星轮实业有限责任公司
地　　址:山东省青岛市城阳区流亭建材工业园春雨西路8号
邮　　编:266108
电　　话:0532－84909136
传　　真:0532－84909003

企业名称:焦作市制动器开发有限公司
地　　址:河南省焦作市武陟工业园工业南路202号
邮　　编:454950
电　　话:0391－7268199
传　　真:0391－7268019

企业名称:焦作科佳(原虹宇)制动器有限公司
地　　址:河南省焦作市武陟县虹桥工业区
邮　　编:454981
电　　话:0391－7541288
传　　真:0391－7545568

企业名称:焦作银星制动器有限公司
地　　址:河南省焦作市东韩工业区
邮　　编:454762
电　　话:0391－8169889
传　　真:0391－8169385

企业名称:潍坊利达起重机有限公司
地　　址:山东省潍坊市北宫西街万家福超市北200米
邮　　编:261021
电　　话:0536－8321809
传　　真:0536－8323208

企业名称:石家庄三元机电有限公司
地　　址:河北省石家庄市桥东区清水街西南头
邮　　编:050091
电　　话:0311－86814291
传　　真:0311－86814291

企业名称:焦作市江河制动器有限公司
地　　址:河南省焦作市武陟县大虹桥
邮　　编:454981
电　　话:0391－7541060
传　　真:0391－7541132

企业名称:焦作市宏升实业有限公司
地　　址:河南省焦作市武陟县前牛工业区
邮　　编:454950
电　　话:0391－7618960
传　　真:0391－7619888

企业名称:浙江金安电气有限公司
地　　址:浙江省乐清市柳市镇新光工业区新光大道151号
邮　　编:325604
电　　话:0577－62799299
传　　真:0577－62799218

企业名称:晋城江淮工贸有限公司
地　　址:山西省晋城市凤台东街2755号
邮　　编:048026
电　　话:0356－2191906
传　　真:0356－2191600

企业名称:贵阳天龙摩擦材料有限公司
地　　址:贵州省贵阳市宝山北路372号16楼
邮　　编:550001
电　　话:0851－6612735
传　　真:0851－6612763

企业名称:焦作市制动器有限公司
地　　址:河南省焦作市大封东唐郭工业区8号
邮　　编:454950
电　　话:0391－7202113
传　　真:0391－7202566

企业名称:焦作市虹羽制动器有限公司
地　　址:河南省焦作市武陟县虹桥工业区
邮　　编:454981
电　　话:0391－7548258
传　　真:0391－7549898

企业名称:焦作市金牛机械制造有限公司
地　　址:河南省焦作市武陟县前牛村工业区
邮　　编:454981
电　　话:0391－7618368
传　　真:0391－7618368

企业名称:河南省电力液压制动器有限公司
地　　址:河南省新乡市长垣县魏庄工业区
邮　　编:453424
电　　话:0373－8618333
传　　真:0373－8619222

企业名称:大连通达电器厂
地　　址:辽宁省大连市沙河口区绿波路52号
邮　　编:116033
电　　话:0411－84288606
传　　真:0411－84288616

企业名称:江门市起重电器厂有限公司
地　　址:广东省江门市江海区五邑路滘头联星工业区1号
邮　　编:529040
电　　话:0750－3893637
传　　真:0750－3823995

企业名称:长沙市起重机械配件厂
地　　址:湖南省长沙市马栏山开福区工业基地
邮　　编:410003
电　　话:0731－84257534
传　　真:0731－84257534

企业名称:大连冶金起重电器厂沙河口区
地　　址:辽宁省大连市沙河口区西南路433号－17南
邮　　编:116021
电　　话:0411－84337181
传　　真:0411－84337181

企业名称:河南省大众通用起重机械有限公司
地　　址:河南省新乡市封丘县起重工业园区
邮　　编:453322
电　　话:0373－8413198
传　　真:0373－8411555

企业名称:象山万邦电器有限公司
地　　址:浙江省宁波市象山产业区域工业园望海路5号
邮　　编:315706
电　　话:0574－65622778
传　　真:0574－65622768

企业名称:象山亚伦电器有限公司
地　　址:浙江省宁波市象山县城镇建设路一营门路口
邮　　编:315700
电　　话:0574－65717717
传　　真:0574－65758877

企业名称:象山跃华电器设备厂
地　　址:浙江省宁波市象山县蓬莱路54弄3号
邮　　编:315700
电　　话:0574－65725597
传　　真:0574－65718621

企业名称:焦作市重工制动器制造有限公司
地　　址:河南省焦作市武陟县虹桥工业区
邮　　编:454981
电　　话:0391－7544555
传　　真:0391－7544077

企业名称:宁波华阳起重电器有限公司
地　　址:浙江省宁波市象山县大徐新凉亭工业园
邮　　编:315700
电　　话:0574－65625818
传　　真:0574－65765355

千斤顶

企业名称:江苏通润集团常熟市千斤顶厂
地　　址:江苏省常熟市联丰路58－1号
邮　　编:215500
电　　话:0512－52820788
传　　真:0512－52822288

企业名称:北京起重运输机械设计研究院
地　　址:北京市东城区雍和宫大街52号
邮　　编:100007
电　　话:010－64032277
传　　真:010－64052584

企业名称:一汽四环随车工具总厂
地　　址:吉林省长春市吉林大路3473号
邮　　编:130031
电　　话:0431－84842054
传　　真:0431－84842054

企业名称:嘉兴金腾机械实业有限公司
地　　址:浙江省嘉兴市海盐县西塘桥中乐路6号
邮　　编:314305
电　　话:0573－86811167
传　　真:0573－86811167

企业名称:上海宝山液压工具有限公司
地　　址:上海市宝山区宝杨路3055号
邮　　编:201901
电　　话:021－56801448
传　　真:021－56801448

企业名称:上海沪南千斤顶厂
地　　址:上海市南汇区六灶镇
邮　　编:201322
电　　话:021－58162999
传　　真:021－58162126

企业名称:上海千斤顶厂
地　　址:上海市虹口区周家嘴路 500 号
邮　　编:200080
电　　话:021－65455036
传　　真:021－65415171

企业名称:承德胜利千斤顶有限公司
地　　址:河北省承德市承德县孟家院街 6 号
邮　　编:067411
电　　话:0314－3056478
传　　真:0314－3056478

企业名称:兖州金顶机械制造有限公司
地　　址:山东省兖州市中山东路 243－2 号
邮　　编:272100
电　　话:0537－3412567
传　　真:0537－3415225

企业名称:成都飞机公司(机电产品工程所)
地　　址:四川省成都市黄田坝 660 分箱
邮　　编:610092
电　　话:028－87401435
传　　真:028－87401435

企业名称:上海宝山千斤顶总厂有限公司
地　　址:上海市宝山区江杨南路 1085 号
邮　　编:200434
电　　话:021－56881711
传　　真:021－56881711

企业名称:承德润韩千斤顶有限公司
地　　址:河北省承德市西大街 142 号
邮　　编:067000
电　　话:0314－2185487
传　　真:0314－2185589

企业名称:安徽黄山市鑫佳橡塑有限责任公司
地　　址:安徽省黄山市屯溪区新潭东源口 8 号
邮　　编:245000
电　　话:0559－2512084
传　　真:0559－2557850

企业名称:国家起重运输机械质量监督检验中心
地　　址:北京市东城区雍和宫大街 52 号
邮　　编:100007
电　　话:010－64018780
传　　真:010－64052252

企业名称:抚顺市南山城螺旋千斤顶厂
地　　址:辽宁省抚顺市清原县南山城镇中街
邮　　编:113308
电　　话:0413－3555035
传　　真:0413－3555605

企业名称:海宁鼎立机械有限公司
地　　址:浙江省海宁市硖石镇大寨桥
邮　　编:314400
电　　话:0573－87022158
传　　真:0573－87021265

企业名称:杭州临安市橡胶有限公司
地　　址:浙江省临安市昌化工业园区 1 号
邮　　编:311321
电　　话:13906815862
传　　真:0571－63668866

企业名称:湖北 3611 工厂
地　　址:湖北省丹江口市浪河镇 105 信箱
邮　　编:441912
电　　话:0719－5619393
传　　真:0719－5619392

企业名称:嘉兴市大通机械厂
地　　址:浙江省嘉兴市余新镇
邮　　编:314009
电　　话:0573－83166238
传　　真:0573－83165918

企业名称:嘉兴市千斤顶厂
地　　址:浙江省嘉兴市海盐县城北西路 388 号
邮　　编:314300
电　　话:0573－86195128
传　　真:0573－86195128

企业名称:嘉兴市正发机械厂
地　　址:浙江省嘉兴市南湖区凤桥镇
邮　　编:314008
电　　话:0573－83131171
传　　真:0573－83131171

企业名称:江苏跃进常随汽车零部件有限公司
地　　址:江苏省常州市天宁区常焦路 4 号
邮　　编:213021
电　　话:0519－85311724
传　　真:0519－85311783

企业名称:绵阳市金象机械有限公司
地　　址:四川省绵阳市涪城区塘汛镇群丰东街 154 号
邮　　编:621000
电　　话:0816－2212022

传　　真:0816 -2213008

企业名称:宁国宏达塑料厂
地　　址:安徽省宁国市工业西路 83 号
邮　　编:242300
电　　话:0563 -4029234
传　　真:0563 -4028305

企业名称:山东临沂启阳工具有限公司
地　　址:山东省临沂市河东区双桥街东段
邮　　编:276000
电　　话:0539 -8082188
传　　真:0539 -8082929

企业名称:上海金星机械实业有限公司
地　　址:上海市奉贤区庄行镇丁宁路 28 号
邮　　编:201415
电　　话:021 -57469550
传　　真:021 -57469550

企业名称:上海起重工具厂
地　　址:上海市杨浦区隆昌路 40 弄 8 号
邮　　编:200009
电　　话:021 -65431919
传　　真:021 -65431919

企业名称:上海震达液压工具厂
地　　址:上海市杨浦区隆昌路 40 弄 8 号
邮　　编:200090
电　　话:021 -38923397
传　　真:021 -58564465

企业名称:余江县千斤顶厂
地　　址:江西省鹰潭市余江县邓埠镇四青路冠英巷 1 号
邮　　编:335200
电　　话:0701 -5881142
传　　真:0701 -5881142

企业名称:重庆千斤顶厂
地　　址:重庆市北碚区静宁路 44 号
邮　　编:400700
电　　话:023 -68862096
传　　真:023 -68206405

企业名称:奉化南方机械制造有限公司
地　　址:浙江省宁波市奉化市尚田镇
邮　　编:315511
电　　话:13105588888
传　　真:0574 -88637997

企业名称:杭州三星机械有限公司
地　　址:浙江省杭州市丁桥镇
邮　　编:310021
电　　话:0571 -88111937
传　　真:0571 -88111040

企业名称:上海江南千斤顶厂
地　　址:上海市奉贤区庄行镇邬桥安东路 25 号
邮　　编:201402
电　　话:13801704932
传　　真:021 -57401566

企业名称:中国第一汽车集团公司技术中心
地　　址:吉林省长春市汽车产业开发区创业大街 1063 号
邮　　编:130011
电　　话:0431 -85788546、13596499516
传　　真:0431 -85788541

企业名称:杭州天恒机械有限公司
地　　址:浙江省杭州市临安板桥乡下板桥 113 号
邮　　编:311301
电　　话:0571 -63780362
传　　真:0571 -63780362

企业名称:海盐金鑫机械有限公司
地　　址:浙江省嘉兴市海盐县西塘桥镇曙光村
邮　　编:314305
电　　话:0573 -86819668
传　　真:0573 -86819668

企业名称:嘉兴大隆机械有限公司
地　　址:浙江省嘉兴市海盐县大桥新区西场路 58 号
邮　　编:314305
电　　话:0573 -86811151
传　　真:0573 -86811151

企业名称:山西太谷县永星铸造有限公司
地　　址:山西省晋中市太古县胡村镇墩坊村
邮　　编:030800
电　　话:13903446563
传　　真:0354 -6325038

企业名称:上海鑫栋钢球轴承有限公司
地　　址:上海市浦东新区川周公路 3239 号
邮　　编:201319
电　　话:021 -58116922

企业名称:承德相一机械有限公司
地　　址:河北省承德市平泉县红山嘴开发区
邮　　编:067500

电　　话:13663142639
传　　真:0314－6105589

输送机给料机

企业名称:芜湖起重运输机器有限公司
地　　址:安徽省芜湖市三山经济开发区官河路与浮山路交叉口
邮　　编:241080
电　　话:0553－3916777
传　　真:0553－5852711

企业名称:北京起重运输机械设计研究院
地　　址:北京市东城区雍和宫大街 52 号
邮　　编:100007
电　　话:010－64032296
传　　真:010－64032442

企业名称:太原科技大学机电学院
地　　址:山西省太原市万柏林区窊流路 66 号
邮　　编:030024
电　　话:0351－6998039
传　　真:0351－6998027

企业名称:广西百色矿山机械厂
地　　址:广西百色市工业园区(六塘内)
邮　　编:533000
电　　话:0776－2770803
传　　真:0776－2770488

企业名称:湖北宜都机电工程股份有限公司
地　　址:湖北省宜昌市珍珠路 69 号盈嘉酒店 25 楼
邮　　编:443300
电　　话:0717－6741000
传　　真:0717－8868877

企业名称:上海科大重工集团有限公司
地　　址:上海市青浦区华青路 815 号
邮　　编:201707
电　　话:021－69213885
传　　真:021－69211138

企业名称:四川省自贡运输机械有限公司
地　　址:四川省自贡市自井区大岩洞 1 号
邮　　编:643000
电　　话:0813－8236964
传　　真:0813－8236016

企业名称:甘肃兰州二通机械有限公司
地　　址:甘肃省兰州市安宁区安宁中路 148 号
邮　　编:730070
电　　话:0931－7752255
传　　真:0931－4938106

企业名称:江阴齿轮箱制造有限公司
地　　址:江苏省江阴市山观工业园区澄山路 601 号
邮　　编:214437
电　　话:0510－86993222
传　　真:0510－86993196

企业名称:诸暨链条总厂
地　　址:浙江省诸暨市牌头镇五一路 1 号
邮　　编:311825
电　　话:0575－87051296
传　　真:0575－87051296

企业名称:芜湖市爱德运输机械有限公司
地　　址:安徽省芜湖市高新技术开发区纬十路
邮　　编:241001
电　　话:0553－5682728
传　　真:0553－5687666

企业名称:天津减速机股份有限公司
地　　址:天津市河东区程林庄路 8 号
邮　　编:300160
电　　话:022－24328922
传　　真:022－24326558

企业名称:石家庄科一重工有限公司减速机分公司
地　　址:河北省石家庄市和平西路 595 号
邮　　编:050071
电　　话:0311－87731909
传　　真:0311－87772060

企业名称:邯郸市红星机械制造有限公司
地　　址:河北省邯郸市峰峰矿区太行东路 25 号
邮　　编:056200
电　　话:0310－5167699
传　　真:0310－5167188

企业名称:大连理工大学
地　　址:辽宁省大连市甘井子区凌工路 2 号
邮　　编:116024
电　　话:0411－84708409
传　　真:0411－84707507

企业名称:鹤壁链条有限责任公司
地　　址:河南省鹤壁市红旗街 150 号
邮　　编:458000
电　　话:0392－2912392

传　　真:0392 - 2891112

企业名称:焦作市新链条输送设备制造有限公司
地　　址:河南省焦作市解放西路中段 54 号
邮　　编:454191
电　　话:0391 - 2947975
传　　真:0391 - 2947487

企业名称:昆明市输送机械有限公司
地　　址:云南省昆明市五华区人民西路 684 号
邮　　编:650106
电　　话:0871 - 8184910
传　　真:0871 - 8184910

企业名称:福州提升机厂
地　　址:福建省福州市仓山公园路 5 号
邮　　编:050007
电　　话:0591 - 83471735
传　　真:0591 - 83441278

企业名称:荆州市巨鲸传动机械有限公司
地　　址:湖北省荆州市开发区东方大道 58 号
邮　　编:434000
电　　话:0716 - 8303900
传　　真:0716 - 8303905

企业名称:宜昌三峡输送机械制造总公司
地　　址:湖北省宜昌市西陵区窑湾乡东山村
邮　　编:443000
电　　话:0717 - 6445067
传　　真:0717 - 6445067

企业名称:启东天地机械制造有限公司
地　　址:江苏省启东市和平南路 105 号
邮　　编:226200
电　　话:0513 - 83312668
传　　真:0513 - 83312649

企业名称:芜湖迪禄普胶带有限公司
地　　址:安徽省芜湖市高新开发区火炬 2 路 15 号
邮　　编:241000
电　　话:0553 - 2245918
传　　真:0553 - 2245919

企业名称:巢湖市工矿配件有限公司
地　　址:安徽省巢湖市中旱工业区
邮　　编:238074
电　　话:0565 - 8531058
传　　真:0565 - 8531246

企业名称:江苏双菱链传动有限公司
地　　址:江苏省常州市武进区湟里镇卜东路 1 号
邮　　编:213151
电　　话:0519 - 83341135
传　　真:0519 - 83341270

企业名称:扬州市精固链传动机械制造有限公司
地　　址:江苏省扬州市朴席工业规划区
邮　　编:211426
电　　话:0514 - 83617988
传　　真:0514 - 83615003

企业名称:通化市起重运输机械制造有限责任公司
地　　址:吉林省通化市保安路 2369 号
邮　　编:134000
电　　话:0435 - 3652137
传　　真:0435 - 3617752

企业名称:宏兴机械制造有限公司
地　　址:黑龙江省鹤岗市红旗路 69 号
邮　　编:154101
电　　话:0468 - 3342098
传　　真:0468 - 3342098

企业名称:沈阳市通用电器研究所
地　　址:辽宁省沈阳市沈河区乐郊路 35 甲 4 号
邮　　编:110011
电　　话:024 - 24804947
传　　真:024 - 24804947

企业名称:江阴华东机械有限公司
地　　址:江苏省江阴市澄张公路 518 号
邮　　编:214429
电　　话:0510 - 86195578
传　　真:0510 - 86190678

企业名称:江苏泰兴隆减速机有限公司
地　　址:江苏省泰兴市城区科技工业园
邮　　编:225400
电　　话:0523 - 87996888
传　　真:0523 - 87996999

企业名称:江苏省国茂减速机集团有限公司
地　　址:江苏省常州市湖塘人民西路 21 号
邮　　编:213161
电　　话:0519 - 86552810
传　　真:0519 - 86578002

企业名称:朝阳东大运输机械有限公司
地　　址:辽宁省朝阳市中山大街二段 38 号

邮　　编:122000
电　　话:0421－3853370
传　　真:0421－3853370

企业名称:长沙起重运输机械厂
地　　址:湖南省长沙市临乡县华夏工业园新康路9号
邮　　编:410005
电　　话:0731－85555999
传　　真:0731－85010292

企业名称:常州东吴链传动制造有限公司
地　　址:江苏省常州市遥观镇东开发区洪庄路
邮　　编:213102
电　　话:0519－88700518
传　　真:0519－88700526

企业名称:湖南中特液力传动机械有限公司
地　　址:湖南省长沙市三湘中路928号天心丽城
邮　　编:413000
电　　话:0731－84743608
传　　真:0731－84792326

企业名称:铜陵三佳科技股份有限公司
地　　址:安徽省铜陵市石城路电子工业区
邮　　编:244000
电　　话:0562－2627641
传　　真:0562－2627501

企业名称:芜湖市康德机械制造有限公司
地　　址:安徽省芜湖市经济技术开发区桥北工业园
邮　　编:241008
电　　话:0553－5313315
传　　真:0553－5316579

企业名称:安徽省无为神力运输机器制造有限公司
地　　址:安徽省巢湖市无为县赫店镇苏塘
邮　　编:238366
电　　话:0565－6285091
传　　真:0565－6285008

企业名称:安徽省无为煤矿机械制造有限公司
地　　址:安徽省巢湖市无为县赫店工业区
邮　　编:238367
电　　话:0565－6200038
传　　真:0565－6202198

企业名称:浙江上虞工程塑料厂
地　　址:浙江省上虞市五夫工业园区
邮　　编:312353
电　　话:0575－82415928
传　　真:0575－82415626

企业名称:杭州临安输送机械链条厂
地　　址:浙江省临安市青山工业园区
邮　　编:311300
电　　话:0571－63783450
传　　真:0571－63783450

企业名称:湖州双力自动化科技装备有限公司
地　　址:浙江省湖州市西凤路888号
邮　　编:313000
电　　话:0572－2022263
传　　真:0572－2022263

企业名称:芜湖市通达成套输送设备有限公司
地　　址:安徽省芜湖市清水工业园区
邮　　编:241060
电　　话:0553－8294780
传　　真:0553－8292361

企业名称:芜湖众发中运机械有限公司
地　　址:安徽省芜湖市鸠江经济开发区
邮　　编:241001
电　　话:0553－5716410
传　　真:0553－5716423

企业名称:安徽省黄山市轴承有限责任公司
地　　址:安徽省黄山市黟县马道路9号
邮　　编:242700
电　　话:0559－5522179
传　　真:0559－5522926

企业名称:佐敦涂料(张家港)有限公司
地　　址:上海市中山南路28号久事大厦20层
邮　　编:200010
电　　话:021－63330800
传　　真:021－63373384

企业名称:芜湖中南轴承实业有限公司
地　　址:安徽省芜湖市五一广场南侧
邮　　编:241002
电　　话:0553－4110362
传　　真:0553－4110363

企业名称:南京起重电器厂
地　　址:江苏省南京市江宁区淳化镇七里岗12号
邮　　编:211123
电　　话:025－52262925
传　　真:025－52252014

企业名称:焦作市华武制动器厂
地　　址:河南省焦作市虹桥工业区
邮　　编:454981
电　　话:0391 – 7543668
传　　真:0391 – 7543168

企业名称:盐城康威特橡塑有限公司
地　　址:江苏省大丰市大桥镇潘街 39 号
邮　　编:224000
电　　话:0515 – 83384848
传　　真:0515 – 83382398

企业名称:上海交华液力机械有限公司
地　　址:上海市崇明县绿华镇新建路 575 号
邮　　编:202151
电　　话:021 – 59353159
传　　真:021 – 59351202

企业名称:天津重钢机械装备股份有限公司
地　　址:天津市塘沽海洋高新技术开发区厦门路 139 号
邮　　编:300459
电　　话:022 – 25214993
传　　真:022 – 25211535

企业名称:安徽盛运机械股份有限公司
地　　址:安徽省桐城市同安路 265 号
邮　　编:231400
电　　话:0556 – 6206966
传　　真:0556 – 6205280

企业名称:中德(扬州)输送工程技术有限公司
地　　址:江苏省扬州市开发区鸿扬路 66 号
邮　　编:225009
电　　话:0514 – 85881696
传　　真:0514 – 85881690

带式输送机

企业名称:北方重工集团有限公司输送设备分公司
地　　址:辽宁省沈阳市经济技术开发区开发大路 16 号
邮　　编:110141
电　　话:024 – 25802099
传　　真:024 – 24835186

企业名称:北京起重运输机械设计研究院
地　　址:北京市东城区雍和宫大街 52 号
邮　　编:100007
电　　话:010 – 64032598
传　　真:010 – 64032570

企业名称:山东山矿机械有限公司
地　　址:山东省济宁市济安桥北路 11 号
邮　　编:272041
电　　话:0537 – 2226931
传　　真:0537 – 2228529

企业名称:衡阳运输机械有限公司
地　　址:湖南省衡阳市珠晖区狮山路 1 号
邮　　编:421002
电　　话:0734 – 3172006
传　　真:0734 – 3172066

企业名称:四川自贡运输机械有限责任公司
地　　址:四川省自贡市自流井区大岩洞 1 号
邮　　编:643000
电　　话:0813 – 5500889
传　　真:0813 – 5500900

企业名称:上海科大重工集团有限公司
地　　址:上海市青浦区华清路 815 号
邮　　编:201707
电　　话:021 – 69211558
传　　真:021 – 69211138

企业名称:太原科技大学机械工程学院
地　　址:山西省太原市万柏林区窊流路 138 号
邮　　编:030024
电　　话:0351 – 6221994
传　　真:0351 – 6220233

企业名称:焦作市科瑞森机械制造有限公司
地　　址:河南省焦作市解放中路 23 号
邮　　编:454150
电　　话:0391 – 2906388
传　　真:0391 – 2923690

企业名称:铜陵天奇蓝天机械设备有限公司
地　　址:安徽省铜陵市经济技术开发区
邮　　编:244000
电　　话:0562 – 2686161
传　　真:0562 – 2686167

企业名称:集安佳信通用机械有限公司
地　　址:吉林省集安市经济开发区创业大路 3 号
邮　　编:134200
电　　话:0435 – 6225696
传　　真:0435 – 6225918

企业名称:北京约基工业股份有限公司
地　　址:北京市通州区次渠工业园区

邮　　编:101111
电　　话:010－81502099
传　　真:010－81502082

企业名称:东北大学机械工程学院
地　　址:辽宁省沈阳市和平区文化路 8 号
邮　　编:110004
电　　话:024－83679731
传　　真:024－83679731

企业名称:大连液力机械有限公司
地　　址:辽宁省大连市甘井子区东纬路 99 号
邮　　编:116033
电　　话:0411－86643187
传　　真:0411－86642765

企业名称:通化市起重运输机械制造有限责任公司
地　　址:吉林省通化市保安路 2369 号
邮　　编:134000
电　　话:0435－3652121
传　　真:0435－3616616

企业名称:首钢东华机械厂
地　　址:辽宁省兴城市南桥路 102 号
邮　　编:125100
电　　话:0429－5697951
传　　真:0429－5697951

企业名称:天津市凯劲运输机械有限公司
地　　址:天津市宁河县卢台镇卢汉路 26 号
邮　　编:301500
电　　话:022－69592695
传　　真:022－69592698

企业名称:SEW－传动设备(天津)有限公司
地　　址:天津市经济技术开发区第七大街 46 号
邮　　编:300457
电　　话:022－25322612
传　　真:022－25348795

企业名称:包头市万里机械有限责任公司
地　　址:内蒙古包头市东河区南二里半
邮　　编:014040
电　　话:0472－4604308
传　　真:0472－4604234

企业名称:青岛华夏橡胶工业有限公司
地　　址:山东省青岛市即墨通济区城马路 146 号华夏工业园
邮　　编:266109
电　　话:0532－82519338
传　　真:0532－82518381

企业名称:唐山冶金矿山机械厂
地　　址:河北省唐山市缸窑路 4 号
邮　　编:063027
电　　话:0315－8992476
传　　真:0315－3203403

企业名称:唐山开元自动焊接装备有限公司
地　　址:河北省唐山市高新区火炬路 189 号
邮　　编:063000
电　　话:0315－3855257
传　　真:0315－3859644

企业名称:华电重工装备有限公司
地　　址:北京市海淀区西三环北路 91 号南门
邮　　编:100044
电　　话:010－51966621
传　　真:010－68710553

企业名称:芜湖起重运输机器有限公司
地　　址:安徽省芜湖市三山经济技术开发区官河路与浮山路交叉口
邮　　编:241000
电　　话:0553－5859945
传　　真:0553－5852711

企业名称:铜陵三佳科技公司精密制品厂
地　　址:安徽省铜陵市西城路电子工业区
邮　　编:244000
电　　话:0562－2627641
传　　真:0562－2627501

企业名称:徐州光环钢管有限公司
地　　址:江苏省徐州市东三环路北段
邮　　编:221004
电　　话:0516－87779220
传　　真:0516－87779220

企业名称:江阴齿轮箱制造有限公司
地　　址:江苏省江阴市山观工业园区澄山路 601 号
邮　　编:214437
电　　话:0510－86993222
传　　真:0510－86993196

企业名称:安徽盛运机械股份有限公司
地　　址:安徽省桐城市同安路 265 号
邮　　编:231400
电　　话:0556－6213999

传　　真:0556－6205898

企业名称:安徽攀登重工股份有限公司
地　　址:安徽省桐城市南岛日华广场
邮　　编:231400
电　　话:0556－6131877
传　　真:0556－6127222

企业名称:江阴市鹏锦机械制造有限公司
地　　址:江苏省江阴市南闸镇观山东盟科技工业园10号
邮　　编:214405
电　　话:0510－86271858
传　　真:0510－86271878

企业名称:马钢输送机械设备制造公司
地　　址:安徽省马鞍山市经济开发区阳湖路499号
邮　　编:243000
电　　话:0555－2109762
传　　真:0555－2109765

企业名称:浙江双箭橡胶股份有限公司
地　　址:浙江省桐乡市洲泉镇工业区
邮　　编:314513
电　　话:0573－88532288
传　　真:0573－88531023

企业名称:东莞市奥能实业有限公司
地　　址:广东省东莞市万江区龙屋基
邮　　编:523039
电　　话:0769－22278244
传　　真:0769－22189485

企业名称:泰州机械厂有限公司
地　　址:江苏省泰州市海陵工业园区纵四路西侧
邮　　编:225300
电　　话:0523－86650182
传　　真:0523－86558037

企业名称:湖州双力自动化科技装备有限公司
地　　址:浙江省湖州市西凤路888号
邮　　编:313000
电　　话:0572－2031191
传　　真:0572－2111316

企业名称:桐乡机械厂有限公司
地　　址:浙江省桐乡市崇德路
邮　　编:341511
电　　话:0573－88385728
传　　真:0573－88381709

企业名称:宝鸡杭叉工程机械有限公司
地　　址:陕西省宝鸡市十里铺纺西村
邮　　编:721004
电　　话:0917－3423592
传　　真:0917－3415180

企业名称:太原向明科工贸有限公司
地　　址:山西省太原市小店经济区唐槐路2号
邮　　编:030006
电　　话:0351－7024358
传　　真:0351－7022727

企业名称:河南天隆输送装备有限公司
地　　址:河南省新乡市高新技术开发区科隆工业园
邮　　编:453000
电　　话:0373－5066226
传　　真:0373－5066522

企业名称:中平能化集团机械制造有限公司
地　　址:河南省平顶山市矿山东路11号
邮　　编:467021
电　　话:0375－2743012
传　　真:0375－2743020

企业名称:国家起重运输机械质量监督检验中心
地　　址:北京市东城区雍和宫大街52号
邮　　编:100007
电　　话:010－64004968
传　　真:010－64052252

企业名称:本溪市运输机械配件厂
地　　址:辽宁省本溪市平山区生源街7号
邮　　编:117021
电　　话:0414－3190018
传　　真:0414－2372156

企业名称:本溪华隆清扫器制造有限公司
地　　址:辽宁省本溪市明山区大峪
邮　　编:117022
电　　话:0414－4592675
传　　真:0414－4592676

企业名称:鞍钢附企机电安装工程公司
地　　址:辽宁省鞍山市铁东区玉山区必山街51号
邮　　编:114021
电　　话:0412－6328182
传　　真:0412－6318878

企业名称:鞍钢附属企业公司烧结安装公司
地　　址:辽宁省鞍山市鞍钢南门内100米

邮　　编:114021
电　　话:0412-6724579
传　　真:0412-6728698

企业名称:鞍钢矿建建设工业公司
地　　址:辽宁省鞍山市立山区鞍千路143号
邮　　编:114031
电　　话:13050038165
传　　真:0412-6961145

企业名称:沈阳市煤机配件厂
地　　址:辽宁省沈阳市于洪区长江北街58号
邮　　编:110034
电　　话:13940317296
传　　真:024-86808506

企业名称:沈阳市通用电器研究所
地　　址:辽宁省沈阳市沈河区乐郊路35甲4号
邮　　编:110011
电　　话:024-24804947
传　　真:024-24802891

企业名称:沈阳万捷重工机械有限公司
地　　址:辽宁省沈阳经济开发区8号路8甲6号
邮　　编:110127
电　　话:024-23814646
传　　真:024-23814545

企业名称:沈阳泰丰胶带制造有限公司
地　　址:辽宁省沈阳市东陵区榆树屯街55号
邮　　编:110161
电　　话:024-88421869
传　　真:024-88415248

企业名称:沈阳泰华伟业电力设备有限公司
地　　址:辽宁省沈阳市东陵区榆林大街28-5号
邮　　编:110045
电　　话:024-88260201
传　　真:024-88260069

企业名称:沈阳沈起技术工程有限责任公司
地　　址:辽宁省沈阳市和平区南三经街20号嘉隆大厦B座1802号
邮　　编:110003
电　　话:024-62537066
传　　真:024-62537033

企业名称:沈阳制动电磁铁有限公司
地　　址:辽宁省沈阳市铁西区路官一街31号
邮　　编:110023
电　　话:024-25369240
传　　真:024-25295198

企业名称:沈阳市胶带运输机械有限公司
地　　址:辽宁省沈阳市经济技术开发区开发南26号路7号
邮　　编:110027
电　　话:024-84053389
传　　真:024-89255589

企业名称:沈阳市三原电器研究所
地　　址:辽宁省沈阳市大东区珠林路71号
邮　　编:110042
电　　话:024-88738001
传　　真:024-88738002

企业名称:沈阳液力偶合器有限公司
地　　址:辽宁省沈阳市皇姑区塔湾街40号238栋1门
邮　　编:110035
电　　话:024-86361982
传　　真:024-86362952

企业名称:沈阳东峰机械有限公司
地　　址:辽宁省沈阳市东陵区北大营街82号
邮　　编:110045
电　　话:024-88256055
传　　真:024-88340476

企业名称:朝阳宏达机械有限公司
地　　址:辽宁省朝阳市龙城区工业园区
邮　　编:122005
电　　话:0421-3931700
传　　真:0421-3931590

企业名称:大连营城液力偶合器厂
地　　址:辽宁省大连市甘井子区营城子工业园区
邮　　编:116036
电　　话:13909858073
传　　真:0411-86690273

企业名称:大连斯沃特传动设备有限公司
地　　址:辽宁省大连市沙河口区民权街
邮　　编:116000
电　　话:0411-84444529
传　　真:0411-84444509

企业名称:黑龙江鹤岗斯达机电公司
地　　址:黑龙江省鹤岗市南山区跃进路87号
邮　　编:154103
电　　话:0468-3731415

传　　真:0468－3382480

企业名称:青岛银龙特种胶带厂有限公司
地　　址:山东省青岛胶州市石龙镇
邮　　编:266316
电　　话:0532－88208942
传　　真:0532－88208234

企业名称:青岛港(集团)公司机械维修中心
地　　址:山东省青岛市黄岛区黄河东路114号
邮　　编:266500
电　　话:0532－82988190
传　　真:0532－82988190

企业名称:山东省淄博生建机械厂
地　　址:山东省淄博市淄川区昆仑路1号
邮　　编:255129
电　　话:0533－5787491
传　　真:0533－7910977

企业名称:淄博博山益杰机械有限公司
地　　址:山东省淄博市博山经济开发区
邮　　编:255213
电　　话:0533－4658626
传　　真:0533－4658727

企业名称:北京新兴超越离合器有限公司
地　　址:北京市昌平区沙河镇昌平路157号
邮　　编:102206
电　　话:010－80712591
传　　真:010－80712591

企业名称:天津减速机股份有限公司
地　　址:天津市河东区程林庄路8号
邮　　编:300160
电　　话:022－24327886
传　　真:022－24326558

企业名称:石家庄科一重工有限公司
地　　址:河北省石家庄市和平西路595号
邮　　编:050071
电　　话:0311－87715966
传　　真:0311－87725249

企业名称:秦皇岛港务集团有限公司机械修造厂
地　　址:河北省秦皇岛市海港区开滦路5号
邮　　编:066012
电　　话:0335－3093149
传　　真:0335－3093943

企业名称:唐山市协力胶带运输设备公司
地　　址:河北省唐山市南工业园区北小街2号
邮　　编:063000
电　　话:0315－2867507
传　　真:0315－2877507

企业名称:保定华月胶带有限公司
地　　址:河北省保定市博野县橡胶工业区
邮　　编:071300
电　　话:0312－8349877
传　　真:0312－8349877

企业名称:河北万隆机械制造有限公司
地　　址:河北省沧州市盐山县北环西路
邮　　编:061300
电　　话:0317－6221546
传　　真:0317－6221546

企业名称:河北玉田金利冷拔钢有限责任公司
地　　址:河北省唐山市玉田县城东大街
邮　　编:064100
电　　话:0315－5052666
传　　真:0315－6114075

企业名称:内蒙古包头钢建机电设备制造有限公司
地　　址:内蒙古包头市昆区包钢厂区北门外三角地
邮　　编:010070
电　　话:0472－2397260
传　　真:0472－2397260

企业名称:呼和浩特市强力煤矿机械有限责任公司
地　　址:内蒙古呼和浩特市回民区攸攸板镇西侧
邮　　编:010070
电　　话:0471－3682479
传　　真:0471－3682146

企业名称:天津宝来工贸有限公司
地　　址:天津市静海县大邱庄
邮　　编:301606
电　　话:022－68588001
传　　真:022－68587681

企业名称:河北鑫山输送机械有限公司
地　　址:河北省衡水市枣强县裕华东街20号
邮　　编:053100
电　　话:13403189363
传　　真:0318－8227488

企业名称:天津成科传动机电技术股份有限公司
地　　址:天津市西青区华苑产业区(环外)海泰发展一路6号

邮　　编:300384
电　　话:022－83711199
传　　真:022－83711200

企业名称:山东华特磁电科技股份有限公司
地　　址:山东省潍坊市临朐县经济技术开发区
邮　　编:262600
电　　话:0536－3158986
传　　真:0536－3158801

企业名称:天津三岛输送机械有限公司
地　　址:天津市塘沽区北街3－269号
邮　　编:300451
电　　话:022－25213625
传　　真:022－25213279

企业名称:内蒙古神华皮带机有限公司
地　　址:内蒙古鄂尔多斯市伊金霍洛旗
邮　　编:017209
电　　话:0477－8284692
传　　真:0477－8284692

企业名称:兖矿集团大陆机械有限公司
地　　址:山东省兖州市经济开发区
邮　　编:272109
电　　话:0537－3472969
传　　真:0537－3472969

企业名称:海汇集团有限公司
地　　址:山东省日照市莒县工业园
邮　　编:276500
电　　话:0633－6269999
传　　真:0633－6269777

企业名称:安徽扬帆机电设备制造有限公司
地　　址:安徽省桐城市西环线西南工业园
邮　　编:231404
电　　话:0556－6138888
传　　真:0556－6127788

企业名称:安徽永生机械股份有限公司
地　　址:安徽省桐城市快活岭
邮　　编:231400
电　　话:0556－6210779
传　　真:0556－6205888

企业名称:凯盛重工有限公司
地　　址:安徽省淮南市谢家集区蔡新路
邮　　编:232058
电　　话:0554－5727529
传　　真:0554－5717376

企业名称:铜陵飞特运输机械厂
地　　址:安徽省铜陵市西湖经济开发区
邮　　编:244000
电　　话:0562－6865379
传　　真:0562－6866021

企业名称:滁州市宏伟橡胶制品有限公司
地　　址:安徽省滁州市明光西路37号
邮　　编:239000
电　　话:0550－3023965
传　　真:0550－3034157

企业名称:安徽省无为神力运输机器制造有限公司
地　　址:安徽省巢湖市无为县赫店镇苏塘
邮　　编:238366
电　　话:0565－6285091
传　　真:0565－6285008

企业名称:安徽省无为煤矿机械制造有限公司
地　　址:安徽省巢湖市无为县赫店镇
邮　　编:238367
电　　话:0565－6200038
传　　真:0565－6202198

企业名称:芜湖市爱德运输机械有限公司
地　　址:安徽省芜湖市高新技术开发区纬十路
邮　　编:241002
电　　话:0553－5682700
传　　真:0553－5687666

企业名称:黄山市轴承有限责任公司
地　　址:安徽省黄山市黟县马道路009号
邮　　编:245500
电　　话:0559－5522179
传　　真:0559－5522926

企业名称:浙江上虞工程塑料厂
地　　址:浙江省上虞市五夫工业园区
邮　　编:312353
电　　话:0575－82415818
传　　真:0575－82415626

企业名称:宁波华达起重运输设备有限公司
地　　址:浙江省宁波市鄞州区下应街道王家弄村
邮　　编:315105
电　　话:0574－88546212
传　　真:0574－88546211

企业名称:浙江象山光明输送机有限公司
地　　址:浙江省宁波市象山县石浦光明路
邮　　编:315731
电　　话:0574－65983991
传　　真:0574－65977491

企业名称:宁波华臣输送设备制造有限公司
地　　址:浙江省宁波市象山县经济开发区大目涂滨海工业园
邮　　编:315712
电　　话:0574－65728116
传　　真:0574－65720918

企业名称:杭州雄鹰机械有限公司
地　　址:浙江省杭州市萧山区南阳南北路
邮　　编:311227
电　　话:0571－82186828
传　　真:0571－82180111

企业名称:浙江宇龙机械有限公司
地　　址:浙江省瑞安市塘下鲍四工业区
邮　　编:325204
电　　话:0577－65205101
传　　真:0577－65211889

企业名称:浙江通力减速机有限公司
地　　址:浙江省瑞安市林垟工业区
邮　　编:325207
电　　话:0577－65590088
传　　真:0577－65598888

企业名称:浙江鑫隆机械制造有限公司
地　　址:浙江省瑞安市塘下镇溪安镇东A5幢
邮　　编:325205
电　　话:0577－65279828
传　　真:0577－65279868

企业名称:湖州新天翔橡胶厂
地　　址:浙江省湖州市杨家埠镇九九桥北
邮　　编:313000
电　　话:0572－2351969
传　　真:0572－2361386

企业名称:上海一钢南翔传动设备厂
地　　址:上海市嘉定区沪宜公路1389号
邮　　编:201802
电　　话:021－59123997
传　　真:021－59129910

企业名称:上海嘉庆轴承制造有限公司
地　　址:上海闸北区市民德路158号铭德国际广场1802室
邮　　编:200072
电　　话:021－56633740
传　　真:021－56639899

企业名称:上海起重运输机械厂有限公司
地　　址:上海市杨浦区民星路191号
邮　　编:200433
电　　话:021－65561388
传　　真:021－56639864

企业名称:上海富运运输机械有限公司
地　　址:上海市虹口区东余杭路1168号
邮　　编:200082
电　　话:021－65590898
传　　真:021－65418294

企业名称:江西省萍乡市永固冶金矿山机械厂
地　　址:江西省萍乡市高坑镇铁桥背
邮　　编:337042
电　　话:0799－6374249
传　　真:0799－6374249

企业名称:江西铜业集团(贵溪)冶金机械厂
地　　址:江西省贵溪市320国道1号
邮　　编:335421
电　　话:0701－3338669
传　　真:0701－3331861

企业名称:江西华伍制动器股份有限公司
地　　址:江西省丰城市剑邑大道779号
邮　　编:331000
电　　话:0791－3770652
传　　真:0791－3770710

企业名称:南京梅山工程技术新产业开发有限公司
地　　址:江苏省南京市雨花台梅山街道中兴路
邮　　编:210039
电　　话:025－86926096
传　　真:025－86707834

企业名称:南京三户机械制造有限公司
地　　址:江苏省南京市八厂区新华四村2幢101号
邮　　编:210044
电　　话:025－57791473
传　　真:025－57058515

企业名称:南京夏元机械设备制造有限公司
地　　址:江苏省南京市六合区冶山镇

邮　　编:211523
电　　话:025－57571755
传　　真:025－57570570

企业名称:南京飞达机械有限公司
地　　址:江苏省南京市沿江工业开发区葛中路96号
邮　　编:210048
电　　话:025－58399816
传　　真:025－58398380

企业名称:无锡天龙钢管有限公司
地　　址:江苏省无锡市锡山经济开发区新民东路14号
邮　　编:214101
电　　话:0510－88700126
传　　真:0510－88203442

企业名称:无锡华嘉精密钢管有限公司
地　　址:江苏省无锡市新区坊前工业集中区锡义路88号
邮　　编:214111
电　　话:0510－88272545
传　　真:0510－88272545

企业名称:无锡市宝通带业有限公司
地　　址:江苏省无锡市张公路19号
邮　　编:214112
电　　话:0510－88155778
传　　真:0510－88157553

企业名称:江阴市特种运输机械有限公司
地　　址:江苏省江阴市云亭松文头路8号
邮　　编:214422
电　　话:0510－88610318
传　　真:0510－88615990

企业名称:江苏牧羊集团输送设备分公司
地　　址:江苏省扬州市邗江工业园牧羊路1号
邮　　编:225127
电　　话:0514－87848801
传　　真:0514－87848802

企业名称:江苏国茂国泰减速机集团有限公司
地　　址:江苏省常州市武进区湖塘镇人民西路21号
邮　　编:213161
电　　话:0519－86588878
传　　真:0519－86583315

企业名称:江苏环宇起重运输机械有限责任公司
地　　址:江苏省扬州市宝应县运西工业区
邮　　编:225805
电　　话:0514－88356868
传　　真:0514－88351351

企业名称:徐州光环皮带机托辊有限公司
地　　址:江苏省徐州市二环东路金骆驼科技园
邮　　编:221004
电　　话:0516－83876198
传　　真:0516－83876098

企业名称:江苏上齿集团有限公司
地　　址:江苏省溧阳市天目湖工业园区
邮　　编:213333
电　　话:0519－88301142
传　　真:0519－88301184

企业名称:响水县寇龙轴承座制造有限公司
地　　址:江苏省盐城市响水县张集工业园区
邮　　编:224600
电　　话:0515－86616568
传　　真:0515－86616586

企业名称:江苏三鑫输送机械制造有限公司
地　　址:江苏省靖江市祠镇21号
邮　　编:214531
电　　话:0523－81386620
传　　真:0523－81389188

企业名称:常州市传动输送机械有限公司
地　　址:江苏省常州市武进高新区龙惠路
邮　　编:213166
电　　话:15306613087
传　　真:0510－86480737

企业名称:台州千里马汽车零部件制造有限公司
地　　址:浙江省临海市沿江工业区
邮　　编:317022
电　　话:0576－85695777
传　　真:0576－85695600

企业名称:江阴市金达传动机械有限公司
地　　址:江苏省江阴市青山路111号
邮　　编:214440
电　　话:0510－86022317
传　　真:0510－86022092

企业名称:江阴华峰特种运输机械有限公司
地　　址:江苏省江阴市夏港工业区西城路101号
邮　　编:214442
电　　话:0510－86273273
传　　真:0510－86272216

企业名称:苏州皆喜爱输送设备有限公司
地　　址:江苏省苏州市工业园区金陵东路 88 号
邮　　编:215121
电　　话:0512 - 87163851
传　　真:0512 - 87163393

企业名称:张家港市力源输送机械有限公司
地　　址:江苏省张家港市全港镇南河工业集中区
邮　　编:215632
电　　话:0512 - 58376600
传　　真:0512 - 58376611

企业名称:广西百色矿山机械厂
地　　址:广西百色市工业园区(六塘内)
邮　　编:533000
电　　话:0776 - 2770802
传　　真:0776 - 2770488

企业名称:南宁市德钢联重工机械有限责任公司
地　　址:广西南宁市秀安路 13 - 11 号
邮　　编:530001
电　　话:0771 - 3905535
传　　真:0771 - 2905589

企业名称:长沙第三机床厂
地　　址:湖南省长沙市含浦科技园
邮　　编:410208
电　　话:0731 - 88539158
传　　真:0731 - 88539151

企业名称:昆明市运输机械有限公司
地　　址:云南省昆明市人民西路 684 号
邮　　编:650106
电　　话:0871 - 8184208
传　　真:0871 - 8184910

企业名称:武汉北湖武钢机械制造有限公司
地　　址:湖北省武汉市青山区武钢北湖农场 39 号
邮　　编:430085
电　　话:027 - 86461933
传　　真:027 - 86469165

企业名称:武汉泛达机电有限公司
地　　址:湖北省武汉市青山区前龚家岭
邮　　编:430083
电　　话:027 - 86465086
传　　真:027 - 86465872

企业名称:武汉第七零一一机械厂
地　　址:湖北省武汉市武昌南湖汽校
邮　　编:430064
电　　话:027 - 88035450
传　　真:027 - 88035451

企业名称:武汉丰凡科技开发有限责任公司
地　　址:湖北省武汉市青山区工业一路 6 号
邮　　编:430080
电　　话:027 - 86879863
传　　真:027 - 86866860

企业名称:福州鑫广盛机电有限公司
地　　址:福建省福州市五一南路 186 号和平大厦
邮　　编:350009
电　　话:0591 - 83284295
传　　真:0591 - 83284295

企业名称:江门市南方输送机械工程有限公司
地　　址:广东省江门市港口路中远大厦远景阁 12 楼 B
邮　　编:529030
电　　话:0750 - 3161908
传　　真:0750 - 3161878

企业名称:江门市振达机械制造有限公司
地　　址:广东省江门市东升路 178 号
邮　　编:529000
电　　话:0750 - 3065012
传　　真:0750 - 3065012

企业名称:广东中兴液力传动有限公司
地　　址:广东省云浮市郁南县都城镇河堤路 41 号
邮　　编:527100
电　　话:0766 - 7592180
传　　真:0766 - 7597178

企业名称:广州液力传动设备有限公司
地　　址:广东省广州市花都区炭步镇茶塘工业区
邮　　编:510820
电　　话:020 - 86735308
传　　真:020 - 86735228

企业名称:四川东林矿山运输机械有限公司
地　　址:四川省内江市中区工业集中发展区乐贤大道 398 号
邮　　编:641005
电　　话:0832 - 2190099
传　　真:0832 - 2112500

企业名称:中联重科物料输送设备有限公司
地　　址:湖南省长沙市国家高新技术产业开发区麓谷工业园

邮　　编:410205
电　　话:0731－88983204
传　　真:0731－88996186

企业名称:四川德恩机械有限责任公司
地　　址:四川省眉山市青神县工业集中区
邮　　编:620460
电　　话:028－38858855
传　　真:028－38858339

企业名称:许昌煤机制造有限公司
地　　址:河南省许昌市五一路 17 号
邮　　编:461000
电　　话:0374－2788626
传　　真:0374－3314613

企业名称:河南鹤壁市起重运输机械厂
地　　址:河南省鹤壁市长风路北段
邮　　编:458020
电　　话:0392－2897069
传　　真:0392－2897342

企业名称:郑州同力重型机械有限公司
地　　址:河南省郑州市高新区瑞达路华夏村 18 号
邮　　编:450001
电　　话:0371－63657050
传　　真:0371－63657050

企业名称:焦作李封工业有限责任公司
地　　址:河南省焦作市中站区跃进路 113 号
邮　　编:454191
电　　话:0391－2947049
传　　真:0391－2947049

企业名称:焦作市正洁机械制造有限公司
地　　址:河南省焦作市高新区中纬路
邮　　编:454003
电　　话:0391－8865566
传　　真:0391－8865511

企业名称:焦作市中和通用机械有限责任公司
地　　址:河南省焦作市焦西矿西 200 米铁路北
邮　　编:454000
电　　话:0391－2933380
传　　真:0391－2916939

企业名称:焦作市鑫恒起重运输机械有限公司
地　　址:河南省焦作市解放东路 827 号
邮　　编:454003
电　　话:0391－3955005
传　　真:0391－3955000

企业名称:焦作市虹发制动器有限公司
地　　址:河南省焦作市虹桥工业区
邮　　编:454981
电　　话:0391－7541838
传　　真:0391－7542897

企业名称:焦作制动器股份有限公司
地　　址:河南省焦作市博爱县发展大道 1688 号
邮　　编:454450
电　　话:0391－2086000
传　　真:0391－2080000

企业名称:焦作工业制动器制造有限公司
地　　址:河南省焦作市太行西路煤校北侧
邮　　编:454001
电　　话:0391－2314996
传　　真:0391－2314996

企业名称:河南锐达机械有限公司
地　　址:河南省焦作市太行东路张河路东
邮　　编:454100
电　　话:0391－3211368
传　　真:0391－3211399

企业名称:新乡中新环保输送设备有限责任公司
地　　址:河南省新乡市辖区 4281 信箱
邮　　编:453000
电　　话:0373－2682193
传　　真:0373－5466125

企业名称:开封市达昌起重运输设备有限公司
地　　址:河南省开封市宋城路南段 99 号
邮　　编:475004
电　　话:0378－3860009
传　　真:0378－3862188

企业名称:鹤壁煤业机械设备制造有限责任公司
地　　址:河南省鹤壁市车站路 3 号
邮　　编:458000
电　　话:0392－2911418
传　　真:0392－2911690

企业名称:长治市潞安合力机械有限责任公司
地　　址:山西省长治市城南长城工业园区
邮　　编:046000
电　　话:0355－3137318
传　　真:0355－3137324

企业名称:原平凯世达机械制造有限公司
地　　址:山西省原平市大牛店镇中神山村
邮　　编:034100
电　　话:0350－8352588
传　　真:0350－8352580

企业名称:原平市宝丰机械制造有限公司
地　　址:山西省原平市城西大运路
邮　　编:034100
电　　话:0350－8273788
传　　真:0350－8373360

企业名称:原平市丰峰起重运输机械有限公司
地　　址:山西省原平市永康南路42号
邮　　编:034100
电　　话:0350－8234366
传　　真:0350－8277010

企业名称:原平市宇峰起重运输机械有限公司
地　　址:山西省原平市原五线东营村路口
邮　　编:034100
电　　话:0350－8375112
传　　真:0350－8375115

企业名称:原平市兴胜机械制造有限公司
地　　址:山西省原平市东原南路538号
邮　　编:034100
电　　话:0350－8258123
传　　真:0350－8258123

企业名称:原平维达机械制造有限公司
地　　址:山西省原平市城南大运路西东泥河
邮　　编:034100
电　　话:0350－8256588
传　　真:0350－8586588

企业名称:甘肃升业物质有限责任公司钢构分公司
地　　址:甘肃省兰州市西津西路955号
邮　　编:730000
电　　话:0931－2567072
传　　真:0931－2563656

企业名称:长治市潞安飞虹煤机有限公司
地　　址:山西省长治市郊区
邮　　编:046011
电　　话:0355－2131119
传　　真:0355－2130560

企业名称:山西省繁盛昇煤机设备有限责任公司
地　　址:山西省朔州市城区阳街西沿线北
邮　　编:036002
电　　话:0349－2266040
传　　真:0349－2073716

企业名称:焦作宏德重型机器制造有限公司
地　　址:河南省焦作市太行街北侧61号
邮　　编:454000
电　　话:0391－2858229
传　　真:0391－2858232

企业名称:焦作三岛输送机械有限公司
地　　址:河南省焦作市高新区神州路2878号
邮　　编:454003
电　　话:0391－3683680
传　　真:0391－3683690

企业名称:义马永兴矿山机械设备有限公司
地　　址:河南省义马市毛沟开发区
邮　　编:472300
电　　话:0398－5637112
传　　真:0398－5637112

企业名称:淄博电动滚筒厂有限公司
地　　址:山东省淄博市博山岭西
邮　　编:255213
电　　话:0533－4140099
传　　真:0533－4140088

企业名称:天津中外建输送机械有限公司
地　　址:天津市津南区新双鑫工业园发港南路27号
邮　　编:300350
电　　话:022－88822043
传　　真:022－88822043

企业名称:天津市电动滚筒厂
地　　址:天津市东丽区津塘公路七号桥
邮　　编:300300
电　　话:022－24991119
传　　真:022－24995599

企业名称:泰州市运达电动滚筒制造有限公司
地　　址:江苏省泰州市职中路68号
邮　　编:225300
电　　话:0523－86231268
传　　真:0523－86214599

企业名称:镇江金钟机械制造厂
地　　址:江苏省镇江市东吴路120号
邮　　编:212003
电　　话:0511－88801307

传　　真:0511－88830936

企业名称:南宁市劲源电机有限责任公司
地　　址:广西南宁市北湖南路30号
邮　　编:530001
电　　话:0771－3323390
传　　真:0771－3323089

企业名称:桐乡市梧桐东方齿轮厂
地　　址:浙江省桐乡市梧桐街道文华路519号
邮　　编:314500
电　　话:0573－88107291
传　　真:0573－88112774

企业名称:阜阳轴承有限公司
地　　址:安徽省阜阳市阜蚌路189号
邮　　编:236023
电　　话:0558－2323368
传　　真:0558－2323368

企业名称:泰州市三星通用机械制造有限公司
地　　址:江苏省泰州市江州南路105号
邮　　编:225300
电　　话:0523－86311345
传　　真:0523－86341503

企业名称:南京宏力输送带厂
地　　址:江苏省南京市江宁区土桥工业园
邮　　编:211124
电　　话:025－84150840
传　　真:025－84153082

企业名称:张家港市三机机械制造有限公司
地　　址:江苏省张家港市东余镇机电工业园双丰路
邮　　编:215622
电　　话:0512－58119666
传　　真:0512－58119288

企业名称:宜昌市三峡输送机械制造公司
地　　址:湖北省宜昌市点军区
邮　　编:443000
电　　话:0717－6672989
传　　真:0717－6672227

企业名称:青岛雁山机械设备有限公司
地　　址:山东省青岛市四方区周口路310号
邮　　编:266000
电　　话:0532－84012138
传　　真:0532－84012139

企业名称:山东邹城东昱机械股份制造有限公司
地　　址:山东省邹城市南屯矿
邮　　编:273515
电　　话:0537－5446200
传　　真:0537－5443654

企业名称:大同市煤矿机械制造有限责任公司
地　　址:山西省大同市同云路2号
邮　　编:037034
电　　话:0352－7153338
传　　真:0352－7153338

企业名称:武汉市志伟运输机械有限公司
地　　址:湖北省武汉市黄陂区泡桐开发区
邮　　编:430347
电　　话:027－61669115
传　　真:027－61660613

企业名称:无锡高嘉钢管有限公司
地　　址:江苏省无锡市线桥镇锡陆路360号
邮　　编:214151
电　　话:0510－83208666
传　　真:0510－83208666

企业名称:沈阳爱华冶金机械设备制造有限公司
地　　址:辽宁省沈阳市辽中县城郊乡
邮　　编:110200
电　　话:024－87816588
传　　真:024－88816988

冶金压延机械

企业名称:中国第一重型机械集团公司
地　　址:黑龙江省齐齐哈尔市富拉尔基厂前路9号
邮　　编:161042
电　　话:0452－6810186
传　　真:0452－6810111

企业名称:中国重型机械研究院股份公司
地　　址:陕西省西安市未央区东元路209号
邮　　编:710032
电　　话:029－86322669
传　　真:029－86713965

企业名称:中国重型机械有限公司
地　　址:北京市海淀区公主坟复兴路甲23号
邮　　编:100036
电　　话:010－68221576
传　　真:010－68296106

企业名称:大连重工·起重集团有限公司设计研究院
地　　址:辽宁省大连市西岗区八一路 169 号
邮　　编:116013
电　　话:0411－86852288
传　　真:0411－86852283

企业名称:昆明冶金昆明重工有限公司
地　　址:云南省昆明市龙泉路 871 号
邮　　编:650203
电　　话:0871－6085010
传　　真:0871－6085085

企业名称:上海市机电设计研究院有限公司
地　　址:上海市静安区北京西路 1287 号
邮　　编:200040
电　　话:021－62479741
传　　真:021－62479741

企业名称:中国第二重型机械集团公司
地　　址:四川省德阳市珠江西路 460 号
邮　　编:618000
电　　话:0838－2341817
传　　真:0838－2201998

企业名称:上海重型机器厂有限公司
地　　址:上海市闵行区江川路 1800 号
邮　　编:200245
电　　话:021－54721141－2110
传　　真:021－54722933

企业名称:北方重工集团有限公司
地　　址:辽宁省沈阳市铁西区兴华北街 8 号
邮　　编:110025
电　　话:024－25802406
传　　真:024－25802416

企业名称:天津天重重型机器有限公司
地　　址:天津市北辰区高峰路
邮　　编:300400
电　　话:022－26341079
传　　真:022－26340718

企业名称:燕山大学机械学院
地　　址:河北省秦皇岛市河北大街 169 号
邮　　编:066044
电　　话:0335－8057040
传　　真:0335－8050148

企业名称:浙江省宁波凯特机械有限公司
地　　址:浙江省宁波市宁海县越龙街道西郊路 55 号
邮　　编:315600
电　　话:0574－65210558
传　　真:0574－65562620

企业名称:包头市冶金矿山机械制造有限公司
地　　址:内蒙古包头市东河区巴彦塔拉大街 15 号
邮　　编:014040
电　　话:0472－4111538
传　　真:0472－4172310

企业名称:一重集团大连设计研究院有限公司
地　　址:辽宁省大连市经济技术开发区东北大街 96 号
邮　　编:116600
电　　话:0411－39243301
传　　真:0411－39243345

企业名称:昆明冶金昆明重工有限公司拉丝设备分公司
地　　址:云南省昆明市茨坝路 31 号
邮　　编:650203
电　　话:0871－5150091－2241
传　　真:0871－5150151

企业名称:一重集团大连设计研究院有限公司冷轧部
地　　址:辽宁省大连市经济技术开发区东北大街 96 号
邮　　编:116600
电　　话:0411－39243366
传　　真:0411－39243133

企业名称:中冶京诚工程技术有限公司
地　　址:北京市经济技术开发区建安街 7 号
邮　　编:100176
电　　话:010－83587839
传　　真:010－83587998

企业名称:北京科技大学机械工程学院
地　　址:北京市海淀区学院路 30 号
邮　　编:100083
电　　话:010－62334723
传　　真:010－62329145

企业名称:北京有色冶金设计研究总院
地　　址:北京市海淀区复兴路 12 号
邮　　编:100038
电　　话:010－63936451
传　　真:010－63936618

企业名称:邢台冶金机械轧辊厂
地　　址:河北省邢台市新兴西大街 1 号
邮　　编:054025
电　　话:0319－2116090

传　　真:0319－2022061

企业名称:哈尔滨环保制氢设备工业公司
地　　址:黑龙江省哈尔滨市南岗区哈西大街 107 号
邮　　编:150080
电　　话:0451－86662954
传　　真:0451－86662954

企业名称:沈阳冶金机械有限公司
地　　址:辽宁省沈阳市技术开发区沈辽路 2 号
邮　　编:110141
电　　话:024－25810645
传　　真:024－25810645

企业名称:太原重型机械集团有限公司
地　　址:山西省太原市万柏林区玉河街 53 号
邮　　编:030024
电　　话:0351－6362594－8018
传　　真:0351－6365903

企业名称:太原矿山机器集团有限公司
地　　址:山西省太原市解放北路 75 号
邮　　编:030009
电　　话:0351－3041086
传　　真:0351－3041086

企业名称:太原科技大学冶金机械学院
地　　址:山西省太原市万柏林区窊流路 66 号
邮　　编:030024
电　　话:0351－6963332
传　　真:0351－6963332

企业名称:鞍山矿山机械股份有限公司
地　　址:辽宁省鞍山市立山区励工街 5 号
邮　　编:114032
电　　话:0412－6612676
传　　真:0412－6612313

企业名称:上海冶金矿山机械厂
地　　址:上海市闸北区汶水路 210 号
邮　　编:200072
电　　话:021－56771254
传　　真:021－56639508

企业名称:洛阳矿山机械工程设计研究院有限责任公司
地　　址:河南省洛阳市涧西区建设路 206 号
邮　　编:471039
电　　话:0379－64087777
传　　真:0379－64087818

企业名称:杭州拉丝机制造厂
地　　址:浙江省杭州市桐庐县富春江镇子陵路 10 号
邮　　编:311504
电　　话:0571－64653908
传　　真:0571－64653411

企业名称:西安忠义金属制品设备总厂
地　　址:陕西省西安市未央区宫乡小白杨路 20 号
邮　　编:710016
电　　话:029－86312404
传　　真:029－86312404

企业名称:锡山大象机械制造有限公司
地　　址:江苏省无锡市锡山区荡口镇人民路 63 号
邮　　编:214116
电　　话:0510－88741471
传　　真:0510－88741471

润滑液压设备

企业名称:太原矿山机器润滑液压设备有限公司
地　　址:山西省太原市经济技术开发区电子街 25 号
邮　　编:030032
电　　话:0351－3045918
传　　真:0351－3045918

企业名称:中国重型机械研究院股份公司
地　　址:陕西省西安市未央区东元路 209 号
邮　　编:710032
电　　话:029－86322543
传　　真:029－86322431

企业名称:四川川润股份有限公司
地　　址:四川省成都市郫县现代工业港北区港北六路 85 号
邮　　编:611743
电　　话:028－61836200
传　　真:028－61777787

企业名称:常州市华立液压润滑设备有限公司
地　　址:江苏省常州市武进区郑陆镇三河口
邮　　编:213115
电　　话:0519－88675056
传　　真:0519－88675343

企业名称:启东润滑设备有限公司
地　　址:江苏省启东市和平中路 306 号
邮　　编:226200
电　　话:0513－83356668
传　　真:0513－83312646

企业名称:一重集团大连设计研究院有限公司
地　　址:辽宁省大连市经济技术开发区东北大街96号
邮　　编:116600
电　　话:0411－39243635
传　　真:0411－39243366

企业名称:上海澳瑞特润滑设备有限公司
地　　址:上海市丰镇路788号
邮　　编:200434
电　　话:021－65288155
传　　真:021－65288155

企业名称:辽宁省机械研究院有限公司
地　　址:辽宁省沈阳市皇姑区北陵大街56号
邮　　编:110032
电　　话:024－86890291
传　　真:024－86890291

企业名称:启东市南方润滑液压设备有限公司
地　　址:江苏省启东市惠萍镇工业园区
邮　　编:226255
电　　话:0513－83792888
传　　真:0513－83795028

企业名称:燕山大学
地　　址:河北省秦皇岛市河北大街西段438号
邮　　编:066004
电　　话:0335－8051166
传　　真:0335－8074498

企业名称:上海润滑设备厂有限公司
地　　址:上海市奉贤区平港路655号
邮　　编:201413
电　　话:021－65430543
传　　真:021－65431871

企业名称:吉林四平维克斯换热设备有限公司
地　　址:吉林省四平市铁东区南一经街5665号
邮　　编:136001
电　　话:0434－3335589
传　　真:0434－3335515

企业名称:北方重工集团公司设计研究院
地　　址:辽宁省沈阳市经济技术开发区开发大路16号
邮　　编:110141
电　　话:024－25802407
传　　真:024－25802416

企业名称:太原科技大学机电工程学院
地　　址:山西省太原市万柏林区窊流路66号
邮　　编:030024
电　　话:0351－6963399
传　　真:0351－6963399

企业名称:中冶京诚工程技术有限公司技术研究院
地　　址:北京市经济技术开发区亦庄建安街7号
邮　　编:100176
电　　话:010－67835821
传　　真:010－67835154

企业名称:中色科技股份有限公司装备所
地　　址:河南省洛阳市西苑路1号
邮　　编:471039
电　　话:0379－64872373
传　　真:0379－64872352

企业名称:二重集团重型机械设计研究院
地　　址:四川省德阳市珠江西路460号
邮　　编:618000
电　　话:0838－2342292
传　　真:0838－2204416

企业名称:北京冶金设备研究设计总院
地　　址:北京市安定门外胜古庄2号
邮　　编:100029
电　　话:010－64428432
传　　真:010－64418694

企业名称:北京科技大学
地　　址:北京市海淀区学院路30号
邮　　编:100083
电　　话:010－62332916
传　　真:010－62332916

企业名称:大连华锐股份有限公司液压装备厂
地　　址:辽宁省大连市甘井子区新水泥路78－7号
邮　　编:116035
电　　话:0411－86426269
传　　真:0411－86427852

企业名称:宁波盛发液压有限公司
地　　址:浙江省宁波市鄞洲区望春宋家漕
邮　　编:315175
电　　话:0574－88449050
传　　真:0574－88055152

企业名称:启东江海液压润滑设备厂
地　　址:江苏省启东市江厦工业区1号
邮　　编:226259
电　　话:0513－68202988

传　　真:0513－83777536

企业名称:江苏澳瑞思液压润滑设备有限公司
地　　址:江苏省启东市城北工业园经济开发区杨沙路2号
邮　　编:226200
电　　话:0513－83637418
传　　真:0513－83637448

企业名称:沈阳市北方润滑设备制造有限公司
地　　址:辽宁省沈阳市沈河区文化东路99号
邮　　编:110015
电　　话:024－24824187
传　　真:024－24206028

企业名称:博山润滑设备厂
地　　址:山东省淄博市博山区北博山
邮　　编:255207
电　　话:0533－4548567
传　　真:0533－4546336

企业名称:温州市润滑设备厂
地　　址:浙江省温州市鹿城工业区三开路26号
邮　　编:325007
电　　话:0577－88781219
传　　真:0577－88781270

企业名称:温州市龙湾润滑液压设备厂
地　　址:浙江省温州市飞鹏巷6号(新14号)
邮　　编:325000
电　　话:0577－88290271
传　　真:0577－88295568

企业名称:温州市三丰润滑设备制造有限公司
地　　址:浙江省温州市鹿城区双屿嵇师新街11号
邮　　编:325007
电　　话:0577－88763177
传　　真:0577－88766885

企业名称:沈阳市大金润滑设备厂
地　　址:辽宁省沈阳市沈河区沈洲路185－2号
邮　　编:110014
电　　话:024－22907338
传　　真:024－22940938

企业名称:南通市南方润滑液压设备有限公司
地　　址:江苏省启东市开发区纬二路236－238号
邮　　编:226200
电　　话:0513－83110190
传　　真:0513－83110290

企业名称:启东安升润液设备有限公司
地　　址:江苏省启东市久隆新巷工业集中118号
邮　　编:226222
电　　话:0513－83852668
传　　真:0513－83852108

企业名称:苏州宝宇液压设备制造有限公司
地　　址:江苏省太仓市浏河镇听海路106号
邮　　编:215431
电　　话:0512－53601818
传　　真:0512－53601155

企业名称:沈阳市北方润华冷却设备有限公司
地　　址:辽宁省沈阳市东陵区泉园二路15－4－212
邮　　编:110015
电　　话:024－86670917
传　　真:024－86670451

企业名称:启东中冶润滑设备有限公司
地　　址:江苏省启东市台角工业园区跃龙路16号
邮　　编:226200
电　　话:0513－83250190
传　　真:0513－83250310

企业名称:四平市隆百洲机电科技有限公司
地　　址:吉林省四平市铁东区山门镇
邮　　编:136002
电　　话:0434－3301333
传　　真:0434－3301598

企业名称:启东丰汇润滑设备有限公司
地　　址:江苏省启东市南苑西路999号
邮　　编:226200
电　　话:0513－83113685
传　　真:0513－83349800

企业名称:沈阳三丰液压润滑设备有限公司
地　　址:辽宁省沈阳市于洪区平罗镇陆家村
邮　　编:110147
电　　话:024－89286088
传　　真:024－89286893

企业名称:启东恒泰自动化润滑设备有限公司
地　　址:江苏省启东市南苑工业园区恒丰路28号
邮　　编:226200
电　　话:0513－80286900
传　　真:0513－83307018

企业名称:北京中冶华润科技发展有限公司
地　　址:北京市丰台区南四环西路188号三区21号楼

邮　　编:100070
电　　话:010 - 63964536
传　　真:010 - 63964534

企业名称:秦皇岛市隆达润滑技术研发有限公司
地　　址:河北省秦皇岛市北戴河区海宁路 225 号
邮　　编:066102
电　　话:0335 - 4289066
传　　真:0335 - 4289066

企业名称:浙江镇南精工机械有限公司
地　　址:浙江省诸暨市店口镇解放路 259 号
邮　　编:311835
电　　话:0575 - 87655388
传　　真:0575 - 87655618

重型基础件

企业名称:中国重型机械研究院股份公司
地　　址:陕西省西安市未央区东元路 209 号
邮　　编:710032
电　　话:029 - 86322583
传　　真:029 - 86322583

企业名称:重庆齿轮箱有限责任公司
地　　址:重庆市江北区南桥寺船舶小区重齿技术中心
邮　　编:400021
电　　话:023 - 86587827
传　　真:023 - 86587803

企业名称:宁波东力传动设备股份有限公司
地　　址:浙江省宁波市江北工业园区 C 区苏湖路 1 号
邮　　编:315033
电　　话:0574 - 88398821
传　　真:0574 - 88398840

企业名称:江苏省金象减速机有限公司
地　　址:江苏省淮安市淮海西路 242 号
邮　　编:223001
电　　话:0517 - 83649806
传　　真:0517 - 83649828

企业名称:中信重工机械股份有限公司齿轮箱厂
地　　址:河南省洛阳市涧西区建设路 206 号
邮　　编:471039
电　　话:0379 - 64088608
传　　真:0379 - 64211297

企业名称:北方重工集团有限公司传动设备分公司
地　　址:辽宁省沈阳市经济技术开发区开发大路 16 号
邮　　编:110142
电　　话:024 - 85834628
传　　真:024 - 85834325

企业名称:安徽泰尔重工股份有限公司
地　　址:安徽省马鞍山市开发区红旗南路 18 号
邮　　编:243000
电　　话:0555 - 2229329
传　　真:0555 - 2229287

企业名称:浙江通力重型齿轮股份有限公司
地　　址:浙江省瑞安市林垟通力大道
邮　　编:325207
电　　话:0577 - 65590088
传　　真:0577 - 65598888

企业名称:天津市万新减速机有限公司
地　　址:天津市东丽区经济开发区一经路 31 号
邮　　编:300300
电　　话:022 - 24830967
传　　真:022 - 24374550

企业名称:燕山大学科学研究院
地　　址:河北省秦皇岛市河北大街西段 438 号
邮　　编:066004
电　　话:13081889632

企业名称:西安理工大学
地　　址:陕西省西安市金花南路 5 号
邮　　编:710048
电　　话:029 - 82319700
传　　真:029 - 83230026

企业名称:江阴齿轮箱制造有限公司
地　　址:江苏省江阴市山观工业园区澄山路 601 号
邮　　编:214437
电　　话:0510 - 86993103
传　　真:0510 - 86993103

企业名称:安徽省湖滨机械厂
地　　址:安徽省巢湖市巢湖北路 369 号
邮　　编:238013
电　　话:0565 - 2393587
传　　真:0565 - 2317765

企业名称:上海茂德企业集团
地　　址:上海市浦东新区沪南公路 9408 号茂德工业园
邮　　编:201300
电　　话:021 - 68016659
传　　真:021 - 68016458

企业名称:石家庄科一重工有限公司
地　　址:河北省石家庄市和平西路595号
邮　　编:050071
电　　话:0311－87796242
传　　真:0311－87783772

企业名称:山西省平遥减速器厂
地　　址:山西省晋中市平遥县古城南路138号
邮　　编:031100
电　　话:0354－5650091
传　　真:0354－5650268

企业名称:恒星科技控股集团有限公司
地　　址:浙江省杭州市萧山经济技术开发区鸿达路66号
邮　　编:311215
电　　话:0571－22892908
传　　真:0571－82605888

企业名称:杭州杰牌传动科技有限公司
地　　址:浙江省杭州市空港新城(萧山靖江)
邮　　编:311223
电　　话:0571－82996826
传　　真:0571－82994444

企业名称:泰星减速机股份有限公司
地　　址:江苏省泰兴市姚王镇
邮　　编:225402
电　　话:0523－87541669
传　　真:0523－87548888

企业名称:内蒙古兴华机械制造厂
地　　址:内蒙古呼和浩特市玉泉区昭君路
邮　　编:010070
电　　话:0471－2397262
传　　真:0471－5686313

企业名称:荆州市巨鲸传动机械有限公司
地　　址:湖北省荆州市高新技术开发区东方大道58号
邮　　编:434000
电　　话:0716－8303805
传　　真:0716－8303886

企业名称:中国第二重型机械集团公司
地　　址:四川省德阳市珠江西路460号
邮　　编:618000
电　　话:0838－2341179
传　　真:0838－2341179

企业名称:太原重工股份有限公司技术中心
地　　址:山西省太原市万柏林区玉河街53号
邮　　编:030024
电　　话:13513638123
传　　真:0351－6360407

企业名称:上海尔华杰机电装备制造有限公司
地　　址:上海市宝山区宝安公路1785号
邮　　编:201907
电　　话:021－66028006
传　　真:021－56022054

企业名称:德阳立达基础件有限公司
地　　址:四川省德阳市庐山南路3段32号
邮　　编:618000
电　　话:0838－2903951
传　　真:0838－2903848

企业名称:冀州市联轴器厂
地　　址:河北省冀州市刘杨180号
邮　　编:053200
电　　话:0318－8693695
传　　真:0318－8691484

企业名称:乐清重型机械配件厂
地　　址:浙江省乐清市城关宁康西路157号
邮　　编:325600
电　　话:0577－62522038
传　　真:0577－61527608

企业名称:大连重工·起重集团有限公司通用减速机厂
地　　址:辽宁省大连市甘井子区新水泥路78－11号
邮　　编:116035
电　　话:0411－86426178
传　　真:0411－86426041

企业名称:宁波市实立矿山机械制造有限公司
地　　址:浙江省宁波市象山县石铺镇兴港路100号
邮　　编:315731
电　　话:0574－65982886
传　　真:0574－65982886

企业名称:宁波市东钱湖旅游度假区华实传动机械厂
地　　址:浙江省宁波市东钱湖工业园区莫高公路58号
邮　　编:315121
电　　话:0574－88370903
传　　真:0574－88370903

企业名称:乐清市联轴器厂
地　　址:浙江省乐清市柳市镇上金垟
邮　　编:325604
电　　话:0577－62722326

传　　真:0577－62728326

企业名称:乐清虹桥万向轴有限公司
地　　址:浙江省乐清市虹桥镇西工业区 E2－1
邮　　编:325608
电　　话:0577－62311811
传　　真:0577－62322180

企业名称:常州市二传机械有限公司
地　　址:江苏省常州市武进区漕桥镇运村
邮　　编:213175
电　　话:0519－86131020
传　　真:0519－86133108

企业名称:常州减速机总厂有限公司
地　　址:江苏省常州市武进区振兴北路西侧
邮　　编:213149
电　　话:0519－86361549
传　　真:0519－86361355

企业名称:银川重程减速器制造有限公司
地　　址:宁夏银川市经济技术开发区 2 区诚信街 186 号
邮　　编:750021
电　　话:0951－2020630
传　　真:0951－2020390

企业名称:哈尔滨国海星轮传动有限公司
地　　址:黑龙江省哈尔滨市哈平路工业区内烟台三路 8 号
邮　　编:150060
电　　话:0451－86530788
传　　真:0451－86530858

企业名称:宝钢集团苏州冶金机械厂
地　　址:江苏省苏州市高新区浒关镇永安路 122 号
邮　　编:215151
电　　话:0512－66162701
传　　真:0512－66162901

企业名称:株洲沃尔得特种齿轮有限公司
地　　址:湖南省株洲市黄河南路天台金谷三号厂房 1 层 2 号
邮　　编:412007
电　　话:0731－22528908
传　　真:0731－22528908

企业名称:襄樊市新兴联机械有限公司
地　　址:湖北省襄樊市高新区十二号路
邮　　编:441058
电　　话:0710－3332586
传　　真:0710－3564322

企业名称:盐城华兴液压机械有限公司
地　　址:江苏省盐城市建湖县严桥
邮　　编:224700
电　　话:13921851333
传　　真:0515－86291052

企业名称:中钢西重传动机械公司
地　　址:陕西省西安市汉城北路 99 号
邮　　编:710077
电　　话:029－84619374
传　　真:029－84619371

企业名称:宁波中意液压马达有限公司
地　　址:浙江省宁波市镇海经济开发区中意路 88 号
邮　　编:315200
电　　话:0574－86264491
传　　真:0574－86264387

企业名称:宁波市镇海减变速机制造有限公司
地　　址:浙江省宁波市镇海经济开发区青青路 168 号
邮　　编:315200
电　　话:0574－86302258
传　　真:0574－86302358

企业名称:浙江东海减速机有限公司
地　　址:浙江省温州市平阳县经济开发区(鳌江镇)
邮　　编:325401
电　　话:0577－63631862
传　　真:0577－63635393

企业名称:西安环力传动机械股份有限公司
地　　址:陕西省西安市经济技术开发区凤城 11 路 91 号
邮　　编:710018
电　　话:029－86171905
传　　真:029－85251460

企业名称:天津格里森高精齿轮有限公司
地　　址:天津市东丽区丽新路 10 号
邮　　编:300300
电　　话:022－24993326
传　　真:022－24992296

企业名称:乐清机械厂有限公司
地　　址:浙江省乐清市城西路 55 号
邮　　编:325600
电　　话:0577－62522885
传　　真:0577－62522885

企业名称:扬中市金星联轴器制造有限公司
地　　址:江苏省扬中市新坝科技园区

邮　　编:212212
电　　话:0511－88433602
传　　真:0511－88436976

企业名称:上海浦江减速机械有限公司
地　　址:上海市浦东新区川北路2669号
邮　　编:201204
电　　话:021－58912233
传　　真:021－58443434

企业名称:陕西秦川机械发展股份有限公司
地　　址:陕西省宝鸡市姜谭路22号
邮　　编:721009
电　　话:0917－3670640
传　　真:0917－3393841

企业名称:青海华鼎齿轮箱有限公司
地　　址:青海省西宁市南川东路75号
邮　　编:810021
电　　话:0971－4310385
传　　真:0971－4310004

企业名称:山东博山减速机厂
地　　址:山东省淄博市博山区水河路中段
邮　　编:255200
电　　话:0533－4264888
传　　真:0533－4184888

企业名称:宁波天元压缩机有限公司
地　　址:浙江省宁波市长春路35号
邮　　编:315010
电　　话:0574－87294520
传　　真:0574－87294520

企业名称:唐冶减速机分厂
地　　址:河北省唐山市缸窑路
邮　　编:063027
电　　话:0315－3202248
传　　真:0315－3202248

企业名称:文成力生机械有限公司
地　　址:浙江省温州市文成县栖云路86号
邮　　编:315300
电　　话:0577－67862981
传　　真:0577－67862981

企业名称:福州传动机械厂
地　　址:福建省福州市工业路中段
邮　　编:350002
电　　话:0591－83711639
传　　真:0591－83712332

企业名称:象山港口制动器有限公司
地　　址:浙江省宁波市象山县天安路194号
邮　　编:315700
电　　话:0574－65723430
传　　真:0574－65723165

企业名称:西安航空发动机公司民品经营处
地　　址:陕西省西安市徐家湾
邮　　编:710015
电　　话:029－86624427
传　　真:029－86624427

企业名称:镇江市东方万向轴厂
地　　址:江苏省镇江市辛丰镇
邮　　编:212141
电　　话:0511－83321074
传　　真:0511－83322338

企业名称:苏州苏万万向节有限公司
地　　址:江苏省吴江市松陵镇
邮　　编:215200
电　　话:0512－63451010
传　　真:0512－63454482

企业名称:象山机械厂
地　　址:浙江省宁波市象山县城西路58号
邮　　编:315700
电　　话:0574－65725710
传　　真:0574－65714615

企业名称:温州市江南减速机厂
地　　址:浙江省温州市鹿城区高科技产业园
邮　　编:325028
电　　话:0577－88626587
传　　真:0577－88620938

企业名称:焦作市液压机械制造有限公司
地　　址:河南省焦作市解放中路11号
邮　　编:454150
电　　话:0391－2923824－378
传　　真:0391－2922653

企业名称:中南传动机械厂
地　　址:湖南省长沙市望城(湖南省长沙市521信箱)
邮　　编:410200
电　　话:0731－88862508
传　　真:0731－88062355

企业名称:泰顺县力达冶金机械配件厂
地　　址:浙江省温州市泰顺县城关马埠 22 号
邮　　编:325500
电　　话:0577 - 67581111
传　　真:0577 - 67588958

企业名称:象山兴池液压润滑有限公司
地　　址:浙江省宁波市象山县涂茨镇
邮　　编:315704
电　　话:0574 - 65690288
传　　真:0574 - 65691258

企业名称:兰州减速机厂
地　　址:甘肃省兰州市天水路 80 号
邮　　编:730000
电　　话:0931 - 8618094
传　　真:0931 - 8618094

企业名称:镇江通宇传动机械有限公司
地　　址:江苏省镇江市矿机路 5 号
邮　　编:212003
电　　话:0511 - 84421221
传　　真:0511 - 84422078

油膜轴承

企业名称:太原重型机械集团有限公司
地　　址:山西省太原市万柏林区玉河街 53 号
邮　　编:030024
电　　话:0351 - 6364048
传　　真:0351 - 6360514

企业名称:本溪钢铁集团有限公司
地　　址:辽宁省本溪市北光路 6 号
邮　　编:117000
电　　话:0414 - 7825049
传　　真:0414 - 7820053

企业名称:宝山钢铁股份有限公司
地　　址:上海市宝山区富锦路宝钢指挥中心
邮　　编:201900
电　　话:021 - 56780055
传　　真:021 - 26648046

企业名称:鞍钢新轧钢股份有限公司
地　　址:辽宁省鞍山市南中华路 396 号
邮　　编:114021
电　　话:0412 - 6734868
传　　真:0412 - 6722083

企业名称:太原科技大学
地　　址:山西省太原市万柏林区窊流路 66 号
邮　　编:030024
电　　话:0351 - 6222894
传　　真:0351 - 6220233

企业名称:太原重工股份有限公司油膜轴承分公司
地　　址:山西省太原市万柏林区玉河街 53 号
邮　　编:030024
电　　话:0351 - 6366624
传　　真:0351 - 6367203

企业名称:鞍钢冷轧厂
地　　址:辽宁省鞍山市鞍钢厂区北部
邮　　编:114021
电　　话:0412 - 6751512
传　　真:0412 - 6751512

企业名称:本溪钢铁集团有限公司热连轧厂
地　　址:辽宁省本溪市平山区轧钢路
邮　　编:117021
电　　话:0414 - 7820053
传　　真:0414 - 7825049

企业名称:秦皇岛首秦金属材料有限公司轧钢部
地　　址:河北省秦皇岛市杜庄
邮　　编:066326
电　　话:0335 - 6086238
传　　真:0335 - 6089252

企业名称:唐山钢铁集团公司第一轧钢厂
地　　址:河北省唐山市滨河路 9 号
邮　　编:063013
电　　话:0315 - 3707227
传　　真:0315 - 3707227

企业名称:首钢京唐钢铁联合有限责任公司热轧部
地　　址:河北省唐山市曹妃甸工业区
邮　　编:100043
电　　话:0315 - 8829215
传　　真:0315 - 8871799

企业名称:安阳钢铁股份有限公司第二炼轧厂
地　　址:河南省安阳市殷都区梅园庄
邮　　编:455004
电　　话:0372 - 3120928
传　　真:0372 - 3120909

企业名称:舞阳钢铁有限责任公司 4100 宽厚板厂
地　　址:河南省舞钢市湖滨大道

邮　　编:462500
电　　话:0375－8113800
传　　真:0375－8113800

企业名称:武汉钢铁集团公司热轧总厂
地　　址:湖北省武汉市青山区厂前
邮　　编:430083
电　　话:027－86891525
传　　真:027－86891525

企业名称:湘潭钢铁集团有限公司
地　　址:湖南省湘潭市岳塘
邮　　编:411101
电　　话:0731－58654951
传　　真:0731－58654951

企业名称:攀枝花钢铁集团公司热连轧厂
地　　址:四川省攀枝花市向阳区
邮　　编:617062
电　　话:0812－3393260
传　　真:0812－3396573

企业名称:太钢热连轧厂
地　　址:山西省太原市尖草坪区尖草坪
邮　　编:030003
电　　话:0351－3016907
传　　真:0351－3016907

企业名称:济钢中厚板厂
地　　址:山东省济南市工业北路21号
邮　　编:250101
电　　话:0531－88847758
传　　真:0531－88847461

企业名称:宝钢梅钢热轧厂
地　　址:江苏省南京市中华门外新建
邮　　编:210039
电　　话:025－58082132
传　　真:025－86702446

企业名称:重庆钢铁股份有限公司中板厂
地　　址:重庆市大渡口区车家坪58号
邮　　编:400082
电　　话:023－68871499
传　　真:023－68871380

企业名称:鞍钢热连轧厂
地　　址:辽宁省鞍山市鞍钢厂区北部
邮　　编:114021
电　　话:0412－6752915
传　　真:0412－6752915

企业名称:鞍钢中板厂
地　　址:辽宁省鞍山市鞍钢厂区北部
邮　　编:114021
电　　话:0412－6752034
传　　真:0412－6753575

企业名称:本溪钢铁集团有限公司冷轧厂
地　　址:辽宁省本溪市平山区轧钢路
邮　　编:117021
电　　话:0414－7821239
传　　真:0414－7821496

企业名称:唐山中厚板有限公司
地　　址:河北省唐山市乐亭县玉滩镇
邮　　编:063610
电　　话:0315－4959888
传　　真:0315－4959336

企业名称:唐山港陆钢铁有限公司
地　　址:河北省唐山市遵化市镇海东街
邮　　编:064200
电　　话:0315－6075518
传　　真:0315－6075518

企业名称:唐山不锈钢有限公司设备部
地　　址:河北省唐山市古冶区唐家庄
邮　　编:063105
电　　话:0315－3765888
传　　真:0315－3768802

企业名称:首钢新钢有限责任公司中厚板轧钢厂
地　　址:北京市石景山区石景山路68号
邮　　编:100041
电　　话:010－88292115
传　　真:010－88292115

企业名称:安钢股份有限公司第二轧钢厂
地　　址:河南省安阳市殷都区梅园庄
邮　　编:455004
电　　话:0372－3123012
传　　真:0372－3123613

企业名称:武汉钢铁集团公司冷轧厂
地　　址:湖北省武汉市青山区厂前
邮　　编:430083
电　　话:027－86894638
传　　真:027－86891470

企业名称:涟源钢铁集团公司热轧板厂
地　　址:湖南省娄底市轧钢东路
邮　　编:417009
电　　话:0738－8663655
传　　真:0738－8663726

企业名称:攀钢冷轧厂
地　　址:四川省攀枝花市向阳区
邮　　编:617062
电　　话:0812－3380118
传　　真:0812－3380137

企业名称:攀枝花新钢铁集团公司设备部
地　　址:四川省攀枝花市向阳区
邮　　编:617062
电　　话:0812－3391151
传　　真:0812－3396418

企业名称:广州珠江钢铁有限责任公司
地　　址:广东省广州市经济开发区西基工业区
邮　　编:510730
电　　话:020－82222392
传　　真:020－82222400

企业名称:济南钢铁股份有限公司中板厂
地　　址:山东省济南市工业北路21号
邮　　编:250101
电　　话:0531－88866255
传　　真:0531－88866255

企业名称:宁波钢铁有限公司热轧厂
地　　址:浙江省宁波市北仑区霞浦临港二路168号
邮　　编:315800
电　　话:0574－86859108
传　　真:0574－86859126

企业名称:江苏沙钢集团有限公司
地　　址:江苏省张家港市锦丰镇
邮　　编:215625
电　　话:0512－58568831
传　　真:0512－58550681

企业名称:临钢中板厂
地　　址:山西省临汾市尧都区
邮　　编:041000
电　　话:0357－3091338
传　　真:0357－3091338

企业名称:包头钢铁(集团)有限责任公司宽厚板厂
地　　址:内蒙古包头市昆区河西工业区
邮　　编:014010
电　　话:0472－2188168
传　　真:0472－2181118

企业名称:宝钛集团宽厚板材料公司
地　　址:陕西省宝鸡市71号信箱
邮　　编:721014
电　　话:0917－3360180
传　　真:0917－3360180

企业名称:新疆八一钢铁集团公司
地　　址:新疆乌鲁木齐市头屯河区八一路
邮　　编:830022
电　　话:0991－3893838
传　　真:0991－3890035

企业名称:天津轧一有限公司
地　　址:天津市河西区大沽南路928号
邮　　编:300220
电　　话:022－63255800
传　　真:022－63255888

企业名称:南京钢铁联合有限公司中板厂
地　　址:江苏省南京市大厂区卸甲店
邮　　编:210035
电　　话:025－57074699
传　　真:025－57072545

企业名称:宝钢不锈钢分公司热轧厂
地　　址:上海市宝山区长江路735号
邮　　编:200431
电　　话:021－26033369
传　　真:021－26034661

企业名称:广西柳钢热轧板带厂
地　　址:广西柳州市北雀路117号
邮　　编:545002
电　　话:0772－2596358
传　　真:0772－2596355

企业名称:新余钢铁有限责任公司
地　　址:江西省新余市新钢冶金路
邮　　编:338001
电　　话:0790－6293328
传　　真:0790－6294999

企业名称:五矿营口中板有限责任公司中板厂
地　　址:辽宁省营口市老边区
邮　　编:115005
电　　话:0417－3256501

传　　真:0417－3256503

企业名称:首钢迁安热轧厂
地　　址:河北省迁安市扬店子镇滨河村
邮　　编:064404
电　　话:0315－7703962
传　　真:0315－7703011

企业名称:邯郸钢铁有限责任公司中板厂
地　　址:河北省邯郸市复兴路232号
邮　　编:056015
电　　话:0310－6075426
传　　真:0310－4959971

企业名称:酒钢集团热轧薄板厂
地　　址:甘肃省嘉峪关市五一北路1号
邮　　编:735100
电　　话:0937－6711948
传　　真:0937－6711982

企业名称:中冶恒通冷轧技术有限公司
地　　址:河北省唐山市丰南区青年路银杏街518号
邮　　编:063300
电　　话:0315－8164130
传　　真:0315－8164130

企业名称:承德新新钒钛股份有限公司供应公司
地　　址:河北省承德市双滦区滦河镇
邮　　编:067002
电　　话:0314－4079789
传　　真:0314－4314947

企业名称:广东韶钢松山股份有限公司宽板厂
地　　址:广东省韶关市曲江马坝
邮　　编:512123
电　　话:0751－8795907
传　　真:0751－8792504

企业名称:马钢股份有限公司第四钢轧总厂
地　　址:安徽省马鞍山市三台路
邮　　编:243051
电　　话:0555－2890809
传　　真:0555－2890805

企业名称:江苏飞达薄板材股份公司
地　　址:江苏省丹阳市高士桥工业园
邮　　编:212312
电　　话:0511－86326852
传　　真:0511－86326852

企业名称:江阴兴澄特种钢铁有限公司钢板厂
地　　址:江苏省江阴市滨江东路297号
邮　　编:214429
电　　话:0510－86193388－6718
传　　真:0510－86190970

企业名称:四川西南不锈钢有限责任公司轧钢厂
地　　址:四川省乐山市沙湾区嘉农镇泰山路
邮　　编:614951
电　　话:0833－5208601
传　　真:0833－5208998

企业名称:河北敬业中厚板有限公司设备采购部
地　　址:河北省石家庄市平山县南甸镇
邮　　编:050400
电　　话:0311－82873502
传　　真:0311－82873502

企业名称:河北普阳钢铁公司
地　　址:河北省武安市阳邑镇
邮　　编:056300
电　　话:0310－5178962
传　　真:0310－5178962

企业名称:沧州中铁装备制造材料有限公司
地　　址:河北省沧州市渤海新区
邮　　编:061113
电　　话:0317－5761678
传　　真:0317－5761614

企业名称:山西百一机械制造有限公司
地　　址:山西省太原市尖草坪2号
邮　　编:030003
电　　话:0351－3016342
传　　真:0351－3016803

企业名称:常熟益成特殊钢有限公司
地　　址:江苏省常熟市经济开发区沿江工业区
邮　　编:215536
电　　话:0512－52655156
传　　真:0512－52655156

企业名称:铁岭橡胶设计研究院密封所
地　　址:辽宁省铁岭市辽海北路15号
邮　　编:112000
电　　话:024－74564226
传　　真:024－74501500

企业名称:优必胜(大连)轴承制造有限公司
地　　址:辽宁省瓦房店市北三家瓦窝工业园北路18号

邮　　编:116300
电　　话:0411 – 85508388
传　　真:0411 – 85545658

企业名称:广州机械科学研究院密封研究所
地　　址:广东省广州市黄浦区茅岗
邮　　编:510700
电　　话:020 – 32388050
传　　真:020 – 32389624

企业名称:上海大学轴承研究室
地　　址:上海市延长路149号
邮　　编:200072
电　　话:021 – 56331937
传　　真:021 – 56331937

企业名称:中国第一重集团大连设计研究院
地　　址:辽宁省大连市经济技术开发区
邮　　编:116600
电　　话:0411 – 39243235
传　　真:0411 – 39243366

企业名称:中国二重机械集团设计研究院
地　　址:四川省德阳市珠江西路460号
邮　　编:618013
电　　话:0838 – 2208846
传　　真:0838 – 2204416

企业名称:上海重型机器厂有限公司设计研究院
地　　址:上海市闵行区江川路1388号
邮　　编:200245
电　　话:021 – 64632262
传　　真:021 – 54722933

企业名称:中钢设备公司国际部
地　　址:北京市朝阳区芳园街1号
邮　　编:100016
电　　话:010 – 62688018
传　　真:010 – 62688098

企业名称:欧洛普过滤技术开发公司
地　　址:北京市中关村科技园区通州园
邮　　编:100176
电　　话:010 – 61279203
传　　真:010 – 61279958

企业名称:上海海联润滑材料科技有限公司
地　　址:上海市钤州路100号
邮　　编:200235
电　　话:021 – 64834393
传　　真:021 – 64837197

重型锻压机械

企业名称:中国第二重型机械集团公司
地　　址:四川省德阳市珠江西路460号
邮　　编:618000
电　　话:0838 – 2341482
传　　真:0838 – 2201998

企业名称:中国重型机械有限公司
地　　址:北京市海淀区公主坟复兴路甲23号
邮　　编:100036
电　　话:010 – 68221576
传　　真:010 – 68217772

企业名称:中国重型机械研究院股份公司
地　　址:陕西省西安市未央区东元路209号
邮　　编:710032
电　　话:029 – 86322300
传　　真:029 – 86713965

企业名称:太原重型机械集团有限公司
地　　址:山西省太原市河西区和平北路
邮　　编:030024
电　　话:0351 – 6045384
传　　真:0351 – 6064467

企业名称:清华大学机械系
地　　址:北京市海淀区清华园
邮　　编:100084
电　　话:010 – 62771476
传　　真:010 – 62783387

企业名称:北方重工沈阳重型机械集团有限责任公司
地　　址:辽宁省沈阳市铁西区兴华北街8号
邮　　编:110025
电　　话:024 – 25802599
传　　真:024 – 25851610

企业名称:中国第一重型机械集团公司
地　　址:黑龙江省齐齐哈尔市富拉尔基区厂前路
邮　　编:161042
电　　话:0452 – 6810123
传　　真:0452 – 6810111

企业名称:中信重工机械股份有限公司
地　　址:河南省洛阳市涧西区建设路206号
邮　　编:471039
电　　话:0379 – 64008888

传　　真:0379 - 64008888

企业名称:上海重型机械厂锻件厂
地　　址:上海市闵行区江川路1800号
邮　　编:200240
电　　话:021 - 54721141 - 2651
传　　真:021 - 64300132

企业名称:中国第二重型机械集团公司技术中心
地　　址:四川省德阳市珠江西路460号
邮　　编:618000
电　　话:0838 - 2341807
传　　真:0838 - 2201998

企业名称:中国重型机械有限公司锻压部
地　　址:北京市海淀区公主坟复兴路甲23号
邮　　编:100036
电　　话:010 - 68221585
传　　真:010 - 68217772

企业名称:德阳立达基础件有限公司
地　　址:四川省德阳市庐山南路三段32号
邮　　编:618000
电　　话:0838 - 2903979
传　　真:0838 - 2903979

大型铸锻件

企业名称:中国第二重型机械集团公司
地　　址:四川省德阳市珠江西路460号
邮　　编:618000
电　　话:0838 - 2239221
传　　真:0838 - 2201998

企业名称:中国第一重型机械集团公司
地　　址:黑龙江省齐齐哈尔市富拉尔基区厂前路
邮　　编:161042
电　　话:0452 - 6810111
传　　真:0452 - 6810111

企业名称:上海重型机器厂有限公司
地　　址:上海市闵行区江川路1800号
邮　　编:200245
电　　话:021 - 54721921
传　　真:021 - 54721921

企业名称:中信重工机械股份有限公司
地　　址:河南省洛阳市涧西区建设路206号
邮　　编:471039
电　　话:0379 - 64088005
传　　真:0379 - 64214680

企业名称:鞍钢重型机械有限责任公司
地　　址:辽宁省鞍山市立山区建国东路40甲
邮　　编:114031
电　　话:0412 - 6613453
传　　真:0412 - 6613458

企业名称:中原特钢股份有限公司
地　　址:河南省济源市
邮　　编:454685
电　　话:0391 - 6099030
传　　真:0391 - 6099019

企业名称:太原科技大学材料科学与工程分院
地　　址:山西省太原市万柏林区窊流路66号
邮　　编:030024
电　　话:0351 - 6221456
传　　真:0351 - 6221456

企业名称:大连华锐重工铸钢股份有限公司
地　　址:辽宁省大连市甘井子区中革镇堡新水泥路8号
邮　　编:116035
电　　话:0411 - 86428074
传　　真:0411 - 85583099

企业名称:天津重型装备工程研究有限公司
地　　址:天津市经济技术开发区宏达街21号B座
邮　　编:300457
电　　话:022 - 66226262
传　　真:022 - 66226262

企业名称:中国一重铸锻钢公司
地　　址:黑龙江省齐齐哈尔市富拉尔基区厂前路9号
邮　　编:161042
电　　话:0452 - 6811476
传　　真:0452 - 6810535

企业名称:云南冶金力神重工有限公司锻造分公司
地　　址:云南省昆明市龙泉路871号
邮　　编:650203
电　　话:0871 - 6085042
传　　真:0871 - 6085022

企业名称:沈阳铸造研究所
地　　址:辽宁省沈阳市铁西区云峰南街17号
邮　　编:110025
电　　话:024 - 25872249
传　　真:024 - 25851306

企业名称:太原重型机械有限责任公司铸锻分公司
地　　址:山西省太原市万柏林区玉河街53号
邮　　编:030024
电　　话:0351－6366750
传　　真:0351－6366750

企业名称:武汉重工铸锻有限责任公司
地　　址:湖北省武汉市青山区东武路1号
邮　　编:430084
电　　话:027－68861620
传　　真:027－68861617

企业名称:天津市天重曲轴锻造厂
地　　址:天津市北辰区高峰路马庄
邮　　编:300400
电　　话:022－26630208
传　　真:022－26340718

企业名称:内蒙古北方重工特殊钢分公司
地　　址:内蒙古包头市青山区
邮　　编:014033
电　　话:0472－3385721
传　　真:0472－3322346

企业名称:内蒙古北方重工集团
地　　址:内蒙古包头市青山区
邮　　编:014033
电　　话:0472－3386880
传　　真:0472－3335641

企业名称:中国中元兴华工程公司工艺工程院
地　　址:北京市海淀区西三环北路5号
邮　　编:100089
电　　话:010－68732550
传　　真:010－68732550

企业名称:中钢集团邢台冶金轧辊有限公司
地　　址:河北省邢台市新兴西路1号
邮　　编:054025
电　　话:0319－3932002
传　　真:0319－3123661

企业名称:中国南车集团资阳机车厂
地　　址:四川省资阳市雁江区
邮　　编:641301
电　　话:028－22022061
传　　真:028－22022061

企业名称:中国二重万航模锻厂
地　　址:四川省德阳市珠江西路460号
邮　　编:618013
电　　话:0838－2342304
传　　真:0838－2342304

企业名称:清华大学机械工程系
地　　址:北京市海淀区学院路清华园
邮　　编:100084
电　　话:010－62789922
传　　真:010－62773637

企业名称:燕山大学材料科学与工程学院
地　　址:河北省秦皇岛市河北大街西段438号
邮　　编:066004
电　　话:0335－8387472
传　　真:0335－8074545

企业名称:北京科技大学材料科学与工程学院
地　　址:北京市海淀区学院路30号
邮　　编:100083
电　　话:010－62332572
传　　真:010－62332572

企业名称:大连理工大学材料工程系
地　　址:辽宁省大连市甘井子区凌工路2号
邮　　编:116024
电　　话:0411－84708434
传　　真:0411－84709284

企业名称:上海汽轮机有限公司锻冶处
地　　址:上海市闵行区江川路333号
邮　　编:200240
电　　话:021－64358331－3388
传　　真:021－64355046

企业名称:哈尔滨汽轮机厂有限责任公司
地　　址:黑龙江省哈尔滨市动力区大庆路
邮　　编:150046
电　　话:0451－82953194
传　　真:0451－82681364

企业名称:东方汽轮机厂
地　　址:四川省德阳市高新技术产业园
邮　　编:618000
电　　话:0838－6354422
传　　真:0838－6302335

企业名称:山东山一重工机械有限公司
地　　址:山东省泰安市山口镇
邮　　编:271000
电　　话:0538－8611866

传　　真:0538－8611666

企业名称:中冶京诚(营口)装备技术有限公司
地　　址:辽宁省营口市老边区柳树镇
邮　　编:115004
电　　话:0417－3251915
传　　真:0417－3256977

企业名称:二重集团德阳锻造厂有限责任公司
地　　址:四川省德阳市珠江西路460号
邮　　编:618013
电　　话:0838－2341377
传　　真:0838－2201742

企业名称:沈阳铸锻工业有限公司
地　　址:辽宁省沈阳市铁西区辽西路188号
邮　　编:110025
电　　话:024－25615372
传　　真:024－25615373

企业名称:二重集团德阳铸造厂有限责任公司
地　　址:四川省德阳市珠江西路460号
邮　　编:618013
电　　话:0838－2340008
传　　真:0838－2201574

企业名称:二重集团金结分厂
地　　址:四川省德阳市珠江西路460号
邮　　编:618013
电　　话:0838－2342383
传　　真:0838－2342383

企业名称:鞍钢重型机械有限责任公司锻造厂
地　　址:辽宁省鞍山市灵山红旗路
邮　　编:114042
电　　话:0412－6761494
传　　真:0412－6221199

企业名称:上海重型机器厂有限公司大锻所
地　　址:上海市闵行区江川路1800号
邮　　编:200245
电　　话:021－54721921
传　　真:021－54721921

企业名称:上重特种钢公司
地　　址:上海市闵行区江川路1800号
邮　　编:200245
电　　话:021－54721651
传　　真:021－54303203

企业名称:上海重型机器冶铸厂
地　　址:上海市闵行区江川路1800号
邮　　编:200245
电　　话:021－54721141－2752
传　　真:021－54722840

企业名称:上海重型机器锻件厂
地　　址:上海市闵行区江川路1800号
邮　　编:200245
电　　话:021－54721141－2651
传　　真:021－54720453

企业名称:广重铸轧钢有限公司
地　　址:广东省中山市黄圃镇鲤鱼嘴工业开发区
邮　　编:528429
电　　话:0760－321333
传　　真:0760－312227

企业名称:广东省韶铸集团有限公司
地　　址:广东省韶关市十里亭
邮　　编:512031
电　　话:0751－8853784
传　　真:0751－8853784

企业名称:天津天重车轴制造有限公司
地　　址:天津市北辰区高峰路马庄
邮　　编:300400
电　　话:022－26626168
传　　真:022－26341806

企业名称:无锡宏达集团
地　　址:江苏省无锡市南泉壬港
邮　　编:214128
电　　话:0510－85952557
传　　真:0510－85953536

企业名称:中冶陕压重工设备有限公司
地　　址:陕西省渭南市富平县庄里镇
邮　　编:714000
电　　话:0913－8622969
传　　真:0913－8622000

企业名称:内蒙古一机集团制造部
地　　址:内蒙古包头市2号信箱
邮　　编:014033
电　　话:0472－3118051
传　　真:0472－3117580

企业名称:中国长江动力公司(集团)
地　　址:湖北省武汉市关山一路105号

邮　　编:430074
电　　话:027 - 87801455
传　　真:027 - 87801455

企业名称:重庆焱炼重型机械设备有限公司
地　　址:重庆市大渡口区双山工业园区
邮　　编:400084
电　　话:023 - 68611119
传　　真:023 - 68883622

企业名称:山西大同机车厂技术中心工艺开发部
地　　址:山西省大同市大庆路
邮　　编:037038
电　　话:0352 - 7163354
传　　真:0352 - 7162440

企业名称:杭州宝鼎铸锻有限公司
地　　址:浙江省杭州市余杭区
邮　　编:311106
电　　话:0571 - 86380788
传　　真:0571 - 86380688

企业名称:秦南重工机械有限公司
地　　址:四川省德阳市青山巷6号
邮　　编:618000
电　　话:0838 - 2204470
传　　真:0838 - 2202266

企业名称:江苏国光重型机械有限公司
地　　址:江苏省江阴市利港镇镇澄路2558号
邮　　编:214441
电　　话:0510 - 86609555 - 8005
传　　真:0510 - 86600851

企业名称:上海交大申模计算机系统集成有限公司
地　　址:上海市华山路1954号
邮　　编:200030
电　　话:021 - 32260298
传　　真:021 - 62946388

企业名称:南京科润工业介质有限公司
地　　址:江苏省南京市江宁区秦淮路31号
邮　　编:211100
电　　话:025 - 52125195
传　　真:025 - 52101342

企业名称:德阳兴利机械设备有限责任公司
地　　址:四川省德阳市华山北路
邮　　编:618000
电　　话:0838 - 2226098
传　　真:0838 - 2226098

企业名称:德阳万鑫电站产品开发有限公司
地　　址:四川省德阳市广汉高坪镇龙潭村八社
邮　　编:618306
电　　话:0838 - 2225133
传　　真:0838 - 2225133

物流与仓储机械

企业名称:北京起重运输机械设计研究院
地　　址:北京市东城区雍和宫大街52号
邮　　编:100007
电　　话:010 - 64031452
传　　真:010 - 64052584

企业名称:上海精星仓储设备工程有限公司
地　　址:上海市闵行区莘庄工业区申南路505号
邮　　编:201108
电　　话:021 - 64897202
传　　真:021 - 64892100

企业名称:德马泰克物流系统苏州有限公司
地　　址:江苏省苏州市越溯路横泾工业园尧南小区
邮　　编:215103
电　　话:0512 - 66302031
传　　真:0512 - 66209538

企业名称:山西太原索斯沃斯升降台有限公司
地　　址:山西省太原市东岗路310号
邮　　编:030012
电　　话:0351 - 7074493
传　　真:0351 - 7040699

企业名称:昆明昆船物流信息产业有限公司
地　　址:云南省昆明市人民中路6号昆船大厦
邮　　编:650051
电　　话:0871 - 3172279
传　　真:0871 - 3173600

企业名称:北京机械工业自动化研究所
地　　址:北京市德胜门外教场口1号
邮　　编:100011
电　　话:010 - 82285588
传　　真:010 - 62050838

企业名称:辽宁国能集团铁岭精工机械有限公司
地　　址:辽宁省铁岭市银州区汇工街98号
邮　　编:112002
电　　话:024 - 74501502

传　　真:024－74562484

企业名称:湖州德马物流系统工程有限公司
地　　址:浙江省湖州市埭溪上强工业园区
邮　　编:313023
电　　话:0572－2686000
传　　真:0572－2686028

企业名称:北京科技大学物流研究所
地　　址:北京市海淀区学院路30号方兴大厦716室
邮　　编:100083
电　　话:010－82384142
传　　真:010－82384140

企业名称:太原刚玉物流工程有限公司
地　　址:山西省太原市东岗路310号
邮　　编:030012
电　　话:0351－7683088
传　　真:0351－7683072

企业名称:国家邮政局上海研究院
地　　址:上海市中山北路3185号
邮　　编:200062
电　　话:021－62970498
传　　真:021－62437035

企业名称:上海高惠物流技术工程有限公司
地　　址:上海市真南路500号(同济大学西区综合楼)
邮　　编:200331
电　　话:021－62504239
传　　真:021－62504239

企业名称:北方交大物流研究院
地　　址:北京市西直门外上园村3号
邮　　编:100044
电　　话:010－51683854
传　　真:010－51688649

企业名称:山东济阳机械厂
地　　址:山东省济南市济阳县经二路45号
邮　　编:251400
电　　话:0531－84211081
传　　真:0531－84211081

企业名称:南通安泰机械有限公司
地　　址:江苏省如皋市袁桥工业园
邮　　编:226575
电　　话:0513－87512997
传　　真:0513－87385886

企业名称:机械工业部第四设计研究院
地　　址:河南省洛阳市西苑路
邮　　编:471039
电　　话:0379－64818295
传　　真:0379－64818201

企业名称:常州长江客车集团矿山起重机械有限公司
地　　址:江苏省常州市横山桥镇
邮　　编:213119
电　　话:0519－88600639
传　　真:0519－88600639

企业名称:苏州市苏立液压升降机有限公司
地　　址:江苏省苏州市相城区望亭镇问渡路54号
邮　　编:215155
电　　话:0512－65388851
传　　真:0512－65384732

企业名称:常州市东方仓储设备厂
地　　址:江苏省常州市横山桥镇
邮　　编:213119
电　　话:0519－88604129
传　　真:0519－88601654

企业名称:北京百利铭泰仓储设备有限公司
地　　址:北京市海淀区首体南路20号国兴家园5号楼
邮　　编:100044
电　　话:010－88355058
传　　真:010－88355056

企业名称:苏州康博特液压升降机械有限公司
地　　址:江苏省苏州市相城区望亭镇问渡路50号
邮　　编:215155
电　　话:0512－66700119
传　　真:0512－65381996

企业名称:南京新众亚货架有限责任公司
地　　址:江苏省南京市江东北路200号7楼
邮　　编:210029
电　　话:025－86668857
传　　真:025－86538483

企业名称:吴江市九天升降机厂
地　　址:江苏省吴江市金家坝工业区
邮　　编:215215
电　　话:0512－63202711
传　　真:0512－63201405

企业名称:北京兰龙物流仓储设备厂
地　　址:北京市门头沟区滨河路37号

邮　　编:102300
电　　话:010－69845984
传　　真:010－69843791

企业名称:北京博瑞智德技术有限公司
地　　址:北京市朝阳区南新园西路6号
邮　　编:100021
电　　话:010－87326925
传　　真:010－87680485

企业名称:苏州市南方升降机厂
地　　址:江苏省苏州市相城区望亭镇宅基村
邮　　编:215155
电　　话:0512－65389379
传　　真:0512－65387786

企业名称:镇江东联仓储设备有限公司
地　　址:江苏省镇江市丁卯开发区纬三路
邮　　编:212009
电　　话:0511－88886548
传　　真:0511－88883008

企业名称:上海鸿安展升物流系统技术有限公司
地　　址:上海市长宁区仙霞路322号1803室
邮　　编:200336
电　　话:021－62085257
传　　真:021－52570087

企业名称:苏州市同创液压升降机械有限公司
地　　址:江苏省苏州市相城区望亭镇问渡路47号
邮　　编:215155
电　　话:0512－66702088
传　　真:0512－65382537

起重葫芦

企业名称:中国重型机械工业协会
地　　址:北京市海淀区公主坟复兴路甲23号
邮　　编:100036
电　　话:010－68185643
传　　真:010－68296074

企业名称:江阴凯澄起重机械有限公司
地　　址:江苏省江阴市澄江东路18号
邮　　编:214429
电　　话:0510－86199688
传　　真:0510－86196633

企业名称:卫华集团纽科伦(新乡)起重机有限公司
地　　址:河南省新乡市长垣县博爱南路6号
邮　　编:453400
电　　话:0373－8622060
传　　真:0373－8622001

企业名称:北京起重运输机械设计研究院
地　　址:北京市东城区雍和宫大街52号
邮　　编:100007
电　　话:010－84037438
传　　真:010－64079406

企业名称:天津起重设备有限公司
地　　址:天津市经济开发区西区中南一街29号
邮　　编:300462
电　　话:022－65382330
传　　真:022－65382332

企业名称:南京起重机械总厂有限公司
地　　址:江苏省南京市浦口区泰冯路62号
邮　　编:210032
电　　话:025－58749786
传　　真:025－58841693

企业名称:北京起重工具厂
地　　址:北京市朝阳区红庙首都经济贸易大学内
邮　　编:100026
电　　话:010－65976750
传　　真:010－65067014

企业名称:杭州武林机器有限公司
地　　址:浙江省杭州市余杭区临平镇邱山大街1号
邮　　编:311100
电　　话:0571－86249998
传　　真:0571－86224369

企业名称:浙江五一机械有限公司
地　　址:浙江省衢州市东港开发区(闹桥)
邮　　编:324000
电　　话:0570－3836005
传　　真:0570－3830188

企业名称:浙江双鸟机械有限公司
地　　址:浙江省嵊州市黄泽镇工业园区
邮　　编:312455
电　　话:0575－83055888
传　　真:0575－83503801

企业名称:江苏三马起重机械制造有限公司
地　　址:江苏省靖江市开发区城南园区江防西路3号
邮　　编:214500
电　　话:0523－84866933

传　　真:0523－84866284

企业名称:上海雄风起重设备厂有限公司
地　　址:上海市松江区佘北公路2199号
邮　　编:201602
电　　话:021－57796432
传　　真:021－57796450

企业名称:江西起重机械总厂
地　　址:江西省樟树市共和东路82号
邮　　编:331200
电　　话:0795－7364266
传　　真:0795－7364566

企业名称:新乡市起重设备厂有限责任公司
地　　址:河南省新乡市红旗区南干道111号
邮　　编:453003
电　　话:0373－3838082
传　　真:0373－3058094

企业名称:浙江众擎起重机械制造有限公司
地　　址:浙江省诸暨市城西工业区
邮　　编:311800
电　　话:0575－87385688
传　　真:0575－87387610

企业名称:德马格起重机械(上海)有限公司
地　　址:上海市奉贤区庄行欧洲工业园区叶庄公路125号
邮　　编:201415
电　　话:021－37182205
传　　真:021－57464558

企业名称:八达机电有限公司
地　　址:浙江省瑞安市经济开发区毓蒙路8号
邮　　编:325200
电　　话:0577－65156661
传　　真:0577－65156699

企业名称:南阳起重机械厂有限公司
地　　址:河南省南阳市光武中路1615号
邮　　编:473000
电　　话:0377－63382500
传　　真:0377－63380410

企业名称:湖北银轮起重机械股份有限公司
地　　址:湖北省赤壁市河北大道170号
邮　　编:437300
电　　话:0715－5337928
传　　真:0715－5337966

企业名称:洛阳起重机厂
地　　址:河南省洛阳市唐宫东路10号
邮　　编:471000
电　　话:0379－63953638
传　　真:0379－63415999

企业名称:甘肃省定西起重机厂有限责任公司
地　　址:甘肃省定西市安定区焦家坡新村3号
邮　　编:743000
电　　话:0932－8212961
传　　真:0932－8227125

企业名称:西安起重机械厂
地　　址:陕西省西安市莲湖区红光路72号
邮　　编:710077
电　　话:029－84241163
传　　真:029－84236974

企业名称:江阴市鼎力起重机械有限公司
地　　址:江苏省江阴市金山路303号
邮　　编:214437
电　　话:0510－86996868
传　　真:0510－86996666

企业名称:上海浦东明昌起重机械制造有限公司
地　　址:上海市浦东新区川沙镇川六公路1851号
邮　　编:201202
电　　话:021－58590038
传　　真:021－58590038

企业名称:广东超宇起重设备有限公司
地　　址:广东省梅州市梅江区城北新田福瑞岗
邮　　编:514089
电　　话:0753－2382083
传　　真:0753－2382063

企业名称:聊城五环机械有限公司
地　　址:山东省聊城市经济开发区嫩江路55号
邮　　编:252000
电　　话:0635－8880688
传　　真:0635－8321152

企业名称:聊城市东昌府区森达机械有限公司
地　　址:山东省聊城市东昌府区凤凰工业园
邮　　编:252000
电　　话:0635－8578888
传　　真:0635－8579988

企业名称:重庆凯荣机械有限责任公司
地　　址:重庆市九龙坡区九龙工业园区华龙大道9号

邮　　编:400052
电　　话:023－68466289
传　　真:023－68466279

企业名称:山西省潞城公建机械厂
地　　址:山西省潞城市公建路1号
邮　　编:047500
电　　话:0355－5688718
传　　真:0355－5688760

企业名称:慈溪市华表机械有限公司
地　　址:浙江省慈溪市庵东镇沿江路258号
邮　　编:315327
电　　话:0574－63479928
传　　真:0574－63479899

企业名称:慈溪市勤丰机械有限公司
地　　址:浙江省慈溪市庵东镇七二三大街11弄3号
邮　　编:315327
电　　话:0574－63477188
传　　真:0574－63479188

企业名称:广州广鸽起重设备有限公司
地　　址:广东省广州市荔湾区芳村白鹤洞罗冲岗1号之十三
邮　　编:510380
电　　话:020－81502431
传　　真:020－81515587

企业名称:南京宝龙起重机械有限公司
地　　址:江苏省南京市浦口区顶山街道姚洼58号
邮　　编:210031
电　　话:025－58802630
传　　真:025－58806417

企业名称:《起重运输机械》杂志社
地　　址:北京市东城区雍和宫大街52号
邮　　编:100007
电　　话:010－64031987
传　　真:010－64031987

企业名称:南京起重电机总厂
地　　址:江苏省南京市江宁区东山科宁路268号
邮　　编:211100
电　　话:025－51191919
传　　真:025－52282496

企业名称:南京特种电机厂有限公司
地　　址:江苏省南京市六合区雄州东路289号
邮　　编:211500
电　　话:025－57759990
传　　真:025－57752314

企业名称:杭州电机有限公司
地　　址:浙江省杭州市西湖区文三路上宁巷1号
邮　　编:310012
电　　话:0571－88833358
传　　真:0571－88077935

企业名称:南京开关厂有限公司
地　　址:江苏省南京市江宁区滨江开发区绣玉路2号
邮　　编:211178
电　　话:025－86106515
传　　真:025－86106518

企业名称:常州市常欣电子衡器有限公司
地　　址:江苏省常州市中凉亭夏凉路68号
邮　　编:213001
电　　话:0519－86643943
传　　真:0519－86640473

企业名称:浙江立新起重开关厂
地　　址:浙江省乐清市柳市镇西仁宕工业区
邮　　编:325604
电　　话:0577－62711333
传　　真:0577－62718999

企业名称:河南恒达机电设备有限公司
地　　址:河南省新乡市长垣起重工业园区纬四路东侧
邮　　编:453424
电　　话:0373－2156199－8008
传　　真:0373－2156189

企业名称:江苏象王起重机有限公司
地　　址:江苏省盐城市建湖县经济开发区明珠东路1号
邮　　编:224700
电　　话:0515－82068988
传　　真:0515－86312253

企业名称:杭州浙起机械有限公司
地　　址:浙江省杭州市富阳市东洲工业园区7号路9号
邮　　编:311401
电　　话:0571－87191600－808
传　　真:0571－87191609

企业名称:北京起重设备厂
地　　址:北京市大兴工业园金苑路19号
邮　　编:102628
电　　话:010－60213510
传　　真:010－60215147

企业名称:河南省飞马起重机械有限公司
地　　址:河南省新乡市长垣县起重工业园区纬五路 11 号
邮　　编:453400
电　　话:0373 - 8712222
传　　真:0373 - 8711976

企业名称:重庆市飞鹰起重设备有限责任公司
地　　址:重庆市九龙坡区卩梁山起重新村 1 号
邮　　编:400052
电　　话:023 - 61771787
传　　真:023 - 65263571

企业名称:南京禄口起重机械有限公司
地　　址:江苏省南京市江宁区禄口街道燕湖路
邮　　编:211113
电　　话:025 - 52771222
传　　真:025 - 52775660

企业名称:北京双泰气动设备有限公司
地　　址:北京市通州区张家湾枣林庄工业大院
邮　　编:101113
电　　话:010 - 61569873
传　　真:010 - 61569872

企业名称:浙江凯勋机电有限公司
地　　址:浙江省瑞安市飞云镇林垟工业区林郑路 2 - 6 号
邮　　编:325207
电　　话:0577 - 65592888
传　　真:0577 - 65590198

企业名称:上海劲雕起重设备厂有限公司
地　　址:上海市嘉定区江桥镇金园六路 396 号
邮　　编:201812
电　　话:021 - 56655086
传　　真:021 - 56650541

企业名称:宁波市凹凸重工有限公司
地　　址:浙江省宁波市鄞州区机场路 3998 号
邮　　编:315176
电　　话:0574 - 88008778
传　　真:0574 - 88008779

企业名称:高博(天津)起重设备有限公司
地　　址:天津市经济技术开发区第十三大街 58 号
邮　　编:300457
电　　话:022 - 59822285
传　　真:022 - 59822286

企业名称:吴江市麒麟起重机械有限公司
地　　址:江苏省吴江市铜锣镇人民街 20 号
邮　　编:215237
电　　话:0512 - 63881419
传　　真:0512 - 63881774

企业名称:咸宁起重机械有限公司
地　　址:湖北省咸宁市巨宁大道 56 号
邮　　编:437000
电　　话:0715 - 8343111
传　　真:0715 - 8312668

企业名称:慈溪市金鑫机械有限公司
地　　址:浙江省慈溪市庵东镇工业园区南侧
邮　　编:315327
电　　话:0574 - 63471402
传　　真:0574 - 63475858

企业名称:湖北蒲圻起重机械有限公司
地　　址:湖北省赤壁市经济开发区起重机械工业园
邮　　编:437300
电　　话:0715 - 5250377
传　　真:0715 - 5250489

企业名称:赤壁市蒲圻起重运输机械有限责任公司
地　　址:湖北省赤壁市经济开发区凤凰山路
邮　　编:437300
电　　话:0715 - 5250823
传　　真:0715 - 5250823

企业名称:江苏佳力起重机械制造有限公司
地　　址:江苏省淮安市盱眙工业园区工六路
邮　　编:211700
电　　话:0517 - 88299039
传　　真:0517 - 88298123

企业名称:安徽九华机械有限公司
地　　址:安徽省池州市经济技术开发区金科东路
邮　　编:247000
电　　话:0566 - 2220792
传　　真:0566 - 2222099

企业名称:常州市沪力起重机械有限公司
地　　址:江苏省常州市天宁区青龙街道华严村 15 号
邮　　编:213028
电　　话:0519 - 85509090
传　　真:0519 - 85503356

企业名称:南京江陵机电制造有限责任公司
地　　址:江苏省南京市江宁区上坊镇魏村
邮　　编:211103
电　　话:025 - 52702818

传　　真:025－52703285

企业名称:四川合能起重设备有限公司
地　　址:四川省成都市金堂县清江镇双江社区4组
邮　　编:610400
电　　话:028－84903622
传　　真:028－84903300

企业名称:浙江扬戈电器有限公司
地　　址:浙江省台州市三门县海游镇沙田洋经济开发区
邮　　编:317100
电　　话:0576－83373758
传　　真:0576－83373755

企业名称:杭州四达机械电子有限公司
地　　址:浙江省杭州市余杭区瓶窑镇凤都工业园区
邮　　编:311115
电　　话:0571－88531361
传　　真:0571－88531629

企业名称:江阴市兴科起重机械有限公司
地　　址:江苏省江阴市申港镇东徐路9号
邮　　编:214443
电　　话:0510－86685317
传　　真:0510－86621770

企业名称:常州市武进起重电器有限公司
地　　址:江苏省常州市武进区横林镇莲蓉村
邮　　编:213103
电　　话:0519－88501043
传　　真:0519－88501298

企业名称:江苏宇泰电器有限公司
地　　址:江苏省泰兴市分界工业一区
邮　　编:225416
电　　话:0523－87261026
传　　真:0523－87261085

企业名称:无锡市永昌起重机械厂
地　　址:江苏省无锡市锡山区东港镇
邮　　编:214199
电　　话:0510－88761429
传　　真:0510－88760121

企业名称:陕西友联机械有限公司
地　　址:陕西省西安市幸福南路等驾坡工业园3号
邮　　编:710043
电　　话:029－82357380
传　　真:029－82357380

企业名称:杭州勤裕昌机械设备制造有限公司
地　　址:浙江省杭州市余杭区瓶窑镇工业园区
邮　　编:311115
电　　话:0571－88545633
传　　真:0571－88545611

企业名称:上海冠威工具有限公司
地　　址:上海市宝山区共康路726号
邮　　编:200443
电　　话:021－56405418
传　　真:021－56405418

企业名称:郑州起重设备厂
地　　址:河南省郑州市黄河路43号
邮　　编:450000
电　　话:0371－63932982
传　　真:0371－63931030

企业名称:天津永恒泰科技有限公司
地　　址:天津市高新区海泰绿色产业基地K2－10－302座
邮　　编:300384
电　　话:022－23789800
传　　真:022－23786763

企业名称:泰安金龙起重配件有限公司
地　　址:山东省泰安市泰山区省庄镇东羊楼工业区
邮　　编:271039
电　　话:0538－6512088
传　　真:0538－6512798

企业名称:乐清市东方胶塑电器开关有限公司
地　　址:浙江省乐清市柳市镇苏吕村苏太路418号
邮　　编:325604
电　　话:0577－62790993
传　　真:0577－62790780

企业名称:江西飞达电器设备有限公司
地　　址:江西省宜春市工业园区长青大道
邮　　编:336000
电　　话:0795－3245168
传　　真:0795－3245060

企业名称:江西省宜春市建达安全装置设备有限公司
地　　址:江西省宜春市明月南路267号
邮　　编:336000
电　　话:0795－7040312
传　　真:0795－7040312

企业名称:山东省聊城市隆达实业有限公司
地　　址:山东省聊城市开发区东城工业园九洲路 7 号
邮　　编:252000
电　　话:0635 - 6976982
传　　真:0635 - 8346011

企业名称:山东昌乐县东田聚氨酯厂
地　　址:山东省潍坊市昌乐县红河镇原大宅科镇政府
邮　　编:262413
电　　话:0536 - 6973111
传　　真:0536 - 6972555

企业名称:衡水起重机械配件厂
地　　址:河北省衡水市和平西路肖屯新区 60 号
邮　　编:053000
电　　话:0318 - 2328038
传　　真:0318 - 2328038

企业名称:慈溪市锦华机械实业有限公司
地　　址:浙江省慈溪市古塘街道新潮塘 368 号
邮　　编:315303
电　　话:0574 - 63272222
传　　真:0574 - 63272727

企业名称:慈溪市平浪实业有限公司
地　　址:浙江省慈溪市古塘街道新潮村
邮　　编:315300
电　　话:0574 - 63286888
传　　真:0574 - 63286888

企业名称:慈溪市华表五金厂
地　　址:浙江省慈溪市庵东镇北路 515 号
邮　　编:315327
电　　话:0574 - 63474222
传　　真:0574 - 63471848

企业名称:慈溪市腾达滚子有限公司
地　　址:浙江省慈溪市庵东镇工业园区纬三西路
邮　　编:315327
电　　话:0574 - 63472021
传　　真:0574 - 63472822

企业名称:慈溪市通发机械有限公司
地　　址:浙江省慈溪市坎墩工业开发区 A 区
邮　　编:315303
电　　话:0574 - 63288185
传　　真:0574 - 63282185

企业名称:慈溪市坎墩兴镇齿轮厂
地　　址:浙江省慈溪市坎墩街道坎中路 75 号
邮　　编:315303
电　　话:0574 - 63288255
传　　真:0574 - 63289280

企业名称:慈溪市威宁机械有限公司
地　　址:浙江省慈溪市坎墩街道五房弄 11 号
邮　　编:315303
电　　话:0574 - 63273238
传　　真:0574 - 63273237

企业名称:慈溪市庵东镇勤丰机械厂
地　　址:浙江省慈溪市庵东镇宏兴路 449 弄 6 号
邮　　编:315327
电　　话:0574 - 63471095
传　　真:0574 - 63476158

企业名称:慈溪市神州机电实业有限公司
地　　址:浙江省慈溪市坎墩街道兴安路 250 号
邮　　编:315303
电　　话:0574 - 63286681
传　　真:0574 - 63288238

企业名称:慈溪市朝阳机械有限公司
地　　址:浙江省慈溪市庵东镇府北路 34 号
邮　　编:315327
电　　话:0574 - 63471257
传　　真:0574 - 63472257

企业名称:慈溪市庵东镇红光滚柱厂
地　　址:浙江省慈溪市庵东镇南七二三大街
邮　　编:315327
电　　话:13906745562
传　　真:0574 - 63472963

企业名称:慈溪市文祥机械实业有限公司
地　　址:浙江省慈溪市坎墩街道坎中路 1 号
邮　　编:315303
电　　话:0574 - 63288232
传　　真:0574 - 63283488

企业名称:慈溪市金祥机械配件有限公司
地　　址:浙江省慈溪市坎墩街道坎墩大道 302 号
邮　　编:315303
电　　话:0574 - 63288363
传　　真:0574 - 63288011

企业名称:宁波博今机械有限公司
地　　址:浙江省慈溪市长河镇大牌头路 7 号
邮　　编:315326
电　　话:0574 - 63418700

传　　真:0574－63419928

企业名称:慈溪市春华机械配件厂
地　　址:浙江省慈溪市坎墩街道坎中村郑家甲北路
邮　　编:315303
电　　话:0574－63273105
传　　真:0574－63273105

企业名称:慈溪市启力机械厂
地　　址:浙江省慈溪市坎墩大道 302 号
邮　　编:315303
电　　话:0574－56337822
传　　真:0574－56338380

企业名称:慈溪市动力机械配件厂
地　　址:浙江省慈溪市坎墩街道长白路 9 号
邮　　编:315303
电　　话:0574－63273010
传　　真:0574－63273010

企业名称:慈溪市通发汽车配件有限公司
地　　址:浙江省慈溪市坎墩街道沈家甲北路 96 号
邮　　编:315303
电　　话:0574－63275628
传　　真:0574－63275628

企业名称:慈溪市航林机械配件厂
地　　址:浙江省慈溪市坎墩九甲弄
邮　　编:315303
电　　话:0574－63289316
传　　真:0574－56337602

企业名称:慈溪市兴迪机械配件有限公司
地　　址:浙江省慈溪市坎墩镇街 42 号
邮　　编:315303
电　　话:0574－63288032
传　　真:0574－63288297

企业名称:慈溪市庵东镇建兴机械配件厂
地　　址:浙江省慈溪市庵东镇元祥村
邮　　编:315327
电　　话:0574－63475790
传　　真:0574－63475790

企业名称:慈溪市海锐机械配件厂
地　　址:浙江省慈溪市坎墩街道坎中村坎中路 118 号
邮　　编:315303
电　　话:0574－63282081
传　　真:0574－63289281

散料装卸机械与搬运车辆

企业名称:大连重工·起重集团有限公司
地　　址:辽宁省大连市西岗区八一路 169 号
邮　　编:116013
电　　话:0411－86852166
传　　真:0411－86852222

企业名称:哈尔滨众鑫重型机器有限责任公司
地　　址:黑龙江省哈尔滨市高新技术开发区(哈平路集中区)大连北路 15 号
邮　　编:150060
电　　话:0451－87091666
传　　真:0451－87091617

企业名称:长沙重型机器制造有限责任公司
地　　址:湖南省长沙市东二环一段 56 号
邮　　编:410014
电　　话:0731－85318082
传　　真:0731－85318081

企业名称:北京起重运输机械设计研究院
地　　址:北京市东城区雍和宫大街 52 号
邮　　编:100007
电　　话:010－64023392
传　　真:010－64052584

企业名称:常熟电动平车厂
地　　址:江苏省常熟市梅李镇聚沙路 5 号
邮　　编:215511
电　　话:0512－52661892
传　　真:0512－52661886

企业名称:长春发电设备有限责任公司
地　　址:吉林省长春市经济技术开发区世纪大街 3388 号
邮　　编:130033
电　　话:0431－85868557
传　　真:0431－85868500

企业名称:秦皇岛秦冶重工有限公司
地　　址:河北省秦皇岛市经济技术开发区鄱阳湖路 2 号
邮　　编:066318
电　　话:0335－8586386
传　　真:0335－8586258

企业名称:上海电力环保设备总厂有限公司
地　　址:上海市共和新路 2499 号
邮　　编:200072
电　　话:021－56655880

传　　真:021－56657888

企业名称:丹东振安建工机械有限公司
地　　址:辽宁省丹东市振安区鸭绿江工业园 89 号
邮　　编:118003
电　　话:0415－4188608
传　　真:0415－4188606

企业名称:上海振华重工(集团)股份有限公司散货公司
地　　址:上海市东方路 3261 号
邮　　编:200125
电　　话:021－51907501
传　　真:021－51907500

企业名称:岳阳强力电磁设备有限公司
地　　址:湖南省岳阳市冷水铺监生桥村
邮　　编:414000
电　　话:0730－8799598
传　　真:0730－8799009

企业名称:江阴市万事达液压机械有限公司
地　　址:江苏省江阴市周庄镇周西工业园区高僧桥
邮　　编:214423
电　　话:0510－86221271
传　　真:0510－86903068

企业名称:浙江特种电机有限公司
地　　址:浙江省嵊州市经济开发区加佳路 18 号
邮　　编:312400
电　　话:0575－83036592
传　　真:0575－83000507

企业名称:浙江双鸟机械有限公司
地　　址:浙江省嵊州市黄泽镇工业园区
邮　　编:312455
电　　话:0575－83503888
传　　真:0575－83503801

企业名称:沈阳矿山机械有限公司装卸设备分公司
地　　址:辽宁省沈阳市经济技术开发区开发大路 16 号
邮　　编:110042
电　　话:024－25802505
传　　真:024－24325449

企业名称:上海公茂起重设备有限公司
地　　址:上海市浦东新区云台路 145 号云台大厦 13 楼
邮　　编:200126
电　　话:021－50871759
传　　真:021－50871665

企业名称:中联重科物料输送设备有限公司
地　　址:湖南省长沙市国家高新技术产业开发区麓谷工业园
邮　　编:410205
电　　话:0731－88998358
传　　真:0731－88983019

企业名称:常熟市亿安电动平车有限公司
地　　址:江苏省常熟市董浜镇徐市安庆路
邮　　编:215535
电　　话:0512－52496081
传　　真:0512－52496082

企业名称:康稳移动供电设备(上海)有限公司
地　　址:上海市浦东新区世纪大道 1500 号东方大厦 925 室
邮　　编:200122
电　　话:021－68407060
传　　真:021－68968310

企业名称:沈阳邦正重工机械有限公司
地　　址:辽宁省沈阳市沈河区惠工街 217 号德郡 7 号 2315 室
邮　　编:110013
电　　话:024－31979525
传　　真:024－31979536

企业名称:武汉电力设备厂
地　　址:湖北省武汉市武昌区白沙洲特 1 号
邮　　编:430064
电　　话:027－68888405
传　　真:027－88113825

企业名称:上海特国斯传动设备有限公司(浙江东海减速机有限公司)
地　　址:上海市曲阜西路 268 号恒安大厦 1302 室(浙江省温州市平阳县鳌江镇东海工业园)
邮　　编:200122(325401)
电　　话:021－63812226(0577－63631860)
传　　真:021－63810571(0577－63635393)

企业名称:哈尔滨龙鑫重型机械有限公司
地　　址:黑龙江省哈尔滨市动力区香滨路 4 号
邮　　编:150040
电　　话:0451－55626600
传　　真:0451－55626600

企业名称:大连长盛输送设备制造有限公司
地　　址:辽宁省大连市金州区亮甲店镇石城村
邮　　编:116104
电　　话:0411－87275188

传　　真:0411－87275757

企业名称:大连通达矿冶机械有限公司
地　　址:辽宁省大连市金州区三十里堡镇
邮　　编:116104
电　　话:0411－87362498
传　　真:0411－87350008

企业名称:大连重工机电动力有限公司
地　　址:辽宁省大连市沙河口区中山路594号金玉星海大厦19层
邮　　编:116023
电　　话:0411－39757578
传　　真:0411－39757528

停车设备

企业名称:中国重型机械工业协会停车设备工作委员会
地　　址:北京市西城区月坛南街26号1号楼4076室
邮　　编:100825
电　　话:010－68584668
传　　真:010－68584667

企业名称:北京起重运输机械设计研究院
地　　址:北京市东城区雍和宫大街52号
邮　　编:100007
电　　话:010－64032277
传　　真:010－64052584

企业名称:杭州西子石川岛停车设备有限公司
地　　址:浙江省杭州市机场路176号
邮　　编:310021
电　　话:0571－88143666
传　　真:0571－88139678

企业名称:山东莱钢泰达车库有限公司
地　　址:山东省莱芜市经济开发区钢城分区莱钢工业园
邮　　编:271129
电　　话:0634－6899999
传　　真:0634－6894958

企业名称:深圳怡丰自动化科技有限公司
地　　址:广东省深圳市龙岗区龙城大道龙西路口龙岗高科技园
邮　　编:518116
电　　话:0755－84879829
传　　真:0755－84879397

企业名称:许继停车系统有限公司
地　　址:河南省许昌市许由路5号
邮　　编:461000
电　　话:0374－3219228
传　　真:0374－3219091

企业名称:北京航天汇信科技有限公司
地　　址:北京市经济技术开发区中和街20号
邮　　编:100176
电　　话:010－67886601
传　　真:010－67874871

企业名称:浙江艾耐特机械有限公司
地　　址:浙江省绍兴市袍江工业区桑港村
邮　　编:312071
电　　话:0575－88135759
传　　真:0575－88037566

企业名称:唐山通宝停车设备有限公司
地　　址:河北省唐山市丰润区公园道138号
邮　　编:063030
电　　话:0315－3080599
传　　真:0315－3080690

企业名称:杭州友佳精密机械有限公司
地　　址:浙江省萧山市经济技术开发区市心北路120号
邮　　编:311215
电　　话:0571－82831393
传　　真:0571－82831353

企业名称:上海万强机械车库制造有限公司
地　　址:上海市金山区松金公路2502号
邮　　编:201514
电　　话:021－57213927
传　　真:021－57213333

企业名称:上海浦东新区远东立体停车装备有限公司
地　　址:上海市浦东新区东川公路7447号
邮　　编:201201
电　　话:021－68907170
传　　真:021－68901921

企业名称:北京天宏恩机电科技有限公司
地　　址:北京市海淀区复兴路12号
邮　　编:100038
电　　话:010－63963040
传　　真:010－63962898

企业名称:敬稳(北京)机电设备有限公司
地　　址:北京市建国门外大街19号国际大厦202室
邮　　编:100004
电　　话:010－85261141

传　　真:010 - 85261145

企业名称:广州广日智能停车设备有限公司
地　　址:广东省广州市高新技术产业开发区科学城科林路1号
邮　　编:510660
电　　话:020 - 82075622
传　　真:020 - 82075606

企业名称:济南天辰立体停车设备有限公司
地　　址:山东省济南市高新区天辰大街天辰工业园
邮　　编:250101
电　　话:0531 - 88878888
传　　真:0531 - 88877018

企业名称:廊坊三联停车设备有限公司
地　　址:北京市朝外小庄6号中国第一商城B座26D
邮　　编:100020
电　　话:010 - 85623427
传　　真:010 - 85623428

企业名称:北京金地停车场建设管理有限公司
地　　址:北京市阜成路北3街6号轻苑大厦12层
邮　　编:100037
电　　话:010 - 68986975
传　　真:010 - 68986985

企业名称:上海天地岛川停车设备制造有限公司
地　　址:上海市东宝兴路157号17A、D
邮　　编:200080
电　　话:021 - 63563092
传　　真:021 - 63243053

企业名称:北京鑫华源机械制造有限责任公司
地　　址:北京市门头沟区矿后街47号
邮　　编:102300
电　　话:010 - 61814331
传　　真:010 - 61815320

企业名称:天马华源停车设备(北京)有限公司
地　　址:北京市朝阳区东四环中路195号华腾新天地大厦1003室
邮　　编:100022
电　　话:010 - 87952553
传　　真:010 - 87952559

企业名称:北京盛泰铭机械制造有限公司
地　　址:北京市朝阳区朝阳门外大街甲6号万通中心D座1501 - 1502室
邮　　编:100020
电　　话:010 - 59073288
传　　真:010 - 59073269

企业名称:北京大兆新元停车设备有限公司
地　　址:北京市海淀区北小马厂6号华天大厦12层13 - 16室
邮　　编:100038
电　　话:010 - 63319787
传　　真:010 - 63319786

企业名称:北京宏地车港科技有限公司
地　　址:北京市东城区建国门内大街18号恒基中心办公楼第三座818 - 819室
邮　　编:100005
电　　话:010 - 63383023
传　　真:010 - 63331279

企业名称:北京海亮机械制造有限公司
地　　址:北京市通州区漷县镇觅子店组团鑫隅四街2号
邮　　编:101112
电　　话:010 - 80569770
传　　真:010 - 80569770

企业名称:上海机械设备成套集团物流工程有限公司
地　　址:上海市四川北路1851号18楼
邮　　编:200081
电　　话:021 - 51053310
传　　真:021 - 51053309

企业名称:上海西飞三精机械有限公司
地　　址:上海市外高桥保税区华申路221号
邮　　编:200131
电　　话:021 - 58660159
传　　真:021 - 58665105

企业名称:上海远急国际贸易有限公司
地　　址:上海市铜仁路258号九安广场金6B
邮　　编:200040
电　　话:021 - 62890790
传　　真:021 - 62890788

企业名称:上海人本旭川自动化机械有限公司
地　　址:上海市闵行区顾戴路2525号
邮　　编:201100
电　　话:021 - 54888730
传　　真:021 - 54887736

企业名称:上海畅悦自动化机械有限公司
地　　址:上海市中兴路960号2号楼406室
邮　　编:200070

电　　话:021－66289252
传　　真:021－66289252

企业名称:上海日荣樱天客金属工业有限公司
地　　址:上海市松江区茸北工业区施惠路 258 号
邮　　编:201613
电　　话:021－57783889
传　　真:021－57783859

企业名称:上海爱登堡电梯股份有限公司
地　　址:上海市浦星公路 1601 号
邮　　编:201114
电　　话:021－54331601
传　　真:021－64970181

企业名称:上海赐宝停车设备制造有限公司
地　　址:上海市卢湾区打浦路 1 号 906 室
邮　　编:200023
电　　话:021－53960436
传　　真:021－53960435

企业名称:上海沈中停车设备有限公司
地　　址:上海市浦东新区浦建路 729 号 804 室
邮　　编:200127
电　　话:021－61460138
传　　真:021－61460108

企业名称:上海禾通涌源停车设备有限公司
地　　址:上海市松江区车墩镇茸昌路 100－1 号
邮　　编:201611
电　　话:021－57609563
传　　真:021－57609565

企业名称:上海剑峰停车设备工程有限公司
地　　址:上海市南京东路 61 号新黄浦金融大厦 607 室
邮　　编:200002
电　　话:021－63392097
传　　真:021－63391924

企业名称:天津鑫基机械停车设备有限公司
地　　址:天津市东丽开发区二纬路 27 号
邮　　编:300300
电　　话:022－24982100
传　　真:022－24990569

企业名称:天津通广集团专用设备有限公司
地　　址:天津市河北区新大路 185 号
邮　　编:300140
电　　话:022－26237315
传　　真:022－26224197

企业名称:天津市天兴机械制造有限公司
地　　址:天津市大港区中塘镇港中公路 899 号
邮　　编:300270
电　　话:022－63276278
传　　真:022－63270525

企业名称:天津百利康城钢结构工程有限公司
地　　址:天津市西青开发区宏源道 20 号
邮　　编:300402
电　　话:022－26722583
传　　真:022－26722583

企业名称:山西华博科技有限公司
地　　址:山西省太原市长治路 249 号 403 室
邮　　编:030006
电　　话:0351－7024987
传　　真:0351－7024987

企业名称:大连华锐股份有限公司备料厂
地　　址:辽宁省大连市甘井子区中华东路 3 号
邮　　编:116031
电　　话:0411－86855206
传　　真:0411－86855208

企业名称:沈阳博林特电梯有限公司
地　　址:辽宁省沈阳市经济技术开发区十三号街 20 号
邮　　编:110161
电　　话:024－88456684
传　　真:024－88456356

企业名称:鞍山千钢机械制造有限公司
地　　址:辽宁省鞍山市千山区千山镇七岭街
邮　　编:114001
电　　话:0412－8435858
传　　真:0412－8435858

企业名称:沈阳华德机械工程安装有限公司
地　　址:辽宁省沈阳市大东区联合路 176 号甲
邮　　编:110044
电　　话:024－88093011
传　　真:024－88423105

企业名称:南京熊猫技术装备有限公司
地　　址:江苏省南京市白下区友谊河路 1－2 号
邮　　编:210007
电　　话:025－84236877
传　　真:025－84236878

企业名称:苏州江南嘉捷电梯股份有限公司
地　　址:江苏省苏州市工业园区娄江路(葑亭大道)88 号

邮　　编:215122
电　　话:0512－62746790
传　　真:0512－62741517

企业名称:无锡许继富通达停车设备有限公司
地　　址:江苏省无锡市惠河路65号
邮　　编:214062
电　　话:0510－85877716
传　　真:0510－85877716

企业名称:镇江正豪立体停车工程有限公司
地　　址:江苏省镇江市学府路208号
邮　　编:212013
电　　话:0511－88781186
传　　真:0511－88786676

企业名称:江苏金冠立体停车系统工程有限公司
地　　址:江苏省南通市外环西路72号高新技术园201室
邮　　编:226005
电　　话:0513－83553951
传　　真:0513－83522919

企业名称:江苏润邦重工股份有限公司
地　　址:江苏省南通市经济开发区振兴西路9号
邮　　编:226010
电　　话:0513－68281808
传　　真:0513－85328260

企业名称:江苏启良停车设备有限公司
地　　址:江苏省江阴市大桥北路26号4楼
邮　　编:214400
电　　话:0510－80667788
传　　真:0510－80667733

企业名称:江阴市建优机械有限公司
地　　址:江苏省江阴市利港镇维常村西维常村1号
邮　　编:214441
电　　话:0510－86606825
传　　真:0510－86606825

企业名称:安徽马钢吉顺智能停车设备有限公司
地　　址:安徽省马鞍山市经济技术开发区
邮　　编:243000
电　　话:0555－2253421
传　　真:0555－2253778

企业名称:中国一航合肥皖安航空装备有限责任公司
地　　址:安徽省合肥市望江西路205号
邮　　编:230022
电　　话:0551－5587053
传　　真:0551－5569754

企业名称:合肥新科鼎精密机械有限公司
地　　址:安徽省合肥市包河区花园路葛大店工业园15号
邮　　编:230051
电　　话:0551－3475498
传　　真:0551－3475418

企业名称:兰州远达工程设备有限责任公司
地　　址:甘肃省兰州市西固西路59号
邮　　编:730060
电　　话:0931－7981190
传　　真:0931－7961566

企业名称:山东万斯达集团有限公司
地　　址:山东省济南市历下区解放东路27号万斯达大厦
邮　　编:250014
电　　话:0531－82315339
传　　真:0531－82315388

企业名称:潍坊大洋自动泊车设备有限公司
地　　址:山东省潍坊市高新开发区东明路北首806号
邮　　编:261031
电　　话:0536－8797707
传　　真:0536－8791526

企业名称:山东齐星铁塔科技股份有限公司
地　　址:山东省滨州市邹平县开发区会仙二路齐星大厦
邮　　编:256200
电　　话:0543－4305222
传　　真:0543－4305222

企业名称:青岛昊悦机械有限公司
地　　址:山东省青岛市遵义路3号
邮　　编:266043
电　　话:0532－84815754
传　　真:0532－84816885

企业名称:青岛金华工业集团有限公司
地　　址:山东省青岛市市北区辽阳西路51号
邮　　编:266034
电　　话:0532－85656888
传　　真:0532－85665098

企业名称:杭州福瑞科技有限公司
地　　址:浙江省杭州市西湖区塘苗路18号华星工业村1号楼2楼
邮　　编:310013
电　　话:0571－85123559
传　　真:0571－85123228

企业名称:莱茵电梯(中国)有限公司
地　　址:浙江省湖州市南浔经济开发区织浔大道66号
邮　　编:313009
电　　话:0572－3787198
传　　真:0572－3787199

企业名称:杭州大中泊奥科技有限公司
地　　址:浙江省杭州市萧山经济技术开发区桥南区高新5路
邮　　编:311231
电　　话:0571－82696679
传　　真:0571－82695083

企业名称:浙江越宫钢结构有限公司
地　　址:浙江省绍兴市绍三线永仁路口
邮　　编:312000
电　　话:0575－88200390
传　　真:0575－88011958

企业名称:宁波神舟立体车库制造有限公司
地　　址:浙江省宁波市象山县爵溪镇新瀛路3号
邮　　编:315708
电　　话:0574－65605780
传　　真:0574－65605657

企业名称:宁波邦达实业有限公司
地　　址:浙江省宁波市国家高新区木槿路99号
邮　　编:315013
电　　话:0574－88416668
传　　真:0574－88411233

企业名称:宁波云环电子集团有限公司
地　　址:浙江省余姚市泗门镇小路下村
邮　　编:315472
电　　话:0574－62125892
传　　真:0574－62125891

企业名称:浙江力硕科技有限公司
地　　址:浙江省杭州市萧山区河上镇大桥工业园区
邮　　编:311264
电　　话:0571－82203870
传　　真:0571－82203800

企业名称:国家建筑城建机械质量监督检验中心
地　　址:湖南省长沙市银盆南路361号
邮　　编:410013
电　　话:0731－88923869
传　　真:0731－88910912

企业名称:郴州泰安智能立体车库设备有限公司
地　　址:湖南省郴州市槐树下北湖区工业园
邮　　编:423000
电　　话:0735－2176988
传　　真:0735－2176887

企业名称:中国船舶重工集团第713研究所海神停车设备公司
地　　址:河南省郑州市京广南路126号
邮　　编:450052
电　　话:0371－68717574
传　　真:0371－68733635

企业名称:新乡天丰机械制造有限公司
地　　址:河南省新乡市开发区新一街17号
邮　　编:453002
电　　话:0373－3526678
传　　真:0373－3526676

企业名称:广州番禺金马自动化停车设备有限公司
地　　址:广东省广州市番禺区石碁镇官涌开发区
邮　　编:511450
电　　话:020－84855063
传　　真:020－84859598

企业名称:佛山市南海高达建筑机械有限公司
地　　址:广东省佛山市南海区平洲五斗桥北侧
邮　　编:528251
电　　话:0757－86795321
传　　真:0757－86778582

企业名称:深圳中集天达空港设备有限公司
地　　址:广东省深圳市蛇口工业区工业四路4号
邮　　编:518067
电　　话:0755－26688488
传　　真:0755－26671643

企业名称:深圳市中科利亨车库设备有限公司
地　　址:广东省深圳市宝安区福永街道福海工业区13号
邮　　编:518103
电　　话:0755－29981555
传　　真:0755－29981777

企业名称:广西景和停车设备有限责任公司
地　　址:广西南宁市民族大道115－1号现代国际905－908室
邮　　编:311264
电　　话:0771－5596031
传　　真:0771－5596031

企业名称:成都东风停车设备制造有限公司
地　　址:四川省成都市外东沙河堡大观堰 1 号
邮　　编:610066
电　　话:028－84789033
传　　真:028－84785619

企业名称:成都正武停车设备制造股份有限公司
地　　址:四川省广汉市小汉镇康营村 5 社
邮　　编:618304
电　　话:0838－6839589
传　　真:0838－6839567

企业名称:昆明泊乐(风动)机械制造有限公司
地　　址:云南省昆明市高新技术开发区科泰路
邮　　编:650101
电　　话:0871－8325207
传　　真:0871－8325183

企业名称:福州三发发干燥设备有限公司
地　　址:福建省福州市金山开发区金洲北路 2 号
邮　　编:350002
电　　话:0591－83746374
传　　真:0591－83746364

企业名称:龙岩市广通钢结构工程有限公司
地　　址:福建省龙岩市龙州工业园高新区 A－06－2 地块正合精密模具公司内
邮　　编:364000
电　　话:0597－2383630
传　　真:0597－2211639

企业名称:湖北华夫立体停车开发有限公司
地　　址:湖北省武汉市江岸区车站路长青广场 A 座 309 室
邮　　编:430018
电　　话:027－82824626
传　　真:027－82422626

企业名称:湖北金宝科技发展有限公司
地　　址:湖北省襄樊市国家高新技术开发区
邮　　编:441000
电　　话:0710－3752199
传　　真:0710－3086810

企业名称:武汉鸿迅立体停车投资有限公司
地　　址:湖北省武汉市江汉区江汉路步行街 126 号长盛大厦 9 楼
邮　　编:430014
电　　话:027－82842228
传　　真:027－82755680

企业名称:北京海康星机电设备有限公司
地　　址:北京市朝阳区拂林路 9 号(景龙国际)A 座 3 层
邮　　编:100107
电　　话:010－64802408
传　　真:010－64802411

企业名称:欧姆龙自动化(中国)统辖集团
地　　址:上海市浦东新区银城中路 200 号中银大厦 2211 室
邮　　编:200120
电　　话:021－50372222
传　　真:021－50372200

企业名称:ABB(中国)有限公司低压部
地　　址:北京市朝阳区酒仙桥路 10 号恒通广厦
邮　　编:100016
电　　话:010－84566688
传　　真:010－84569907

企业名称:明椿电气机械股份有限公司
地　　址:上海市嘉定区南翔镇慧平路 12 弄 4 号
邮　　编:201802
电　　话:021－69123815
传　　真:021－59177920

企业名称:日立(上海)贸易有限公司
地　　址:上海市茂名南路 205 号瑞金大厦 18 楼
邮　　编:200020
电　　话:021－64721002
传　　真:021－64724990

企业名称:上海山电电机有限公司
地　　址:上海市普陀区绥德路 889 弄 5 号楼 4 楼
邮　　编:200331
电　　话:021－62841028
传　　真:021－52841755

企业名称:杭州东华链条集团有限公司
地　　址:浙江省杭州市机场路 218 号
邮　　编:310021
电　　话:0571－85041448
传　　真:0571－85040765

企业名称:杭州万杰减速机有限公司
地　　址:浙江省杭州市萧山区靖江工业园区
邮　　编:311223
电　　话:0571－82993168
传　　真:0571－82993333

企业名称:杭州澳琪同济停车配件制造有限公司
地　　址:浙江省杭州市下城区香积寺路白石路灯塔西苑
邮　　编:310004
电　　话:0571－85362212
传　　真:0571－85362212

企业名称:浙江诸暨链条总厂
地　　址:浙江省诸暨市牌头五一路1号
邮　　编:311825
电　　话:0575－87051296
传　　真:0575－87056868

企业名称:浙江神牛机械制造有限公司
地　　址:浙江省诸暨市丰南路8号
邮　　编:311800
电　　话:0575－87181152
传　　真:0575－87185255

企业名称:浙江恒久机械集团诸暨特种链条厂
地　　址:浙江省诸暨市城西开发区
邮　　编:311800
电　　话:0575－87213808
传　　真:0575－87214388

企业名称:杭州西林链条制造有限公司
地　　址:浙江省杭州市江干区丁桥镇同协路18号
邮　　编:310021
电　　话:0571－88126215
传　　真:0571－88126227

企业名称:浙江八方机械有限公司
地　　址:浙江省台州市武义县经济开发区玫瑰路6号
邮　　编:321200
电　　话:0579－87616258
传　　真:0579－87616198

企业名称:武义东风链条有限公司
地　　址:浙江省台州市武义县黄龙工业区
邮　　编:321200
电　　话:0579－87988090
传　　真:0579－87698070

企业名称:杭州天豪电梯成套设备制造有限公司
地　　址:浙江省杭州市富阳东洲工业功能区8号路9－1号
邮　　编:311401
电　　话:0571－87191198
传　　真:0571－87191178

企业名称:浙江康明斯机械有限公司
地　　址:浙江省温岭市新河镇中厢工业园
邮　　编:317502
电　　话:0576－86578602
传　　真:0576－86578336

企业名称:苏州环球链传动有限公司
地　　址:江苏省苏州市吴中区藏书镇石中路53号
邮　　编:215156
电　　话:0512－66244198
传　　真:0512－66235388

企业名称:无锡市三爱电器厂
地　　址:江苏省无锡市苏锡路553号
邮　　编:214121
电　　话:0510－66955388
传　　真:0510－66235388

企业名称:无锡市明达电器有限公司
地　　址:江苏省无锡市滨湖经济技术开发区立业路7号
邮　　编:214142
电　　话:0510－85072580
传　　真:0510－85072581

企业名称:北京金堂吉达机电设备有限公司
地　　址:北京市朝阳区朝外大街乙12号昆泰国际公寓2204室
邮　　编:100020
电　　话:010－58790418
传　　真:010－58790065

企业名称:苏州联发电机有限公司
地　　址:江苏省苏州市相城经济开发区富元路402号
邮　　编:215131
电　　话:0512－65793567
传　　真:0512－65793569

企业名称:江阴市国力金属制品有限公司
地　　址:江苏省江阴市南外环路898号
邮　　编:214433
电　　话:0512－65793568
传　　真:0512－65793569

企业名称:射阳达金机械厂
地　　址:江苏省盐城市射阳县合德镇创业园宏峰路10号
邮　　编:224300
电　　话:0515－82391680
传　　真:0515－82391080

企业名称:厦门正黎明冶金机械有限公司
地　　址:福建省厦门市同安区圳南二路 187 号
邮　　编:361022
电　　话:0592－6385802
传　　真:0592－6385810

企业名称:佛山市三浦重工钢构有限公司
地　　址:广东省佛山市三水区南山镇迳口华侨开发区 A 区 8－2 号
邮　　编:528145
电　　话:0757－87276686
传　　真:0757－87276680

〔供稿人:中国重型机械工业协会张艳君〕

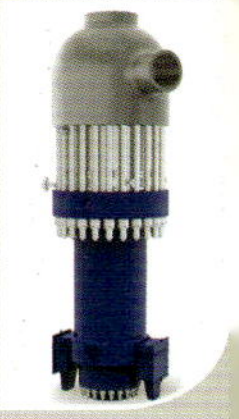